Reichsgau Oberdonau – Aspekte 2

OBERÖSTERREICH IN DER ZEIT DES NATIONALSOZIALISMUS
4

Herausgegeben vom
Oberösterreichischen Landesarchiv

ISBN: 3-900313-79-2
Umschlag- und Einbandgestaltung: Modern Times Media Verlag, Wien
Herstellung: Rudolf Trauner GmbH

Reichsgau Oberdonau
Aspekte 2

Linz 2005

INHALT

Thomas Dostal
Jugend in Oberdonau 7
Jugendbilder 7
Jugendideale 17
Jugendorte I: Familie, Schule, HJ 28
Jugendorte II: Arbeitserziehungslager, Zigeuneranhaltelager,
  Konzentrationslager 37
Schuljugend 45
Staatsjugend 61
Jugenddevianz 74
Jugendresistenz 94
Jugendwiderstand 106
Kriegsjugend 112
Nachkriegsjugend 138

Albert Knoll und Thomas Brüstle
Verfolgung von Homosexuellen in Oberösterreich
in der NS-Zeit 149
Methodisches 149
Rechtliche Voraussetzungen 152
Die Verfolgungsinstanzen 155
Erste Maßnahmen gegen Homosexuelle im April 1938 157
Aktionen gegen die Barmherzigen Brüder 160
Analyse der sozialen Struktur 166
Homosexuelle „Netzwerke" 170
Linz als städtischer Verfolgungsraum 174
Die Situation der Homosexuellen im Mühlviertel 177
Verfolgung lesbischer Frauen 179
Strategien der Verfolgung und Verteidigung 181
Die Urteile des Landgerichts Linz 188
Homosexuelle in Konzentrationslagern 195
Nachkriegssituation, Entschädigung, Zeitzeugenschaft 200

Florian Schwanninger
Widerstand und Verfolgung im Bezirk Braunau am Inn 205
Soziale und politische Struktur der Bevölkerung
  im Bezirk Braunau/Inn 207
Einwohnerzahl und Fläche 208
Die Verfolgung von Repräsentanten des Ständestaates 208
Das katholisch-klerikale Lager 214
Der Widerstand der Arbeiterbewegung 223
Widerstand und Verfolgung von Einzelnen 233
Der Fall Hamminger 245
Verfolgung der jüdischen Bevölkerung 248
„Euthanasie" – Der Mord am „lebensunwerten Leben" 258
Opfer der NS-Militärjustiz aus dem Bezirk Braunau/Inn 262
Resümee 272

Helmut Fiereder
Amt und Behörde des Reichsstatthalters in Oberdonau 279
Reichsreform im Deutschen Reich 280
Eingliederung Österreichs in das Dritte Reich. Bildung der Reichsgaue
  der Ostmark 289
Von der Landeshauptmannschaft Oberdonau zum Reichsstatthalter des
  Reichsgaus Oberdonau 293
Mittelbeschaffung für den Reichsgau 311
Gemeinden und Landkreise in Oberdonau 322
Zusammenbruch der NS-Gewaltherrschaft in Oberdonau 333
Schlussbetrachtung 342

Gerwin Strobl
Die Landkreise Krumau und Kaplitz bei Oberdonau 347

Abkürzungen 401

JUGEND IN OBERDONAU*
Thomas Dostal

> „Die Fürsorge für das Kind ist unendlich wichtig.
> Das Kind ist das Teuerste, was die Nation hat.
> Das Antlitz des Dritten Reichs wird das Antlitz sein,
> das die neuen Generationen haben werden,
> es muß also einen Wieheißterdochgleichbart haben,
> aber die Erziehung fängt im Mutterleib an. Es ist eine alte Vorschrift,
> daß die werdende Mutter sich zum Beispiel Bewegung machen soll.
> Schon das mit zurückgebogenem Kopf Hochschaun
> zu den feindlichen Bombenfliegern ist zu begrüßen."[1]

Jugendbilder

> „Wir sind das Morgen, wir sind die Bauherrn des kommenden Reiches!"[2]

Wohl die meisten erwachsenen Menschen verbinden mit Jugend, mit ihrer persönlichen Jugend, ganz konkrete Erinnerungsbilder: Bilder der Unbeschwertheit und Offenheit, der unbändigen und unfestgelegten Lebenslust, des neugierigen, experimentierenden Suchens und Probierens von Lebenskonzepten; aber auch Erinnerungen an Entbehrungen, physischen und psychischen Druck, Schmerz und Unsicherheit, den Zwang der Eltern, der Schule, der Lehrherren, oder anderer Erziehungs- und Disziplinierungsinstanzen, wohl auch an das Anrennen gegen beschränkend und ungerecht empfundene Regeln und Normen der Erwachsenenwelt.

Trotz der Selbstverständlichkeit, mit der der Begriff Jugend verwendet wird, ist es nicht möglich, eine präzise und allgemein akzeptierte Definition zu geben. Sicherlich wird man sich einigen können, unter „Jugend" einen Abschnitt zwischen dem Status des „Nicht-mehr-Kind-Seins" und dem des „Noch-nicht-erwachsen-Seins" zu verstehen. Der Prozess der jugendlichen Herauslösung aus der kindlichen Welt der Identifikation mit den Eltern ist durch die Ausbildung einer eigenen Ich-Identität, von Geschlechterrollen und durch die soziale Verortung sowie rechtliche Verrege-

---

* Meinem Großvater in liebevoller Erinnerung zugedacht
[1] Bertolt Brecht, Flüchtlingsgespräche (Ausgewählte Werke in sechs Bänden. Jubiläumsausgabe zum 100. Geburtstag 5, Frankfurt am Main 1997) 63
[2] Die Ehre der Jungen. In: Jungvolk H. 2 (1934) 11

lung des Subjekts in Hinblick auf den künftigen Erwachsenenstatus gekennzeichnet. Sozialpsychologisch gesehen kann diese Ablösung von den elterlichen Bindungen und die Knüpfung neuer gesellschaftlicher Identitätsfäden, bei denen die Integration in jugendliche Peergroups eine wichtige Rolle spielt, ein durchaus krisenhafter, von Gefühlsverwirrungen begleiteter Prozess sein. Dieser soziale Integrationsprozess wird im Regelfall mit dem Erreichen eines bestimmten Erwachsenenstatus abgeschlossen, der durch die biografischen Wegmarkierungen des Eintritts in das Berufsleben, der Erreichung des Wahlalters, der Wehrfähigkeit, der Eheschließung oder Familiengründung gekennzeichnet ist.

Der Begriff Jugend bezeichnet aber nicht nur eine Durchgangsphase im individuellen Lebensverlauf, sondern auch die Verbundenheit vieler Einzelschicksale zu einer Generationseinheit. Sozialhistorisch gesehen, wurde Jugend durch den beschleunigten sozioökonomischen Wandel in den europäischen Gesellschaften des 19. Jahrhunderts hergestellt. Durch diesen verloren junge Menschen ihre gesellschaftliche Sicherheit im Leben, die das Hineingeborenwerden in einen Stand, eine Klasse, eine Familie, eine klare Geschlechteridentität, vermitteln konnte. Der junge Mensch, der junge Mann und die junge Frau, wurden zu einem gewissen Grad frei gesetzt, ihre gesellschaftliche, wirtschaftliche, berufliche und geschlechterspezifische Rolle selbst zu finden.[3] Individuelle Unfestgesetztheiten und Unsicherheiten jugendlicher Identität referierten sich jedoch wieder auf die Ebene der Gesellschaft, die sich mit dem „Phänomen Jugend", der „Herausforderung Jugend", oder gar dem „Problem Jugend" konfrontiert sah. Kultursoziologisch gesehen kann mit solchen adoleszenten Prozessen ein wesentlich innovatives Element verbunden sein. Die Jugend kann als belebender Faktor einer Gesellschaft wirken, weil sie noch nicht völlig in den Status quo der sozialen Ordnung eingebunden ist. Der heranwachsende Mensch „ist nicht nur biologisch in einem Zustand der Gärung, sondern er dringt auch soziologisch in eine neue Welt vor, in der Gewohnheiten, Gebräuche und Wertungssysteme von dem, was er bisher kannte, verschieden sind. Was für ihn herausfordernd neu ist, ist dem Erwachsenen längst zur Gewohnheit geworden und gilt als selbstverständlich."[4] Adoleszenz in ihrer kulturellen Perspektive manifestiert sich so in einem ständigen Oszillieren des jungen Individuums zwischen expansivem Hinausdrängen in die

---

[3] Michael Mitterauer, Sozialgeschichte der Jugend (Frankfurt am Main 1986)
[4] Karl Mannheim, Diagnose unserer Zeit. Gedanken eines Soziologen (Zürich – Wien – Konstanz 1951) 56

Welt und dem Rückzug von ihr. Diese Ambivalenz treibt junge Menschen dazu, das, was ihnen die Kultur bietet, auszuprobieren. In diesem Prüfen liegt auch die Chance der Kulturerneuerung.[5] Dementsprechend unterschiedlich gehen soziale Systeme mit dem potentiellen Kraft-, Erneuerungs- und Veränderungspotential ihrer Jugend um. Veränderungsskeptische bzw. veränderungsfeindliche Gruppen und Gesellschaften versuchen durch Reglementierungen diese Dynamik zu bändigen. Gruppen und Gesellschaften, die sich als veränderungsfreundlich und dem Neuen gegenüber aufgeschlossen verstehen, versuchen, sich dieses Innovationspotential nutzbar zu machen. Aus diesem Grund schritten im ausgehenden 19. und im 20. Jahrhundert auch die Signa der Jugend als soziales und kulturelles „Vers Sacrum" dem gesellschaftlich Alten, dem Veralteten, voran. Viele gesellschaftliche, kulturelle, künstlerische und politische Avantgardebewegungen dieser Zeit hefteten sich die Attribute von Jugendlichkeit und somit von Dynamik und Neuem, das das Alte in den Schatten stellt oder hinweg fegt, an. Die Avantgarde und Gruppierungen, die sich als solche verstanden, wollten die Jugend an ihrer Seite wissen. Ikonografisch gerann dies im Bild des Jungen als dem Aufkeimenden und Aufblühenden, das im Kontrast zum Alten, dem Vergehenden, Verwelkenden, stand. Das Etablierte ist das Sterbende, die Jugend das Zukünftige: Ihr allein gehört die Welt, ihr allein die Zukunft.

Ende des 19. und Anfang des 20. Jahrhunderts waren es vor allem linke, sozialistische Bewegungen und Strömungen, die sich die Parolen der Jugend als der Expression des Zukünftigen auf ihre politischen Fahnen schrieben. Nach den gesellschaftskulturellen Brüchen und Verwerfungen im Gefolge des Ersten Weltkriegs waren es aber auch rechte und rechtsextreme politische Bewegungen, die sich das Signum der zukunftsgewissen Jugendlichkeit anhefteten.

Wie kaum eine andere politische Bewegung zuvor, hat sich der Nationalsozialismus den Charakter der Jugendlichkeit zugesprochen, und dem in Agitation und Propaganda Ausdruck verliehen. Für Reichsjugendführer Baldur von Schirach war Jugend in erster Linie „eine Haltung", die in der Losung „Fort mit dem Alten! Nur das ewig Junge soll in unserem Deutschland seine Heimat haben" ihre Bestimmung fand.[6]

---

[5] Mario Erdheim, Die gesellschaftliche Produktion von Unbewußtheit. Eine Einführung in den ethnopsychoanalytischen Prozeß (Frankfurt am Main 1984) 299
[6] Baldur von Schirach, Die Hitler-Jugend. Idee und Gestalt (Leipzig 1938) 18 f.

Auch in der Wahrnehmung nach 1945 wurde der Nationalsozialismus als eine Angelegenheit der Jugend gelesen, als die eines Generationenkonflikts zwischen älteren, gesellschaftlich etablierten und nachrückenden jüngeren Generationen. Vor 1933, bzw. vor 1938, machte sich der Nationalsozialismus die Ressentiments gegen das „System von Weimar" im Deutschen Reich, in Österreich gegen den „Ständestaat", die „Systemzeit" als Wirkungsfelder des Alten zunutze. Der Nationalsozialismus an der Macht betonte freilich die Einheit der Generationen und die Überwindung des Gegensatzes der Generationen. Die Jugend hatte den NS-Staat positiv mitzugestalten, und nicht darin zu opponieren. Regungen nach jugendlicher Opposition hatten daher weitgehend ausgeschaltet zu werden. Das Generationsbewußtsein der Jugend sollte ausschließlich in der staatsparteilichen Monopoljugendorganisation der Hitler Jugend (HJ) repräsentiert sein. Die HJ, wohl eine der effektivsten Jugendorganisationen der Geschichte, hatte die Aufgabe, die nachwachsenden Generationen möglichst restlos an die Ideale des Nationalsozialismus zu binden, und Verhaltensweisen einzutrainieren, die im faschistischen Alltag benötigt wurden. Die Anziehungskraft der jugendverbandlichen Aktivitäten einerseits, die staatlichen Druck- und Zwangsmittel andererseits brachten es zuwege, dass die überwiegende Mehrheit der Zehn- bis 18-jährigen im „Dritten Reich" durch die HJ-Erziehungspflicht in eine nationalsozialistische Drillgemeinschaft zusammengefasst werden konnten.

Von Beginn an war die HJ eine parteiabhängige und unselbstständige Organisation der NSDAP, und dies ist sie auch bis 1945 geblieben. Bis 1933 hatte sie in Deutschland quasi die Rolle einer Art Jung-SA mit sozialrevolutionärem Touch zu spielen. Nach der „Machtergreifung" wurde die HJ zur zentralen Erziehungsorganisation der NS-Gesellschaft. Sie wurde zu einem System der totalen Erfassung und Beeinflussung der Jugend entwickelt, und damit zu einem wesentlichen Mittel in der Herrschaftserhaltung des NS-Regimes. Die Organisationsstruktur der HJ war hierarchisch, statisch und reglementiert, ihr Wirkungsfeld im Bezug auf Arbeitsbereiche und Arbeitsmittel so total wie möglich. Die Stellung der HJ gegenüber Partei und Staat nahm sich auf einer unteren Ebene zwar relativ selbstständig aus. Tatsächlich aber war die HJ in ihrer Führung völlig von der des Regimes abhängig. Sie stellte lediglich die erzieherische Exekutive derselben dar:[7] „Die HJ ist ein korporativer Bestandteil der NSDAP. Ihre Aufgabe ist es, darüber zu wachen, dass die neuen Mitglieder der nationalsoziali-

---

[7] Arno Klönne, Jugend im Dritten Reich. Die Hitler-Jugend und ihre Gegner (Köln 1999) 128 ff.

stischen Bewegung in demselben Geist erzogen werden, durch den die Partei groß wurde [...] Wer mit 10 oder 12 Jahren in das Deutsche Jungvolk eingetreten ist, und bis zu seinem 18. Lebensjahr der HJ angehörte, hat eine so lange Bewährungsprobe hinter sich, dass die nationalsozialistische Partei sicher ist, in ihm einen zuverlässigen Kämpfer zu haben."[8] Von der Perspektive der Jugendlichen aus intervenierte die HJ in das komplexe Interaktionsfeld der Erziehungs- und Sozialisationsräume von Familie, Schule, Berufsausbildung, kirchlichen Instanzen sowie jugendlichen Peergroups. Sozialpsychologisch gesehen organisierte und kanalisierte die HJ die während der Jugend stattfindende Ablösung der Jugendlichen von den Eltern in einem nationalsozialistischen Sinn und für ein nationalsozialistisches Ziel. Gerade in dieser von pubertären Konflikten gekennzeichneten Übergangsphase von der Eltern- zur Gruppenbindung wurden die jugendlichen Größen- und Allmachtsphantasien seitens der HJ-Erziehung in einer Identifikation mit „Führer" und Gruppenkollektiv aufgehoben, und damit politisch instrumentalisierbar und manipulierbar gemacht. Nicht der einzelne verfüge über die „kindliche Allmacht", sondern die Gruppe, das Volk, die Nation, die „Rasse". An dieser strikten Unterordnung des einzelnen unter die Gemeinschaft mussten zwar die individuellen Größenphantasien zerbrechen, doch mit der Propagierung eines kollektiven Heldentums konnten sich diese in einer strikten Anpassung an die sozialen Rollenvorgaben wieder aufrichten.[9] Dazu wurde ein unangreifbares Weltbild bereit gestellt, das den Jugendlichen teilweise entgegen kam, das sie aber in jedem Fall bedingungslos anzunehmen hatten. Dafür ermöglichte der Nationalsozialismus den Jugendlichen ein partielles Gefühl der Befreiung von den strengen Kontrollen durch Familie, Schule und Kirche; empfundene Befreiungschancen, die in der historischen Erinnerung von Zeitgenossen nach wie vor präsent sind. Viele haben nicht bemerkt, welchen Preis sie für diese scheinbare Befreiung zu zahlen hatten. Der Preis war die bedingungslose Unterwerfung unter die neuen Autoritäten, die die Verhinderung und Auslöschung des jugendlichen Individualismus noch intensiver und brutaler vorantrieben, als es von den alten Autoritäten im Regelfall je intendiert oder möglich gewesen wäre. Die HJ stellte einen Erziehungsraum

---

[8] Schirach, Die Hitler-Jugend (wie Anm. 6) 176 f.
[9] Mario Erdheim, Psychoanalyse, Adoleszenz und Nachträglichkeit. In: Psyche 47. Jg. (1993) 934-950; Waltraud Kannonier-Finster, Hitler-Jugend auf dem Dorf. Biographie und Geschichte in einer soziologischen Fallstudie (Diss. Univ. Innsbruck 1994) 118; Ute Benz, Verführung und Verführbarkeit. NS-Ideologie und kindliche Disposition zur Radikalität. In: Sozialisation und Traumatisierung. Kinder in der Zeit des Nationalsozialismus. Hg. v. Ute Benz und Wolfgang Benz (Frankfurt am Main 1992) 25-39

dar, in dem man sich nicht freiwillig und mit der Intention der Selbstgestaltung, sondern nur in einem Akt bedingungsloser Identifikation zuordnen konnte.[10]

Doch Jugend wurde nicht allein von der HJ konstituiert, bzw. von der NS-Jugendpolitik und NS-Jugendgesetzgebung. Jugend als soziologisches Phänomen konstituierte sich auch in der NS-Zeit entlang von Geschlechts- und Klassengrenzen. Demgemäß kann man auch nicht von „der" Jugend sprechen, sondern von männlicher oder weiblicher, städtischer oder ländlicher, bäuerlicher, proletarischer oder bürgerlicher, regimeloyaler oder regimekritischer bzw. regimefeindlicher Jugend. Soziale Klassenlage und Geschlechtsidentität führten zudem zu unterschiedlichen Periodisierungen von Jugendlichkeit. Proletarische und landarbeiterliche Jugendliche konnten durch einen frühen Eintritt in das Arbeitsleben eine Verkürzung ihrer Jugendlichkeit erleben, bürgerliche, aber auch weibliche Jugendliche durch die Verlängerung ihrer Schul- und Ausbildungszeiten bzw. durch das längere Verweilen im elterlichen Familienverband, eine Verlängerung ihrer Jugendzeit erfahren.

Im Folgenden soll als pragmatische Grenzziehung in der altersbestimmten Definition von Jugendlichkeit im Nationalsozialismus der Lebensraum zwischen dem zehnten und dem 18. Lebensjahr (bei Mädchen der zwischen dem zehnten und 21. Lebensjahr) festgelegt werden. Mit zehn Jahren erfolgte in der Regel der Austritt aus der Volksschule sowie der Eintritt in die NS-Jugendorganisation, aus der man dann (als Junge) mit 18 Jahren ausschied, um – im erwünschten Regelfall – einer Parteiorganisation beizutreten. Darüber hinaus wurde mit der Wehrfähigkeit und mit dem Tragen der Wehrmachtsuniform ab 18 Jahren der Erwachsenenstatus für die männliche Jugend indiziert, der für die weibliche Jugend mit dem Ende ihrer Jugenddienstpflicht mit 21 Jahren festgelegt. Freilich kann der frühe Zwang zur Uniform im Rahmen der Parteijugend als ein vorzeitiger Entzug von Jugendlichkeit bzw. Kindheit interpretiert werden.

Von dieser Altersbegrenzung von Jugendlichkeit ausgehend, stellten sich die Lebenserfahrungen je nach Alterskohorten unterschiedlich dar: Aus den Jahrgängen 1921 bis 1925/26 rekrutierten sich die jungen Soldaten des Zweiten Weltkriegs, die mindestens ab der zweiten Kriegshälfte an allen Fronten zum Einsatz kamen. Man nannte die Jahrgänge 1921/22 oft auch die „Stalingrad-Jahrgänge". Die Jahrgänge 1926 bis 1928 bildeten die Flakhelfergeneration, wobei ein Teil des Jahrgangs 1927 noch zum

---

[10] Klönne, Jugend im Dritten Reich (wie Anm. 7) 130

Reichsarbeitsdienst bzw. zur Wehrmacht eingezogen wurde. Der Jahrgang 1929 bildete eine dritte Gruppe. Er wurde, von Ausnahmen abgesehen, nicht mehr als Luftwaffenhelfer einbezogen, allerdings in vielfach anderer Weise vom Kriegsdienst erfasst. Bei den Mädchen war es noch komplizierter: Wer 1944 jünger als 19 Jahre war, wurde in der Regel nicht mehr vom weiblichen Reichsarbeitsdienst erfasst. Der Jahrgang 1926 bildete meist die Binnengrenze: Wer älter war, wurde in der Regel oft zu verschiedenen Formen des Kriegshilfsdienstes herangezogen, wer jünger war, im Allgemeinen nicht.[11]

Zur Entwicklung der Sozialstruktur der oberösterreichischen Jugend im Nationalsozialismus lässt sich leider nur sehr wenig sagen. Empirisches Material liegt für die Zeit Ende 1937/Anfang 1938 vor. Aufgrund einer im Dezember 1937 vom Land Oberösterreich durchgeführten Jugendstatistik für alle Jugendlichen des Landes der Jahrgänge 1918 bis 1923 kam es bis Ende Februar 1938 zu folgender Auswertung: Von den 88.315 ausgefüllt eingelangten Meldeblättern der zu zählenden männlichen und weiblichen Jugendlichen deklarierten sich 52.549 als in Arbeit stehend, 8749 als Lehrlinge in Ausbildung, 1723 waren Volks- oder Hauptschüler, 6735 besuchten Mittel- oder Berufsschulen, 5174 suchten (etwa als „Haustöchter") keine Beschäftigung, 983 waren erwerbsunfähig und 12.402 (14 Prozent, davon 6122 Buben und 6280 Mädchen) beschäftigungslos. Die meisten Arbeitslosen gehörten den zwei jüngsten Jahrgängen an. Die Buben hatten um 5075 Lehrstellen mehr als die Mädchen, 4872 Lehrstellensuchende hatten keine Lehrstelle, darunter 3324 Buben. Von 3644 Jugendlichen, die einen Beruf erlernt hatten, waren 967 ohne berufliche Beschäftigung, hiervon 934 arbeitslos (davon 678 Buben). Der überwiegende Teil der oberösterreichischen Jugend war in der Landwirtschaft tätig: Hier standen 21.532 Jugendliche im elterlichen Betrieb, 22.841 in einem fremden Betrieb in Verwendung. 3215 Mädchen hatten eine Stelle als Hausgehilfin, 3342 suchten eine Stelle als Hausgehilfin. Die von den Jugendlichen am meisten gewählten Lehrberufe lagen im (Lebensmittel-)Handel und in der Textilbranche, gefolgt von Berufswünschen wie Bäcker, Möbeltischler oder Maschinenschlosser.[12]

Für die Zeit des Nationalsozialismus lässt sich generell eine deutliche Landflucht, eine „Flucht" aus dem bäuerlichen und landarbeiterlichen

---

[11] Rolf Schörken, Jugend 1945. Politisches Denken und Lebensgeschichte (Frankfurt am Main 1995) 13

[12] Josef Zehetner, Jugendlichen-Statistik. In: Jugendfürsorge in Oberösterreich. Nachrichten-Blatt des oberösterreichischen Landes-Jugendamtes 10. Jg. Nr. 2 und 3 (Linz Mai 1938) 22 ff.

Milieu, hin zu gewerblichen, industriellen und Dienstleistungs-Berufen feststellen. Landflucht war sicherlich kein exklusiv jugendliches Phänomen und auch bereits lange vor dem Nationalsozialismus weit verbreitet. Doch eröffnete die NS-Industrialisierungspolitik, die in Oberösterreich den Raum Braunau am Inn, Lenzing, Steyr, Wels und Linz, aber auch Hörsching (Flughafen) und die Baustellenbereiche der Reichsautobahn betraf, einem jugendlichen Landarbeiter realistische Perspektiven, auf einer Baustelle bzw. in einem Betrieb der (Rüstungs-)Industrie eine besser bezahlte Arbeit zu bekommen. Trotz aller Gegenmaßnahmen des Regimes stieg die Zahl der „Landflüchtigen" in den Jahren nach 1938 weiter an. Zur Frage der Eindämmung der Landflucht hatten sich in den einzelnen Kreisen eigens Arbeitsgemeinschaften gebildet, die sich aus dem Kreisleiter, dem Landrat und dem Kreisbauernführer zusammensetzten. Vom Gauleiter wurde eigens ein Gauinspektor mit der Bearbeitung dieser Problematik beauftragt. Der Erfolg schien gleichwohl gering: „Mit Jahresende [1938; Anm. TD] haben viele Dienstboten gekündigt, sitzen zu Haus und warten, dass sie in die Industrie gehen können."[13] Die mit der Zuweisung von Lehrstellen betraute Berufsberatung der Deutschen Arbeitsfront (DAF) in Linz vermeldete, dass „die Nachfrage nach Lehrposten [...] groß [wäre], ganz besonders für das Metallgewerbe. In Gefahr steht der Arbeitsnachwuchs im Baugewerbe und in der Steinindustrie; denn früher wurden die Jugendlichen, da sie noch für diese Arbeiten zu schwach waren, zuerst auf einige Jahre in die Landwirtschaft geschickt, bis sie sich körperlich derartig gekräftigt hatten, dass sie dann in die genannten Handwerke eintreten konnten. Heute scheut jeder Arbeiter davor zurück, seinen Sohn in die Landwirtschaft zu geben, weil er glaubt, er müsse dann immer landwirtschaftlicher Arbeiter bleiben."[14]

Für das NS-Regime war die Landflucht der Jugend ein sozial-, arbeitsmarkt- und kriegswirtschaftspolitisch eminentes Problem, das man ideologisch zu einer „Kernfrage des deutschen Bauerntums" stilisierte: „Es ist hierbei die besondere Aufgabe der Hoheitsträger in ihrem Gebiet alle Sorge daran zu setzen, daß die Abwanderung der landwirtschaftlichen Arbeitskräfte gestoppt wird und die heranwachsende Jugend auf dem Lande als Arbeitskräfte verbleiben [sic!], denn es handelt sich hier nicht allein um die erfolgreiche Durchführung des Vierjahresplanes zur Sicherung der Er-

---

[13] ÖStA/AdR, Bürckel Nachträge, Sch. 4 (rot), Mappe Büro Kneissel: Zl. 31.5, Politischer Lagebericht des Gaues Oberdonau für den Monat Februar 1939
[14] Ebd.

nährung und damit der politischen Freiheit des deutschen Volkes, sondern auch um die Erhaltung der gesunden, ländlichen Bevölkerung als Blutquelle der Nation." Konkret angedachte Maßnahmen dazu waren die Erhöhung der Löhne für Landarbeiter, die im Durchschnitt bei der Hälfte von dem lagen, was ein junger Mann im Straßenbau verdienen konnte. Ein weiterer Punkt lag in der Verbesserung der Wohnverhältnisse, was unter anderem durch die Errichtung von Landarbeiterwohnungen sowie die Gewährung von Ehestandsdarlehen und Einrichtungszuschüssen, die von Seiten des Reiches vergeben wurden, erreicht werden sollte: Kein Knecht sollte mehr im Stall schlafen müssen. Im Geiste einer „paternalistischen Erziehungspolitik" sollten die Ortsbauernführer auf die Bauern diesbezüglich positiven Einfluss nehmen. Darüber hinaus sollte bei den jugendlichen Knechten und Mägden auf eine Verbesserung von Kleidung und Hygiene hingewirkt werden. Nicht zuletzt sollte die ideelle und mentale Bindung der Jugend an das Land und das Landleben gefördert werden: „Der Landdienst der HJ geht bewußt diesen Weg, unsere Jungen auf das Land hinaus zu bringen und sie an die Landarbeit zu binden und auf dem Lande zu verankern."[15]

---

[15] OÖLA, Politische Akten, Sch. 45: Gauleitung der NSDAP, Gauschulungsamt, Rednerleitblatt für die Schulungsarbeit des Gaues Oberdonau im Januar/Februar 1939, ausgearbeitet mit Unterstützung des Reichsnährstandes (Hervorhebung im Original)

Abb. 1: Trommler 1943/44, Foto: Heimrad Bäcker". Quelle: Sammlung Merighi

Jugendideale

> „Was wir von unserer deutschen Jugend wünschen,
> ist etwas anderes, als es die Vergangenheit gewünscht hat.
> In unseren Augen, da muß der deutsche Junge der Zukunft schlank und rank sein,
> flink wie Windhunde, zäh wie Leder und hart wie Kruppstahl.
> Wir müssen einen neuen Menschen erziehen,
> auf daß unser Volk nicht an den Degenerationserscheinungen der Zeit zugrunde geht."[16]

Der Nationalsozialismus verstand sich als eine quasireligiöse Weltanschauung. Das Mittel, die Geltung dieser Weltanschauung durchzusetzen, war die Erziehung. Die Kindheit, deren zeitliches Ende mit dem Eintritt in die HJ mit zehn Jahren festgelegt wurde, lag im nationalsozialistischen Verständnis noch im unpolitischen Raum. Die Jugend hingegen war bereits politisch formbar, und daher propagandistisch von Relevanz: „Mit Kind", so die begriffliche Vorstellung von Reichsjugendführer Baldur von Schirach, „bezeichnen wir die nichtuniformierten Wesen, die noch nie einen Heimatabend und einen Ausmarsch mitgemacht haben."[17]

Diese „nichtuniformierten Wesen" stellten natürlich eine optimale Erziehungsmasse dar, waren sie doch von vorangegangenen Zeiten und ihren ideologischen und politischen Erfahrungen und Prägungen nicht belastet. „Denn: das Menschenmaterial, mit dem wir arbeiten, ist, was die älteren Jahrgänge anbetrifft, noch nicht das Produkt unserer Erziehung, sondern Ergebnis der Erziehungsversuche einer Epoche, die im Inneren uneins war."[18] Hingegen konnte der junge „Pimpf" bereits als Nationalsozialist aufwachsen und musste dazu nicht erst „umerzogen" werden: „Schaut euch den zehnjährigen Pimpfen an, wie er vor seinem Spielmannszug marschiert oder die Fahne trägt: so marschiert ein freier Mensch. Rein körperlich betrachtet, ist dies eine Generation mit neuer Haltung. Keine Kriegskinder mehr, Jungen, in einer einmütigen Zeit aufgewachsen. Im Vergleich zur Vorkriegsjugend – welch gewaltige Wandlung! Sie spielen nicht mehr Indianer, sondern leben ihren Bund. Auf ihren schwarzen Fahnen leuchten die Zeichen der Erhebung. Dumpfe Trommeln dröhnen vor ihnen her. Fast alle Zehnjährigen Deutschlands marschieren in einer Uniform. Was wissen diese Buben noch von Klassengeist und Klassenhaß? In ihrer Vorstellung

---

[16] Rede Adolf Hitlers am Reichsparteitag in Nürnberg 1935; zitiert nach Schirach, Die Hitler-Jugend (wie Anm. 6) 196
[17] Zitiert nach Heinz Boberach, Jugend unter Hitler (Düsseldorf 1982) 30
[18] Schirach, Die Hitler-Jugend (wie Anm. 6) 103

ist die Zeit der deutschen Zerrissenheit nur nebelhaft unwirklich. So klein sie sind, in ihnen marschiert das sozialistische Jahrhundert."[19]
So neu wie behauptet waren natürlich viele Maßnahmen und Ideale der nationalsozialistischen Jugendarbeit nicht. Uniform, Organisierung und Militarisierung spielten auch vor 1933 bzw. 1938 in der Jugenderziehung eine bedeutende Rolle. Viele Methoden und Gestaltungsmittel wurden aus der bündischen Jugend der Zeit vor der Etablierung nationalsozialistischer Herrschaft entlehnt. Die Strukturen und Symbole bündischer Jugendkultur, wie Fahren, Lager, Geländespiel, Heimabend, oder das Ideal „Jugend wird von Jugend geführt", bildeten „Vorgaben", die eine spezifisch nationalsozialistische Tönung, eine totalitäre Zuspitzung und Weiterentwicklung in einer staatlichen Zwangsorganisation erfuhren.[20]
In Österreich bestand bereits vor dem Anschluss 1938 eine „austrofaschistische" Staatsjugendorganisation. Nach dem Verbot der politischen Parteien durch den „autoritären Ständestaat", von dem die Jugendorganisationen ebenso betroffen waren wie die Mutterparteien, sollte nach 1936 eine eigene Staatsjugendorganisation nach dem Vorbild der Jugendorganisationen des faschistischen Italien (Ballila) und des nationalsozialistischen Deutschland (HJ) aufgebaut werden. Neben diesem „Österreichischen Jungvolk" durften mit Ausnahme der katholischen Jugendgruppen keine anderen Jugendorganisationen bestehen. Das „Österreichische Jungvolk" wurde autoritär aufgebaut und geleitet, und sollte auf freiwilliger Basis alle österreichischen Jugendlichen nach Geschlecht getrennt erfassen, und diese zu guten, regimekonformen Staatsbürgern erziehen. Dabei spielte die religiöse Erziehung naturgemäß eine bedeutende Rolle. Gemäß dem im August 1936 erlassenen „Bundesgesetz über die Vaterländische Erziehung der Jugend außerhalb der Schule" konnten auf Anordnung des Unterrichtsministeriums bzw. der Landesschulbehörden alle Jugendlichen zu „vaterländischen" Feiern und Veranstaltungen herangezogen werden.[21]
Die nationalsozialistische Pädagogik und Jugenderziehung konnte also auf ideelle und organisatorische Vorbilder und Vorgänger zurückgreifen. Nichtsdestotrotz waren die allgemeinen Erziehungsideale, die sich bereits paradigmatisch in Reden und Aufzeichnungen Adolf Hitlers sowie in sei-

---

[19] Ebd., 84
[20] Karin Herzele, Bündische Jugend und Nationalsozialismus (Dipl.arbeit Univ. Klagenfurt 1992)
[21] Jugend unterm Hakenkreuz. Erziehung und Schule im Faschismus. Hg. v. Oskar Achs – Eva Tesar (Wien – München 1988) 14; Franz Gall, Zur Geschichte des Österreichischen Jungvolks 1935-1938. In: Beiträge zur Zeitgeschichte. Festschrift Ludwig Jedlicka zum 60. Geburtstag. Hg. v. Rudolf Neck – Adam Wandruszka (St. Pölten 1976) 217-235; Johanna Gehmacher, Jugend ohne Zukunft. Hitler-Jugend und Bund Deutscher Mädel in Österreich vor 1938 (Wien 1994) 408 ff.

nem Buch „Mein Kampf" niedergelegt finden, und deren grundlegende normative Kraft als Dogma der NS-Pädagogik und Richtschnur pädagogischen Denkens und Handelns bis zum Ende des „Dritten Reichs" unverändert aktuell blieben, von einer weit darüber hinausgehenden Qualität: „Meine Pädagogik ist hart. Das Schwache muß weggehämmert werden. In meinen Ordensburgen wird eine Jugend heranwachsen, vor der sich die Welt erschrecken wird. Eine gewalttätige, herrische, unerschrockene, grausame Jugend will ich. Jugend muß das alles sein. Schmerzen muß sie ertragen. Es darf nichts Schwaches und Zärtliches an ihr sein. Das freie, herrliche Raubtier muß erst wieder aus ihren Augen blitzen. Stark und schön will ich meine Jugend. Ich werde sie in allen Leibesübungen ausbilden lassen. Ich will eine athletische Jugend. Das ist das Erste und Wichtigste. So merze ich die tausende von Jahren der menschlichen Domestikation aus. So habe ich das reine, edle Material der Natur vor mir. So kann ich das Neue schaffen.
Ich will keine intellektuelle Erziehung. Mit Wissen verderbe ich mir die Jugend. Am liebsten ließe ich sie nur lernen, was sie ihrem Spieltriebe folgend sich freiwillig aneignen. Aber Beherrschung müssen sie lernen. Sie sollen mir in den schwierigsten Proben die Todesfurcht besiegen lernen. Das ist die Stufe der heroischen Jugend. Aus ihr wächst die Stufe des Freien, des Menschen, der Maß und Mitte der Welt ist, des schaffenden Menschen, des Gottmenschen."[22]
Die Betonung der „Willens- und Charakterschulung" gegenüber der „Verstandesschulung" wird auch im folgenden Zitat deutlich: „Der völkische Staat hat in dieser Erkenntnis seine gesamte Erziehungsarbeit in erster Linie nicht auf das Einpumpen bloßen Wissens einzustellen, sondern auf das Heranzüchten kerngesunder Körper. Erst in zweiter Linie kommt dann die Ausbildung der geistigen Fähigkeiten. Hier aber wieder an die Spitze die Entwicklung des Charakters, besonders die Förderung der Willens- und Entschlußkraft, verbunden mit der Erziehung zur Verantwortungsfreude, und erst als letztes die wissenschaftliche Schulung. Der völkische Staat muß dabei von der Voraussetzung ausgehen, daß zwar ein wissenschaftlich wenig gebildeter, aber körperlich gesunder Mensch mit gutem, festem Charakter, erfüllt von Entschlussfreudigkeit und Willenskraft, für die Volksgemeinschaft wertvoller ist als ein geistreicher Schwächling."[23]

---

[22] Zitiert nach Hermann Rauschning, Gespräche mit Hitler (Zürich – Wien – New York 1940) 237
[23] Adolf Hitler, Mein Kampf (München 1942) 453

Die Erziehung eines gesunden Körpers galt in der nationalsozialistischen Logik als Voraussetzung für die Schaffung eines gesunden „Volkskörpers". Aufgrund der Überzeugung, dass durch körperliche Ertüchtigung die „rassischen Merkmale" gestärkt werden könnten, sollten die nationalsozialistischen „Leibesübungen" als angewandte „Blutspolitik" wirken, die der stets drohenden „rassischen Zersetzung" entgegen wirken sollten. Leibeserziehung war aber auch Charaktererziehung. Durch sie galt es zu lernen, wie man durch Willen Hindernisse beseitigen, Siege erringen und Niederlagen ertragen könne. Willensschulung, Selbstdisziplin und Selbstzucht, Selbstüberwindung und Selbstunterwerfung, Hingabe und Opferfreudigkeit, Steigerung der Erfassungs- und Entschlussfähigkeit sowie Schulung eines kämpferischen Bewusstseins sollten die Früchte der Leibeserziehung bei der „arischen" deutschen Jugend sein:[24] „Der kämpferische Gedanke ist es also, der den Sport als einzigartiges Erziehungsmittel erscheinen läßt. Nur Kampf und Sieg gibt dem Einzelnen wie auch einem ganzen Volk Stolz und Selbstvertrauen gegenüber seinen Widersachern. Dieses Selbstvertrauen aber muß schon von Kindheit an dem jungen Volksgenossen anerzogen werden. Seine gesamte Erziehung und Ausbildung muß darauf angelegt sein, ihm die Überzeugung zu geben, anderen unbedingt überlegen zu sein. Er muß in seiner körperlichen Kraft und Gewandtheit den Glauben an die Unbesiegbarkeit seines ganzen Volkstums wiedergewinnen. Diese Erziehung zeitigt beim jungen Menschen Auswirkungen: er gewöhnt sich frühzeitig daran, die Überlegenheit des Stärkeren anzuerkennen und sich ihm unterzuordnen."[25]

In einer Dienstanweisung der HJ Oberdonau aus dem Jahr 1939 wurde zur Einübung dieses „kämpferischen Gedankens" folgendes „Spiel des Monats" empfohlen: „Kampf ums Dasein: Wir teilen drei Felder ein. Alle sind im Feld 1. Jeder sucht jeden hinauszudrängen. Wer ins 2. Feld gestoßen wird, kämpft hier weiter, sucht die anderen ins Feld 3 zu drängen. Dort ge-

---

[24] Dagmar Baumkirchner, Die Bedeutung der Leibesübungen im Nationalsozialismus im Rahmen der Erziehung der Jugend – unter besonderer Berücksichtigung der Eingliederung der völkischen Turnvereine und der Tätigkeiten in der Hitler-Jugend in der Steiermark (Diss. Univ. Graz 1988) 31 ff., 216ff.

[25] Wilhelm Heußler, Aufbau und Aufgaben der NS-Jugendbewegung (Würzburg 1940); zitiert nach Klönne, Jugend im Dritten Reich (wie Anm. 7) 80; ähnlich, bzw. wortident die Formulierungen in „Mein Kampf": „Gerade unser deutsches Volk, das heute zusammengebrochen den Fußtritten der anderen Welt preisgegeben darliegt, braucht jene suggestive Kraft, die im Selbstvertrauen liegt. Dieses Selbstvertrauen aber muß schon von Kindheit auf dem jungen Volksgenossen anerzogen werden. Seine gesamte Erziehung und Ausbildung muß darauf angelegt sein, ihm die Überzeugung zu geben, anderen unbedingt überlegen zu sein. Er muß in seiner körperlichen Kraft und Gewandtheit den Glauben an die Unbesiegbarkeit seines ganzen Volkstums wiedergeben."; zitiert nach Hitler, Mein Kampf (wie Anm. 23) 456

schieht dasselbe. Wer aus dem Feld 3 gestoßen ist scheidet aus. Nach dem Spiel machen wir kurz einige Ordnungsübungen und singen ein Lied im Marsch."[26] Dieser inszenierte, die jugendliche Neigung zum Balgen instrumentalisierende Kampf „Jeder gegen Jeden" sollte die allgemeine Kampfes- und Siegeslust der Beteiligten steigern, und die im Titel des „Spiels" ausgedrückte Überzeugung, dass Leben kämpfen heiße, vermitteln, bzw. die dafür adäquate „Boxerethik" als Erziehungsideal.[27] Das HJ-Spiel veranschaulicht aber auch die nationalsozialistische Vorstellung von der quasi „natürlichen" Sieger- und damit Führerauslese. In einem archaischen „Urkampf" kristallisiere sich das Stärkere und damit Siegreiche als „geborenes Führertum" heraus, dem sich das Schwache und daher Besiegte zu unterwerfen habe, falls es nicht ohnedies „ausgeschieden" werde.

Gemäß nationalsozialistischer Weltanschauung hätten die Menschen aufgrund ihres Erbguts die Anlage zum „Führen". Der „geborene Führer" wäre also ein Jugendlicher, dessen „ursprüngliche Führereigenschaften" sich in einem anarchischen Konflikt quasi automatisch feststellen ließen. Dem so ermittelbaren „spontanen Führertum", ausgestattet mit einem in „ursprünglicher Impulsivität" „triebhaft" aus einem herauskommenden Führungswillen, stehe das „unselbstständige Führertum" gegenüber, zu dessen Entstehung äußere Fremdanstöße notwendig wären.[28] In jedem Fall aber bestimme das Erbgut, wer zum Führen und Befehlen geboren wäre, gleich wie die „Minderwertigkeit" eines Jugendlichen ebenso als eine Sache des „Blutes" definiert wurde.

Die Ordnungsübung am Schluss des Spiels „Kampf ums Dasein" verweist freilich auf den bereits vorgegebenen Rahmen einer HJ-Führerordnung, in die der jugendliche Dienstpflichtige inkorporiert wurde, und innerhalb derer er nur durch systemangepassten Dienst und systemkonforme Leistung vorwärts kommen konnte: „Niemals aber darf es einen anderen Schlüssel zum Tor der Führung geben als die Leistung. Wessen Hände den Schlüssel halten, ob Arbeitersohn, Bauernsohn oder Sohn des Gelehrten, das alles ist gleichgültig. Nur eines entscheidet: Er muß vom Adel der Leistung sein, von diesem einzigen Adel, den die neue Jugend kennt."[29] „Auch der Sohn des Millionärs hat keine andere Tracht als der Sohn des Arbeitslosen. Beide tragen das Kleid der Kameradschaft [...] Die Uniform der HJ ist der

---

[26] Führerdienst HJ, Gebiet Oberdonau (29), März 1939, Folge 5, 8
[27] Boberach, Jugend unter Hitler (wie Anm. 17) 90
[28] Ludwig Hemm, Die unteren Führer in der HJ. Versuch ihrer psychologischen Typengliederung (Beiheft 87 zur Zeitschrift für angewandte Psychologie und Charakterkunde, Leipzig 1940) 22 ff.
[29] Schirach, Die Hitler-Jugend (wie Anm. 6) 65

Ausdruck einer Haltung, die nicht nach Klasse und Besitz fragt, sondern nur nach Einsatz und Leistung."[30]
Höchstes Ziel aller nationalsozialistischer Erziehung war die Vermittlung der nationalsozialistischen Rassenlehre, mit den Vorstellungen von der genuinen Ungleichheit der „Rassen", der „existenziellen" Gefährdung eines „höherwertigen" Volkes durch die Vermischung mit „minderwertigen Rassen" sowie des dauernden Kampfes zwischen ihnen um Überleben, Macht und Herrschaft: „So muß die ganze Erziehung darauf eingestellt werden, die freie Zeit des Jungen zu einer nützlichen Ertüchtigung seines Körpers zu verwenden. Er hat kein Recht, in diesen Jahren müßig herumzulungern, Straßen und Kinos unsicher zu machen, sondern soll nach seinem Tageswerk den jungen Leib stählen und hart machen, auf daß ihn dereinst auch das Leben nicht zu weich finden möge. Dies anzubahnen und auch durchzuführen, zu lenken und zu leiten ist die Aufgabe der Jugenderziehung, und nicht das ausschließliche Einpumpen sogenannter Weisheit. Sie hat auch mit der Vorstellung aufzuräumen, als ob die Behandlung seines Körpers jedes einzelnen Sache selber wäre. Es gibt keine Freiheit, auf Kosten der Nachwelt und damit der Rasse zu sündigen."[31] Daher habe die „gesamte Bildungs- und Erziehungsarbeit des völkischen Staates [...] ihre Krönung darin [zu] finden, daß sie den Rassesinn und das Rassegefühl instinkt- und verstandesmäßig in Herz und Gehirn der ihr anvertrauten Jugend hineinbrennt. Es soll kein Knabe und kein Mädchen die Schule verlassen, ohne zur letzten Erkenntnis über die Notwendigkeit und das Wesen der Blutreinheit geführt worden zu sein."[32]
Obwohl der „Rassegedanke" und der „Rassenkonflikt" über den Geschlechterkonflikt gelegt wurde, bestanden innerhalb der „arischen Rasse" „natürlich-anthropologisch gesetzte Wesensbestimmungen der Geschlechter", ein „Wesen des Mannes" und ein „Wesen der Frau", die Baldur von Schirach in seinen erzieherischen Konsequenzen auf die simple Formel: „Jeder Junge will ein Mann [...] und jedes Mädchen eine Mutter"[33] werden, brachte.
Mann sein hieß im konkreten Sinn Soldat sein. Der deutsche Junge sollte in der HJ freilich zum „politischen Soldaten", zum Träger einer „Idee", erzogen werden: „Unter dem politischen Soldaten verstehen wir den Solda-

---

[30] Ebd., 77 f.
[31] Hitler, Mein Kampf (wie Anm. 23) 277 f.
[32] Ebd., 475 f.
[33] Schirach, Die Hitler-Jugend (wie Anm. 6) 98

ten, der nicht nur gehorcht, sondern der weiß, *wem* er gehorcht; der nicht nur kämpft, sondern auch weiß, wofür er kämpft. Auch das wiederum nicht individualistisch verstanden: der sich Gedanken über die Eigenart seiner Vorgesetzten macht, sondern der sich als *Soldat einer konkret dargestellten Idee*, eines geschichtlichen Auftrages fühlt."[34] Gleich den militärischen Tugenden hatten die Tugenden eines „deutschen" Jungen Treue, Gehorsam, Mut, Tapferkeit, Opferbereitschaft, Stolz und Ehre zu heißen. Der Hitlerjunge hatte aktivistisch und leicht aktivierbar zu sein, körperlich leistungsfähig und beruflich tüchtig, an eine Organisationsdisziplin gewöhnt, und bereit, sich Normen unreflektiert zu unterwerfen, wenn sie nur von der als rechtmäßig anerkannten Führung kämen. Demgemäß orientierte sich auch das Selbstwertgefühl an der jeweiligen Position innerhalb der HJ-Organisation, und konnte sowohl gegenüber niederrangigen Gleichaltrigen, als auch gegenüber Erwachsenen außerhalb der Befehlshierarchie dementsprechend selbstbewußt ausstrahlen.[35]

Die HJ-Prägung sollte aber nicht nur den ganzen äußeren Habitus eines Jungen bestimmen, sondern bis in die Poren des Körpers dringen: „Der Kopf wird hoch getragen, das Kinn ein wenig an den Hals herangezogen. Der Blick ist geradeaus gerichtet. Die Muskeln sind leicht und gleichmäßig angespannt. Krampfhafte Muskelanspannung führt zu einer schlechten und gezwungenen Haltung."[36] „Ausdrücke wie ‚zackig' und ‚drahtig' [werden] auch in anderen Verbänden gebraucht, aber hier bezeichnen sie einen besonderen Typ. Es liegt in diesem Typ etwas Selbstständiges, Rasches, Lebendiges und Sieghaftes. Es fehlt das doch sonst gerade bei 14- bis 18-jährigen so häufig vorhandene Flegel- und Lümmelhafte. Die Selbstdisziplin ist so stark geschult, dass sie selbst das diesen Lebensjahren Eigene überwindet und der soldatischen Haltung den Vorrang gibt."[37]

Diese Erziehung zum disziplinierten Körper, zu seinem pflichtbewussten Funktionieren in einer vorgegebenen Ordnung sowie zum leistungsorientierten Aktivismus und zur forschen, kämpferischen, in die Welt hinausdrängenden Orientierung fand letztlich im Kriegseinsatz ihre logisch-kon-

---

[34] Alfred Bäumler, Männerbund und Wissenschaft (Berlin 1934) 158 f.; zitiert nach Èric Michaud, „Soldaten einer Idee". Jugend im Dritten Reich. In: Geschichte der Jugend 2. Hg. v. Giovanni Levi – Jean-Claude Schmitt (Frankfurt am Main 1996) 345 (Hervorhebung im Original)
[35] Klönne, Jugend im Dritten Reich (wie Anm. 7) 82
[36] HJ im Dienst. Ausbildungsvorschrift für die Ertüchtigung der deutschen Jugend. Hg. v. der Reichsjugendführung, 1940; zitiert nach Boberach, Jugend unter Hitler (wie Anm. 17) 46
[37] Georg Usadel, Entwicklung und Bedeutung der nationalsozialistischen Jugendbewegung (Bielefeld – Leipzig 1934) 31 f.; zitiert nach Christoph Schubert-Weller, Hitler-Jugend: vom „Jungsturm Adolf Hitler" zur Staatsjugend des Dritten Reiches (Weinheim/München 1993) 165

sequente Erfüllung. Systemimmanent schien die permanente Leistungserziehung in den Sport-, Berufs- und sonstigen Wettkämpfen der HJ, die permanente „Auslese der Tüchtigsten", geeignet, die tatsächliche Starre des NS- und HJ-Systems durch eine vordergründige Befriedigung jugendlicher Bedürfnisse nach „Dynamik" zu überdecken.[38]

„Wie der Junge nach Kraft strebt, so strebe das Mädel nach Schönheit. Aber der BDM verschreibt sich nicht dem verlogenen Ideal einer geschminkten und äußerlichen Schönheit, sondern ringt um jene ehrliche Schönheit, die in der harmonischen Durchbildung des Körpers und im edlen Dreiklang von Körper, Seele und Geist beschlossen liegt. Diesem Ziel dient die immer größer werdende sportliche Arbeit des BDM, diesem selben Ziel die weltanschauliche Schulung. Jeder Heimabend, jedes Lager stehe in diesem Zeichen. Die Generation, die einmal an der deutschen Zukunft mitgestalten will, braucht heroische Frauen. Schwächliche ‚Damen' und solche Wesen, die ihren Körper vernachlässigen und in Faulheit verkommen lassen, gehören nicht in die kommende Zeit. Der BDM soll die stolzen und edlen Frauen hervorbringen, die im Bewußtsein ihres höchsten Wertes nur dem Ebenbürtigen gehören wollen."[39]

Da „das Ziel der weiblichen Erziehung [...] unverrückbar die kommende Mutter zu sein" habe,[40] müsse auch das „deutsche" Mädel „Trägerin nationalsozialistischer Weltanschauung" sein, damit sie „den nationalsozialistischen Gedanken auch in spätere Geschlechter" hineinerziehen könne.[41] „Weltanschauliche Schulung" war also neben „körperlicher Ertüchtigung" und der Weckung der „sozialen Einsatzbereitschaft" ein wesentliches Mittel zur Formung des „ganzen Mädels". Die angestrebte Harmonie zwischen Körper, Geist und Seele sollte das Fundament für die „richtige mädchengemäße Haltung" bilden, deren Schwerpunkt auf der Ausbildung einer „kulturellen Haltung" lag.[42] Inhalte dieser „kulturellen Haltung" lagen auf dem Gebiet der Lebensgestaltung und erstreckten sich auf die häusliche Erziehung, die Gesundheits-, Kranken- und Säuglingspflege, die Körper- und Schönheitspflege, beinhalteten aber auch das geschmackvolle Kleiden, die Schönheit des Wohnens sowie die Kultur und Geselligkeit in Heim und

---

[38] Klönne, Jugend im Dritten Reich (wie Anm. 7) 77
[39] Schirach, Die Hitler-Jugend (wie Anm. 6) 97
[40] Hitler, Mein Kampf (wie Anm. 23) 460
[41] Wille und Macht. Führerorgan der NS-Jugend, Jänner 1935, 4; zitiert nach Martin Klaus, Mädchenerziehung zur Zeit der faschistischen Herrschaft in Deutschland. Der Bund Deutscher Mädel (Köln 1998) 44 f.
[42] Klaus, Mädchenerziehung (wie Anm. 41) 47

Familie. Damit fungierte das „deutsche Mädel" als Trägerin und Bewahrerin des Kulturerbes des deutschen Volkes.[43]

Das „deutsche Mädel" hatte einsatz- und opferbereit zu sein. Im Bewusstsein um seine künftige Rolle als Hausfrau und Mutter hatte es bereit zu sein, seine ganze Kraft der Familie und der Kinderpflege zu schenken. Berufstätigkeit hatte sich auf traditionelle Frauenberufe im hauswirtschaftlichen, erzieherischen, sozialen und landwirtschaftlichen Bereich zu beschränken. Das äußere Auftreten des Mädels hatte „stolz und gerade" zu sein, und stets die innere Beherrschung widerzuspiegeln, die auf die Kontrolle der körperlichen Bedürfnisse und Lustbestrebungen abzielte. Es hatte sportlich zu sein, da durch körperliche Ertüchtigung die Triebregungen des Körpers beherrscht werden könnten. Das „deutsche Mädel" hatte äußerlich sauber, ungeschminkt, ordentlich gekleidet und gesundheitsbewusst zu sein. Es sollte sich als künftige Gefährtin und Kameradin des Mannes verstehen, für dessen inneren häuslichen Frieden sie als Ehefrau verantwortlich sein würde. Negative Gegenbilder des „blauäugigen deutschen Mädels" waren die „junge Dame", das „Sport-Girl", das „Swing-Girl", aber auch das „Wandervogel-Mädel" und die weiblichen Gang-Mitglieder der so genannten „Schlurfgruppen" („Schlurfkatzen").[44]

Als die zur Erziehung im nationalsozialistischen Sinne geeignetsten Mittel und Orte (sowohl für Jungen als auch für Mädel) wurden Heimabend und Lager angesehen: Der Heimabend des HJ-Dienstes entzog die Jugendlichen im Regelfall an zwei Nachmittagen bzw. Abenden in der Woche dem elterlichen Heim. Laut Dienstplan war ein Abend als Sportabend vorgesehen, der durch Gesundheitsappelle, (Gelände-)Sport-, Kartenleseübungen sowie Kompassschulungen („Zurechtfinden im Gelände") gekennzeichnet war. Der zweite widmete sich den „weltanschaulichen Schulungen"; hier wurden Themen wie „Volk und Blut, Volk und Raum", „Wir brauchen Lebensraum", „Der Kampf um den Osten", aber auch die Geschichte der NSDAP, des Ersten Weltkriegs, Germanenlehre sowie die Biografien des „Führer" und anderer „Führergestalten des Deutschen Volkes" behandelt.

---

[43] Jutta Rüdiger, Die Hitler-Jugend und ihr Selbstverständnis im Spiegel ihrer Aufgabengebiete (Lindhorst 1983) 155

[44] Cornelia Helena Troger, Jugend im Nationalsozialismus. Das NS-Jugendideal und seine verpönten subkulturellen Gegensätze (Dipl.arbeit Univ. Wien 1999) 15 f.; Martin Klaus, Mädchen im Dritten Reich. Der Bund Deutscher Mädel (Köln 1998) 52 f.; Arno Klönne, Jugend im Dritten Reich. Hitler-Jugend und ihre Gegner. Dokumente und Analysen (München 1990) 84; Martin Klaus, Mädchenerziehung zur Zeit der Faschistischen Herrschaft in Deutschland. Der Bund Deutscher Mädel 1 (Frankfurt am Main 1983) 142; Gehmacher, Jugend ohne Zukunft (wie Anm. 21) 254 ff.; Dagmar Reese-Nübel, Kontinuitäten und Brüche in den Weiblichkeitskonstruktionen im Übergang von der Weimarer Republik zum Nationalsozialismus. In: Soziale Arbeit und Faschismus. Hg. v. Hans-Otto Uwe u. Heinz Sünker (Frankfurt am Main 1989) 109-129

Hier fanden auch Feierstunden ihren Platz, wie etwa der jährlich begangene Totenkult um Herbert Norkus, einem „Märtyrer der Bewegung", der als „Blutopfer" der HJ-Bewegung als 15-jähriger 1932 in Berlin während des Plakatklebens von Kommunisten überfallen und erstochen worden war. Im Rahmen des Heimabends wurden aber auch Elternabende organisiert, um den Erwachsenen ein positives Bild von der Arbeit der HJ vermitteln zu können.[45] Bei der Jungmädelschaft gab es ebenfalls einen Heimnachmittag (2 Stunden) sowie einen Sportnachmittag (2 Stunden) pro Woche, darüber hinaus war eine Fahrt im Monat angesetzt, mit der die engere Heimat erkundet werden sollte (ganztägig jeweils am dritten Sonntag im Monat). Zwei Heimnachmittage im Monat sollten der „weltanschaulichen Schulung" dienen. Die übrigen zwei Heimnachmittage konnten für Hand- und Werkarbeit, zum Singen und Spielen verwendet werden, wobei auch hier die ideologische Beeinflussung nicht fehlen sollte: Die zu lernenden Märchen- und Stegreifspiele waren durchwirkt von antisemitischen Stereotypen.[46] Der Heimabend-Dienst sollte sowohl für Hitlerjungen, als auch für BdM-Mädel spätestens um 20 Uhr zu Ende sein.[47]

„Das Lager ist die idealste Form des Jungenlebens. Im Lager wird in Zelten (vereinzelt auch in Baracken) geschlafen. Es wird eine Lagerfahne gehißt, Wachen werden ausgestellt und Jungen bestimmt, die die Verpflegung übernehmen ... Muttersöhnchen lernen im Lager Selbständigkeit, Schwächlinge werden gekräftigt."[48] Solche Jugendlager wurden während der NS-Herrschaft massenhaft organisiert: HJ-Gebietslager, HJ-Führerlager, Bannführerlager, Jungbannlager, Mädellager, Sportwartinnenlager, Singlager, Wochenendlager, jährlich wiederkehrende Sommer(sport)lager und Winter(sport)lager. Im Juli 1939 wurden in ganz Oberdonau ca. 40 Sommerlager mit ihren obligatorischen Zwölf-Mann-Rundzelten für insgesamt etwa 6000 Pimpfe und Hitlerjungen errichtet.[49] Im Juli 1940 waren im Rahmen der Sommerlager insgesamt nur noch 5000 Jungen in 25 Lagern in allen Teilen Oberdonaus anwesend.[50]

---

[45] Führerdienst der HJ, Gebiet Oberdonau (29), Dezember 1938, Folge 2 ff.
[46] JM-Führerinnen-Dienst des Obergaues Oberdonau, März 1940, Folge 1 ff., 15
[47] Der Dienst bei HJ und BdM. In Zukunft Ausgabe eines Monatsplanes. In: Volksstimme. Parteiamtliches Blatt des Gaues Oberdonau der NSDAP, 2. Jg. Nr. 168 vom 21. Juni 1939
[48] Schirach, Die Hitler-Jugend (wie Anm. 6) 107
[49] Die Sommerlager der Hitler-Jugend beginnen! 6000 Pimpfe und Hitler-Jungen erleben in 40 Lagern den Begriff der Gemeinschaft. In: Volksstimme (wie Anm. 47), 2. Jg. Nr. 193 vom 16. Juli 1939
[50] In der Zeltstadt der Jungen bei Ischl. 5000 erleben in 25 Lagern Oberdonaus den Begriff der Gemeinschaft. In: Volksstimme. Amtliche Tageszeitung der NSDAP – Gau Oberdonau, 3. Jg. Nr. 197 vom 19. Juli 1940

Bereits zu Pfingsten 1938 begannen in Oberdonau die ersten Fahrten und Zeltlager der HJ mit Gymnastik, Turnen, Sportwettkämpfen, Geländespielen, Orientierungsübungen im Gelände, gemeinsamen Singen (Heldenlieder, Soldatenlieder, aber auch Lieder aus der bündischen Jugendbewegung oder Heimatlieder), Zeltbauübungen und Selbstverpflegung, Lagerwache und Fahnenhissen, „weltanschaulichen Schulungen" und „Ordnungsdienst" – Antreten in Linie, Marschkolonne, Wegtreten, Wendung im Stand und im Marsch – , Drill bei den Appellen und Rapporten, Kameradschaftsinszenierungen am abendlichen Lagerfeuer und Dorfabenden mit der einheimischen Bevölkerung.[51]

Hier im Lager schien für die „deutsche" Jugend der ideale Ort zur Konstituierung ihres politischen Bewusstseins, ihres nationalsozialistischen Denkens, Fühlens und Wirkens, zu liegen. „Lager" waren im NS-Regime offenbar nicht nur für die noch zu Erziehbaren (Arbeitserziehungslager) vorgesehen, oder für die aus „rassischen" oder sonstigen Gründen „Minderwertigen" zwecks „Ausscheidung" aus der „Volksgemeinschaft" und physischer Vernichtung (Konzentrationslager, Zigeunerlager); auch für die „arischen" Deutschen schien das Lager der pädagogisch beste Aufenthalts-, Organisierungs- und Lernort, der beste Ort in der Formierung des „Volksgenossen" zu sein (HJ-Lager, Schulungslager, Arbeitsdienstlager, Kinderlandverschickungslager). Auch für die „deutsche" Jugend repräsentierte sich die ideale NS-Gesellschaft als eine „Lagergesellschaft".

Sowohl während der Heimabende als auch während der Lageraufenthalte wurde durch Appelle an die Emotionen, durch „Erregung" und „Verführung", versucht, ein Gemeinschaftsgefühl, eine nationalsozialistische Gefühlsgemeinschaft, herzustellen. Leitmotive dieser emotionalen Mobilisierung waren Volk, Kampf, Held, Treue, Opfer, Opferung und letztendlich Tod. Methodisch erfolgte diese affektive Formierung von Gemeinschaftlichkeit mittels Spiel, Musik, Feierstunden und rituellen Handlungen, in denen die „erzieherische Kraft" der Symbole (Hakenkreuzfahne, Standarten, Hoheitszeichen) ebenso eingesetzt wurde, wie die Erlebnissymbolik einer kollektiven Teilhabe an einer quasisakralen Weihehandlung. Die Symbole forderten zum Dienst auf, sie riefen zur Tat und zum Opfer. Sie halfen bei der Formierung des „politischen Soldaten", indem sie den Einzelnen in die „Volksgemeinschaft" – die Dienstordnung, die Lager-

---

[51] HJ-Führerlager in Klaus. Ausbildung des Führernachwuchses der HJ. In: Volksstimme (wie Anm. 47), 1. Jg. Nr. 47 vom 25. August 1938

ordnung, die Staatsordnung – einbauten.[52] Diese Konstituierung von Identität durch bedingungslose Identifikation führte freilich auch zu einem Integriertsein als Selbstzweck, und in der weiteren Folge zur gesellschaftspolitischen Neutralisierung der Jugend im NS-Staat. Innovierende Impulse der Jungen auf die Alten, auf die etablierten Träger der Macht, waren vom NS-System nicht nur völlig unerwünscht, sondern auch praktisch ausgeschlossen.

Der HJ-Dienst gestaltete sich für die Jugendlichen ritualisiert, formalisiert, zugleich aber auch schematisch vollziehbar. Eine innere Teilnahme konnte dadurch überflüssig werden. Wichtig war die Kontrolle des äußeren Verhaltens. Das geordnete Äußere reichte dem NS-Regime als Gewähr für ein geordnetes Inneres. Was zählte waren Leistung, Erfolg und Resultat. Entgegen den Idealen des „politischen Soldaten", des bewussten Kämpfers für eine Idee, konnte man sich mit der Abstattung der geforderten „Pflichterfüllung" auch eine „Verhaltensfassade" aufbauen. Mit der universalen Pflicht der organisierten Teilhabe schaffte sich das NS-Regime auch seine eigene Heuchelei.[53]

Jugendorte I: Familie, Schule, HJ

> „Mancher gutsituierte Familienvater, der vielleicht darüber klagt,
> daß die HJ seine Kinder dem Familienleben entzieht, vergißt,
> daß die HJ seine Kinder berufen hat,
> in der Gemeinschaft der nationalsozialistischen Jugend
> den ärmsten Söhnen und Töchtern unseres Volkes
> zum erstenmal in ihrem Leben so etwas wie eine Familie zu geben."[54]

Die Formierungs- und Homogenisierungsbemühungen des NS-Regimes auf dem Gebiet der Jugenderziehung und Jugendpolitik waren bereits lange vor dem Anschluss Österreichs im Deutschen Reich im Gange, und fanden mit ihrer formalrechtlichen Bestätigung im „Gesetz über die Hitler-Jugend" vom 1. Dezember 1936 ihren vorläufigen Abschluss. Mit ihm wurde die HJ zur „Reichsjugend" erklärt, und die Orte „deutscher Jugend" ein-

---

[52] Friedrich Sturm, Deutsche Erziehung im Werden (Osterwieck – Berlin 1938) 119 f.; Ulrich Hermann, „Völkische Erziehung ist wesentlich nichts anderes als Bindung." Zum Modell nationalsozialistischer Formierung. In: „Die Formierung des Volksgenossen." Der „Erziehungsstaat" des Dritten Reiches. Hg. v. Ulrich Hermann (Geschichte des Erziehungs- und Bildungswesens in Deutschland 6, Weinheim/Basel 1985) 67 ff.
[53] Peter Brückner, Das Abseits als sicherer Ort. Kindheit und Jugend zwischen 1933 und 1945 (Berlin 1982) 52
[54] Schirach, Die Hitler-Jugend (wie Anm. 6) 104

deutig definiert: § 1 legte die Zusammenfassung der gesamten deutschen Jugend in der HJ fest. § 2 bestimmte, dass „die gesamte deutsche Jugend [...] außer in Elternhaus und Schule in der Hitler-Jugend körperlich, geistig und sittlich im Geiste des Nationalsozialismus zum Dienst am Volk und zur Volksgemeinschaft zu erziehen" sei. In § 3 wurde „die Aufgabe der Erziehung der gesamten deutschen Jugend in der Hitler-Jugend [...] dem Reichsjugendführer der NSDAP übertragen", der damit zum „Jugendführer des Deutschen Reiches" wurde. Als oberste Reichsbehörde mit Sitz in Berlin war er dem „Führer und Reichskanzler" Adolf Hitler unmittelbar unterstellt.[55] In seinem Amt, als der obersten Behörde der NS-Jugendpolitik, flossen nicht nur partei- und staatsrechtliche Befugnisse zusammen,[56] es bildete auch quasi den obersten behördlichen Willen eines NS-Erziehungsrechts, das grundsätzlich dem „Führer" als dem obersten „Willen" des „Volkes" zustand. Dieser delegierte bestimmte Erziehungsrechte und Erziehungsaufträge an die einzelnen Erziehungsinstanzen: das Elternhaus, die Schule und an die HJ. Diese Erziehungsinstanzen waren damit quasi Beauftragte des „Volkes", bzw. des „Führers", der das „Volk" repräsentiere. Der „völkische Staat" überließ die Erziehungsgewalt des „völkischen" Nachwuchses diesen Erziehungsmächten also lediglich zu treuen Händen. Eine Sphäre des Privaten, eine Privatheit von Familie und Jugendlichen, konnte es in dieser Vorstellungswelt gar nicht geben. Erziehung, Familie, Haushalt, Ehe oder Mutterschaft wurden in der nationalsozialistischen Ideologie als Teile des Politischen begriffen. Eingriffe seitens des Staates oder der Partei in das Privatleben waren daher aus NS-Perspektive gar kein Problem. In letzter Konsequenz hatte das gesamte Leben in der Sphäre des Politischen aufzugehen.[57]
Da der Staat jedoch erst ab dem sechsten Lebensjahr eines Kindes im Rahmen seiner Schulerziehung, und erst ab dem zehnten Lebensjahr eines Jugendlichen durch die HJ direkt Einfluss auf den zu Erziehenden nehmen konnte, lag in der vorschulischen Sozialisation durch die Familie eine ganz besondere „volkspolitische" Verantwortung. Die Familie – die apostrophierte „Keimzelle des Volkes" – sollte ihren Nachwuchs vom ersten Tag an im Sinne des Nationalsozialismus erziehen. Eine gezielte Familien-, Gesundheits- und Kinderförderungspolitik, wie etwa Kinder- und Ausbildungsbeihilfen für kinderreiche Familien, die nach „rassischen" und

---

[55] Klönne, Jugend im Dritten Reich (wie Anm. 7) 29
[56] Ebd., 50
[57] Ebd., 53

systemkonformistischen Gesichtspunkten vergeben wurden, sollte diese „richtige" Erziehung erleichtern.[58] Doch letztlich blieb das familiäre Feld ein für den Nationalsozialismus nicht ganz einnehmbarer Bereich. Eine NS-gegnerische oder NS-kritische Beeinflussung war im Elternhaus relativ leicht möglich. Nicht ohne Erfolg versuchte die HJ durch die Forcierung des Selbstbewusstseins der Jugendlichen der Einflussnahme des Elternhauses auf ihren Nachwuchs entgegenzutreten. Diese durch die HJ scheinbar gestärkte Position der Kinder innerhalb der häuslichen und privaten Sphäre konnte sich etwa in Fällen der Denunziation von Erwachsenen durch Kinder niederschlagen: In Linz denunzierte eine elfjährige Schülerin die Wohnungsnachbarin, die verbotenermaßen „Feindsender" gehört hatte.[59] Eine jugendliche BdM-Führerin und Verkäuferin aus Kleinzell (Jahrgang 1927) zeigte 1943 einen Erwachsenen wegen „staatsfeindlichen Äußerungen" und Abhörens von „Feindsendern" beim Ortsgruppenleiter an, woraufhin der Delinquent zu einem Jahr Zuchthaus verurteilt wurde.[60]

Die HJ bemühte sich in ihrer Erziehungspolitik zwar um die Loyalität und freiwillige Kooperation der Eltern (ohne dabei jedoch auf direkte und indirekte Zwangsmittel zu verzichten bzw. verzichten zu können), doch sollte der Weg der NS-Erziehungspolitik auf eine quasi „Enteignung" der Eltern von ihren Kindern, auf eine quasi „Verstaatlichung von Jugend" hinauslaufen. Der verpflichtende HJ-Dienst in der Freizeit, die Verpflichtung zu HJ-Sommer- und Winterlagern, die vielfältige Beanspruchung der Jugendlichen durch HJ-Veranstaltungen und Aktionen, die während des Krieges noch weiter anwuchsen, sollten zu einer Unterminierung des Familienlebens, einer Lockerung der familiären Bindungen einer Entfremdung zwischen den Eltern und ihren Kindern führen. Außerhalb des elterli-

---

[58] Josef Goldberger, NS-Gesundheitspolitik im Reichsgau Oberdonau 1938-1945. Die Umsetzung der gesundheitspolitischen Forderungen des NS-Staates durch die staatliche Sanitätsverwaltung oder die administrative Konstruktion des „Minderwertes" (Diss. Univ. Wien 2002) 72 ff.
[59] Daniela Ellmauer, Große Erwartungen – kleine Fluchten: Frauen in Linz 1938-1945. In: Nationalsozialismus in Linz 1. Hg. v. Fritz Mayrhofer – Walter Schuster (Linz 2001) 707
[60] Im Mai 1947 wurde die Betreffende in einem Denunziationsverfahren nach § 7 Kriegsverbrechergesetz (KVG) vom Landesgericht Linz als Volksgericht in Hinblick auf ihr damals noch jugendliches Alter sowie ihre ausschließlich im Geiste der nationalsozialistischen Gesinnung erfolgten Erziehung sowie aufgrund ihrer mangelnden Reife, das Unrecht der Tat einzusehen, vom Vorwurf der Denunziation freigesprochen; OÖLA, Sondergerichte 1913-1980, Sch. 243: Vg Vr 2282/47

chen Heims, während des Heimabends, des Lagers, der Fahrten oder des Landjahrs, erhob die HJ den Anspruch auf den Ersatz der Elternfunktion.[61] Dieser Konflikt zwischen Familie und HJ um die Erziehungskompetenz wurde idealtypisch in dem Propagandafilm „Hitlerjunge Quex" vorgeführt, und in einer für das NS-Regime mustergültigen, ja heroischen Weise gelöst. Nach einer Romanvorlage von Karl-Alois Schenziger am 11. September 1933 uraufgeführt, und in der weiteren Folge fast allen HJ-Angehörigen gezeigt, erzählt der Film die Geschichte des jungen Heini Völker. Aufgewachsen in tristen sozialen Verhältnissen, der Vater ist arbeitslos und (aus Regimesicht erschwerend) Kommunist, fühlt sich der Junge von der Disziplin und dem Elitarismus der HJ angezogen. Doch die Eltern wollen ihren Sohn nicht aufgeben. Der Kampf gegen die Integration in die HJ lässt die Mutter sogar zum Äußersten greifen: Aus Verzweiflung versucht sie sich und ihren Sohn Heini mit Gas aus dem Küchenherd zu töten. Dabei stirbt die Mutter. Der Sohn erwacht im Krankenhaus, einem klinisch-neutralen Übergangsort, an dem der Machtbereich der Familie bereits überwunden scheint. Bei der Entlassung aus dem Krankenhaus stellt sich für Heini abermals die Frage nach der Zugehörigkeit: Personifiziert durch den kommunistischen Vater und den Bannführer kämpfen auf der Leinwand die beiden Erziehungsmächte Familie und HJ um den kranken Heini, der sich die Frage nach dem richtigen Weg zu seiner Gesundung stellt – einer „Gesundung" die nicht nur paradigmatisch für die „Gesundung" seiner Jugend, sondern auch für die „Gesundung" Deutschlands stehen soll:

Junge: „Wo soll ich'n hin?"
Vater: „Frage! Zu Deinem Vater natürlich, wo Du hingehörst."
Bannführer: „Das eben ist die Frage: Wo gehört der Junge heute hin? Sie, ich habe sehr gute Eltern gehabt; aber wie ich fünfzehn war, da bin ich ausgerückt. Wollt' zur See, wollt' Schiffsjunge werden. Irgendwo da lagen Inseln, waren Palmen. Afrika! Zu Tausenden sind die Jungs schon ausgerückt."
Vater: „Das waren eben Lausejungs."
Bannführer: „Ah, Sie, Jungens sind etwas Wunderbares. Jungens sind ein großes Geheimnis. Zu allen Zeiten schon. Zu den Pelzjägern, zu den Zigeunern sind sie geflohen. Immer hat sie eines Tages der große Zug ge-

---

[61] Michael H. Kater, Die deutsche Elternschaft im nationalsozialistischen Erziehungssystem. Ein Beitrag zur Sozialgeschichte der Familie. In: „Die Formierung des Volksgenossen" (wie Anm. 52) 81 f.

packt. Da begannen sie zu wandern. Wo gehört ein Junge hin? Sie, fragen Sie doch mal ihren eigenen Jungen!"

Und der junge Heini entscheidet sich für den Nationalsozialismus, für die HJ als seine Ersatzfamilie, für die er letztendlich auch sein Leben gibt. Im weiteren Verlauf der Handlung werden exemplarisch kommunistische und nationalsozialistische Jugend gegenüber gestellt. In beiden Lagern haben die Jungen einen chaotischen, brutalen, fast unkontrollierbaren Charakter. Was sie unterscheidet, und was die Faszination des Jungen Heini an der HJ ausmacht, ist ihre Disziplin und ihre starke Führung, ohne die das Versinken in der Dekadenz droht. Erst Befehl und Kommando der HJ-Führer schaffen jene Ordnung, in der die Jungen allen Anforderungen des Lebens gewachsen scheinen. Ohne Disziplin, ohne Uniform und Gleichschritt erscheint die Jugend vom Untergang bedroht: Die gute jugendliche Masse wird als die militärisch geordnete Masse, die Gehorsamsmasse, die Schlachtreihe vorgestellt. Und zur Schlacht, zur Konfrontation zwischen den beiden Prinzipien, kommt es auch am Ende des Films: Das HJ-Heim wird von der kommunistischen Jugend überfallen, wobei der junge Heini den „Heldentod" findet: Filmende.[62]

Von der Seite der Jugendlichen aus betrachtet, konnten die Angebote der HJ-Jugenderziehung und Jugendbeschäftigung nicht nur propagandistisch, sonder auch real als durchaus etwas Positives wahrgenommen und erinnert werden. Für viele Jugendliche mochte die Lageratmosphäre ein Hauch von Abenteuer abseits der behüteten, elterlich bevormundeten und eingeengten Welt sein. In einer HJ-Schar, einem HJ-Führer oder einer BdM-Führerin unterworfen, konnte man sich in einer Gemeinschaft von Gleichen aufgenommen fühlen.

Für den in Oberösterreich aufgewachsenen späteren Schriftsteller Heimrad Bäcker (Jahrgang 1925), der mit sechs Jahren an Kinderlähmung erkrankt und daher später nicht kriegsverwendungsfähig war, stellte seine HJ-Mitgliedschaft ab 1938 sowie seine 1943 aufgenommene Tätigkeit in der Presse- und Fotostelle der Gebietsführung der HJ in Linz eine wichtige Bestätigung für die Aufnahme in einer Gemeinschaft dar. Das „Dabeisein" war für ihn als jungen Menschen, der in der HJ auch nie auf seine Behin-

---

[62] „Hitlerjunge Quex. Ein Film vom Opfergeist der deutschen Jugend", Deutschland 1933, Regie: Hans Steinhoff, Buch: Karl-Alois Schenzinger; Karl-Alois Schenzinger, Der Hitlerjunge Quex. Roman (Berlin 1932); Gregory Bateson, An Analysis of the Nazi Film Hitlerjunge Quex. In: The Study of Culture at a Distance. Hg. v. Margaret Mead – Rhoda Metraux (Chicago – London, 1953) 302-314; Erwin Leiser, „Deutschland erwache!" Propaganda im Film des Dritten Reiches. Mit einer Nachbetrachtung von Mathias Greffrath (Reinbek bei Hamburg 1989)

derung angesprochen worden wurde, eine wichtige Kategorie, die ihm auch in seiner historischen Erinnerung präsent blieb.[63]
Auch die weibliche HJ-Jugenderziehung, die weniger stark als die männliche durchreglementiert war, konnte für Mädchen Angebote bieten, die zum Teil nicht als Zwang, sonder als Freiwilligkeit wahrgenommen wurden und erinnert werden. Das organisierte Jugendleben in der NS-Staatsjugend eröffnete Mädchen Aktivitätschancen, die den meisten von ihnen vor 1933 bzw. 1938 nicht zur Verfügung gestanden waren. Zwar stand die weibliche Körpererziehung ganz im Dienst der „rassischen" Gesundheitserziehung. Doch subjektiv konnten diese Erziehungsvorgaben den Mädchenwünschen nach Spiel, Sport und Bewegung durchaus entgegenkommen, vor allem da sportliche Aktivitäten von Mädchen in der Zeit vor 1938 – insbesondere am Land – von den elterlichen und kirchlich-katholischen Autoritäten nicht geduldet gewesen waren.
Während des Kriegs kam es dann zur verstärkten Verwendung der Mädchen für Militär-, Verpflegungs-, Betreuungs- und Krankenpflegehilfsdienste sowie für den Landdienst mit seinen jährlichen reichsweiten Ernteeinsätzen, die in ihrer ökonomischen und volkswirtschaftlichen Dimension nicht unterschätzt werden sollten. Manche Mädchen vermochten in diesen ständig auf Hochtouren laufenden Einsätzen ihr Aktivitätsbedürfnis zu befriedigen. Ihr Kriegshilfseinsatz konnte ihnen einen gewissen Stolz vermitteln, trotz ihrer Jugend am „Überlebenskampf" des „Deutschen Volkes" mitwirken zu dürfen und in ihren Aktivitäten von der Erwachsenenwelt ernst genommen zu werden.[64]
Die in Oberösterreich geborene und aufgewachsene Schriftstellerin Marlen Haushofer (Jahrgang 1920) beschrieb als 19-jährige in Briefen an die Eltern ihren Aufenthalt in einem Reichsarbeitsdienst-Lager in Ostpreußen durchaus zwiespältig: Einerseits schrieb sie über die „blödsinnige Schulung" und „diesen blöden Drill" sowie von der schweren Arbeit, die im Lager zu verrichten war. Zugleich spiegelte sich in diesen Briefen das positive Gefühl, dem behütenden elterlichen Bereich entzogen, endlich einmal nicht beaufsichtigt zu sein, und eine neue Freiheit und Exotik der Welt und der Menschen erfahren zu können.[65]

---

[63] Judith Veichtlbauer – Stephan Steiner, Heimrad Bäcker. „Die Wahrheit des Mordens." Ein Interview. In: Die Rampe. Hefte für Literatur: Porträt Heimrad Bäcker (Linz 2001) 85
[64] Klönne, Jugend im Dritten Reich (wie Anm. 7) 89 f.
[65] Daniela Strigl, Marlen Haushofer. Die Biographie (München 2000) 111 ff.

Mit ihrem Totalitätsanspruch griff die HJ aber nicht nur in das Erziehungsfeld Familie, sondern auch in das Erziehungsfeld Schule ein, das bisher unwidersprochen die vorrangige staatliche Erziehungsmacht darstellte. Traditionell hatte den Jugendlichen neben der elterlichen Autorität die Autorität des Lehrers als unangefochten zu gelten. Nun sollte außerhalb der Schule der HJ-Führer als höchste Kompetenz für den Jugendlichen hinzutreten. Auf der anderen Seite konnten jugendliche HJ-Führer und Führerinnen in der Schule gegenüber der Lehrerautorität mit einem durch die Jugendorganisation gestärkten Selbstbewusstsein auftreten.

In der nationalsozialistischen Erziehungspolitik galt die Person des Lehrers nicht a priori als ein quasi durch seine pädagogische Ausbildung bereits legitimierter „Führer" der „deutschen" Jugend: „Die Führung der HJ kommt aus allen Ständen, mithin auch aus dem Lehrerstand. Aber die Reichsjugendführung erkennt dem Lehrer keinesfalls von vornherein eine größere Eignung für das Amt eines Jugendführers zu als irgendeinem anderen Volksgenossen. Der für die Jugendführung besonders befähigte Lehrer hat innerhalb der HJ dieselbe Aufstiegsmöglichkeit wie jeder andere Volksgenosse. Sein Lehramt gibt ihm jedoch keinerlei Anspruch auf Führung der Jugend. Lehren und Führen sind zwei grundverschiedene Dinge."[66] Denn zum „Führen" benötige man eine „Führereigenschaft, mit der man geboren wird. Für den Beruf des HJ-Führers ist dieses angeborene Führertum ausschlaggebend. Wer es besitzt, gleich ob Lehrer, Bauer oder Arbeiter, ist für die Jugendarbeit zu gebrauchen. Leider meint aber mitunter ein Lehrer, er habe das Recht zur Jugendführung gleichsam mit dem Staatsexamen mitbekommen. Ein verhängnisvoller Irrtum! [...] Er verwechselt dann die ihm von der Behörde verliehene Autorität als Lehrer mit der anderen, angeborenen Autorität des Führers."[67]

Dieser Vorstellungswelt entsprach auch eine im März 1939 ausgegebene Verfügung des Vorsitzenden des Landesschulrates von Oberdonau, Landesrat Rudolf Lenk, zur Frage des Lehrernachwuchses, der sich künftig aus den Reihen der HJ rekrutieren sollte: „Um die Zusammenarbeit zwischen Schule und HJ in einer für weite Strecken gesicherten Form zu gewährleisten, wird von Seiten der Schulbehörde künftig die Aufnahme von Schülern und Schülerinnen in die Lehrerbildungsanstalten von einem Bewährungszeugnis in der HJ (BdM) abhängig gemacht. Die dem Lehrer durch den Nationalsozialismus gestellte Aufgabe besteht darin, nicht mehr

---

[66] Schirach, Die Hitler-Jugend (wie Anm. 6) 169-170
[67] Ebd., 170-171

bloß Schulmeister, sondern wirklicher Führer zu sein, dessen Autorität in den Werten seiner Persönlichkeit beruht. Wir können zur idealen deutschen Schule nur gelangen, wenn sich die Erzieherschaft folgerichtig aus der Führerschaft der HJ (BdM) ergänzt, die sich in natürlicher Auslese erneuert."[68]
Nichtsdestotrotz war die HJ in vielfältiger Weise auf die Kooperation von Lehrerschaft und Schule angewiesen. Die Schulen hatten für die HJ gewichtige technische und logistische Hilfsdienste zu leisten, etwa in der Bereitstellung von Räumen bei der Erfassung von Jahrgängen, oder bei öffentlichen Bekanntgaben der HJ. Aufgrund der Gleichschaltung fast aller Schuldirektoren spielte ein Großteil der höheren Schulen eine wichtige Rolle bei der zwangsweisen Erfassung der HJ-Mitglieder, aber auch bei schulisch-disziplinarischen Repressionen gegen widerstrebende Jugendliche.[69] Darüber hinaus war vor allem auf dem Land der HJ-Dienst oft nur dadurch zu gewährleisten, dass jüngere Lehrerinnen und Lehrer in der HJ Führungsfunktionen wahrnahmen.[70]
Daher bemühte man sich, durch die Einführung von „Schuljugendwaltern" als Vertrauenslehrer der HJ, aber auch durch die Abordnung von HJ-Führern in die Elternbeiräte der Schulen, die Interessen der HJ im Schulleben auch institutionell abzusichern. Anfang Oktober 1940 wurde auf einer Tagung der Bannführer und Untergauführerinnen in Bad Ischl das Thema „HJ und Schule" eingehend behandelt. Landesschulrat Rudolf Lenk berichtete über eine Vereinbarung zwischen der Schulabteilung der Reichsstatthalterei und der HJ-Gebietsführung, mit der die Zusammenarbeit zwischen Schule und HJ eine feste Grundlage erhalten sollte: Die HJ-Führerinnen und Führer sollten in einem verstärkten Maß in den Schulapparat eingebaut werden. Die Vertrauenslehrer sowie Schul- und Klassenführer sollten zu allen Fragen, die seitens der Schüler-, aber auch Lehrerschaft auftraten, Stellung nehmen. Der Vertrauenslehrer sollte als HJ-Führer vermittelnd eingreifen, „wenn der scharfe Autoritätsstandpunkt und die starren Formen der Schule und die durch die Arbeit in der HJ stets etwas revolutionäre Auffassung der Jungen aneinanderprallen."[71] Auch durch die Bestellung eines eigenen Schulbeauftragten der HJ im Jahr 1943 sollten alle

---

[68] Lehrernachwuchs aus der HJ. Oberdonau geht beispielgebend voran. In: Volksstimme (wie Anm. 47), 2. Jg., Nr. 90, 1. April 1939
[69] Klönne, Jugend im Dritten Reich (wie Anm. 7) 55
[70] Ebd., 54
[71] Kameradschaftsdienst des Gebietes Oberdonau (29), Hg. v. HJ-Gebiet Oberdonau (29), Linz, November 1940, 4

die HJ berührenden Angelegenheiten der Schule mit der Schulabteilung des Reichsstatthalters in Oberdonau besser koordiniert werden. Dennoch scheint es vor allem im Bereich der Verfügungsgewalt über die Schülerinnen und Schüler immer wieder zu Konflikten zwischen Schule und HJ gekommen zu sein. Bezüglich der Beurlaubung von Schülerinnen und Schülern für Veranstaltungen der HJ wies die Schulabteilung des Reichstatthalters in Oberdonau Anfang 1943 abermals auf die diesbezügliche Kompetenz der Schulen und auf die Schulzucht hin: Für die Beurlaubung von Schülerinnen und Schülern für Veranstaltungen der HJ wäre neben der Bestätigung der Erziehungsberechtigten auch die des Schulleiters notwendig. Ausdrücklich wäre den Schülerinnen und Schülern zu verbieten, Anordnungen, welche Unterrichtsversäumnisse verursachten, Folge zu leisten, wenn diese nicht vom Leiter der Schule gegeben oder genehmigt worden wären. Bloßen mündlichen Aufforderungen oder Anordnungen durch einen HJ-Führer durften in diesen Fällen nicht Folge geleistet werden. Eigenermächtigungen wurden als Verstöße gegen die Schulzucht angesehen und hatten Schulstrafen nach sich zu ziehen.[72] Freilich durften gemäß eines Erlasses des Reichsstatthalters vom Mai 1942 Beurlaubungen von Schülerinnen und Schülern zu Lehrgängen der HJ nur dann abgelehnt werden, wenn ein mangelnder Lernerfolg eine längere Abwesenheit vom Unterricht nicht gestatten, oder das Fortkommen der Schülerin bzw. des Schülers ernstlich gefährden würde. Insgesamt wäre es eine vordringliche Aufgabe der HJ, die Schulen nachdrücklich in Richtung Aufrechterhaltung der Schulzucht zu unterstützen. Dazu sollten freilich auch die Lehrgänge der HJ dienen, weshalb auch die Schulleiter die zuständige HJ-Führung über ein ordnungswidriges Verhalten von Schülerinnen und Schülern zu informieren hatten.[73]

Jedoch misstrauten so manche Schulpädagoginnen und Pädagogen wohl nicht ganz zu Unrecht der Erziehungskompetenz der HJ-Führer und Führerinnen und kritisierten deren teilweise schlechten Einfluss auf ihre Schülerinnen und Schüler. Die durchaus regimeloyale kommissarische Leiterin der Volksschule in Altmünster beschwerte sich im Februar 1943 anlässlich eines Konflikts wegen der schlechten Kooperation zwischen Schule und HJ ganz generell über das rüpelhafte Verhalten der Staatsjugend: „Die HJ

---

[72] OÖLA, BH seit 1868 / Steyr, Sch. 225: Gruppe 18 Zl. 90/1942, Oberbürgermeister der Stadt Steyr, Landrat des Kreises Steyr, Schulabteilung, an Leiter aller Volks- und Hauptschulen, 5.1.1943, Weisungsblatt IV des Schuljahres 1942/43
[73] Ebd.: Gruppe 18 Zl. 30/1942, Oberbürgermeister der Stadt Steyr, Landrat des Kreises Steyr Schulabteilung, Steyr, 1.6.1942, Weisungsblatt VIII für das Schuljahr 1941-1942

als Formation hat in den letzten 3 Jahren aber auch nicht eine positive Arbeit geleistet. Der Dienst war die Stunde des Kampfes, bei dem man sich traf, Fenster mit Steinschleudern einzuwerfen, im Turnsaal 40 Keulen zu vernichten, 6 Handgranatenatrappen zu zerstückeln, 2 Hohlbälle, 20 Schlagbälle zu verwerfen, Schwungseile, Springschnüre verschwinden zu lassen, Tische, Stühle, Klavier zu ruinieren, Pfeife und Zigaretten im Dienst zu rauchen, Köllnerjungen zu überfallen, mit Bdm bis Mitternacht zu tanzen." Um sich gegen den Vorwurf der Regimekritik abzusichern, betonte die Schulleiterin im gleichen Beschwerdeschreiben das gute Verhältnis zwischen Schule und Ortsgruppenleiter, das sich im Mitwirken ihrer Schule an der Gestaltung von Feierstunden der Partei zeige, um dann umso heftiger mit ihrer Gravamina fortfahren zu können: „Unbeschreiblich, was sich an HJ-Führern in Altmünster ablöste. Raufbolde! Wenn man nun dies Jahr einen tüchtigen hauptamtlichen HJ-Führer nach Altmünster schickte, so freute ich mich sehr und hielt gleich zu Anfang eine gute Aussprache mit ihm."[74]

Jugendorte II: Arbeitserziehungslager, Zigeuneranhaltelager, Konzentrationslager

„ich bin am zweiten juni zwölf jahre alt geworden und lebe vorläufig noch"[75]

Es ist nicht möglich, über die Jugend in Oberdonau – eine in ihrem weitaus überwiegenden Maß wohl „ganz normale deutsche Jugend" – zu schreiben, ohne die durch die Rassenideologie des Nationalsozialismus in ihrer physischen Existenz bedrohten und vernichteten „anderen" Jugendlichen – Kinder und Jugendliche von Zigeunern und Juden – stets mitzudenken. Sollte die „deutsche" nationalsozialistische Jugend die Zukunft des Volkes darstellen, so hatte der Nationalsozialismus für die nicht „arische" Jugend keinerlei Lebens-, oder Zukunftsberechtigung vorgesehen.
Freilich muss in diesem Zusammenhang erwähnt werden, dass auch für die „deutsche" Jugend, sofern sie nicht willig oder fähig war, sich den gefor-

---

[74] OÖLA, BH seit 1868 / Gmunden, Sch. 12: Sammelakten Schul-Chroniken 1938-1945 Teil I, Schulchronik der Volksschule Altmünster, Volksschule Altmünster an Landrat des Kreises Gmunden, Schulabteilung, 21.2.1943
[75] Heimrad Bäcker, nachschrift. Hg. und mit einem Nachwort v. Friedrich Achleitner (Graz – Wien 1993) 50

derten ideologischen und leistungsbezogenen Vorgaben der NS-Erziehung und der Arbeitspflicht zu unterwerfen, als letztes Mittel der „Erziehung" das Arbeitserziehungslager vorgesehen war.
Ein solches Arbeitserziehungslager für den Reichsgau Oberdonau befand sich in Weyer, Bezirk Braunau am Inn. Als Lager der Deutschen Arbeitsfront bestand es zwischen Juni 1940 und Jänner 1941, und war zur „Arbeitserziehung" von „arbeitsscheuen und asozialen Elementen" bestimmt: „Eingeliefert können solche Volksgenossen werden, die die Arbeit grundsätzlich verweigern, die dauernd blaumachen, am Arbeitsplatz fortwährend Unruhe stiften oder solche, die überhaupt jede Annahme einer Arbeit ablehnen, obwohl sie körperlich dazu geeignet sind. Sie müssen aber alle das 18. Lebensjahr erreicht haben."[76] Im Auftrag der Wassergenossenschaft Ibm–Waidmoos hatten die Insassen des Arbeitslagers gemeinsam mit Zivilarbeitern in der näheren Umgebung Entwässerungsarbeiten an der Moosach zu verrichten. Grundsätzlich sollten zwar nur Personen über 18 Jahre eingewiesen werden. Dennoch fanden sich unter den 133 Lagerinsassen auch sieben, die jünger waren. Diese waren gemäß Fürsorgeerziehungsverordnung vom zuständigen Landrat eingewiesen worden. Als solcherart Eingewiesener verfügte man über keinerlei Rechtsmittel und war praktisch vogelfrei, was die Lagerwache auch in sadistischer Weise ausnützte. Die von der SA „Alpenland" gestellte Wache quälte und misshandelte die Lagerinsassen in einer derart groben Weise, dass es sogar zu Todesfällen kam. Diese Übergriffe wurden jedoch durch den DAF-Gaubeauftragten, der für das Lager verantwortlich war, gedeckt. Ein diesbezügliches von der Staatsanwaltschaft Ried im Innkreis eingeleitetes Verfahren gegen die Lagerwache wurde auf Betreiben von Gauleiter Eigruber und auf Anordnung des Führers im Frühjahr 1942 niedergeschlagen.[77]
Für die jüdischen Jugendlichen begann unmittelbar nach dem Anschluss Österreichs an das Deutsche Reich der Prozess ihrer sukzessiven Separation und Entrechtung. Zur Emigration gedrängt, begannen viele jüdische Familien auch in Oberdonau ihre Wohnungen aufzulösen. Eltern von Ju-

---

[76] Schreiben des Beauftragten für Arbeitserziehung im Reichsgau Oberdonau an alle Bürgermeister im Reichsgau Oberdonau vom 10. September 1940; zitiert nach Ludwig Laher, Das Arbeitserziehungs- und Zigeuneranhaltelager Weyer – St. Pantaleon des Reichsgaues Oberdonau (1940-1941). In: Oberösterreichische Heimatblätter 55 H. 1/2 (2001), 53

[77] Siegwald Ganglmair, Das „Arbeitserziehungslager" Weyer im Bezirk Braunau am Inn 1940-1941. Ein Beitrag zur Zeitgeschichte Oberösterreichs. In: Oberösterreichische Heimatblätter 37 H. 1 (1983) 69-73; Ludwig Laher, Das Arbeitserziehungs- und Zigeuneranhaltelager Weyer (wie Anm. 76) 53 ff.; DÖW, Nr. 3.710: Totschlag von Häftlingen im Erziehungslager St. Pantaleon; zu einem 1940 wegen Dienstverweigerung bei der HJ eingewiesenen Maschinenschlosserlehrling aus dem Bezirk Braunau am Inn (Jahrgang 1923); vgl. Christian Humer, Verweigerung und Protest im „Dritten Reich": Jugendliche Oppositionsformen in Deutschland und Österreich (Dipl.arbeit Univ. Linz 2003) 76 ff.

gendlichen wurden willkürlich verhaftet, bzw. Schritt für Schritt aus dem wirtschaftlichen, sozialen und kulturellen Leben ausgeschlossen. Es kam zu „Arisierungen", Arbeitsverboten für die Eltern, Verbote für Juden, Theater und Kinos zu besuchen. Schülerinnen und Schüler wurden aus den öffentlichen Schulen verwiesen. Zwischen Frühsommer und November 1938 bestand deshalb in Linz eine eigene „Judenschule", an der in zwei Klassen um die 20 Schülerinnen und Schüler unterrichtet wurden. Aufgrund der Auswanderung der Eltern sank die Zahl der Schülerinnen und Schüler jedoch rasch. Nach der so genannten „Reichskristallnacht" wurde diese Schule geschlossen.[78]

Der 15-jährige Dolf Uprimny aus Steyr (Jahrgang 1923) ging im März 1938 in die vierte Klasse Hauptschule, konnte aber ab Mitte Mai die Schule nicht mehr besuchen. Obwohl er ein guter Schüler war, bekam er ein Abschlusszeugnis mit nur zwei Noten: einem Gut und einem Genügend.[79] Im November 1938 erhielt er in Linz, zusammen mit seiner Schwester Anni, eine Bestätigung zur Ausreise aus dem Deutschen Reich. Die Eltern und die anderen Geschwister zurücklassend, emigrierten sie über die Donau an das Schwarze Meer, und von dort weiter nach Palästina, wo sie nur illegal an Land gehen konnten, da die Engländer die jüdische Einwanderung nach Palästina verhindern wollten.[80] Dolfs älterer Bruder Friedrich Uprimny (Jahrgang 1921) gelang es, nach Budweis zu Verwandten zu reisen. Nach dem Einmarsch der deutschen Truppen in Budweis im März 1939 flüchtete er weiter zu Verwandten in Prag, wo er sich ebenfalls um eine Ausreise nach Palästina bemühte. Schließlich erhielt Friedrich Uprimny von der Zentralstelle für jüdische Auswanderung die gewünschte Ausreisegenehmigung, um noch im November 1939 über Bratislava und dann donauabwärts in die Türkei zu reisen, von wo ihn ein Flüchtlingsschiff nach Haifa brachte. Nur mit Schwierigkeiten an Land gekommen, meldete er sich später zum britischen Militär. Anni, Dolf und Friedrich Uprimny konnten so die Zeit des Nationalsozialismus überleben. Ihre

---

[78] Harry Slapnicka, Oberösterreich – als es „Oberdonau" hieß (1938-1945). (Beiträge zur Zeitgeschichte Oberösterreichs 5, Linz 1978) 184; Errichtung einer Judenschule in Linz. In: Linzer Volksblatt vom 18. Mai 1938, zitiert nach Kurt Cerwenka, Die Fahne ist mehr als der Tod. Nationalsozialistische Erziehung und Schule in „Oberdonau" 1938-1945 (Grünbach 1996) 26; Oskar Dohle, Schule im Linz der NS-Zeit. In: Nationalsozialismus in Linz 2. Hg. v. Fritz Mayrhofer – Walter Schuster (Linz 2001) 914 ff.

[79] Waltraud Neuhauser-Pfeiffer – Karl Ramsmaier, Vergessene Spuren. Die Geschichte der Juden in Steyr (Linz 1993) 87

[80] Neuhauser-Pfeiffer – Ramsmaier, Vergessene Spuren (wie Anm. 79) 114 f.

Eltern und zwei ihrer jüngeren Geschwister wurden hingegen deportiert und ermordet.[81]
Nur wenigen jüdischen Kindern und Jugendlichen gelang die Emigration, nur wenige hatten das Glück, der Deportation in eines der Konzentrationslager und der Vernichtung zu entgehen. Die Jüdische Kultusgemeinde organisierte eigens Kindertransporte, mit denen man versuchte, Kinder aus dem Land zu bringen. Mit einem der letzten dieser Transporte am 31. Juli 1939 gelang etwa der 16-jährigen Gertrude Böck (verheiratete Pincus) aus Steyr unter Mithilfe der Quäker die Flucht nach England.[82] Nur ganz wenige, wie die 1922 geborene Alice Schleifer (verheiratete Rusz) überlebten ihre Deportation in die Konzentrationslager. Alice Schleifer wurde zunächst nach Auschwitz deportiert, von dort weiter nach Ravensbrück verbracht, wo sie von der Roten Armee befreit werden konnte. Sie hatte als einzige ihrer Familie die Konzentrationslager überlebt.[83]
Oberösterreich, als der „Heimatgau des Führers", sollte laut Wunsch von Gauleiter Eigruber und der NS-Behörden so schnell wie möglich „judenfrei" gemacht werden. Aber auch die „Zigeunerplage" sollte ein für alle mal „gelöst" werden. Gemäß eines Auftrags der Landeshauptmannschaft wurden am 15. Dezember 1938 im ganzen Land Kontrollen durch die Gendarmerie durchgeführt. Zigeuner, gleich welchen Alters und Geschlechts, die dabei aufgegriffen wurden, hatten, wenn sie nicht einwandfrei die deutsche Staatsbürgerschaft bzw. das oberösterreichische Heimatrecht nachweisen konnten, sofort über die nächste grüne Reichs- bzw. Landesgrenze gestellt zu werden. Dabei sollte wenigstens einigen Zigeunern das Kopfhaar geschoren und mitgeteilt werden, dass die männlichen Zigeuner bei einem neuerlichen Antreffen in Oberdonau kastriert und in ein Arbeitslager gesteckt werden würden. Zigeunern deutscher Staatsangehörigkeit mit Heimatrecht in Oberdonau hatte klar gemacht zu werden, dass sie in Kürze in ein Arbeitslager überstellt werden würden. Mit dieser landesweiten Aktion sollte sichergestellt werden, dass keine Zigeuner mehr nach Oberdonau gelangten. Für den Bezirk Grieskirchen vermeldete die Bezirkshauptmannschaft, dass insgesamt 20 Zigeuner in ihrem Rayon aufgegriffen

---

[81] Ebd., 206 f.; vgl. auch: „Was macht denn der Judenbub hier?" Interview mit Dolfi Uprimny. In: Waltraud und Georg Neuhauser, Fluchtspuren. Überlebensgeschichten aus einer österreichischen Stadt (Grünbach 1998) 35-48; und „Ich habe Österreich niemals gehaßt." Interview mit Anni Berger, geb. Uprimny. In: Ebd., 105-118

[82] Neuhauser-Pfeiffer – Ramsmaier, Vergessene Spuren (wie Anm. 79) 216 f.; „Ich bin eine Antikriegsperson." Interview mit Gertrude Pincus, geb. Böck. In: Neuhauser, Fluchtspuren (wie Anm. 81) 162

[83] Neuhauser-Pfeiffer – Ramsmaier, Vergessene Spuren (wie Anm. 79) 216 f.

worden waren. Alle verfügten über die reichsdeutsche Staatsangehörigkeit, 19 hatten ihr Heimatrecht in Oberdonau. Unter den 20 Personen befanden sich 13 Kinder unter 14 Jahren.[84]
Am 18. Jänner 1941 wurde in Weyer, in der Ortschaft St. Pantaleon im Bezirk Braunau am Inn, ein Zigeuneranhaltelager errichtet, das unter der Bewachung der Gendarmerie stand. Von den ca. 350 Insassen waren etwa die Hälfte Kinder.[85] Das Lager wurde jedoch bereits im selben Jahr wieder aufgelassen und die Inhaftierten in das Zigeunersammellager Lackenbach im Burgenland verbracht. In der Zeit von September 1942 bis zur Auflösung des Lagers Lackenbach schwankte der Stand der Insassen zwischen 600 und 900 Personen, wovon etwa 200 bis 300 Kinder waren. Auch Lackenbach stellte nur eine Zwischenstation auf einem Weg dar, an dessen Ende für die meisten Insassen die Vernichtung im Zigeunerghetto Litzmannstadt (vormals Lodz) bzw. in Kulmhof (Chelmno) stand.[86]
Das Schicksal des von der Mutter weggelegten Zigeunermädchens Sidonie Berger (Adlersburg), Jahrgang 1933, das im Jänner 1934 von einer Fabriksarbeiterfamilie in Letten, Gemeinde Sierning, in Pflege genommen wurde, ist durch die Erzählung von Erich Hackl und seine Verfilmung durch Karin Brandauer weithin bekannt geworden.[87] Das Verhältnis zwischen den Pflegeeltern und dem Pflegekind wurde auch von den Jugendbehörden als das denkbar Beste beschrieben: „Die Pflegeeltern hängen an dem Kinde und das Kind an den Pflegeeltern." Dennoch entschied sich das Kreisjugendamt, das sich jahrelang vergeblich um die Ausforschung der Eltern und deren Zuständigkeit bemüht hatte, das Pflegekind der in Hopfgarten, Gemeinde Kitzbühel, zwangsfestgehaltenen Mutter zu übergeben: „Trotzdem das Kind jetzt beinahe 10 Jahre alt ist, haben sich bisher keine Untugenden bemerkbar gemacht, die auf ein Zigeunererbe hinweisen wür-

---

[84] OÖLA, BH seit 1868 / Grieskirchen, Sch. 12: Akten von 1938-1945, Zl. III/11-1076, Bezirkshauptmannschaft Grieskirchen an alle Gendarmeriestationen und Gendarmerieinspektion, 10.12.1938, Betreff Zigeunerplage sowie Bericht Bezirkshauptmannschaft, 24.12.1938

[85] DÖW, 14.607: Bundespolizeidirektion Linz Abt. I an Oö. Landesregierung, 18.3.1954 und Gendarmeriepostenkommandos Wildshut, Bezirk Braunau, an BH Braunau, 3.8.1959

[86] DÖW, 14.736: Eidesstattliche Erklärung des ehemaligen Lagerleiters von Lackenbach Julius Brunner; allgemein: Andreas Maislinger, „Zigeuneranhaltelager" und „Arbeitserziehungslager" Weyer. Ergänzung einer Ortschronik. „Arbeitserziehungslager" und „Zigeuneranhaltelager" Weyer (Innviertel). In: Österreich in Geschichte und Literatur 32 H. 3/4 (1988) 174-181; Laher, Das Arbeitserziehungs- und Zigeuneranhaltelager (wie Anm. 76) 60 ff.; Ludwig Laher, Herzfleischentartung (Innsbruck 2001)

[87] Erich Hackl, Abschied von Sidonie. Erzählung (Zürich 1989); Erich Hackl, Freude und Verdruß. Zum Erinnern an Sidonie Adlersburg. In: Pogrom 18, Nr. 197 (1987) 33-36; Andreas Maislinger, Abschied von Sidonie von Erich Hackl. Materialien zu einem Buch und seiner Geschichte. Hg. v. Ursula Baumhauer (Zürich 2000); „Sidonie", Fernsehfilm Deutschland/Österreich 1991, Regie: Karin Brandauer, Drehbuch: Erich Hackl

den. Hinsichtlich Ehrlichkeit hat es mit dem Mädchen nie den leisesten Anstand gegeben. Obwohl sich bisher im Wesen der Sidonie Berger (Adlersburg) nichts zigeunerhaftes gezeigt hat, halte ich", so die Leiterin des Kreisjugendamts, „es doch für besser, wenn die Minderjährige schon jetzt zur Mutter kommt, denn je grösser das Kind wird, desto mehr wird und muss schliesslich einmal der Abstand zwischen der Minderjährigen und ihren Altersgenossen zutage treten. Bei dem Ehrgeiz und der Empfindlichkeit des Mädchens ist es jetzt noch nicht abzusehen, wie sich die früher oder später doch auftretende Erkenntnis, dass sie den bisherigen Mitschülern u. Mitschülerinnen nicht gleichgestellt werden kann, auswirkt. Schon aus diesem Grunde halte ich es für besser, wenn das Kind schon jetzt zur Mutter kommt, denn später wird sie sich noch schwerer in die Verhältnisse, in die sie wegen ihrer Abstammung doch einmal verwiesen wird, finden."[88] So wurde Sidonie Berger (Adlersburg) am 30. März 1943 nach Hopfgarten überführt und in Gegenwart des Bürgermeisters von Hopfgarten der Mutter Maria Berger, die dort in Zwangsaufenthalt stand, übergeben. Von dort wurde Sidonie gemeinsam mit ihrer Mutter und anderen Zigeunern in das Konzentrationslager Auschwitz deportiert, wo sie im Sommer 1943 – vermutlich an Typhus – verstarb.[89]

Aber auch in dem im Gaugebiet von Oberdonau befindlichen Konzentrationslager Mauthausen waren – so wie in vielen anderen Konzentrationslagern auch – Kinder und Jugendliche inhaftiert: Bereits im Sommer 1940 wurde eine erste größere Gruppe von jugendlichen Häftlingen in das Konzentrationslager eingewiesen. Es waren dies Angehörige der in Frankreich festgenommenen republikanischen Spanienkämpfer („Rotspanier"), unter denen sich auch ca. 50 Kinder und Jugendliche unter 19 Jahren befanden. Dazu kamen bis 1943 Jugendliche aus Polen und aus der Sowjetunion:[90] „Mit den Kindern schlich sich etwas ins Lager ein, was sonst den elektrisch geladenen Stacheldraht nicht überwinden konnte: Gefühl."[91]

Nach der Anordnung von Generalfeldmarschall Wilhelm Keitel vom 5. Juli 1943, nach der alle festgenommenen männlichen Partisanen in Polen, auf dem Balkan und in der Sowjetunion im Alter von 16 bis 55 Jahren

---

[88] OÖLA, BH seit 1868 / Steyr, Sch. 386: Akt Sidonie Adlersburg: Landrat des Kreises Steyr, Kreisjugendamt, an Staatliche Kriminalpolizeistelle Innsbruck,18.3.1943
[89] Ebd., 386: Akt Sidonie Adlersburg
[90] Bertrand Perz, Kinder und Jugendliche im Konzentrationslager Mauthausen und seinen Außenlagern. In: Dachauer Hefte. Studien und Dokumente zur Geschichte der nationalsozialistischen Konzentrationslager. Hg. v. Wolfgang Benz – Barbara Distel, 9. Jg. H. 9 (November 1993) Die Verfolgung von Kindern und Jugendlichen, 72 f.
[91] Hermann Langbein, Menschen in Auschwitz (Wien 1972) 247

nach Deutschland zu deportieren waren, stieg die Anzahl der Kinder und Jugendlichen im Konzentrationslager Mauhausen sprunghaft an.[92] Ende März 1943 betrug die Zahl der Häftlinge unter 20 Jahren noch 1659, im März 1944 waren bereits 2736 Kinder und Jugendliche eingesperrt, und Ende März 1945 waren 15.048 männliche Häftlinge unter 20 Jahren im Mauthausener Lagerkomplex inhaftiert. Diese Zahlen beinhalten jedoch nicht Jugendliche, die in andere Lager überstellt worden bzw. während dieses Zeitraums verstorben oder getötet worden waren. Die Zahl der weiblichen jugendlichen Häftlinge – Frauen wurden erstmals im September 1944 eigens statistisch erfasst – stieg von 176 auf 290 am 31. März 1945 an. Laut Bertrand Perz lag der Anteil von Häftlingen in der Altersgruppe unter 20 Jahren an der Gesamtanzahl der Häftlinge von März bis August 1943 zwischen 11 und 13 Prozent, von September 1943 bis Mai 1944 bei 7 bis 10 Prozent, von Juni 1944 bis November 1944 zwischen 11 und 14 Prozent und von Dezember 1944 bis März 1945 zwischen 19 und 20 Prozent.

Den größten Anteil an Kindern und Jugendlichen stellten die von der SS so genannten „Zivilrussen", gefolgt von den „Politischen", den „Polen" und den „Sicherheitsverwahrten". Da Fremdarbeiterinnen und Fremdarbeiter bereits ab dem Alter von 15 Jahren zum Arbeitseinsatz rekrutiert wurden, kam später noch die Gruppe der „ausländischen Zivilarbeiter" hinzu. In Mauthausen und seinen Außenlagern waren im März 1943 fast 54 Prozent aller als „Zivilrussen" bezeichneten Häftlinge unter 20 Jahre alt. Der Anteil der Jugendlichen am Gesamtstand der Häftlinge betrug zur selben Zeit 11,2 Prozent. Ab Mai 1944 wurden ungarische Juden nach Mauthausen deportiert. Etwa ein Drittel dieser mehrere tausend Personen umfassenden Häftlingsgruppe war unter 20 Jahre alt. Der weitere beträchtliche Anstieg an unter 20-jährigen Häftlingen ab Dezember 1944 ist hauptsächlich auf die Evakuierungstransporte aus den östlich gelegenen Konzentrationslagern zurückzuführen.[93]

Kinder und Jugendliche wurden im Konzentrationslager Mauthausen und in seinen Außenlagern in allen Arbeitskommandos eingesetzt, und mussten vielfach dieselben Arbeiten wie die erwachsenen Häftlinge verrichten. Es

---

[92] Hans Maršálek, Die Geschichte des Konzentrationslagers Mauthausen (Wien 1974) 85; Barbara Distel, Kinder in Konzentrationslagern. In: Sozialisation und Traumatisierung. Kinder in der Zeit des Nationalsozialismus. Hg. von Ute Benz – Wolfgang Benz (Frankfurt am Main 1992) 117-127; Andreas Baumgartner, Die vergessenen Frauen von Mauthausen. Die weiblichen Häftlinge des Konzentrationslagers Mauthausen und ihre Geschichte (Wien 1997); Roman Hrabar – Zofia Torkarz – Jacek E. Wilkur, Kinder im Krieg – Krieg gegen Kinder (Reinbek 1981)
[93] Perz, Kinder und Jugendliche im Konzentrationslager Mauthausen (wie Anm. 90) 74 ff.

bestand keine offizielle Regelung, die Kindern erleichterte Arbeiten gewährt hätte. Zwar kam dies teilweise dennoch vor, doch waren die vergleichsweise günstigeren Arbeitsstellen, etwa im Küchenkommando, als „Laufburschen" der SS oder als Funktionshäftlinge im Lagerbetrieb, nur begrenzt vorhanden. Ebenso wie die Erwachsenen unterlagen Kinder und Jugendliche der rassisch differenzierten Behandlung der SS, und waren ebenso wie die erwachsenen Häftlinge deren Misshandlungen ausgesetzt. Viele der ab 1940 nach Mauthausen eingewiesenen Jugendlichen wurden zu Steinmetzlehrlingen in den Steinbrüchen um Mauthausen, hier vor allem in Gusen, angelernt. Dies lag im ökonomischen Interesse der SS, die ein eigenes Ausbildungsprogramm zur Heranbildung von Steinmetzen und Steinbrucharbeitern entwickelt hatte.[94] Auch etwa 40 spanische Jugendliche aus der Gruppe der „Rotspanier" wurden als Steinbrucharbeiter eingesetzt und an die Steinbruchfirma Poschacher vermietet. Im Herbst 1944 wurden sie sogar aus der Haft entlassen und von der Firma Poschacher als Zivilarbeiter übernommen.[95]

Einige jugendliche Häftlinge waren auch an illegalen und lebensgefährlichen Handlungen beteiligt, etwa am Schmuggel von Fotografien über Gräueltaten aus dem Konzentrationslager.[96] Jugendliche Gefangene wurden aber auch, trotz des bestehenden Mitleids und der Rücksichtnahme seitens der erwachsenen Häftlinge, aufgrund der internen Lagerhierarchie leicht Opfer von sexuellen Übergriffen und Vergewaltigungen. Dennoch bestand generell die Tendenz, eher die Jungen zu retten, als die Alten, und die Solidarität gegenüber den Kindern zu wahren. Insofern hatten Junge – trotz ihrer größeren Lebensunerfahrenheit – höhere Überlebenschancen als Ältere.[97]

In seinem autobiografischen Roman „Elegie der Nacht" schildert Michel del Castillo seine Kindheit im Konzentrationslager: „Er lebte in einer Welt, die anders war als jene, in der er geboren war. Im Lager hatten weder Gut noch Böse, weder Traurigkeit noch Freude einen Sinn mehr; es kam einem nur noch darauf an, nicht zu sterben; man lernte, sich an jeder kleinen Minute, die man dem Tode abrang, so zu freuen, als hätte man einen großen Sieg davongetragen. Man lernte, wenig zu sprechen; jede Geste bekam einen neuen, beinahe symbolischen Sinn. Durch solche Gesten bewies

---

[94] Ebd., 77 f.
[95] Ebd., 81
[96] Widerstand und Verfolgung in Oberösterreich 1934-1945. Eine Dokumentation 1. Hg. v. Dokumentationsarchiv des österreichischen Widerstandes (Wien – München – Linz 1982) 530 f.
[97] Perz, Kinder und Jugendliche im Konzentrationslager Mauthausen (wie Anm. 90) 85 ff.

man den anderen gegenüber sein Vorhandensein."[98] Vielleicht wären es gerade diese jungen Häftlinge gewesen, die – sofern sie das Konzentrationslager überlebt hatten – sich am leichtesten dem Leben draußen wieder anpassen hätten können. Aber sie hatten „dort einen Teil ihrer Jugend verloren, und niemand kann sie ihnen zurückgeben."[99]

Schuljugend

> „Uns'rer Schule Arbeit leite,
> segne deutsches Volk und Land!
> Über uns'ren Führer breite
> deine starke Gnadenhand.
> Hilf empor aus aller Not
> und sei ewig unser Gott!"[100]

Die Aufgabe der Schule im Nationalsozialismus war es, mit den ihr gebotenen Erziehungsmitteln und auf Grundlage der nationalsozialistischen Weltanschauung den „deutschen" Jugendlichen zu formen. Als Erziehungsinstanz konnte die Schule darin jedoch nicht mehr den ersten Rang beanspruchen. Mit dem gleichen Erziehungsauftrag waren neben sie auch noch Partei- und Wehrmachtorganisationen als gleichmächtige Erziehungsinstitutionen getreten. Nur die Kirchen sollten in der Jugenderziehung keinerlei Rolle mehr spielen.[101]
Unmittelbar nach dem Anschluss Österreichs an das Deutsche Reich kam es zu umfassenden organisatorischen, personellen und ideologischen Veränderungen im Schulsystem. Die vom „Austrofaschismus" instrumentalisierte Schule hatte in kürzester Zeit in eine NS-konforme transformiert zu werden. Der Wandschmuck aus der Zeit vor 1938 – sowohl der staatliche als auch der religiöse – hatte aus den Schulräumen sofort entfernt und durch NS-Symbole ersetzt zu werden. Die Direktionen aller Unterrichtsanstalten erhielten vom Landesschulrat für Oberösterreich die Weisung, alle

---

[98] Michel del Castillo, Elegie der Nacht (Hamburg 1958) 93, zitiert nach Perz, Kinder und Jugendliche im Konzentrationslager Mauthausen (wie Anm. 90) 90
[99] Montserrat Roig aus Revue der Iberischen Halbinsel Nr. 28 (März 1993) 19, zitiert nach Perz, Kinder und Jugendliche im Konzentrationslager Mauthausen (wie Anm. 90) 71
[100] Tagesgebet der 6 bis 10-jährigen Schüler zu Beginn und am Ende des Unterrichts. Verordnungsblatt des Landesschulrates Oberdonau. In: Amtliche Linzer Zeitung, Jg. 1938 Folge 61 Nr. 318 vom 7. September 1938; zitiert nach Christiane Silberbauer, Schulpolitik in Oberösterreich 1938-1945 (Diss. Univ. Wien 1988) 271
[101] Kurt-Ingo Flessau, Schule und Diktatur. Lehrpläne und Schulbücher des Nationalsozialismus (Frankfurt am Main 1979) 75 f.

Schülerbibliotheken von NS-kritischen Büchern zu säubern.[102] Mit Erlass vom 25. März 1938 wurde die Leistung des „Deutschen Grußes" eingeführt: „Der Lehrer tritt zu Beginn jeder Unterrichtsstunde vor die stehende Klasse, grüßt als erster durch Erheben des rechten Armes mit den Worten ‚Heil Hitler'. Der Lehrer beendet die Schulstunde mit ‚Heil Hitler', die Schüler antworten in gleicher Weise." „Nichtarische" Schüler hatten den „Deutschen Gruß" nicht zu leisten.[103]

Am Beispiel der Schulchronik der Knabenhauptschule Ebensee soll die vollständige ideologische und propagandistische Indienstnahme der Schule durch die Anforderungen des NS-Regimes für die unmittelbare Phase nach dem Anschluss illustriert werden: Der 14., 15., und 16. März 1938 waren schulfrei. Die Schulchronik notierte personelle Änderungen bei den Ortsschulbehörden und dem Lehrkörper, bei denen vor allem die „alten Kämpfer" zum Zug kamen. Am 16. März versammelte sich die Lehrer- und Schülerschaft des Ortes zur Feier der „Heimkehr der Ostmark". Ab 17. März fand wieder regelmäßiger Unterricht statt. Am 26. März wurden in Gmunden die Leiterinnen und Leiter der Schulen des Bezirks feierlich vereidigt. Am 28. März kam es zur Vereidigung des Lehrkörpers der Schule durch den Schulleiter. Am 7. April schmückten Lehrer- und Schülerschaft gemeinsam das Schulgebäude mit Kränzen, Girlanden und Aufschriften. Am 10. April fanden die Siegesfeiern für die „Volksabstimmung", die den Anschluss pseudoplebiszitär bestätigte, statt. Osterferien waren vom 7. bis 19. April festgesetzt. Am 20. April wurde der Geburtstag des „Führers" mit einer Schülerversammlung am Vormittag und einem Gemeinschaftsempfang begangen. Am 21. April erfolgte wieder normaler Schulbetrieb. Die ersten Wochen nach dem „Umbruch" brachten für die Schülerinnen und Schüler folgende Filme: „Triumph des Willens", „Olympiafilm" I und II von Leni Riefenstahl, „Hitlerjunge Quex", „Glaube und Heimat", ein Gastspiel der Klingenschmiedgruppe. Am 1. Mai wurde mit einem Festzug durch Ebensee der „Tag der Arbeit" begangen. Die Schuljugend wurde dabei von Deutschem Jungvolk (DJ), HJ und BdM, und nicht von der Lehrerschaft, geführt. Am 14. und 15. Mai war eine Sammlung der Jugend für das Jugendherbergswerk angesetzt. Am 22. Mai kam es zu einer Sammlung für die Nationalsozialistische Volkswohlfahrt (NSV). An den Sammlungen beteiligten sich die Schülerinnen und Schüler

---

[102] Säuberung der Schülerbibliotheken. In: Linzer Volksblatt vom 28. März 1938
[103] Helga Flachberger, Der Einfluß des Nationalsozialismus auf das Erziehungswesen im Dritten Reich unter besonderer Berücksichtigung der Verhältnisse in Österreich nach dem Anschluss (Dipl.arbeit Univ. Linz 1981) 88

der NS-Jugendformationen. Am 27. Mai erfolgte im Kurhaussaal in Gmunden der erste Schulungstag des NS-Lehrerbundes. Am 28. April führte der Bezirksschulinspektor eine Sprengelberatung über die Neugestaltung des Unterrichts für die Gesamtlehrerschaft der Schulen von Ebensee durch. Am 10. Juni waren Schulausflüge angesetzt. Am 20. und 22. Juni wurden Schulimpfungen durchgeführt. Am 2. Juli 1938 war Schulschluss.[104] Die solcherart durch die Mobilisierungsaktivitäten eingespannten Schülerinnen und Schüler konnten kaum zu einem geregelten Unterricht oder einer kontinuierlichen Lernarbeit finden. Aus diesem Grund erließ das Unterrichtsministerium für das Sommersemesters 1938 eine Reihe von Verfügungen zur Prüfungserleichterung bei der Reifeprüfung an den Mittelschulen: „Bei notwendigen mündlichen Prüfungen sind Wissenslücken geringer zu werten, wenn Charakter und allgemeine geistige Reife eine künftige Bewährung des Abiturienten erwarten lassen."[105]
Daneben hatten die Schulbehörden Assistenzdienste für die HJ zu leisten: Für die im Juni 1938 stattfindenden Neuaufnahmen in die HJ wurden die Schulleitungen und Direktionen des Gaues Oberdonau beauftragt, durch den zuständigen Vertrauenslehrer der HJ alle noch nicht organisierten Schülerinnen und Schüler zwischen zehn und 18 Jahren (bzw. bei Mädchen bis 21 Jahren) namhaft zu machen.[106]
Parallel dazu wurde der bürokratische Umbau des Schulsystems vorangetrieben. Bereits Ende Mai 1938 war das österreichische Unterrichtsministerium zu einer Abteilung des neu errichteten Ministeriums für innere und kulturelle Angelegenheiten degradiert. Die Kompetenzen des aufzulösenden Unterrichtsministeriums gingen hinsichtlich der niederen und mittleren Schulen an die einzelnen Reichsgaue, hinsichtlich der höheren Schulen sowie der Hochschulen an den Reichserziehungsminister in Berlin. Die neuen Lerninhalte und Erziehungsziele wurden vom Berliner Ministerium vorgeschrieben.[107]
Auf Landesebene wurde unmittelbar nach dem Anschluss der amtierende oberösterreichische Landesschulinspektor Hubert Messenböck verhaftet.

---

[104] OÖLA, BH seit 1868 / Gmunden, Sch. 14: Schulchroniken 1939-1945 Teil III, Schulchronik der Knabenhauptschule Ebensee 1938-1945
[105] Prüfungserleichterungen in den Schulen. In: Linzer Volksblatt vom 23. April 1938, zitiert nach Cerwenka, Die Fahne (wie Anm. 78) 24
[106] Amtliche Linzer Zeitung vom Juni 1938, zitiert nach Cerwenka, Die Fahne (wie Anm. 78) 29
[107] Hermann Hagspiel, Die Ostmark. Österreich im Großdeutschen Reich 1938-1945 (Wien 1995) 167 f.

Im Auftrag des Gauleiters und Landeshauptmanns wurden seine Geschäfte Landesrat Rudolf Lenk übertragen.[108]
Am 10. Mai 1938 wurde per Verordnung des Gauleiters und Landeshauptmanns für Oberösterreich die Zusammensetzung der Schulbehörden neu geregelt: Der Landesschulrat, dem der Gauleiter und Landeshauptmann vorstand, setzte sich aus dem Schulreferenten der Landesregierung, den Landesschulinspektoren, dem Gauwalter des NS-Lehrerbundes sowie dem Bannführer der HJ zusammen. Der Bezirksschulrat bestand aus dem Kreisleiter, dem Kreiswalter des NS-Lehrerbundes und einem für den Schulbezirk beauftragten Bannführer der HJ. Im Ortschulrat saßen der Bürgermeister, der Leiter der Schule, der Ortsgruppenleiter der NSDAP sowie der Standortführer der HJ. Mit dieser Zusammensetzung war eine Organisationsform geschaffen, die die vollkommene Verbindung der lokalen Verwaltungsbehörden mit den lokalen Instanzen der NSDAP gewährleistete. Die bisherigen Vertreter der katholischen Kirche waren aus den Schulbehörden völlig ausgeschaltet.[109]
Neben der Gleichschaltung der Schulbehörden galt es, die Lehrerschaft auf NS-Kurs zu bringen. In den ersten Wochen nach dem Anschluss kam es zu personellen Säuberungen und Umbesetzungen, wovon insbesondere die katholischen Lehrerinnen und Lehrer betroffen waren. Gemäß der Verordnung über die „Neuordnung des österreichischen Berufsbeamtentums" vom Mai 1938 konnten „jüdische und jüdisch versippte" sowie „politisch unzuverlässige" Lehrerinnen und Lehrer in den Ruhestand versetzt werden. Ohne jede Angabe von Gründen konnten Lehrerinnen und Lehrer „im dienstlichen Interesse" versetzt werden. Dem Nationalsozialistischen Lehrerbund (NSLB) kam nach dem Verbot und der Auflösung aller bisher bestehenden Lehrervereine Monopol- und faktischer Zwangscharakter zu. Ein Ausweichen von der Mitgliedschaft war kaum möglich, wollte man nicht seine Lehrerexistenz aufs Spiel setzen.[110]
Lapidar formulierte diesbezüglich die Schulchronik der Volksschule Gschwandt im Bezirk Gmunden: „Die Umwälzungen der neuen Zeit brachten auch eine Änderung im Schulaufsichtsdienst mit sich." Der alte Bezirksschulinspektor wurde seiner Funktion enthoben. An seine Stelle trat ein Fachlehrer aus Ebensee, der in der „Systemzeit" als Obmann des

---

[108] Zum Landesschulrat Oberdonau vgl. Silberbauer, Schulpolitik (wie Anm. 100) 94 f.
[109] Silberbauer, Schulpolitik (wie Anm. 100) 96; Slapnicka, Oberdonau (wie Anm. 78) 199
[110] Herber Dachs, Schule und Jugenderziehung in der „Ostmark". In: NS-Herrschaft in Österreich 1938-1945. Hg. v. Emmerich Tálos – Ernst Hanisch – Wolfgang Neugebauer (Wien 1988) 221 f.

deutschvölkischen Turnvereins für den Nationalsozialismus tätig gewesen war. „Im Zuge der Wiedergutmachung wurden mit Wirksamkeit vom 1. Juni 1938 eine große Anzahl von Versetzungen von Leitern und Lehrpersonen durchgeführt."[111] Inspektionsberichte der Bezirkshauptmannschaft Wels über die Volksschulen des Rayons konstatierten jedoch bald einen Mangel an geeigneten Parteigenossen für die zur Verfügung stehenden Schulleiterposten. Aus diesem Grund wurden auch junge und unerfahrene Lehrer als Direktoren eingesetzt.[112] Anfang 1939 standen im Gau Oberdonau 2134 Lehrpersonen im Dienste der Partei und ihrer Gliederungen.[113] Viele Lehrerinnen und Lehrer waren auch im außerschulischen Bereich in der Partei, zumindest aber in einer ihrer Vorfeldorganisationen aktiv: Sie waren SA-Scharführer, Sippenkundeforscher, Luftschutzleiter, Leiter des lokalen Winterhilfswerks (WHW), Mitglieder oder Ortsleiter der NSV bzw. NSV-Beauftrage bei der Kinderlandverschickung, Jugend- oder Geldwarte der HJ, Ortsführer des Deutschen Roten Kreuzes (DRK), Wehrsportreferenten, Mitglieder bei der DAF oder beim Nationalsozialistischen Kraftfahrkorps.[114] Bedauernd stellte freilich ein Inspektionsbericht fest, dass es manchen Lehrern nach dem Anschluss und Anfang 1939 noch immer nicht möglich sei, „sich in den neuen Geist hineinzufinden".[115]

Und dies trotz der intensiven Umerziehungs- und Schulungskampagnen, die für Lehrerinnen und Lehrer aller Schulgattungen durchgeführt wurden. In Oberdonau fanden diese Schulungen ab Juli 1938 im „Ausrichtelager" des NS-Lehrerbunds des Gaues Oberdonau im Schloss Schmiding bei Wels statt.[116] Die einzelnen Lehrgänge umfassten Vortragsgebiete wie Deutsche Vorgeschichte, Geschichte der nationalsozialistischen Bewegung, Wesen des Nationalsozialismus, Rassenkunde und Vererbungslehre, Geopolitik als Grundlage politischer Erkenntnis, nationalsozialistische Erziehung, Sprachunterricht und Schriftpflege in der Schule, Geschichtsunterricht und staatsbürgerliche Erziehung, Leibesübungen und Liedpflege im Rahmen der nationalsozialistischen Erziehung, und behandelten auch Fragen der NS-konformen Festgestaltung in der Schule.[117]

---

[111] OÖLA, BH seit 1868 / Gmunden, Sch. 12: Schul-Chroniken 1938-1945 Teil I, Schulchronik der Volksschule Gschwandt
[112] Ebd., BH seit 1868 / Wels, Sch. 225: Bezirksschulrat 1938-1948, Inspektionsberichte
[113] Gauleiter Eigruber über nationalsozialistische Erziehung. Gauappell des NS-Lehrerbundes in Linz – Ehrung eines verdienten deutschen Schulmannes. In: Volksstimme (wie Anm. 47), 2. Jg. Nr. 22 vom 22. Jänner 1939
[114] OÖLA, BH seit 1868 / Wels, Sch. 225: Bezirksschulrat 1938-1948, Inspektionsberichte
[115] Ebd.
[116] Unsere Erzieher in Schmiding. In: Volksstimme (wie Anm. 47),1. Jg. Nr. 13 vom 15. Juli 1938
[117] Silberbauer, Schulpolitik (wie Anm. 100) 101

Hauptfaktor für die weitgehende NS-Loyalität der oberösterreichischen Lehrerschaft waren aber wohl weniger diese ideologischen Schulungen, als die existenzielle Abhängigkeit, in die die Lehrerschaft gegenüber dem NS-Regime kam. Jede Beförderung bzw. endgültige Anstellung wurde nicht nur nominell vom nationalsozialistischen Einsatz abhängig gemacht, sondern in Form von politischen Gutachten auch tatsächlich in dieser Hinsicht geprüft. Dieses Kontrollsystem durchzog die ganze Lehrerlaufbahn.[118]
Andererseits stieß bei einigen Lehrerinnen und Lehrern der Antiklerikalismus des Regimes sicherlich auf positive Resonanz. Während der NS-Zeit verschob sich am Land die dörfliche Machthierarchie zwischen Bürgermeister, Gemeindearzt, Pfarrer und Lehrerschaft eindeutig zu den von der NSDAP abhängigen Positionen. In vielen Schulen Oberdonaus spielte die Lehrerschaft eine aktive Rolle im Konflikt mit der Ortsgeistlichkeit. Lehrer verleumdeten die Kirche im Unterricht, oder beteiligten sich aktiv am Vorgehen gegen einen Priester der Pfarre.[119]
Generell war das österreichische Schulwesen bis 1938 von einem sehr hohen Anteil vor allem katholischer Privatschulen mit Öffentlichkeitsrecht geprägt gewesen. Dies fand mit dem Nationalsozialismus sein Ende. Die Schulerziehung sollte eine ausschließlich staatliche Angelegenheit sein. Mit 18. Juli 1938 wurde allen privaten Schulen das Öffentlichkeitsrecht entzogen und mit 12. September 1938 die Schließung aller konfessionellen Schulen verfügt. Davon waren in der Diözese Linz die Gymnasien der Stifte Kremsmünster, Schlierbach, St. Florian und Wilhering, der Jesuiten in Linz-Freinberg, der Oblaten des hl. Franz von Sales in Dachsberg und das Internat der Karmeliten in Linz betroffen. Ebenso die Heimschulen der Schulbrüder in Bad Goisern sowie die Lehrerbildungsanstalt und die Übungsschulen der Marianisten samt Internat in Freistadt. Die Frauenorden verloren im Diözesangebiet 134 Pflichtschulen und 38 mittlere und höhere Schulen sowie 120 Kindergärten und Kinderbewahranstalten und vier Waisenhäuser. Auch das geistlich geführte Pensionat für schwererziehbare Mädchen in Baumgartenberg wurde im Herbst 1938 aufgelöst,

---

[118] Ebd., 286
[119] Helmut Wagner, Der NS-Kirchenkampf in den Pfarren. Auswirkungen des NS-Kirchenkampfs auf pfarrliches Leben und seelsorgliche Praxis vor, während und nach der Zeit des NS-Regimes (1938-1945) am Beispiel von Mühlviertler Pfarren (Linz 1998) 277 ff.; zu ähnlichen Einschätzungen bezüglich Salzburger Volksschullehrerinnen und -lehrern vgl. Ernst Hanisch, Nationalsozialismus im Dorf: Salzburger Beobachtungen. In: Arbeiterbewegung – Faschismus – Nationalsozialismus. Festschrift zum 20jährigen Bestand des Dokumentationsarchivs des österreichischen Widerstandes und zum 60. Geburtstag von Herbert Steiner. Hg. v. Helmut Konrad – Wolfgang Neugebauer (Wien – München – Zürich 1983) 73

seine Zöglinge entweder zu den Eltern entlassen, oder von der NSV in die NS-Erziehungsanstalt nach Gleink verbracht.[120]
Bei den oberösterreichischen Stiften stand vor allem auch die Inbesitznahme der materiellen Güter und Ländereien im Vordergrund. Klösterliche Räume sollten für Parteizwecke genutzt werden. In Kremsmünster stritten verschiedene Parteiorganisationen um die Räumlichkeiten im Stift; schließlich wurde eine „NS-Oberschule für Jungen" eingerichtet. In Schlägl wurden das Sängerknabeninstitut und die Schule aufgehoben; in die Winterschule kamen „Arbeitsmaiden". In Wilhering wurden Konvikt und Gymnasium 1938 aufgehoben. In St. Florian wurde das Gymnasium in staatlicher Form weitergeführt. Auch das Stift Schlierbach wurde nicht aufgelöst, doch das Stiftsgymnasium bekam einen kommissarischen Leiter, und mit Ende des Schuljahres 1937/38 wurde das Gymnasium aufgelöst. Im Jahr 1941 wurde das Stift Lambach beschlagnahmt. Auf Wunsch Hitlers sollte das Stift in eine Nationalpolitische Erziehungsanstalt (NAPOLA bzw. NPEA), die von Wien-Breitensee hierher verlegt werden sollte, umgebaut werden. Als Eliteschulen des „Dritten Reichs" waren die NAPOLAs direkt dem Reichserziehungsminister unterstellt. Neben „rassischen" und körperlichen Kriterien sowie der Zugehörigkeit zur HJ war für den Besuch einer solchen Schule eine Aufnahmeprüfung vorgesehen. Der Schwerpunkt der Erziehung lag auf körperlicher Ertüchtigung und charakterlichen Stählung. Die NAPOLAs entwickelten sich so zu Nachwuchsinstitutionen für SS und Wehrmacht. Im Herbst 1943 zogen zwei Klassen von NAPOLA-Jungmannen in das ehemalige Stift ein. Im September 1943 begann man mit der ersten Klasse ihres Gymnasiums. Die Versuchsklasse in Lambach befand sich erst im Anfangsstadium und sollte nach dem Krieg ausgebaut werden.[121] Zu Beginn des Jahres 1945 war an eine Aufstockung der Schülerzahl gedacht. Doch wurde der Schulbetrieb bereits am 1. Februar eingestellt. Die Schule selbst wurde am 7. April geschlossen, woraufhin Lehrer und Schüler Lambach verließen.[122]
„Aufgabe der höheren Schule ist es, aus allen Kreisen des Volkes die zum Dienst unter einer gesteigerten Verantwortung fähigen und bereiten jungen Deutschen auszulesen, um später die Verantwortung des Arztes und Rich-

---

[120] Wagner, NS-Kirchenkampf (wie Anm. 119) 57 ff.; Silberbauer, Schulpolitik (wie Anm. 100) 276 ff.
[121] Jungen aus Oberdonau in der Napola. Der Gauleiter und Reichsstatthalter empfing 100 von ihnen im Linzer Landhaus. In: Oberdonau-Zeitung. Tages-Post. Amtliche Tageszeitung der NSDAP/Gau Oberdonau, 7. Jg. Nr. 102 vom 13. April 1944
[122] Silberbauer, Schulpolitik (wie Anm. 100) 281 ff.

ters, des Offiziers und Lehrers usw. tragen zu können."[123] Für das Schuljahr 1938/39 erließ das Ministerium für innere und kulturelle Angelegenheiten Bestimmungen zur Umwandlung der bisherigen österreichischen Mittelschulen in „Höhere Schulen" nach dem Muster des Altreichs. Danach hatte die Hauptform der Höheren Schule für Knaben die „Oberschule für Jungen" zu sein, deren obere Klassen in einen naturwissenschaftlich-mathematischen und einen sprachlichen Zweig gegabelt waren. Eine Sonderform der Höheren Schule für Knaben war das Gymnasium mit Latein ab der 1., Griechisch ab der 3. und Englisch ab der 5. Klasse. Die Höhere Schule für Mädchen war die „Oberschule für Mädchen", die in den drei obersten Klassen in einen sprachlichen und einen hauswirtschaftlichen Zweig gegabelt war. Von der 1. Klasse an wurde Englisch gelehrt, im sprachlichen Zweig kamen in der 6. Klasse Latein und eine moderne Fremdsprache als Wahlfach hinzu. Die Sonderform Gymnasium durfte in der Regel nur an solchen Orten eingerichtet bzw. weitergeführt werden, wo durch ihren Bestand die Hauptform der Höheren Schule bzw. deren Leistungsfähigkeit nicht beeinträchtigt war. Für Mädchen gab es die Sonderform Gymnasium nicht. Die Höheren Schulen praktizierten grundsätzlich die Geschlechtertrennung.[124]

Für das Schuljahr 1938/39 beschränkte sich die Umgestaltung der Mittelschulen auf die ersten Klassen. Im folgenden Schuljahr wurde die Angleichung an das System des Altreichs an den Gymnasien und Realgymnasien bis einschließlich der 7. Klassen, an Realschulen bis einschließlich der 6. Klassen vorangetrieben. Im Schuljahr 1941/42 war der Angleichungsprozess bereits abgeschlossen. Ab diesem Zeitpunkt wurde an allen Höheren Schulen der Ostmark nach den „Normallehrplänen 1938" unterrichtet.[125]

„Die nationalsozialistische Weltanschauung ist nicht Gegenstand oder Anwendungsgebiet des Unterrichts, sondern sein Fundament."[126] Mit dem Pädagogen Wilhelm Hartnacke behauptete der Nationalsozialismus, dass die Unterschiede zwischen den Menschen „anlagegemäß und daher unver-

---

[123] Josef Kampas, Das Unterrichtswesen der Ostmark – Reichsgaue vor und nach der Wiedervereinigung mit dem Deutschen Reiche. In: Niederdonau – Natur und Kultur H. 14 (Wien 1942) 18
[124] Silberbauer, Schulpolitik (wie Anm. 100) 162; Helmut Engelbrecht, Die Eingriffe des Dritten Reiches in das österreichische Schulwesen. In: Erziehung und Schulung im Dritten Reich. 1. Kindergarten, Schule, Jugend, Berufserziehung. Hg. v. Manfred Heinemann (Stuttgart 1980) 127
[125] Silberbauer, Schulpolitik (wie Anm. 100) 164
[126] Erziehung und Unterricht in der Höhreren Schule. Amtliche Ausgabe des Reichs- und Preußischen Ministeriums für Wissenschaft, Erziehung und Volksbildung (Berlin 1938) 19, zitiert nach Silberbauer, Schulpolitik (wie Anm. 100) 164

wischbar und unausgleichbar" wären. Daher unterblieb auch eine bewusste und gezielte kompensatorische Bildungsförderung. Letztlich entschied das Milieu, aus dem die Schülerin bzw. der Schüler stammte, über das soziale Fortkommen. Nur die politische Zuverlässigkeit und körperliche Leistungsfähigkeit wurden von der Jugend- und Parteiorganisation durch die Gewährung einer höheren Schulbildung, vorzugsweise in den Adolf-Hitler-Schulen, honoriert.[127] Da in Oberdonau keine eigene Adolf-Hitler-Schule bestand, wurden jährlich aus 25 Jungen zwischen elf und zwölf Jahren, die in Hinblick auf Erbgesundheit, „rassische" Herkunft, charakterliche und geistige Eignung ausgewählt worden waren, vier auserkoren, die auf die Adolf-Hitler-Schule in Sonthofen gehen durften.[128]

Die NS-Pädagogik brachte ein Klima des ständigen Kampfes und der Selbstbehauptung in die Schule, eine Kampfgesinnung um Leistung mit Rangkämpfen innerhalb der Hierarchie, ein Führer- und Leistungsprinzip mit einer Ausrichtung auf Über- und Unterordnung sowie auf körperliche und seelische Robustheit, damit man bei diesen Anforderungen überhaupt bestehen könne. Diese permanente Forderung und Aktivität brachte bereits in Friedenszeiten ein Element der Unruhe und gesteigerten Betriebsamkeit in den Schulalltag, das den jugendlichen Aktionsdrang nicht nur auffing, sondern noch zusätzlich anfachte.

Der gesamte Dienst der Jugendlichen in der Schule wurde dem Dienst an der „Volksgemeinschaft" untergeordnet. Der Schuldienst hatte den Jugendlichen die Erziehung zur Gemeinschaft zu vermitteln, eine Gemeinschaft, die den Jugendlichen in die Familiengemeinschaft, Schulgemeinschaft, HJ-Gemeinschaft, Betriebsgemeinschaft, Sittengemeinschaft, Wehrgemeinschaft, Volks- und „Rasse"-Gemeinschaft inkorporierte.[129] Es ist nicht verwunderlich, dass in dieser Vorstellungswelt das Lernen in der Schule nicht als individuelle Notwendigkeit oder Pflicht angesehen wurde, sondern im Sinne der Parole „Unser Lernen gehört nicht uns" für die Schülerinnen und Schüler eine „Pflicht des Lernens" im Dienste der „Volksgemeinschaft" proklamiert wurde.[130]

Demgemäß waren auch die Lehrpläne in den Dienst der nationalsozialistischen Weltanschauung gestellt. Für die Höheren Schulen ließen sich vor

---

[127] Silberbauer, Schulpolitik (wie Anm. 100) 163
[128] Fünfundzwanzig sind berufen – vier werden ausgewählt. Ausleselehrgang der HJ des Gebietes Oberdonau für die Adolf-Hitler-Schulen. In: Volksstimme (wie Anm. 47), 2. Jg. Nr. 62 vom 3. März 1939
[129] Silberbauer, Schulpolitik (wie Anm. 100) 107
[130] Der Sinn des Lernens. In: Volksstimme (wie Anm. 47), 2. Jg. Nr. 100 vom 12. April 1939

allem der Deutsch- und Geschichtsunterricht besonders leicht ideologisch instrumentalisieren: „Der Geschichtsunterricht steht ganz im Dienste der politischen Erziehung. Im Mittelpunkt aller Betrachtungen muß die ‚Reichsidee' stehen. Der Geschichtsunterricht muß in erster Linie auf das Gefühl des Kindes einwirken und in einer großen Entwicklungslinie dem Kinde die deutsche Volkswerdung vor Augen stellen." Schwerpunkte des Unterrichts hatten daher auf der Völkerwanderung, der Geschichte des Mittelalters, dem „Ringen von Brandenburg-Preußen um das Reich", den Türkenkriegen, dem „Schandvertrag von Versailles" sowie der Geschichte der NSDAP zu liegen.[131] Den Erd- und Naturkundeunterricht hatte man unter den Aspekten der Pflege der „Volks- und Rassenkunde", des „Deutschen Fühlens" und des Germanentums zu unterrichten.[132] Der Erdkundeunterricht hatte, ausgehend vom Heimatkreis, den Heimatgau, den „deutschen Lebensraum Europa" sowie das Verhältnis Deutschlands zur Welt zu behandeln. Der Lebenskundeunterricht sollte die Liebe zur Natur wecken und zu einer „naturgemäße[n] gesunde[n] Lebensweise" erziehen. Der Naturkundeunterricht hatte die „Ehrfurcht vor dem Walten der Natur und Stolz auf die Leistungen deutscher Männer und dem Schöpfungsgeist der Erfinder" zu vermitteln.[133] Selbst Zeichen-, Musik- und Fremdsprachenunterricht waren der intendierten Gesinnungsbildung unterworfen.[134]
Als eine Begabtenschleuse zielte die deutsche Schule darauf ab, schon frühzeitig die berufliche Eignung der Jugend nach einheitlichen Kriterien festzustellen und die Jugendlichen gemäß ihrer Begabungen auf die unterschiedlichen Ausbildungslaufbahnen aufzuteilen. Bis 1942 wurden unter anderem der Aufbau des Sonder-, Grund- und höheren Schulwesens sehr vereinfacht, ein allgemein verbindliches Berufsschulwesen eingerichtet, und in den neuen Ost- und Westgebieten die Hauptschule als Pflichtausleseschleuse eingeführt. Den Angelpunkt stellte dabei das 1938 für das gesamte Staatsgebiet erlassene Reichsschulpflichtgesetz dar. Neben der allgemeinen Volksschulpflicht der deutschen Kinder galt ab nun die Berufsschulpflicht der deutschen Jugend, von der die Ungelernten ohne Lehr- oder Anlernstelle nicht ausgenommen waren: Der Beruf für die Jugend

---

[131] OÖLA, BH seit 1868 / Steyr, Sch. 225: Gruppe 18, Zl. 30/1942, Oberbürgermeister der Stadt Steyr, Landrat des Kreises Steyr, Schulabteilung, 2.3.1942, Weisungsblatt V für das Schuljahr 1941-1942
[132] Silberbauer, Schulpolitik (wie Anm. 100) 166 ff.
[133] OÖLA, BH seit 1868 / Steyr, Sch. 225: Gruppe 18, Zl. 30/1942, Oberbürgermeister der Stadt Steyr, Landrat des Kreises Steyr, Schulabteilung, 2.3.1942, Weisungsblatt V für das Schuljahr 1941-1942
[134] Silberbauer, Schulpolitik (wie Anm. 100) 166 ff.

wurde so zur offiziellen Ausbildungsverpflichtung für alle jungen „Volksgenossen".[135] Mit dem Gesetz zur Änderung des Reichsschulpflichtgesetzes vom 16. Mai 1941 (RGBl. I, Nr. 56, 282) wurde erstmals die Forderung nach der Ausbildungspflicht für begabte Kinder umgesetzt. Bisher war es der freien Entscheidung der Erziehungsberechtigten oblegen, ihrem Kind eine höhere Ausbildung zu ermöglichen oder nicht. Nun wurden sie verpflichtet, ihre als hauptschulfähig erklärten Kinder in die Hauptschule oder eine höhere Schule zu schicken: „Kinder und Jugendliche, welche die Pflicht zum Besuch der Volks-, Haupt- oder Berufsschule nicht erfüllen, werden der Schule zwangsweise zugeführt."[136] Damit wurde aus der allgemeinen Schulpflicht eine erhöhte Bildungsdienstpflicht, auch wenn Schüler oder Eltern dem widerstrebten. Während des ganzen Schuljahres hatte der Lehrkörper ein besonderes Augenmerk darauf zu richten, welche Schülerinnen und Schüler die Hauptschulreife erlangen könnten. In allen Jahreszeugnissen des 4. Schuljahres hatte dann das Urteil über die Hauptschulreife eingetragen zu werden, egal ob das Kind eine Hauptschule besuchen wollte oder nicht.[137] Auch in rein bäuerlichen Gegenden sollte die Hauptschule ausreichende Verbreitung finden, vor allem um hier der Abwanderung der Dorfjugend entgegenzuwirken.[138]

Insgesamt ergab sich für Oberdonau folgendes Bild: Von den ehemals 66 konfessionellen Schulen wurden die meisten in öffentliche umgebildet. Den stärksten Zuwachs von Schulbauten gab es im Salzkammergut und in den neu okkupierten Kreisen Krumau und Kaplitz. Die größte Zahl an Neugründungen war mit Stand von Anfang 1943 auf dem Gebiet der Hauptschulen mit über 20 Neugründungen zu verzeichnen. Forciert wurde auch die Neuerrichtung von landwirtschaftlichen Berufsschulen.[139] Zur Ausbildung der Lehrkräfte an Höheren Schulen war in Linz ein staatliches Studienseminar gegründet worden. Für die Zeit nach dem Krieg plante man in Oberdonau die Errichtung einer Adolf-Hitler-Schule, einer Natio-

---

[135] Alexander Mejstrik, Die Erfindung der deutschen Jugend. Erziehung in Wien 1938-1945. In: NS-Herrschaft in Österreich. Ein Handbuch. Hg. v. Emmerich Tálos u.a. (Wien 2000) 501
[136] Verordnungs- und Amtsblatt für den Reichsgau Oberdonau, Jg. 1941 Folge 44 Nr. 158, 319 ausgegeben am 31. Oktober 1941, zitiert nach Silberbauer, Schulpolitik (wie Anm. 100) 121
[137] OÖLA, BH seit 1868 / Steyr, Sch. 225: Gruppe 18, Zl. 30/1942, Oberbürgermeister der Stadt Steyr, Landrat des Kreises Steyr Schulabteilung, 29.4.1942, Weisungsblatt VII für das Schuljahr 1941-1942
[138] Die Arbeitsrichtlinien der Hauptschule. Von der Schulpflicht zur erhöhten Bildungspflicht auch in rein bäuerlichen Gegenden. In: Volksstimme (wie Anm. 50), 5. Jg. Nr. 115 vom 26. April 1942
[139] Landwirtschaftliche Berufsschule in Schlägl eröffnet. Bildungsstätten für die Landjugend Oberdonaus seit dem Umbruch von 8 auf 70 erhöht. In: Volksstimme (wie Anm. 50), 5. Jg. Nr. 320 vom 19. November 1942

nalpolitischen Erziehungsanstalt sowie eines Musischen Gymnasiums. Für die Errichtung einer Technischen Hochschule in Linz waren Vorarbeiten bereits während des Kriegs im Gange. Seit März 1938 wurden insgesamt 13 neue Schulgebäude errichtet, zehn weitere um- und ausgebaut und acht Behelfsbauten ausgeführt. Insgesamt zählte man in Oberdonau Anfang 1943 rund 150.000 Schülerinnen und Schüler in 1000 Schulen mit 6000 Lehrkräften.[140]

Bei der Förderung der landwirtschaftlichen Berufsschulen Oberdonaus stand vor allem die haus- und landwirtschaftliche Ausbildung der weiblichen Landjugend im Vordergrund. Das Reichspflichtschulgesetz forderte auch für die Bauernkinder eine berufliche Grunderziehung, die im Dienst der Ernährungssicherung sowie der „völkischen" Nachwuchspflege des deutschen Volkes stehen sollte. In einer zweijährigen Pflichtschule für die gesamte Landjugend zwischen dem 14. und 18. Lebensjahr wurden die bäuerliche Arbeit und ihr „Anteil am völkischen Leben", aber auch der Schriftverkehr des Landwirts gelehrt.[141] Aufgrund des Mangels an männlichen Lehrkräften während des Kriegs begann man zunächst mit dem Aufbau der weiblichen Berufsschulen. Für die Frauenberufsschule in Ischl wurde etwa ein Komplex von drei Gebäuden erworben. Bis zum Dezember 1940 wurden zehn landwirtschaftliche Mädchenberufsschulen neu errichtet: in Feldkirchen an der Donau, Mauerkirchen, Tragwein, St. Florian, Enns, Kremsmünster, Sierning, Hohenfurt, Oberplan und Kaplitz. Die Kosten für die Errichtung bestritt der Gau Oberdonau als Schulträger, die Personalkosten trug das Reich.[142]

Während des Krieges wurde die Schule als Lernort für die „Volksgemeinschaft" ganz in den Dienst der „Wehr- und Kampfgemeinschaft" gestellt. Schülerinnen und Schüler hatten sich oft klassenweise an kriegswirtschaftlich sinnvoll empfundenen Sammelaktionen von Pilzen, Bucheckern zur Ölgewinnung, der Förderung des Seiden- bzw. Heilpflanzenanbaus, der Knochen-, Papier- und Altstoffsammlung zu beteiligen. Schulpflichtige wurden für landwirtschaftliche Pflege- und Erntearbeiten oder zur

---

[140] Über 50 neue Schulen und Heime, 500 geplant. Nationalsozialistisches Aufbauwerk im Bereiche des Schulwesens Oberdonaus. In: Oberdonau-Zeitung. Amtliche Tageszeitung der NSDAP/Gau Oberdonau, 6. Jg. Nr. 71 vom 12. März 1943

[141] 30 landwirtschaftliche Berufsschulen im Gau. Ein nationalsozialistisches Erziehungswerk – Umfassende berufliche Ertüchtigung. In: Volksstimme (wie Anm. 50), 4. Jg. Nr. 126 vom 7. Mai 1941

[142] Zehn landwirtschaftliche Berufsschulen im Gau. Mit dem Bau bereits begonnen – Der Bauer ist nicht schulfeindlich, wenn die Schule nicht bauernfeindlich ist. In: Volksstimme (wie Anm. 50), 2. Jg. Nr. 351 vom 20. Dezember 1940

Maikäferbekämpfung des Jahres 1943 eingesetzt,[143] aber auch mittels Schülerwettbewerben und der Gestaltung von Schulausstellungen in die propagandistische Selbstdarstellung des Regimes über seine „Aufbauleistungen" sowie seine kriegs- und wehrpolitischen Bedürfnisse eingebunden:[144] „Nun kann unter Umständen die hohe Ziffer der versäumten Lehrstunden geradezu eine Auszeichnung für den Schüler bedeuten, wenn er sie nämlich im Dienst der Volksgemeinschaft versäumt hat."[145] Dem Aufruf an die Schuljugend und Lehrerschaft Oberdonaus, für die Soldaten des Heimatgaues zu sammeln, folgten Anfang 1942 insgesamt 750 Schulen des Gaues. Gemeinsam sammelte man fast zwei Eisenbahnwagen voll von Rasierklingen, Schuhputzmitteln, Handseifen, Süßstoffen, Bleistiften, Füllfedern und Schreibpapier. Das Sammeln und Verpacken nahm einige Wochen in Anspruch. Vieles wurde auch während der Freizeit bewerkstelligt.[146] Im Mai 1942 wurden 1200 Jungen und Mädchen aus allen 5. und 6. Klassen der Oberschulen des Gaues zum „Anbaueinsatz" herangezogen. Klassenweise wurden sie abgeordert, und zu verschiedenen Bauern eines Ortes oder Kreises gebracht, wo sie auch einquartiert wurden.[147]

Je länger der Krieg dauerte, desto gravierender wirkte sich der Lehrermangel an den Schulen aus. Für die in die Wehrmacht eingezogenen Lehrkräfte wurden zum Teil noch in Ausbildung stehende Lehranwärterinnen der Lehrerinnenbildungsanstalt Linz eingesetzt. Diese Anwärterinnen wurden ein Jahr früher entlassen, wobei sie einen Teil der Prüfungen im Schuljahr 1943/44 nachholen mussten.[148] Teilweise wurden auch Lehrkräfte aus der Pension in den aktiven Lehrdienst zurückgeholt, die zum Teil nicht mehr bei besten Kräften waren.

---

[143] Verordnungen für Volks- und Hauptschulen im Gau Oberdonau ab 1938, zitiert nach Silberbauer, Schulpolitik (wie Anm. 100) 122 ff.
[144] Die Heimat ist größer und schöner geworden. Eröffnung der Gauausstellung des Schülerwettbewerbes „Schaffendes Deutschland" in Linz. In: Volksstimme (wie Anm. 50), 3. Jg. Nr. 103 vom 14. April 1940; Die Jugend im Wettbewerb „Seefahrt ist not!" Schüler in Werkräumen an der Arbeit – der erzieherische Wert dieser handwerklichen Gemeinschaftsleistungen. In: Volksstimme (wie Anm. 50), 4. Jg. Nr. 47 vom 16. Februar 1941; Vertraute engere Heimat und weltweite große See. Stellv. Gauleiter Opdenhoff eröffnete die „Hilf-mit"-Gauausstellung „Seefahrt in not!" In: Volksstimme (wie Anm. 50), 4. Jg. Nr. 152 vom 3. Juni 1941
[145] So greift die Schule ins Alltagsleben ein. Hilfe für die Volksgemeinschaft – Lehrer und Schüler als Heimatforscher. In: Volksstimme (wie Anm. 50), 2. Jg. Nr. 336 vom 6. Dezember 1939
[146] Erzieherschaft und Schuljugend für die Front. Zwei Eisenbahnwagen voll für die Soldaten unserer Heimatdivision gesammelt. In: Volksstimme (wie Anm. 50), 5. Jg., Nr. 124 vom 6. Mai 1942
[147] Jungen, Mädel – und die Bauern sind zufrieden! 1200 Schüler und Schülerinnen der 5. und 6. Klassen Oberschule im Anbaueinsatz. In: Volksstimme (wie Anm. 50); 5. Jg. Nr. 131 vom 13. Mai 1942
[148] OÖLA, BH seit 1868 / Gmunden, Sch. 12: Schul-Chroniken 1938-1945 Teil I

Über die zunehmende Beanspruchung des Lehrpersonals beklagte sich ein Lehrer aus der Volkschule Hallstatt: „Die Partei ist – insbesondere in Oberdonau – nicht schul- und lehrerfreundlich. Es wird daher alles nur zu gerne zum Anlaß genommen, den Schulbetrieb einzuschränken oder ganz einzustellen und die Lehrkräfte anderweitig ‚einzusetzen', das heißt unter irgendeine Botmäßigkeit zu bringen, sie untergeordnete Hilfsarbeiten machen zu lassen und sie eine möglichst hohe Stundenzahl pro Woche zu beschäftigen. Ob die Kinder lesen, schreiben und rechnen lernen, ist nicht interessant, wenn es nur gegen die Schule und die Lehrer geht."[149] Darüber hinaus beklagte er sich über die angeordneten Schulsperren wegen Brennstoffmangel, über die Unterbringung von Arbeitsmaiden in der Schule, über die steigenden Schülerzahlen aufgrund der Flüchtlingskinder aus Berlin und aus Bessarabien sowie über die Einführung eines Halbtagsunterrichts und die Verlegung des Unterrichts der Untergruppen auf die späteren Nachmittagsstunden (16-19 Uhr).[150] Auch in anderen Orten kam es zu Umquartierungen und Zusammenlegungen von Schulklassen. In Weyer und Unterlaussa gab es Klassen, in denen über 80 Schülerinnen und Schüler unterrichtet wurden.[151] In vielen Schulen wurden Turnsäle als Unterkunftsräume für Kriegsgefangene oder Flüchtlinge genützt. Seit dem Sommer 1944 befand sich im Gebäude der Volksschule von Gunskirchen ein KZ-Lager mit 80 Inhaftierten.[152] Volks- und Hauptschule in Schärding waren seit Oktober 1944 ein Flüchtlingslager für Volksdeutsche.[153]

Mit 1. Februar 1945 wurde im Gau Oberdonau die Schließung aller Schulen, mit Ausnahme der Internate, angeordnet, weil die Gebäude vorwiegend zur Aufnahme von Flüchtlingen bereitgestellt werden mussten. Der ersatzweise aufgenommene Notunterricht beschränkte sich auf einige Stunden täglich. Teilweise wurden Schülerinnen und Schüler am Land auch in größeren Bauernstuben unterrichtet. In den luftkriegsgefährdeten Städten gestaltete sich die Schülerbetreuung weitaus schwieriger: „Sicherlich macht sich manchmal das Fehlen der kundigen Hand des geschulten Erziehers bei den heranwachsenden jungen Menschen bemerkbar, aber

---

[149] Ebd., Schulchronik der Volksschule Hallstatt
[150] Ebd.
[151] OÖLA, BH seit 1868 / Steyr, Sch. 227: Bezirksschulrat L, Volksschule Weyer
[152] OÖLA, Sondergerichte 1913-1980, Sch. 325: Vg 11 Vr 5186/47, Bericht Gendarmerieposten Gunskirchen, 15.1.1947
[153] Nach dem Einmarsch der US-Truppen wurde das Schulgebäude ein Lager für „displaced persons". DÖW, 40.073: Siegwald Ganglmair, Die Stadt Schärding im ersten Nachkriegsjahr. Mit einer Beilage. Heinrich Ferihumer: Vor 20 Jahren. Der Umbruch in Schärding im Jahre 1945 (Wien 1983) 7 (Manuskript)

hier muß nun dafür das Elternhaus einspringen."[154] Auch wurden Schülerinnen und Schüler Opfer des Bombenkriegs: Als durch einen Bombenangriff am 16. Oktober 1944 der Luftschutzraum einstürzte, kamen 35 Schülerinnen der Dürrnbergerschule in Linz ums Leben.[155] Wie sehr der Kriegsverlauf den unmittelbaren Schulalltag beeinträchtigte, soll exemplarisch anhand der Schulchronik der Knabenhauptschule in Bad Ischl für das Schuljahr 1944 und 1945 nachgezeichnet werden: Am 5. Jänner 1944 überstellte der kommissarische Leiter der Schule die zum Luftwaffenhelferdienst für tauglich befundenen Schüler der 5. Klasse. Am 17., 18., und 19. Jänner 1944 wurde die vorgeschriebene ärztliche Untersuchung für die Entlassschüler aller Klassen des Jahrgangs 1944 durch den Kreisjugendarzt und Kreisärzteführer für die Zwecke der Berufsberatung und Berufslenkung vorgenommen. Entsprechend den Bestimmungen des Jugenddienstpflichtgesetzes fand am 28. Jänner ein Erfassungsappell der HJ für Schüler, und am 29. Jänner einer für Schülerinnen statt. Die Berufsaufklärung erfolgte durch das Arbeitsamt, der Berufsaufklärungsappell durch die HJ, wobei es zu Störungen des Unterrichts durch Fliegeralarm kam. Am 27. Februar wurden die bewährtesten Altmitglieder der HJ und des BdM anlässlich einer Feier in die NSDAP übernommen. Für die Jungen der 5. Klasse wurden im Rahmen des HJ-Dienstes Ende Februar/Anfang März ein vormilitärischer Skikurs im Gebiet des Dachsteins durchgeführt, wobei für die Pflichtteilnahme der Jungen unterrichtsfrei gegeben wurde. Ebenso hatte klassenweise am Landdienstappell der HJ sowie an Luftschutzschulungen teilgenommen zu werden. Am 26. März wurde die feierliche Überstellung der im Jahr 1930 geborenen Jungvolk- und Jungmädelangehörigen in die HJ vollzogen. Die letzte Woche des Schuljahrs 1943/44 stand ganz im Zeichen der vom Reichsstatthalter von Oberdonau auch für die Hauptschulen Bad Ischls angeordneten Leistungswoche. Die Tage selbst waren unterrichtsfrei, doch mussten alle Schüler an den Leistungsübungen der HJ teilnehmen. Während der Sommerferien hatten alle 14-jährigen Schülerinnen und Schüler durch drei Wochen hindurch Ernte- oder Fabrikseinsatz zu leisten. Auf Ersuchen des Ortsgruppenleiters und der Standortführung der HJ wurden tageweise Schüler zur Mithilfe bei der Betreuung von den aus Wien umquartierten Bombenbeschädigten eingesetzt. Auch zum Bau eines schuleigenen Luftschutzkellers wurden

---

[154] Unsere Schule, die Lehrer und die Schüler im totalen Krieg. Notunterricht und Schülerbetreuung – Um den Aufstieg in die nächste Klasse – Versäumtes ist später nachzuholen. In: Oberdonau-Zeitung. Tages-Post. Amtliche Tageszeitung der NSDAP/Gau Oberdonau, 8. Jg. Nr. 91 vom 19. April 1945
[155] Ellmauer, Große Erwartungen (wie Anm. 59) 712

abwechselnd Schüler abgestellt. Nach mehr als dreiwöchiger Dauer der Neujahrsfeiern wurde mit 15. Jänner 1945 der Unterricht wieder aufgenommen. Gleich am Anfang standen Beratungen bezüglich der Einrichtung eines Notunterrichtes an den Ischler Schulen, da das Gebäude der Volks- und Mädchenhauptschule durch Flüchtlinge belegt war, und so Ausweichquartiere in anderen Schulen gesucht werden mussten. Ab 22. Jänner 1945 wurden vormittags sämtliche Klassen beider Ischler Hauptschulen beginnend täglich um 7.30 Uhr durch sechs Unterrichtseinheiten zu je 40 Minuten bis 12.05 schulisch betreut. An den Nachmittagen stand ab 12.30 das Schulgebäude der Jungenhauptschule den meisten Klassen beider Ischler Volksschulen durch fünf Unterrichtseinheiten zu je 45 Minuten bis 16.25 zur schulischen Betreuung als Notunterricht zur Verfügung. Mit Wirkung ab 1. Februar wurde vom Reichsstatthalter in Oberdonau die Sperre sämtlicher Schulen im Reichsgau angeordnet. Als Gründe wurden die schlechte Kohlenversorgung sowie die notwendige Umquartierung der Bevölkerung Schlesiens nach Oberdonau genannt. Bereits am 3. Februar trafen zirka 800 Flüchtlinge ein, denen die Schule zum Flüchtlingsauffanglager wurde. Bis Ostern konnte die Schule nicht mehr als solche genützt werden. Am Karsamstag, dem 31. März, kam es zur Schulentlassung für alle Schülerinnen und Schüler, die im Jahr 1931 und früher geboren worden waren. Das Schulgebäude wurde endgültig für Lazarettzwecke beschlagnahmt. Während der Dauer der Schulsperre hatten die Lehrkräfte im Flüchtlingslager und bei der Spendenstapelung des deutschen Volksopfers im Sammellager Bad Ischl im Arbeitseinsatz zu stehen. Am 16. April konnte in einem Raum im Haus des Museums abermals ein Notunterricht eingerichtet werden. Bei trockenem Wetter wurde im Freien unterrichtet. Am 2. Mai musste auch dieser Notunterricht aufgrund der Beschlagnahme des Raums für Lazarettzwecke eingestellt werden.[156]

---

[156] OÖLA, BH seit 1868 / Gmunden, Sch. 14: Schul-Chroniken 1939-1945 Teil III, Schulchronik der Knabenhauptschule Bad Ischl

Abb. 2: Abschlusskundgebung 1943/44, Foto: Heimrad Bäcker, Quelle: Sammlung Merighi

Staatsjugend

> „Die HJ hat auch nie versucht, die Armee nachzuahmen.
> Ihre Kämpfe sind bewußt nicht die junger Soldaten eines Heeres –
> sie tragen eine Weltanschauung. Ihr Ziel ist jenes politische Soldatentum,
> das die alte Garde des Nationalsozialismus überzeugender verkörpert,
> als jede andere Institution in Deutschland. Diese Männer,
> an ihrer Spitze Adolf Hitler, sind die Vorbilder des Hitlerjungen,
> ihnen strebt er nach. Weil sie alle im höheren Sinne Soldaten sind,
> in ihrer Pflichtauffassung und Tapferkeit und in der Unterordnung
> ihres Ichs unter den Geist der Gemeinschaft,
> darum ist auch die HJ, wenn man so will, soldatisch."[157]

Mit den Durchführungsverordnungen vom 25. März 1939 zum „Gesetz über die Hitler-Jugend vom 1. Dezember 1936" wurde im Deutschen Reich die Jugenddienstpflicht für alle zehn- bis 18-jährigen Mädchen und

---

[157] Schirach, Die Hitler-Jugend (wie Anm. 6) 91

Jungen eingeführt. In der ersten Durchführungsverordnung wurde betont, dass die gesamte Erziehung der Jugend außerhalb von Schule und Elternhaus ausschließlich Sache der Hitler-Jugend wäre. Die zweite Durchführungsverordnung, die so genannte Jugenddienstverordnung, leitete aus dem HJ-Gesetz von 1936 eine alle zehn- bis 18-jährigen Mädchen und Jungen umfassende Jugenddienstpflicht ab, die öffentlich-rechtlichen Charakter trug, und gleichberechtigt neben Arbeitsdienst- und Wehrdienstpflicht trat. Die dritte Durchführungsverordnung zum HJ-Gesetz von 1936 vom 11. November 1939 ermächtigte die Reichsjugendführung, zur Durchsetzung der HJ-Dienstpflicht auch die Organe des Staates einzusetzen.[158] Mit diesem Prozess der „Verstaatlichung" von Jugendlichkeit, der lange vor Kriegsausbruch intendiert war und keine kriegspolitische Maßnahme darstellte, wurde aus einer Partei- und Kampfjugend der „Systemzeit" – deren Zahl für die Zeit vor dem 12. März 1938 in Oberösterreich mit rund 3500 männlichen und weiblichen Mitgliedern angegeben wurde[159] – eine Staatsjugend mit obligatorischem Zwangscharakter für Millionen von Mitgliedern im ganzen Reich.

Mit Anfang November 1941 galten auch im Reichsgau Oberdonau die Durchführungsverordnungen zum Gesetz über die Hitler-Jugend. Die nunmehr allgemeine Jugenddienstpflicht erstreckte sich zunächst auf die Mädel und Jungen der Jahrgänge 1930 und 1931, sowie auf jene, die aufgrund einer freiwilligen Meldung bereits Mitglieder der HJ waren.[160] In Linz wurden bereits seit Oktober 1941 an den verschiedenen Musterungsstellen die Jahrgänge 1924 bis einschließlich 1931 beiderlei Geschlechts zum Dienst in der HJ erfasst.[161]

Der HJ-Dienst wurde damit jahrgangsmäßig zur obligatorischen Pflicht, die Jugend zu einer organisierten Zwangsjugend. Das einzelne Mädchen, der einzelne Junge konnte sich weder die Gruppe noch die Gruppenleiterin bzw. den Gruppenleiter oder gar die Mitglieder der Gruppe auswählen, denen sie sich zuordnen mochten. Ohne Wahlmöglichkeiten wurden die Ju-

---

[158] Klönne, Jugend im Dritten Reich. Hitler-Jugend und ihre Gegner. Dokumente und Analysen (München 1990) 34-39
[159] Rieder Volksblatt vom 6. Juli 1938
[160] Der Dienst in der Hitler-Jugend eine staatliche Pflicht. Einführung der Jugenddienstpflicht in Oberdonau – Zunächst die Jahrgänge 1930/31. In: Volksstimme (wie Anm. 50), 4. Jg. Nr. 279 8. Oktober 1941
[161] Bei einer Musterungsstelle der Hitler-Jugend. Alles läuft wie am Schnürchen – Jugendeinsatz in der Heimat wird organisiert. In: Volksstimme (wie Anm. 50), 4. Jg. Nr. 290 19. Oktober 1941; Erlass des RJF über die Erfassung und Aufnahme der Jahrgänge 1924 bis 1929 zum Dienst in der Hitlerjugend vom 12. September 1941. In: Amtliches Nachrichtenblatt des Jugendführers des Deutschen Reiches 1941, 119; vgl. Mejstrik, Die Erfindung der deutschen Jugend (wie Anm. 135) 505

gendlichen von oben her zu Zwangsgruppen zusammengestellt. Auch die Führer und Führerinnen wurden streng hierarchisch von der jeweils vorgesetzten Dienststelle mit der Führung einer Einheit betraut, und gegebenenfalls davon wieder entbunden. Wahlmöglichkeiten gab es auch hier keine. Zwar war die Heranziehung zur Jugenddienstpflicht für alle Jugendlichen obligatorisch. Doch bestanden daneben grundsätzlich noch die Möglichkeiten der Bereitstellung, der Zurückstellung, der Befreiung und die des Ausschlusses. Bei der Bereitstellung wurde der Jugendliche zwar der Form nach in die Reihen der Dienstpflichtigen aufgenommen, jedoch nicht zum HJ-Dienst herangezogen. Freilich hatte er sich jederzeit der HJ zur Verfügung zu stellen. In Ausnahmefällen, zum Beispiel aufgrund beruflicher Unabkömmlichkeiten, konnte ein Jugendlicher vom HJ-Dienst zurückgestellt werden. Bei der Befreiung oder dem Ausschluss vom HJ-Dienst verlor der Jugendliche nicht nur „seinen Platz in der Gemeinschaft der Jugendlichen", „sondern auch die Anwartschaft, im späteren Leben ein vollwertiger Volksgenosse zu werden." Grundsätzlich wurde jedoch bei den in die HJ aufzunehmenden Zehnjährigen angenommen, dass eine „HJ-Unwürdigkeit" noch nicht in Frage komme, da „immer noch ein Erziehungsversuch möglich" wäre.[162]

Der innere Aufbau der Gliederungen der HJ richtete sich einerseits teils nach dem Aufbau der NSDAP, und folgte andererseits – gemäß der Maxime des „politischen Soldatentums" – dem Vorbild des Militärs. Wie beim Heer, wo zehn bis 15 Soldaten als eine Gruppe von einem Unteroffizier geführt wurden, bildeten zehn bis 15 Jungen oder Mädchen als Jungenschaft, Kameradschaft, Mädel- oder Jungmädelschaft die untere Stufe. Die Schar – der Jungzug, die Mädel- und Jungmädelschar – entsprach auf der nächsten Stufe dem Zug (40 bis 50 Jugendliche). Gefolgschaften, Fähnlein, Mädel- und Jungmädelgruppe, mit durchschnittlich 150 Jugendlichen entsprachen der Kompanie. Stämme – Jungstämme sowie Mädel- und Jungmädelringe – wurden unter Berücksichtigung der örtlichen Verhältnisse aus drei bis fünf Gefolgschaften gebildet (400 bis 600 Jugendliche), und stellten quasi die Bataillone der HJ dar. Die Banne, Jungbanne und Untergaue entsprachen den Regimentern, und bestanden in der Regel aus vier bis acht Stämmen (2000 bis 5000 Jugendliche). Das Gebiet wurde aus zehn bis 30 Bannen gebildet und entsprach einem oder zwei politischen Gauen. Unter der Führung des Gebietsführers stellte das Gebiet die größte

---

[162] Jugenddienstpflicht – heute von Bedeutung. Jeder Jugendliche geht durch die Erziehung der Hitler-Jugend. In: Volksstimme (wie Anm. 50), 4. Jg. Nr. 52 vom 21. Februar 1941

Befehlseinheit unter der Reichsjugendführung dar. Unter HJ-Gebietsführer Heinz Keß[163] und BdM-Obergauführerin Eva Travniczek teilte sich das Gebiet Oberdonau (29 = Gebietsnr.) mit Stand seines Höchstausbaus im Jahr 1941 in die Banne Linz-Stadt, Linz-Land, Rohrbach, Freistadt, Perg, Steyr, Kirchdorf an der Krems, Gmunden, Vöcklabruck, Braunau am Inn, Ried im Innkreis, Schärding, Wels, Grieskirchen, Kaplitz und Krummau. Mit Wirkung vom 18. Juni 1938 wurde das Gebiet Oberdonau (29) nebst den anderen sechs Gebieten Wien (27), Niederdonau (28), Steiermark (30), Kärnten (31), Salzburg (32) und Tirol (33) zum Obergebietsbereich Süd-Ost zusammengefasst.[164]

Altersmäßig waren die zehn- bis 14-jährigen Jungen im Deutschen Jungvolk organisiert. Danach erfolgte die Überweisung in die eigentliche Hitler Jugend, der Organisation aller 14- bis 18-jährigen Jungen. Nach der Beendigung des HJ-Dienstes erfolgte die Überstellung in die Partei bzw. in eine ihrer Gliederungen. Für die zehn- bis14-jährigen Mädchen war die Organisation der „Jungmädel" (JM) die Analogie zum „Deutschen Jungvolk". Der „Bund Deutscher Mädel" umfasste alle 14- bis 21-jährigen Mädchen, wobei die 17- bis 21-jährigen in dem angegliederten BdM-Werk „Glaube und Schönheit", das erst im Juni 1938 geschaffen worden war, zusammengeschlossen wurden.[165] Dazu kamen verschiedenste fachspezifische „Sondereinheiten", wie die Nachrichten-, Marine-, Flieger-, Reiter- und Motor-HJ, weiters der Landdienst der HJ und der HJ-Streifendienst, der als Kontrollorgan der HJ in enger Verbindung mit der SS und der Sicherheitspolizei stand. Die Sondereinheiten boten für technisch versierte und interessierte Jungen auch die Möglichkeit, den Führer-, Segel- oder Segelflugschein zu erwerben, was zweifelsohne zur Attraktivität dieser Organisationen beitrug.[166]

Die Motor-HJ war in Oberdonau im Jahr 1939 etwa 1000 Mann stark, und verfügte über Motor-Gefolgschaften in den Bannen Linz-Stadt, Wels, Steyr und Vöcklabruck.[167] Im Mai 1939 erlebten „120 Jungen [der Motor-

---

[163] Mitte November 1938 wurde der bisherige Gebietsführer der HJ, Pg. Wolf Hörandner, in die Reichsjugendführung abgezogen. Sein Nachfolger wurde der bisherige DJ-Beauftragte der Befehlsstelle Südost, Hauptbannführer Pg. Heinz Kess; OÖLA, Politische Akten, Sch. 44: Gauarchiv 2, Gaupersonalamt, Linz, 19. 11.1938, Rundschreiben Nr. 34/38

[164] ÖStA/AdR, „Bürckel"-Materien, Hitlerjugend, Sch. 207: NSDAP Reichsjugendführung, Leiter der Befehlsstelle Süd-Ost, Wien, 15.6.1938, Rundschreiben Nr. 5

[165] Klönne, Jugend im Dritten Reich (wie Anm. 7) 42 f.

[166] Hans Christian Brandenburg, Die Geschichte der HJ. Wege und Irrwege einer Generation (Köln 1982) 172 ff.; Rüdiger, Die Hitler-Jugend und ihr Selbstverständnis (wie Anm. 43) 42

[167] Die Entwicklung der Motor-HJ in Oberdonau. In: Volksstimme (wie Anm. 47), 2. Jg. Nr. 24 vom 24. Jänner 1939

HJ Linz; Anm. T.D.] den Triumph des Menschen von heute. Die Beherrschung der Maschine. Nirgends ist dies Gefühl so lebhaft, so eindringlich wie gerade am Kraftrad [...] Pflichtbewußtsein, ständiges Bereitsein, ständiges Hellwachsein, das ist die Forderung unserer Zeit und nirgends wird dies so kompromißlos gelernt wie am Kraftfahrzeug."[168]
Die Flieger-HJ arbeitete wiederum eng mit dem Nationalsozialistischen Fliegerkorps (NSFK) zusammen. Das NSFK sorgte für die vormilitärische Ausbildung bei den Jungen durch Modellbau und Modellflug, schulte die Mitglieder der Flieger-HJ im Segel- und Motorflug, und gab geeigneten 18-jährigen in eigenen Flugzeugführerschulen eine kostenlose Pilotenausbildung. Eine Fliegerschule dieser Art befand sich in Oberdonau im Chorherrenstift Reichersberg am Inn, das aus diesem Grund der staatlichen Beschlagnahme entging.[169] Ganz vom Geist beseelt, das deutsche Volk zu einem „Volk von Fliegern" zu machen, zeigte sich auch das NS-Fliegerkorps in Linz, das sich Verdienste um die Einführung des Flugmodellbaus erwarb: „Früh übt sich, was ein Meister werden will. Der Ursprung aller Dinge, die einmal groß werden sollen, liegt im Kleinen." Möglichst früh sollte daher den Jungen der Geist und der Enthusiasmus für die Fliegerei näher gebracht werden.[170]
Paramilitärischen Zwecken diente auch die kostenlose Ausbildung von Hitlerjungen zu Marinefunkern in Linz und Steyr. Nach der Ausbildung sollte sich der Jugendliche zur Kriegsmarine melden, wo er nach einer kurzen infanteristischen Ausbildung und einem anschließenden Funklehrgang bei einer Marine-Nachrichtenschule direkt an die Front abgehen sollte.[171]
Die Berg-HJ des Bannes Gmunden wiederum führte ihren „Kampf in den Bergen". Wander- und Kletterfahrten, das Erklimmen von Berggipfeln, galten als kämpferische Herausforderung. In Gebietsmeisterschaften der HJ sollten in den Bergen soldatische Tugenden geübt und der Kriegseinsatz als sportlicher Leistungseinsatz erprobt werden.[172] Durch die Schiaus-

---

[168] „Motor-HJ! In Linie angetreten!" Augenblicksbilder vom ersten Fahrdienst der Linzer Motor-HJ. In: Volksstimme (wie Anm. 47), 2. Jg. Nr. 130 vom 13. Mai 1939
[169] Silberbauer, Schulpolitik (wie Anm. 100) 304
[170] Freudige Arbeit der Jungsegelflieger von Oberdonau. Aus dem Spiel wird Ernst – Die verschiedenartigsten Segelflugzeugmodelle schweben zur Freude aller in unserer schönen Umgebung. In: Volksstimme (wie Anm. 50), 4. Jg. Nr. 342 vom 10. Dezember 1941
[171] Hitler-Jungen von heute – Marinefunker von Morgen. Ihre ganze Begeisterung gehört der See – Marine-Wehrfunk in Linz und Steyr. In: Volksstimme (wie Anm. 50), 5. Jg. Nr. 333 vom 2. Dezember 1942
[172] Berg-HJ Gmunden – tüchtiger Bergsteigernachwuchs. Erfolgreiche Berg- und Kletterfahrten im vergangenen Jahr – Schule der Tüchtigkeit. In: Volksstimme (wie Anm. 50), 5. Jg. Nr. 42 vom 11. Februar 1942

bildungen der HJ, zu der auch Geländeübungen gehörten, wurden in Oberdonau etwa 3000 Hitlerjungen geschleust. Als Ausbildner standen sowohl Zivil- als auch Militärschilehrer zur Verfügung. Die Ausbildungen erfolgten in Zusammenarbeit mit der Deutschen Wehrmacht.[173] In enger Zusammenarbeit mit der Wehrmacht wurden auch die HJ-Schießwartlehrgänge veranstaltet, die unter der Leitung von Unteroffizieren der Wehrmacht durchgeführt wurden. Im Jänner 1939 fand in der Linzer Schlosskaserne der erste diesbezügliche Lehrgang statt.[174]

Um die sakrale Verbindung der Hitler-Jugend zu ihrem Namensgeber zu demonstrieren, fand die Aufnahme in die HJ grundsätzlich am Vorabend von Hitlers Geburtstag statt. Dieser Initiationsritus wurde am Vorabend seines 50. Geburtstages am 19. April 1939 im Linzer Stadion ganz besonders festlich begangen: Sämtliche Einheiten des Deutschen Jungvolkes, des Jungmädelbundes, der HJ und des BdM – insgesamt angeblich über 8000 Jugendliche – traten an, um die Neuaufnahme in das Jungvolk bzw. in den Jungmädelbund, die Überweisung der 14-jährigen in die HJ sowie die Vereidigung sämtlicher HJ-Anwärterinnen und Anwärter unter Beteiligung der Gliederungen von Partei, Wehrmacht und Lehrerschaft zu begehen.[175]

Freilich sollten die Aufnahmefeiern nicht ohne Beteiligung und Zustimmung der Eltern stattfinden. Grundsätzlich wurden diese von den durchführenden HJ-Einheiten dazu eingeladen. Um die Eltern von der Wichtigkeit der HJ-Arbeit zu überzeugen, sollte der Aufnahmetag als Festtag sowohl für die Kinder als auch für die Eltern gestaltet werden. Um den offiziellen Charakter der Feier zu demonstrieren, waren die Hoheitsträger der Partei, der Ortsgruppenleiter der NSDAP und die Führer der Formationen sowie der Bürgermeister persönlich einzuladen. Am Land sollte die Feier auf dem Dorfplatz oder auf einer schön gelegenen Wiese stattfinden. Neben den obligatorischen Ansprachen wies die Gestaltung durch Fanfarenruf, Trommelwirbel und Sprechchöre sakrale Momente auf:

---

[173] Jeder deutsche Junge mit den Schiern vertraut! Ihrer 3000 aus dem HJ-Gebiet Oberdonau in Schilagern erfasst, gründlich ausgebildet. In: Volksstimme (wie Anm. 47), 5. Jg. Nr. 49 vom 18. Februar 1942
[174] Schießwarte-Lehrgang der Hitlerjugend. In: Volksstimme (wie Anm. 47), 2. Jg. Nr. 24 vom 24. Jänner 1939
[175] Neuaufnahme und Überweisung in die HJ: „Verschworen in Liebe und Treue zu Führer und Fahne." Die große Feierstunde im Stadion am Vorabend des Führergeburtstages – 8000 Jungen und Mädels angetreten. In: Volksstimme (wie Anm. 47), 2. Jg. Nr. 108 20. April 1939

„Ein Junge: Der Führer – – –
Ihr seid das Deutschland der Zukunft,
und wir wollen daher, daß ihr so seid,
wie dieses Deutschland der Zukunft
einst sein soll und sein muß.
Ein Mädel: Wir wollen sein, wie das Deutschland
der Zukunft sein muß.
Ein Junge: stark und kraftvoll,
Ein Mädel: Träger der Ehre,
Ein Junge: Träger der Ordnung,
Ein Mädel: Treu dem Führer."[176]

Mit der Aufnahme in die Gemeinschaft der HJ begann für die Jugendlichen eine neue Ordnungswelt, die ihren Tages-, Wochen- und Jahresablauf neu reglementierte und strikt gliederte: Regelmäßige HJ-Dienste während der Woche,[177] der durchreglementierte Ablauf eines Heimabenddienstes mit den vom Reichsjugendamt in Schulungsmappen herausgegebenen Anweisungen zur Durchführung der „weltanschaulichen Schulung",[178] der Gefolgschaftsdienst mit den monotonen Ordnungsübungen, die paramilitärischen Geländespiele, die jährlichen Fahrten auf Sommer- und Winterlager, die Einsätze für den Erntedienst im Spätsommer, oder die jährlichen Sammlungen für das Winterhilfswerk vor Weihnachten, all dies legte sich als ein starres Ordnungsgitter über den Lebensfluss der Jugendlichen.[179]

Das „Feierjahr der HJ" mit seinen jährlich wiederkehrenden Veranstaltungen sollte zum neuen Ordnungssystem in der Strukturierung des Jahres werden, und allmählich die Feste des Kirchenjahrs verdrängen: Am 24. Jänner gedachte man des NS-Märtyrers Herbert Norkus, am 30. Jänner wurde mit allen Gliederungen der Partei der Jahrestag der so genannten „Machtergreifung" von 1933 begangen, die Feiern zum Geburtstag des Führers am 20. April standen im Zeichen der Aufnahme in die HJ. Am 1. Mai beteiligten sich die Einheiten der HJ am Maibaumaufstellen und an den Aufmärschen und Kundgebungen zum „Tag der Arbeit", zu Pfingsten wurden von der HJ „Bergzielfahrten" durchgeführt, sodass am Abend des

---

[176] JM-Führerinnen-Dienst des Obergaues Oberdonau (März 1940) Folge 1 ff., 11 ff.
[177] Mittwoch war Heimabend, Freitag Sportabend, jeden dritten Sonntag im Monat sollte eine Fahrt stattfinden.
[178] Themen für Heimabende waren: „Wir fordern Kolonien", „Adolf Hitlers Geburtstag", „Der Kampf um den Osten", „Wir brauchen Lebensraum"...
[179] Führerdienst HJ, Gebiet Oberdonau (29), Dezember 1938, Folge 2, Februar 1939, Folge 4, März 1939, Folge 5, April 1939, Folge 6

Pfingstsonntag „einem uralten germanischen Brauch folgend" hunderte Pfingstfeuer der HJ im ganzen Land aufflammen konnten.[180] Am Muttertag im Mai traten bei der Verleihung des Mutterehrenkreuzes vor allem die Jungmädel und BdM-Mädchen und die Spielscharen auf. Am 21. Juni konnten sich die Hitlerjungen bei den nationalsozialistisch umgedeuteten Sonnwendfeiern profilieren. Am 9. November gedachte auch die HJ der „Toten der Bewegung", die beim fehlgeschlagenen Hitler-Putsch 1923 in München erschossen worden waren.[181] Am 12. und 13. November kam es zu Gedenkmärschen und nächtlichen Feierstunden im Gedenken an den Tag von Langemarck, wo im Ersten Weltkrieg deutsche jugendliche Kriegsfreiwillige in den „Heldentod" gegangen waren.[182] Das Feierjahr der HJ endete mit dem Versuch, das Weihnachtsfest durch das Julfest zu ersetzen.

Zu einem wesentlichen Teil hing der Erfolg der Arbeit der HJ von der Zusammenarbeit mit den Behörden der Partei sowie des Staates, des Landes, der Kommunen und Gemeinden ab. Gemäß einer Anordnung des Reichskommissars für die Wiedervereinigung Österreichs mit dem Deutschen Reich vom 17. November 1938 hatte bei den Landeshauptmannschaften ein von der Reichsjugendführung für die Koordination der staatlichen Jugendarbeit Beauftragter tätig zu werden. Andererseits hatte von der HJ-Gebietsführung ein Verbindungsmann zur Landeshauptmannschaft berufen zu werden, dessen Bestellung freilich der Bestätigung des Gauleiters bedurfte. Die Zusammenarbeit zwischen Behörden und HJ sollte jenseits des üblichen büromäßigen Verkehrs „in einem freien, lebendigen und kameradschaftlichen Gedankenaustausch" stattfinden und folgende Gebiete umfassen: Förderung der „Volkstumsarbeit der Jugend", Lichtbild- und Rundfunkwesen, Jugendbücherei und Bekämpfung von „Schund und Schmutz in Schrift und Bild", körperliche, soziale und gesundheitliche Jugendarbeit und Jugenderziehung, Jugendfürsorge und Jugendwohlfahrt, Berufsausbildung und Berufslenkung sowie Arbeitsschutz für Jugendliche, Begabtenförderung, Unterstützung in der Beschaffung und Überwachung von Stätten der Jugend sowie jugendpolizeiliche Maßnahmen, Landdienst der HJ

---

[180] Anton Fellner, Die Leistungen der Hitler-Jungend im Gau Oberdonau. In: Volksstimme (wie Anm. 47), 1. Jg. Nr. 8 vom 9. Juli 1938
[181] Boberach, Jugend unter Hitler (wie Anm. 17) 43 ff.
[182] Langemarck-Gedenkmarsch des deutschen Jungvolkes in Oberdonau. In: Volksstimme (wie Anm. 47), 1. Jg. Nr. 112 vom 10. November 1938

und Mithilfe an der jährlichen Erfassung der in die HJ aufzunehmenden Jugendlichen.[183]
Auf der Ebene der Kommunen und Gemeinden kam es in der Phase des Organisationsaufbaus zu teils erheblichen Forderungen seitens der HJ, damit diese die ihr vom Staat übertragenen Aufgaben auch erfüllen könne. Lokale HJ-Organisationen erwarteten sich für Fahrten und Veranstaltungen, aber auch für den Ankauf von Sportgeräten, Gewehren, Bildbandgeräten, Musikinstrumenten und Zelten sowie für den Bau von HJ-Heimen entsprechende Zuschüsse der Gemeinden.[184] Vor allem die Errichtung und Ausstattung von HJ-Heimen sollten den Mittelpunkt des „gesamten Erlebens und Dienstes der Einheiten" bilden.[185] Die so geforderten Gemeinden schienen sich jedoch eher zurückhaltend zu verhalten, weshalb im Dezember 1938 Landeshauptmannstellvertreter Rudolf Lengauer eine Anweisung an die Bürgermeister der Gemeinden Oberdonaus ausgab, die HJ nicht nur moralisch, sondern auch finanziell zu fördern: „Ich weise daher die Bürgermeister an, im Rahmen ihres Gemeindehaushaltes für die allgemeinen Aufgaben der HJ Beiträge sicherzustellen, welche auf Grund der gegebenen Möglichkeiten RM 0,30 bis RM 1 per Einwohner und Jahr betragen. Darüber hinaus gehört aber auch die Förderung der Heime und Herbergen der HJ zu den Pflichtaufgaben einer nationalsozialistischen Gemeinde."[186] Freilich waren die finanziellen Grundlagen der „nationalsozialistischen Gemeinden" oft nicht dergestalt, dass den Wünschen und Bedürfnissen der HJ entsprochen werden konnte.[187]
Bis zum Kriegsbeginn wurde der HJ-Heimbau vor allem in den größeren Städten Linz, Steyr und Wels durch eine eigene Heimbaubeschaffungsabteilung des HJ-Gebietes Oberdonau stark vorangetrieben. Daneben kam es durch die Gaujugendwaltung der DAF zur Errichtung eines Erholungslagers für „Werkjungen" der Steyr-Werke. Das erste Lager für den weiblichen Arbeitsdienst wurde in Oberdonau im Sommer 1938 in Aigen-Schlägl errichtet. Auf Initiative und Förderung des späteren Linzer Oberbürgermeisters SS-Obersturmführer Franz Langoth kam es seit Herbst 1938 in Goisern zur Errichtung einer NS-Erziehungsanstalt sowie eines Ju-

---

[183] ÖStA/AdR, „Bürckel"-Materien, Sch. 207, Mappe 4620/2: Hitlerjugend
[184] OÖLA, BH seit 1868 / Ried, Sch. 270: Abt. I 2- I 4 1938, NSDAP Hitlerjugend, Gebiet Oberdonau 29, Schreiben des Beauftragten der Reichsjugendführung beim Landeshauptmann, 11.2.1939
[185] Ebd.: Abt. I 2- I 4 1938, „Hitler-Jugend und Gemeinden", Expose von Hauptbannführer Heinz Keß, komm. Führer des Gebietes Oberdonau der HJ
[186] Ebd.: Abt. I 2- I 4 1938, G.R. I. Zl 1783/1
[187] ÖStA/AdR, Bürckel Nachträge, Sch. 4 (rot), Mappe Büro Kneissel: Zl. 31.5, Politischer Lagebericht des Gaues Oberdonau für den Monat Februar 1939

gendheimes der NSV. Auch das Deutsche Jugendherbergswerk (DJH) bemühte sich um den Ausbau des Netzes von Jugendherbergen und Jugendschutzhütten. Vom Landesverband des Jugendherbergwerks in der Ostmark wurden folgende Hütten in Oberdonau in Betrieb genommen: eine Hütte am Ebenseer Hochkogel und am Kranabethsattel, die Schobersteinhütte, das Traunsteinhaus und das Wiesberghaus. Geplant waren weitere Herbergen und Hütten, wie etwa das „Haus der Getreuen" im Pulverturm in Leonding bei Linz, die Palmjugendherberge in Braunau am Inn, der Ausbau der Gmundnerberghütte am Traunsee oder einer Jugendherberge am Feuerkogel. In Bad Aussee sollte vom Landesverband des Jugendherbergwerks ein weiteres Haus erworben werden. In Bad Ischl stellte der Bürgermeister ein Grundstück kostenlos zur Verfügung. In Hallstatt sollte eine frühere Arbeiterherberge angekauft und als Jugendherberge umgebaut werden.[188] Während des Krieges kamen noch weitere DJH-Schutzhäuser und Jugendherbergen am Plöckensteiner See, in Krumau und Rosenberg hinzu, die auch als Schulungslager zur Verfügung standen.[189]

Leider lässt sich heute nur sehr wenig über die konkreten Verhältnisse und Konflikte in der Organisation der HJ Oberdonaus sagen. Der für seine kritischen Töne bekannte Perger Landrat Gustav Bachmann klagte jedenfalls in seinen Berichten an die Geheime Staatspolizei nicht nur über die allgemeine Überorganisation in der Partei und ihren Gliederungen, und über den daraus entstandenen Papierkrieg, sondern auch darüber, dass die Führung der Jugend im Gau Oberdonau sehr viel zu wünschen übrig ließe.[190] Der politische Lagebericht des Gaues Oberdonau für den Monat Februar 1939 wusste zu vermelden, dass sich verschiedene Kreisleitungen über die Unstetigkeit in der Bannführung der HJ beklagten: „Es kommt vor, dass in einem Kreis überhaupt kein Bannführer bestellt ist, verursacht durch den Abgang in ein Reichsschulungslager, oder zur Ableistung der Wehrpflicht.

---

[188] ÖStA/AdR, „Bürckel"-Materien, Sch. 208, Mappe 4625: Jugendherbergswerk, Das deutsche Jugendherbergswerk in der Ostmark, Wien 1939; Jugend vom Alpenrand – Jugend vom Nordmeerstrand. Des Großdeutsche Jugendherbergwerkes Arbeit in Oberdonau. In: Volksstimme (wie Anm. 47), 2. Jg. Nr. 121 vom 4. Mai 1939; Die Jugendherbergen als Stätten der Erziehung. Zusammenkunft aller Hüttenwalter und Herbergseltern des Jugendwerkes. In: Oberdonau-Zeitung. Amtliche Tageszeitung der NSDAP/Gau Oberdonau, 6. Jg. Nr. 296 vom 26. Oktober 1943

[189] Das Deutsche Jugendherbergswerk im Böhmerwald. Nachdem der Süden nun der Norden des Gaues – Trotz des Krieges erfolgreicher Ausbau. In: Volksstimme (wie Anm. 50), 5. Jg. Nr. 187 vom 9. Juli 1942

[190] OÖLA, Politische Akten, Sch. 49: Einzelstücke 1, Nachlass des Perger Landrates Gustav Bachmann, Kreisleiters von Perg an Landrat Pg. Dr. Gustav Bachmann, 9.11.1939

Der Führermangel in der HJ ist wie im Vormonat noch immer sehr groß."[191]
Der Krieg dürfte diese Verhältnisse noch verschärft haben. Anlässlich eines Großappells der politischen Leiter am 10. November 1940 in Linz wies Gauleiter Eigruber in seiner Rede darauf hin, dass die Schwierigkeiten der HJ-Arbeit durch den Krieg unermesslich gestiegen seien: „In Oberdonau sind insgesamt 1000 HJ-Führer bei der Wehrmacht. Davon die höheren Führer zur Gänze, das hauptamtliche Führerkorps zu 99 v.H. Umso höher ist es zu werten, dass die Jugend im Kriege den an sie gestellten Anforderungen weitgehend nachkommt. Um die Schwierigkeiten in der Jugenderziehung durch das Fehlen von HJ-Führern zu überbrücken, ist die Zusammenarbeit der Parteiführer mit der HJ umso dringlicher."[192]
Waren genügend Führer zur Stelle, konnte es, wie etwa bei der HJ in Windischgarsten, zu durchaus heftigen Streitigkeiten um die Führerstellung kommen, was dem Ansehen und Vertrauen in die HJ-Führung natürlich sehr abträglich war. Der Gendarmerieposten Windischgarsten schlug sogar vor, wenigstens in den Sommermonaten einen HJ-Streifendienst mit einigen vertrauenswürdigen HJ-Angehörigen einzuführen. Man beklagte, dass sich Jungen und Mädchen von HJ und BdM bis spät in die Nacht unbeaufsichtigt in der Gegend herumtrieben. Als Ausrede hatten die Jugendlichen ihren Eltern angegeben, dass eben der Heimabend länger gedauert hätte.[193] Dies führte zu Protesten seitens der Eltern, die sich mit den Auswirkungen des Grundsatzes „Jugend erzieht sich selbst" nicht recht einverstanden zeigten: Die „Erwachsene(n) sind der Meinung, dass der Jugend erfahrene Erzieher beigegeben sein sollen, die auf die Ordnung streng zu wachen hätten."[194]
Im Dezember 1938 wurde von der Personalabteilung der HJ Oberdonau festgestellt, dass des Öfteren HJ-Angehörige aufgrund einer Verfehlung durch Führer von untergeordneten Dienststellen aus der HJ ausgeschlossen worden seien. Die nachträgliche Überprüfung ergab in fast allen Fällen, dass andere Disziplinarmittel anzuwenden gewesen wären. In den meisten

---

[191] ÖStA/AdR, Bürckel Nachträge, Sch. 4 (rot), Mappe Büro Kneissel: Zl. 31.5, Politischer Lagebericht des Gaues Oberdonau für den Monat Februar 1939
[192] Ein Gau wächst ins Reich. Das Werden Oberdonaus im Spiegel der Reden des Gauleiters August Eigruber. Zusammenstellung Franz J. Huber. Hg. v. d. Gaupropagandaleitung Oberdonau der NSDAP (Bücher der Gaupropagandaleitung Oberdonau der NSDAP 1, Wels 1941) 94 f.
[193] OÖLA, Politische Akten, Sch. 12: BH Kirchdorf, Lagebericht Gendarmerieposten Windischgarsten an Landrat des Landkreises Franz Weixelbaumer in Kirchdorf an der Krems, 5.9.1940
[194] OÖLA, Politische Akten, Sch. 12 (LAFR 5062): BH Kirchdorf, Lagebericht Gendarmerieposten Windischgarsten an Landrat des Kreises Kirchdorf an der Krems, 24.6.1939

Fällen musste daher der Ausschluss aus der HJ als ungerechtfertigt zurückgenommen werden. Ein Ausschluss aus der HJ-Gemeinschaft wäre laut HJ-Personalabteilung nur dann zulässig gewesen, wenn ein Erziehungserfolg durch andere Disziplinarmittel nicht gewährleistet wäre, bzw. das Weiterverbleiben des Betreffenden eine Gefahr für die HJ bzw. eine Schädigung ihres Ansehens bedeutet hätte. Denn: „Der Ausschluß aus der HJ ist die schwerste Strafe, die die Hitlerjugend über ein Mitglied verhängt und zieht den Ausschluß aus der Volksgemeinschaft mit sich."[195]
Neben den Unzulänglichkeiten im HJ-Dienstalltag gab es freilich auch vereinzelt Fälle der Verweigerung des HJ-Dienstes: Ein 1928 geborener, jugendlicher Landarbeiter aus Anthering, Bezirk Salzburg, hatte 1942 der örtlichen HJ-Gruppe beizutreten. Doch statt am Sonntag am lokalen Sportplatz zu exerzieren, ging der Jugendliche nach der Frühmesse nach Hause, um die Stallarbeit zu machen. Daraufhin wurde er vom Scharführer zum Exerzieren gezwungen. Doch entfernte sich der Knecht abermals vorzeitig, um zu Hause das Vieh zu füttern. Wiederholt wurde der Vater des Jugendlichen wegen des Verstoßes gegen § 2 des Gesetzes über die Hitler-Jugend vom 1. Dezember 1936, wonach der Erziehungsberechtigte eines Jugenddienstpflichtigen an der körperlichen, geistigen und sittlichen Erziehung des ihm anvertrauten Jugendlichen mitzuwirken, und daher zum Dienst in der Hitler-Jugend anzuhalten hatte, mit jeweils zehn Reichsmark (oder 48 Stunden Arrest) bestraft. Regelmäßig wurde das Geld auch per Post dem Landrat zugeschickt. Im Jahr 1947 kam es dann beim Landesgericht Linz zu einem Verfahren gegen den aus St. Pantaleon, Bezirk Braunau am Inn, stammenden o.a. HJ-Scharführer (Jahrgang 1928). Der Denunziation angeklagt, rechtfertigte er sein damaliges Tun mit der „Erfüllung meiner Pflicht", was in diesem Fall eben die Pflicht zum Exerzieren bedeutet hatte. Denn der Geschädigte gab in der Zeugeneinvernahme an: „Politisiert haben wir nicht, wir wollten nur nichts vom Exerzieren und HJ-Dienst wissen."[196]
In einem Fall aus St. Marienkirchen an der Pram weigerte sich die Mutter standhaft, ihre Tochter (Jahrgang 1927) zum BdM zu lassen. Seit der Pflichterfassung war diese immer wieder zur Teilnahme am HJ-Dienst aufgefordert worden. Die zuständige Gruppenführerin hatte daraufhin die Mutter der Jugendlichen aufgefordert, aufgrund des Gesetzes über die HJ

---

[195] Gebietsbefehl NSDAP, Hitler-Jugend, Gebiet Oberdonau (29), Folge 2, Jugendstadt des Führers, am 1. Dezember 1938
[196] OÖLA, Sondergerichte 1913-1980, Sch. 333: Vg 8 Vr 5406/47

die Tochter zum Dienst zu schicken. Die Mutter teilte der BdM-Standortführerin jedoch mit, dass sie es nicht für nötig halte, ihre Tochter zum Dienst zu schicken. Überhaupt sei es ihr lieber, wenn ihre Tochter aus der HJ entlassen werde. Im daraufhin eingeleiteten Strafverfahren gab die Mutter zu Protokoll, dass ihre Tochter schwere Arbeit am elterlichen Hof zu leisten habe. Der HJ-Dienst stelle eine zusätzliche Beanspruchung dar. Überdies wolle sie nicht, dass ihre Tochter nach dem HJ-Dienst mit den Burschen des Ortes nach Hause gehe. Wegen Vergehens nach § 12 der Jugenddienstverordnung wurde die erziehungsberechtigte Mutter im Oktober 1942 vom Bezirksgericht Eferding zu 14 Tagen Gefängnis verurteilt. Der Vollzug wurde jedoch für eine Probezeit von drei Jahren widerruflich aufgehoben.[197]

In einem anderen aktenkundig gewordenen Fall verbot der Vater, Gemeindediener in Sarleinsbach und Mitglied der DAF sowie des DRK, seinem Sohn (Jahrgang 1928) den Dienst in der HJ. Der offenbar streng katholische Vater beharrte darauf, dass sein Kind stattdessen die katholische Messe zu besuchen habe. Trotz mehrmaliger Aufforderungen seitens des HJ-Führers, des Ortsgruppenleiters, des Bürgermeisters, des Landrats sowie des Volksschullehrers von Sarleinsbach, der zugleich Gefolgschaftsführer der HJ war, kam der Jugendliche, dem Vater gehorchend, dem HJ-Dienst nicht nach, und wurde daher in der Folge zu Jugendarrest in Form von dreimaligem Wochenendarrest bestraft. Der Vater, gegen dem im November 1944 ein Strafverfahren vor dem Landgericht Linz eingeleitet wurde, vertrat die Ansicht, dass die HJ keine Befehlsgewalt über seinen Sohn habe, sofern er dazu nicht die Einwilligung gebe.[198]

---

[197] OÖLA, BG Eferding, Sch. 139: Strafsachen 1942, U 173/42
[198] DÖW, 14.734: Strafverfahren des Landgerichts Linz wegen Abhaltung des Sohnes vom HJ-Dienst

Jugenddevianz

> „Das Gericht hat sich entschlossen keine Gefängnisstrafe in längerer Dauer aufzuerlegen, sondern das Zuchtmittel des Jugendarrestes in Anwendung zu bringen und dafür den Jugendlichen in Arbeitserziehung einzuweisen, denn es ist offenbar, dass der Angeklagte einen umweltsbedingten Hang zum Nichtstun hat, sodass auch durch eine länger dauernde Gefängnisstrafe hierin wohl keine Änderung einträte. Dagegen verspricht sich das Gericht von der verhängten Arbeitserziehung einen wesentlichen Erfolg, weil hierdurch die Möglichkeit besteht, den Jugendlichen auf unbestimmte Dauer seiner Umwelt zu entziehen und so eine günstige Beeinflussung zu bewirken."[199]

Die Mehrheit der Jugendlichen in Oberdonau verhielt sich zu den staatlich verordneten NS-Normierungen von Jugendlichkeit in einer Bandbreite von passiver Duldung, positiver Hinnahme bis freudiger bzw. begeisterter Beteiligung – Reaktionsmuster, die freilich selbst wieder einem erfahrungsbedingten zeitlichen Wandel unterworfen sein konnten. Jedes Abweichen von der verordneten Norm „deutscher Jugendlichkeit" war eine Exklusion bzw. eine bewusste Selbstexklusion von etwas, das öffentliche Geltung sowie Anerkennung in der Welt der Erwachsenen versprach. Jedes bewusste Abweichen, jedes aktive Ausscheren, war mit einem oft erheblichen persönlichen Aufwand und Risiko verbunden: Das Lesen verbotener Literatur, das Abhören von „Feindsendern", die Gestaltung von eigener, autonomer Freizeit jenseits des verordneten HJ-Freizeitmonopols. Allein das Fernbleiben von zwangsmäßig zugeteilten Arbeits- oder Ausbildungsstätten oder vom HJ-Dienst konnte für Jugendliche die staatliche Kriminalisierung mit all ihren Folgen bedeuten. Viele Jugendliche drifteten unbeabsichtigt in einen Konflikt mit den NS-Jugendnormen, ohne die Folgen ihres Handelns abgeschätzt zu haben, bzw. ohne dass sie überhaupt in der Lage gewesen wären, die Folgen abzuschätzen. Manche Jugendliche waren sich hingegen der negativen Folgen für ihr Leben sehr wohl bewusst.

Ob durch „widrige Konstellationen" in der Lebenssituation bedingt, oder durch einen bewussten Verstoß gegen NS-Normen verursacht, abweichendes Verhalten von Jugendlichen bedeutete oft, sich auf ein „abweichendes Leben" einzulassen. Es bedeutete das Ausgeschlossensein aus den gerade in der Pubertät so bedeutsamen Peergroups, ihren Normen, Werten, Si-

---

[199] Auszug aus der Urteilsbegründung eines wegen Arbeitsvertragsbruch verurteilten Papiermacherlehrlings (Jahrgang 1927) aus dem Kreis Hohenfurt; dazu ÖStA/AVA, Justizministerium, Staatsanwaltschaft beim OLG Linz 1944, Sch. 5.481, Mappe 549/44: Strafsachen

cherheits- und Identitätsstiftungen. Man musste sich neue Freunde suchen, bekam Probleme in der schulischen oder beruflichen Karriere, kam in Konflikt mit der Justiz, wurde kriminalisiert, der staatlichen Jugenderziehung, dem Jugendarrest oder dem Jugendgefängnis unterworfen. Im schlimmsten Fall bedeutete die Weigerung, sich den NS-Erziehungsnormen zu unterwerfen, bzw. die Feststellung der NS-Behörden, dass eine „Erziehbarkeit" im angestrebten Sinn nicht mehr möglich sei, den Tod; eine Konsequenz, die sich die davon betroffenen Jugendlichen als Folge ihres Handelns wohl kaum auszumalen vermochten.

Für bewusst abweichendes Verhalten brauchte man also in vielen Fällen triftige Gründe. Stabile soziale und normative Stützen wie Elternhaus, Freundeskreis, bzw. eine andere (katholische oder kommunistische) Weltanschauung waren hilfreich. In den überwiegenden Fällen waren wohl eher persönliche Motive wie alternative Berufs- oder Freizeitwünsche als politische Motive ausschlaggebend. Doch allein das Öffnenwollen von Zwischenzonen, das Rettenwollen von privaten Räumen einer autonomen Jugendgestaltung war nicht nur verdächtig, sondern konnte als regimefeindlich gewertet werden. Die Grenzen zwischen Entziehung und Widerstand waren vom NS-System fließend gezogen. Jugendliche, bei denen es Resistenz gegen den staatlichen Erfassungszwang gab, Jugendliche bei denen eine Sozialisation im Sinne des Nationalsozialismus als gefährdet angesehen wurde, gerieten oft sehr schnell in die Fänge der Instanzen staatlicher, polizeilicher und juristischer Disziplinierung, mit denen Zehn- bis 18-jährige in der Regel weniger geschickt und versiert umgehen konnten als Erwachsene. Dass durch die NS-Gesetzgebung spezifische Sachbestände von „Jugendkriminalität" überhaupt erst geschaffen wurden, erhöhte die Gefahr einer jugendlichen Verstrickung in die Paragraphen des Jugendrechts beträchtlich. Als Jugendlicher galt man schon dann als „verwahrlost", wenn man sich den Zwängen der staatlichen Jugenderziehung verweigerte.[200]

War nun aus der Sicht der NS-Behörden eine solche Gefahr einer „körperlichen, geistigen oder sittlichen Verwahrlosung" bei einem Jugendlichen gegeben, konnte über den Minderjährigen – als quasi erste staatliche Korrekturmaßnahme in der Jugenderziehung – die so genannte Schutzaufsicht angeordnet werden. Diese umfasste die Überwachung und Kontrolle des

---

[200] Detlev Peukert, Arbeitslager und Jugend-KZ. Die Behandlung „Gemeinschaftsfremder" im Dritten Reich. In: Die Reihen fast geschlossen. Hg. v. Detlev Peukert – Jürgen Reulecke (Wuppertal 1981); Ulrike Jureit, Erziehen, Strafen, Vernichten. Jugendkriminalität und Jugendstrafrecht im Nationalsozialismus (Münster – New York 1995)

Minderjährigen sowohl in seinem eigenen Verhalten als auch im Umgang mit anderen. Die konkrete Anordnung einer Schutzaufsicht erfolgte durch das zuständige Vormundschaftsgericht entweder von Amts wegen, oder auf Antrag. Antragsberechtigt waren Eltern, gesetzliche Vertreter (wie Vormund) und das zuständige Jugendamt. Das Vormundschaftsgericht betraute entweder das Jugendamt oder die NSV-Jugendhilfe, bzw. eine geeignete Einzelperson mit der Ausübung der Schutzaufsicht. Dieser so genannte „Helfer" hatte die Ursachen der drohenden Verwahrlosung zu ergründen und dabei Rücksprache mit den Erziehungsberechtigten, den Lehrern, HJ-Führern, Lehrherren bzw. Arbeitgebern zu pflegen. Es war die Aufgabe des „Helfers", Erziehungsfehler zu beseitigen, schädliche Einflüsse abzuwehren und die weitere Lebensführung des Minderjährigen zu beaufsichtigen. Bei der Ausübung der Schutzaufsicht sollte der „Helfer" in ständiger und engster Fühlung mit dem Jugendamt stehen. Er sollte dem Minderjährigen „Freund und Berater" sein, und nicht als polizeiliches Kontrollorgan auftreten. Dem „Helfer" war jederzeit der Zutritt zu dem Minderjährigen zu gestatten, welchen er sich auch mit Polizeigewalt erzwingen konnte. Die Eltern waren zur Hilfe- und Auskunftsleistung gegenüber dem „Helfer" verpflichtet. Gewalt und Zuchtmittel konnte der „Helfer" nur mit Einverständnis der Erziehungsberechtigten anwenden. Bei Meinungsverschiedenheiten zwischen den beiden Erziehungsmächten „Helfer" und Erziehungsberechtigten sollte jedoch der Wille des Erziehungsberechtigten vorgehen. Mit dem Erreichen der Volljährigkeit (21. Lebensjahr) erlosch für den Jugendlichen die Schutzaufsicht durch eine rechtskräftige Anordnung der Fürsorgeerziehung.[201]

An einem Fall aus dem Bezirk Grieskirchen soll exemplarisch gezeigt werden, wie schnell Eltern die Erziehungsberechtigung über ihre Kinder entzogen werden konnte. Bei einer in Peuerbach wohnhaften Witwe mit acht Kindern (vier waren schulpflichtig, zwei Töchter standen im Arbeitsdienst, zwei Söhne waren bei der Wehrmacht, einer davon bereits 1942 gefallen, ein weiterer Sohn galt in Stalingrad als vermisst) war vom Amtsgericht Peuerbach die Abnahme der vier schulpflichtigen Kinder angeordnet worden. Die diesbezügliche Anzeige hatte die Volkspflegerin des Kreisjugendamtes Grieskirchen, Außendienststelle Peuerbach, gestellt. Daraufhin wurde auf Auftrag des Landrates in Grieskirchen eine Wohnungs-

---

[201] OÖLA BH seit 1868 / Vöcklabruck, Sch. 426: Abteilung Jugendamt Jugendfürsorge 1939-1944, Richtlinien des Gaujugendamtes Oberdonau nach § 10 Abs. 1, Ziffer 1 JWV für die Ausübung der Schutzpflicht über einen Minderjährigen gemäß §§ 43-48 der Verordnung über Jugendwohlfahrt in der Ostmark, 20.3.1940, RGBl. I, 519, hinausgegeben am 21. Juni 1943

besichtigung bei der Mutter durchgeführt, um die Lebensverhältnisse sowie den erzieherischen und fürsorglichen Einfluss der Mutter zu überprüfen. An der Visite waren die Volkspflegerin des Kreisjugendamtes Grieskirchen, die Gesundheitspflegerin, ein Gendarmeriebeamter und der Gemeindesekretär von Peuerbach beteiligt. Die Volksfürsorgerin erstattete dem Amtsgericht Peuerbach Bericht, und beantragte im Sommer 1944, der Mutter ihre vier Kinder abzunehmen. Laut Gendarmerieposten Peuerbach genoss die Mutter in der Gemeinde wenig Ansehen. Die Geheime Staatspolizei, Staatspolizeistelle Linz, bezeichnete die Mutter als „charakterlich minderwertig, streitsüchtig und zänkisch". Sie habe bereits wiederholt die Dienststellen der Partei beschäftigt. Durch ihr Unvermögen wäre sie außerstande, einen Haushalt zu führen. Bei der Mutter handle es sich um eine verlogene, freche Person, die in politischer Hinsicht dem Einfluss gegnerischer Elemente ergeben sei: „Die politische und persönliche Zuverlässigkeit kann ihr nicht zugestanden werden." Zu einer persönlichen Begegnung zwischen Mutter und Volkspflegerin war es freilich vor der Abnahme der Kinder nicht gekommen. Zu dieser kam es erst danach: Als nämlich die Mutter erfuhr, das zwei ihrer Kinder bei einem Bauern untergebracht worden waren, wollte sie zu ihnen fahren. Während der Bahnfahrt dorthin traf sie zufälligerweise auf das nämliche „Fräulein vom Jugendamt", welches von ihr in der Folge schwer beschimpft und beleidigt wurde. Wegen Beschimpfung der NSDAP wurde sie daraufhin im Jänner 1945 vom Sondergericht Linz zu sechs Monaten Gefängnis verurteilt.[202]

Die offensichtlich sehr schnelle Intervention des Staates in die Erziehungskompetenz der Eltern war aber bei weitem nicht die einzige Gefahr, die einem Jugendlichen im NS-Staat begegnen konnte. Für die „arische" Jugend konnten allein schon sexuelles Verhalten, homoerotische Verdächtigungen oder homosexuelle Handlungen zum Verhängnis werden. Viele Gerichtsakten im Oberösterreichischen Landesarchiv zeugen von der systematischen Vorgangsweise gegen Homosexuelle, wobei Kinder und Jugendliche oft auch hier als Unterworfene, als Opfer sexueller Übergriffe von Erwachsenen aufscheinen.

Doch allein schon der scheinbar unbedeutende Umstand, mit wem Jugendliche privat freundschaftlichen Umgang pflegten, konnte während der Zeit des Nationalsozialismus Aufsehen erregen. So bemängelte ein Lagebericht

---

[202] Der Strafantritt erfolgte am 6. Februar 1945 in der Haftanstalt Wels, das Ende der Straf- bzw. Verwahrungszeit wurde mit 5. August 1945 vermerkt, OÖLA, Sondergerichte 1913-1980, Sch 775: KMs 79/44

des Sicherheitsdienst-Abschnittes Linz vom Juli 1943 den überaus freundlichen Umgang von Jugendlichen gegenüber Westeuropäern: „Vor allem die Schuljugend steht mit französischen Kriegsgefangenen häufig in freundschaftlichem Verkehr und man kann, wie aus dem Kreis Gmunden berichtet wird, beobachten, dass der Franzose sehr viel burschikoser begrüsst wird, als der Ortsansässige. ‚Servus Jan, [...] Paul' u.s.w. sind häufiger zu hören als ‚Heil Hitler'. Auch im Landkreis Ried wurden ähnliche Beobachtungen gemacht, wobei ein deshalb zur Rede gestellter Junge erklärte, er könne doch einen Gefangenen nicht mit ‚Heil Hitler' grüssen."[203] Als Gründe für diese „unerfreulichen Erscheinungen" wurde neben der Verteilung von Schokolade und anderen Geschenken an die Jugendlichen auch die Sorglosigkeit der Erwachsenen angeführt: „Auch in Kreisen von Parteigenossen werden derartige Verhältnisse oft zu leicht genommen, wie z. B. ein Gespräch zwischen einem Ortsbauernführer und Ortsgruppenleiter beweist, in dessen Verlauf sich der Erstgenannte rühmt, dass sein dreijähriger Sohn schon bald besser französisch als deutsch spreche, besonders aber fluchen könne, wie ein Stabsoffizier. Fälle von strafbarer Annäherung Jugendlicher an ausländische Arbeitskräfte, sind im Gau Oberdonau nach Feststellungen der Kriminalpolizei nur vereinzelt aufgetreten. Zumeist handelt es sich hierbei um schlecht beleumundete, asozialen Familien entstammende Jugendliche. Häufiger, als man durchwegs annimmt, sind allerdings Fälle, bei denen das Verhalten der Jugendlichen zwar nicht mehr als einwandfrei befunden werden kann (z. B. gemeinsame Spiele, Fußballwettkämpfe mit Ausländern, gemeinschaftliches Baden von Mädchen mit Ausländern u.d.gl. mehr), aber auch noch nicht als strafbar gilt. Im Kreis Krummau bemühten sich einige Jugendliche, einen serbischen Kriegsgefangenen im Schilauf zu unterrichten, wobei von ihnen auch das Sportgerät beigestellt wurde." Nach aus der Gauhauptstadt Linz vorliegenden Meldungen aus Lehrerkreisen waren Jugendliche häufig im vertraulichen Gespräch mit Kriegsgefangenen oder ausländischen Arbeitern zu beobachten. So wurde über einen elfjährigen Jungen berichtet, der von seinem Lehrer zur Rede gestellt worden war, weil er nichts dabei fand, mit Ausländern Fußball zu spielen. Ein anderer Junge hielt französischen Kriegsgefangenen, die mit dem Auto von der Arbeit kamen, so lange die Autotüre offen, bis alle ausgestiegen waren. Von den Lehrkräften zur Rede gestellt, zeigten sich die Schulkinder sehr verlegen, fanden aber für ihr Verhalten keine Begründung. Resümierend zog der SD-Bericht den Schluss, dass die

---

[203] OÖLA, Politische Akten, Sch. 49: SD-Abschnitt Linz, Lagebericht über Minderheiten, 9.7.1943

Erwachsenen selbst noch lange nicht über die sittlichen, sozialen und psychologischen Folgen jeglichen unnötigen Umgangs mit Ausländern aufgeklärt wären, und daher auch nicht entsprechend auf die Jugend einzuwirken vermochten. Die schlechten Beispiele der Erwachsenen wirkten sich nachteilig auf die Jugend aus. Daher müsste gerade von den Lehrerkreisen diesbezügliche Aufklärung eingefordert werden: „Das Beispiel einer ländlichen Volksschule, an der durch ein Jahr hindurch diese Methode geübt wurde, bewies, dass die ständigen Hinweise die Kinder im günstigen Sinne beeinflussten und allmählich die von Haus aus bestehende unbewusste Ablehnung gegenüber Ausländern in eine bewusste Distanzierung überleitete."[204]

Auch für aus der Sicht der NS-Erziehungsideale vorbildliche Jugendliche, konnte ein kleiner Normenverstoß beträchtliche Folgen haben. Ein Schlosserlehrling aus Steyr (Jahrgang 1922) wurde im Februar 1940 wegen Abhörens des ausländischen Senders Toulouse vom Sondergericht Linz verurteilt.[205] Da aber der Jugendliche als „vorzüglich beurteilte Persönlichkeit" galt, über große berufliche und menschliche Fähigkeiten verfügte, der beste Vorzugsschüler der Werksschule Steyr war, und überdies kurz vor der Einberufung zur Kriegsmarine stand, sollte der Jugendliche durch eine Bestrafung nicht aus der Bahn geworfen werden, wäre es doch „für die Volks- und Staatsgemeinschaft wichtig [...], die Fähigkeiten des Angeklagten zum Wohle des Volksganzen auszunutzen." Die Strafe wurde daher auf eine Probezeit auf drei Jahre ausgesetzt, für die dem Jugendlichen eine regelmäßige Meldepflicht auferlegt wurde.[206]

Andererseits konnten Jugendliche, die aus NS-Sicht eine durchaus wünschenswerte Entwicklung nahmen, durch staatliche und parteiliche Dominanzansprüche leicht aus der Bahn geraten. Ein jugendliches Verhaltens- bzw. Reaktionsmuster konnte der Versuch der Entziehung aus dem Einflussbereich der NS-Behörden und Erziehungsinstanzen sein.

Ein interessantes Beispiel eines solchen jugendlichen Entziehungsversuchs stellt der Fall eines im Jahr 1927 in Bad Aussee geborenen und in Gmunden wohnhaften jugendlichen Hilfsarbeiters dar. Seit Juli 1938 Mitglied der HJ, wo er sich verschiedene Leistungsabzeichen erwarb, wurde er Anfang 1944 hauptamtlicher Standortführer der HJ in Altmünster. Im Som-

---

[204] Ebd.: Bericht des SD-Abschnitts Linz, 9.7.1943, Hervorhebung im Original; vgl. auch Karl Stadler, Österreich 1938-1945 im Spiegel der NS-Akten (Wien – München 1966) 305
[205] Verbrechen gemäß § 1, 2 der VO über außerordentliche Rundfunkmaßnahmen vom 1. September 1939
[206] DÖW, 15.125

mer 1944 wurde der Jugendliche dem HJ-Bann in Gmunden als Dienststellenleitergehilfe zugeteilt. Doch kam es dort zu Zerwürfnissen mit dem Bannführer. Der Jugendliche wollte sich, laut Eigenangaben im Polizeiprotokoll, nicht immer „hobeln lassen", meldete sich krank und entzog sich durch Flucht zu seiner Mutter. Sein Vater war bereits 1940 gestorben. In der weiteren Folge trieb der Jugendliche sich auf den Almen in der Gegend von Bad Aussee und bei Schafhirten herum, die ihn, wie die Bauern und Sennerinnen der Gegend, unterstützten. Er nächtigte in Holzknechthütten und ging keiner geregelten Arbeit mehr nach. Schließlich beteiligte er sich an einem Kleindiebstahl. Die dabei entwendeten Kognak- und Weinflaschen wurden anlässlich einer „Party" auf einer Alm gemeinsam mit mehreren Burschen und Mädchen aus Bad Aussee geleert. Einmal ging der jugendliche Ausreißer zu einem Mädchen „fensterln". Dieses erhörte ihn aber nicht, da sie um seine exponierte Lage Bescheid wusste. Trotz Unterstützung durch die einheimische Bevölkerung, durch Freunde sowie die Mutter und deren Lebensgefährten, die ihn mit Lebensmitteln versorgten, wurde der Junge immer wieder von der Polizei verhaftet. Und immer wieder gelang es ihm, auf abenteuerliche Weise zu flüchten. Schließlich gab der Lebensgefährte der Mutter dem Jungen den Rat, zu den Partisanen zu gehen, was der Jugendliche im Dezember 1944 auch versuchte. Er schlug sich bis in den Raum Marburg durch, wo er mit den Partisanen in Verbindung zu treten hoffte. Dies scheiterte aber an den sprachlichen Barrieren, und so begab sich der Jugendliche wieder nach Hause, wo ihn seine Mutter weiterhin versteckt hielt, bis er im Jänner 1945 auf dem elterlichen Dachboden von der Polizei aufgegriffen wurde. Im Zuge der Vernehmungen durch die Polizei kam zu Tage, dass der Jugendliche gemeinsam mit seiner Mutter „Feindsender" gehört hatte, und mit dem Lebensgefährten der Mutter an einer Schwarzschlachtung beteiligt gewesen war. Aus den Protokollen der Verhöre zeichnet sich die Strategie des Jugendlichen ab. Er wollte das Frühjahr und den Sommer auf den Almen verbringen, im Winter bei der Mutter unterkommen, und so das Kriegsende abwarten: „Ich hatte die Absicht mich nicht mehr bei einer Behörde freiwillig zu stellen, sondern immer zu trachten mich durch Flucht in Freiheit zu halten." Der Jugendliche wurde am 5. März 1945 in die Haftanstalt Linz eingewiesen.[207]

Für Jugendliche auf dem Land, die in der Nähe der Berge lebten, war eine Entziehung – eine Erziehung durch Entziehung – sicher leichter zu bewerkstelligen als für Jugendliche in der Stadt. Freilich gelang dies auch

---

[207] OÖLA, Sondergerichte 1913-1980, Sch. 893: 2 Js 239/45

jenen. Als Orte der Entziehung wurden häufig die „Nichtorte" der Bahnhöfe, wo man in der Anonymität und Unstetigkeit des Reisens untertauchen konnte, aufgesucht. In Linz strandeten Jugendliche am Hauptbahnhof, wo sie herumstreunten, bettelten, Kleindiebstähle begingen, manche Mädchen sich auch von Soldaten beschenken und aushalten ließen, am Bahnhofsgelände nächtigten, bzw. entlang der Westbahn zwischen Wels, Linz und Wien hin und her pendelten. Auf den Bahnhöfen und in den Zügen waren sie natürlich der Gefahr der Aufgreifung durch Polizeistreifen ausgesetzt.[208]
In einem anderen Fall trachteten drei Linzer Lehrlinge (alle Jahrgang 1927/1928) und Mitglieder des HJ-Bannes in Ebelsberg im Sommer 1943 Arbeitsstelle und Elternhaus heimlich zu verlassen und in die Schweiz zu flüchten. Dort wollten sie Arbeit suchen, und das Ende des Kriegs abwarten. Sie wurden jedoch nach einer Woche Flucht, für die ein Jugendlicher die Ersparnisse seines Vaters gestohlen hatte, während der Zugfahrt in der Gegend von Landeck ohne Ausweispapiere aufgegriffen. Die Vernehmungsprotokolle der Jugendlichen berichten von ihrer Angst vor der Einweisung in ein Arbeitshaus, das ihnen vom Jugendamt in Ebelsberg angedroht worden war, und die sie übereinstimmend als Fluchtgrund angaben. Rücküberstellt nach Linz kam der Jüngste aufgrund seiner besonderen Jugendlichkeit mit dem „Zuchtmittel des Jugendarrests" mit einem Monat davon. Die beiden anderen Ausreißer wurden vom Jugendrichter des Landgerichts im vereinfachtem Verfahren wegen Diebstahls und Arbeitsvertragsbruch zu sechs bzw. vier Monaten Gefängnis verurteilt: „Mildernd war bei beiden das Geständnis, das der Unbescholtenheit nahe kommende Vorleben, und die teilweise Schadensgutmachung."[209]
Das jugendliche Entziehen von und das Flüchten vor den NS-Erziehungsansprüchen war sicherlich nur eine, und sicher nicht die häufigste Verhaltensweise. Die nächste Stufe in der Skala jugendlichen devianten Verhaltens stellte die aktive Verweigerung wie Arbeitsverweigerung („Bummelei") oder Verweigerung der Jugenddienstpflicht in der HJ dar. Vor allem seit Beginn des Krieges kamen arbeitende Jugendliche zunehmend mit der durch umfangreiche gesetzliche Regelungen abgesicherten Arbeitsverpflichtung in Konflikt: Demgemäße Delikte stellten einen Arbeitsvertragsbruch in Folge eines Vergehens gegen die Verordnung zur Durch-

---

[208] Ebd., Sch. 1.008: 6 E Vr 1.045/44
[209] Ebd., Sch. 995: 9 E Vr 600/43

führung des Vierjahresplanes vom 5. November 1936[210] bzw. einen Verstoß gegen die Dienstverpflichtung dar. Eine freie Berufswahl, oder sonstige private Gründe der Jugendlichen wurden den kriegspolitischen Notwendigkeiten unterworfen. Dies galt sowohl für die landwirtschaftliche Arbeit, als auch für die Arbeit in der Kriegsrüstung und in sonstigen militärisch wichtigen Betrieben Oberdonaus. Dabei kam dem Arbeitsamt als Beauftragten des Reichstreuhänders der Arbeit eine beträchtlich gestiegene Macht- und Disziplinierungskraft zu. Das Arbeitsamt ordnete die Dienstverpflichtung eines Jugendlichen an, überwachte die Erfüllung und leitete bei Zuwiderhandeln die strafrechtlichen Konsequenzen ein.

Kam ein Jugendlicher einer schriftlichen Anordnung zur Dienstverpflichtung nicht nach, weil etwa für einen 15-jährigen Jungen ein einstündiger Fußmarsch zur Arbeit in eine Richtung zu mühselig erschien, konnte dieser vom Gericht zu zwei Wochen Gefängnis verurteilt werden. Ein 17-jähriges Küchenmädchen, das eigentlich Hausmädchen in der Stadt werden wollte, wurde vom Arbeitsamt Linz an einen Bauern als Magd dienstverpflichtet. Dem kam sie aber aus gesundheitlichen Gründen nicht nach. Nachdem sie die Gau-Frauenklinik Wels für voll arbeitseinsatzfähig erklärt hatte, verurteilte sie das Landgericht Linz zu einem Monat Gefängnis.[211]

War ein Jugendlicher unbescholten und „besserungsfähig", konnte die bedingte Verurteilung mit einer Probefrist von zwei Jahren vorläufig aufgehoben werden. Für diese Zeit wurde der Jugendliche unter Schutzaufsicht eines Beamten der Sicherheitsbehörde gestellt. Wenn sich der jugendliche Verurteilte dem Trunk, dem Spiel oder dem Müßiggang hingab, bzw. eine strafbare Handlung beging, konnte die Gefängnisstrafe vollstreckt werden.[212]

Die Androhung von Sanktionen war der erste Schritt in einer komplexen judiziellen Erziehungsmaschinerie des NS-Staates. Nützte die Abschreckung durch gerichtliche Strafandrohung nichts, so erfolgte die Verhängung einer strengeren Bestrafung, um den Jugendlichen „wieder auf den Weg des Rechtes" zurückzubringen.[213] Die Gerichte holten von der

---

[210] RGBl. I., 936; LGBl. 201/39
[211] OÖLA, BG / LG / OLG Linz, Sch. 551: Vr 538/40
[212] Ebd., Sch. 548: Vr 280/40
[213] So heißt es in einer Urteilsausfertigung vom 2. November 1942 gegen eine landwirtschaftliche Magd aus Scharten (Jahrgang 1926), die wegen des Diebstahles einer Schürze im Wert von 2 RM während ihres Aufenthaltes im Jugendarrest zu weiteren 8 Tagen Jugendarrest verurteilt wurde: „Das Gericht erachtete trotz der bereits einmal verhängten Jugendarreststrafe mit Hinblick auf die ursprüngliche gute Veranlagung der Angeklagten, die aus den Schulnachrichten hervorgeht, noch die Voraussetzungen für die Verhängung einer neuerlichen Jugendarreststrafe für gegeben, da die Möglichkeit im-

Polizei, der Gendarmerie, dem Jugendamt, dem Bürgermeister und der Lehrerschaft Stellungnahmen ein, ob der Jugendliche als „besserungsfähig" angesehen werden könne oder nicht. „Geordnete" Familienverhältnisse, Loyalität der Eltern zum NS-Regime, Verhalten des Jugendlichen in der Schule, „charakterliche" Beurteilungen des Jugendlichen, Vorstrafen bzw. bisherige Auffälligkeiten, „pädagogische" Meinungen der Jugendfürsorge, des Bürgermeisters, des Gendarmeriepostenkommandanten und des psychiatrischen Gerichtsgutachters waren in der gerichtlichen Beurteilung der „Erziehbarkeit" des Jugendlichen im Sinne der NS-Normen von Relevanz.

Aber nicht nur diese Instanzen bemüßigten sich der Beurteilung und Einflussnahme auf die Erziehung der Jugend. Auch die Arbeitgeber waren sich der verschärften Disziplinargewalt durch das Arbeitsamt schnell bewusst, und verstanden diese auch für sich zu nutzen: Die Firma Pittel & Brausewetter etwa stellte der Bauleitung der Luftwaffe Hörsching einen 17-jährigen Hilfsarbeiter aus Linz zurück, da er zu wenig gearbeitet hätte, und sich auch beim Arbeitsantritt verspätet habe. Dem „Tachinieren und Blaumachen" sollte wirkungsvoll beggenet werden: „Da gerade die jugendlichen Arbeitskräfte besonders durch Arbeitsscheu und renitentes Benehmen auffallen und dadurch den älteren Arbeitskameraden ein denkbar schlechtes Beispiel abgeben, bittet die Bauleitung eine möglichst strenge Bestrafung auszusprechen." Da Fluchtverhalten bestand, wurde der Jugendliche verhaftet, und dem Gefangenenhaus des Landgerichts Linz übergeben. Er wurde zu einer Gefängnisstrafe von drei Monaten verurteilt.[214] Die Bauleitung der Firma Siemens Bauunion der Reichswerke Hermann Göring in Linz pochte auf eine exemplarische Bestrafung eines Jugendlichen, da die Arbeitsdisziplin trotz wiederholter Mahnungen auf der Baustelle außerordentlich schlecht sei. Daraufhin stellte der Reichstreuhänder der Arbeit für das Wirtschaftsgebiet Oberdonau im Juni 1940 aufgrund des Fernbleibens von der Baustelle gegen einen 18-jährigen Hilfsarbeiter aus Wels einen Strafantrag. Auch dieser vom Landgericht Linz zu einer Gefängnisstrafe von sechs Wochen Verurteilte, wollte sich lediglich um einen besseren Posten bemühen, da er keine Lust hatte, bei seiner bisherigen Firma weiterzuarbeiten.[215]

---

merhin noch vorhanden ist, daß die Angeklagte durch Verhängung einer neuerlichen Jugendarreststrafe zur Besinnung und wieder auf den Weg des Rechtes zurückgebracht wird." OÖLA, BG Eferding, Sch. 139: Zl. U 183/42
[214] OÖLA, BG / LG / OLG Linz, Sch. 552: Vr 673/40
[215] Ebd., Sch. 552: Vr 738/40

Nicht nur in gewerblichen und kriegswichtigen Betrieben, auch in der Landwirtschaft, wo die Sicherung der Arbeitskräfte zur Leistung des kriegswichtigen Ernteeinsatzes im Vordergrund stand, wusste so mancher Bauer die Macht des Arbeitsamts und des Arbeitsbuchs, das der Bauer dem Knecht oder der Magd einfach nicht auszuhändigen brauchte, zu schätzen. Jugendliches Klagen über Arbeitsüberlastung, schlechte Kost und Logis, oder allgemein schlechte Behandlung durch den Bauern, konnte die Jugendrichter beim Landgericht Linz im Regelfall nicht beeindrucken: Ein 17-jähriger Landarbeiter wurde wegen unerlaubten Verlassens des Arbeitsplatzes – er holte weder die Erlaubnis des Bauern noch die Zustimmung des Arbeitsamts ein – gemäß Verordnung über die Beschränkung des Arbeitsplatzwechsels zu einem Monat bedingte, auf zwei Jahre ausgesetzte, Strafe verurteilt.[216] Auch das Pochen von Jugendlichen auf „altes Recht", wie das der Ostergabe vom Bauern, das einem anderen 17-jährigen Knecht zu Ostern 1940 verweigert worden war, worauf dieser den Dienst aufündigte, half nichts: Er wurde zu einem Monat bedingt verurteilt.[217] Einem anderen 17-jährigen Pferdeknecht aus der Gemeinde Alberndorf wurde das „alte Recht" der Dienstboten, in der Lichtmesswoche Anfang Februar 1941 Urlaub zu bekommen, vom Bauern verweigert. Der Bauer, zugleich auch Ortsbauernführer, verlangte aufgrund des akuten Dienstbotenmangels die Rückkehr des Jungen zum Dienst, den jener im Gerichtsverfahren als sehr schlecht beschrieben hatte. Die bedingte Verurteilung zu zwei Wochen sollte die Gefügigkeit des Knechts befördern.[218] In Einzelfällen wurden die von Jugendlichen vor Gericht vorgebrachten Argumente der schlechten Behandlung, der mangelhaften Unterkunft und Verpflegung durch den Bauern vom Landgericht Linz bestätigt: Im Fall eines 16-jährigen Knechts aus St. Oswald, Kreis Freistadt, stellte das Gericht „beim Dienstgeber herrschende nichteinwandfreie Verhältnisse" fest. Daher kam es auch nur zu einer gerichtlichen Ermahnung über die Beschränkung des Arbeitsplatzwechsels und zur Aufbürdung der Kosten des Strafverfahrens auf den Angeklagten.[219]

Eine 19-jährige Hilfsarbeiterin bei den Triumphwerken in Wels hatte im November 1943 „grundlos" ihren Arbeitsplatz verlassen. Daraufhin wurde sie wegen Arbeitsvertragsbruch vom Arbeitsamt Wels zur Ausforschung

---

[216] Ebd., Sch. 549: Vr 404/40
[217] Ebd., Sch. 554: Vr 942/40
[218] Ebd., Sch. 565: Vr 371/41
[219] Ebd., Sch. 565: Vr 389/41

und zwangsweisen Vorführung gesucht. Die junge Frau, deren Vormundschaft das Jugendamt Wels innehatte, trieb sich in der weitern Folge in Wien und Wels herum. Zurück zur Mutter konnte sie nicht, da diese sie nicht duldete. Der Vater war zu dieser Zeit bereits seit längerem eingerückt. Bereits als Kind war die Jugendliche bei Pflegeeltern untergebracht und – wegen Streits der Wohnung verwiesen – zeitweise obdachlos gewesen. Da sie über kein Einkommen verfügte, stellten die Behörden schnell die Vermutung der geheimen Prostitution an, denn man fand nach ihrer Aufgreifung Adressen von Soldaten bei ihr. Die junge Frau beging mehrere Kleindiebstähle. Laut Bericht des Jugendamts war ihr das nächtliche „Herumstreichen" in Lokalen wichtiger, als das Arbeiten. Die Verhältnisse werden als „zerrüttet" beschrieben: „Mj. [Minderjährige; Anm. T.D.] ist sittlich verwahrlost. Besserung nur durch strenge Massnahmen zu erwarten." Die jugendliche Delinquentin sah vor den Behörden ihr Fehlverhalten ein. Dennoch stellte der Leiter des Arbeitsamts Linz einen Strafantrag auf Einleitung eines Schnellverfahrens wegen Arbeitsvertragsbruch. Denn alle bisherigen Erziehungsmittel des Jugendamts hätten offensichtlich versagt. Die junge Frau bekannte sich bei der Hauptverhandlung vor dem Landgericht Linz im April 1944 schuldig. Sie wurde zu fünf Monaten Gefängnis verurteilt, die sie im Jugendgefängnis Hirtenberg absaß.[220]

In der Urteilspraxis des Landgerichts Linz schwankten die Strafen bei Arbeitsvertragsbruch bei Jugendlichen generell zwischen einem und acht Monaten, abhängig vom Vorleben der Delinquenten, von Vorstrafen, Geständnis, Schuldeinsicht und gerichtlicher Einschätzung einer eventuellen Rückfälligkeit. Im Laufe des Krieges scheinen sich die Verurteilungen vor allem in den Jahren 1943 und 1944 zu häufen. Arbeitsvertragsbruch wurde sehr häufig von den Eisenwerken Oberdonau, den Reichswerken Hermann Göring, der Steyr-Daimler Puch AG und von Bauern beanstandet, und betraf Jungen und Mädchen gleichermaßen.

Eines der wohl häufigsten Delikte, mit denen Mädchen in Konflikt kamen, war der verbotene Umgang mit Kriegsgefangenen und Ostarbeitern. Jugenddevianz bedeutete in diesem Fall die Abweichung von der einzig geduldeten sozialen Norm des privaten und sexuellen Umgangs ausschließ-

---

[220] Im April 1949 stellte die damals Verurteilte, mittlerweile Arbeiterin in einer Welser Lebensmittelfabrik, ein Gnadengesuch an den Bundespräsidenten Karl Renner, mit der Bitte um Tilgung ihrer Vorstrafen aus der NS-Zeit. Denn sie hatte der Firmenleitung ein polizeiliches Führungszeugnis vorzulegen, und aufgrund ihrer Vorstrafen Angst, den Posten zu verlieren, und abermals in eine Notlage zu kommen. Vom Landesgericht Linz Abt. 6 wurde im September 1949 das Tilgungsansuchen mangels hinreichender Gnadengründe zurückgewiesen; OÖLA, Sondergerichte 1913-1980, Sch. 1.000: 6 E Vr 69/44

lich mit „rassisch Gleichwertigen", die den privaten und sexuellen Umgang mit „rassisch Minderwertigen" verbot. Dies führte in der strafrechtlichen Verfolgung persönlicher, privater Präferenzen zu oft penetranten Investigationen seitens der ermittelnden Behörden, die von der strafrechtlich relevanten Frage geleitet waren, ob denn nun der Geschlechtsakt „vollständig" vollzogen worden war oder nicht, und wenn nicht, wieweit nicht.

Bei den Niederländern, den „germanischen Vettern", war der geregelte Umgang zwischen den Geschlechtern durchaus wohlgesehen und ideologisch konform: Im Sommer 1940 trafen auf Schloss Traunsee 86 niederländische Jungs mit ostmärkischen Jungmädelführerinnen zum gemeinsamen Märchenspiel und Singen zusammen. Unter Aufsicht der Lagerführerin und des Heimleiters konnten sich „ein paar Jungen schon mit den Mädeln befreunde[n]".[221]

Anderes galt im Umgang mit Kriegsgefangenen, insbesondere aus slawischen Ländern. Am 11. März 1940 benachrichtigte der Landrat in Vöcklabruck die Gendarmeriekreisführer seines Bezirks über die gemäß dem Erlass der Reichsführung SS vom 16. Februar 1940 ausgegebenen behördlichen Verhaltensrichtlinien bei einem verbotenen Umgang mit Kriegsgefangenen: Demnach hätten „Deutsche Frauen und Mädchen, die mit Kriegsgefangenen in einer Weise Umgang pflegen, die das gesunde Volksempfinden gröblich verletzt," bis auf weiteres in Schutzhaft genommen, und für mindestens ein Jahr einem Konzentrationslager zugeführt zu werden. Als „gröbliche Verletzung des gesunden Volksempfindens" wurde jeglicher gesellschaftliche (zum Beispiel bei Festen, oder beim Tanzen), insbesondere aber jeder geschlechtliche Verkehr angesehen. Falls Frauen und Mädchen eines Orts die betreffende Frau vor ihrer Überführung in ein Konzentrationslager öffentlich anprangern oder ihr die Haare abschneiden wollten, „so ist dies polizeilich nicht zu verhindern."[222]

Immer wieder verurteilte das Landgericht Linz landwirtschaftliche Hilfsarbeiterinnen wegen verbotenen geschlechtlichen Umgangs mit serbischen, polnischen aber auch französischen Kriegsgefangenen. Noch im März 1945 wurde vom Landgericht Linz eine zur Zeit der Verurteilung 18-jäh-

---

[221] JM-Führerinnen-Dienst des Obergaues Oberdonau (März 1940), Folge 1 ff., 19 f.; Rudolf Lenk, Oberdonau. Die Heimat des Führers. Unseren jungen niederländischen Gästen zur Erinnerung an den Sommeraufenthalt im Kriegsjahre 1940 (Linz 1941) 4
[222] Der Landrat in Vöcklabruck am 11. März 1940 an alle Gendarmeriekreisführer in Vöcklabruck und an die Herrn Gendarmerieabteilungsführer Vöcklabruck, Frankenmarkt, Mondsee, Schwanenstadt betreffend Umgang mit Kriegsgefangenen. In: Gerechtigkeit für Österreich! Rot-Weiß-Rot-Buch. Darstellungen, Dokumente und Nachweise zur Vorgeschichte und Geschichte der Okkupation Österreich (nach amtlichen Quellen). Erster Teil (Wien 1946) 111

rige landwirtschaftliche Magd (Jahrgang 1926) aus Budweis aufgrund mehrfachen Geschlechtsverkehrs mit einem französischen Kriegsgefangenen wegen des Verbrechen gegen § 4 Wehrkraftschutz-Verordnung zu einem Jahr Zuchthaus verurteilt.[223]
Unter 18-jährige Mädchen konnten, soferne sie sich sonst nichts zu Schulden kommen hatten lassen, mit geringeren Strafen rechnen: Eine 16-jährige Landarbeiterin aus Ansfelden wurde wegen des Vergehens nach § 4 der Verordnung zum Schutze der Wehrkraft des Deutschen Volkes[224] aufgrund eines intimen Umgangs mit einem französischen Kriegsgefangenen, der im gleichen landwirtschaftlichen Betrieb zur Arbeitsleistung eingeteilt war, vom Landgericht Linz 1943 zu drei Wochen Jugendarrest verurteilt. Der Ortsgruppenleiter der NSDAP schilderte die beschuldigte Landarbeiterin als „nachlässiges Mitglied des BMD", das wenig Interesse an ihrem Dienst zeigte, und auch selten daran teilnahm.[225]
Den „nichtarischen", „rassisch minderwertigen" männlichen Beziehungs-, bzw. Liebespartnern der jungen Frauen und Mädchen drohte in der Regel die Einweisung in ein Konzentrationslager auf unbestimmte Zeit.[226]
Der gerichtliche Nachweis solcher „Tatbestände" war zu einem nicht geringen Teil von der mehr oder weniger geschickten Vorgangsweise der jugendlichen Angeklagten abhängig. Manchmal konnte die „strafbare Handlung" nur durch ein erfolgtes Geständnis „nachgewiesen" werden. In den meisten Fällen erfolgte die behördliche Kenntnisnahme eines solchen „verbotenen sexuellen Umgangs" mit Kriegsgefangenen oder Ostarbeitern auf Anzeige bzw. Denunziation hin. Eine „deutsche Frau" aus dem Ledigenheim Schörgenhub in Linz etwa konnte den „widerlichen Zustand", dass andere „deutsche Frauen mit französischen Kriegsgefangenen ein Verhältnis" hatten, nicht länger mit ansehen, und schritt daher zur Denunziation.[227]
Laut Staatsanwaltschaft Linz waren die Anzeigen wegen verbotenen Umgangs mit Kriegsgefangenen im Sommer 1942 im Steigen begriffen.[228] Ein

---

[223] OÖLA, Sondergerichte 1913-1980, Sch. 1.009: 6 E Vr 148/45
[224] VO zur Ergänzung der Strafvorschriften zum Schutze der Wehrkraft des Deutschen Volkes, 25.11.1939, RGBl. I, 2319
[225] Die Jugendliche, die ihre „Tat" gestand, rechtfertigte ihr Fernbleiben vom BDM-Dienst mit dem Argument der Arbeitsüberlastung, OÖLA, BG / LG /OLG Linz, Sch. 587: Vr 534/43
[226] DÖW, 18.043: Magistrat Salzburg Abt. III/1 Fürsogemant, Antrag auf Opferausweis, 5.5.1960, Geheimen Staatspolizei, Staatspolizeistelle Linz, an Kreis-Jugendamt Vöcklabruck, Dienststelle Mondsee, 14.9.1942
[227] OÖLA, Sondergerichte 1913-1980, Sch. 1.009: 6 E Vr 107/45
[228] OÖLA, Politische Akten, Sch. 49: Lagebericht Staatsanwalt beim OLG in Linz an Reichsminister der Justiz in Berlin, 1.9.1942

SD-Bericht aus dem Sommer 1943 hält fest, dass „die Verstösse Jugendlicher gegen das Verbot des Umganges mit Kriegsgefangenen [nach] Feststellungen hiesiger Jugendkreise im Vergleich zu 1942 wesentlich zurückgegangen" seien: „Bemerkenswert ist, dass z. B. von 5 einschlägigen Straffällen, die bei der Staatsanwaltschaft Wels behandelt wurden, 4 jugendliche Mädchen betrafen, die sich zum Teil in einen Geschlechtsverkehr mit Kriegsgefangenen eingelassen hatten. Der verbotene Umgang mit Kriegsgefangenen der weiblichen Jugend bewegte sich in den meisten Fällen auf sexueller Grundlage. Die Mädchen waren sich dabei beinahe ausnahmslos des bestehenden Verbotes bewusst, konnten jedoch keinen Grund für ihr Verhalten angeben. Zumeist handelte es sich um Mädchen im Pubertätsalter." Der SD-Bericht resümierte: „Die Gefahr einer Annäherung zwischen Jugendlichen und fremdvölkischen Arbeitskräften, die durch die große Zahl der hier beschäftigten Ausländer gegeben ist, kann nach übereinstimmender Ansicht zahlreicher Volksgenossen nur durch eine intensive Aufklärungsarbeit sowohl bei der Jugend, als auch den Erwachsenen begegnet werden."[229]

Im Juli 1944 steckte ein damals 14-jähriger landwirtschaftlicher Arbeiter (Jahrgang 1930) aus St. Georgen im Attergau das seinen Adoptiveltern benachbarte Anwesen eines Landwirts in Brand und richtete damit einen Gesamtschaden von ca. 40.000 Reichsmark an. Der Brandstiftung überführt und geständig, gab der Junge als Tatmotiv seinen Zorn über den betroffenen Bauern an. Dieser hatte seinen Kindern den Umgang mit ihm verboten und ihn mehrmals weggejagt. Die gerichtlichen Erhebungen ergaben, dass der Jugendliche mit 13 Jahren eine Haushälterin bestehlen hatte wollen, und sie dabei verletzt hatte. Darüber hinaus hatte er ein Luftdruckgewehr gestohlen, und auch „schwarz" gefischt. Seine Schulbeschreibung schilderte ihn als einen Jungen, der sich verstellt, lügt und stiehlt: Er sei ein Heuchler und Taugenichts. Laut Mitteilung des Bürgermeisters von Weißenkirchen fürchte sich die Bevölkerung vor dem Jugendlichen und traue ihm jede Niedertracht zu. Der Oberstaatsanwalt beim Landgericht Wels bezeichnete den Jugendlichen als „charakterlich abartigen, jugendlichen Schwerverbrecher". Der Generalstaatsanwalt in Linz kam im September 1944 zu folgender Erkenntnis: „Die Beurteilung des Jugendlichen ist nach meiner Ansicht nur in zweifacher Richtung möglich, entweder ist seine Abartigkeit unabänderlich, dann ist über das Sondergericht nach § 20 Abs. 2 RJGG. [Reichsjugendgerichtsgesetz; Anm. T.D.] die Ausmerzung

---

[229] OÖLA, Politische Akten, Sch. 49: Bericht SD-Abschnitt Linz, 9.7.1943

anzustreben, bevor der Jugendliche noch weiter Opfer verschulden kann, oder er ist besserungsfähig, dann ist mit bestimmter Jugendgefängnisstrafe und nach § 60 RJGG. vorzugehen." Um dies festzustellen veranlasste der Generalstaatsanwalt eine Untersuchung des Jugendlichen durch einen Wiener Jugendpsychiater. Dessen „Gutachten" ergab, dass der Jugendliche strafrechtlich verantwortlich, in seiner geistigen Entwicklung nicht zurückgeblieben, sondern sogar seinem Alter eher vorausgeeilt wäre. Der Jugendliche wäre „ohne Zweifel als ein sehr abwegiger, zu kriminellen Handlungen besonders geeigneter Junge" zu bezeichnen. „Der Sachverständige hat schließlich angenommen, daß mit dem Fortschreiten dieser Entwicklung, bei entsprechenden, sehr strengen, pädagogischen Eingriffen doch noch eine Wandlung erzielbar sein wird." Aufgrund dieses „psychiatrischen Gutachtens" hielt der Oberstaatsanwalt beim Landgericht Wels „die Behandlung des Jugendlichen nach § 20 Abs. 2 und § 3 Abs. 2 RJGG. nicht für erforderlich, weil nicht unbedingt auf die Todesstrafe oder eine langjährige Zuchthausstrafe erkannt werden muß, vielmehr wirklich der Hoffnung Rechnung getragen werden darf, daß der Jugendliche bei einer entsprechend strengen Strafe und bei weiteren entsprechenden, sehr strengen, pädagogischen Erziehungsmaßnahmen einer Wandlung fähig ist. Ich glaube aber, daß der Jugendliche, wenn er auch nicht als jugendlicher Schwerverbrecher angesehen werden muß, so doch als Volksschädling zu werten ist und seine Brandmarkung als solcher notwendig ist." Vom Gericht wurde der Jugendliche daher am 30. Jänner 1945 im Sinne der Anklage als schuldig erkannt und zu acht Jahren Jugendgefängnis verurteilt. Die am selben Tag ausgefertigte Urteilsschrift des Landgerichts Wels hielt fest, dass „der Kern des Sachverständigen-Gutachtens [...] auf den ersten Blick anscheinend einen gewissen Widerspruch" aufweise: „Einmal wird gesagt, der Jugendliche habe in den letzten Jahren viele antisoziale verbrecherische Eigenschaften gezeigt und sei daher jetzt als ein sehr abwegiger zu kriminellen Handlungen besonders geneigter Junge zu bezeichnen; es sei aber anzunehmen, daß dabei die Pubertätsentwicklung eine große Rolle spiele, weshalb man der Hoffnung Ausdruck geben könne, daß mit dem Fortschreiten dieser Entwicklung bei entsprechenden, sehr strengen pädagogischen Eingriffen doch noch eine Wandlung erzielbar sein werde. Andererseits sagt das Gutachten in seinem letzten Absatz, daß keine Anzeichen für die Annahme einer Geistesstörung bestehen, sondern es den Anschein habe, daß die Handlungen des Jugendlichen nur Ausdruck einer abwegigen, angeborenen Veranlagung seien, vielleicht gefördert durch die ungewöhnlichen Erziehungsverhältnisse." Mit letzterem war vermutlich die im Gerichtsverfahren festgestellte „viel zu milde" Behandlung sowie Verhätschelung des Jugendlichen durch die Adoptiveltern gemeint, obwohl der Vater das Kind bei Verfehlungen züchtigte. Jedenfalls fokussierte das Landgericht Wels die „rechtserzieherische" Behandlung des Falls darauf, dass der „Abartigkeit" des Jugendlichen durch strenge Erziehungsmaßnahmen entgegenzuwirken wäre, und beantwortete die Frage über die Aussichten von Erziehungsmaßnahmen damit positiv.[230]

Eine etwas andere judizielle Behandlung erfuhren französische Jugendliche und junge Männer, die von den NS-Behörden als Zivilarbeiter nach Oberdonau verschleppt worden waren, bzw. sich freiwillig in die Rüstungsindustrie gemeldet hatten.

So wurde etwa ein Jugendlicher aus dem Departement Nord (Jahrgang 1926) zu Hause anlässlich eines Kinobesuchs nach der nächtlichen Ausgangssperre ab 22 Uhr von den deutschen Besatzungsbehörden ausgehoben, von der Mutter getrennt – der Vater war vom deutschen Militär erschossen worden – und nach Deutschland verbracht. Von dort kam er im Sommer 1943 nach Linz, wo er im Lehrlingsheim in der Franckstraße zum Schlosser umgeschult wurde. Er war ein guter Schüler, und die Arbeit schien den Lehrling auch zu interessieren. Jedenfalls schloss er die Schlosserlehre erfolgreich ab. Danach wurde er den Eisenwerken Oberdonau zugewiesen, wo ihm jedoch die Arbeit mit den vielen Nachtschichten zu schwer war. Er hatte laut Verhörprotokoll Angst, bei der Maschine einzuschlafen, da auch eine Beschädigung der Maschine aus Unachtsamkeit als Sabotage ausgelegt werden konnte. Seit November 1943 ging er nicht mehr zur Arbeit. Er trieb sich in Linz herum. Seit Anfang 1944 begann er gemeinsam mit einem Freund Einbrüche in Baracken zu begehen. Nachdem sein Freund von der Polizei geschnappt worden war, schloss er sich einer französischen Jugendbande an, die im Frühjahr 1944 in größerem Maßstab Trafiklager- und Kantinen-Einbrüche beging: „Die gestohlenen Tabakwaren erreichen eine solche Menge, dass eine Bedarfsdeckungsgefährdung eingetreten ist," berichtete die Anklageschrift vom Oktober 1944. Einige der Bandenmitglieder wurden im Frühjahr und Sommer 1944 ver-

---

[230] ÖStA/AVA, Justizministerium, Staatsanwaltschaft beim OLG Linz 1944, Sch. 5.481, Mappe 503/44: Strafsachen; zum Reichsjugendgerichtsgesetz von 1943 vgl. Jureit, Erziehen, Strafen, Vernichten (wie Anm. 200) 75 ff.

haftet. Einige wollten sich auch in Züge einschmuggeln, um so nach Hause, nach Frankreich, zu kommen. Anlässlich eines solchen illegalen Heimkehrversuchs wurde der Jugendliche im Juni 1944 bei einer Fremdenkontrolle verhaftet und dem Landgericht Linz überstellt. Das gerichtsärztliche „Gutachten" über den Geisteszustand des Beschuldigten vom Dezember 1944 kam zu folgendem Schluss: „Es besteht bei ihm eine charakterliche Abwegigkeit im Sinne eines moralischen Defektes. Seine Gemütsstumpfheit und das verbrecherische Fahrwasser, in das er so frühzeitig geraten ist, machen eine Besserung recht unwahrscheinlich ... Der Schutz der Gemeinschaft vor solchen gefährlichen Schwerverbrechern erfordert deren Ausmerzung", schloss die Oberstaatsanwaltschaft im Oktober 1944. In einer Sitzung des Sondergerichts beim Landgericht Linz im Dezember 1944 wurde der Jugendliche wegen der zahlreichen vollendeten und versuchten Einbrüche, wegen Veruntreuung und Kriegswirtschaftsverbrechen als „Volksschädling und gefährlicher Gewohnheitsverbrecher" zum Tod verurteilt. Das Urteil wurde am 24. Jänner 1945 „ohne Besonderheiten" in Wien vollstreckt.[231]

Der justifizierte Jugendliche war freilich nicht der einzige Fall, in dem Ende 1944 gerichtlich vorgegangen, und auch mit dem Tod geurteilt wurde. Dieses Urteil traf auch andere Mitglieder der überwiegend aus Franzosen bestehenden Diebsbande, sofern sie nicht das „Glück" hatten, zu mehrjährigen Zuchthausstrafen verurteilt zu werden. Die durchschnittlich zwischen 20 und 25 Jahre alten Bandenmitglieder hatten sich teilweise freiwillig als Metallarbeiter nach Deutschland zur Arbeit gemeldet, teilweise waren sie Kriegsgefangene oder standen als Zwangsverschleppte im Einsatz der Rüstungsindustrie. Gemeinsam organisierte man im Lauf des Frühlings und Sommers 1944 Tabaktrafikeinbrüche im Raum Linz sowie Einbrüche im Linzer Lager der Ostarbeiter, und übernahm auch den Verkauf des Diebsguts. Die bisher unbescholtenen Bandenmitglieder führten ein exponiertes, täglich bedrohtes Leben. Man übernachtete im Freien, teils in Splittergräben, stahl zum Eigenbedarf Kleider, Lebensmittel, Zigaretten und Geld, und trachtete mit allen Mitteln – sogar zu Fuß – nach Frankreich zurückzukehren.[232]

Ein anderer jugendlicher Hilfsarbeiter aus Linz (Jahrgang 1926), der nach der Hauptschule eine Feinmechanikerlehre begonnen hatte, und als Laufbursche bei den Göringwerken in Linz Beschäftigung fand, brach Anfang

---

[231] OÖLA, Sondergerichte 1913-1980, Sch. 751: KLs 176/44
[232] Ebd., Sch. 751: Kls-175/44; ebd., Sch. 749: KLs 123/44

1940 bei seinem Dienstgeber ein, wofür er zu zwei Monaten bedingten Arrest verurteilt wurde. Er wechselte die Lehrstelle und kam zu einem Linzer Malermeister. Wegen Veruntreuung und abermaligen Diebstahls verlor er auch diesen Lehrplatz. Im Sommer 1941 wurde er in die Erziehungsanstalt Kaiserebersdorf in Niederdonau eingewiesen. Von dort ging er durch, und kehrte nach Hause zurück. Nach abermaliger Einweisung brannte er wieder durch. Nachdem er seine zweimonatige Haftstrafe im Frühjahr 1942 abgesessen hatte, kam er unter die Obhut seines Vaters, der ihn beim Linzer Güterbahnhof unterbrachte. Als 17-jähriger, er war mittlerweile einfaches HJ-Mitglied, wurde er durch zwei erwachsene „Gewohnheitsverbrecher" zu zwei Trafikeinbrüchen verleitet. Der Jugendliche wurde der Einbrüche überführt und ins Landgericht Linz eingewiesen, von wo er mit einem Kumpanen fliehen konnte. Danach verübte der Jugendliche noch mehrere kleinere Nahrungsmittel- und Kleiderdiebstähle.

Ein vom Landgericht Linz in Auftrag gegebenes „psychiatrisches Gutachten" vom Jänner 1944 sollte feststellen, ob der zur Zeit der Tat 17-jährige „sittlich und geistig" so entwickelt gewesen sei, dass er einem über 18 Jahre alten Täter gleichgestellt werden könnte. Es wurde bei ihm eine normal entwickelte Intelligenz konstatiert. In der Schule sei er gut bis mittelmäßig gewesen. Eine Verschlechterung wäre in der Hauptschule eingetreten. Doch erst während seiner Lehrzeit wäre sein Verhalten problematisch geworden: „Bei Beschuldigtem finden wir eine eigentümliche Entwicklungsstörung auf psychischem Gebiete in Form einer Verkümmerung des ethischen Empfindens bei guter Entwicklung der Intelligenz, und zwar ist aus dem Unterschiede in seinem Verhalten in der Volksschule einerseits und in der Hauptschule andererseits zu schliessen, dass im Beginne der Entwicklungszeit die Ausreifung der ethischen Gefühle stehen geblieben ist. Dieser Mangel zeigt sich in einem sturen Wesen, das seinem Vater schon in der Schulzeit auffiel. Er war verschlossen, schwer zu behandeln, nachlässig, wenig empfindlich für Lob und Tadel. Auch bei der Untersuchung fällt seine Stumpfheit, seine Affektarmut, das vollkommene Fehlen der Gefühle von Scham und Reue auf. Da er und sein Vater angeben, dass er als Kind mit etwa 6 Jahren an Kopfgrippe erkrankt war, musste daran gedacht werden, ob es sich nicht um einen jener Fälle von moralischem Irresein handelt, wie sie nach Gehirnentzündung (Encephalithis letargica) manchmal zurückbleibt. Dafür fehlen aber ausreichende Anhaltspunkte."
Der Mediziner kam daher zum Schluss: „Es handelt sich bei ihm also nicht um einen durch eine Infektionskrankheit erworbenen Defekt, sondern um

eine auf einer fehlerhaften Anlage beruhenden Gemütsstumpfheit bei durchschnittlicher Entwicklung der Intelligenz. Beschuldigter ist hoch aufgeschossen und kann daher bei oberflächlicher Betrachtung den Eindruck einer über sein Alter hinausreichenden Entwicklung erwecken. Seine seelische Entwicklung dagegen entspricht kaum seinem wirklichen Alter von 17 Jahren. Beschuldigter ist also zur Zeit der Tat sittlich und geistig nicht so entwickelt gewesen, dass er einem über 18 Jahre alten Täter gleichzuhalten wäre […] Er ist strafrechtlich verantwortlich, kann aber infolge eines angeborenen Defektes eine mildere Beurteilung beanspruchen", so das Gutachten vom Jänner 1944. Doch zu einer strafrechtlichen Behandlung kam es vorerst noch nicht. Dem Jugendlichen gelang es im Frühjahr 1944 abermals, aus der (Untersuchungs-)Haft zu entkommen. Auf der Flucht beging er eine Reihe weiterer Einbruchdiebstähle. Er stahl ein Fahrrad, Nahrungsmittel, Kleidung und Luftschutzgepäck, das unter Ausnützung der herrschenden Verdunkelung entwendet worden war. Im Juni 1944 erfolgte seine abermalige Verhaftung.

Der ergänzende „Befund" des gleichen Mediziners vom Oktober 1944 sprach nun vom „völligen Mangel an moralischem E[m]pfinden" und von „vollkommene[r] Skrupellosigkeit." „Dazu kommt die grundsätzliche Abneigung gegen jede geordnete Tätigkeit.[...] Es besteht keine Aussicht, dass sich die abträglichen Charaktereigenschaften bei dem jetzt 18-jährigen [...] mit fortschreitendem Alter bessern werden, denn in diesem Alter ist die Entwicklung der Persönlichkeit in den Grundlinien abgeschlossen [...] Man kann nach Erreichen dieses Alters durch Sammeln von Kenntnissen und Erfahrungen reifer werden, wobei bei manchen Schwachsinnigen eine Nachreifung eintritt, aber eine grundlegende Änderung der Persönlichkeit ist nicht mehr zu erwarten. Es ist daher nicht zu erwarten, dass [der Jugendliche, Anm. T.D.] sich sittlich weiter entwickeln und in dieser Art bessern würde." Auch die Anklageschrift des Oberstaatsanwalts als Leiter der Anklagebehörde vom September 1944 resümierte: „Nach den Feststellungen der Polizei ist eine Besserung des [Jugendlichen; Anm. T.D.] nicht zu erwarten. Er wird als arbeitsscheu, unredlich, notorischer Lügner, zusammenfassend also als asozial bezeichnet." In der öffentlichen Sitzung des Sondergerichts beim Landgericht Linz fiel daher im Oktober 1944 folgendes Urteil: „Der Angeklagte […] hat in den Jahren 1943 und 1944 in Linz und in anderen Orten in Oberdonau 8 Diebstähle, davon 7 Einbruchdiebstähle begangen und dabei in 2 Fällen Luftschutzgepäck und in 2 Fällen größere Mengen Spinnstoffwaren und Rauchwaren gestohlen.

Er wird wegen dieser Diebstähle und wegen dieses Kriegswirtschaftsverbrechens als besonders schwerer Volksschädling zum Tode verurteilt." Zur Urteilsvollstreckung wurde der Jugendliche in die Untersuchungshaftanstalt Wien I überstellt. Am 21. November 1944 teilte der Oberstaatsanwalt beim Landgericht Wien dem Herrn Reichsminister der Justiz in Berlin mit, dass das Todesurteil des Sondergerichts Linz am selben Tag „ohne Besonderheiten vollstreckt" worden war.[233]

Jugendresistenz

> „Und nun die Frage der Jugend. Da will ich gleich einmal festlegen, dass es keinen so genannten Kulturkampf gibt. Die Aufgabe des Pfarrers und die des Ortsgruppenleiters liegen auf völlig verschiedenen Gebieten [...] Der eine sorgt für die Seele und dafür, dass es dem Menschen im Jenseits wohl ergehe. Die Aufgabe des Hoheitsträgers ist eine andere. Er sorgt dafür, dass es den Menschen wohl ergehe auf der diesseitigen Erde. Er ist nur mit dem Irdischen verbunden. Das wollen wir scharf trennen! Jeder Volksgenosse kann die religiöse Einstellung haben, die er will. Staat und Partei haben damit nichts zu tun [...] Aber, das sage ich: Katholisch turnen und katholisch wandern, das tun wir nimmer! Turnen, wandern und spielen wird unsere Jugend ausschließlich in der HJ.! Unsere Jugend erzieht die NSDAP."[234]

Im vorigen Kapitel wurden Formen jugendlichen Verhaltens behandelt, die erst durch die veränderten gesetzlichen Bestimmungen, welche die NS-Jugendpolitik wesentlich konstituierten, zu deviantem Verhalten wurden. Im NS-Staat genügte jedoch allein das Beharren auf milieuspezifische Verhaltensweisen, um mit dem Regime in Konflikt zu gelangen. Dies galt im besonderen Maße für das katholische Milieu, das in Oberösterreich auch in der Zeit zwischen 1938 und 1945 mit Abstand das quantitativ größte war. Allein die Sozialisation und die Einbettung in einen Milieukatholizismus konnten zu mannigfachen Konfliktfeldern mit dem auch in Oberdonau antiklerikal auftretenden Nationalsozialismus führen. Insbesondere auf dem agrarisch geprägten Land konnte das Beharren auf katholische Milieu- und Glaubenswerte eine für das NS-Regime unüberwindbare Hürde darstellen. Die Konflikt- und Konfrontationsfelder, in die Jugendliche mit dem NS-Regime verwickelt werden konnten, waren dabei vielfältig. Sie begannen

---

[233] Ebd., Sch. 750: KLs 154/44
[234] Rede Gauleiter Eigrubers am 10. Juli 1938 in Enns. In: Ein Gau wächst ins Reich (wie Anm. 192) 38 f.

bei scheinbaren Kleinigkeiten wie der Anmeldung zum – nicht mehr obligatorischen – Religionsunterricht (in der NS-Diktion: „Konfessionsunterricht"), setzten sich fort im Konflikt um die Teilnahme Jugendlicher an Sonntagsmesse und Messdienst, bzw. an zeitgleich stattfindenden Appellen der HJ, und konnten bis zu – von beiden Seiten so verstandenen – politischen Manifestationen anlässlich von Wallfahrten und kirchlichen Prozessionen reichen.

Zweifelsohne eröffnete die HJ gerade in den ländlichen Gegenden, und hier vor allem bei Mädchen, Betätigungsgebiete, die ihnen Schule und katholische Kirche zuvor nicht gewährt hatten. Gerade die vom NS-Regime so geförderte sportliche Betätigung von Mädchen betrachteten die Vertreter der Amtskirche mit Missfallen. Aber auch die „Gefahr" einer „moralischen" Verwilderung der Jugend durch die HJ, eine – sicherlich unbegründete – Furcht vor der Aufweichung der prüden katholischen Sexualmoral, oder die Befürchtung einer „Entfremdung" von „unserem Herrgott", konnten so manchem milieukatholischen Elternhaus Angst und Bang um ihren Nachwuchs werden lassen. Gegen die beharrliche „Macht der Tradition", gegen das „sture Beharren" mancher Eltern, die sich die religiös geprägte Erziehung ihrer Kinder nicht nehmen lassen wollten, rannte das NS-Regime jedoch in vielen Fällen vergeblich an.

Die ersten antikirchlichen Maßnahmen des NS-Regimes setzten unmittelbar im Gefolge des Anschlusses ein: Man ging an die Zerschlagung der kirchlichen Kinder- und Jugendorganisationen, wie dem Reichsbund und dem Jungreichsbund, dem Pfadfinderkorps St. Georg, der Österreichischen Jugendkraft, der christlich-deutschen Turnerschaft, dem Bund Neuland, dem Landesverband der katholischen Mädchenvereine, dem katholischdeutschen Studenten- und Studentinnenbund. Auf dem Gebiet des Vereins- und Verbändewesens sollte die Konkurrenz durch eine katholische Kinder- und Jugendarbeit weitgehend eingeschränkt werden.[235]

Der nächste Schritt betraf das konfessionelle Schulwesen: Mit Erlass des Landesschulrats von Oberdonau vom 9. September 1938 erfolgte die Schließung der konfessionellen Schulen des Landes. 52 katholische Privatschulen im Pflichtschulbereich wurden aufgelöst, dazu kamen vier katholische Lehrerseminare und neun katholische Gymnasien.[236] Dies bedeutete einen weiteren massiven Eingriff in die bisherige Machtsphäre der ka-

---

[235] Ferdinand Klostermann, Katholische Jugend im Untergrund. In: Das Bistum Linz im Dritten Reich. Hg. v. Rudolf Zinnhobler (Linzer Philosophisch-theologische Reihe 11, Linz 1979) 151 f.
[236] Rudolf Zinnhobler, Die Katholische Kirche. In: Widerstand und Verfolgung in Oberösterreich 1934-1945. Eine Dokumentation 2 (wie Anm. 96) 26 f.

tholischen Kirche. Ihr Erziehungsanspruch war damit fundamental in Frage gestellt. Gemäß den NS-Vorstellungen sollte unter „dem Deckmantel der religiösen Erziehung [...] keinerlei politische Beeinflussung der Jugendlichen" mehr stattfinden.[237] Bis Ende 1939 sollte es im gesamten Deutschen Reich keine konfessionellen Schulen, Ordens- und Klosterschulen mehr geben. Auch nicht der geringste Teil der deutschen Jugend sollte künftig mehr einem kirchlich-konfessionellen Einfluss unterworfen sein.[238] Doch stießen viele Maßnahmen des NS-Regimes auf beharrlichen Widerstand von Teilen der katholischen Bevölkerung. Teile der Lehrerschaft blieben auch nach dem Anschluss weiterhin katholisch eingestellt. Immer wieder berichteten die Behörden über Aktivitäten von Geistlichen, die als „Gegner der Nationalsozialisten" eingestuft wurden. Zwischen katholisch gesinnten Lehrern und der Ortsgeistlichkeit konnten so gewisse Allianzen entstehen. So stand etwa der im Sommer 1938 versetzte Ortspfarrer von Aschach an der Steyr unter Verdacht, gemeinsam mit dem Oberlehrer und anderen Lehrern der Volksschule unter katholisch gesinnten Bauernfamilien Propaganda gegen die Anschluss-Volksabstimmung vom April 1938 betrieben zu haben.[239]

Teile der Ortsgeistlichkeit waren nicht gewillt, den „Kampf um die Seelen" der Jugend widerstandslos aufzugeben. Besonders das als Schikane gedachte Reglement bezüglich einer schriftlichen Anmeldung zum Konfessionsunterricht wurde zu einem Kampffeld zwischen NS-Regime und katholischer Kirche. Dieses sah vor, dass Kinder unter 14 Jahre vom Besuch des Konfessionsunterrichts befreit waren, wenn die Eltern dies wünschten. Schülerinnen und Schüler über 14 Jahre benötigten die Einwilligung ihrer Eltern nicht mehr. Damit erfuhr die Nichtteilnahme am Konfessionsunterricht eine beträchtliche Erleichterung. Zum Teil übte die HJ auch persönlichen Druck auf die Jugendlichen aus, nicht am Konfessionsunterricht teilzunehmen. Organisatorisch wurde das Gewicht des Konfessionsunterrichts im Schulleben durch die Abschaffung der schriftlichen Reifeprüfung, den stufenweisen Abbau der Schulgottesdienste, Andachten und Gebete sowie durch die Beseitigung der Zensur für den Konfessionsunterricht auf den Schulzeugnissen weiter vermindert. In den neu einge-

---

[237] Schirach, Die Hitler-Jugend (wie Anm. 6) 43
[238] Führungsblatt des Gaues Oberdonau der NSDAP, 15. Jg. Bl. 1 Folge 1 vom 15. August 1939.Vertrauliches Rundschreiben Nr. 132/39 des Stellvertreters des Führers betreffend Beseitigung des kirchlichen Einflusses in der Jugenderziehung, 19. Juli 1939, zitiert nach Widerstand und Verfolgung in Oberösterreich 1934-1945. Eine Dokumentation 2 (wie Anm. 96) 108 f.
[239] DÖW, 19.456/34: Zl. 82/13-1938, Bericht Gendarmerieposten Aschach an der Steyr an Bezirkshauptmannschaft, 31.3.1938

richteten Hauptschulen war überhaupt nur noch eine Wochenstunde Konfessionsunterricht vorgesehen.[240] In letzter Konsequenz sollte der Konfessionsunterricht generell abgeschafft und durch die 1944 eingeführte „Deutsche Lebens- und Gesinnungslehre" ersetzt werden. Diese neue Unterrichtsstunde sollte der Jugend das grundlegende Wissens- und Glaubensgut der nationalsozialistischen Weltanschauung beibringen. Eine konkretere Ausgestaltung wurde jedoch auf die Zeit nach dem Krieg verlegt.[241]
Mit dem Schuljahr 1939/40 erfolgte die Umsetzung der Regelung über die schriftliche Anmeldung des Vaters (bzw. des gesetzlichen Vertreters) zur Teilnahme am Konfessionsunterricht. An den Hauptschulen musste ab dem Schuljahr 1940/41 eine Mindestteilnahmezahl von 20 Schülerinnen und Schülern derselben Schule angemeldet sein, damit ein Konfessionsunterricht überhaupt zustande kam. In Volksschulen durften auch mehrere Schulen zusammengezogen werden, um die Zahl 20 zu erreichen. Die finanzielle Vergütung von hauptberuflichen Seelsorgern für die Erteilung des Konfessionsunterrichts aus staatlichen Mitteln wurde gestrichen. Pfarrseelsorger benötigten die ausdrückliche Erlaubnis des Kreis- oder Landesschulrates, den Konfessionsunterricht abhalten zu dürfen.[242] Allein schon das versuchte Einwirken von Geistlichen auf Eltern oder Kinder zur Teilnahme am Konfessionsunterricht konnte zum Entzug der Erlaubnis durch den Bezirksschulrat führen.[243]
Diese neuen Anmeldemodalitäten führten laut Erhebungen des diözesanen Seelsorgeamts im Sommer 1941 zu gebietsweise starken Einbrüchen bei der Teilnahme am Konfessionsunterricht: so etwa in Linz-Kleinmünchen und in Steyr. In manchen Pfarren bzw. Schulen kam durch die Vielzahl der Schulverbote, die vor allem gegenüber Kaplänen ausgesprochen wurden, zeitweise überhaupt kein Unterricht mehr zustande.[244]
Aber nicht nur die Diözese, auch die Bezirkshauptmannschaften führten – quasi als Indikatoren zur Messung von Stärke und Präsenz des katholischen Milieus – detaillierte Statistiken über die Zahl der Anmeldungen sowie über deren Veränderungen. Für den Bezirk Kirchdorf an der Krems

---

[240] Silberbauer, Schulpolitik (wie Anm. 100) 275
[241] Leitsätze für „Deutsche Lebens- und Gesinnungslehre" von Gauschulungsleiter Franz Mayrhofer, hektographierter Befehl für Lehrer 1944, zitiert nach Widerstand und Verfolgung in Oberösterreich 1934-1945. Eine Dokumentation 2 (wie Anm. 96) 40 f.
[242] Wagner, NS-Kirchenkampf (wie Anm. 119) 73 ff.; Klostermann, Katholische Jugend im Untergrund (wie Anm. 235) 157
[243] OÖLA, Politische Akten, LAFR 5061: BH Kirchdorf, Lagebericht Bezirkshauptmanschaft Kirchdorf an der Krems an Geheime Staatspolizei, Staatspolizeistelle in Linz, 30.11.1938
[244] Wagner, NS-Kirchenkampf (wie Anm. 119) 81 ff.

waren die Zahlen für das NS-Regime durchaus ernüchternd: Nur ganz wenige Kinder wurden hier nicht zum Konfessionsunterricht angemeldet.[245] Auch im Bereich des Landrates von Schärding am Inn ergaben die Ermittlungen, dass zu Beginn des Sommersemesters 1939 kaum Schülerinnen und Schüler vom Konfessionsunterricht abgemeldet waren.[246] In manchen Gemeinden, wie etwa in Hallstatt, besuchten mit Ausnahme der Kinder des Ortsgruppenleiters der NSDAP sämtliche Jugendliche den konfessionellen Religionsunterricht. Da sich im folgenden Schuljahr immerhin 19 Kinder nicht angemeldet hatten, vermutete die Lehrerschaft, dass manche Kinder ihren Eltern die geänderten Modalitäten nicht mitgeteilt hätten.[247] In anderen Gemeinden, wie etwa in Hinterstoder, nahmen im Frühjahr 1939 immerhin 28 Prozent der schulpflichtigen Kinder am Konfessionsunterricht nicht mehr teil. Dass sieben Kinder von ihnen den Unterricht im folgenden Jahr wieder besuchten, wurde von den Behörden mit der herannahenden Firmung, und den damit verbundenen Geschenken der Firmpaten erklärt.[248] In Teilen der katholischen Landbevölkerung stießen die Abkehr vom zwangsweisen Besuch und die notwendige Anmeldung zum Konfessionsunterricht jedenfalls auf deutliches Missfallen.[249] Doch je ländlicher die Gemeinde, je bäuerlicher das Milieu und je kleiner die Landvolksschule, desto standhafter schien man die erforderlichen Anmeldungen zum Konfessionsunterricht auszufüllen.

Die regelmäßig erstatteten politischen Lageberichte aus dem Gau Oberdonau dürften die diesbezüglichen Konstellationen katholischer Resistenz vermutlich zutreffend beobachtet haben: „Durch das teilweise Versagen der NSV wurde seitens der röm.kath. Kirche die Gelegenheit benützt besonders in fürsorglicher Hinsicht ihre Aktivität zu entfalten. Die Wühlarbeit wurde in manchen Orten dahin betrieben, dass mehrere Frauen des Frauen-Werkes zum Austritt bewogen wurden. Kinder, die nicht den Religionsunterricht besuchen, werden den übrigen als abschreckendes Beispiel und als Heiden hingestellt. Die ganze Aktion der Kirche richtet sich

---

[245] OÖLA, Politische Akten, LAFR 5061: BH Kirchdorf, Liste der Bezirkshauptmannschaft Kirchdorf an der Krems im Lagebericht vom November 1938 an Geheime Staatspolizei, Staatspolizeistelle Linz, 28.11.1938
[246] Ebd., Sch. 32, Mappe Zl. 1049/8 – 1938: Teilnahme der Schüler am Religionsunterricht und an religiösen Schulveranstaltungen
[247] OÖLA, BH seit 1868 / Gmunden, Sch. 12: Schul-Chroniken 1938-1945 Teil I, Schulchronik der Volksschule Hallstatt
[248] OÖLA, Politische Akten, LAFR 5062: BH Kirchdorf, Lagebericht Gendarmerieposten Hinterstoder an Landrat Kirchdorf an der Krems, 20.5.1939
[249] Ebd., LAFR 5061: BH Kirchdorf, Lagebericht Gendarmerieposten Grünburg an Bezirkshauptmannschaft Kirchdorf an der Krems, 24.10.1938

hauptsächlich darauf, die Jugend zurückzugewinnen. Die Versuche gehen dahin, durch Abhalten von Bibelstunden die Jugend in religiöser Hinsicht mehr an die Kirche zu binden. Der Kern der Besucher sind diejenigen Schüler, die aus den ehemaligen Priesterseminaren kommen. Die Missionstätigkeit der röm.kath. Kirche [ist] in verschiedenen Kreisen sehr rege [...] Auf dem Lande lassen sich sogar Boykottbewegungen gegen nationalsozialistische Kaufleute beobachten, die von den Pfarrern organisiert werden. Auch die Gruppenaustritte aus der NSV dürften vom Klerus inspiriert sein."[250] Insgesamt sei „der Einfluss des Pfarrers auf die weibliche Jugend, und zwar durch die Mädchen-Kongregationen, [...] ein größerer als der auf die männliche, die doch zu Arbeitsdienst und Wehrmacht einrückt und dann bestimmt nicht mehr pfarrerhörig ist. Mit Unterstützung der Lehrerschaft kann die schulpflichtige Jugend bestimmt dem Einfluss des Pfarrers entzogen werden", gab sich der Bericht zuversichtlich. Es werde „der schwindende Einfluss auf die Jugend [...] dadurch aber wettgemacht, dass die Pfarrer den Umweg über die Eltern gehen, ebenso ist die Tatsache, dass der Großteil der Jugend noch am Religionsunterricht teilnimmt, ebenfalls auf den Einfluss der Eltern zurückzuführen."[251]

Ein weiterer, öffentlich manifester Indikator für milieukatholisches, regimeabweisendes Verhalten war die Teilnahme an kirchlichen Wallfahrten und Prozessionen. Eine sowohl für die NS-Behörden als auch für die Organisatoren aus der Welser Vorstadtpfarre überraschend starke Manifestation war die am 14. Mai 1939 abgehaltene, behördlich nicht gemeldete Jugendwallfahrt nach Maria Scharten, an der zwischen 800 und 1000 Jugendliche teilnahmen.[252] Als Reaktion auf diese massive Demonstration jugendlichen Milieukatholizismus ordnete die Gestapo an, dass künftig Veranstaltungen konfessioneller Vereine oder religiöse Veranstaltungen wie Prozessionen, Wallfahrten oder Filmvorführungen, nach Stellungnahme der zuständigen Ortsgruppenleitung der NSDAP und der Ortspolizeibehörde zur endgültigen Entscheidung der Gestapo vorzulegen wären.[253] Für den Schulbereich verfügte am 25. Mai 1938 der Landesschulrat für Oberösterreich, dass die verbindliche Teilnahme der Mittelschuljugend an Fronleichnamsprozessionen zu entfallen habe. Zwar war eine freiwillige

---

[250] ÖStA/AdR, Bürckel Nachträge, Sch. 4 (rot), Mappe Büro Kneissel: Zl. 31.5, Politischer Lagebericht des Gaues Oberdonau für den Monat Februar 1939
[251] Ebd.
[252] Klostermann, Katholische Jugend im Untergrund (wie Anm. 235) 196
[253] Silberbauer, Schulpolitik (wie Anm. 100) 267; Rudolf Zinnhobler, Die Jugendwallfahrt nach Maria Scharten am 14. Mai 1939. In: Beiträge zur Geschichte des Bistums Linz. Hg. v. Rudolf Zinnhobler (Linz 1977) 157-165

und unverbindliche Teilnahme von schulpflichtigen Kindern nach wie vor möglich, doch eine schulweise Beteiligung an Osterprozessionen damit untersagt.[254]

Diese staatlichen und behördlichen Einschränkungen und Verbote waren freilich nur bedingt wirksam: Bedauernd stellten die Behörden fest, dass im Jahr 1939 die Teilnahme an den österlichen Feiern regional wieder stark zugenommen habe. Darüber hinaus fand die katholische Ortsbevölkerung Mittel und Wege, die staatlichen Restriktionen zu umgehen: „Da eine schulweise Beteiligung an Osterprozessionen und ähnlicher Veranstaltungen unter Führung von Lehrkräften untersagt ist, scheint sich herauszubilden, dass geeignete Privatpersonen eine größere Anzahl von Kinder zur Beteiligung einladen."[255] Aber auch Parteikreise beteiligten sich an den „Umgängen": Im selben Jahr nahmen an der Fronleichnamsprozession in Steinbach am Ziehberg neben dem Ortsbauernführer und sonstigen Parteigenossen (immerhin ohne das Parteiabzeichen zu tragen) auch ein Großteil der SA in Zivil, des BdM (wobei drei Jungmädel mit den Sängern des Kirchenchores gingen), sowie der HJ teil.[256]

Ein weiterer Gradmesser jugendlicher Partizipation war die Teilnahme an den Feierlichkeiten anlässlich des Christkönigtages (Jugendsonntag). Da an diesem „Bekenntnistag" der katholischen Jugend fast regelmäßig Gegenveranstaltungen seitens der Parteijugend angesetzt wurden, erhielt die Teilnahme an dieser kirchlichen Veranstaltung den Charakter einer politischen Manifestation. Im Bestreben, die Jugendfeiern zu unterbinden, wurde etwa am Christkönigtag im Oktober 1939 im gesamten Gaugebiet HJ-Dienst angeordnet. Erwartungsgemäß groß war daher auch die Teilnahme an den einzelnen HJ- und BdM-Morgenfeiern. Doch am Nachmittag versammelte sich in einzelnen Orten die katholische Jugend zu den kirchlichen Weihestunden. Laut Sicherheitsdienst nahmen in Linz 700 bis 800 Personen, darunter 30 Prozent Jugendliche, in Vöcklamarkt 300 bis 400 und in Puchheim etwa 250 Jugendliche teil.[257] Aus Grünburg wurde gemeldet, dass am Jugendsonntag ungewöhnlich viele Bauernburschen zur

---

[254] Widerstand und Verfolgung in Oberösterreich 1934-1945. Eine Dokumentation 2 (wie Anm. 96) 81

[255] OÖLA, Politische Akten, LAFR 5062: BH Kirchdorf, Lagebericht Landrat in Kirchdorf an der Krems an Geheime Staatspolizei, Staatspolizeistelle Linz, 27.4.1939

[256] OÖLA, Politische Akten, LAFR 5062: BH Kirchdorf, Lagebericht Genarmerieposten Steinbach am Ziehberg an Landrat Landkreis Kirchdorf an der Krems, 22.5.1939

[257] Widerstand und Verfolgung in Oberösterreich 1934-1938. Eine Dokumentation 1 (wie Anm. 96) 92

Beichte und Kommunion gegangen waren.[258] Vor dem Linzer Dom schrieb der HJ-Streifendienst die aus der Kirche kommenden Mitglieder der HJ (die an diesem Tag Uniform tragen mussten) auf, worauf sie von der Menge umringt und beschimpft wurden. In Vöcklamarkt hielt die HJ ein Fußballwettspiel als „Gegenpropaganda gegen die dort stattfindende Jugendfeier" ab.[259]
Mit Beginn des Krieges verschärften sich auch die Restriktionen gegenüber den konfessionellen Jugendveranstaltungen: „Jede unnötige Inanspruchnahme der Jugendlichen für andere als vormilitärische Ausbildung oder kriegswirtschaftliche Arbeiten ist derzeit unerwünscht. Über Weisung der Geheimen Staatspolizei sind daher Exerzitien und kirchliche Einkehrtage für Personen bis zu 21 Jahren auch weiterhin unzulässig."[260] Im September 1941 kam es aufgrund eines Erlasses der Geheimen Staatspolizeistelle in Linz zu einer weiteren Verschärfung: Künftig waren bei konfessionellen Jugendveranstaltungen alle Formen von Fahrten, Sportveranstaltungen, Filmvorführungen, Spielen, Reigen, Tänzen und Singstunden untersagt. Überdies durften religiöse Jugendveranstaltungen nur noch in den öffentlich zugänglichen Räumen von Kirchen und Kapellen abgehalten werden. Jede konfessionelle Jugendveranstaltung konnte zwar von der Kanzel verkündet, musste aber mindestens 48 Stunden vor Beginn der Veranstaltung an der Kirche durch Anschlag kundgemacht werden. Jede andere Form der Kundmachung war verboten. Zudem durften konfessionelle Jugendveranstaltungen nur von ortsansässigen und zuständigen Pfarrseelsorgern abgehalten werden, die bisher nicht staatsabträglich in Erscheinung getreten waren. An Tagen, die für HJ-Veranstaltungen bestimmt waren, durften keine Jugendveranstaltungen mehr abgehalten werden. Neben der gebotenen Rücksichtnahme auf die Dienstpflichtzeiten bei der HJ war zudem auf die Anforderungen der Schule und auf die für die Jugendlichen notwendige Erholung Rücksicht zu nehmen.[261]
Trotz dieser behördlichen Restriktionen läßt die teilweise starke Teilnahme an den Pfingst-, Oster- und Fronleichnamsprozessionen darauf schließen,

---

[258] OÖLA, Politische Akten, Sch. 11: BH Kirchdorf, Lagebericht Gendarmerieposten Grünburg an Landrat in Kirchdorf an der Krems, 24.11.1939
[259] Stadler, Österreich 1938-1945 (wie 204) 250-251
[260] OÖLA, Politische Akten, Sch. 49: Einzelstücke 1, Nachlass des Perger Landrates Bachmann: Schreiben des Landrats Gustav Bachmann an alle Bürgermeister und Gendarmerieposten betreffs konfessioneller Veranstaltungen während der Kriegszeit, 14.1.1940
[261] Die Verfügung trat mit dem Tag der jeweiligen Verständigung der einzelnen Pfarrämter in Kraft. Bei Verstößen wäre eine Anzeige an die Geheime Staatspolizeistelle in Linz zu richten; vgl. DÖW, 19.127: Geheime Staatspolizei, Staatspolizeistelle Linz, B.Nr. II 2531/41 IV B 1, Linz, 13.9.1941

dass man nach wie vor mit einer katholischen Milieuresistenz zu rechnen hatte. Sicherheitsdienstberichte aus Oberdonau sprechen von einer demonstrativen Beteiligung vieler „Volksgenossen", die damit ihrer oppositionellen Einstellung sichtbaren Ausdruck verleihen wollten.[262] So nahmen etwa am Pfingstmontag, dem 13. Mai 1940 an der Wallfahrt der Jungfrauenkongregation in Adlwang etwa 500 junge Burschen und Mädchen teil.[263] In einem Lagebericht des Sicherheitsdienst-Abschnittes Linz vom Juni 1943 wurde die Teilnahme an den Fronleichnamsprozessionen im Land als unverändert stabil bezeichnet. Im Vergleich zu früher beteiligten sich sogar mehr ältere Personen: „Soweit Kinder an der Prozession teilnahmen, handelte es sich zumeist um solche, die noch nicht im HJ-dienstpflichtigen Alter stehen und von ihren Müttern mitgenommen oder zur Teilnahme verhalten wurden; auch waren hier durchwegs Mädchen vorherrschend. Dagegen war die Teilnahme von Jugendlichen im HJ-dienstpflichtigen Alter durchschnittlich gering. Dies gilt besonders für Städte und größere Orte, während in kleineren Landgemeinden die Beteiligung der HJ-dienstpflichtigen Jugend durchschnittlich höher war und vereinzelt auch noch HJ-Führer und BDM-Führerinnen an der Prozession teilnahmen."[264]

Für die männliche Hitler-Jugend tat sich in der demonstrativen Störung solcher kirchlicher Feierlichkeiten ein neues Betätigungsfeld auf. So kam es etwa in Wels anläßlich der Fronleichnamsprozession des Jahres 1943 zu Auseinandersetzungen mit den lokalen Einheiten der HJ: „Als aus der Vorstadtpfarrkirche gerade der Himmel herausgetragen wurde, kam ein Zug der HJ singend vorbei. Die Prozessionsteilnehmer, die bereits auf der Straße knieten sprangen auf und beschimpften die vorbeimarschierende Jugend mit Zurufen [...] Die Jungen marschierten jedoch singend weiter bis das begonnene Lied zu Ende war, während hinterher die Menge auf die ‚Gottlosigkeit der Jugend' schimpfte." Später bewegte sich die Prozession zum Altar auf dem Adolf Hitler-Platz, „als gerade eine Gruppe von 8 Hitlerjungen über den Platz lief. Nach einem Pfiff ihres Führers nahmen die Jungen im Kreis Aufstellung und sangen ein Lied. Dieser Vorgang erregte bei den Prozessionsteilnehmern gleichfalls größte Entrüstung." Diese und weitere gezielte Provokationen der HJ wurden von vielen Parteigenossen zwar durchaus wohlwollend zur Kenntnis genommen, wobei vor allem das

---

[262] Stadler, Österreich 1938-1945 (wie Anm. 204) 387 ff.
[263] OÖLA, Politische Akten, Sch. 12: BH Kirchdorf, Lagebericht Gendarmerieposten Nußbach an Landrat des Kreises Kirchdorf an der Krems, 24.5.1940
[264] OÖLA, Politische Akten, Sch. 49: Lagebericht des SD-Abschnitts Linz, 9.6.1943

disziplinierte Verhalten Seitens der HJ gelobt wurde, doch stießen solche Aktionen immer wieder auf heftiges Missfallen seitens der katholischen Bevölkerung.[265]
Als Gegenveranstaltung zum alljährlichen Fronleichnamsumzug wurden im Juni 1943 in Schärding, Vöcklabruck und Gmunden Bannsportfeste veranstaltet. In Gmunden kam es dabei zu behördlich durchaus erwünschten Konfrontationen: „Als der Spielmanns- und Fanfarenzug [des DJ; Anm. T.D.] an der Kirche vorbeimarschierte, widerhallten Trommelwirbel und Fanfarenstöße dermaßen in der Kirche, daß die Messe angeblich unterbrochen werden mußte. Der Musikzug wäre beinahe durch die auf dem Kirchenplatz anwesende Menschenmenge, die nicht ausweichen wollte, aufgehalten worden. Erst als die Jungen mit ihren Paukenschlägern drohten, gingen die Leute aus dem Weg. Dieser Vorgang erregte bei den Kirchenbesuchern starke Mißbilligung."[266] Doch konnte der Lagebericht des Sicherheitsdienstes mit Stolz berichten, dass „die Bannsportfeste [...] in allen Fällen eine bedeutend stärkere Beteiligung an Jugendlichen als die Fronleichnamsprozessionen" erzielten. Am gleichen Tag organisierte die HJ speziell für die bäuerliche Bevölkerung am Bauernhügel in Pinsdorf (Kreis Gmunden) eine „Aufdingungsfeier". 120 Buben und Mädchen der HJ und des BdM waren aufgeboten worden, der Landesbauernführer sollte sprechen. Doch entzog sich die bäuerliche Bevölkerung der Teilnahme teils durch Feldarbeiten, größtenteils aber durch die Teilnahme an den Fronleichnamsprozessionen. Der entsprechende Lagebericht schloss ernüchtert, dass die Abhaltung einer Parteiveranstaltung an diesem Tag „unter den gegebenen Verhältnissen [...] unangebracht resp[ektive] taktisch unrichtig" gewesen wäre. Es war aber nicht nur die bäuerliche Landbevölkerung, die sich der intendierten Machtdemonstration der Partei entzog. Verwunderung herrschte auch über die große Beteiligung an der Fronleichnamsprozession in Linz, die „eine Reihe von Anzeichen demonstrativen Charakters erkennen" ließ: Es wurden Kruckenkreuze geschmiert, und nach der Prozession kam es zu einem großen Bummel auf der Hauptstraße.[267]
Neben der Störung der Fronleichnamsumzüge waren aber auch Sonntagsmessen Ziel jugendlicher Störungsversuche: In Münzbach im Mühlviertel wurden diese zwischen 1942 und 1943 durch von der HJ veranstaltete

---

[265] Ebd.
[266] Ebd.
[267] Ebd.

Schießübungen derart gestört, dass der Pfarrer in der Kirche nicht mehr weiterpredigen konnte. Auch in anderen Gemeinden exerzierte die HJ während des Gottesdienstes demonstrativ.[268]
In Freistadt platzte am Aschermittwoch, dem 10. März 1943 ein HJ-Bannführer mitten in eine Kinderandacht und wollte von den Anwesenden wissen, wer bei den JM oder beim BdM war. Auch wurde Auskunft über den Inhalt des Unterrichts verlangt. Solche Aktionen wurden teilweise von der Lehrerschaft unterstützt, die vereinzelt den klassenweisen Besuch von „Seelsorgestunden", aber auch den Besuch des Gottesdienstes durch ihre Schülerinnen und Schüler zu vereiteln suchte.[269]
Dies rief wiederum katholische Eltern auf den Plan. Eine regimetreue, antiklerikale Lehrerschaft fand sich so in manchen ländlichen Gemeinden einer Phalanx aus Eltern und Dorfpfarrer gegenüber: Anlässlich der Aufhebung des kirchlichen Feiertages Maria Empfängnis (8. Dezember) kam es in der Pfarre Waldburg im Mühlviertel 1938 zum Eklat: Es waren so wenig Kinder in der Schule erschienen, dass der Unterricht ausfallen musste. Der örtliche Oberlehrer machte für diesen Boykott den Pfarrer verantwortlich, der die Eltern veranlasst hätte, ihre Kinder nicht zum Unterricht zu schicken. Empört marschierten am folgenden Tag 52 Frauen zur Schule, um sich darüber beim Oberlehrer zu beschweren. Gleichzeitig wurden mehrere Männer aus Waldburg bei der Kreisleitung der NSDAP bezüglich der Verleumdung des Pfarrers vorstellig. In diesem Fall kam dieser mit einer Verwarnung davon.[270] In Tarsdorf kam es am 11. Dezember 1938 anlässlich einer Demonstration gegen die Versetzung des Ortspfarrers ebenfalls zu einer Manifestation gegen die staatlichen Obrigkeiten von Bürgermeister und Dorflehrer. 122 Personen zogen zum Schulhaus und demonstrierten dort für Schulgebet und Konfessionsunterricht sowie für die Entfernung des Lehrers.[271] Ein ähnlicher Fall wurde aus Schardenberg gemeldet, wo im Jänner 1940 eine Gruppe von 25 bis 30 Frauen gegen den antiklerikalen Lehrer und für den Pfarrer, dem die Genehmigung zum Konfessionsunterricht entzogen worden war, demonstrierte.[272]
Der Einfluss des Lehrers und der Schule schlug sich auch bei der Teilnahme von Jugendlichen am Ministrantendienst nieder. Zwar wurde der Ministrantenerlass vom 18. März 1940 bezüglich der Ausübung des Ministran-

---

[268] Wagner, NS-Kirchenkampf (wie Anm. 119) 209
[269] Ebd., 215 f.; Zinnhobler, Die Katholische Kirche (wie Anm. 236) 25 f.
[270] Wagner, NS-Kirchenkampf (wie Anm. 119) 271 f.
[271] Ebd., 272
[272] Stadler, Österreich 1938-1945 (wie Anm. 204) 249

tendienstes durch Schulkinder von Ort zu Ort unterschiedlich streng ausgelegt, doch waren die Schulbehörden grundsätzlich ermächtigt, Kindern vor der Schule den Besuch einer Messe zu verbieten. Der Oberlehrer konnte damit entscheiden, ob ein Schulkind ministrieren durfte oder nicht.[273] Dennoch dürfte sich in den Gemeinden des Mühlviertels die Zahl der Ministranten nicht sehr verringert haben. Erst der zweite Ministrantenerlass vom September 1941 führte vermutlich zu einer deutlichen Reduktion.[274] Gleichwohl konnte es vorkommen, dass – wie etwa in Kefermarkt – sogar der Sohn des Bürgermeisters ministrierte.[275]

Nicht nur die aktive Teilnahme von Jugendlichen am Altardienst schien mit den antikirchlichen Maßnahmen zunächst noch nicht stark beeinträchtigt. Vorangetrieben von katholischen Jugendseelsorgern, machte sich bei katholischen Jugendlichen auch eine innerreligiöse Erneuerungsbewegung bemerkbar, die mit dem Begriff der „Jungen Kirche" gefasst wurde. Den NS-Behörden fiel diese durch einen besonders kämpferischen Ton in der Liturgie – der Erzengel Michael als der Schutzpatron der Ecclesia militans – sowie durch ihr äußerst diszipliniertes Verhalten bei kirchlichen Veranstaltungen auf. Bei Prozessionen nahmen Teilnehmerinnen und Teilnehmer aus dem Umkreis der „Jungen Kirche" für die NS-Behörden ein demonstrativ trutziges Verhalten ein.[276]

Jenseits davon dürften die Jugendseelsorge und die Aktivität jugendlicher Gläubiger im überwiegenden Maß im Abseits, bei Ausflügen, Bergtouren, Radwallfahrten, kleinen informellen Treffen sowie bei Kinder- und Jugendstunden in der Pfarrjugend stattgefunden haben.[277]

Einzelne Jugendseelsorger bezahlten ihre Jugendarbeit mit dem Leben, wie der aus St. Pölten zu den Karmelitern nach Linz versetzte August Wörndl (Pater Paulus), der im Juni 1944 in Brandenburg an der Havel enthauptet wurde. 1941 zum Pfarrvikar der Pfarrexpositur St. Josef ernannt, engagierte sich Wörndl als Beichtvater und Prediger in der Jugendarbeit. Seine antinationalsozialistische Einstellung trug ihm immer wieder Verwarnungen seitens der Staatspolizei ein. Wegen „Verbrechen der Unzucht wider die Natur und des Verbrechens der Verführung zur Unzucht" an minder-

---

[273] Widerstand und Verfolgung in Oberösterreich 1934-1945. Eine Dokumentation 2 (wie Anm. 96) 78 ff.
[274] Wagner, NS-Kirchenkampf (wie Anm. 119) 218 ff.
[275] Ebd., 275
[276] Widerstand und Verfolgung in Oberösterreich 1934-1945. Eine Dokumentation 2 (wie Anm. 96) 90 ff.
[277] Klostermann, Katholische Jugend im Untergrund (wie Anm. 235) 196

jährigen Jugendlichen, einem im NS-Regime beliebten Vorwurf zur Ausschaltung missliebiger Oppositioneller, wurde er im Dezember 1943 zu einem Jahr Zuchthaus verurteilt. Sichergestellte Briefe an junge Wehrmachtssoldaten, die Wörndl in seiner Zeit bei der Marianischen Kongregation in St. Pölten kennen gelernt hatte, belegten seine Kontakte zu einer Gruppe Norwegischer Jugendlicher aus Kristiansand, die Soldaten zur Fahnenflucht bewegen wollten, und damit seine „hochverräterische Betätigung". Die norwegischen Widerstandskämpfer, zu denen junge Hilfsarbeiter, Soldaten, Arbeiter und Schülern gehörten, wurden zu jahrelangen Zuchthausstrafen verurteilt. Es wurden aber auch mehr als ein Dutzend Todesurteile verhängt.[278]

Jugendwiderstand

„Wir werden die Gewehre drehn
und unseren Henkern zu Leibe gehen!"[279]

Bisher haben wir gesehen, wie Jugendliche den Anforderungen der NS-Erziehungsideale bzw. „kriegswirtschaftlichen Notwendigkeiten" der Erwachsenenwelt ausgesetzt waren, und wie ihre Reaktionen darauf sein konnten, wie sie sich den NS-Normen zu unterwerfen hatten, bzw. wie sie von diesen Normen unterworfen wurden. Ein aktives Umgehen, eine politisch bewusste Auseinandersetzung mit dem NS-Regime, geschweige denn eine aktive politische Widerständigkeit gegen das NS-System ist bei politisch und weltanschaulich im Regelfall (noch) nicht so gefestigten oder erfahrenen jugendlichen Menschen sicherlich ein ganz besonderes Verhalten, noch dazu wenn man bedenkt, dass die weitaus überwiegende Mehrheit der Erwachsenen das NS-Regime duldend hinnahmen, und sich nur ein sehr geringer Teil aktiv dagegen auflehnte. Umso bemerkenswerter erscheinen die vorhandenen Beispiele politischer Opposition und politischen Widerstands von Jugendlichen. Exemplarisch sollen für Oberdonau politisch widerständige Jugendliche aus dem Salzkammergut und aus Linz Erwähnung finden.

Auch in diesen Fällen war das Milieu, in das die Jugendlichen hineingebo-

---

[278] DÖW, R529; DÖW, 9.206/b; DÖW, 51.268 (Manuskript Rudolf Zinnhobler); DÖW 20.000/S 1393: Anklageverfügung des Feldgerichts des Kommandierenden Generals und Befehlshabers im Luftgau Norwegen (M.St.L. 1031/42), November 1942

[279] DÖW, 357: Oberreichsanwalt beim Volksgerichtshof Berlin, 10. Dezember 1941, Anklageschrift gegen Franz Föttinger, Friedrich Hirnböck und Raimund Zimpernik

ren und hineinsozialisiert wurden, von entscheidender Bedeutung. So bestand etwa die in Linz agierende kommunistische Jugendgruppe (KJV-Gruppe) ausschließlich aus Lehrlingen der Eisenbahn-Lehrwerkstätte des Reichsausbesserungswerks, und ihre Väter waren selbst alle als Eisenbahner tätig.[280] Die Väter der Jugendlichen der KJV-Gruppen im Salzkammergut, die sich teilweise bereits nach dem Parteiverbot von 1933 illegal kommunistisch betätigt hatten, waren vom Sozialprofil her vorwiegend ländliche Holzarbeiter, Kleinbauern oder Salinenarbeiter. Die Jugendlichen selbst waren sich oft bereits aus der gemeinsamen Schul- und Lehrzeit bekannt, bzw. waren sie Arbeitskollegen. Diese vielfältigen, informellen beruflichen und privaten Verbindungen waren dem politischen Feld des Agierens vorgelagert. Auf diese konnte man sich in Zeiten verstärkter politischer Verfolgung auch wieder zurückziehen. In Umkehrung der NS-Diktion von „Du bist nichts, dein Volk ist alles", kam es im linken Widerstand gerade auf den Einzelnen und sein Agieren in der nur wenige Personen zählenden Kleingruppe an: „Die Partei bist du selbst" hieß dementsprechend die Parole des kommunistischen Widerstandes.

In Zeiten einer durchgehenden und sehr effizienten Beherrschung der öffentlichen Meinung durch vom NS-Regime kontrollierte Medien, war allein schon das gemeinsame Kommunizieren in einem als vertraulich geltenden Kreis von Bedeutung. Es bedeutete nichts weniger als die Brechung des nationalsozialistischen Diskurs- und Deutungsmonopols. Im kleinen, vertrauten Kreis besprach man die Ernährungssituation, die allgemeinen politischen Gegebenheiten, kommentierte die militärische Lage an der Front, und die Aussichten Deutschlands im Krieg. Allein diese Gespräche, im Freien, zu Hause, anlässlich von Wanderungen oder bei Zusammenkünften auf Almhütten, ermöglichten ein Entweichen aus dem absoluten Geltungsbereich der offiziellen NS-Propaganda, die das Denk- und Sprecherlaubte definierte. Das konspirative Gespräch diente dem Erwerb und der Versicherung einer anderen Sicht der Dinge. Es war das Refugium einer „Gegenöffentlichkeit", eine „Gegenwelt", in der Denk- und Redefreiheit möglich waren. Darüber hinaus versuchten jugendliche Linke auch Kontakte zu Arbeitskollegen, Wehrmachtsangehörigen und zur Bevölkerung herzustellen, um mit ihrer äußeren Umwelt zu kommunizieren, und um Gleichgesinnte zu gewinnen.[281]

---

[280] Siegwald Ganglmair, Widerstand und Verfolgung in Linz in der NS-Zeit. In: Nationalsozialismus in Linz 2 (wie Anm. 78) 1436 ff.
[281] Walter Göring, Der illegale kommunistische Jugendverband Österreichs (Diss. Univ. Wien 1971) 463 ff.

Neben die Schaffung von Denkfreiräumen traten der aktive politische Widerstand, das bewusste, politisch reflektierte, antifaschistische Handeln. So hatten Strategien des Widerstands, etwa im Umgang mit der beruflichen und privaten Umgebung, die einen potenziell denunzieren konnte, erlernt zu werden, aber auch Strategien des Umgangs mit der Polizei und den NS-Behörden im Fall einer Anhaltung oder Verhaftung. Das politische und soziale Lernen im Widerstand bedeutete auch für Jugendliche das Erlernen von solidarischem Denken und Handeln. Es bedeutete den Erwerb der Kompetenzen der Verschwiegenheit und eines organisatorischen Denkens. Es bedeutete aber auch, mit seiner eigenen Angst umgehen zu lernen, und zu lernen, wie man Mitstreiter im Politzeverhör decken konnte, oder dem Druck der Folter nicht nachgibt.[282]

Der organisatorische Aufschwung der Linzer KJV-Gruppe begann ab Sommer 1941. Ihre Tätigkeit bestand in der Abhaltung von politischen Referaten in Gasthäusern, im Vertrieb von kommunistischen Flugblättern und in der Pflege der Kontakte zu kommunistischen Genossen in Wien und Salzburg. Ab dem Frühjahr 1942 behinderten die dauernden Einberufungen in die Wehrmacht, aber auch Verhaftungen von Gruppenmitgliedern, die Tätigkeit der Gruppe massiv.[283]

Bereits in der Zeit vor dem Nationalsozialismus, in den Jahren 1936 und 1937, entwickelte sich im Salzkammergut um einen Bad Ischler Schuster eine neue, illegale Organisation. Es gelang, vor allem die jüngeren Mitglieder von den parteihierarchischen Strukturen in eine lokale Zellenorganisation umzufigurieren. Zur Organisation der Jugend wandte man sich an einen jungen Elektriker aus Bad Ischl (Jahrgang 1922), der nach zunehmenden Problemen mit der lokalen HJ aus dieser de facto ausgeschlossen worden war. Er begann Mitglieder, unter anderem auch ehemalige Schulfreunde, zu werben, und eine KJV-Gruppe in Bad Ischl aufzubauen. Zwischen Frühjahr 1940 und 1941 verdichteten sich die Aktivitäten in der Zahlung von Mitgliedsbeiträgen, regelmäßigen Zusammenkünften sowie in der Herstellung und Verbreitung von regimefeindlichen, pazifistischen und internationalistischen Schriften. Anlässlich eines Ausflugs zu Pfingsten 1940 wurden auf einer Alm bei Bad Ischl politische Vorträge gehalten.

---

[282] Elisabeth Reichart, Heute ist morgen. Fragen an den kommunistisch organisierten Widerstand im Salzkammergut (Diss. Univ. Salzburg 1983) 44 ff.

[283] Drei Mitglieder der Linzer KJV-Gruppe wurden am 17.8.1944 vom Reichsgericht wegen Vorbereitung zum Hochverrat, Zersetzung der Wehrkraft und Feindbegünstigung zum Tode verurteilt. Aufgrund ihrer Jugend wurde am 5. Jänner 1945 die Todesstrafe in eine zehnjährige Zuchthausstrafe umgewandelt; Ganglmair, Widerstand und Verfolgung in Linz (wie Anm. 280) 1436 ff.

Darüber hinaus wurden Verbindungen zu den KJV-Gruppen in Goisern hergestellt. Vorschläge bezüglich aktivistischer Provokationen, wie der Zertrümmerung von HJ-Schaukästen, wurden von der Mehrheit der Gruppe abgelehnt. Die eingehobenen Mitgliedsbeiträge wurden zum Teil zum Ankauf von Vervielfältigungspapier zur Herstellung von kommunistischen Flugblättern verwendet. Im Frühjahr 1941 kam es zu einer Verhaftungswelle gegen Jugendliche aus den illegalen KJV-Gruppen von Bad Ischl und Goisern. Die verhafteten Jugendlichen (Jahrgänge zwischen 1920 und 1924) stammten durchwegs aus der Gegend und waren von Beruf Hilfs- oder Forstarbeiter, Reichsbahnangestellte bzw. Lehrlinge (Elektriker-, Mechaniker-, Maurer- oder Wagnerlehrling). Teilweise waren sie bereits altersbedingt zur Wehrmacht eingezogen worden. Die NS-Behörden schätzen die Organisationsstärke der KJV-Gruppen im Salzkammergut auf 50 bis 60 Personen.[284]

Den einzelnen Mitgliedern der losen Gruppen war in der Regel wenig über die darüber liegenden Ebenen der Organisation bekannt. Die Verantwortung und das konkrete Handeln vor Ort lagen in einem hohen Maß beim Einzelnen im Rahmen seiner Zelle. Jeder Versuch einer Kontaktaufnahme nach Linz, Salzburg oder Wien bedeutete eine Potenzierung der Gefahr, vom NS-Regime entdeckt zu werden. Umso mehr eine organisatorische Verdichtung vorhanden war, umso leichter konnte es geschehen, dass eine Verhaftung durch die Gestapo eine Welle weiterer Verhaftungen nach sich zog. Eine Verhaftungswelle, wie die im Frühjahr 1941, riss große Lücken und zwang zu einer Verringerung der Aktivitäten. Mühsam wurde danach versucht, die Organisation weiterzuführen bzw. neu aufzubauen.[285]

Gegen Ende des Kriegs dürften sich die Kontakte zu anderen Gruppen wieder intensiviert haben. In den Jahren 1943 und 1944 schien sich auch die Unterstützung seitens der Bevölkerung durch Lebensmittel- und Geldspenden verstärkt zu haben. Immer wieder forderten Jugendliche optisch wirksame Aktionen, wobei die Älteren eher bremsten. Immer wieder wurden kommunistische Aktivisten zur Wehrmacht eingezogen oder verhaftet, was die Kontinuität der Arbeit unterbrach. In diesen Fällen sprangen

---

[284] Am Volksgerichtshof in Berlin wurden in der Hauptverhandlung vom 1.4.1942 drei Angeklagte Kommunisten wegen Vorbereitung zum Hochverrat zu Zuchthausstrafen zwischen 10 und 15 Jahren verurteilt, vgl. DÖW, 357; DÖW, 689: Ojs 218/41, Generalstaatsanwalt in Wien, 13.12.1941, Anklageschrift wegen Hocherrat gegen 8 Jugendliche wegen Aufbau KJVÖ in Bad Ischl; vgl. auch Elisabeth Reichart, Heute ist morgen (wie Anm. 282) 20 ff.; Widerstand und Verfolgung in Oberösterreich 1934-1945. Eine Dokumentation 1 (wie Anm. 96) 261 ff.; sowie Christian Humer, Verweigerung und Protest im „Dritten Reich" (wie Anm. 77) 60 ff.

[285] Göring, Der illegale kommunistische Jugendverband (wie Anm. 281) 227 ff., 287 ff.

Frauen und Mädchen ein, um die noch spärlich vorhandenen Verbindungen aufrecht zu erhalten. Für die NS-Behörden schienen sie auch weniger auffällig und verdächtig zu sein. Die Unterstützung durch Nachrichten- oder Lebensmittellieferungen in den Rückzugsräumen der Hochflächen des Toten Gebirges, wohin in zunehmendem Maß auch Wehrdienstverweigerer flüchteten, wurde vorwiegend von Frauen und Mädchen erbracht, die damit einen wesentlichen Beitrag zum Weiterbestand der Widerstandsgruppen im Salzkammergut leisteten.[286]

Auch an der illegalen Flugblattherstellung und -verteilung waren Frauen und Mädchen, wie etwa eine jugendliche Hausgehilfin (Jahrgang 1923) aus Bad Ischl, beteiligt.[287] Die für die Erzeugung der Flugblätter notwendigen Informationen beschaffte man sich durch das illegale Abhören von „Feindsendern". Gemeinsam diskutierte man anschließend die politische Lage und verfasste die Texte der Flugblätter.[288] Wie sehr diese antifaschistischen Gegendiskurse politisch reflektiert waren, geht aus den von der Polizei gefundenen Flugblättern der kommunistischen Gruppen im Salzkammergut hervor, in denen sich Passagen wie die folgenden finden: „Wir werden die Gewehre drehn und unseren Henkern zu Leibe gehen! Wir darben und leiden, wir hungern und frieren, Doch unsere Söhne, die exerzieren, sie schlagen die Trommeln, die Zeitungen schreien und trommeln die Dummheit ins Volk hinein [...] Selbst die eigenen Kinder nimmt man uns weg, Füllt ihr Herz und Hirn mit dem braunen Dreck; Sie sind uns entfremdet, verstumpft und verroht, Marschieren sie alle den gleichen Trott, Gleichgeschaltet BDM und HJ. Am eigenen Vater der eigene Verrat, Gilt dieser Jugend als Heldentat."[289] In dem nicht mehr zur Verbreitung gekommenen Flugblatt „Deutscher Junge, Deutsches Mädel!" wandten sich die Jungkommunistinnen und Jungkommunisten direkt an ihre Altersgenossen: „Deutscher Junge, denk daran, was Dir noch bevorsteht. Willst Du auch einmal als Beschützungstruppenmitglied in ein anderes Land einfallen und fremdes Gut sicherstellen, damit sich die Bonzen nachher über den Wert erfreuen können, hebräische Juden verjagen, damit die arischen mehr Platz haben und sich besser bereichern können [...]"[290]

---

[286] Ebd., 287 ff.
[287] Reichart, Heute ist morgen (wie Anm. 282) 33 f.
[288] Ebd., 24 ff.
[289] DÖW, 357: Oberreichsanwalt beim Volksgerichtshof Berlin, 10.12.1941, Anklageschrift gegen Franz Föttinger, Friedrich Hirnböck und Raimund Zimpernik
[290] Ebd.

Abb. 3: Ritterkreuzträger 1943/44, Foto: Heimrad Bäcker. Quelle: Sammlung Merighi

Kriegsjugend

> „Trutz Tod! Komm her, ich fürcht' dich nicht!"
> „Es zittern die morschen Knochen der Welt vor dem großen Krieg [...]
> Wir werden weiter marschieren, wenn alles in Scherben fällt."
> „Hier unsre Leiber, hier unser Leben,
> alles für Deutschland zum Opfer zu geben."[291]

Die Entfesselung des Zweiten Weltkriegs brachte nicht nur für die Erwachsenen erhebliche Veränderungen in ihrer Lebenswelt und Lebensperspektive mit sich. Auch die Kinder und Jugendlichen waren von den Auswirkungen des Kriegs auf den verschiedensten Ebenen ganz unmittelbar betroffen. Zum einen wurde die Militarisierung in der Erziehung weiter vorangetrieben. Schule und HJ wurden gänzlich in den Dienst der physischen und psychischen Kriegsertüchtigung gestellt. Zum anderen hatten Jugendliche in den verschiedensten Bereichen zum Kriegsdienst herangezogene Erwachsene zu ersetzen und unterschiedlichste Kriegshilfsdienste zu leisten.

Im besonderen Maß wurden Mädchen als jugendliche „Reservearmee" zu umfangreichen Diensten herangezogen. Diese umfassten etwa „traditionell weibliche" Bereiche wie Familienhilfe oder Kindergartenarbeiten. In Schnellkursen zum Gesundheitsdienst ausgebildet, wurden Mädchen in Spitälern oder beim Roten Kreuz, bei der Verpflegung von Wehrmachts- und Kriegsgefangenentransporten ebenso eingesetzt,[292] wie bei Diensten zur Aufrechterhaltung der parteiorganisatorischen, öffentlichen und kommunalen Infrastruktur. In Linz wurden jugendliche Arbeitsmaiden etwa als Straßenbahnschaffnerinnen,[293] aber auch am Bankschalter eingesetzt, wo sie die männlichen Arbeitskräfte für die Dauer ihres Kriegsdienstes zu ersetzen hatten: „Das Geld – als Zeichen unseres verstärkten Wirtschaftsbetriebes – rollt durch ihre zarten Hände, die sicher einmal, wenn dem Krieg durch den deutschen Sieg ein Ende gesetzt ist, liebevoll ihren eigentlichen fraulichen Aufgaben nachkommen werden. Heute steht sie auf ihrem

---

[291] „Uns geht die Sonne nicht unter". Lieder der Hitlerjugend. Hg. v. Obergebiet West der Hitlerjugend. Zum Gebrauch für Schulen und Hitlerjugend (Duisburg 1940) 7, 36, 29

[292] Dagmar Reese, Bund Deutscher Mädel. Zur Geschichte der weiblichen deutschen Jugend im Dritten Reich. In: Frauengruppe Faschismusforschung, Mutterkreuz und Arbeitsbuch. Zur Geschichte der Frauen in der Weimarer Republik und im Nationalsozialismus (Frankfurt am Main 1981) 175 ff.

[293] Arbeitsmaiden leisten ihren Kriegsdienst. Bei Wehrmacht, Behörden, Parteidienststellen und als – Straßenbahnschaffnerinnen. In: Volksstimme (wie Anm. 50), 4. Jg. Nr. 265 vom 24. September 1941

Bankposten für zwei eingerückte Männer und erfüllt auch ihre frühere Arbeit."[294]

Mit Andauern des Kriegs wurde die Betreuung von Soldaten zu einer der wichtigsten Aufgabengebiete des BdM. Im so genannten „Kriegsbetreuungsdienst" wurden Feldpostpäckchen verpackt und verschickt. BdM-Mädchen fertigten und reparierten Kleidungsstücke von Soldaten, besuchten verwundete Frontheimkehrer in den Lazaretten und halfen bei der Verpflegungszubereitung und -ausgabe. Spielscharen übernahmen die kulturelle Betreuung der Wehrmacht. Der BdM war auch für die Herstellung von Weihnachtsspielzeug und Bastelmaterial für Kinder zuständig.[295] Seit dem Spätsommer 1943 wurden in Oberdonau Arbeitsmaiden auch als Helferinnen im Luftnachrichtendienst ausgebildet und eingesetzt.[296]

Auch die HJ wurde zu Parteieinsätzen, wie Kurier-, Wach- und Propaganda-Diensten, verwendet. Im Bereich der Kommunen wurde sie im Melde-, Luftschutz- und Feuerwehrdienst, aber auch bei Post, Bahn oder Deutscher Wehrmacht im Rahmen des Kurier- und Verladedienstes, der Verpflegungsausgabe, des Telefondienstes etc. eingesetzt. Ausgestattet mit einer blauen Schleife am linken Arm mit einem weißen „M", wurden Jugendliche der Polizei als Melder zugeteilt.[297] Die kriegswirtschaftliche Bedeutung all dieser Einsätze sollte keineswegs unterschätzt werden.[298]

Einerseits erfolgte also die verstärkte Heranziehung von Jugendlichen zu Kriegshilfsdiensten, andererseits wurden kriegsbedingt viele der sozialpolitischen Verbesserungen im Bereich des Jugendarbeitsschutzes zurückgenommen. Das am 1. Jänner 1939 in Kraft getretene neue Jugendschutzgesetz, das die männliche Jugend zwischen 14 und 18 Jahre definierte, das Schutzalter der weiblichen Jugend bis 21 Jahre erstreckte, schützte zwar die deutsche Jugend durch das Verbot von Kinder- und Nachtarbeit vor übermäßiger Beanspruchung. Es regelte die tägliche, bzw. wöchentliche Arbeitszeit sowie die Urlaubszeit für Jugendliche. Doch zielte der Schutz der Jugend im Beruf auf den Schutz und die Gewährleistung ihrer Leis-

---

[294] Das kleine Fräulein an einem Bankschalter. Beobachtungen im Schalterraum einer Linzer Bank – Kriegs-Arbeitseinsatz der Frau. In: Volksstimme (wie Anm. 50), 4. Jg. Nr. 324 vom 10. Dezember 1941
[295] Reese, Bund Deutscher Mädel (wie Anm. 292) 174 f.; Klaus, Mädchen im Dritten Reich (wie Anm. 44) 101 f.
[296] Maiden des RAD mit Feldpostnummer. Neuer Einsatz unserer weiblichen Jugend-Helferinnen im Luftnachrichtendienst. In: Oberdonau-Zeitung. Amtliche Tageszeitung der NSDAP/Gau Oberdonau, 6. Jg. Nr. 250 vom 10. September 1943
[297] Jungen und Mädel auf ihrem Posten. Die Hitler-Jugend des Gaues Oberdonau stellt überall ihren „Mann". In: Volksstimme (wie Anm. 47), 2. Jg. Nr. 259 vom 20. September 1939
[298] Klönne, Jugend im Dritten Reich (wie Anm. 7) 36 f.

tungsfähigkeit ab. Die Jugendarbeit in der Rüstungsindustrie verfügte bereits über einen geringeren Arbeitsschutz. Gleichzeitig mit dem Jugendschutzgesetz erging eine Verordnung, dass Jungen unter 16 Jahren in Werften und Maschinenfabriken in Spätschichten bis 22 Uhr arbeiten durften, die über 16-jährigen auch in Nachtschichten. Kriegsbedingt wurde die wöchentliche Arbeitszeit auf 54 und 56 Stunden erhöht, und konnte bei „kriegswichtigem" Bedarf noch weiter verlängert werden. So wie in der Schule sollten auch in den Betrieben die Jugendlichen im nationalsozialistischen Sinn erzogen werden. Ziel war eine soldatisch erzogene Arbeiterschaft.[299]

Neben den arbeitsrechtlichen Verschärfungen kam es im Verlauf des Krieges zu einer Vielzahl von Verordnungen und Erlässen, die auch das Freizeitverhalten von Jugendlichen verstärkt reglementierten. So wandten sich etwa die Polizeiverordnung zum Schutz der Jugend vom 9. März 1940 und seine Neufassung vom Juli 1943 an Jugendliche bis zum 18. Lebensjahr, wobei zahlreiche Bestimmungen Jugendliche bis 16 Jahre und Jugendliche zwischen 16 und 18 Jahre unterschieden. Der Aufenthalt in Gaststätten wurde Jugendlichen unter 16 Jahren ohne Begleitung des Erziehers oder seines volljährigen Beauftragten verboten. Für 16- bis 18-jährige galt das Verbot ab 21 Uhr. Es wurde ein generelles Alkohol- und Rauchverbot für Minderjährige erlassen, und die Fernhaltung von öffentlichen Schieß- und Spieleinrichtungen auf Jugendliche bis zum 18. Lebensjahr erweitert, ebenso das Verbot des Herumtreibens während der Dunkelheit. Auch der Weg zu oder von einer verbotenen Veranstaltung wurde als Herumtreiben strafrechtlich verfolgbar. Waren der Dienst in der HJ oder die Arbeitszeit erst nach Eintreten der Dunkelheit beendet, so hatten die Jugendlichen geradewegs nach Hause zu gehen. Strafen bei Widerhandeln richteten sich sowohl gegen die Jugendlichen, als auch gegen die verantwortlichen Erwachsenen.[300]

Der während des Krieges zunehmenden Gefahr der „Verwahrlosung" der Jugend sollte durch eine intensivere und koordiniertere Zusammenarbeit unter den Jugendbehörden entgegengewirkt werden. In einem Entwurf des Gaujugendamtes des Reichsstatthalters in Oberdonau vom 16. August 1944 wurden Überlegungen zu einer engen Zusammenarbeit von Jugend-

---

[299] Boberach, Jugend unter Hitler (wie Anm. 17) 98 f.
[300] Zum Schutze der Jugend im Kriege. Für Jugendliche verboten... Bis zum achzehnten Lebensjahr. In: Oberdonau-Zeitung. Amtliche Tageszeitung der NSDAP/Gau Oberdonau, 6. Jg. Nr. 197 vom 19. Juli 1943; Brigitte Kepplinger, Kommunale Sozialpolitik in Linz 1938-1945. In: Nationalsozialismus in Linz 1 (wie Anm. 59) 769 f.

amt und Schule im „Kampf gegen Jugendgefährdung" und in der „Bekämpfung von Schwererziehbarkeit" angestellt. Gemäß eines Erlasses vom 2. Jänner 1941 hatten die Leitungen der Schulen und Internate alle Vorfälle und Beobachtungen, die die „körperliche, geistige und sittliche Verwahrlosung" von Schülerinnen oder Schülern befürchten ließen, unverzüglich dem Jugendamt zu melden. Die Schulleitungen waren also angehalten, Schülerinnen und Schüler zu melden, wenn sie die Schule schwänzten, bzw. von den Eltern nicht zum regelmäßigen Schulbesuch angehalten wurden, aber auch dann, wenn sie ungepflegt zur Schule kamen, oder durch ihr Verhalten außerhalb der Schule zu Klagen Anlass gaben. Infolge einer solchen Meldung hatte das Jugendamt die Ursachen derartiger Erscheinungen festzustellen, und die entsprechenden Pflege- und Erziehungsmaßnahmen, etwa in Form einer Erziehungsberatung, einer Schutzaufsicht, einer anderweitigen Unterbringung des Kindes, einer Erziehungsfürsorge oder Fürsorgeerziehung, in die Wege zu leiten. Um den „gefährdeten" Jugendlichen beurteilen zu können, war das Jugendamt berechtigt, sich Auszüge aus den Schulbeschreibungen zu beschaffen. Der NS-Erziehungslogik entsprechend bestand neben diesem möglichst frühzeitigen korrektiven Eingreifen staatlicher bzw. kommunaler Erziehungsbehörden auch die Förderung „besonderer Begabungen", etwa durch weiterführende Ausbildungen. Ebenso wie die „Problemfälle" sollten auch die „Begabten" von den Schulleitungen dem Jugendamt bzw. der zuständigen Sprengelfürsorgerin gemeldet werden.[301]

Die eingeforderte einträgliche Zusammenarbeit zwischen den Trägern der öffentlichen und der parteibehördlichen Jugendwohlfahrtspflege sollte einen möglichst umfassenden Zugriff auf die Jugend sicherstellen, und führte auch in diesem Politikfeld zu massiven Kompetenzverschiebungen zugunsten der NS-Organisationen, gleichwohl es innerhalb dieser – zwischen NSV und HJ – zu Auseinandersetzungen um die Alleinvertretung im Bereich der Jugendpflege kam.

Die HJ pochte auf ihre Kompetenz in der Jugendertüchtigung, während der NSV die Befugniskompetenz bei Maßnahmen gegenüber sozial gefährdeten oder bereits geschädigten Jugendlichen oblag. Konkret lagen in der Zuständigkeit der NSV die Mutterschutz- und Säuglingsfürsorge, die Pflegekindbetreuung und das Vormundschaftswesen, die Kleinkinderfürsorge (Kinderkrippen, Kindergärten und Horte), die Jugendgerichtshilfe und Für-

---

[301] OÖLA, BH seit 1868 / Vöcklabruck, Sch. 426: Abteilung Jugendamt Jugendfürsorge 1939-1944, Zl. IIIb/GJ-A-153/2-1944

sorgeerziehung.[302] Auf dem Gebiet der Kindergärten und Weisenheime profitierte die NSV von der Entkonfessionalisierung, und übernahm sukzessive ehemals katholische Anstalten. Die Stadt Linz etwa übertrug noch im Jahr 1938 ihre Kindergärten der NSV.[303]
Das Jahr 1940 markierte einen Durchbruch in den Bemühungen der NSV, ihre Beteiligung an der staatlichen Jugendfürsorge durchzusetzen. Am 1. April 1940 trat die „Verordnung über die Jugendwohlfahrt in der Ostmark" vom 20. März 1940 in Kraft, womit das deutsche Reichsjugendwohlfahrtsgesetz aus dem Jahr 1924 auch in Österreich Geltung erlangte. Mit dieser Verordnung wurde die bis zu diesem Zeitpunkt auf freiwilliger Basis ausgeübte Jugendfürsorge zu einer verpflichtenden Leistung. Die Aufgaben des Jugendamts umfassten den Schutz der Pflegekinder, die Mitwirkung im Vormundschaftswesen, bei der Schutzaufsicht und der Fürsorgeerziehung, die Jugendgerichtshilfe und die Jugendpolizeihilfe, die Mitwirkung bei der Durchführung des Jugendschutzgesetzes und die Mitwirkung bei der Durchführung der Gesundheitsfürsorge. Den Jugendämtern wurde es auch zur Verpflichtung, die NSV und die HJ zur Mitarbeit heranzuziehen, und mit diesen Organisationen zu einem planvollen Zusammenwirken zu gelangen. Einzelne Geschäfte oder Gruppen von Geschäften konnten der NSV-Jugendhilfe oder einzelnen in der Jugendwohlfahrt erfahrenen Personen widerruflich übertragen werden.[304]
So wurde etwa die Pflegestellenprüfung und -aufsicht ganz in die Verantwortung der NSV übertragen. Die bisherigen ausführlichen schriftlichen Berichte der Fürsorgerinnen wurden durch ein standardisiertes Formular, den „Überwachungsbogen für Pflegekinder", abgelöst. Sechsmal pro Jahr hatte ein Hausbesuch durchgeführt zu werden, bei dem die körperliche Entwicklung und Gesundheit, die Lebenshaltung und das Betragen des Kindes, seine Schlafstelle und Kleidung, sein Betragen in der Schule und seine Zugehörigkeit zur NS-Jugendorganisation, aber auch die Lebenshaltung und politische Zuverlässigkeit der Pflegeeltern überprüft zu werden hatten.[305] Dabei lagen die Kompetenzen der NSV in einem bisher nicht üblichen Ausmaß auch im Bereich der Informationsbeschaffung über die Erziehungslage des Pflegekinds, und zwar nicht nur bei den Parteiorga-

---

[302] Kepplinger, Kommunale Sozialpolitik in Linz (wie Anm. 300) 761
[303] Ebd., 763
[304] Helfried Pfeifer, Die Ostmark. Eingliederung und Neugestaltung. Historisch-systematische Gesetzessammlung nach dem Stande vom 16. April 1941 (Wien 1941) 433 f.
[305] Kepplinger, Kommunale Sozialpolitik in Linz (wie Anm. 300) 767

nisationen wie der NS-Frauenschaft oder der HJ, sondern auch bei Nachbarn, Verwandten oder Bekannten der Pflegeeltern.[306]
Gemäß Runderlass des Reichsministeriums des Inneren vom 14. März 1942 wurde der NSV auch die Schutzaufsicht im Jugendgerichtsverfahren übertragen. Grundsätzlich konnten Richter eine Jugendstrafe für eine bestimmte Frist aussetzen und eine Schutzaufsicht verhängen. Bis dahin wurde bei Jugendlichen die Ausübung der Schutzaufsicht in den meisten Fällen der zuständigen Amtsfürsorgerin des Jugendamts übertragen, die den Jugendlichen auch im Zuge des Gerichtsverfahrens betreute, mit dem Jugendrichter Kontakt hielt, und den Jugendlichen zur Gerichtsverhandlung begleitete.
Darüber hinaus forderte die NSV auch in den Bereichen Erziehungshilfe und Fürsorgeerziehung Verlagerungen in ihren Kompetenzbereich. Lediglich die Kriegsverhältnisse verhinderten die weitere Ausdehnung ihres Einflussbereichs in der Jugendfürsorge. Im Jahr 1942 waren jedenfalls alle Weichen für die Übernahme dieser Bereiche staatlicher Wohlfahrtsverwaltung in den Machtbereich der Parteiorganisation NSV gestellt, was auch mit der Gründung der „Gauarbeitsgemeinschaft für Jugendbetreuung" am 24. September 1942 in Linz flankiert werden sollte.[307]
Bereits mit dem Erlass des Reichsministeriums des Inneren vom 24. Oktober 1941 und dessen Vereinbarungen mit dem Leiter der Parteikanzlei war die Übertragung von Geschäften des Jugendamts auf die NSV-Jugendhilfe und deren Zusammenarbeit formal eindeutig geregelt worden. Dadurch wurden auch die vorläufigen Richtlinien des Gaujugendamts Oberdonau vor allem im Bereich der Übertragung von Angelegenheiten im Pflegekinderschutz hinfällig. Die Kompetenzaufteilung erfolgte in der Form, dass Hoheitsakte ausschließlich Angelegenheiten des Jugendamts zu sein hatten. Die NSV-Jugendhilfe hatte die behördliche Tätigkeit der Jugendämter zu unterstützen und zu ergänzen. Das Jugendamt konnte der NSV konkrete jungendfürsorgliche Aufgaben übertragen, etwa die Ermittlung der häuslichen Verhältnisse, die Überprüfung der Entwicklung der Persönlichkeit des Jugendlichen, die Ermittlung und Begutachtung von Familienpflegestellen sowie die Ermittlung von „Erziehungsnotständen".[308]

---

[306] Ebd., 764
[307] Ebd., 768; Alle Obsorge gilt unserer Jugend. Eine Gauarbeitsgemeinschaft für Jugendbetreuung in Oberdonau gegründet. In: Volksstimme (wie Anm. 50), 5. Jg. Nr. 266 vom 26. September 1942
[308] Übertragung von Geschäften des Jugendamts auf die NSV-Jugendhilfe und Zusammenarbeit von Jugendamt und NSV-Jugendhilfe. Runderlass d. RMI, 24.10.1941, IV W II 20/41-8100

Basierend auf dieser rechtlichen Grundlage konnte etwa das Kreisjugendamt beim Landrat des Kreises Wels am 24. Juni 1943 der Abteilung Jugendhilfe der NSV-Kreisamtsleitung Wels mit Wirksamkeit vom 1. Juli 1943 bis auf Widerruf folgende Geschäfte übertragen: beim Pflegekinderschutz die Ermittlung, die Überprüfung und den Vorschlag von Pflegestellen an das Jugendamt, die Überwachung der Pflegekinder vom vollendeten sechsten Lebensjahr an, die Schulung der Pflegemütter, die Berichterstattung über Erziehungserfolge; beim Vormundschaftswesen die Unterstützung des Jugendamtes bei der erzieherischen Betreuung der Amtsmünde; auf dem Gebiet der Schutzaufsicht die Ermittlung von „Erziehungsnotständen", die zur Anordnung der Fürsorgeerziehung oder Schutzaufsicht führen konnten; das Recht zur Benennung von „Helfern" an das Jugendamt, die Beratung, Schulung und Beaufsichtigung der „Helfer" sowie die Obsorge für die aus der Haft entlassenen Jugendlichen für ihr weiteres Fortkommen und zur Verhütung von Rückfällen. Außer der Pflegekinderaufsicht übernahm die NSV auch noch die Aufgaben der Unterstützung des Jugendamts bei der Erziehung und Betreuung der Amtsmündel. Denn gerade auf diesem Gebiet bedürften die jungen Leute aufgrund der „kriegsbedingten Erziehungsnotstände" auch nach dem 14. Lebensjahr mehr denn je einer richtigen Führung. Da zu dieser aber weder der Amtsvorstand noch die Volkspflegerinnen genügend Möglichkeiten hätten, erwachse der NSV und ihren örtlichen „Helfern" ein umfangreiches Arbeitsfeld. Jedoch standen der NSV-Jugendhilfe für ihre beträchtlich gewachsenen Aufgaben kriegsbedingt nicht genügend geschulte oder schulbare „Helfer", die unter Beteiligung des Jugendamts ausgebildet wurden, zur Verfügung.[309]

Bezüglich der Zusammenarbeit zwischen Jugendämtern und NSV-Jugendhilfe im Gau Oberdonau stellte der Leiter des Stadtjugendamts Linz, Rudolf Humer, im Februar 1944 fest: „Die öffentlichen Jugendfürsorgebehörden und die NSV-Jugendhilfe sehen gemeinsam ihre Aufgaben in der Erstellung einer organisatorisch straff zusammengefaßten Jugendwohlfahrt, die in der Lage ist, entsprechend den nationalsozialistischen Grundsätzen eine totale Erfassung und Betreuung aller gefährdeten und verwahrlosten Minderjährigen sicherzustellen." Dabei sollte durch eine möglichst klare Arbeitsteilung die Gefahr der Aufgabenüberschneidungen verhindert werden. Die Verantwortung für die gesamte Jugendwohlfahrt hatten die

---

[309] OÖLA, BH seit 1868 / Vöcklabruck, Sch. 426: Abteilung Jugendamt Jugendfürsorge 1939-1944, L 26/43, Landrat des Kreises Wels, Kreisjugendamt, an NSDAP-Kreisleitung, Amt für Volkswohlfahrt, 26.6.1943

Jugendämter zu tragen, weswegen die NSV-Jugendhilfe in der Durchführung der ihr übertragenen Angelegenheiten stets das engste Einvernehmen mit dem Jugendamt zu pflegen hatte. Die NSV übernahm lediglich eine ehrenamtliche Mitarbeiterschaft, sei es durch die Jugendhelfer, Vormünder oder Jugendschöffen etc., die freilich aufgrund ihrer Informations-, Beratungs-, Ermittlungs- und Ausforschungskompetenzen in einem erheblichen Ausmaß in die Jugenderziehung eingreifen konnten.[310]
Gemäß des Runderlasses des Reichsministeriums des Inneren vom 25. August 1943 zur Neuordnung der Gau- und Landesjugendämter konnten im Fall einer behördlich angeordneten Fürsorgeerziehung die „erbgesunden, normal begabte[n], erziehungsgefährdeten" Jugendlichen auch in NSV-Jugendheimstätten eingewiesen werden, womit nun auch die konkrete Durchführung der Fürsorgeerziehung für „erziehungsfähige" und „förderungswürdige" Jugendliche in die Hände der NSV gelegt werden konnte.[311] Ende 1939 waren in Oberdonau Heimplätze für den kurzfristigeren Aufenthalt für männliche und weibliche Kinder und Jugendliche in den Wohnheimen in Wels und Peuerbach sowie in der NSV-Jugendheimstätte in Weikersdorf und in der großen Jugendheimstätte I (für Knaben und Mädchen ab sechs Jahren) und der Jugendheimstätte II (für Mädchen zwischen zehn und 14 Jahren und für Schulentlassene) in Goisern vorhanden.[312] Insgesamt hatte man in Goisern Platz für 140 Kinder, die in acht „Kameradschaften" zusammengefasst wurden.[313] Während des Krieges wurde Schloss Neuhaus im Innviertel zu einem Jugenderholungsheim der NSV umgebaut. 85 Jungen und ebenso viele Mädel im Alter zwischen acht und 14 Jahren wurden, während ihre Väter eingerückt waren und ihre Mütter Kriegsarbeit leisteten, für durchschnittlich vier Wochen dorthin zur Erholung gebracht.[314]

---

[310] OÖLA, BH seit 1868 / Vöcklabruck, Sch. 426: Abteilung Jugendamt Jugendfürsorge 1939-1944, RStH in OD, IIIb/GJ/Fürsorgeerziehungsbehörde A-147/2-1944; Zur praktischen Ausübung der Jugendgerichtshilfe. Aus einem Vortrag von Dr. Rudolf Humer, Leiter des Stadtjugendamtes, Linz, 24.2.1944
[311] Kepplinger, Kommunale Sozialpolitik in Linz (wie Anm. 300) 768
[312] OÖLA, BH seit 1868 / Vöcklabruck, Sch. 426: Abteilung Jugendamt Jugendfürsorge 1939-1944, Zl. 460-4, Schreiben der Gauleitung OD, Amt für Volkswohlfahrt, 4.10.1939; Die Jugendhilfe der NS-Volkswohlfahrt. Jugendheimstätten und Dauerpflegestellen. In: Volksstimme (wie Anm. 47), 2. Jg., Nr. 142, 25. Mai 1939
[313] Neuartige Wege der Jugendarbeit in Goisern. Die „Kameradschaften" der Jungen in unseren NSV-Heimen/Taschengeld als Erziehungsmittel. In: Oberdonau-Zeitung. Amtliche Tageszeitung der NSDAP/Gau Oberdonau, 6. Jg. Nr. 48 vom 17. Februar 1943
[314] Schloß Neuhaus – Jugenderholungsheim der NSV. Inmitten der Wälder, Wiesen und fruchtbaren Felder unseres schönen Innviertels. In: Volksstimme (wie Anm. 50), 5. Jg. Nr.118 vom 29. April 1942

Bereits mit 1. November 1939 wurde im ehemaligen Kloster Gleink bei Steyr eine Zweckanstalt für erziehungsbedürftige Kinder und Jugendliche eingerichtet.[315] Die Gauerziehungsanstalt Gleink war mit einem Internat, einer Sonderschule sowie einer Schuhmacher-, Schneider- und Tischlerwerkstätte ausgestattet. Ende März 1940 verfügte die Erziehungsanstalt über 133 Zöglinge, wobei sämtliche Überstellungen durch Organe des Gaujugendamtes erfolgt waren. Mangels einer eigenen Abteilung wurden schulentlassene männliche Jugendliche in die Anstalt für Erziehungsbedürftige in Kaiserebersdorf in Niederdonau eingewiesen.[316]

Die Kriegsanstrengungen und Kriegserfordernisse des Deutschen Reichs führten neben dem verstärkten disziplinarischen Zugriff der Erziehungsbehörden auf die Jugendlichen auch zu ihrem verstärkten Arbeits- und Leistungseinsatz. Je länger der Krieg dauerte, je härter die Entbehrungen wurden, umso intensiver wurde von den Jugendlichen körperliche Ertüchtigung, bedingungsloser Leistungseinsatz und opferbereite Pflichterfüllung eingefordert.

Bereits am 15. Februar 1938 kam es im Rahmen des Vierjahresplanes zur Einführung des „weiblichen Pflichtjahres", das der haus- und landwirtschaftlichen Ertüchtigung der Mädchen dienen sollte. Demzufolge durfte eine Einstellung von weiblichen Arbeitskräften unter 25 Jahren in einer großen Anzahl von Berufen nur nach erfolgter Ableistung des „hauswirtschaftlichen Pflichtjahres" erfolgen. Die Realisierung des „Reichsarbeitsdienstes für die weibliche Jugend" sollte darüber hinaus dem Arbeitskräftemangel im haus- und landwirtschaftlichen Sektor entgegenwirken.[317]

Im Herbst 1939 wurden in Oberdonau die weiblichen Jahrgänge 1914 bis 1922 zur Dienstpflicht im Reichsarbeitsdienst (RAD) aufgerufen. Nach der Musterung erfolgte die Zuteilung zum jeweiligen Bauernhof. Die Unterbringung erfolgte in eigenen Lagern, wo die Arbeitsmaiden auch für die hauswirtschaftlichen Tätigkeiten geschult wurden. Nach dem Frühsport, dem Flaggenhissen und dem anschließenden gemeinsamen Frühstück ging es zwischen acht und 17 Uhr zum Außendienst beim Bauern; ein Dienst, der mit Kriegsbeginn um zwei Stunden verlängert wurde. Das Mittagessen wurde in der Regel beim zugeteilten Bauern eingenommen. Zurück in den

---

[315] Silberbauer, Schulpolitik (wie Anm. 100) 117
[316] Fürsorgeerziehung im Gau Oberdonau. Betreuung gefährdeter Minderjähriger – Gauerziehungsanstalt Gleink und andere. In: Volksstimme (wie Anm. 50), 3. Jg. Nr. 243 vom 13. September 1940
[317] Klaus, Mädchen im Dritten Reich (wie Anm. 44) 93; Gabriele Kinz, Der Bund Deutscher Mädel: ein Beitrag über die außerschulische Mädchenerziehung im Nationalsozialismus (Frankfurt am Main – New York – Paris 1991) 51; Petra Gugler, Bund Deutscher Mädchen in Österreich. Erziehung zwischen Tradition und Modernisierung? (Dipl.arbeit Univ. Graz 1997) 68

Lagern, wurde am Abend noch weiterer Unterricht in Hauswirtschaft erteilt. Nach dem gemeinsamen Abendessen war endlich Feierabend. An Sonntagen wurden Gruppenwanderungen veranstaltet. Daneben gab es regelmäßig Gemeinschaftsabende sowie ideologische Schulungsabende.[318] Der Reichsarbeitsführer war ermächtigt, ledigen Mädchen im Alter von 17 bis 25 Jahren, die nicht voll berufstätig waren, nicht in beruflicher oder schulischer Ausbildung standen und nicht als mithelfende Familienangehörige in der Landwirtschaft dringend benötigt wurden, zur Erfüllung der Reichsarbeitsdienstpflicht heranzuziehen. Für die Arbeitsmaiden hieß dies eine Verpflichtung zu einem 26-wöchigen harten Dienst:[319] „Die Hände wurden bald rau und rissig, das Haar spröde und glanzlos, die Haut trocken und braun. Ich lernte viel in dieser Zeit. Lernte, wie man Schweine füttert und Kühe melkt, wie das Getreide geerntet und gedroschen wird, wie man Ställe und Koben ausmistet; ich lernte auch, wie man Ekel unterdrückt, Schmerzen erträgt und Tränen verbirgt. Nur, wie man Heimweh überwindet, das lernte ich nicht!" – notierte Franziska Berger in ihrem Tagebuch.[320]
Neben dem Landdienst im Rahmen des RAD bestand noch das Landjahr, eine staatliche Einrichtung des Reichserziehungsministers. Im Landjahr sollten 14- bis 15-jährige Jungen und Mädchen nach ihrer Schulentlassung zwischen April und Dezember acht Monate lang zur Gemeinschaft erzogen werden. Da im Landjahr eine planmäßige hauswirtschaftliche Ausbildung für Mädchen erfolgte, wurde es mit sechs Monaten auf das Pflichtjahr, mit acht Monaten auf die Landarbeitslehre angerechnet. Die Jugendlichen wurden zu bäuerlichen Arbeiten herangezogen, und einer körperlichen und weltanschaulichen Schulung (Geschichte, Heimatkunde, „Rassenkunde") inklusive persönlicher Lebensführung und Körperpflege unterworfen. Im Jahr 1941 wurden in Oberdonau zum ersten Mal 100 Mädchen in das Landjahr einberufen, die in die Landjahrlager des Regierungsbezirks Liegnitz in Schlesien verbracht wurden.[321]

---

[318] „Deutsche Mädel, jetzt seid ihr an der Reihe!" Jahrgänge 1914-1922: Die Arbeitsmaiden von morgen – Allerlei Fragen, die für sie von Interesse sind. In: Volksstimme (wie Anm. 50), 2. Jg. Nr. 272 vom 3. Oktober 1939; Deutsche Mädel, hier seid ihr am richtigen Platz! So wirken und leben unsere Arbeitsmaiden – Frauen und Mütter einer unüberwindlichen deutschen Zukunft. In: Volksstimme (wie Anm. 50), 2. Jg. Nr. 280 vom 11. Oktober 1939
[319] Kurt Cerwenka – Otto Kampmüller, An der Heimatfront. Frauen und Mädchen in Oberösterreich 1938-1945 (Grünbach 2002) 80 ff.
[320] Franziska Berger, Tage wie schwarze Perlen. Tagebuch einer jungen Frau. Oberösterreich 1942-1945 (Grünbach 1989) 7
[321] Unsere Jugend lernt das Landjahr kennen. Hundert Mädel aus Oberdonau zum erstenmal im Landjahr – Abwechslungsreiche Gestaltung des Lagerlebens. In: Volksstimme (wie Anm. 50), 4. Jg. Nr. 92 vom 2. April 1941

Entziehen konnte man sich dem kaum. Eine Vorladung durch den Kreisschulrat zur Ausleseuntersuchung für das Landjahr stellte eine amtliche Aufforderung dar. Ein Nichterscheinen war strafbar, war es doch „eine Ehre und Auszeichnung [...], wenn ein Mädel dafür würdig befunden" wurde. Dennoch wehrten sich Eltern aus bäuerlichen Betrieben gegen die Einberufung ihrer Töchter zum Landdienst, da sie deren Arbeitskraft selber zu Hause benötigten. Für das Jahr 1945 wurde die Auslese zum Landjahr eingestellt, da es bis dahin nicht gelungen war, in Oberdonau ein eigenes Landjahrlager zu errichten. Die vom Reichsminister für Wissenschaft, Erziehung und Volksbildung für den Reichsgau Oberdonau festgesetzte Entsendezahl von 150 scheint für die heimische Landwirtschaft ein nicht tragbarer Entzug von Arbeitskräften gewesen zu sein.

Das konkrete Ausleseverfahren für Landjahrmädel erfolgte unter Beteiligung des BdM, eines beigezogenen Arztes und der Schule, die die Zuverlässigkeit, Pünktlichkeit, Ordnung, „innere Sauberkeit", Entschlossenheit, Willensstärke, Selbstständigkeit, den Mut und das Verhalten in der Gemeinschaft zu bewerten hatten. Auch das Landjahr wurde zur hauswirtschaftlichen, körperlichen, geistigen, charakterlichen und nationalpolitischen Schulung genutzt. Mittels striktem Tagesdienstplan, Arbeiten beim Bauern, Lagerdienst, Werkarbeit, Sport- und Geländedienst, sollte der „Schritt von der kleinsten Gemeinschaft in die Lagergemeinschaft mit ihren Forderungen der Einordnung, des Gehorsams, der bedingungslosen Einsatzbereitschaft" gesetzt werden.[322]

Im Rahmen der Sommerferieneinsätze der HJ wurde der landwirtschaftliche Dienst der Schuljugend organisiert. So standen im Juli 1941 in Oberdonau zirka 3000 Jungen und Mädel im Ernteeinsatz. Sie waren in über 150 Lagern im ganzen Land untergebracht. Dazu kamen noch nahezu 2000 Jungmädel, die – verteilt auf insgesamt 30 Lager – die Heilkräutersammlung durchzuführen hatten. BdM-Führerinnen stellten sich für die Ernteschlacht an der Heimatfront als Erntekindergärtnerinnen der NSV zur Verfügung.[323] Ab dem Jahr 1940 wurden Jungen im Durchschnittsalter von 16 Jahren in der einjährigen Landdienstführerschule der HJ in Otterbach bei Schärding zu Führern für die Landdienstlager ausgebildet.[324] Für die

---

[322] OÖLA, BH seit 1868 / Steyr, Sch. 227: Bezirksschulrat L, Landjahr 1944, L-7/44 und L-7/44/45, Landjahrbezirksführerin für die Regierungsbezirke Breslau, Liegnitz und Troppau an Eltern aller Landjahrmädel in den Lagern der Bezirke Niederschlesien und Troppau, 18.5.1944
[323] Sommereinsatz der Hitler-Jugend im Kriege. 3000 Jungen und Mädel auf Ernteeinsatz, 2500 Pimpfe helfen im Dorf. In: Volksstimme (wie Anm. 50), 4. Jg. Nr. 197 vom 18. Juli 1941
[324] „Des Bauern Werke – des Reiches Stärke." Jungen und Mädel helfen den Bauern. Neunzehn Landdienstscharen in Oberdonau. In: Volksstimme (wie Anm. 50), 4. Jg. Nr. 58 vom 27. Februar 1941;

Mädchen wurde im Sommer 1941 eine eigene Landdienstführerinnen-Schule in Geinberg zwischen Ried und Braunau errichtet.[325]
Im April 1942 wurde der „Kriegseinsatz der Jugend zur Sicherung der Ernährung des deutschen Volkes" grundsätzlich geregelt. Seither konnten in jedem Jahr zwischen April und November die 5. und 6. Klassen der Mittel- und Oberschulen für Jungen und die 7. Klassen der Oberschulen für Mädchen klassenweise geschlossen für mehrere Wochen zur Landarbeit verpflichtet werden. Für die Volksschülerinnen und Volksschüler vom zehnten Lebensjahr an, und für die Schülerinnen und Schüler der anderen Klassen waren kurzfristige örtliche Einsätze vorgesehen, die jeweils nicht länger als drei Tage dauern sollten, und die auf die Schulferien angerechnet wurden.[326]
Für diesen „Ehrendienst in der Landwirtschaft" zur Sicherung der Volksernährung war für Schülerinnen und Schüler ab zehn Jahren aus den städtischen Regionen eine bis zu zweiwöchige Beurlaubung vom Unterricht möglich. Die Arbeitszeit sollte für Jugendliche unter 14 Jahren nicht mehr als sechs Stunden, für über 14-jährige nicht mehr als acht Stunden betragen. Der Einsatz durch die HJ war Teil der Jugenddienstpflicht. Die Dienststellen des Reichsnährstandes und der Arbeitsämter hatten Maßnahmen zu treffen, um die „gesundheitliche, körperliche und sittliche Schädigung der Jugend" beim Einsatz zu unterbinden.[327]
Jugendliche konnten aber darüber hinaus auch noch im Rahmen von so genannten „Arbeitsauflagen" zum Zwangseinsatz herangezogen werden. Da mit der Einführung des Jugendarrests seitens der Justiz und Polizei in einem so erheblichen Umfang von diesem Zuchtmittel Gebrauch gemacht wurde, kam es bei den Jugendlichen in der Folge zu einer Abschwächung der Autorität dieser Erziehungsmaßnahme. Aus diesem Grund wurden von den Polizeibehörden und Jugendrichtern verstärkt „Arbeitsauflagen" angeordnet, sofern der Jugendliche nicht wegen einer gleichartigen Verfehlung bereits Jugendarrest ausgefasst hatte. Ziel einer „Arbeitsauflage" war es, „die Freizeit der Jugendlichen einzuschränken und diese durch gemeinnützige Arbeiten sinnvoll auszufüllen." Als sinnvolle Tätigkeiten kamen im Rahmen von „Arbeitsauflagen" Erd- und einfache Straßenarbeiten,

---

„Das alles geschieht für die Jugend!" Gauleiter Eigruber bei der Eröffnung der Landdienstschule der HJ in Otterbach bei Schärding. In: Volksstimme (wie Anm. 50), 3. Jg. Nr. 143 vom 1940
[325] „Das gibt es nur einmal in unserem Gau!" Oberdonaus Landdienstführerinnen-Schule in Geinberg – die einzige ihrer Art. In: Volksstimme (wie Anm. 50), 4. Jg. Nr. 156 vom 5. Juni 1941
[326] Boberach, Jugend unter Hitler (wie Anm. 17) 107 f.
[327] Ehrendienst der Jugend fürs Volk. Einsatz der deutschen Schuljugend vom 10. Lebensjahre an für die Landwirtschaft. In: Volksstimme (wie Anm. 50), 3. Jg. Nr. 156 vom 8. Juni 1940

Verlade- und Transportarbeiten, Aufräumarbeiten, der Einsatz in Großküchen, Kleiderkammern, Wäschereien sowie Garten- und Reinigungsarbeiten in Betracht. Der Arbeitseinsatz der männlichen Jugend wurde über die HJ-Gebietsführung durchgeführt; in Linz etwa bei Erdarbeiten im Rahmen der Errichtung des Jugendwohnheims in Bachl. Die Beschäftigung und Aufsicht der Mädchen wurde in Linz durch das Stadtjugendamt im städtischen Kinderübergangsheim und im Versorgungshaus organisiert: „Wenn sich der Jugendliche zum Beweis seiner Einsatzbereitschaft während einer oder mehrerer Freizeiten an gemeinnützigen Arbeiten beteiligte und bewährte, so kann die mit dem Fall befasste Kripo von dessen Weiterleitung an die Strafabteilung Abstand nehmen." Denn nach ordnungsgemäßer Ausführung der „Arbeitsauflage" war das Verfahren einzustellen, anderenfalls wurde Jugendarrest verhängt.[328]

Daneben wurden Jugendliche im Rahmen der HJ zu verschiedensten Sammeldiensten herangezogen. Dem durch den Krieg verstärkten Rohstoffmangel sollte auch mittels des jugendlichen Einsatzes bei Alteisen-, Altpapier-, Lumpen- und Knochensammlungen begegnet werden. Die fleißigsten Sammlerinnen und Sammler Oberdonaus wurden im Linzer Landhaus mit Preisen und Prämien belohnt. Für die gaubeste Schule spendete das Landwirtschaftsamt Wien eigens einen Wanderpreis.[329]

Ein weiterer Kriegseinsatz der Jugend fand alljährlich in der Vorweihnachtszeit im Rahmen des Spielzeugwerks der HJ statt, wo an Weihnachtsgeschenken für Kinder gebastelt wurde. Das Spielzeug wurde teilweise bis nach Hamburg verschickt, teilweise auf den regionalen Weihnachtsmärkten zugunsten des Winterhilfswerks verkauft.[330]

Anlässlich der alljährlichen, generalstabsmäßig geplanten „Reichsstraßensammlungen" kurz vor Weihnachten, die durch den Einsatz sämtlicher Werbemittel wie Rundfunk, Presse, Spielmanns- und Fanfarenzüge, einem Kampfeinsatz glichen, schwärmten HJ und BdM mit Spendenbüchsen bewaffnet, Parolen skandierend durch die Lande: „Heute ist uns nichts zu wenig, wir danken euch für jeden Pfennig! Ob Silber oder auch Papier – nur her damit, das nehmen wir! Der kleine Mann zahlt 50 Pfennig, für'n

---

[328] OÖLA, BH seit 1868 / Vöcklabruck, Sch. 426: Zl. IIIb/GJ-A 143/5-1944, Abteilung Jugendamt, Jugendfürsorge 1939-1944, RStH in OD, Gaujugendamt, an Oberbürgermeister, Stadtjugendämter Linz und Steyr und an alle Landräte, Kreisjugendämter im Reichsgau Oberdonau, 25.4.1944
[329] Oberdonaus Schulen und unsere Rohstoffdecke. Altstoffsammlung hilft diese strecken – Ein wertvoller Beitrag zum Sieg. In: Oberdonau-Zeitung. Amtliche Tageszeitung der NSDAP/Gau Oberdonau, 6. Jg. Nr. 287 vom 17. Oktober 1943
[330] Der schönste Kriegseinsatz der Hitler-Jugend. Spielzeugwerk der HJ 1943 – Weihnachtswerkstätte im Jugendwohnheim. In: Oberdonau-Zeitung. Amtliche Tageszeitung der NSDAP/Gau Oberdonau, 6. Jg. Nr. 320 vom 19. November 1943

Bürger ist das viel zu wenig!" Die finanziellen und materiellen Ergebnisse dieser Sammelschlachten wurden wie Siegesmeldungen in der Presse veröffentlicht. Der jugendliche Einsatz und Ehrgeiz wurde so von der Erwachsenenwelt öffentlich gelobt und ausgezeichnet.[331] Am 10. November 1940 würdigte Gauleiter Eigruber anlässlich eines Großappells in Linz die Leistungen der Jugend: „Der Einsatz der Jugend im Kriege erstreckte sich auf die verschiedensten, ihren Kräften angemessenen Gebiete. Im folgenden seien einzelne Ergebnisse ihrer Arbeit im Gau Oberdonau angeführt: Bei der Reichsstraßensammlung für das WHW. wurden von der Jugend gegen 170.000 Reichsmark gesammelt. Die Sammlung von Spielsachen für Minderbemittelte ergab 6000 Stück. Bei den Altpapiersammlungen wurde fast eine Million Kilogramm erzielt. Im Ernteeinsatz leistete die HJ. 24.000 Arbeitsstunden. An Heilkräutern wurden 6000 Kilogramm gesammelt und getrocknet. Der Gesamteinsatz aller Jungen und Mädel übersteigt 2,25 Millionen Arbeitsstunden."[332]
Nüchtern berichtete am 21. Oktober 1940 dazu die Schulchronik der Volksschule Hallstatt: „Die allmonatlich zu erstattende Meldung über die Ergebnisse der Altmaterialsammlung zeigt, daß alles ein Ende nimmt. Immer gehen noch allmonatlich einige kg. Staniolpapier, Flaschenkapseln und Tuben ein. Auch Altpapier findet sich immer wieder, vor allem in der Schule selbst. In dieser Hinsicht wirkt der Krieg segensreich, es verschwinden alle möglichen alten Akten, Klassenbücher und dergleichen, die man bisher immer glaubte aufbewahren zu müssen."[333]
Aus Spital am Phyrn berichtete der Gendarmerieposten bereits zu Weihnachten 1938 über Klagen aus der Bevölkerung, der die vielen Sammlungen, etwa für die NSV zu Gunsten des Winterhilfswerkes, für den Eintopfsonntag, den Tag der nationalen Solidarität, die Sammlungen der Jugend usw., zu viel wurden.[334] Gerade die bäuerliche Bevölkerung verfügte traditionell über nicht allzu viele Bargeldmittel. Eine zu geringe Spendenfreudigkeit wurde seitens der Obrigkeit freilich durchaus als Affront, bzw. als oppositionelles Verhalten ausgelegt.
Neben dem verstärkten Leistungseinsatz der Jugend im Bereich der Kriegshilfs- bzw. diverser Sammeldienste sollte mittels des Leistungs-

---

[331] Hitlerjugend und WHW. Zur Reichsstraßensammlung der HJ am 17. und 18. Dezember. In: Volksstimme (wie Anm. 47), 1. Jg. Nr. 143 vom 16. Dezember 1938
[332] Ein Gau wächst ins Reich (wie Anm. 192) 94 f.
[333] OÖLA, BH seit 1868 / Gmunden, Sch. 12: Schul-Chroniken 1938-1945 Teil I, Schulchronik der Volksschule Hallstatt
[334] Ebd., Politische Akten, LAFR 5061: BH Kirchdorf, Bericht Gendarmerieposten Spital am Phyrn an Bezirkshauptmannschaft in Kirchorf an der Krems, 22.12.1938

sports die körperliche Ertüchtigung für den Kriegseinsatz vorangetrieben werden. Zugleich vermochten die regelmäßig abgehaltenen Leistungswettbewerbe Auskünfte über den aktuellen körperlichen Zustand der Kriegsjugend zu geben: Die „Herbstleistungsschau [an allen Volks- und Hauptschulen; Anm. T.D.] ist gerade im Kriege besonders notwendig, um einen Überblick zu gewinnen, über die Auswirkungen, welche die Kriegsmaßnahmen auf dem Gebiete der Leibeserziehung zur Folge hatten." Anlässlich dieser Sportwettkämpfe wurden Jungen und Mädchen ab dem zehnten Lebensjahr in Leichtathletik geprüft.[335] Im Rahmen der alljährlich durchgeführten Reichssportwettkämpfe der HJ fanden die Bann- und Gebietssportfeste der Jugend im Alter zwischen zehn und 21 Jahren statt: „Die jungen Körper sollen nicht überspannt werden, sondern einer organischen Entwicklung entsprechend, bauen sich die hohen und höchsten Leistungen systematisch auf. Nur so ist es zu erklären, daß die Jugend auch im fünften Kriegsjahr mit gleichbleibender Begeisterung, Schwung und wirklichem Können zum Reichssportwettkampf antrat. Die Gesundheitserziehung der Hitler-Jugend hat hier ein[e] beachtliche Vorarbeit geleistet und ebenso die Erkenntnis, daß für den zukünftigen Wehrdienst des Jungen und den vielfältigen Pflichten der Heimat für das Mädel eine gesunde und leistungsstarke Jugend unerlässliche Voraussetzung ist."[336]

Dass die These vom Spiel als Sublimierung des Krieges auch ganz wörtlich verstanden werden kann, zeigte das Anfang Juli 1939 im Linzer Stadion abgehaltene Gebietssportfest der Jugend. Während dieses Sporttages mit ca. 8000 teilnehmenden Jungen und Mädeln wurde neben den sportlichen Wettkämpfen auch „ein großes Kriegsspiel" mit 2600 Pimpfen inszeniert: „In humorvollen Bildern [wurde] die Entwicklung des Krieges von der Zeit der Germanen, wo man noch mit der Faußt [sic!] kämpfte, bis zum Zukunftskrieg geschildert."[337]

Neben der körperlichen Ertüchtigung und Auslese der Besten bei den Sportwettkämpfen galt es freilich auch, die beruflichen Leistungen der

---

[335] OÖLA, BH seit 1868 / Steyr, Bezirksschulrat 18, Sch. 225: Gruppe 18, Zl. 90/1942, Landrat des Kreises Steyr, Oberbürgermeister der Stadt Steyr an Leiter aller Volks- und Hauptschulen, 9.10.1942, Weisungsblatt II für das Schuljahr 1942/43

[336] Demonstration jugendlicher Kraft und Stärke. Rückschau auf die Bannsportfeste im Rahmen des Reichssportwettkampfes. In: Oberdonau-Zeitung. Tages-Post. Amtliche Tageszeitung der NSDAP/Gau Oberdonau, 7. Jg. Nr. 178 vom 30. Juni 1944

[337] Sporttage der Jugend 1939. In: Volksstimme (wie Anm. 47), 2. Jg. Nr. 182 vom 5. Juli 1939; Sporttage der Jugend vor ihrem Höhepunkt. Prachtvoller Verlauf der ersten zwei Festtage – Junges Wollen und Vollbringen. In: Volksstimme (wie Anm. 47), 2. Jg. Nr. 186 vom 9. Juli 1939; „Träger der Zukunft, Mütter und Soldaten von morgen!" Der Sporttage der Jugend 1939 glänzender Abschluß – Anschauliche Rechenschaft vor breiter Öffentlichkeit. In: Volksstimme (wie Anm. 47), 2. Jg. Nr. 187 vom 10. Juli 1939

Jugend im Rahmen der Berufswettkämpfe zu messen. Im Frühjahr 1944 stritten ca. 32.000 Teilnehmerinnen und Teilnehmer, darunter etwa 10.000 aus der Landwirtschaft, aus insgesamt 106 verschiedenen Berufsgruppen um den Gausieg der Lehrjugend Oberdonaus. Die Siegerinnen und Sieger der einzelnen Berufsgruppen wurden anschließend im Linzer Volksgartensaal feierlich geehrt.[338] Neben der Animierung zum Leistungsprinzip und der Prämierung der Tüchtigsten sollte mit den jährlich stattfindenden Berufswettkämpfen auch die Qualität und Einsatzfähigkeit der Lehrjugend im Krieg geprüft werden. Denn aufgrund des vorzeitigen Abgangs der Jugend zum RAD und zur Wehrmacht hatte sich die Lehrzeit deutlich verkürzt. Lag die Lehrlingsausbildungszeit in Friedenszeiten bei durchschnittlich drei bis vier Jahren, so verkürzte sich diese kriegsbedingt auf zwei bis zweieinhalb Jahre. Sinn des Berufswettkampfs war es daher auch, zu einer Abstimmung des Ausbildungsplans auf die Bedürfnisse des Krieges zu gelangen.[339]

Eine der bedeutendsten Aktionen der HJ während der Kriegsjahre war die ab 1941 in großem Maßstab anlaufende „Kinderlandverschickung" (KLV), also die klassen- bzw. schulweise Evakuierung von schulpflichtigen Jungen und Mädchen aus luftkriegsgefährdeten Gebieten in andere Teile des Reichs und in besetzte Gebiete, wo sie von Lehrkräften und Jungvolk-Führern bzw. Jungmädel-Führerinnen betreut wurden. Für diese Zwecke wurden Heime, Gasthäuser, Schulen, Jugendherbergen, Pensionen, Schlösser und Hotels beschlagnahmt. Die Organisation übernahmen zunächst HJ und NS-Lehrerbund, ab 1941 die Reichsjugendführung und das Kultusministerium. Die Eltern konnten grundsätzlich nichts gegen die für zunächst sechs Monate anberaumte Verschickung ihrer Kinder unternehmen.

Der Vorteil der Kinderlandverschickung lag darin, dass die KLV-Lager dem Regime eine Möglichkeit boten, Jugendliche für einen längeren Zeitraum total zu erfassen und im nationalsozialistischen Sinn zu erziehen. Das Verhältnis zwischen Elternhaus, Schule und HJ schien im System der Kinderlandverschickung geradezu ideal gelöst zu sein: „Die Einrichtung der KLV-Lager bietet die Möglichkeit, Jugendliche in großem Rahmen und für längere Zeit total zu erziehen. Schulische Arbeit, HJ-Dienst und

---

[338] Berufsfreude und Berufskönnen in Oberdonau. Lehrlinge – vom Fuß des Dachsteins bis zum Böhmerwald – greifen nach dem Lorbeer des Gausieges im Kriegsberufswettkampf der deutschen Jugend. In: Oberdonau-Zeitung. Tages-Post. Amtliche Tageszeitung der NSDAP/Gau Oberdonau, 7. Jg. Nr. 85 vom 26. März 1944

[339] Lehren aus dem Kriegs-Berufswettkampf. Vom Anteil der Ausbildner – Gründlichkeit auch bei verkürzter Lehrzeit. In: Oberdonau-Zeitung. Tages-Post. Amtliche Tageszeitung der NSDAP/Gau Oberdonau, 7. Jg. Nr. 89 vom 30. März 1944

Freizeit lassen sich hier erzieherisch gleichmäßig beeinflussen."[340] Mit der Kinderlandverschickung sah man die Möglichkeit, einer totalitären Erziehung am nächsten zu kommen, was freilich in der NS-Führungsschicht nicht unumstritten war. Die Schulbürokratie und der NS-Lehrerbund fürchteten Konkurrenz, die Parteikanzlei fürchtete um die im Krieg so notwendige Regimeloyalität der Eltern. 1944 brach das System der Kinderlandverschickung zusammen. Viele Kinder konnten nicht mehr rechtzeitig nach Hause geschickt werden, und irrten durch Deutschland auf der Suche nach ihrem Zuhause. Das pädagogische Großexperiment war gescheitert.[341]

In Oberdonau waren Anfang 1944 insgesamt zirka 4500 Jungen und Mädel auf Kinderlandverschickung untergebracht.[342] Kinder aus dem „luftgefährdeten" Berlin waren etwa in Linz bei Pflegeeltern einquartiert. In den KLV-Lagern Oberdonaus waren aber auch Kinder zwischen sechs und zehn Jahren sowie Kleinkinder samt deren Müttern aus den Gauen Essen und Düsseldorf untergebracht.[343]

Propagandistisch wurde die Kinderlandverschickung den Eltern der Verschickten in eigenen „Elternbriefen" als ein großartiger Urlaub für Stadtkinder aus „luftgefährdeten Gebieten" am Land, am Bauernhof mit Tieren und Abenteuern, dargestellt. Die Sorge der Eltern um ihre Kinder und die bange Frage nach deren baldiger Rückkehr konnte die Propaganda freilich nicht wegwischen.[344] Andererseits wurden die zwangsverschickten Kinder von der heimischen Bevölkerung mitunter als unzufrieden, frech und verlogen wahrgenommen. Die Kinder hatten, wie der Gendarmerieposten Ried im Traunkreis im September 1940 berichtete, starkes Heimweh, und bedeuteten für die Pflegeeltern „eine förmliche Plage".[345] Der Generalstaatsanwalt in Linz berichtete im Februar 1944: „Auch in meinem Bezirk mehren sich die Fälle, in denen Kinder von Bombengeschädigten in ihren derzeitigen Unterkunftsorten am Lande absichtlich oder fahrlässig einen

---

[340] Das junge Deutschland (Berlin 1943) 103, zitiert nach Klönne, Jugend im Dritten Reich (wie Anm. 7) 56
[341] Klönne, Jugend im Dritten Reich (wie Anm. 7) 56
[342] Hitler-Jugend Oberdonaus im neuen Jahr. Stellv. Gauleiter Opdenhoff und Bannf. Griesmayer bei der HJ-Arbeitstagung. In: Oberdonau-Zeitung. Amtliche Tageszeitung der NSDAP/Gau Oberdonau, 7. Jg. Nr. 10 vom 11. Jänner 1944
[343] Slapnicka, Oberdonau (wie Anm. 78) 47
[344] Elternbrief für die Erweiterte Kinderlandverschickung, Gau Oberdonau, Linz März 1941; Oberdonau Hochwald. Elternbrief der Erweiterten Kinderlandverschickung, Linz April 1941; Oberdonau Hochwald. Elternbrief der Erweiterten Kinderlandverschickung, Linz Juni 1941
[345] OÖLA, Politische Akten, Sch. 12: BH Kirchdorf, Gendarmerieposten Ried im Traunkreis an Landrat des Landkreises in Kirchdorf an der Krems, 23.9.1940

Brand verursachen und dadurch beträchtlichen Schaden stiften. Die zur Aufsicht verpflichteten Personen sind nicht selten daran schuldtragend."[346] Der Entzug des vertrauten, elterlichen Umfelds, die fremde Umgebung, die ungewisse Lage sowie die mangelnde Aufsicht schienen offenbar jugendliches Trotz- und Abwehrverhalten zu fördern. Dass sich die zwangsverschickten Kinder und Jugendlichen auch nicht in den besten Händen befanden, zeigt ein Fall aus Oberdonau, wo ein Unterkunftsbeauftragter für die KLV im Range eines HJ-Oberscharführers sich nicht nur dienstrechtliche Kontrollkompetenzen, die ihm nicht zustanden, anmaßte, sondern auch zahlreiche Kinder sexuell missbrauchte. Der daraufhin wegen Unzucht zum Tode Verurteilte genoss offensichtlich viel zu lange das Vertrauen der HJ-Führung.[347]

Die in der NS-Interpretation festgestellte allgemeine Zunahme der Jugendkriminalität weist jedenfalls darauf hin, dass bei den jungen Leuten das NS-System an Kredit verlor. Das von der NS- und HJ-Führung reklamierte „heroische Verhalten" der Kriegsjugend war keineswegs bei der Gesamtheit der jungen Generation zu finden. Im Verlauf des Krieges wuchs insbesondere bei der arbeitenden Jugend die Tendenz, sich auf Leistungssteigerung bei gleichzeitigem Verzicht nicht mehr länger einzulassen und sich auf eigene Faust Entlastung und Genuss zu verschaffen.[348]

Der Generalstaatsanwalt in Linz stellte für den Sommer 1943 aufgrund der „Anhäufung fremdvölkischer Arbeitskräfte" in Oberdonau „weiterhin eine Minderung der Rechtssicherheit" fest: „Diebstahl, Arbeitsbruch, Fluchtbegünstigung bei Kriegsgefangenen, Sabotage und Schleichhandel sind die ihnen vorwiegend zur Last liegenden Straftaten." Auch konstatierte er – insbesondere in den Städten Oberdonaus – ein Ansteigen der Jugendkriminalität.[349] Die Lage schien sich laut Generalstaatsanwalt auch keineswegs zu verbessern. Im Oktober 1944 berichtete er, dass „die Zahl der Verdunkelungsverbrechen, die durch Ausländer begangen sind, insbesondere der Einbrüche und Diebstähle", zugenommen habe.[350]

Und dies, obwohl selbst Kleindiebstähle, etwa bei Luftschutzgepäck, auch bei jugendlichen Straftätern rigoros geahndet wurden. Aufgrund der Ent-

---

[346] OÖLA, Politische Akten, Sch. 49: Generalstaatsanwalts beim OLG Linz an Reichsminister der Justiz in Berlin, 10.2.1944 betreffs Lagebericht für die Zeit vom 1.10.1943 bis 31.1.1944
[347] OÖLA, Sondergerichte 1913-1980, Sch. 754: Kls 41/45
[348] Klönne, Jugend im Dritten Reich (wie Anm. 7) 250
[349] OÖLA, Politische Akten, Sch. 49: Generalstaatsanwalts beim OLG Linz an Reichminister der Justiz in Berlin, 6.10.1943 betreffs Lagebericht für die Zeit vom 1.6.1943 bis 30.9.1943
[350] Ebd.: Generalstaatsanwalts im OLG in Linz an Reichsminister der Justiz in Berlin, 19.10.1944 betreffs Lagebericht für die Zeit vom 1.6.1944 bis 30.9.1944

wendung von vier Paar gebrauchten Strümpfen sowie einer Damenbluse im März 1944 in Steyr wurde eine junge Fabriksarbeiterin aus dem Wälzlager-Werk (Jahrgang 1923) zu einem Jahr Zuchthaus verurteilt: „Die Angeklagte, die überdies bereits wegen Diebstahls vorbestraft ist, wird durch diese Tat zum Volksschädling gestempelt [...] Bei der Strafzumessung hat das Gericht zu ihrem Gunsten das Geständnis, als erschwerend die einschlägige Vorstrafe berücksichtigt." Es war daher der Auffassung, dass „mit der Mindeststrafe von einem Jahr Zuchthaus das Auslangen gefunden werden konnte."[351]

Ganz anders verfuhr die Justiz bei ähnlichen Delikten mit „nichtdeutschblütigen" Jugendlichen. An einem anderen Fall aus Steyr sollte ganz offensichtlich ein Exempel statuiert werden: Zwei junge Hilfsarbeiter der Steyr-Werke aus Patras in Griechenland (Jahrgang 1921 und Jahrgang 1924) hatten Ende Februar 1944 je eine gebrauchte Hose aus den Trümmern eines bombengetroffenen Hauses gestohlen und vom ebenfalls bombengeschädigten Werksgelände der Steyr-Werke zwei Pistolentaschen zwecks Anfertigung von Schuhsohlen entwendet. Das Sondergericht Linz verurteilte die mittlerweile 19 und 22 Jahre alten Zwangsarbeiter Anfang März 1944 nach § 1 der Volksschädlingsverordnung als Plünderer zum Tod. Das Urteil wurde unmittelbar darauf am 2. März 1944 am Schießplatz Alharting bei Linz von einer Exekutionsabteilung der Schutzpolizeikompanie Linz vollstreckt. Der Oberstaatsanwalt als Leiter der Anklagebehörde ordnete in der Folge die Anbringung von 90 Plakaten an bombengeschädigten Häusern in ganz Steyr an, auf denen bekannt gegeben wurde, dass die beiden Griechen aufgrund von Plünderung zum Tod verurteilt und hingerichtet worden waren. Die Plakate sollten auch in die einschlägigen Fremdsprachen übersetzt, und in den Lagern der Fremdarbeiter sowie in den Steyr-Werken ausgehängt werden. Die beiden gebrauchten Hosen konnten den Besitzern übrigens nicht zurückgestellt werden, da sämtliche in der Altgasse Nr. 3 wohnhaft gewesenen Personen ums Leben gekommen waren.[352]

Im Jahr 1940 wurde die Vollziehung des Jugendarrests sowohl als Wochenendkarzer als auch als Dauerarrest in eigenen Jugendarrestanstalten eingeführt. Für den Landgerichtsbezirk Linz wurden die Gerichtsgefängnisse bei den Amtsgerichten Ottensheim und Mattighofen als Jugendarrestanstalten bestimmt, in denen auch der Wochenendkarzer abgesessen wer-

---

[351] Die Verurteilte kam zur Strafverbüßung in das Frauenzuchthaus Aichach in Bayern, wo sie am 5.3.1945 entlassen wurde, vgl. OÖLA, Sondergerichte 1913-1980, Sch. 747: KLs 41/44
[352] Ebd., KLs 29/44

den konnte. Darüber hinaus wurde bei jedem Amtsgericht ein Raum als Wochenendkarzer eingerichtet. Es war geplant, in Mattighofen den Jugendarrest für Jungen, in Ottensheim den Jugendarrest für Mädchen zu konzentrieren.[353] Die Aufsicht über Mädchen, die einen Wochenendkarzer zu verbüßen hatten, wurde der NSV-Jugendhilfe übertragen.
Für alle HJ-Mitglieder galt zusätzlich die „Dienststrafordnung der Hitler-Jugend für die Dauer des Krieges", die für besonders grobe Verstöße gegen die Disziplin die Verhängung von Jugenddienstarrest vorsah.[354] Nach der Dienststrafordnung für die HJ konnten die Gebietsführer der HJ einen Jugenddienstarrest bis zur Dauer von zehn Tagen verhängen. Zusätzlich konnten auch vom Landrat „Freizeitarreste" im Wochenendkarzer verhängt werden.[355]
Mit dem am 1. Jänner 1944 in Kraft getretenen neuen Reichsjugendgerichtsgesetz, das als Freiheitsstrafe die mindestens drei Monate betragende Jugendgefängnisstrafe kannte, wurde der Jugendarrest endgültig zum „Zuchtmittel" für „leichtere Verfehlungen und Gelegenheitstaten, die dem Sturm und Drang der Reifejahre entspringen". Die Unterbringung der zu züchtigenden Jungen und Mädel hatte getrennt zu erfolgen. Die Einzelunterbringung war bei Tag und Nacht vorgesehen. Das Zusammensein mit anderen verurteilten Jugendlichen hatte nur bei erzieherischen Gemeinschaftsveranstaltungen, bei den Leibesübungen, beim Waschen und Baden sowie im Luftschutzraum zu erfolgen. Darüber hinaus konnte der so genannte „Freizeitarrest", bisher Wochenendkarzer genannt, sowie der Kurzarrest bis drei Tage zur Strafverschärfung gänzlich bei Wasser und Brot und hartem Lager vollzogen werden. Um zu einer „erzieherischen Wirkungen" auch beim Dauerarrest bzw. beim Kurzarrest von mehr als drei Tagen zu gelangen, konnten auch hier „strenge Tage" eingelegt werden. Vom arrestierten Jugendlichen wurde ein „frisches, straffes Auftreten, flinkes Gehorchen, peinliche Sauberkeit und musterhafte Ordnung verlangt, sei es beim Bettenbau oder beim Aufräumen der Zelle."[356]

---

[353] ÖStA/AVA, Justizministerium, Staatsanwaltschaft beim OLG Linz 1939-1945, Sch. 5.401: Sammelakten Jugendstrafvollzug 441 Ea, Generalstaatanwalts beim OLG Linz an Reichsminister der Justiz in Berlin, 29.1.1943
[354] Kepplinger, Kommunale Sozialpolitik in Linz (wie Anm. 300) 770
[355] ÖStA/AVA, Justizministerium, Staatsanwaltschaft beim OLG Linz 1939-1945, Sch. 5.401: Sammelakten Jugendstrafvollzug 441 Ea, Amtsgericht Leonfelden an Generalstaatsanwalt beim OLG in Linz, 5.6.1944
[356] Neuregelung des Vollzugs von Jugendstrafen. Keine Strafe, sondern Erziehung – Vertrauliche Aussprache unter vier Augen. In: Oberdonau-Zeitung. Tages-Post. Amtliche Tageszeitung der NSDAP/Gau Oberdonau, 7. Jg. Nr. 69 vom 10. März 1944

Die solcherart strafrechtlich zu Erziehenden waren freilich einer sehr unterschiedlichen Urteilspraxis ausgeliefert. Ende Juni 1943 berichtete der Oberstaatsanwalt beim Landgericht in Linz, dass der Jugendarrest höchst ungleich verhängt werde: So wurde ein Jugendlicher vom Landgericht Linz im Oktober 1942 wegen Verbrechens nach § 129 Ib StG.[357] zu einer Woche Jugendarrest verurteilt, eine Strafe, die auf Gnadenweg in vier Wochenendkarzer umgewandelt wurde. Ein anderer Jugendlicher erhielt durch Erkenntnis des Polizeipräsidiums vom Jänner 1943 wegen Anhängens an eine Straßenbahn drei Wochenendkarzer. Ein weiterer Jugendlicher wurde im September 1942 vom Landgericht Wels wegen Verbrechens nach § 129 Ib StG. zu drei Wochenendkarzern verurteilt. Ein weiterer wurde durch Erkenntnis des Polizeipräsidiums vom Oktober 1942 wegen unerlaubten Kinobesuchs zu drei Wochenendkarzern verurteilt. Der Oberstaatsanwalt kam zum Schluss, dass die Polizei für verhältnismäßig geringe Handlungen im gleichen Ausmaß Wochenendkarzer verhänge wie die Jugendstrafkammer des Landgerichts Linz bei Verbrechen. Jugendliche könnten daher den Eindruck vermittelt bekommen, dass es vorteilhaft wäre, einen gröberen Verstoß zu begehen, weil sie bei einer gerichtlichen Ahndung damit günstiger abschneiden würden, so die Sorge des Oberstaatsanwaltes.[358]

Doch wurde der Strafvollzug bei Jugendlichen allein aufgrund des bestehenden Mangels an Verwahrungsräumen zum Problem. Das Amtsgericht Mattighofen berichtete im September 1943, dass die Strafvollzüge wegen Zellenmangels nicht sofort durchgeführt werden könnten. Um die lange Zeitspanne zwischen Schuldspruch und Strafantritt zu verkürzen, wäre die Schaffung neuer Zellen dringend geboten. In manchen Amtsgerichten waren die Wartezimmer, ein ehemaliger Küchenraum des Gefangenenaufsehers, ein Registraturraum, ja sogar der Verhandlungssaal des Gerichts zu Wochenendkarzerräumen umfunktioniert worden. Darüber hinaus herrschte ein akuter Mangel vor allem an weiblichem Aufsichtspersonal. Mancherorts hatte die Frau des Gefangenenaufsehers den Vollzug an weiblichen Jugendlichen durchzuführen. Teilweise wurde auch weibliches Personal zur Aufsicht von männlichen Jugendlichen herangezogen.[359] Aufgrund der Überfüllung der Anstalt in Ottensheim wurde sogar ein Jugendlicher, der sich zum Antritt des Jugendarrests gemeldet hatte, unverrichteter

---

[357] „Verbrechen der Unzucht wider die Natur mit Personen desselben Geschlechtes"
[358] ÖStA/AVA, Justizministerium, Staatsanwaltschaft beim OLG Linz 1939-1945, Sch. 5.401: Sammelakten Jugendstrafvollzug 441 Ea
[359] Ebd.: Amtsgericht Mattighofen an Generalstaatsanwalt beim OLG in Linz, 19.9.1943

Dinge wieder nach Hause geschickt.[360] Trat ein jugendlicher Straftäter den Wochenendkarzer an, dann wurde er in der Regel zunächst dem Vollzugsleiter vorgeführt, der ihn über den Erziehungszweck des „Freizeitarrests" belehrte, und ihn ob seines sträflichen Verhaltens ermahnte. Verstöße gegen die Hausordnung waren Grund genug, den „Freizeitarrest" für nicht verbüßt zu erklären.[361]

Im Jahr 1942 wurden vom Landgericht Linz insgesamt 163 Jugendstrafverfahren im ordentlichen – davon 85 Jugendarreste und 38 Wochenendkarzer, 18 mit unbedingten Freiheitsstrafen von drei bis neun Monaten – und sechs (ein Junge und ein Mädchen) im sondergerichtlichen Verfahren geführt. Von den Amtsgerichten des Landgerichtsbezirkes[362] wurden 240 Verfahren geführt – davon 113 Wochenendkarzer, 52 Jugendarreste, 22 unbedingte Freiheitsstrafen bis zu einem Monat, 19 Ermahnungen, sieben Geldstrafen und 18 bedingt ausgesetzte Schuldsprüche.[363]

Für die erste Hälfte 1944 resümierte der Generalstaatsanwalt in Linz zufrieden: „An der Jugendgefängnisstrafe finden anscheinend die Jugendrichter großen Geschmack. Denn die Fälle, in denen Jugendarrest, und zwar Dauerarrest, verhängt wird, werden seit Inkrafttreten des neuen Jugendgerichtgesetzes merklich weniger und die Jugendarrestanstalten des Bezirkes, in denen noch im Jahre 1943 neue Zellen geschaffen werden mussten, damit der Vollzug entsprechend rasch und in Einzelverwahrung durchgeführt werden kann, sind derzeit stark unterbelegt."[364]

Im Februar 1943 wurde ein Jugendlicher (Jahrgang 1927) wegen des verbotenen Besuchs eines Films im Linzer Zentralkino, für den er die Geburtsdaten in seinem HJ-Ausweis gefälscht hatte, sowohl vom Polizeipräsidium als auch vom Landgericht Linz zu jeweils zwei Wochenendkarzern verurteilt. Zusätzlich brummte ihm die Gebietsführung der HJ ebenfalls zwei Wochenendkarzer auf. Die Staatsanwaltschaft Linz empfand diese Dreifachbestrafung als „ungesund", und meinte, dass dies „auf einen Jungen keineswegs günstig wirken" würde. Daher sollte getrachtet werden,

---

[360] ÖStA/AVA, Justizministerium, Staatsanwaltschaft beim OLG Linz 1939-1945, Sch. 5.401: Sammelakten Jugendstrafvollzug 441 Ea
[361] Ebd., Sch. 5.426, Mappe 4402 Urfahr: Sammelakten, Amtsgericht Urfahr an Generalstaatsanwalt beim OLG Linz, 25.1.1944
[362] Aigen im Mühlkreis, Freistadt, Grein, Lembach, Leonfelden, Linz, Linz-Urfahr, Mauthausen, Neufelden, Ottensheim, Perg, Pregarten, Rohrbach, St. Florian, Unterweißenbach
[363] ÖStA/AVA, Justizministerium, Staatsanwaltschaft beim OLG 1939-1945, Sch. 5.431, Mappe 421E: Sammelakten, Strafrechtspflege gegen Jugendliche, Bericht Oberstaatsanwalt beim Landgericht Linz an Generalstaatsanwalt beim OLG Linz, 4.1.1943
[364] OÖLA, Politische Akten, Sch. 49: Generalstaatsanwalt beim OLG in Linz an Reichsminister der Justiz in Berlin, 5.6.1944 betreffs Lagebericht für die Zeit vom 1.2.1944 bis 31.3.1944

zwischen dem HJ-Gericht, dem Polizeipräsidium und der Staatsanwaltschaft einen besseren Informationsaustausch über die jugendlichen Straftäter und deren Verfahren herzustellen, um solche Mehrfachbestrafungen künftig vermeiden zu können.[365]
Bezüglich der Jugendstrafrechtspraxis war sogar Gauleiter Eigruber der Meinung, dass selbst bei ganz geringfügigen Delikten Anklage erhoben werde. So wurden etwa zwei Jugendliche, welche kurz vor dem Einrücken in die Waffen-SS standen, wegen des Diebstahls von Marillen aus Nachbars Garten gerichtlich verurteilt. Der Gauleiter war der Ansicht, dass in diesem Fall besser die Einstellung des Verfahrens unter Auflage hätte erfolgen sollen.[366]
Denn bei allem strafrechtlichen Erziehungseifer sollte die Wehrfähigkeit des Deutschen Volkes dadurch nicht in Mitleidenschaft gezogen werden. Noch dazu, wo sich die Rekrutierung von jungen „Volksgenossen" immer schwieriger gestaltete. So hatten Gendarmerie- und Polizeikräfte bei der Vorführung von Jugenddienstpflichtigen in die Wehrertüchtigungslager der HJ zu assistieren, in denen Jugendliche flüchtig für den Fronteinsatz ausgebildet wurden. Ende 1944 wurde als Entschuldigungsgrund für die Nichtteilnahme nur noch eine akute Erkrankung des Jugenddienstpflichtigen bei entsprechendem Vorweis eines ärztlichen Attestes, worin dem Jugendlichen Arbeits- und Lagerunfähigkeit bescheinigt wurde, anerkannt. Zurückstellungsgesuche der Arbeitgeber hatten vom Ortsgruppenleiter oder einer amtlichen Stelle bestätigt zu werden. Im März 1945 wurden auch die bisher akzeptierten Entschuldigungsgründe nicht mehr anerkannt. Die Jungen hatten von der Gendarmerie bzw. von der Polizei unter allen Umständen in Marsch gesetzt zu werden.[367]
Da sich immer weniger junge Burschen freiwillig zur SS meldeten, waren in Perg bei der Annahme-Untersuchung zur Waffen-SS bereits Vordrucke mit den Worten: „hat sich freiwillig zur Waffen-SS gemeldet" zur Unterzeichnung vorbereitet. Einwendungen dagegen, auch seitens der Eltern, fruchteten nicht.[368] Ein junger Landarbeiter aus Peuerbach (Jahrgang 1928)

---

[365] ÖStA/AVA, Justizministerium, Staatsanwaltschaft beim OLG Linz 1939-1945, Sch. 5.426, Mappe 4402 Urfahr: Sammelakten, Amtsgericht Urfahr an Generalstaatsanwalt beim OLG Linz, 27.5.1943
[366] Ebd., Staatsanwaltschaft beim OLG Linz 1944, Sch. 5.481, Mappe 550/44: Strafsachen, Präsident des OLG Linz an die Generalstaatsanwaltschaft beim OLG Linz, 12.9.1944
[367] DÖW, 8.361: Unveröffentlichte Manuskripte für das von der Bundesregierung herausgegebene Rot/weiß/rot Buch 1946, Berichte verschiedener Gendarmeriepostenkommandos in Oberösterreich, Der Kommandeur der Gendarmerie bei dem RStH in OD RV 5200 II- Nr. 3033/33. Linz, 2.10.1944
[368] Bericht des Gendarmeriepostenkommandos Perg an den Sicherheitsdirektor für das Mühlviertel vom 22. April 1946 betreffend Zwangseintritt zur Waffen-SS, zitiert nachWiderstand und Verfolgung in Oberösterreich 1934-1945. Eine Dokumentation 2 (wie Anm. 96) 473

berichtete im Dezember 1944 in einem abgefangenen Brief an seinen wegen Wehrkraftzersetzung angeklagten Bruder über die Zustände im Wehrertüchtigungslager in Kammer-Schörfling: Er beklagte sich über die allgemein schlechte Behandlung. Man werde „geschliffen", immer heiße es „marsch, marsch", und zu essen gebe es kaum etwas. Auch berichtete er über die dortigen Anwerbemethoden zur SS: Als es der Jugendliche abgelehnt habe, sich freiwillig zu melden, habe ihm der Obergefolgschaftsführer eine Sprengkapsel unter die Nase gehalten und gedroht, ihn, wenn er sich nicht zur SS melde, in die Luft zu sprengen. Da er sich dennoch nicht zur SS gemeldet habe, wäre er strafweise noch schlechter behandelt worden.[369]

Die von den NS-Behörden abgefangenen Briefe einer Vorschülerin des NSV-Kindergartens in Losenstein (Jahrgang 1927) an ihren Freund, einen Soldaten, gegen den ein Verfahren wegen Wehrkraftzersetzung, Landesverrat und Fahnenflucht anhängig war, zeugen nicht nur von der abgeklärten Beobachtung der Kriegsgeschehnisse durch die Verfasserin, sondern auch von ihrer Sehnsucht nach Frieden und privatem Glück. In einem Brief vom 20. Juli 1944 schrieb sie an ihren Geliebten: „Mir wäre es viel lieber, Ihr [ihr Freund und ihr Vater; Anm. T.D.] würdet mit den Engländern oder Amerikanern kämpfen, denn ich glaube, so roh sind die bestimmt nicht wie die Russen. Ich kann zwar den Russen gut verstehen, er kann freilich keine Rücksicht nehmen, sonst würde er ja nicht weiter kommen." Wenige Tage später berichtete sie: „Wir hatten Fliegeralarm. Auf der Kirche haben sie mit den Glocken geläutet und geschossen haben sie auch wie die Narren. Ganz hell licht wars für mich endlich mal wars interessanter. Ach, das könnte von mir aus öfter sein, ja aber auf unsere armen Nazi denke ich garnicht, was glaubst, was die für Angst haben [...]" In mehreren abgefangenen Briefen vom August 1944 meinte sie: „Dieser verfluchte Krieg muss diese Schönheit und den Frieden zerstören. Bei uns zerstören diese Pifke den Frieden", und weiter: „Ja mein armer süsser Hansl, ich habe recht grosse Angst um Dich, am liebsten wäre es mir, Du und Papa könnten bei den Partisanen sein." Schließlich hoffte sie: „Nun mein Hansl, ich denke im Winter können wir beide schon Schifahren gehen, es kann doch nicht mehr so lange dauern, was denkst, denn der Engländer und der Amerikaner ist ja auch nicht umsonst ein zweites Mal in Frankreich gelandet."[370]

---

[369] OÖLA, Sondergerichte 1913-1966, Sch. 893: 2 Js 284/45
[370] Ebd., Sch. 886: 2 Js 956/44

Die Prognose war freilich etwas zu optimistisch. Im September 1944 wurde noch der Jahrgang 1928 als „letzte Blutreserve" aufgeboten. Ende Februar 1945 begann man Jungen des Jahrgangs 1929 in der hintersten Verteidigungslinie einzusetzen. Am 10. Februar 1945 gab Gauleiter Eigruber in einem Rundspruch an alle Kreisleiter und Landräte bekannt, dass jede besiedelte Ortschaft, jedes Dorf, jeder Markt, jede Stadt, jeder Verkehrsknoten entlang jeder Reichsstraße in Verteidigungszustand zu setzen sei. Diese Aufgabe habe vom Deutschen Volkssturm unter Heranziehung auch der HJ durchgeführt zu werden, wobei die militärische Leitung dem Heer oblag.[371]

Im Rahmen der Aufstellung des Deutschen Volkssturms hatte für die eingezogenen Jungen in Bannausbildungslagern eine kurze militärische Ausbildung zum Volkssturmsoldaten zu erfolgen.[372] Nach der Vorstellung von Gauleiter Eigruber sollte der HJ-Volkssturm noch gegen die vorrückenden US-amerikanischen Truppen eingesetzt werden.[373] In Schärding am Inn etwa sollte der Volkssturm samt einigen Hitlerjungen die Verteidigung der Stadt übernehmen. Bei ihrer Befreiung durch die US-Armee fanden zwei Hitlerjungen den Tod.[374]

In den Sog der Eskalation von Gewalt und Mord des NS-Regimes in den letzten Wochen und Tagen seines Bestehens gerieten auch einige Angehörige der HJ, die an Hinrichtungen und Exekutionen beteiligt waren, bzw. an solchen beteiligt wurden. So waren etwa bei der „Mühlviertler Hasenjagd" auf geflüchtete KZ-Insassen, die Anfang Februar 1945 zu Hunderten aus dem Konzentrationslager Mauthausen ausbrechen hatten können, auch Hitlerjungen bei der Erschießung von KZ-Häftlingen beteiligt.[375] Bei der Justifizierung von insgesamt 13 Personen, darunter acht Angehörigen der anitfaschistischen Freistädter Widerstandsgruppe, die im so genannten „Freistädter Prozess" zum Tod verurteilt worden waren, bestand das ganze Exekutionskommando aus Jugendlichen. Am 1. Mai 1945 wurden die Wi-

---

[371] DÖW, 8.358: Unveröffentlichte Manuskripte für das von der Bundesregierung herausgegebene Rot/weiß/rot Buch 1946, Oberösterreich Bezirk Rohrbach: Der Gauleiter und Reichsstatthalter in Oberdonau, Rundspruch Nr. 26/45 an alle Kreisleiter und Landräte durchgegeben am 10.2.1945, 2 Uhr
[372] Unsere Hitler-Jugend steht im Kriegseinsatz. Schanzeinsatz, Volkssturm und Betreuung von Flüchtlingen an vorderster Stelle. In: Oberdonau-Zeitung. Tages-Post. Amtliche Tageszeitung der NSDAP/Gau Oberdonau, 8. Jg. Nr. 83 vom 10. April 1945
[373] Ralf Roland Ringler, Illusion einer Jugend. Lieder, Fahnen und das bittere Ende. Hitler-Jugend in Österreich. Ein Erlebnisbericht (St. Pölten – Wien 1977) 141
[374] DÖW, 40.073: Siegwald Ganglmair, Die Stadt Schärding im ersten Nachkriegsjahr. Mit einer Beilage. Heinrich Ferihumer: Vor 20 Jahren. Der Umbruch in Schärding im Jahre 1945, Wien 1983, Beilage 1, „Ferihumer-Bericht" 1 ff., Manuskript
[375] Franz Steinmaßl, Das Hakenkreuz im Hügelland. Nationalsozialismus, Widerstand und Verfolgung im Bezirk Freistadt 1938-1945 (Grünbach 1988) 256 ff., 259 ff.

derstandskämpferinnen und Widerstandskämpfer vom Gerichtsgefängnis in Linz zum Militärschießplatz in Treffling überstellt, und dort von einer HJ-Gruppe von etwa zehn Personen im Alter zwischen 16 und 17 Jahren erschossen. Die Leichen wurden in mitgebrachte Särge gelegt und abtransportiert. Die Mitglieder der jugendlichen Exekutionsabteilung, unter denen sich auch der damals 16-jährige Sohn von Gauleiter Eigruber befand, waren nach einer vier- bis fünftägigen infanteristischen Ausbildung kurzerhand zum Volkssturm abkommandiert, und angeblich erst auf der Fahrt nach Treffling über die bevorstehende Hinrichtung informiert worden:[376] „Der Leiter der Exekution befahl, daß zuerst die zwei Frauen erschossen werden. Auf das Kommando unseres Heimführers [des HJ-Heimes in Linz; Anm. T.D.] ‚legt an, Dauerfeuer!' gaben wir auf die Gefangenen einen kurzen Feuerstoß ab. Der gleiche Vorgang wiederholte sich dann auch bei den Männern, welche auf die gleiche Weise zu je drei erschossen wurden. Nach jeder Justifizierung überzeugte sich der Heimführer, ob die Opfer auch tot seien. Mehreren Opfern, wo er noch Lebenszeichen wahrnahm, gab er mit der Pistole den sogenannten Gnadenschuß in den Kopf."[377]

„Wir sind ja so erzogen worden." So betitelte das „Linzer Volksblatt" vom 12. April 1946 einen Artikel, in dem über einen Prozess vor dem Welser Jugendschöffengericht gegen einen sechzehneinhalbjährigen HJ-Scharführer aus Mettmach und einen siebzehneinhalbjährigen Mittelschüler aus Ried im Innkreis berichtet wurde, die beide der Mitschuld am Verbrechen des Mordes angeklagt waren. Empört über die Skrupellosigkeit der beiden Halbwüchsigen, die „auf Befehl jeden Menschen ermordet" hätten, berichtete das Blatt, dass die Beschuldigten seit Ende 1944 Angehörige des Volkssturms gewesen und als solche am 2. Mai 1945 von der Kreisleitung der NSDAP in Ried im Innkreis zur Besetzung der dortigen Panzersperren abkommandiert worden waren. Vom HJ-Bannführer und Kreisstabsführer des Volkssturms hatte ein Oberfeldwebel den Befehl erhalten, einen italienischen Zwangsarbeiter vom Arrest abzuholen und zu exekutieren. Der Oberfeldwebel hatte den zu Erschießenden vom Polizeiarrest abgeholt, wozu er die beiden Jugendlichen mitgenommen hatte. Gemeinsam waren sie zum Friedhof marschiert, wo der Oberfeldwebel den Zwangsarbeiter

---

[376] OÖLA, Sondergerichte 1913-1980, Sch. 470: 3 St 1934/48, Vg Vr 3144/48; sowie Steinmaßl, Das Hakenkreuz im Hügelland (wie Anm. 375) 121 ff., 127 ff.
[377] DÖW, 2.620: Verhörprotokoll der Kriminalabteilung der Polizeidirektion Linz mit einem 17-jährigen Schüler und HJ-Mitglied vom 13. Juni 1945, zitiert bei: Steinmaßl, Das Hakenkreuz im Hügelland (wie Anm. 375) 152

mit einem Genickschuss getötet hatte. Der Erschossene war von den dreien in ein Deckungsloch geschliffen und verscharrt worden. Wegen Beihilfe zum Mord wurden die beiden Jugendlichen zu einer Rahmenstrafe in der Dauer von zwei bis vier Jahren Gefängnis verurteilt.[378]

Nachkriegsjugend

> „Und dann gibt es plötzlich Krieg, aber die Familie ist nicht wirklich betroffen, man muß nicht hungern, das Land ist zu nahe [...] Ein paar Angriffe auf die Stadt, Herzbeschwerden im Keller, Rheuma und Bronchialkatarrh. Der tägliche Wehrmachtsbericht und das verständnislose Kopfschütteln über die veränderte Welt. Und eines Tages kommt das Ende, und jeder hat jetzt gewußt, es wird so kommen, einige sind tot, ein paar andere ruiniert, und neue Leute sitzen im Stadtrat und haben dieselben Gesichter und Namen wie ihre Vorgänger. Alles kommt langsam ins alte Geleise, die Witwen heiraten wieder, neue Kinder werden geboren, und was aufgewacht war, schlummert leise wieder ein. Die große Trägheit schlägt wieder über dem Städtchen zusammen."[379]

Das Ende der NS-Herrschaft stellt zweifelsohne eine zentrale Epochengrenze und welthistorische Zäsur dar. Doch jede historische Zeit ist aus der gelebten Lebenszeit von Menschen gewoben, die, wie die Kinder und Jugendlichen des Krieges – sofern sie diesen physisch überlebten –, den Großteil ihres Lebens im Regelfall noch vor sich hatten. Das Jahr 1945 mit all seinen tiefgreifenden Veränderungen von Lebensrealitäten und gesellschaftspolitischen Orientierungen fügte sich in deren Lebenskontinuum ein. Doch stellt sich die Frage, wie die kollektiven Aufforderungen der NS-Erziehung an die Jugend zur Härte, Leistung und Pflichterfüllung – nur nicht weich, schwach, gefühlvoll und zärtlich zu sein – in der Entwicklung des Einzelnen nach 1945 weiter wirkten, wie die Erlebnisse des Todes, der Ermordung des Feindes im Krieg, das Mitansehen von Kriegsverbrechen auf jugendliche Psychen weiter wirkten. Auch wenn man – wie die Mehrheit – die NS- und Kriegszeit mit angepasster Anschauung überstand, so ereilte den Jugendlichen bei Kriegsende oft der Zusammenbruch. Alles, woran der jugendliche Idealismus geglaubt hatte, brach zusammen: das Selbstbewußtsein einer „nordischen Herrenrasse" anzugehören, der Traum vom Großdeutschen Reich, der Fahneneid, die Gefolgschaftstreue.

---

[378] DÖW, 19.189/6: Linzer Volksblatt, 12. April 1946
[379] Marlen Haushofer, Eine Handvoll Leben (München 1998) 181/182

Die Erinnerungen an die Zeit vor dem „Zusammenbruch" konnten auf die eine oder andere Weise das weitere Leben prägen, konnten aber ebensogut verblassen. Für führergläubige Jugendliche war das Jahr 1945 wohl der Krisen- und Wendepunkt ihres Lebens. Wer 1945 noch in der Pubertät war, den durchwirkte die nationalsozialistische Prägung meist nicht sehr tief. Jugendliche dieses Alters waren zu jung für eigene Überzeugungen bzw. erlebten den Nationalsozialismus in der Phase seines Niedergangs. Für sie konnte die NS-Zeit rasch in eine Vergangenheit abtauchen, die keine länger dauernden psychischen Probleme verursachte. Bei wem Teilübereinstimmungen mit der nationalsozialistischen Ideologie bestanden – und gerade diese (und nicht die Vollübereinstimmung) gaben dem Nationalsozialismus überhaupt erst seine Massenbasis – , der konnte sich nach 1945 verhältnismäßig leicht des „NS-Bestandteils" entledigen und einen „Nicht-NS-Bestandteil" als das eigentliche Kontinuitätselement der eigenen Persönlichkeit interpretieren. Dieses Muster einer psychischen Entlastung vor der Instanz des eigenen Ichs konnte auch die Eingewöhnung in die Nachkriegsdemokratie erleichtern.[380]

Als Orientierungsmaßstab für die Jugend hatte die Ideologie des Nationalsozialismus nach 1945 jedenfalls im überwiegenden Maß kaum mehr eine Bedeutung: Mit dem macht- und militärpolitischen Ende der nationalsozialistischen Herrschaft verblasste auch sehr schnell seine bewusstseins- und haltungsbestimmende Kraft. So sehr der „Führer" von den „verführten Führern"[381] unter der Jugend sakralisiert und mythisiert worden war, so wenig weinten diese der „Hitlerleich" eine Träne nach. Wohl kaum ein Jugendlicher konnte nach 1945 im Nationalsozialismus etwas Zukunftsträchtiges sehen. Auch bei der Jugend bestand wenig Zweifel darüber, dass nun die Siegermächte das Sagen hatten.[382] Vor allem die nach 1945 dominante US-amerikanische Konsum- und Freizeitkultur eröffnete vielen Jugendlichen ein Tor in eine neue Welt, und ließ wenigstens in vagen Umrissen eine Zukunft erkennen, in der man ohne Marschschritt und Uniform, dafür aber mit privaten Vergnügungen und Annehmlichkeiten leben konnte.

Alte, ansozialisierte und andisziplinierte Werte konnten dabei freilich in die neue Zeit mitgenommen, und an die kapitalistischen Leistungs- und Erfolgsideologien der Nachkriegszeit angepasst werden. Die sozialen Tugen-

---

[380] Rolf Schörken, Jugend 1945. Politisches Denken und Lebensgeschichte (Frankfurt am Main 1995) 139
[381] So die Selbstbeschreibung von Reichsjugendführer Baldur von Schirach 1946 vor dem Internationalen Militärgerichtshof in Nürnberg; vgl. Klönne, Jugend im Dritten Reich (wie Anm. 7) 8
[382] Schörken, Jugend 1945 (wie Anm. 381) 140 ff.

den von Tüchtigkeit, Pflichtbewusstsein, Gehorsam, Sauberkeit und Disziplin, wie sie vom Nationalsozialismus gesellschaftlich reklamiert und faschistisch deformiert worden waren, konnten auch nach 1945 in einem demokratischen Kontext einer Wiederaufbaugesellschaft funktional sein und von der Welt der Erwachsenen eingefordert werden. Ideologische Überhänge eines NS-spezifischen Sozialdarwinismus, wonach nur das Gesunde und Starke sich durchsetzt und überleben darf, das Kranke und Schwache zugrundegehen oder ausgemerzt werden müsse, konnten in Verhaltensmustern der Aufbauzeit nach 1945 weiterleben, vor allem auf dem gesellschaftspolitisch harmloseren Feld der wirtschaftlichen Aktivität. Korrespondierend dazu überdauerten die Intoleranz gegenüber Normabweichungen, Normabweichern und Außenseitern sowie die in der NS-Zeit gepflegte Vorurteile gegen „rassisch Minderwertige".[383]

Doch sollte die Prägekraft des Nationalsozialismus für die Herausbildung politischer Zielsetzungen bei Jugendlichen trotz aller Totalität des HJ-Systems keineswegs überschätzt werden. In der Interpretation von Arno Klönne war die ideologische Wirkung der HJ-Sozialisation primär die der Verhinderung von politischem Nachdenken, politischen Experimenten und Utopiebildungen.[384] Bereits während der NS-Herrschaft konnte sich unter Jugendlichen eine Skepsis gegenüber jedweder gesellschaftlichen Utopie herausbilden. Der „Zusammenbruch" der NS-Ideologie konnte völlige Orientierungslosigkeit, Verstörung und Verunsicherung bei jenen Jugendlichen bedeuten, die das NS-Regime überwiegend akzeptiert hatten. Deren Eltern – die Väter oft selbst verstörte oder traumatisierte Kriegsheimkehrer, die Mütter oft mit dem Überleben im Alltag vollauf beschäftigte „Trümmerfrauen" – konnten hier wohl wenig Halt bieten. Im krassen Gegensatz zum totalen Erziehungsanspruch in der Zeit davor, war in der unmittelbaren Nachkriegszeit die Jugend oft sich selbst überlassen, einer Welt ausgesetzt, der sie mit wenig Vertrauen gegenüber stand, konfrontiert mit der schweigsamen Scham der Täter- und Opfer-Eltern, und mit den eigenen Gefühlen des emotionalen Zukurzgekommenseins. Diese Unverstandenheit sowohl der Eltern als auch der Kinder konnte in der unmittelbaren Nachkriegszeit zu tiefen Verständigungsgräben zwischen den Generationen führen.[385]

---

[383] Kannonier-Finster, Hitler-Jugend auf dem Dorf (wie Anm. 9) 194 ff.
[384] Klönne, Jugend im Dritten Reich (wie Anm. 7) 131
[385] Margaret Mead, Der Konflikt der Generationen. Jugend ohne Vorbild (Olten – Freiburg im Breisgau 1971)

Für die westdeutschen Gegebenheiten wurde diese Nachkriegsjugend als eine „skeptische Generation" bezeichnet, gekennzeichnet von ernüchterter Entpolitisierung und Entideologisierung, aber auch von einem skeptisch-nüchternen Realitätssinn, mit dem den Anforderungen einer modernen Gesellschaft in einem hohen Maß angepasst entsprochen wurde. Der Skeptizismus dieser „erwachsenen Jugend" bedeutete nicht nur eine Absage an romantische Freiheits- und Naturschwärmereien oder einen vagen Idealismus, sondern auch eine generelle Skepsis gegenüber intellektuellen Planungs- und Ordnungsschemata. Das Realitätsverlangen dieser Jugend wurde als „Konkretismus", mit einem klaren Sinn für das Mögliche, Nötige und Nützliche, umschrieben. Aus der Grunderfahrung einer existenziellen sozialen Unsicherheit habe sich für diese Generation das Gefühl einer permanenten Gefährdung des Menschen – von außen und innen – generiert, ein Bewusstsein, das kritischer, skeptischer, misstrauischer, glaubens- und illusionsloser, aber auch toleranter (im Sinne der Hinnahme eigener und fremder Schwächen), pathosloser, programm- und parolenloser als das der Jugendgenerationen zuvor wäre. Diese Jugend wurde als eine Generation beschrieben, die sich auf das Überleben eingerichtet habe, und sich nicht mehr opfere.[386]

Aus dem Blick der zeitgenössischen Jugendpolitik fiel die Bewertung der oberösterreichischen Jugend im Vergleich dazu viel skeptischer aus. Sicherlich intentional (auf das Ende der alliierten Besatzung hinwirkend), zeichnete die oberösterreichische Landesregierung ein düsteres Bild von der moralischen und sittlichen Lage der Jugend des Landes. So wies ein Bericht an das Bundeskanzleramt darauf hin, „dass unsere Jugend körperlich und seelisch infolge der Besatzung und aller damit zusammenhängenden Tatsachen ungleich größeren Gefahren ausgesetzt ist, als dies zu normalen Zeiten, wenn auch nach Kriegsjahren, der Fall wäre." Man beklagte das Ansteigen der Kriminalität vor allem bei der männlichen Jugend: „Wenn auch die militärische Erziehung durch das NS-Regime und die damals übliche und glorifizierte Ausrichtung auf Kampf und Nichtachtung menschlichen Lebens möglicherweise den Hauptteil an dieser verderblichen Entwicklung haben, kann nicht übersehen werden, dass derzeit viele dieser Jugendlichen durch die Betätigung im Schleichhandel die Möglichkeit haben, sich mühelos ohne geregelte Arbeit ein mehr als auskömmliches Leben zu sichern [...] Körperlich und seelisch ausgehungert

---

[386] Helmut Schelsky, Die skeptische Generation. Eine Soziologie der deutschen Jugend (Düsseldorf – Köln 1957) 84 ff., 488-489

durch den Krieg und seine Entbehrungen, sahen sich diese jungen Menschen nach der Besetzung Vertretern einer Welt gegenüber, denen fast alles an irdischen Gütern in reichem Maße zur Verfügung steht. Für eine Tafel Schokolade, eine Konservendose oder ein Päckchen Zigaretten wurden in vielen, vielen Fällen alle Hemmungen beiseite geworfen." Besonders erschreckend schienen dem Berichterstatter die sexuellen Gefährdungen, denen vor allem Mädchen ausgesetzt waren: „Waren den Jugendämtern im Lande Oberösterreich bis Ende 1945 insgesamt 229 minderjährige Mädchen als geschlechtskrank gemeldet worden, so stieg diese Zahl im Jahr 1946 sprunghaft auf 522 (in der amerikanischen Zone von 193 auf 476) [...] 1946, in dem die Ernährung der heimischen Bevölkerung einen kaum erträglichen Tiefstand aufwies, war das Jahr, in dem Schokolade, Konserven und Zigaretten auf diese Jugendlichen die verlockendste und zugleich verderblichste Wirkung ausübten. Im Jahr 1947 sank die Zahl von 522 auf 452 und beträgt derzeit 197."[387]
Ohne auf die bereits vor 1945 hohe Zahl an Geschlechtskrankheiten auch bei Jugendlichen einzugehen, wurde vor allem die sittliche Gefährdung durch die alliierte Besatzung betont, die jedem offensichtlich sein müsse „der die grellgeschminkten Mädchen mit den phantastischen Ohrringen und sonstigen nicht bodenständigen Zutaten vor den Unterkünften der Besatzungstruppen herumlungern gesehen" habe. „Bei diesen jungen Menschen setzten nun die Bemühungen der Jugendwohlfahrtsbehörden ein, die Verwahrlosung ist aber in den meisten Fällen schon so tiefgehend, dass Belehrung und Verwarnung nichts mehr fruchten. Weiblichen Wesen, die im Alter von 15 bis 18 Jahren ihre Kenntnis geschlechtlichen Erlebens bis zur Vollendung vervollständigt haben, ist mit guten Worten und Ermahnungen nicht mehr zu helfen. Vom Gericht unter Fürsorgeerziehung gestellt, unterstehen sie nun den Maßnahmen der Behörden; Pflegeplatz und Erziehungsanstalt sind dann die Mittel, mit denen das angerichtete Unheil wieder gutgemacht werden soll." Im Jahr 1947 standen insgesamt 1522 Minderjährige, davon 927 Knaben und 595 Mädchen, unter der Betreuung der Fürsorgebehörden.[388] Zudem war an die Errichtung eines Übergangsheimes für aufgegriffene, verwahrloste oder von Verwahrlosung bedrohte Unmündige und Jugendliche in Linz gedacht, sowie an die Errichtung einer eigenen Landes-Erziehungsanstalt in Schloss Würting. Man überleg-

---

[387] OÖLA, Politische Akten, Sch. 50: Einzelstücke 2, Zl. 1342/36-59 (bzw. 1409/1342/36-59), Bericht an das BKA betreffend Auswirkungen der Besatzung Österreichs bzw. OÖ für ein herauszugebendes Weißbuch 1948/49, (Entwurf) Verfasser: Dr. Wopelka, Abt. Kultur
[388] Ebd.

te die Förderung der Erziehungsanstalt vom „Guten Hirten" in Baumgartenberg sowie „die Wiedererrichtung der Anstalt für Schwachsinnige (Idioten) in Hartheim bei Alkoven". Darüber hinaus dachte man an die Errichtung einer eigenen Anstalt für arbeitsscheue Jugendliche: Denn „der Jugend wieder richtige sittliche Begriffe beizubringen, gehört zu den unabweislichen Notwendigkeiten."[389]
Etwas andere Schwerpunkte schienen die von der oberösterreichischen Landesregierung so übel beleumundeten US-Militärbehörden zu setzen: So war man bestrebt, eine Jugendbewegung auf breiter Basis („all Austrian youth activity movement") zu fördern, die sowohl die organisierte, als auch die nicht organisierte Jugend einschloss. Man wollte die Moral der Jugend heben, ihren allgemeinen Gesundheitszustand verbessern und die Jugendkriminalität senken. Ziel war die Entwicklung eines Erziehungsprogrammes, das die Schulung verantwortungsbewusster erwachsener Staatsbürger förderte. In enger Kooperation mit den US-Militärbehörden plante man in Oberösterreich die Gründung von Jugendzentren („youth centers"), die unter anderem über Handarbeitszentren, Lese- und Spielräume verfügen, und ein individuell gestaltetes Programm sowie sportliche Veranstaltungen und Ausflüge anbieten sollten.[390]
Korrespondierend dazu kam es von Seiten des oberösterreichischen Jugendamts unter Wilhelm Blecha zur Formulierung eines Jugendprogramms, das sich in differenzierter Weise mit den Problemen der Jugend und der Jugendverwahrlosung auseinandersetzte: „Die Jugendverwahrlosung ist gegeben", so Blecha, „sie ist nicht größer, als die menschliche Gesellschaft sie verschuldet hat. Jede Anklage gegen die Jugend ist eine Anklage gegen diese menschliche Gesellschaft."[391]
Gemeinsam mit der oberösterreichischen Landesregierung organisierten die US-Armeebehörden diverse Jugendveranstaltungen (Schiffsausflüge auf der Donau, Kinoveranstaltungen für Kinder). In einer oberösterreichischen Bezirksstadt gingen die Jugendlichen von selbst daran, einen eige-

---

[389] OÖLA, Amt der Landesregierung seit 1945 / Präsidium, Sch. 8: Zl. Präs-18.201/1947, Undatierte Aktennotiz 1947
[390] Ebd.: Headquarters Land Upper Austria Area Command (Station Complement Unit 7831) APO 174 US Army, Pläne des Hautpquartiers des Oö. Gebietskommandos bezüglich Tätigkeit der österreichischen Jugend und Unterstützung durch das amerikanische Militär, Schreiben an LH Heinrich Gleißner, 6.5.1947
[391] Ebd., Sch. 9: Zl. Präs-22.727/1947, Das Jugendprogramm. Ein Selbsthilfeprogramm der österreichischen Jugend. Von Dr. Wilhelm F. Blecha. Vortrag im Jugendparlament in Linz, Landhaus, 12.6.1947

nen Jugend-Gemeinderat zu bilden, der einen Jugend-Bürgermeister und Jugend-Stadträte wählte.[392]
Für die Planung, Finanzierung und Durchführung dieser Jugendaktivitäten kam es in der weiteren Folge zur Errichtung eines eigenen Büros der „Assistance to Austrian Youth Activities" (AAYA, „Amerikanisches Jungendhilfswerk für Österreich") in Linz, das der Education Division (USACA, Erziehungsabteilung Alliierte Kommission Amerika) in Wien unterstand, und für die US-Zone Oberösterreichs zuständig war. Über das AAYA-Büro erfolgte der Ankauf von Sportgeräten sowie die Errichtung, Ausstattung und Erhaltung von Jugendheimen unter anderem in Vöcklabruck, Marchtrenk und Linz. Mittels sinnvoller Freizeitgestaltung durch Sport (vor allem Basketball und Volleyball), Spiel, Musik und verschiedene Handfertigkeiten, sollte unter dem Begriff der „Recreation" der Verwahrlosung der Jugend entgegengetreten, und Gesundheit, Charakterbildung sowie ethisches Denken gefördert werden. Denn „wie ein Kind seine Freizeit verbringt, so entwickelt es sich später als Mensch." Da die US-Erzieherinnen und Erzieher zum Beispiel feststellten, dass alle Kinder stets in der besten Sportmannschaft sein wollten, und keiner verlieren konnte, sahen sie die Erziehung zum „Fair Play" als eine besonders wichtige Aufgabe. Neben dem Programmangebot für Kinder zwischen sechs und 14 Jahren wurden auch Studentenklubs für Teenager geschaffen, um diese zu Eigenverantwortung und eigener Meinungsbildung zu erziehen. Besonderen Wert legte man dabei auf Diskussionen, die vorwiegend in englischer Sprache stattfanden, etwa zum Thema: „The World I Want". Doch sollte „Freizeitgestaltung [...] niemals für irgendwelche Zwecke politischer oder propagandistischer Natur missbraucht werden."[393]
„[Die Jugend] wird auch zeigen, dass sie selbst fähig ist zum Guten und wird dokumentieren, dass sie Gutes will und dass sie bereit ist, selbst mitzuhelfen, die Jugendverwahrlosung und Kriminalität zu beseitigen, wenn ihr die Möglichkeit dazu gegeben wird und wir Erwachsenen ihr dazu die Hände reichen," resümierte Wilhelm Blecha.[394]
Für diese angedeutete partnerschaftliche Herangehensweise wäre sicher eine strahlende Vorbildwirkung seitens der Erwachsenen hilfreich gewe-

---

[392] Ebd.
[393] OÖLA, Amt der Landesregierung seit 1945 / Präsidium, Sch. 35: Zl. Präs-2043/1949, Protokoll der am 9. bis 11.9. stattgefundenen Tagung aller Angestellten und Mitarbeiter des Vereins „Guter Nachbar in Rinbach" Education Division AAYA-Office
[394] Ebd., Sch. 9: Zl. Präs-22.727/1947, Das Jugendprogramm. Ein Selbsthilfeprogramm der österreichischen Jugend. Von Dr. Wilhelm F. Blecha. Vortrag im Jugendparlament in Linz, Landhaus, 12.6.1947

sen. Doch gerade auf dem die Kinder und Jugendlichen direkt tangierenden Bereich der Schule war von moralischer Vorbildlichkeit in Oberösterreich wenig zu spüren. Angesichts des beträchtlichen Lehrermangels wurden verschiedenenorts nationalsozialistisch belastete Lehrerinnen und Lehrer im Dienst belassen. Darüber hinaus bildete sich gleich nach Kriegsende über die Besetzung von Schuldirektorenposten ein dichtes Geflecht von Parteienvereinbarungen zwischen ÖVP und SPÖ aus, wobei die „schwarze" Landeslehrerschaft bei den Stellenbesetzungen mit Abstand dominierte. So war in allen oberösterreichischen Mittelschulen nicht ein einziger Direktorenposten in der Hand der Sozialisten. Die Ernennungen von Direktorenposten im Parteienproporz führte an Linzer Gymnasien aufgrund der forschen Personalpolitik der ÖVP zu einem heftigen Parteiengerangel zwischen dem Linzer Bürgermeister Ernst Koref (SPÖ), Landeshauptmann Heinrich Gleißner (ÖVP) und dem ÖVP-Unterrichtsminister Felix Hurdes.[395]

Seit dem Ende des zwölfjährigen Reichs sind mittlerweile Jahrzehnte vergangen. Die Generationen, die unter der Befehlsgewalt des Hakenkreuzes aufgewachsen sind, haben – soweit sie nicht auf den Schachtfeldern des Zweiten Weltkrieges gestorben sind – die Rekonstruktion und den Wiederaufbau der Zweiten Republik wesentlich mitbestimmt. Die „Generation HJ" wurde zur Trägerin des „Wirtschaftswunders" und der Integration Österreichs in den westeuropäisch-demokratischen und kapitalistischen Konsens nach 1945. Ihre HJ-Sozialisation trug – neben andere Maßnahmen des NS-Systems – dazu bei, die historisch gewachsenen Besonderheiten bürgerlicher und proletarischer, städtischer und ländlicher Jugendmilieus zu verwischen. Unter den günstigen ökonomischen Bedingungen eines Wirtschaftswachstums war dies der Herausbildung einer nivellierenden Mittelstandsgesellschaft ab den 1950er Jahren durchaus dienlich.[396] In dieser wurden sie die neuen Eliten in Staat, Verwaltung und Wirtschaft der 1960er und 1970er Jahre. Viele suchten in der entstehenden Wohlstands- und Konsumgesellschaft ihr berufliches und privates Glück. Wohl nur ganz wenige setzten sich aktiv mit dem auseinander, was der in Linz aufgewachsene und bis zu seinem Tod dort wohnhafte Schriftsteller und Herausgeber Heimrad Bäcker – frei nach Sigmund Freud – als „psychische Infektion" bezeichnete.[397] In vielerlei Hinsicht war Bäcker ein ty-

---

[395] Ebd., Zl. 1929/1949
[396] Klönne, Jugend im Dritten Reich (wie Anm. 7) 307
[397] Veichtlbauer – Steiner, Heimrad Bäcker (wie Anm. 63) 85

pischer Jugendlicher seiner Zeit gewesen. Geboren 1925, kam er 1941 als Volontär zur Linzer „Tages-Post", schrieb dort hagiografische Artikel, und arbeitete bis Kriegsende bei der HJ-Gebietsführung Oberdonau, zuletzt im Dienstrang eines Gefolgschaftsführers. Im Mai 1945 wurde er von den Amerikanern zu Arbeiten in den Krankenbaracken des ehemaligen Konzentrationslagers Mauthausen herangezogen.[398] Diese direkte Konfrontation mit dem Grauen des Nationalsozialismus setzte bei ihm offensichtlich einen Prozess der Katharsis in Gang. Zunehmend empfand er ein wachsendes Befremden darüber, wie seine ehemaligen Kameraden aus der HJ, denen er an der Wiener Universität und später in Linz wieder begegnete, bruchlos zur Tagesordnung übergingen und ihre Nachkriegskarrieren planten, als ob nichts gewesen wäre.[399]

„Dieser Mann [Adolf Hitler; Anm. T.D.] hat meine Jugend verwüstet; ich habe ein Recht darauf, die Verwüstung nicht für immer hinzunehmen, " notierte Bäcker. Sein existenzielles Bedürfnis, seine eigene Verblendung als Hitlerjunge zu begreifen, wurde ihm zur literarischen Lebensaufgabe. Es kam zu einer frühen und intensiven Auseinandersetzung mit Dokumenten und Darstellungen der NS-Zeit, die – mittels Stilmitteln der Konkreten Poesie – in seine dokumentarische Dichtung einfloss, in der sich das historische Material zur literarischen Konkretisierung verdichtete. Seine 1986 und 1997 erschienene „nachschrift" war gleichsam ein biografisch motiviertes historisches Nachschreiben.[400] Das montageartige Herantasten, die Dekonstruktion und Offenlegung der NS-Sprache durch Reduktion und Isolation, bearbeitete das historische Sprachmaterial. In den von Bäcker verwendeten Zitaten treten die Verbrechen des Nationalsozialismus offen zu Tage. Man muss nur lesen, nur nachlesen, was der Hitlerjunge Bäcker offensichtlich überlesen, nicht gelesen, nicht verstanden hatte. Es genügt, bei der Sprache zu bleiben, die in den NS-Dokumenten aufbewahrt ist.

In diesem langwierigen literarischen Prozess der nachträglichen Korrektur jener Fehllektüre, die erst im Nachlesen der historischen Dokumente USACA, Erziehungsabteilung Alliierte Kommission Amerika die ihnen innewohnende Grausamkeit und Entsetzlichkeit offenbart, stellte sich

---

[398] Österreichisches Literaturarchiv der Österreichischen Nationalbibliothek Wien, Nachlass Heimrad Bäcker, Sch. 24/149: ÖLA 215/03, Gruppe 1.3
[399] Klaus Amann, Heimrad Bäcker. Nach Mauthausen. In: Die Rampe. Hefte für Literatur: Porträt Heimrad Bäcker (Linz 2001) 19
[400] Heimrad Bäcker, nachschrift (wie Anm. 75); Heimrad Bäcker, nachschrift 2. Hg. v. Friedrich Achleitner (Graz – Wien 1997); vgl. auch Klaus Amann, Die Dichter und die Politik. Essays zur österreichischen Literatur nach 1918 (Himberg 1992) 233 ff.

Heimrad Bäcker eine sicherlich nicht nur individuell biografisch bedeutsame Frage, die er für sich in folgender Weise beantwortete:
„War jener junge Mann Nationalist oder Nationalsozialist? Aber nein, er war bloß dafür; d.h. für etwas, das im Schwange war und sich idealistisch gab, für etwas, das zum Höheren in irgendeinem Sinne Verbindung hatte (und sei es über Propaganda), also für das Höhere, das es offenbar (in diesem Stadium zumindest) gab, es hatte mit Volk und Gemeinschaft und mit Opfer zu tun, und es hatte mit dem Tod zu tun, aber alles dies steckte in einem Kokon von Illusion und Selbstbetrug, aber der Mann machte es sich nicht klar. Viel später wird er sich (und jenen, die er in diesem zweifelhaften Zustand liebte und nicht in Frage stellte) auf die Schliche kommen, aber es wird zu spät sein, weil alles geschehen sein wird, was nicht nur für ihn und seine begrenzte und beschränkte Idealität undenkbar schien, sondern bis zu einem Grade undenkbar war, dass keiner der Lebenden es je gedacht hatte."[401]

---

[401] Heimrad Bäcker, Unveröffentlichte Notiz, ohne Titel, undatiert (vor 1993), zitiert nach Amann, Heimrad Bäcker (wie Anm. 399) 19

VERFOLGUNG VON HOMOSEXUELLEN IN OBERÖSTERREICH IN DER NS-ZEIT

Albert Knoll und Thomas Brüstle

In jüngster Zeit unternehmen Forscher den Versuch, das geheimnisumrankte Sexualleben von Adolf Hitler in die Nähe von Homosexualität zu rücken, was letztlich aber nicht überzeugen kann.[1] Eher skurril sind auch die Erklärungsversuche für die judenfeindliche Haltung Hitlers, wenn dafür jüdische Homosexuelle aus seiner Umgebung verantwortlich gemacht werden. Beim gemeinsamen Schulbesuch in der Linzer Oberrealschule war es mit Sicherheit nicht so, dass der junge, homosexuelle und später zum berühmten Philosophen avancierte Ludwig Wittgenstein Hitler zu verführen versuchte. Antihomosexuelle Ansichten konnte Hitler in dem damals weit verbreiteten Werk „Geschlecht und Charakter" von Otto Weininger nachlesen. Die von Selbsthass geprägten Thesen des jüdischen und wohl auch homosexuellen Wieners, der mit 23 Jahren Selbstmord beging, lieferten dem nationalsozialistischen Gedankengut viele Stichworte.[2] Hitler hatte Weininger gelesen.

Methodisches

Gleichgeschlechtlich liebende Männer und Frauen im Gau Oberdonau sahen sich nach dem viel bejubelten „Anschluss" ihres Heimatlandes an das Deutsche Reich in einer erheblich stärker bedrohten Lebenssituation. Die im Strafrecht festgeschriebene Verfolgung hat eine lange Tradition. Hunderte von Oberösterreichern – und in erheblich geringerem Ausmaß auch Oberösterreicherinnen – wurden bis 1938 angeklagt, weil sie die Grenzen des eng gesteckten Sittlichkeitsrahmens übertreten hatten. Die Straffreiheit für einvernehmlich ausgeübte Sexualität zwischen Männern, wie sie der Vorkämpfer der Bürgerrechtsbewegung für Homosexuelle, Karl Heinrich Ulrichs (1825-1895), vor 140 Jahren gefordert hatte, war 1938 mehr denn je in weite Ferne gerückt.

---

[1] Lothar Machtan, Hitlers Geheimnis. Das Doppelleben eines Diktators (Berlin 2001)
[2] Eine Richtigstellung unternimmt Geoffrey J. Giles, The Institutionalization of Homosexual Panic in the Third Reich. In: Robert Gellately – Nathan Stolzfus, Social Outsiders in Nazi Germany (Princeton 2001) 233

In der Geschichtsforschung ist das Thema Homosexuellenverfolgung bis heute ein wenig anerkannter Randbereich. In Standardwerken zur Geschichte Oberösterreichs im Nationalsozialismus wurde es bislang nicht behandelt, ja es ist nicht einmal angedeutet worden.[3] Untersuchungen zur Verfolgung der Homosexuellen in Österreich sind bislang noch spärlich und haben im Vergleich zur deutschen Forschung Nachholbedarf. Zu erwähnen ist hier das groß angelegte Forschungsprojekt zur gerichtlichen Verfolgung der gleichgeschlechtlich liebenden Männer und Frauen in Österreich, das mit einem Untersuchungszeitraum von 30 Jahren (1930-1960) auch die Vor- und Nach-NS-Zeit berücksichtigt. Der Grazer Professor Christian Fleck ließ die Studie vor etwa 15 Jahren durchführen. Das Ergebnis ist eine umfangreiche Datenbank, aus der ein Exzerpt 1998 in der ÖZG unter dem Titel „Unzucht wider die Natur" veröffentlicht wurde.[4] Im Auftrag der Historikerkommission untersuchte der Wiener Historiker Niko Wahl Verfolgung und Fragen der Entschädigung von österreichischen Homosexuellen.[5] Daneben gibt es regionale Studien.[6] Grundlegende Veröffentlichungen in Deutschland zur Situation der Homosexuellen in der NS-Zeit gibt es seit den 1970er-Jahren, verstärkt seit den letzten zehn Jahren.[7]
Als hauptsächliche Quelle für den vorliegenden Beitrag diente die Sammlung der Strafgerichtsakten des Landgerichtes Linz (LG Linz) aus dem Oberösterreichischen Landesarchiv. In den Zuständigkeitsbereich des LG Linz fielen die Stadt Linz und das gesamte Mühlviertel. Damit konnten sowohl der städtische Raum als auch das vollkommen agrarisch geprägte nördliche Umland bis zur tschechischen Grenze mit jeweils eigenen Lebensmustern untersucht werden. Das Gesamtgebiet umfasste nach der Volkszählung im Mai 1939 365.000 Einwohner, von denen 129.000 auf

---

[3] Als Beispiele seien genannt: Harry Slapnicka, Oberösterreich als es „Oberdonau" hieß (Linz 1978); Nationalsozialismus in Linz 1 und 2. Hg. v. Fritz Mayrhofer – Walter Schuster (Linz 2001)

[4] Albert Müller – Christian Fleck, „Unzucht wider die Natur". In: ÖZG 9. Jg. H. 3 (1998) 400-422

[5] Niko Wahl, Verfolgung und Vermögensentzug Homosexueller auf dem Gebiet der Republik Österreich während der NS-Zeit, sowie deren Bemühungen um Restitution, Entschädigung und Pensionen in der Zweiten Republik (Wien 2002)

[6] Martin Achrainer, „...eine Art gefährliche Volksseuche..." Zur Verfolgung von Homosexuellen im Nationalsozialismus in Tirol. In: Der andere Blick. Hg. v. Wolfgang Förster – Tobias Natter – Ines Rieder (Wien 2001) 189-198

[7] Seminar: Gesellschaft und Homosexualität. Hg. v. Rüdiger Lautmann (Frankfurt/M. 1977); Burkhard Jellonnek, Homosexuelle unter dem Hakenkreuz. Die Verfolgung von Homosexuellen im Dritten Reich (Paderborn 1990); Jürgen Müller, Ausgrenzung der Homosexuellen aus der „Volksgemeinschaft". Die Verfolgung von Homosexuellen in Köln 1933-1945 (Köln 2003); Frank Sparing, „.... wegen Vergehen nach § 175 verhaftet". Die Verfolgung der Düsseldorfer Homosexuellen während des Nationalsozialismus (Düsseldorf 1997); Rainer Hoffschildt, Olivia. Die bisher geheime Geschichte des Tabus Homosexualität und der Verfolgung der Homosexuellen in Hannover (Hannover 1992); Andreas Pretzel – Gabriele Roßbach, „Wegen der zu erwartenden hohen Strafe". Homosexuellenverfolgung in Berlin 1933-1945 (Berlin 2000)

die Stadt Linz, 76.000 auf den Landkreis Linz und 160.000 auf die Mühlviertler Landkreise entfielen. Gesichtet wurden alle überlieferten Fälle der „Unzucht wider die Natur" aus der Zeit von März 1938 bis Mai 1945, und zum Vergleich darüber hinaus einige andere Sexualstrafdelikte. Hinzu kommt die Auswertung der Generalakten des LG Linz nach einschlägigen Dokumenten.

Es liegt in der Natur der Quellenüberlieferung, dass alle Materialien die Sichtweise und Wortwahl der Verfolger widerspiegeln. Die gleichgeschlechtlich empfindenden Männer und Frauen Oberösterreichs sind vor ihrer Festnahme weder als Gruppe noch als Individuen wahrnehmbar und treten erst als Verfolgte ins Rampenlicht der Geschichte. Ihre Äußerungen bei Vernehmungen, im Prozess vor Gericht oder in Gnadengesuchen sind geprägt von der Angst ums eigene (Über-)Leben. Aus den wenigen unbefangenen Briefen und Fotografien aus der Zeit vor der Verhaftung, die von den Ermittlern als Beweismaterial für die Unzucht der Akte beigegeben wurden, sprechen dagegen die Vielfalt des Lebens, Gefühle, Zukunftsplanung, Geldnöte, gesundheitliche Sorgen und vieles mehr von Männern und Frauen, die in einer grundsätzlich feindlich eingestellten Umwelt bestehen mussten.

Auch wenn uns bewusst ist, dass in der Vorkriegs- und Kriegszeit ein Identitätskonzept nicht existierte, das dem heutigen eines entwickelten homosexuellen Selbstverständnisses auch nur annähernd gleichen würde, verwenden wir dennoch überwiegend den Begriff „Homosexuelle" oder „Homosexualität".[8] Mit diesen Begriffen schließen wir sowohl weibliche als auch männliche Personen ein. Wir orientieren uns damit an der damals gebräuchlichen Einordnung von gleichgeschlechtlich liebenden Menschen durch den offiziellen Sprachgebrauch (Verordnungen). Der Frage nach Selbst- und Fremdbildern versuchen wir in einem eigenen Kapitel nachzugehen.

Die Situation für Homosexuelle verbesserte sich nach der Nazi-Diktatur nicht wesentlich, was aus den vielen gescheiterten Versuchen einer Tilgung der Strafe ersichtlich wird. Mit einem Zeitzeugen, dem weit über 90-jährigen Erwin Widschwenter, ist uns ein Gespräch über die damalige Verfolgungs- und Haftsituation möglich gewesen.

---

[8] Hierzu: Stefan Micheler – Heike Schader, Gleichberechtigung als Ideal? Partnerschaftsmodelle Männer begehrender Männer und Frauen begehrender Frauen in den 20er Jahren. In: Invertito 6 (2004) 49-94

Rechtliche Voraussetzungen

Der § 129 des österreichischen Strafgesetzbuches (StG) war von 1852 bis 1971 im gleichen Wortlaut in Kraft und war Teil I des Regelwerks gegen „Verbrechen der Unzucht".[9] Darin wurde das „Verbrechen der Unzucht wider die Natur" als Straftatbestand aufgeführt. Eine Unterteilung in Buchstabe a „mit Tieren" und b „mit Personen desselben Geschlechtes" entspricht einem Unzuchtsbegriff des 19. Jahrhunderts, wie er auch im Deutschen Reich verankert war. Im Unterschied zu Deutschland, wo „Widernatürliche Unzucht" nach dem § 175 des deutschen Strafgesetzbuches (RStG) verfolgt wurde, waren in Österreich auch gleichgeschlechtlich liebende Frauen von der Vorschrift betroffen. Die anderen Sexualstrafrechtsparagraphen regelten die sexuelle Gewalteinwirkung („Schändung") gegen Frauen (§§ 125-127), sowie gegen Wehrlose und Bewusstlose und gegen Kinder unter 14 Jahren, egal ob homo- oder heterosexueller Art (§ 128).

Der Begriff „Unzucht wider die Natur" ist erklärungsbedürftig. Nach österreichischen Strafrechtskommentaren war darunter „jede Handlung zu verstehen, die bestimmt und geeignet ist, an dem Körper einer gleichgeschlechtlichen Person geschlechtliche Befriedigung zu suchen und zu finden."[10] Zwei Jahre nach dem „Anschluss" bewegten sich die „ostmärkischen" Gesetzesinterpretatoren immer weiter in die Nähe der deutschen Auslegung, so dass in einem Bericht über die Rechtsprechung zum § 129 I b von 1940 der Gesichtspunkt des „gesunden Volksempfindens" stärkeres Gewicht fand. Als Unzucht wurde nun verstanden: „Jede Handlung, die auf erregten Geschlechtstrieb zurückzuführen oder zu dessen Erregung oder Befriedigung bestimmt ist und den sittlichen Anstand in geschlechtlicher Beziehung gröblich verletzt."[11]

Die Bedingung für ein strafrechtliches Eingreifen war im deutschen Strafrecht bis 1935 der beischlafähnliche Akt, der in der Regel als Analverkehr zwischen Männern aufgefasst wurde. Österreich hatte die Definition von vornherein sehr viel weiter gefasst, und eine beischlafähnliche

---

[9] Die strafrechtliche Situation vor 1852 wird erörtert von Hans-Peter Weingand, Vom Feuertod zu einem Monat Gefängnis. Gleichgeschlechtliche sexuelle Handlungen und Strafrecht in Österreich 1499-1803. In: Invertito 1 (1999) 102-109; Gudrun Hauer, Lesben- und Schwulengeschichte – Diskriminierung und Widerstand. In: Homosexualität in Österreich. Hg. v. Michael Handl u.a. (Wien 1989) 50-65

[10] OGH vom 1. Februar 1937, Das österreichische Strafgesetz. Hg. v. Gustav Kaniak (Wien 1953) 239

[11] BArch, R 22/970: Bl. 36 f., Schreiben vom 19. März 1940 an Kammergerichtsrat Jaekel, o. Verf., abgedruckt in: Claudia Schoppmann, Nationalsozialistische Sexualpolitik und weibliche Homosexualität (Pfaffenweiler 1991) 111

Handlung war nicht zwingend vorgesehen. Das Strafmaß wurde in § 130 StG mit schwerem Kerker von einem bis zu fünf Jahren festgelegt. Eine Unterschreitung der gesetzlich vorgeschriebenen Haftdauer durch die Anerkennung von Milderungsgründen war gängige Praxis.

Nach dem „Anschluss" Österreichs wurde die Frage diskutiert, ob, wann und in welcher Weise eine Rechtsangleichung an das deutsche Strafrecht erfolgen könne. Neben der unterschiedlichen Verfolgung der lesbischen Liebe unterschied sich die deutsche Rechtsauffassung von der österreichischen insofern, als nach der verschärften Neufassung des § 175 RStG vom 28. Juni 1935 der Begriff der „Unzucht zwischen Männern" weit ausgedehnt worden war. Es musste nicht, wie in Österreich, eine Unzuchtshandlung vorgefallen sein; das Einschreiten der Justiz konnte bereits bei Verdachtsfällen stattfinden.[12]

Die Frage der Rechtsangleichung wurde bis Kriegsende nicht gelöst. Der § 129 I b StG wurde vom Landgericht Linz während der gesamten NS-Zeit angewendet. Der Anregung des Reichsgerichtspräsidenten von 1940, den § 175 RStG so bald als möglich in der Ostmark einzuführen, folgten – kriegsbedingt – keine Taten. Das Justizministerium drängte jedoch darauf, dass der § 129 I b StG im Sinne des § 175 RStG ausgelegt werde. So war auch in Österreich nach März 1938, ähnlich wie in Deutschland nach der Machtübernahme, ein erheblicher Anstieg der Verfolgungszahlen zu beobachten, der mit einer eklatanten Erhöhung des Strafmaßes einherging. Das NS-Kampfblatt „Das schwarze Korps" kritisierte in seiner Ausgabe vom 15. Februar 1940 eine noch immer zu nachsichtige Handhabe und Auslegung des Strafrechtsparagraphen, wonach österreichische Richter nicht bei jeder körperlichen Berührung auf Unzucht plädierten, sondern eine solche nur erkennen konnten, wenn eine Absichtshandlung dahinter stünde. Der Verfasser insistierte: „Aber einem nationalsozialistisch denkenden und handelnden Richter rutscht, wenn er diesen weitgefassten Paragraphen anwenden kann, jedenfalls kein widernatürlich veranlagtes Individuum durch die Maschen."[13]

Die Richter und Staatsanwälte am Landgericht Linz orientierten sich – trotz dem Weiterbestehen des § 129 I b StG – an der deutschen Rechtsnorm. Interpretationshilfe boten die Parteiblätter. So findet sich in den Generalakten des Landesarchivs als einzig richtungsweisender Aufsatz zum

---

[12] Die Frage der Rechtsangleichung der §§ 129 StG und 175 RStG wird in mehreren Aufsätzen referiert. Die gründlichste Analyse stammt von Schoppmann, Sexualpolitik (wie Anm. 11) 110-115
[13] Das schwarze Korps vom 15. Februar 1940, abgedruckt in: Homosexualität in der NS-Zeit. Hg. v. Günter Grau (Frankfurt/M. 1993) 255-256

Umgang mit dem Thema „Homosexualität" der Beitrag „Homosexualität und Jugend" von Walter Tetzlaff, Leiter der Hauptabteilung „Dienststrafordnung im Amt HJ-Gerichtsbarkeit".[14] Darin werden die Aufklärungsarbeit der Wortführer der ersten Homosexuellen-Bewegung, Magnus Hirschfeld und Adolf Brand, als Volkszersetzung gewertet und die Exponenten der Jugendbewegung, wie Hans Blüher und Robert Oelbermann, als klassische Jugendverführer gekennzeichnet. Der erneut aufgegriffene Gedanke der Ausgrenzung der Homosexuellen aus der Volksgemeinschaft, wie er bei Josef Meisinger, dem Leiter des Gestapo-Sonderdezernats zur Bekämpfung der Homosexualität oder dem Juristen Rudolf Klare[15] zu finden ist, kommt in der amtlichen Begründung zur Strafgesetznovelle zum § 175 RStG von 1935 besonders deutlich zum Tragen.[16] SS-Führer Heinrich Himmler zusammenfassend: „Der neue Staat, der ein an Zahl und Kraft starkes, sittlich gesundes Volk anstrebt, muss allem widernatürlichen geschlechtlichen Treiben mit Nachdruck begegnen. Die gleichgeschlechtliche Unzucht zwischen Männern muss er besonders scharf bekämpfen, weil sie erfahrungsgemäß die Neigung zu seuchenartiger Ausbreitung hat und einen verderblichen Einfluss auf das ganze Denken und Fühlen der betroffenen Kreise ausübt."[17] Die Vorurteile der NS-Verantwortlichen gegenüber männlicher Homosexualität – die seuchenartige Gefährdung, das krankhafte Erscheinungsbild des Homosexuellen, die weiblichen Wesensmerkmale, die Lügenhaftigkeit und Geschwätzigkeit, Günstlingsbevorzugung, Feigheit, um nur einige zu nennen, kulminierten in der These, dass homosexuelles Verhalten per se staatsfeindlich sei.

---

[14] Walter Tetzlaff, Homosexualität und Jugend. In: Der HJ-Richter. Schulungsblatt der HJ-Gerichtsbarkeit, Folge 5 (Februar 1942); in Auszügen abgedruckt in: Homosexualität in der NS-Zeit (wie Anm. 13) 286-291
[15] Zu Himmler, Meisinger und Klare bezüglich ihrer Haltung zur Homosexualität siehe Homosexualität in der NS-Zeit (wie Anm. 13) 122-125, 139-170; der amerikanische Historiker G. L. Mosse analysiert die grundlegende Anti-Homosexuellen-Rede von Heinrich Himmler: George L. Mosse, Nationalismus und Sexualität (München-Wien 1985) 208-213
[16] Siehe Homosexualität in der NS-Zeit (wie Anm. 13) 95-100
[17] Bevölkerungspolitische Rede Himmlers vor SS-Gruppenführern über die „Frage der Homosexualität" und ein „natürliches Verhältnis der Geschlechter zueinander" vom 18.2.1937. In: Rosa Winkel, Rosa Listen. Hg. v. Hans-Georg Stümke – Rudi Finkler (Reinbek 1981) 433-442

Die Verfolgungsinstanzen

Das „Netzwerk der Verfolgung" war bei weitem nicht so gut organisiert, dass eine engmaschige Verfolgung durch die staatlichen Organe möglich gewesen wäre. Eine Anzeige von Sexualstrafdelikten erfolgte eher selten von Seiten der Polizei. Kripo und Gestapo waren in 34 der 140 hier untersuchten Fälle von sich aus erfolgreich, wobei in einigen Fällen die Fahndung wegen eines weiteren Vergehens – in aller Regel Diebstahl – das auslösende Moment war. In sechs Fällen erfolgte die Festnahme auf Veranlassung von Ämtern (z. B. Jugendamt), in acht Fällen von Parteiorganisationen. In 50 Fällen gab der Hinweis des – meist minderjährigen – Opfers oder seines/ihres Erziehungsberechtigten den Anstoß für die Ermittlungen. In 13 Fällen lag ein Hinweis aus dem privaten Umfeld vor, in weiteren sieben Fällen war es eine anonyme Denunziation. 15-mal waren Arbeitskollegen oder Arbeitgeber verantwortlich, fünfmal kam der Hinweis aus der eigenen Familie. Das Zahlenverhältnis zwischen den Anzeigen aus dem privaten Bereich und dem staatlichen Bereich beträgt somit etwa 2:1.
Die Verfolgung der „Widernatürlichen Unzucht" wie auch aller anderen Sexualdelikte oblag dem Sittlichkeitsreferat, Dienststelle K II b bei der Staatlichen Kriminalpolizei, Kripoleitstelle Linz in der Mozartstraße 1.[18]
Der Leiter der Sittenpolizei war Kriminal-Oberassistent Ferdinand Stanek, der (ab Juli 1940) die meisten der Homosexuellenfälle ermittelte. Seine Mitarbeiter waren der Kriminal-Oberassistent Johann Schinko, der Kriminalrevierinspektor August Aigner, sowie die Sekretäre Manzenreiter, Ruckerbauer und Jungwirth. Ermittlungen gegen Minderjährige und lesbische Frauen lagen in der Zuständigkeit der Dienststelle „Weibliche Kriminalpolizei" (WKP) bei der Kripo-Leitstelle Linz. Die Kriminalkommissarin Dr. Haun war berechtigt, im gesamten Gau Oberdonau Vernehmungen durchzuführen.
Die zweite Säule der Verfolgung war die Gestapo, die stets einzuschalten war, wenn nach der NS-Ideologie eine Gefährdung der Bevölkerungspolitik oder der Volksgesundheit, ein schwerer Verstoß gegen die weltanschaulichen Grundlagen des Nationalsozialismus oder eine Gefährdung der Jugend vorlagen. Nach der Gestapo-Verfügung vom 20. Juni 1939 an die Landratsämter, das Polizeipräsidium Linz und die Polizeiämter Wels und Steyr sollte die „Bekämpfung der Homosexualität [...] ausschließlich von

---

[18] Die Dienststelle hieß ab 1942 „K I a / II b"

der Staatspolizeileitstelle Linz durchgeführt" werden. Anzeigen sollten von Polizei und Gendarmerie nicht mehr an die Amtsgerichte, sondern direkt an die Stapo Linz weitergeleitet werden.[19] Die Gestapo initiierte die Ermittlungen gegen die Geistlichen nach dem Vorbild ihres Vorgehens gegen Klöster und kirchliche Erziehungsanstalten in Deutschland in den Jahren 1935-1937. Sie trieb vor allem die Maßnahmen gegen die Barmherzigen Brüder in Linz voran. Die Gestapo wurde in allen Fällen bezüglich Homosexualität in den Parteigliederungen tätig, wie etwa der Hitler Jugend (HJ). Sie ermittelte auch, wenn Kontakte zum Ausland bestanden, sowie in Päderastiefällen.

Im Zuge der Neuorganisation der Polizeistruktur wurde im Berliner Reichskriminalpolizeiamt das Amt V, „Reichszentrale zur Bekämpfung von Homosexualität und Abtreibung" gegründet. Dort wurden alle Unterlagen von Homosexuellen zentral erfasst. Die Reichszentrale konnte Verfolgungsmaßnahmen einleiten und Haft anordnen, wenn ihr Hinweise vorlagen. Ab 1938 hatte auch die Kripo Linz die entsprechenden Daten an die Reichszentrale geschickt. Deren Leiter – bis 1940 der gefürchtete SS-Offizier Josef Meisinger und danach Erich Jakob – stand ein Stab von 17 Mitarbeitern zur Verfügung.[20]

Die von Kripo und Gestapo ermittelten Fälle wurden an die Justiz zur Aburteilung weitergegeben. Zuständig waren das LG Linz in der Museumstr. 12 oder die Bezirksgerichte in Ried im Innkreis, Wels und Steyr. Vor das LG Linz wurden auch Verfahren gegen Nicht-Oberösterreicher gebracht, die aber bereits im KZ Mauthausen inhaftiert waren.

Die Verhandlungen waren in der Regel öffentlich; nur in Ausnahmefällen, z. B. bei einigen Verfahren gegen Jugendliche[21], blieb das Publikum zum Schutz der „öffentlichen Sittlichkeit" ausgeschlossen. Bezüglich der Sittlichkeitsprozesse gegen katholische Ordensangehörige und Priester im Altreich in den Jahren 1936/37 bemerkt der Historiker Hans Günter Hockerts, dass aus außenpolitischen Gründen zeitweilig von Seiten der Partei ein besonderes Interesse daran bestand, Ermittlungen oder gar Gerichtsverhandlungen und Verurteilungen möglichst unbeachtet von einer breiteren Öf-

---

[19] OÖLA, Bezirkshauptmannschaften seit 1868 / Schärding, Sch. 32: Rundverfügung der Stapo-Leitstelle Linz, 20.6.1939
[20] Hierzu: Homosexualität in der NS-Zeit (wie Anm. 13) 139-170
[21] Z. B. OÖLA, BG / LG / OLG Linz, Sch. 573: Vr-1188/41, der Ausschluss fand aber nicht regelmäßig statt, z. B. war das Verfahren ebd., Vr-779/43 öffentlich, obwohl zwei unter 14-jährige Jugendliche aussagten

fentlichkeit stattfinden zu lassen, oder diese gänzlich aufzuschieben.[22] Hierauf wird gesondert zurückzukommen sein, nicht zuletzt weil sich – zu der bereits angesprochenen prekären formalrechtlichen Situation – die Frage nach einem nachzuholenden Kirchenkampf in Österreich stellt.
Die Kosten der Verhandlung mussten bei einem Schuldspruch vom Angeklagten übernommen werden, hinzu kamen die Kosten für den Vollzug. Für viele der Betroffenen bedeutete dies große wirtschaftliche Probleme. So wurde der Ortspfarrer K. aus dem Dorf Königswiesen im östlichen Mühlviertel am 2. Juli 1938 zur Übernahme der Gesamtkosten des Verfahrens in Höhe von 990 RM verurteilt, die sich unter anderem aus 100 RM pauschalen Gerichtskosten und 840 RM Vollzugskosten für sechs Monate Kerkerstrafe zusammensetzten. K. bezog jedoch kein Gehalt, er verfügte lediglich über freie Kost und freies Quartier, eine jährliche Pauschale von 600 RM für Kleidung und andere persönliche Dinge, sowie über Ersparnisse von 670 RM „zur Fortführung des Haushaltes, Entlohnung der Wirtschafterin, Verköstigung des Aushilfspriesters und Instandhaltung des Pfarrhauses."[23] Der Pfarrer bat deshalb um Ratenzahlung.

Erste Maßnahmen gegen Homosexuelle im April 1938

Gegen eben jenen Ortspfarrer K. aus Königswiesen erstattete am 19. April 1938, auf einen Hinweis des örtlichen Kommandanten des Gendarmeriepostens hin, der Bürgermeister Anzeige. Der Vorwurf lautete, dass K. mit zwei verheirateten Bauern des Ortes „beischlafähnliche Bewegungen zu seiner geschlechtlichen Befriedigung machte."[24] Das ist der erste beim LG Linz nachweisbare Fall nach § 129 I b nach dem „Anschluss" Österreichs. Über zwei Jahre hinweg, so lautet die durch die umfassenden Geständnisse der beiden mitangeklagten Bauern gestützte Anklage, habe K. sie immer wieder in seine Pfarrkanzlei gebeten, habe sie dort, nachdem er die Tür versperrt hatte, umarmt, geküsst, an sich gepresst und eben die strafwürdigen Bewegungen an ihnen vollzogen. Den Bauern wurde in vollem Umfang geglaubt, zumal die Polizei bei ihren Erhebungen weitere Dorfbewoh-

---

[22] H. G. Hockerts, Die Sittlichkeitsprozesse gegen katholische Ordensangehörige und Priester 1936/37 (Mainz 1971); zur Sistierung der propagandistischen Verwertung vgl. ebd., 63 ff.
[23] OÖLA, BG / LG / OLG Linz, Sch. 518: Vr-658/38
[24] Ebd., Urteil des LG Linz gegen K. vom 2. Juli 1938

ner fand, die zu ähnlichen Aussagen bereit waren, und in Königswiesen das Gerücht kursierte, dass K. „ein Warmer" sei. Die Bauern rechtfertigten ihre wiederholten Besuche beim Pfarrer mit dem Argument, dass sie gut bewirtet wurden, „ihn als geistlichen Herrn nicht beleidigen" und auch auf seine Milchkäufe nicht verzichten wollten. Sie wurden vom Gericht als unbescholtene, verführte Bürger eingestuft und erhielten dafür eine Strafe von vier beziehungsweise zwei Monaten strengem Arrest, der auf eine Bewährungszeit von drei Jahren ausgesetzt wurde. Die Verteidigungsversuche des Angeklagten hingegen wurden als „hinterhältig" gewertet, da er „versteckte Angriffe auf die Gendarmerie" und die Belastungszeugen unternommen hätte. K. bestritt bis zuletzt energisch den ihm vorgeworfenen Sachverhalt. Seine „überschwenglich freundschaftliche[n] Handlungen und Akte der Gastlichkeit" wurden vom Richter als Vorbereitung der Unzucht gewertet, schließlich wurde ihm strafverschärfend vorgeworfen, die „Schädigung des Ansehens des volksbewussten deutschen Priesterstandes" betrieben zu haben. Sofort nach dem Urteilsspruch vom 2. Juli 1938, als K. zu der unbedingten Strafe von sechs Monaten schwerem Kerker, verschärft durch einen Fasttag monatlich, verurteilt wurde, wurde er der Gestapo zu weiteren Vernehmungen übergeben. Fast fünf Monate lang befand er sich in ihren Händen, verbüßte dann die Strafe im Landgerichtsgefängnis Linz, um unmittelbar danach wieder an die Gestapo überstellt zu werden. K. überlebte die NS-Zeit und kehrte in seine Geburtsstadt Wien zurück. Dort versuchte er mit seinem Rechtsanwalt die Revision, da es ein „ausgesprochen politisches" Verfahren gegen ihn gewesen sei. Darüber wird an späterer Stelle noch zu berichten sein.

Wenige Wochen nach der Verhaftung von Pfarrer K. brachte die Kripo den Leiter der Linzer Karmeliter-Ordensschule in Haft. Der 40-jährige Oskar J.,[25] mit Ordensnamen Pater Koloman, leitete seit zehn Jahren das kleine katholische Privatgymnasium mit etwa 20 Schülern. Ein über den Schuldiener Josef O. informierter Schülervater erstattete Anzeige, J. habe sich „an den seiner Erziehung anvertrauten Gymnasiasten [...] in der Weise vergangen, dass er sie ins Konferenzzimmer lockte, dort mit Ruten geisselte, ihre Geschlechtsteile abtastete und mit diesem [sic!] beischlafähnliche Bewegungen ausführte."[26] Als Beweismittel wurde „1 St. Geissel aus mehreren feingliedrigen Kettensträhnen, 55 cm lang (Handgriff inbegriffen)" in

---

[25] Diese und die folgenden Altersangaben in diesem Aufsatz beziehen sich auf den Zeitpunkt der Verhaftung.
[26] OÖLA, BG / LG / OLG Linz, Sch. 520: Vr-806/38

Verwahrung genommen. Über 14 Tage hinweg wurden zahlreiche Schüler zu den Vorgängen befragt. Einige belasteten Pater Koloman schwer, indem sie die Angaben des Schuldieners bestätigten. Der 13-jährige Hubert F. fügte hinzu, dass der Pater bei Besuchen von erkrankten Schülern auf der Krankenstation „bei jedem unter die Decke gegriffen" habe. J. gestand während der elfwöchigen Untersuchungshaft einzelne Vorwürfe: „Durch den ständigen Umgang mit den Schulknaben ergaben sich im Laufe der Zeit mit einzelnen Vertraulichkeiten, die schliesslich bei mir geschlechtliche Erregungen hervorriefen." Er bestritt allerdings, dass die Übergriffe zu einer geschlechtlichen Befriedigung geführt hätten. Für das Gericht war der Sachverhalt jedoch völlig eindeutig und J. wurde wegen Schändung (§ 128), widernatürlicher Unzucht (§ 129) und Verführung zur Unzucht (§ 132) zu zwei Jahren schwerem Kerker verurteilt. In der Berufungsverhandlung plädierte der Staatsanwalt für die Erhöhung der Strafe um ein Jahr, weil als Erschwerungsgrund beim Urteil vergessen worden sei, „dass es sich um einen Priester handelt, und dass durch die Verfehlungen an jungen Leuten ein sehr schwerer Schaden und eine Gefahr für die Gesamtheit entstehen konnte, und dass die Möglichkeit vorlag, dass die jungen Menschen für ihr ganzes Leben moralisch geschädigt sind." Das Oberlandesgericht schloss sich dieser Formulierung uneingeschränkt an. Dem Gegenargument des Angeklagten, es sei nicht nachvollziehbar, dass insbesondere sein Priesterberuf und nicht seine Eigenschaft als Erzieher für die Erhöhung der Strafe ausschlaggebend sei, wurde keine weitere Beachtung geschenkt. Die Verhandlung gegen J. wurde als „besonders schwerer Fall" in den Sammelbericht über „staatsfeindliche Einstellung" an den Oberstaatsanwalt in Berlin übermittelt.

Die rasche Folge von Verhaftungen unter den Klerikern macht das aus dem Konkurrenzgedanken erwachsene Verfolgungsziel der neuen Machthaber deutlich: Die Geistlichen sollten in kurzer Zeit aus der Erziehungsverantwortung gedrängt und die Kirche als moralisch verkommene Anstalt unter der Bevölkerung diskreditiert werden. Diese ersten Maßnahmen bilden den Auftakt einer systematischen Verfolgung.

Auf der Gruppenführer-Besprechung in Bad Tölz am 18. Februar 1937 zeigte der Reichsführer-SS und Chef der deutschen Polizei, Heinrich Himmler, sein Interesse an der Fortführung der 1935 in Deutschland begonnenen Klosterprozesse. Die Verbreitung der Homosexualität im Klerus, so Himmler, liege bei etwa 50 % der Landpfarrer und bei 90 bis 100 % der Klosterbrüder. Himmler setzte sich das Ziel, in den nächsten drei bis vier

Jahren 2000 Klosterprozesse durchzuführen, bemängelte jedoch, dass es an Justizbeamten fehle. „Es wird aber in vier Jahren ein sehr schlüssiger Beweis erbracht sein – hoffe ich – dass die Kirchen-Organisation in ihrer Führerschaft, ihrem Priestertum, zum überwiegenden Teil ein homosexueller erotischer Männerbund ist, der auf dieser Grundlage seit nunmehr 1800 Jahren die Menschheit terrorisiert, ihr die größten Blutopfer abverlangt, sadistisch pervers in seinen Äußerungen der Vergangenheit war."[27]
Dazu wurden einzelne besonders schwerwiegende Fälle herausgegriffen – einige andere Fälle konstruiert und unter großem Propagandaaufwand über die Presse verbreitet.[28] Was im Frühjahr 1938 mit Einzelfällen begann, kulminierte in einer ganzen Reihe von Klosterprozessen, in denen widernatürliche Unzucht eine wichtige Rolle spielte.

Aktionen gegen die Barmherzigen Brüder

In der Festschrift zum 200-jährigen Bestehen des Krankenhauses der Barmherzigen Brüder Linz aus dem Jahre 1957[29] findet sich, dem Charakter einer Festschrift und dem Erscheinungsdatum entsprechend, nur ein kurzer rudimentär und spärlich ausgeführter Abschnitt zur Geschichte des Konvents während der NS-Zeit. Dabei lassen sich die Art und Weise wie auch die Systematik der Verfolgung durchaus mit jenen im Altreich in den Jahren 1936/37 vergleichen. Die vorliegenden Akten geben in die Vernetzung der einzelnen Untersuchungen Einblick und lassen die Struktur der zahlreichen Inkriminierungen einerseits und der strafrechtlichen Verfolgungsprozesse andererseits erkennen. Leider ließ sich bei einer Vielzahl der Beschuldigten das Urteil und deren weiteres Schicksal nicht feststellen, weil sie im Rahmen anderer Untersuchungsverfahren als Zeugen auftraten und entsprechende Akten zu ihren Verfahren nicht vorhanden waren. Außerdem wurde eine Reihe beschuldigter Ordensmitglieder eingezogen; diese unterlagen damit zwar nicht der Militärgerichtsbarkeit, weil die Tat ja vor der Einziehung stattgefunden hätte, von Seiten des Militärs bestand aber ab spätestens 1941/42 kein besonderes Interesse daran, Soldaten von der Front abzuziehen und für strafrechtliche Verfahren oder gar Haftstra-

---

[27] Rede Himmlers (wie Anm. 17) 440
[28] Auf außenpolitische Implikationen, die zu einer diametral entgegengesetzten Vorgehensweise führten, wurde bereits kurz hingewiesen, vgl. dazu den Abschnitt über Aktionen gegen die Barmherzigen Brüder
[29] 200 Jahre Krankenhaus der Barmherziger Brüder in Linz 1757-1957 (Linz, o.J.) 58

fen „freizustellen". Laut einer Übersicht über „Personen, die in der Ermittlungssache gegen den Orden der Barmh. Brüder, Konvent Linz" der Gestapo Linz vom 20. Jänner 1940 treten neben zahlreichen Laien mehr als 50 Geistliche als Zeugen oder Beschuldigte auf, die allerdings nicht alle dem Konvent Linz angehörten.[30] Nachdem bereits im April 1938 der Linzer Prior Pater Florian Kronsteiner das Ordenskrankenhaus verlassen hatte müssen, und im Dezember 1939 sein Nachfolger Pater Alberich Csepcsar[31] und eine Vielzahl anderer Ordensangehöriger verhaftet worden waren, wurden auch die oberösterreichischen Häuser des Ordens in Linz, Schärding und Walding (Aussage unklar: die oö. Häuser des Ordens in Linz, Schärding und Walding od. die oö. Häuser des Ordens Linz in Schärding und Walding) 1940 beschlagnahmt. Das Krankenhaus diente von da an der Wehrmacht als Garnisonslazarett und ging mit dem Kloster am 10. Jänner 1941 in das Eigentum der Gauselbstverwaltung des damaligen Reichsgaues Oberdonau über. Bezüglich des Kirchenrechtes ist an dieser Stelle noch anzumerken, dass der päpstliche Nuntius kurz nach dem „Anschluss" nach Rom zurückkehrte und längerfristig dem päpstlichen Nuntius in Berlin kein Einspruchsrecht gegen kirchenfeindliche Maßnahmen in Österreich gewährt wurde.[32]

Die erste Verhaftung eines Ordensmitgliedes der Barmherzigen Brüder in Linz fand am 11. Mai 1938 um neun Uhr morgens statt. Eine anonym erstattete Anzeige beim Gendarmerieposten in Pasching hatte bereits eine Woche zuvor den 48-jährigen Pater Leopold, bürgerlich Karl K., schwer belastet.[33] Im Krankenhausbad sei es an Weihnachten 1937 zwischen dem Pater, seinem jungen Assistenten und einem weiteren Beteiligten, zu Unzuchtshandlungen gekommen. Kriminalsekretär Aigner stellte fest, dass Leopold bereits 1925 vom Kreisgericht St. Pölten wegen Unzucht verurteilt worden war und ermittelte nun unter den Ordensangehörigen. Mehrere unter ihnen belasteten Leopold in den folgenden Tagen schwer, er habe sich an einem 20-jährigen Patienten vergangen. Die Namen von zahlreichen weiteren Betroffenen innerhalb und außerhalb der Klostergemeinschaft wurden genannt. Nach diesen Vorermittlungen wurde Leopold festgenommen und gab bei den Verhören zahlreiche gleichgeschlechtliche Handlungen zu, die die angeblichen Sexualpartner zum Teil bestritten,

---

[30] OÖLA, BG / LG / OLG Linz, Sch. 546: Vr-94/40
[31] Beide übernahmen nach dem Krieg noch einmal das Amt des Priors des Linzer Konvents.
[32] Heinz Polednik, Die Barmherzigen Brüder in Österreich 1918-1977 (Wien 1977) 41-44
[33] OÖLA, BG / LG / OLG Linz, Sch. 521: Vr-828/38

zum Teil bestätigten. Der Pater glaubte die Gefahr verringern zu können, indem er sich als von Geburt an homosexuell bezeichnete. In den folgenden Wochen der Kripo-Verhöre, die darauf zielten, möglichst viel Beweismaterial gegen die Barmherzigen Brüder zu sammeln, änderte Leopold seine Strategie und bot nun an, sich entmannen zu lassen. Dies wurde bei der Urteilsbemessung zwar lobend erwähnt, scheint jedoch auf das Strafmaß keinen entscheidenden Einfluss gehabt zu haben: Der Angeklagte wurde zu einer schweren Kerkerstrafe von acht Monaten verurteilt. Nach dem Ende der Haft im Jänner 1939 wurde er der Kripo übergeben und im März 1939 in das KZ Dachau überstellt. Nach einem halben Jahr wurde Pater Leopold in das KZ Mauthausen gebracht, wo er zuletzt im Außenlager Linz III (Hermann-Göring-Werke) als „Revierchef" (Leiter der Krankenstube) eingesetzt wurde. Er erlebte die Befreiung am 5. Mai 1945.

Karl K. war als Zeuge auch in dem Verfahren gegen Bruder Kassian, mit bürgerlichem Namen Johann S., beteiligt. Auf Bruder Leopolds Aussage hin wurde S. beschuldigt, mit dem ihm anvertrauten Pflegling Hermann H. wechselseitig onaniert zu haben. Leopold berief sich dabei auf die Aussage des Patienten, der von allen Seiten als „geistig zurückgeblieben" eingeschätzt wurde, aus Sicht der Staatsanwaltschaft und schließlich auch des Gerichts aber über „eine gewisse Verschlagenheit bzw. ‚Bauernschlauheit'" verfügte.[34] H. gestand die Tat in Anbetracht eines ihm vorgelegten Fotos des Pflegers, widerrief aber sein Geständnis, als ihm bekannt wurde, dass der Beschuldigte S. die Tat bestritten hatte und ihn somit nicht verraten haben konnte. Die Beweisführung der Staatsanwaltschaft beruhte im Wesentlichen auf dem durch die Gestapo erpressten Geständnis eines psychisch instabilen Menschen. Mit seinem Widerruf entzog dieser der gesamten Argumentation den Boden. Auch der wenig tragfähige Hinweis, dass sowohl der Angeklagte als auch der Zeuge bislang keinen heterosexuellen Verkehr gehabt hätten – „ein nicht unwesentliches Inzicht [sic!] dafür, dass der tatsächlich vorhandene Geschlechtstrieb bei solchen Personen, die der natürlichen Art der Befriedigung ihrer Sinneslust bis dahin aus dem Weg gegangen sind, bei ihrem zufälligen Zusammentreffen zu einer widernatürlichen Art der Befriedigung geführt haben mag"[35] – reichte dem Gericht nicht aus. Der vorsitzende Richter Klug begründete schließlich seinen Freispruch dahingehend, dass der Zeuge H. aufgrund seines „Schwachsinns" entsprechend leicht zu beeinflussen gewesen sei,

---

[34] Ebd., Sch. 548: Vr-298/40
[35] Ebd.

monierte damit indirekt die Verhörmethoden der Gestapo und bezweifelte die Glaubwürdigkeit der Aussage des Zeugen K., der zu dieser Zeit bereits wegen eben dieses Deliktes verurteilt war und sich als Vorbeugungshäftling vielleicht Vorteile zu sichern versucht hätte. Von Seiten des Gerichts wird hier die politisch intendierte Vorverurteilung durchkreuzt. Dies ist aber als Ausnahmefall anzusehen, wurden doch die meisten Geistlichen zu Haftstrafen verurteilt, denen teilweise auch die Überführung in ein KZ folgte.

Zeugenaussagen inkriminierter oder bereits verurteilter Personen wurde im Bedarfsfall aber durchaus Glauben geschenkt. Ein erhellendes Beispiel hierfür und für die Verurteilung nach § 129 I b und anderen dahinter stehenden Verfolgungsgründen finden wir im Fall des Barmherzigen Bruders Gebhard, mit bürgerlichem Namen Ambros Seitz, vormalig Prior in Salzburg, Linz, Wien, und zum Zeitpunkt der Aufnahme des Verfahrens in Schärding.[36] Am 13. Dezember 1940 wurde er zu einem Jahr schwerem Kerker, verschärft durch einen Fasttag vierteljährlich und zum Ersatz der Kosten des Strafverfahrens verurteilt. Zur Last gelegt wurde ihm, im Jahre 1937 in Innsbruck mit dem bereits mehrfach einschlägig vorbestraften Rudolf K. „gleichgeschlechtliche Unzucht durch Mundverkehr"[37] begangen zu haben. Einem Schreiben der Gestapo München gemäß war der Prior 1913 wegen des Verdachts der Päderastie erkennungsdienstlich behandelt und vom Amtsgericht München wegen groben Unfugs zu einer Haftstrafe von zehn Tagen verurteilt worden. „Wie die gerichtsbekannten Straffälle unter den Ordensbrüdern beweisen, hat möglicherweise, die ihn [sic!] aufgezwungene Enthaltsamkeit vom natürlichen Triebleben auch den Angeklagten in der Folgezeit dazu gebracht, diesen perversen Neigungen weiterhin nachzugeben." Bei diesem Passus, der die katholischen Orden per se diskreditieren sollte, bezog sich der vorsitzende Richter Dr. Angerer auf eine Vielzahl gleichzeitig laufender Prozesse gegen andere Mitglieder des gleichen Ordens, aber auch auf einige kurz zuvor gesprochene Urteile, bei denen Mitbrüder zu Kerkerstrafen zwischen acht und 14 Monaten verurteilt worden waren. Als Belege wurden fernerhin Zeugenaussagen von einem ehemaligen Klosterschüler und einem Patienten angeführt, die sich auf die Jahre 1924 und 1927 bezogen. Einer der beiden Zeugen, Heinrich M., widerrief während der Hauptverhandlung seine vor der Gestapo und

---

[36] Aktenbestände, die sich auf seine Person beziehen sind partiell in verschiedenen Verfahren gegen andere Ordensangehörige eingeordnet, vgl. ebd., Sch. 552: Vr-664/40; ebd., Sch. 559: Vr-1574/40; ebd., Sch. 546: Vr-94/40
[37] Ebd., Sch. 552: Vr-664/40

dem Untersuchungsrichter gemachte Aussage. Die Gründe für diesen Widerruf wurden aber als „fadenscheinig" abgetan, an der Ausübung der strafrechtlich ohnehin verjährten Unzuchtsakte bestünde kein Zweifel. Bereits im Juni 1940 bezweifelte der offensiv auftretende Angeklagte während eines Verhöres die Freiwilligkeit der Aussage des Zeugen M., überzeugt davon, „dass er bei Gericht alles richtig stellen wird." Im Verhandlungsprotokoll vom 6. Dezember 1940 präzisierte er seine Vermutung und dementierte dabei taktierend eine erpresserische Absicht der Gestapo.

M. bestritt also in der Hauptverhandlung alle „zur Last gelegten unzüchtigen Gespräche" und Tathandlungen und begründete seine Falschaussage vor der Gestapo und dem Untersuchungsrichter damit, „[...] dass jeder, der mit dem Prior Gebhard S. in Verbindung gestanden habe, unbedingt mit demselben in unzüchtigen Handlungen gestanden sein müsse. Bei der Gestapo erklärte man mir weiters, dass man schon alles, was zwischen mir und dem Angeklagten vorgefallen war, wüsste, und das [sic!] jedes Leugnen zwecklos sei. Bei dem ersten Verhör am 20.01.1940, das 3 Std. ununterbrochen dauerte, gab ich wiederholt an, dass zwischen mir und dem Angeklagten absolut nichts anstossendes [sic!] vorgefallen sei, jedoch musste ich einsehen, dass ich mit meinem Rechte nicht durchdringen konnte, da man meinen gemachten Angaben keinen Glauben schenkte und mich dadurch zu einer unwahren Aussage zwang, dass ich, wenn ich die mir vorgehaltenen Fragen, betreffs der unzüchtigen Handlungen mit dem Angeklagten nicht zugeben würde, verhaften müsste [sic!]." Obgleich ihn der vorsitzende Richter darauf aufmerksam machte, dass der Widerruf für ihn „die schwersten Folgen" haben könne, blieb M. dabei. Angesichts der Tatsache, dass zwei Mitbrüder auf Veranlassung der Gestapo in ein KZ gebracht wurden, sind die „fadenscheinigen" Gründe für den Widerruf des Zeugen M. durchaus plausibel.

Allen Aussagen zur angeblichen Homosexualität des Priors ist eine tendenziöse Sichtweise zu eigen: Er habe sich „angeblich" gleichgeschlechtlich betätigt, der Zeuge wisse dies „vom Hörensagen", es würde „allgemein gemunkelt" und es sei „allgemeines Gerede" gewesen. Verbreitete Gerüchte und ein vermutlich sehr offenes, hilfsbereites Auftreten gegenüber jedermann, das auch körperliche Berührungen als Freundschaftsbezeugung nicht ausschloss, waren die wesentlichen Stützen der Argumentation. Wesentlich gewichtiger fielen aber allein schon vom Umfang her die Ausführungen zu einer ganz anderen Frage aus. Es ging um potenzielle Vermögenswerte, da S. verschiedene Konten zum Teil allein auf seinen Namen führte. Der latente und offene Vorwurf lautete auf Unterschlagung und Veruntreuung, auch durch Fälschung der Buchhaltung. Richtig ist wohl, dass verschiedentlich die Buchhaltung des Krankenhauses unzureichend ausgeführt wurde. S. machte dafür aber einen Mitbruder verantwortlich, Bruder Amatus Cyron, selbst Prior in Linz, der seinerseits wesentlich dafür gesorgt haben dürfte, dass die Privatkonten des Ambros Seitz unter den Konventsmitgliedern bekannt wurden und entsprechenden Unfrieden auslösten. Diese persönliche Animosität zwischen den beiden spiegelt sich in mehreren Aussagen wider, und sie scheint auch ein Nährboden für die Gerüchte um Seitz gewesen zu sein. Alle seine Angaben zu Konten und Sondervollmachten bestätigten sich, so dass man sich beim Prozess schließlich auf den § 129 I b beschränken musste. Nach knapp einem Jahr Untersuchungshaft wurde Seitz im Dezember 1940 zu einem Jahr schwerem Kerker, verschärft durch einen Fasttag vierteljährlich, und zum Ersatz der angefallenen Kosten verurteilt.

Auf Anweisung des Reichsjustizministeriums wurde eine besondere Strenge in den Sittlichkeitsverfahren gegen Geistliche eingemahnt. Mit dem Argument, dass eine sittlich einwandfreie Erziehung der anvertrauten Kinder und Jugendlichen nicht gewährleistet sei, drängte Berlin, „einer zu milden Strafbemessung mit Nachdruck entgegen zu treten."[38]

Insgesamt wurden 44 Barmherzige Brüder der Niederlassung Linz in 11 Verfahren während der NS-Zeit verfolgt, davon allein 36 im oben aufgezeigten Prozess vom 30. Oktober 1940 vor dem LG Linz. Weitere kirchliche Einrichtungen, die mit dem Vorwurf der Unsittlichkeit konfrontiert waren, waren die Stifte St. Florian (mit vier verhafteten Geistlichen), Engelszell (2), Lambach (1) und Schlägl (4), das Kloster Maria Schmolln (5), die Marienbrüderschaft in Freistadt (1), die Karmeliter in Linz (1), die Erziehungsanstalt zum Guten Hirten in Linz (4), sowie das evangelische Diakoniewerk in Oberndorf bei Gallneukirchen (2).[39] Diese Zahlen sind teilweise aus den Angaben der KZ-Gedenkstätten ergänzt.

---

[38] Ebd., Sch. 2104: Jv, AZ 404b, Erlass vom 22. Februar 1939
[39] Hierzu: Sebastian Bock, Österreichs Stifte unter dem Hakenkreuz. In: Ordensnachrichten 34. Jg. H. 4a (1995); Johann Mittendorfer, Oberösterreichische Priester in Gefängnissen und Konzentrationslagern zur Zeit des Nationalsozialismus (1938-1945), fortlaufend im 72. und 73. Jahresbericht des Bischöflichen Gymnasiums Kollegium Petrinum in Urfahr-Linz in den Schuljahren 1975/76 und 1976/77; Johann Großruck, Das Stift Schlägl und seine Pfarren im Dritten Reich (Linz 1999)

Analyse der sozialen Struktur

Der untersuchte Personenkreis entstammte überwiegend der Unterschicht. Von 329 Personen waren 132 zum Kreis der Arbeiter, Hilfsarbeiter, Gehilfen und Knechte gehörig. Vier Bauern und 31 selbstständigen Handwerkern, Kaufleuten oder Vertretern standen 62 Angestellte gegenüber. Hinzu kamen Schüler, Studenten, Rentner, Wehrmachtsangehörige, Lehrlinge und Arbeitslose. Schließlich gab es 33 verfolgte Geistliche und vier Personen, die eine Leitungsfunktion innehatten. Auffällig ist, dass Menschen aus der unteren sozialen Schicht zum Teil stärker bestraft und somit doppelt stigmatisiert wurden. Nach der Strafhaft wurden sie als „gefährliche Gewohnheitsverbrecher" in ein Konzentrationslager gesperrt. Hier sei als Beispiel eine sexuelle Begegnung in der Obdachlosenherberge am Linzer Südbahnhof genannt. Der 35-jährige Karl W. verführte in der Nacht zum 11. September 1940 den ebenfalls wohnungslosen 33-jährigen Rudolf R. Sie achteten, wie sie später zu Protokoll gaben, mit größter Sorge darauf, bei der gegenseitigen Onanie so leise zu sein, dass niemand im Schlafsaal davon etwas hörte. R. konnte das für ihn offenbar neue Erlebnis nicht gut verarbeiten und meldete es am nächsten Morgen dem Herbergswirt, ohne zu ahnen, welche Konsequenzen das nach sich ziehen würde. R. und W. wurden sofort „wegen Verabredung und Fluchtgefahr verhaftet" und ins Polizeigefängnis eingeliefert. In dem nach drei Wochen angesetzten Prozess wurden beide zu je drei Monaten Gefängnis verurteilt. Nach Ablauf der Haftzeit kam Rudolf R. als so genannter Asozialer in das KZ Dachau, später nach Mauthausen. Im Vergleich dazu wurde der 33-jährige Kaufmann Hermann F. wegen desselben „Verbrechens" zu vier Monaten Haft verurteilt und danach in die Freiheit entlassen.[40]

Bei der Untersuchung des Familienstandes zeigt sich, dass von 82 Personen im Alter von über 20 Jahren 44 ledig, 28 verheiratet, 7 geschieden, eine getrennt lebend und zwei verwitwet waren. In fünf Haushalten lebten Kinder. Der relativ hohe Anteil von nicht ledigen Homosexuellen (46 %) zeigt neben der Tatsache, dass wohl auch einige bisexuelle Personen verhaftet wurden, dass Ehen teilweise auch zur Tarnung eingegangen wurden. Der Ehestand spielte bei der Verurteilung keine Rolle, berücksichtigt wurde jedoch, wenn eine Familie zu versorgen war.[41]

---

[40] OÖLA, BG / LG / OLG Linz, Sch. 522: Vr-1008/38
[41] Z. B. ebd., Sch. 568: Vr-688/41

Der größte Teil der angeklagten Personen war römisch-katholischer Konfession – wie es auch der Konfessionsaufteilung im Gau entsprach. Ermittlungen gegen das evangelische Diakoniewerk wurden erst sehr spät aufgenommen.[42] Im untersuchten Personenkreis befanden sich keine Juden.

Alter zum Zeitpunkt der Verhaftung der zwischen März 1938 und April 1945 nach § 129 I b Angeschuldigten (nur LG Linz):

Alter	14-15	16-17	18-20	21-29	30-39	40-49	50-59	über 60
Anzahl	29	34	42	49	80	69	42	8
Anzahl pro Jahrgang	14,5	17,0	14,0	5,4	8,0	6,9	4,2	<1,0

Die Tabelle verdeutlicht, dass die Zahl der Angeschuldigten in der Altersklasse der 14- bis 20-jährigen mit Abstand am höchsten ist. Die Heranwachsenden wurden zum einen bei der gegenseitigen Erkundung ihrer Sexualität beobachtet und zur Anzeige gebracht. In zahlreichen Fällen wurde das Verfahren eingestellt oder endete mit einer Verwarnung. Zum Ende des Untersuchungszeitraums (1942-1944) wurde jedoch von einer Bestrafung nicht mehr Abstand genommen. Auf den Vollzug der Jugendarreststrafen von ein bis zwei Wochen Dauer wurde nun peinlich genau geachtet.

Andererseits waren Jugendliche sehr häufig sexuelle Objekte erwachsener Männer. In einer Phase der Verunsicherung und Überforderung war es immer wieder der Fall, dass sie dann die sexuelle Manipulation gewähren ließen. Auch solche passiven Formen der „widernatürlichen Unzucht" wurden in der Regel mit Bewährungsstrafen belegt.

Eine Auswertung des Zahlenverhältnisses der Verfahrenseröffnungen vor Kriegsbeginn und danach, bezogen auf das Alter, ergibt in der Altersklasse der Wehrpflichtigen (hier: 21 bis 39 Jahre) einen starken Rückgang. Die Relation von 21:79 reduzierte sich auf 35:65 in der Altersgruppe von 21 bis 29 Jahren, was auf den Abzug der jungen Männer in den Krieg zurückzuführen ist. Für die Aburteilung von Homosexualitätsfällen in der Wehrmacht waren eigene Gerichte zuständig; diese Oberösterreicher fehlen hier in der Statistik.

Die Gestapo griff immer dann führend in die Ermittlungen ein, wenn durch enge Kontakte zwischen Deutschen und Ausländern der Verdacht der

---

[42] Vgl. ebd., Sch. 595: Vr-692/44

Spionage geweckt wurde. Der 31-jährige Hafnergehilfe Otto M. fiel dadurch auf, dass er gern einen Kreis von jugoslawischen Arbeitern um sich hatte. Als bei der Einvernahme durch die Gestapo am 25. Jänner 1941 herauskam, dass nicht etwa Verbindungen zu Widerstandskreisen der Anlass der Treffen waren, sondern vielmehr das sexuelle Interesse M.'s an seinen jungen Gesprächspartnern, verlor die Gestapo das Interesse und gab den Fall an das Sittenreferat der Kripo ab.[43] M. wurde am 8. Februar 1941 in das Polizeigefängnis überführt. Da er glaubhaft versichern konnte, dass er seine Sexualität nur onanistisch auslebe und den entgegenstehenden Aussagen der Jugoslawen letztlich nicht geglaubt wurde, entschieden die Richter am 21. März 1941 auf Freispruch. M. blieb aber wegen des noch nicht restlos geklärten Spionagevorwurfs weiterhin in Haft.

Die Urteilsfindung gegenüber nicht deutschen Angeklagten des § 129 I b zeigte in aller Regel eine besondere Härte, insbesondere wenn ein deutscher Sexualpartner mit im Spiel war. So forderte Staatsanwalt Jaksch, den 26-jährigen Tschechen Josef N. mit einem Jahr schwerem Kerker zu belegen, weil dieser angeheitert in einer Gastwirtschaft mit den Worten: „Geh, komm einmal mit, machen wir etwas" mit seinem Knie das Bein eines 23-jährigen deutschen Obergefreiten berührt hatte.[44] Der Vorwurf reichte aus, um ihn wegen des Versuchs der „Unzucht mit einer Person gleichen Geschlechts" anzuklagen. Das Gericht entschied auf sechs Monate schweren Kerker ohne Bewährung. In ähnlichen Fällen von nicht vorbestraften Angeklagten lag das Strafmaß wesentlich niedriger.

Die Verurteilung des 19-jährigen Griechen Christophorus St. zu vier Monaten Gefängnis unbedingt zeigt, dass durchaus auch „Unzuchtsfälle" unter Ausländern bestraft wurden. St. hatte den 14-jährigen aus Bozen stammenden Schüler Walter Sk. kennen gelernt, beide konnten sich auf Italienisch verständigen. Bei Spaziergängen im September 1942 kam es zwischen beiden zu Onanierspielen, die eine Bewohnerin der Spallerhofsiedlung beobachtete und zur Anzeige brachte. Die Kürze der Ermittlungen und die lediglich dreiwöchige Untersuchungshaft bis zur Verhandlung zeigen aber, dass das Interesse der Kripo gering war.[45] Wegen weiterer Vergehen wurde St. 1943 in das KZ Dachau eingeliefert und erlebte dort die Befreiung 1945.

---

[43] Ebd., Sch. 562: Vr-184/41
[44] Ebd., Sch. 578: Vr-334/42
[45] Ebd., Sch. 581: Vr-802/42

Eine erheblich ungleichgewichtige Verfolgungssituation entwickelte sich im Fall des verheirateten 43-jährigen Gutsbauern Josef S.[46] Er beschäftigte zahlreiche landwirtschaftliche Hilfsarbeiter, vor allem aus Polen. Unter diesen bevorzugte er einen besonders, den 20-jährigen Stefan Ch. und gab ihm höhere Essensrationen. Als Ch. für das Nichttragen des polnischen Abzeichens und Übertreten des Ausgehverbotes bestraft wurde, beschuldigte er am 6. Oktober 1943 den Bauern in einem emotionalen Ausbruch des fortgesetzten sexuellen Übergriffs. Daraufhin wurde Ch. festgenommen und sofort der Gestapo Linz zugeführt, der Bauer blieb auf freiem Fuß, da er Familie und Hof zu versorgen hatte, wurde aber ebenfalls von der Gestapo verhört. Dabei gestand er mehrere sexuelle Kontakte zu Ch., widerrief diese Aussage aber in der Hauptverhandlung, da er von den Gestapobeamten zum Geständnis gezwungen worden sei. Daraufhin wurde er von den Richtern, die die Geständniserzwingung als „eine beliebte Ausrede" abtaten, als unglaubwürdig hingestellt. Der Staatsanwalt forderte wegen „fortgesetzter widernatürlicher Unzucht" eine Strafe von 18 Monaten Zuchthaus für den als Verführer geltenden Gutsbauern und die ungewöhnlich hohe Strafe von 30 Monaten Straflager für den noch minderjährigen Fremdarbeiter. Das Verfahren endete in erster Instanz mit zehn Monaten Gefängnis für den Bauern und acht Monaten Straflager für den polnischen Arbeiter. Dagegen legte der Staatsanwalt Jaksch Berufung ein, weil für Ch. kein Leumundszeugnis von Warschau angefragt worden sei. Bauer S., dessen Strafhöhe auf 15 Monate Zuchthaus erhöht worden war, konnte wegen gesundheitlicher Beeinträchtigung und dem Argument der Hofversorgung Strafaufschub bis Kriegsende erreichen. Der junge Pole musste dagegen seine auf ein Jahr erhöhte Strafe im Justizstraflager Blechhammer antreten und wurde nach dem Ende der regulären Haftzeit an die Gestapo in Oberschlesien überstellt.

---

[46] Ebd., Sch. 589: Vr-1013/43

Homosexuelle „Netzwerke"

Wie bereits erwähnt, stuften die entschiedensten NS-Homosexuellenverfolger die Homosexualität nicht nur als eine kriminelle Handlung, sondern auch als eine „dauernde Gefahrenquelle für die Ordnung im Staatsleben" ein.[47] Die Erpressungsmöglichkeit, die der Verfolgungsparagraph bot, wurde perfiderweise den Homosexuellen selbst angelastet. Todesurteile gegen Homosexuelle wurden vom Linzer Landgericht nicht ausgesprochen. Dagegen ist den Akten schon frühzeitig zu entnehmen, dass mehrfache Wiederholungstäter auf Anweisung der Gestapo nicht wieder in die Freiheit entlassen werden sollten. Anhand der Dokumente kann belegt werden, dass bei der Urteilsfindung nicht mehr die einzelne Tat geahndet, sondern ein Ausschluss der Delinquenten aus der „Volksgemeinschaft" vollzogen wurde.

Ein erhellendes Licht auf die Bedeutung, die der Verfolgung von Homosexualität als einer sich „ausbreitenden Seuche" zukam, werfen die Ausführungen des Dezernatsleiters Stanek zu Heinrich N., der erst nach „eindringlichem Vorhalt [...] weinend die fraglichen Verfehlungen mit einer nicht mehr erinnerlichen Anzahl von Männern begangen zu haben" gestand.[48] Zum Verhängnis wurden ihm Kontaktanzeigen und schließlich seine „äußerst umfangreich geführte Korrespondenz [...] woraus der intime Kontakt mit einer größeren Reihe Tatgenossen klar hervorgeht." Die Ermittlungen wurden auch auf die Absender dieser Briefe ausgeweitet, darunter Jungen unter 14 Jahren, aber auch Angehörige der Wehrmacht. Obwohl der Briefkontakt zum Teil schon sehr lange zurück lag, bezweifelte Stanek, dass damit auch „der unzüchtige Geschlechtsverkehr ein Ende gefunden" habe. „Durch den derzeitigen Krieg, seiner nachteiligen Auswirkungen wie starker Zuzug und Umwälzungen besonders in Männerkreisen ist es verständlich, dass ein derartiges Treiben nicht unterbunden werden kann. Die Gelegenheit irgendwelcher gleichgeschlechtlicher Bindungen besteht daher in noch höherem Masse [sic!] und findet nicht zuletzt in solchen Zeiten ihre Begünstigung." Aus der Tatsache, dass Heinrich N. fremde Männer auf offener Straße oder in Bedürfnisanstalten angesprochen und entsprechende Kontakte über die Presse herzustellen vermocht hatte, dass er sexuelle Kontakte zu ihm unbekannten Männern unterhielt

---

[47] Z. B. Vortrag von Josef Meisinger am 5./6. April 1937. In: Homosexualität in der NS-Zeit (wie Anm. 13) 147-153
[48] OÖLA, BG / LG / OLG Linz, Sch. 574: Vr-1283/41

und deren Identität nicht preisgeben konnte oder wollte, und schließlich wegen seiner einschlägigen Vorstrafen begründeten die Richter seine Einstufung zum „gefährlichen Gewohnheitsverbrecher". N. wurde am 22. Dezember 1941 zu sechs Jahren Zuchthaus verurteilt. Die neun Monate währende Untersuchungshaft wurde ihm angerechnet, wenige Monate nach seiner Verlegung aus der Haftanstalt Garsten nach Ried im Innkreis verstarb er dort am 23. November 1942. Einige der ermittelten Tatgenossen gaben zwar entsprechende „Delikte" mit anderen Männern, nicht jedoch mit N. zu.

Neben Briefen wurden auch Fotos herangezogen, um mögliche „Vernetzungen" Homosexueller „aufzudecken". Die gegen Franz W. ermittelnden Behörden fanden neben einem Liebesbrief von Erich H. auch dessen Photo.[49] Bei den Ermittlungen gegen Oskar B. tauchten mehrere Bilder von Personen auf, zu deren Identifizierung und schließlich Befragung Partei, Polizei und Militär im gesamten Reichsgebiet tätig wurden, nicht zuletzt deshalb, weil viele der grundsätzlich erst einmal Verdächtigen zwischenzeitlich zum Militär eingezogen und mehrfach versetzt worden waren und ihr Aufenthalt deshalb nicht immer sofort ausfindig gemacht werden konnte. B., bereits von 1937 bis 1939 wegen § 175 RStG mit zwei Jahren Zuchthaus vorbestraft, wurde am 12. Mai 1943 zu drei Jahren Zuchthaus verurteilt.

Der klassische Ort des von den NS-Verfolgungsbehörden vermuteten „homosexuellen Seuchenherdes" war das Kloster. Dieser Themenkomplex wurde bereits zuvor beleuchtet. Hinzu kamen die Wehrmacht und geschlechtsgetrennte Parteiorganisationen, wie die HJ oder der BdM, die grundsätzlich als potenziell gefährliche Orte galten. Hier wurde besonders ehrgeizig kontrolliert und schwer bestraft. Weniger effektiv kontrollierbar waren dagegen Freundes- und Bekanntenkreise. Immer wieder halfen sich homosexuelle Freunde gegenseitig in der Not, manchmal waren es auch gute heterosexuelle Freunde, denn nicht jeder Mitbürger denunzierte so, wie es Partei und Justiz erwartet hatten.

Als Beispiel einer solchen Unterstützung sei hier der 34-jährige Leiter der Gerbervereinigung für Heeres- und Marinebedarf in Linz, Wolfgang B. genannt.[50] Er ließ auch nach einem längeren Auslandsaufenthalt den Kontakt zu seinem gleichaltrigen und ebenfalls aus Berlin stammenden Jugendfreund Ernst H. nicht abreißen, auch nachdem dieser bald nach der

---

[49] Ebd., Sch. 584: Vr-167/43
[50] Ebd., Sch. 566: Vr-481/41

„Machtübernahme" in Deutschland nach § 175 zu 18 Monaten Gefängnis verurteilt worden war. B. unterstützte sogar dessen Freund Helmut W., indem er ihm nach der Haftentlassung eine hochrangige Stelle als Prokurist in seinem Linzer Werk anbot. Einige Monate später konnte er auch Ernst H. als kaufmännischen Angestellten dort unterbringen. Beiden bescheinigte er ein tadelloses Verhalten am Arbeitsplatz und eine außerordentlich große Bereitschaft zum Engagement. Nach anderthalb Jahren wurde H. am 16. April 1941 festgenommen, da er sich mit einer Gruppe von zehn 16-jährigen regelmäßig in einem Ferienheim getroffen hatte. Aufgrund einer anonymen Anzeige erfuhr die Kripo von angeblichen sexuellen Handlungen, die sich wohl eher im Bereich von Berührungen abgespielt haben dürften. Die ersten Ermittlungen unter den Jugendlichen waren im April abgeschlossen, sie berichteten von Spielereien, jedoch keinem sexuellen Verkehr. Auch Ernst H., der allerdings von allen als ein bekannter „Warmer" bezeichnet wurde, bestritt Unzuchtshandlungen. Der erboste Dezernatsleiter Stanek kommentierte dieses Verhalten mit den Worten: „H. bestreitet auch dies mit seinem bekannten und glatten ‚Nein', ohne sonst irgendeine Rechtfertigung vorzubringen. Entsprechende Bestrafung und Abhaltung von den übrigen zu ihm stehenden Männern, wird ihn an der Begehung weiterer solcher Straftaten hindern." Bemerkenswert ist die darauf folgende ungewöhnlich lange Untersuchungshaft. Sechs Monate lang musste H. auf den Prozess warten, und es ist anzunehmen, dass er in dieser Zeit immer wieder, möglicherweise auch unter Gewalt, verhört wurde. Der mit ihm befreundete Arbeitgeber B. geriet in Verdacht, Unzucht gefördert zu haben bzw. nicht dagegen eingeschritten zu sein. Gegen ihn wurden Voruntersuchungen eingeleitet, die ihn als Leiter einer Wehrmachtsdienststelle schwer belasteten. Das Urteil vom 8. Oktober 1941 gegen Ernst H. lautete auf acht Monate schweren Kerker, verschärft durch einen Fasttag monatlich, obwohl nur Berührungen nachgewiesen werden konnten. Ausschlaggebend war die einschlägige Vorstrafe.

Der 18-jährige Johann S., Zusteller der Stadtverwaltung in Linz, stand in Verdacht, mit dem bereits fünfmal einschlägig und weitere Male wegen Bettelns und Vagabundierens gerichtlich verurteilten Franz W. in Verbindung zu stehen. S. wurde aufgrund seiner Unbescholtenheit, seines Geständnisses und in Anbetracht des Abhängigkeitsverhältnisses zu W. statt der vom Staatsanwalt geforderten vier Wochen zu zwei Wochen Jugendarrest verurteilt, die er aber in Form der Untersuchungshaft bereits abgegolten hatte. Bei einer Wohnungsdurchsuchung des ehemaligen Barmherzigen

Bruders Franz W. entdeckten die ermittelnden Behörden einen mit 24.8.1941 datierten Liebesbrief mit Foto von Erich H., der im folgenden wiedergegeben werden soll, da er ein Schlaglicht auf die Alltagsrealität zwar unabhängig von einer unmittelbaren Verfolgungssituation, jedoch vor dem realhistorischen Hintergrund wirft:

„Mein heissgeliebter Franz! Heute, Sonntag, komme ich endlich dazu, Dir ein Lebenszeichen von mir zu geben. Kann Dir die Mitteilung machen, dass ich hier gut angekommen bin. Ich denke oft und gern an unser leider so kurzes aber so seliges Beisammensein zurück. Wünsche nichts sehnsüchtiger, als dass wir uns im Leben nocheinmal [sic!] wiedersehen. Ich habe Dich doch so gern, wenn Du mich auch so gern hast, wie ich Dich, so werden wir uns nach dem Kriege bestimmt wiedersehen. Ach, wie herrlich muss es sein, so ganz allein wir zwei. Lieber Franz, denkst Du noch daran, wie Du mich gebeten hast, nach dem Kriege zu Dir zu kommen? Oder hast Du schon wieder alles vergessen? Hast Du unser Beisammensein als eine Episode betrachtet, aber das kann ich nicht glauben, im Gegenteil. Ich glaube, dass auch Du mich ein wenig gern hast. Wenn der Krieg einmal zu Ende ist, bin ich gern bereit, hier alles zu verlassen und zu Dir nach Linz zu kommen. Liebe vermag alles zu überbrücken. Ach wie gerne wäre ich noch bei dir geblieben, doch das Schicksal wollte es leider anders. Ja der Krieg zerstört so manches Glück und bringt soviel Leid. Ich bin wirklich schweren Herzens von Dir gegangen. Nur der Gedanke an unser Wiedersehn [sic!] hat mir Trost gegeben. Lieber Franz, wie geht es Dir gesundheitlich? Mir geht es gut, bis auf die grosse Sehnsucht nach Dir. Morgen werde ich mich fotografieren lassen und sobald Du mir Antwort gegeben hast, schicke ich Dir ein Bild von mir, Schliesse für heute in der guten Hoffnung, recht bald von Dir zu hören. Sei Dur [sic!] mir mein innigst geliebter Franz, vielmals gegrüsst und geküsst von Deinem Dich nie vergessenden Freund Erich!"[51]

Eine selbstbewusste und positive Eigenbezeichnung von Homosexuellen sucht man in den Gerichtsakten vergeblich. Die „namenlose Liebe" (Oskar Wilde) wurde als „widernatürliche Unzucht" strafrechtsmäßig benannt. Sexualhandlungen galten durchwegs als „Schweinereien", „Unsittlichkeiten"

---

[51] Ebd., Sch. 584: Vr-167/43

oder „abnormaler Verkehr". Abwertende Bezeichnungen für den Sexualpartner wurden in den Verhören benutzt, um sich selbst zu entlasten und das Augenmerk der Verfolger auf den Mitangeklagten zu richten. Am häufigsten finden sich die Bezeichnungen „Warmer" bzw. „Warme" für gleichgeschlechtlich liebende Männer und Frauen. Spezifisch österreichische Ausdrücke waren „Arschbuderer"[52] oder „Scherzlstecher" (auch „Kerzlstecher")[53] für den aktiv den Analverkehr Ausführenden. „Arschkailer" wurde im ländlichen Sprachgebrauch für den passiven Jugendlichen benutzt.[54] Wohlwollende Bezeichnungen wie „Freunde" für ein befreundetes Männerpaar[55] finden sich äußerst selten.

Linz als städtischer Verfolgungsraum

Die Stadt Linz war nach großen Eingemeindungen 1939 auf eine Einwohnerzahl von 129 000 gewachsen. Damit war es die einzige Großstadt im Gau Oberdonau. Jeder achte Oberösterreicher wohnte damals in der Landeshauptstadt. Bezogen auf den Zuständigkeitsbereich des LG Linz wohnten ein Drittel in der Stadt Linz und zwei Drittel im Landkreis und im Mühlviertel. Linz war jedoch zu klein, als dass sich hier eine homosexuelle Infrastruktur ausgebildet hätte. Es gab keine Gaststätten, die als überwiegende oder ausschließliche Treffpunkte gedient hätten.[56] Homosexuelle lernten sich zufällig auf der Straße, in Cafés, in öffentlichen Bädern, auf der Arbeitsstätte oder im weiteren Familien- und Freundeskreis kennen, oder sie suchten die einschlägig bekannten Treffpunkte auf. Das waren der vor allem nachts frequentierte Volksgarten, die Promenaden-Anlagen, der Bahnhof und die Toilettenanlagen an der Promenade, am Hessenplatz oder an der Ecke Wiener Reichsstraße/Unionstraße. Diese Treffpunkte bestanden auch nach 1938 weiter und fielen der Sittenpolizei über lange Zeit nicht auf.
Erst als die Polizei durch Zufall am Abend des 2. Oktober 1943 den 16-jährigen Günther N. und vier weitere Männer in der Toilettenanlage an der

---

[52] OÖLA, BG / LG / OLG Linz, Sch. 534: Vr-262/39; ebd., Sch. 559: Vr-1553/40
[53] Ebd., Sch. 559: Vr-1553/40
[54] Ebd., Sch. 573: Vr-1188/41
[55] Ebd., Sch. 566: Vr-481/41
[56] In einem „Internationalen Reiseführer" für Homosexuelle von etwa 1920 wird Linz lediglich mit einer Kontaktadresse im Hotel Schiff erwähnt, abgedruckt in: Capri Nr. 14 (1991) 38, dieses Angebot dürfte sich bis 1938 nicht verändert haben

Promenade festnahm, erkannten die Beamten des Sittendezernates, dass es auch in Linz eine Subkultur der männlichen Homosexuellen gab. Bis zum 27. November 1943 unternahm Dezernatsleiter Stanek insgesamt acht Aktionen, um gegen gleichgeschlechtliche Kontakte in den Toilettenanlagen und dem angrenzenden Park vorzugehen. Er bezog in oder vor der Toilette Stellung, um seine Überwachungsobjekte „auf frischer Tat" zu ertappen. Aufgrund der Dunkelheit war es für ihn jedoch nicht immer eindeutig zu erkennen, ob die herumstehenden und ziellos wartenden Männer bereits sexuelle Handlungen vollzogen. „Wegen Verdunkelungsgefahr" verhaftete er dann wahllos, wen er im unmittelbaren Umkreis erwischen konnte. Den meisten Besuchern der nächtlichen Szenerie gelang jedoch rechtzeitig die Flucht. In Linz wurde unter den einschlägigen Toilettenbesuchern die Warnung vor der Gefahr verbreitet. Als Stanek erneut als „Agent provocateur" im Park ermittelte und ein Gespräch mit einem 55-jährigen Buchhalter der Hermann Göring Werke (HGW) begann, fand das Gerücht seinen Weg zum Ausgangspunkt zurück: Der später von Stanek verhaftete M. erzählte, wie Stanek später berichtete, freimütig: „Dort im Innern des Abort's ist's seit Neuestem sehr gefährlich. Erst vor 14 Tagen hat dort die Kriminalpolizei sechs herausgeholt." Und im weiteren Gespräch erfuhr Stanek „Heute ist nicht viel los. Die Verhaftungen hier tragen dazu bei, dass hier nicht mehr viele herkommen. (Meint Unzüchtler) Ich habe schon von verschiedenen Seiten gehört, dass seit dem Tage des Luftalarms (2.10.43) 37 verhaftet wurden. Oh ich gehe ihnen nicht in die Falle."[57] In der Untersuchungshaft wurde M. immer wieder dazu gedrängt, ein Geständnis abzulegen, was er jedoch standhaft verweigerte. Schließlich gab er nach zwei Wochen Haft den Untersuchungsbeamten des Landgerichts zu Protokoll, dass er zu Aussagen gezwungen worden sei, wörtlich: „Ich habe dem Kriminalbeamten ins Gesicht gesagt bei [der] Polizei: ‚Herr, ich habe reine Hände, warum machen Sie mich unglücklich.' Er erwiderte darauf, er werde mich schon <u>weich</u> machen, es seien schon andere da gewesen die er auch weich gemacht habe." Das Gericht sah die Beweislage als nicht endgültig geklärt an und sprach den Beschuldigten frei. Nach dieser Niederlage vor Gericht und wohl auch wegen der ungemütlichen Temperaturen und der aufgrund der Gerüchte ausbleibenden Toilettenbesucher stellte die Sittenpolizei die Ermittlungen auf den „Klappen" ein.

---

[57] OÖLA, BG / LG / OLG Linz, Sch. 590: Vr-1198/43; Vernehmungsbericht von Stanek vom 29. November 1943, unter das der Verhaftete Ludwig Viktor M. die Unterschrift verweigerte, weil die Behauptungen aus der Luft gegriffen seien.

Insgesamt brachte Stanek in zwei Monaten mindestens 14 Personen vor Gericht. Deren Durchschnittsalter lag mit 44 Jahren über dem Mittel, sieben von ihnen waren verheiratet, sechs ledig und ein Familienstand war nicht angegeben. ledig. Die Hälfte der Verfahren endete mit Freisprüchen bzw. wurde eingestellt, weil „Unzuchtshandlungen" nicht nachgewiesen werden konnten.[58] In sieben Fällen entschieden die Richter auf Gefängnisstrafen bis zu sechs Monaten, die in der Regel auf Bewährung ausgesetzt wurden.[59]

Linz war der größte Handels- und Industriestandort in Oberösterreich. Durch das Angebot an Arbeitsplätzen und kulturellen Möglichkeiten zog es Arbeitssuchende aus dem Umland, aus anderen Bundesländern und sogar aus dem Altreich an. Mit dem Ausbau der HGW zu einem Großindustrie-Unternehmen wurden zusätzlich zahlreiche Arbeitsplätze geschaffen, die in den Kriegsjahren durch ausländische Arbeiter besetzt wurden. In den zahlreichen Wohnlagern lebten Hunderte von Männern auf engem Raum beisammen, eine Situation, die homosexuelle Bekanntschaften förderte. So ist es nicht verwunderlich, dass die HGW immer wieder in den Blickpunkt der Sittenpolizei gerieten. Im November 1940 wurde der Kantinenwirt im Lager 49 beschuldigt, sexuelle Kontakte mit minderjährigen Werksangehörigen zu unterhalten.[60] Der 36-jährige Otto P. wurde daraufhin festgenommen. Im Zuge der Vernehmungen der folgenden drei Monate gerieten mehr als zehn HGW-Lehrlinge und –Arbeiter im Alter von 18 bis 30 Jahren in das Visier der Ermittler. Zahlreiche Arbeitskollegen sagten aus, P. sei ihnen aufgrund des engen Kontakts zu den jüngeren Mitarbeitern und der vielen Geschenke verdächtig vorgekommen. Otto P., gegen den auch die Ehefrau und die Tochter aussagten, stand von vornherein als der anstoßgebende Verführer fest, der sich im Mittelpunkt eines „Unzucht-Seuchenherdes" befand. Gegen ihn wurde die drastische Strafe von drei Jahren schwerem Kerker ausgesprochen. P. wurde nach kurzer Zeit in das Emslandlager Börgermoor verlegt. Die Lehrlinge wurden, soweit sie geständen, mit Jugendarrest belegt. Die nicht geständigen wurden nach sechs Wochen Untersuchungshaft als Vorbelastete entlassen. Eine Haftentschädigung erhielten sie nicht, weil noch ein letzter Verdacht geblieben sei.

---

[58] Freisprüche bei OÖLA, BG / LG / OLG Linz, Sch. 589: Vr-1009/43; ebd., Sch. 590: Vr-1198/43; Verfahrenseinstellung aufgrund von ärztlichen Gutachten bei ebd., Sch. 589: Vr-980/43
[59] So in den Verfahren ebd., Sch. 589: Vr-1033/43, Vr-1057/43; ebd., Sch. 590: Vr-1130/43, Vr-1164/43
[60] Ebd., Sch. 559: Vr-1552/40

Mit der Verhaftung des Abteilungsleiters der HGW-Versorgungsbetriebe wurde im Juni 1940 ein hochrangiger Angestellter wegen Verdachts auf Homosexualität festgenommen.[61] Insgesamt gab es zwölf Verfahren gegen HGW-Mitarbeiter, davon vier gegen ausländische Werksangehörige. Auch gegen Beschäftigte anderer Industrieunternehmen, wie den Linzer Schiffswerften (fünf Verfahren) oder der Reichsbahn (zwölf Verfahren) wurde ermittelt.

Die Situation der Homosexuellen im Mühlviertel

Eine der nationalsozialistischen Idealvorstellungen war, dass aufgrund einer „gesunden" Lebensführung auf dem Lande und aufgrund der dörflichen Kontrollmechanismen Homosexualität im ländlichen Bereich nicht vorkomme. Sie sei eine städtische „Entartung".
Unter den 160.000 Einwohnern des Mühlviertels wurden jedoch zahlreiche gleichgeschlechtliche Kontakte angezeigt. Eine Aussage darüber, ob der Erfolg bei der Verfolgung auf dem Land eher geringer war als in der Stadt, lässt sich anhand des vorliegenden Materials nicht treffen.
Eine gleichgeschlechtliche Bekanntschaft oder ein kurzfristiges Verhältnis, die in der Stadt versteckt ausgelebt werden konnten, waren in den zahlreichen Kleinstädten und Dörfern sehr stark der Gefahr ausgesetzt, entdeckt zu werden. So entstanden individuelle und zum Teil durchaus gefahrvolle Wege, um Sexualität auszuleben, ohne an die Obrigkeit verraten zu werden. Häufig genug scheiterte das Vorhaben, die „Tat" wurde entdeckt und Strafmaßnahmen eingeleitet. Während 134 der „Unzuchtsfälle", die vor dem LG Linz verhandelt wurden (das entspricht 65 %) in der Landeshauptstadt stattfanden, und weitere zehn Fälle in den Kleinstädten Traun, Enns und St. Florian, beläuft sich die Anzahl der in der dörflichen Umgebung aufgedeckten Fälle auf 45 (das sind 22 %). In 17 Fällen lag der Wohnort außerhalb des Zuständigkeitsbereiches des LG Linz.
Fast ausschließlich wurde gleichgeschlechtliche Sexualität entweder unter Jugendlichen praktiziert oder in Abhängigkeitsverhältnissen zwischen Bauer und Knecht bzw. ausländischem Zwangsarbeiter. Gelegentlich wur-

---

[61] Ebd., Sch. 553: Vr-770/40

den auch Übergriffe unter Alkoholeinfluss in Gastwirtschaften zur Anzeige gebracht.

Homosexuelle Lebensgemeinschaften waren auf dem Land schier unmöglich. Daher fällt ein über 16 Jahre währendes festes Verhältnis im Amtsgerichtsbezirk Rohrbach zwischen dem bei der Verhaftung 34-jährigen Pferdepfleger Franz M. und dem 42-jährigen Karl S. besonders auf.[62] S., der auch Brausmüller genannt wurde, verheiratet war und drei Kinder hatte, besuchte seinen Freund im Nachbardorf regelmäßig mehrmals in der Woche. Dass die Nachbarn die Besuche registrierten, scheint S. nicht davon abgehalten zu haben. Schließlich wurde M. von seinen Mitbewohnern dazu gedrängt, S. wegen Unzucht anzuzeigen, was er am 22. April 1941 auch tat. Gleichzeitig versuchte er seinen nichts ahnenden Freund mit einem Brief zu warnen: „die Rohrbach Herrn lassen sich sowas nicht bieten. Wie es aufgeht kann ich nicht sagen. In der Eile schlecht geschrieben. Gruß Franz". In den ungeschickt formulierten Zeilen vermischen sich Sorge um den Freund und Vorwürfe wegen seines unvorsichtigem, lauten Auftretens im Dorf: „ich muß mich dersteßen vor Schande wegen dir, es war bedenklich weil du [...] herauf kommst u. mit lauter Nachfrage wo ist der Franz u. die Leute redeten gleich durcheinander das ist der u. der ein Füserant bis dort hinaus." Die Warnung gelang ihm jedoch nicht, der Brief wurde abgefangen und Karl S. am 27. April verhaftet. Die Polizei versuchte aus der Liebes- und Lebensgemeinschaft ein abschreckendes Not- und Abhängigkeitsverhältnis zu konstruieren, indem sie festhielt: „Vor allem hat das Bewußtsein der Strafbarkeit ihres Handelns eine Verbindung hergestellt, die keiner von Beiden zu zerreißen wagt." Franz M. wurde als der Jüngere und somit nach der NS-Ideologie der Verführte zu drei Monaten schwerem Kerker, verschärft durch einen Fasttag und ein hartes Lager verurteilt. M. argumentierte, dass er alle Annäherungen seines Freundes abgelehnt hätte, verstrickte sich jedoch in Fangfragen, so dass das Gericht sein Verhalten bei der Hauptverhandlung als „Hinterhältigkeit" wertete. Karl S. wurde als „die treibende Kraft" mit vier Monaten bestraft.

---

[62] Ebd., Sch. 568: Vr-688/41

Verfolgung lesbischer Frauen

„Nur in Österreich war auch homosexuelle Betätigung von Frauen strafbar bzw. ist es noch, wobei allerdings die Erfassung von weiblichen Homosexuellen nicht nachhaltig betrieben wurde und auch jetzt in praktischer Angleichung an die Strafpraxis im Altreich nicht wird",[63] so der am Kaiser-Wilhelm-Institut für Psychiatrie in München als Erbbiologe arbeitende Theo Lang in einer am 29. August 1941 veröffentlichten Untersuchung. Wie bereits erwähnt wies das österreichische Strafrecht im § 129 I b auch die Möglichkeit der Verfolgung von gleichgeschlechtlich liebenden Frauen auf. Nach dem „Anschluss" wurde diese Bestimmung nicht geändert. Die Vorstöße zu einer Rechtsangleichung, und zwar durch Ausweitung der österreichischen Bestimmung auf das Gesamtreich, wurden insbesondere von dem Juristen Rudolf Klare und dem Wiener Strafrechtslehrer Wenzeslaus Graf von Gleispach, der sich ab 1933 in Berlin aufhielt, vorgebracht.[64] Eine endgültige Regelung wurde jedoch nicht getroffen, und so existierten im Deutschen Reich zwischen 1938 und 1945 zwei Strafrechtsauffassungen parallel. Die Ausdehnung des § 175 RStG auf Frauen wurde nicht ernstlich in Erwägung gezogen, da in der NS-Ideologie weibliche Sexualität auf eine passive und untergeordnete Rolle festgelegt war. Da auch eine lesbische Frau Kinder gebären könne, wurde ein wesentliches Motiv der Homosexuellenverfolgung, nämlich die Steigerung der Bevölkerungszahl, bei Frauen als nicht relevant angesehen.
Dementsprechend war die Verfolgungsintensität gegenüber lesbischen Frauen in Österreich sowohl vor 1938 als auch bis 1945 und darüber hinaus im Vergleich zu der gegen Männer gering. Bisher geführte Untersuchungen zeigen einen Anteil von weniger als 5 % aller Verfahren nach § 129 I b.[65] Diese Feststellung gilt auch für Oberösterreich: Drei Verfahren des LG Linz gegen insgesamt fünf Frauen stehen 272 Verfahren gegen 489 Männer gegenüber. Die geringe Anzahl der Verfahren lässt keine grundsätzlichen Schlüsse auf die Einstellung der Justiz gegenüber den ange-

---

[63] Theo Lang, Erbbiologische Untersuchungen über die Entstehung der Homosexualität. In: Münchner Medizinische Wochenschrift vom 29. August 1941, abgedruckt in: Schoppmann, Sexualpolitik (wie Anm. 11) 112
[64] Schoppmann, Sexualpolitik (wie Anm. 11) 86-103 und 110-115; Homosexualität in der NS-Zeit (wie Anm. 13) 101-115
[65] Müller und Fleck kommen nach Auswertung der gesamtösterreichischen Strafakten zu einer Zahl von unter 5 %, Müller – Fleck, Unzucht (wie Anm. 4) 419; alle zitierten Beispiele stammen aus Wien; auch Wahl kommt nach Auswertung der Akten des LG Wien zum gleichen Ergebnis: Wahl, Verfolgung (wie Anm. 5) 63-65

schuldigten Frauen zu. Wenn minderjährige Kinder im Haushalt waren, wurde vom Vollzug der Strafe abgesehen.
Im Sommer 1938 wurden zwei Verfahren gegen gleichgeschlechtlich liebende Frauen eingeleitet. Die 46-jährige geschiedene Pauline M. und die 39-jährige verheiratete Marie R. wurden in St. Oswald, Bezirk Freistadt, am 21. Juni 1938 durch den Gendarmerie-Rayonsinspektor angezeigt, als dieser eine Wohnungskontrolle bei Marie R. vornahm.[66] Dazu war er berechtigt, weil über R. ein Alkoholverbot ausgesprochen worden war. Bei dieser Gelegenheit wurde sie zusammen mit ihrer Nachbarin M., die das Armenhaus von St. Oswald bewohnte – ihr Ehemann war aufgrund „asozialer Verhältnisse" in das KZ Dachau gebracht worden – bei gleichgeschlechtlicher Betätigung (Oralverkehr) beobachtet. Beide hatten zahlreiche Vorstrafen wegen anderer Delikte. Im Verfahren vom 6. Juli 1938 gaben die Frauen zu Protokoll, dass sie heterosexuell seien und „dass es infolge übermässigen Alkoholgenusses zu der strafbaren Handlung gekommen sei." Der Richter entschied jedoch, dass die Voraussetzungen für ein Verbrechen der widernatürlichen Unzucht erfüllt seien und verurteilte M. zu sechs Monaten schwerem Kerker und R. als die Verführerin zu acht Monaten, beide unbedingt. Beide Frauen wurden nach Verbüßung der Haft als Vorbeugehäftlinge an das Polizeipräsidium Linz überstellt. Ihr weiteres Schicksal ist ungeklärt.
Opfer einer Denunziation durch die Nachbarin wurde die 37-jährige Franziska K.[67] Die geschiedene Hilfsarbeiterin und Mutter von drei Kindern zwischen fünf und 14 Jahren hatte mit ihr im Streit gelegen. Die Nachbarin behauptete, von K. mit den Worten „Ich möchte mich so gerne mit Ihnen in das Bett legen!" sexuell belästigt worden zu sein. Bei einer Wohnungsdurchsuchung wurden als Beweismaterial Karten mit weiblichen Aktaufnahmen gefunden. Mitbewohner bezeichneten K. als eine „Warme". Obwohl es zu keiner nachweisbaren sexuellen Handlung gekommen war, wurde K. aufgrund von drei einschlägigen Vorstrafen zu vier Monaten schwerem Kerker bedingt verurteilt. Die „etwas perverse Veranlagung" wurde ihr dabei mildernd ausgelegt.
Erst sechs Jahre später, im Herbst 1944, nahm die oberösterreichische Justiz wieder die Verfolgung eines lesbischen Pärchens auf. Die 19-jährige Edeltraud S. und die 18-jährige Elisabeth H. lernten sich bereits als Fürsorgezöglinge in der Gauerziehungsanstalt Gleink bei Steyr kennen. Nach

---

[66] OÖLA, BG / LG / OLG Linz, Sch. 522: Vr-1040/38
[67] Ebd., Sch. 523: Vr-1151/38

ihrer Entlassung aus der Heimerziehung wurde die Ältere Lagerführerin im Gemeinschaftslager der Flak Linz-Wegscheid, während die Jüngere eine Anstellung als Kellnerin im Kurort Bad Hall fand. Die jungen Frauen hielten ihre Beziehung über die Distanz von 40 Kilometern aufrecht und besuchten sich gegenseitig. Die Behörden wurden davon in Kenntnis gesetzt; die Mädchen wurden verwarnt und mit einem Kontaktverbot belegt.[68] Sie ignorierten dieses und verhielten sich gegenüber ihren Arbeitgebern renitent. Auf Veranlassung des Hotels, in dem H. arbeitete, erfolgte am 27. Oktober 1944 die Festnahme der beiden Frauen in Bad Hall. H. wurde zusätzlich Arbeitsverweigerung vorgeworfen. Als im Zuge der Ermittlungen eine Geschlechtskrankheit festgestellt wurde, wurde H. am 10. November in Vorbeugehaft genommen. Die beiden Frauen verhielten sich auch bei ihrer getrennten Vernehmung in der Hauptverhandlung am 25. November 1944 nicht kooperativ. Auf die Frage, ob sie sich „geschlechtlich natürlich veranlagt" fühle, antwortete H. laut Protokoll: „Bei dem unnatürlichen Verkehr mit der S. hat mir diese immer gesagt, wenn sie mich hat, dann braucht sie keinen Mann." Dieses wurde als Schuldeingeständnis gewertet. Beide Frauen wurden am 19. Dezember 1944 verurteilt: S. zu sieben Monaten Gefängnis und H., die bereits sieben Wochen in Untersuchungshaft gesessen hatte, zu einem Jahr Zuchthaus, da ihr auch noch ein weiteres Delikt vorgeworfen wurde. Beide Strafen wurden zur Bewährung ausgesetzt.

Strategien der Verfolgung und Verteidigung

Der zum Staatsfeind deklarierte Homosexuelle musste erfahren, dass die im Privatbereich gelebte einvernehmliche Sexualität durchaus kein individuelles Rechtsgut war. In seiner Rede vor den SS-Gruppenführern definierte Heinrich Himmler im Februar 1937: „Es gibt unter den Homosexuellen Leute, die stehen auf dem Standpunkt: was ich mache, geht niemandem etwas an, das ist meine Privatangelegenheit. Alle Dinge, die sich auf dem geschlechtlichen Sektor bewegen, sind jedoch keine Privatangelegenheit eines einzelnen, sondern sie bedeuten das Leben und das Sterben

---

[68] Ebd., Sch. 596: Vr-984/44, Meldung Gaujugendamt an Kripo Linz, Weibliche Kriminalpolizei, 19. August 1944

des Volkes, bedeuten die Weltmacht und die Verschweizerung. Das Volk, das sehr viel Kinder hat, hat die Anwartschaft auf die Weltmacht und Weltbeherrschung. Ein gutrassiges Volk, das sehr wenig Kinder hat, besitzt den sichern [sic!] Schein für das Grab, für die Bedeutungslosigkeit in 50 und 100 Jahren, für das Begräbnis in zweihundert und fünfhundert Jahren."[69]

Alle Versuche der Angeklagten, ein Anrecht auf freie Sexualität einzufordern, soweit niemand anderer als der im Einvernehmen handelnde Sexualpartner davon betroffen war, scheiterten selbstverständlich.

Ein 41-jähriger bereits vorbestrafter verwitweter Lohndiener begründete bei der Kripo-Vernehmung seine abermaligen Kontaktversuche mit jungen Männern: „Auf die Frage, warum ich gerade mit so vielen jungen Burschen bekannt bin, erkläre ich, dass dies ja Privatsache ist."[70] Für die Justizbeamten war diese Aussage so schockierend und außerhalb jeglicher Vorstellungsmöglichkeit, dass sie sie mehrmals unterstrichen und mit Ausrufzeichen hervorhoben. Das Urteil blieb mit vier Jahren schwerem Kerker nur knapp unter der vorgesehenen Höchstgrenze.

In seiner Nichtigkeitsbeschwerde argumentierte 1938 ein Rechtsanwalt, dass bei dem sexuellen Kontakt seiner Mandantin niemand geschädigt worden sei, und dass die vorgeworfene Verleitung zur Unzucht nicht nachgewiesen werden könne. In der Entgegnung stellte das Gericht pauschal fest: „Die freie Befriedigung des Geschlechtstriebes ist aber kein [...] zu schützendes Rechtsgut."[71]

Eine beinahe reflexartig genutzte Strategie der Festgenommenen beim ersten Verhör war das Abstreiten des Tatvorwurfs. Jedoch wusste die Gegenseite die Weigerung meist zu brechen, indem sie die Angeklagten mit (zum Teil auch erfundenen) Aussagen des Sexualpartners konfrontierten oder zwei Angeschuldigte einander gegenüberstellten. Nur wenige hielten ihre Strategie durch alle Verhöre bis zur Hauptverhandlung durch. Die Vernehmungsbeamten nutzten jedes noch so kleine Indiz, um das Bestreiten der Tat als unglaubwürdig zu werten. Das über 15 Tage währende Leugnen des Sexualkontakts zwischen dem 40-jährigen Kantinenwirt der HGW und einer Reihe von jungen Betriebsangehörigen, die aufgrund einer unvorsichtigen Äußerung gegenüber einem Arbeitskollegen zur Anzeige kamen,

---

[69] Den Begriff „Verschweizerung" benutzte Himmler zur Veranschaulichung des Zerfalls in ein kleines, unbedeutendes und national zersplittertes Land; Rede Himmlers (wie Anm. 17) 434
[70] OÖLA, BG / LG / OLG Linz, Sch. 566: Vr-433/41
[71] Ebd., Sch. 523: Vr-1151/38

ließ das Gericht nicht gelten, da eine vorherige Absprache zwischen beiden stattgefunden haben müsse.[72]
Die Strategie des beharrlichen Weigerns führte somit nicht automatisch zu einem besseren Stand während des Prozesses. Der 33-jährige vorbestrafte Angestellte Ernst H., der sexuelle Kontakte zu Jugendlichen in einem Waldheim unterhalten hatte und dessen Fall bereits erwähnt wurde, ließ sich auch durch immer neue Befragungen nicht einschüchtern. Nach dem dritten Vernehmungstag empfahl Dezernatsleiter Stanek den Richtern eine harte Bestrafung des Delinquenten. Das Gericht schloss sich dieser Sichtweise an und verurteilte den aus Berlin stammenden Mann zu acht Monaten schwerem Kerker, verschärft durch einen Fasttag monatlich, obwohl ihm lediglich der Versuch nachgewiesen werden konnte.
Eher nebensächlich für die Entscheidung des Gerichts waren die häufig benutzten Beteuerungen, dass eine unmotivierte Neugier Auslöser für die sexuelle Annäherung gewesen sei. Oftmals stand dahinter der hilflose Versuch der Landbevölkerung oder auch der Jugendlichen, sich irgendwie aus der Affäre zu ziehen, wie etwa in der Aussage eines 18-jährigen deutlich wird, der angab, während der erduldeten sexuellen Handlungen den Vornamen seiner Freundin ausgerufen zu haben.[73] Allzu offensichtliche Ausreden waren dem Gericht geläufig und konnten nicht als Milderungsgrund bei der Strafbemessung eingesetzt werden. Auch „Übermut und Gaude"[74] waren schlecht gewählte Motive, um einen Freispruch vor Gericht zu erwirken.
Als ein Schuss nach hinten erwies sich die Taktik eines Angeklagten, durch das Geständnis weit zurückliegender Taten das Gericht für sich einzunehmen. Der Linzer Josef T. glaubte sich durch seine freiwillig eingebrachten Selbstbelastungen, sich bis zum Jahr 1927 gleichgeschlechtlich betätigt zu haben, und dann mit einer 15-jährigen Pause nicht mehr, in Sicherheit gebracht zu haben. Das Gericht würdigte zunächst das kooperative Verhalten und gewährte außerordentliches Milderungsrecht. In der Nichtigkeitsbeschwerde der Staatsanwaltschaft wurde T. jedoch als „Typ eines Gewohnheitsverbrechers" kategorisiert. Daraufhin argumentierte der von T. beauftragte Rechtsanwalt, dass die Verjährungsfrist von fünf Jahren seit der vorletzten Tat verstrichen sei und T. somit wieder als unbescholten zu gelten habe. Das Reichsgericht gab jedoch der Staatsanwaltschaft Recht

---

[72] Ebd., Sch. 559: Vr-1553/40
[73] Ebd., Sch. 589: Vr-854/43
[74] Ebd., Sch. 578: Vr-362/42

und erhöhte die Strafe auf zehn Monate Gefängnis unbedingt, mit der Begründung: „Es kommt nicht darauf an, ob die Milderungsgründe die Erschwerungsgründe überwiegen, sondern ob solche Milderungsgründe vorliegen, welche mit Grund die Besserung des Täters erwarten lassen. Das angefochtene Urteil bietet keinen Anhalt dafür, dass diese Voraussetzungen erfüllt sind."[75] An diesem Urteil wird deutlich, dass es dem Gericht im Jahre 1943 längst nicht mehr um die Verfolgung einer Straftat, sondern um den Ausschluss von „Schädlingen" aus der „Volksgemeinschaft" ging.

Auf der Strategieebene der Ursachenherleitung sind äußere von inneren Anlässen zu trennen. Als häufigste äußere Ursache für sexuelle Übergriffe wird Alkoholkonsum genannt. In über 20 der diesbezüglich ausgewerteten Fälle wurde Trunkenheit als weiterer Milderungsgrund im Urteil angeführt. Interessanter sind die ins Feld geführten inneren Gründe für homosexuelles Verhalten. Mehrere Angeklagte sahen den besten Ausweg aus ihrer Situation in einem offenen Geständnis, von Geburt an homosexuell veranlagt zu sein. Ein 48-jähriger, der bereits 1925 einschlägig verurteilt worden war, gab im Verhör am 17. Mai 1938 an: „Zu meiner Entschuldigung möchte ich bemerken, dass ich mein ganzes Leben nie mit einem Weibe verkehrte, auch mit meiner von mir getrennten Gattin nicht, da ich nie zu einem Weibe eine Zuneigung empfand. Im Jahre 1907 begab sich mein Vater mit mir in die Poliklinik zu Prof. Wagner-Jauregg, wo dieser zu meinem Vater sagte, dass es sich bei mir um eine angeborene Sache handle und ich zu einem normalen Geschlechtsverkehr nicht fähig sei."[76] Mit dem Argument der bei der Geburt angelegten Homosexualität zielten einige Angeschuldigte auf eine entlastende Wirkung. Das Gericht entschied jedoch in vielen Fällen, dass ein „nicht heilbarer Täter" mit Sicherungsverwahrung belegt werden sollte.

Dem Schneidermeister S. aus Neumarkt im Mühlkreis wurden sein Geständnis nach wiederholten Verhören („Ich bekenne mich nunmehr schuldig"[77]) und die Tatsache, eine Frau und drei Kinder versorgen zu müssen, als Milderungsgrund pro forma anerkannt. S. führte zu seiner Verteidigung an: „Ich bereue meine Tat, aber die Veranlagung in mir ist stärker als mein Wille, sie zu unterlassen. Ich hätte nichts dagegen, wenn ich unfruchtbar

---

[75] Ebd., Sch. 583: Vr-1208/42, Urteil des Reichsgerichts, 9. April 1943
[76] Ebd., Sch. 521: Vr-828/38 (Hervorhebung im Original)
[77] Ebd., Sch. 563: Vr-273/41

und sittlich unschädlich gemacht würde."[78] Für das Betasten des Körpers des Gefreiten Franz W. wurde er zu neun Monaten schwerem Kerker, verschärft durch hartes Lager, und zum Ersatz der Verfahrenskosten verurteilt. Das Strafmaß fiel relativ hoch aus, weil ein Wehrmachtsangehöriger beteiligt war und so ein Exempel statuiert werden sollte.

Ein Beschuldigter gab beim Gestapoverhör sogar eine pädophile Veranlagung an – eine derartige Offenheit ist nur ganz selten anzutreffen. Die Strategie zielte darauf, der weiteren Gestapo-Nachstellung und Überweisung ins Gefängnis oder KZ zu entkommen und mit der Aussage „Ich bin krankhaft veranlagt und konnte trotz Aufwandes meiner ganzen Energie nicht wiederstehen [sic!], Knaben zu Unzüchtigkeiten zu missbrauchen"[79] eine Einweisung in eine psychiatrische Anstalt zu bewirken. Das offene Geständnis der angeborenen Homosexualität war der Versuch des Angeklagten, das Gericht vom Vorwurf der Verführung abzubringen. Es sollte mildernd in Betracht ziehen, dass nicht die bösartige Absicht, andere zu verführen, das Motiv war.

Die Strategie, eine körperliche oder geistige Beeinträchtigung ins Feld zu führen, fand teilweise Anerkennung. Ein auf einer öffentlichen Toilette wegen zu langen Herumstehens Festgenommener konnte erfolgreich glaubhaft machen, dass sein Aufenthalt einem Blasenleiden geschuldet gewesen sei.[80]

Ärztliche Gutachten wurden in Auftrag gegeben, um festzustellen, ob beim „Täter" tatsächlich eine Tateinsicht vorausgesetzt werden könne. Solche Gutachten konnten durchaus zum Schluss kommen, dass eine Verantwortung für die „Tat" nicht vorgelegen habe. So wurde dem 51-jährigen offenbar debilen Gelegenheitsarbeiter Johann P. bescheinigt, er habe die im Frühjahr 1940 an zahlreichen Jugendlichen des Dorfes Niederneukirchen begangenen Übergriffe ohne „die genügende Einsicht in das Unmoralische und Unsittliche seines Handelns" ausgeübt und sei daher auch nicht imstande gewesen, „einer solchen Einsicht gemäss zu handeln."[81] Dennoch wurde er zu zwölf Monaten schwerem Kerker verurteilt, die er in der Haftanstalt Garsten in voller Länge verbüßte. Hilfe wurde P. in seiner Lage nicht zuteil. Nach seiner Freilassung fand er auf einem Hof in Ebelsberg

---

[78] Spätestens mit dem RSHA-Erlass vom Jänner 1942 schützte eine Kastration nicht mehr vor einer weiteren Verfolgung; siehe Homosexualität in der NS-Zeit (wie Anm. 13) 309; zur Erpressung zur so genannten freiwilligen Kastration siehe ebd., 310
[79] OÖLA, BG / LG / OLG Linz, Sch. 535: Vr-361/39
[80] Ebd., Sch. 589: Vr-1044/43
[81] Ebd., Sch. 551: Vr-572/40

wieder eine Anstellung als Knecht. Nach wenigen Monaten hatte er erneut Gelegenheit, unbeschwert und in der für ihn einzig möglichen Art, mit Jugendlichen und ausländischen Landarbeitern der näheren Umgebung sexuellen Kontakt aufzunehmen. Ein Tierarzt meldete pflichtbewusst das Geschehen weiter. P. galt nun als vorbestrafter Gewohnheitsverbrecher. Ein medizinisches Gutachten wurde nicht mehr bemüht, denn es galt, P. möglichst lange von der Öffentlichkeit wegzusperren. Er wurde zur Höchststrafe von fünf Jahren schwerem Kerker verurteilt und abermals nach Garsten eingewiesen.[82] Ob er das Ende der NS-Zeit erlebte, ist nicht bekannt.

Eine wirkliche Befreiung aus der Verfolgungssituation war ein medizinisches Gutachten ohnehin nicht. So wurde in einem psychiatrischen Befund des Linzer Gerichtsarztes Hans Hager vom 12. September 1938 dem 18-jährigen Büropraktikanten Erwin H. bescheinigt, die zerrütteten und gewalttätigen familiären Verhältnisse hätten zu einer Geistesstörung geführt, die eine Einweisung in die Irrenanstalt notwendig mache. Die Diagnose lautete auf Pubertätsneurose. Eine Bestrafung sei wirkungslos. „Jedoch ist H. durch seine krankhafte Anlage für die Jugend gemeingefährlich. Er gehört der Sicherungsverwahrung und Unfruchtbarmachung zugeführt."[83]

Der ehemalige Präses des katholischen Burschenvereines Franz L. bemühte sich durch ein Bekenntnis zum Nationalsozialismus um einen für ihn günstigen Ausgang des Verfahrens. Er führte dazu aus: „Ich gehörte zu jenem Kreis der Geistlichen im Stifte St. Florian, die schon von jeher Sympathie für die Bewegung gehabt haben [...] Bei der Machtübernahme habe ich als erster die Hakenkreuzfahne am Kirchturm in St. Florian gehisst. Ich glaube, es war die erste Kirche in Österreich, die mit der Hakenkreuzfahne geschmückt war."[84] Dem vorliegenden Material ist ein Urteilsspruch nicht zu entnehmen, jedoch legte L. erfolgreich Widerspruch ein, dem vor dem Reichsgericht in Leipzig am 17. Oktober 1939 stattgegeben wurde. Durch diesen Freispruch erregte der Fall allgemeine Aufmerksamkeit und löste eine heftige Reaktion der Partei aus. In einem polemischen Artikel in „Das schwarze Korps" vom 15. Februar 1940 machten sie gegen die aus ihrer Sicht zu nachsichtige Entscheidung des Reichsgerichtes Stimmung. In der

---

[82] Ebd., Sch. 576: Vr-76/42
[83] Ebd., Sch. 522: Vr-1009/38
[84] Ebd., Sch. 530: Vr-1904/38; vgl. dazu auch die Ausführungen im Abschnitt Aktionen gegen Barmherzige Brüder. Nach Auskunft von R. Hoffschildt erging mit Datum 17.10.1939 das Urteil gegen L.

Folge wurde vom Reichsjustizministerium erwogen, den § 175 RStG auch in der Ostmark einzuführen.⁸⁵
Wer vor Gericht als Motivation den finanziellen Vorteil bei einem zum Bezahlen bereiten Sexualpartner vorgab und gleichzeitig jede homosexuelle Veranlagung abstritt, begab sich in die Gefahr, als „Stricher" eingeordnet zu werden. Diese wurden in einer gesonderten Liste registriert und verfolgt. Nach den Darlegungen von Himmler war das Verfolgungsziel gegenüber Strichern nicht eindeutig. In seiner Rede vom Februar 1937 wog er den Vorteil, „alle Strichjungen in Deutschland ein[zu]sperren und in Lager [zu] bringen" gegen den Nachteil ab, „dass die Millionen Homosexuellen sich neue Opfer suchen"⁸⁶ würden. Dessen ungeachtet war „gewerbsmäßige Unzucht" nach § 175 a Abs. 4 RStG mit Zuchthaus bis zu zehn Jahren zu bestrafen.
Der 18-jährige aus Mähren stammende Hilfsarbeiter Franz L. bestritt zunächst den sexuellen Kontakt zu dem nach § 129 I b vorbestraften Lokführer Anton K., gab jedoch bei der Zweitvernehmung am folgenden Tag zu, passiv Schenkelverkehr gehabt zu haben. Im abschließenden Kripobericht heißt es negativ, er sei arbeitsscheu, erpresserisch und „hat die Veranlagung des K. für seine materiellen Vorteile ausgenützt."⁸⁷
Das Schlussplädoyer des 26-jährigen, bereits seit sechs Monaten in den KZ Dachau und Mauthausen als „asozialer Berufsverbrecher" inhaftierten Michael K. lautete in der Hauptverhandlung: „Es ist richtig, dass ich mit L. Unzucht getrieben habe [...] Ich bin nicht abnormal veranlagt, sondern ich habe mich zu diesen Handlungen nur aus finanziellen Gründen bewegen lassen."⁸⁸ Es änderte nichts an der Urteilsfindung und an der Rückführung in das KZ. K. überlebte die mehr als fünfeinhalb Jahre dauernde Inhaftierung in Dachau.
Nicht ganz ohne Humor und einer eigenen Logik folgend waren die Aussage des 36-jährigen mährischen Schlossergehilfen Johann M. am 1. November 1943: „Ich fühle mich keineswegs homosexuell veranlagt, bin verheiratet und Vater von zwei Kindern. Hätte ich gewusst, dass am Tage meiner Festnahme ein Kriminalbeamter vor mir stand, dem ich mich in unzüchtiger Weise zu nähern versuchte, so hätte ich diese Handlung bestimmt unterlassen."⁸⁹ Seinem Rechtanwalt gelangen mehrmals Verschie-

---

⁸⁵ Homosexualität in der NS-Zeit (wie Anm. 13) 255-261
⁸⁶ Rede Himmlers (wie Anm. 17) 437
⁸⁷ OÖLA, BG / LG / OLG Linz, Sch. 551: Vr-549/40
⁸⁸ Ebd., Sch. 545: Vr-81/40
⁸⁹ Ebd., Sch. 589: Vr-1057/43

bungen der Hauptverhandlung und schließlich Strafaufschübe bis Kriegsende.

Die Urteile des Landgerichts Linz

Der § 130 StG legte die Dauer der nach § 129 StG ausgesprochenen Strafe auf ein bis fünf Jahre schweren Kerker fest. Von diesem extrem hohen und unangemessenen Strafmaß wurde in der überwiegenden Anzahl der Fälle vor 1938 Abstand genommen. Grundlage war das in § 54 und 55 StG geregelte Milderungsrecht. Deutsche NS-Strafrechtsexperten lobten die Strafhöhe des § 130 als vorbildlich und sahen zunächst keinen Anlass, mit dem „Anschluss" eine Änderung herbeizuführen.

Die Angeklagten waren in den meisten Fällen zu arm, um sich einen Rechtsanwalt zu leisten. Nur in 42 % von 191 untersuchten Fällen waren nach § 129 I b Angeklagte durch einen Verteidiger der eigenen Wahl vor Gericht vertreten. Anders als in anderen Großstädten gab es in Linz keinen Rechtsanwalt, der sich auf die Verteidigung von Homosexuellen spezialisiert hätte.

Die Anzahl der Verfahren nach § 129 I b vor dem Landgericht Linz (alle Angaben beziehen sich auf das Jahr der Eröffnung des Verfahrens):

Eröffnung des Verfahrens	1938*	1939	1940	1941	1942	1943	1944	1945*	Summe
Zum Vergleich: Gesamtzahl aller Strafverfahren	1940	1483	1744	1374	1245	1292	1119	1110	
Verfahren nach § 129 I b	44	37	65	49	39	32	8	1	275
Angeschuldigte Personen	74	67	131	87	60	57	17	1	494
Verfahrenseinstellung	1	4	7	6	0	4	0	0	22
Freisprüche	1	3	4	4	3	3	2	0	20
Verurteilungen	25	31	39	36	35	24	12	0	202
Probezeit/Verwarnung etc.	4	1	2	0	0	0	0	0	7

Verfolgung von Homosexuellen in Oberösterreich in der NS-Zeit

Eröffnung des Verfahrens	1938*	1939	1940	1941	1942	1943	1944	1945*	Summe
Haftstrafen unter 6 Monaten	14	17	16	18	19	11	1	0	96
Haftstrafen 6 bis 12 Monate	5	7	10	5	8	7	3	0	45
Haftstrafen 12 Monate und darüber	2	6	11	11	8	5	8	0	51
davon Bewährungsstrafen	5	9	8	3	2	1	2	0	30
Verfahren gegen Geistliche	5	4	12	0	0	0	1	0	22
Verfahren gegen Lesben	2	0	0	0	0	0	1	0	3
weiteres Schicksal:									
entlassen	14	11	15	16	16	13	7	0	92
KZ, Straflager, Üb. an Gestapo	5	8	16	14	7	5	0	0	55
gestorben	0	3	5	1	2	1	0	0	12
Verfahrensverlauf unbekannt / Abgaben	21	5	27	13	8	6	0	1	81

* Alle Zahlen mit Ausnahme der Gesamtzahl der Verfahren beziehen sich auf den Zeitraum nach dem 10. März 1938 bzw. vor dem 2. Mai 1945.

Prozentualer Anteil der Verfahren nach § 129 I b an der Gesamtzahl aller Verfahren:

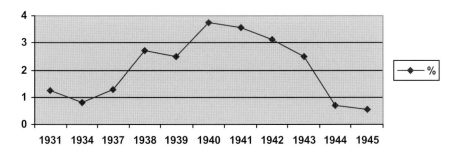

Anzahl der Verfahren nach 129 I b vor dem LG Linz

1931	1934	1937	1938	1939	1940	1941	1942	1943	1944	1945
23	23	36	53	37	65	49	39	32	8	6

Die Verfolgungsintensität gegen Homosexuelle in Oberösterreich erreichte nach einem ersten Höhepunkt im Jahr 1938 ihren absoluten Höchststand im Jahr 1940, und zwar sowohl nach Anzahl der Verfahren wie auch nach Anzahl der Angeschuldigten. Diese Entwicklung weicht von den Zahlen, die im übrigen Österreich und auch im gesamten Deutschen Reich erhoben wurden, ab.[90] Die Zahl der in den Registern nachweisbaren Prozesse nach § 129 I b verdoppelte sich im gesamten Österreich von 1937 auf 1938 und stieg 1939 auf das Viereinhalbfache an. Nach Kriegsbeginn verringerte sich die Anzahl 1940 auf den Stand von 1938 und sank in den Jahren 1941 und 1942 auf den Stand von 1937.[91] Die anders laufende Entwicklung in Oberösterreich hat ihren Grund zum Teil darin, dass erst im Frühjahr 1940 eine Anzahl von Verfahren gegen Geistliche, gegen die bereits seit Monaten ermittelt wurde, vor Gericht kam. Mehr als die Hälfte aller Anklagen nach § 129 I b gegen Geistliche kam allein 1940 vor das Linzer LG. Die Welle der Gewalt gegen Klöster und andere kirchliche Einrichtungen erreichte in Oberösterreich im Bezug auf den Unzuchtsvorwurf erst 1940 ihren Höhepunkt.

Eine rasche Zunahme der Verfahrenseinstellungen, wie sie Müller und Fleck in der NS-Zeit im gesamtösterreichischen Vergleich feststellen konnten, lässt sich auch für die hier untersuchten Akten herausarbeiten.[92] Die wahllos und auf jeden Verdacht hin durchgeführten Verhaftungen ließen sich im Zuge der Ermittlungen oft nicht rechtfertigen. Eine Entschädigung für die wochenlange Untersuchungshaft wurde immer pauschal mit dem Hinweis abgelehnt, dass der Verdacht nicht restlos ausgeräumt werden hätte können.

Ein nach Onaniespielen mit zwei Heimzöglingen im Gaukinderheim Bad Ischl in die Gauerziehungsanstalt Gleink bei Steyr überführter 13-jähriger

---

[90] Die Übersicht des Statistischen Reichsamtes über Verurteilungen nach § 175, 175 a und b zeigt folgende Zahlen: 1933: 853 rechtskräftig verurteilte Personen, 1935: 2106, 1937: 8271, 1938: 8562, 1939: 7614, 1940: 3773, 1941: 3739, 1942: 2678, 1943: 2218, zitiert nach: Homosexualität in der NS-Zeit (wie Anm. 13) 197
[91] Müller – Fleck, Unzucht (wie Anm. 4) 402
[92] Nach Müller – Fleck stieg die Zahl der Einstellungen vor 1938 von 16,6 % auf eine Höchstzahl von 18,4 % während der NS-Zeit und sank in den späteren 40er und 50er Jahren auf einen Wert von 13 %, Müller – Fleck, Unzucht (wie Anm. 4) 404

gab an, von seinem Vater, dem 40-jährigen Friedrich K., verführt worden zu sein. K., Vater von vier weiteren Kindern, brach in der Haft angesichts des für ihn ungeheuren Vorwurfs zusammen. Die Ehefrau, Frieda K., schilderte, nach einem Gendarmeriebericht, dass ihr Mann „seit dieser Haft völlig geisteskrank, gänzlich gebrochen ist und immer in dem Wahn lebt, dass er wieder in Haft gesetzt werde. Aus Scham wollte er nach seiner Haftentlassung nicht mehr nach Linz zur Arbeit gehen und es koste sie fast täglich eine große Mühe, ihn von seinem völligen Verfolgungswahn abzuhalten."[93]

In aller Regel wurde der Ältere der Beteiligten als „Verführer" und „Täter" kategorisiert und hatte bei seiner Verteidigung den Nachteil, sich nicht als Opfer präsentieren zu können. Alle Versuche in diese Richtung scheiterten bereits im Ansatz.[94]

Der geschiedene Linzer Privatbeamte Karl K., geboren 1904, fühlte sich zu Jugendlichen im Alter zwischen 14 und 21 Jahren hingezogen.[95] Er wurde mehrmals verhaftet und nach § 129 I b in den Jahren 1935 (drei Monate schwerer Kerker) und 1936 (ein Jahr schwerer Kerker) und zusätzlich wegen anderer Delikte verurteilt. Nach langer Haft fand er im Büro einer Linzer Installationsfirma eine Anstellung. Dort sprach sich bald herum, dass er zwei jugendliche Hilfsarbeiter der Firma gelegentlich zum Mittagessen eingeladen und sie bei sich übernachten gelassen habe, wenn sie den Zug verpasst hatten. Diese Beobachtungen veranlassten nach einigen Wochen den Geschäftsführer – dem die früheren Verurteilungen K.´s bekannt waren – am 28. September 1942 zu einer Anzeige bei der Kripo Linz. Am 1. Oktober wurden alle drei verhaftet und vernommen. Nach anfänglichen Versuchen der 14 bzw. 17 Jahre alten Brüder H., die Vorfälle zu verharmlosen, wurden die Verhafteten einander gegenüber gestellt und mit den Aussagen des Betriebsführers konfrontiert. K. wehrte sich „mit Entrüstung" gegen diese Vorwürfe. Dezernatsleiter Stanek erklärte in seinem Abschlussbericht K. für der beischlafähnlichen Handlungen mit gegenseitiger Onanie und Analverkehr überführt, da er den Aussagen der Jugendlichen größeres Gewicht beimaß. Damit war K. als „ausgesprochener Jugendver-

---

[93] OÖLA, BG / LG / OLG Linz, Sch. 569: Vr-795/41
[94] Z. B. ebd., Sch. 569: Vr-811/41, „Schließlich ist die Handlungsweise des Beschuldigten bekannt, in dessen Person sich der typische Jugendverführer verbirgt [...] E. versuchte auch bei seiner Vernehmung, sich auf den Knaben auszureden, dass nicht er diesen, sondern der erst kaum 13-jährige ihn zur Begehung gleichgeschlechtlicher Handlungen verführt hat. Diese Art einer Rechtfertigung charakterisiert den Beschuldigten vollkommen. Jedenfalls erscheint es notwendig, E. durch entsprechende Abhaltung von der Gemeinschaft seiner Mitmenschen, ihn an der Verübung neuerlicher solcher Straftaten zu hindern."
[95] Ebd., Sch. 533: Vr-262/39; ebd., Sch. 569: Vr-796/41; ebd., Sch. 581: Vr-868/42

führer" vorbelastet. In der sechs Wochen später anberaumten Hauptverhandlung war K. geständig, stritt jedoch ab, mit Gewalt gedroht zu haben, sollten die Jugendlichen über die Kontakte mit ihm erzählen. Der Staatsanwalt beantragte daraufhin eine Gefängnisstrafe von 18 Monaten, die vom Richter um drei Monate erhöht wurde. Die Jugendlichen wurden mit einer Woche Jugendarrest belegt. Bereits bei der Urteilsverkündung ging die Kripo davon aus, dass K. im Rahmen der vorbeugenden Verbrechensbekämpfung „im Hinblick auf seine letzte Straftat und einschlägigen Vorstrafen" in ein KZ eingewiesen werden würde. Die Haftrichter entschieden jedoch auf eine Unterbringung im Zuchthaus. K. war von Dezember 1942 bis zum Sommer 1944 in den Anstalten Straubing, Bernau am Chiemsee, München-Stadelheim und Ebrach inhaftiert. Das reguläre Strafende wäre am 7. Juli 1944 gewesen. Im August 1944 wurde er in das KZ Dachau gebracht und von dort am 24. November 1944 nach Auschwitz weitertransportiert, wo er wahrscheinlich ums Leben gekommen ist.

In einigen wenigen Fällen plädierte der Richter auf Freispruch. Der Anlass war in aller Regel, dass die Anklagepunkte zu wenig haltbar waren, sei es, weil die Zeugen unglaubwürdig erschienen[96], weil die „Schuld" der mitbeteiligten Jugendlichen als zu gering eingeschätzt wurde[97], oder weil sexuelle Handlungen nicht nachgewiesen werden konnten[98].

Strafen wurden aber auch für lange vor 1938 begangene Taten verhängt. So erhielt beispielsweise der Franziskanerpater Alois F., der im Oktober 1940 verhaftet wurde, erstens für „Unzuchtshandlungen" zwischen August 1936 und August 1937 und in einem zweiten Fall für den „Versuch der Unzucht" (1935 oder 1936), eine Strafe von einem Jahr schweren Kerker.[99] Die Linzer Richter hatten zudem die Möglichkeit, eine Strafverschärfung nach dem aus dem deutschen Recht übernommenen Gewohnheitsverbrechergesetz vom November 1933 zu verhängen. Dieses sah für „gefährliche Gewohnheitsverbrecher" in § 20a RStG eine Strafschärfung und in § 42e RStG die obligatorische Anordnung der Sicherungsverwahrung vor. Nach § 42f RStG war die Unterbringung nicht befristet und hatte so lange fortzudauern, wie die Justiz es für erforderlich erachtete. Der § 20a konnte bei allen „Wiederholungstätern" angewendet werden, aber auch bei „Ersttätern", von denen man eine Gefährdung der Öffentlichkeit durch weitere

---

[96] Ebd., Sch. 531: Vr-14/39; ebd., Sch. 581: Vr-823/42; ebd., Sch. 588: Vr-740/43
[97] Ebd., Sch. 551: Vr-573/40
[98] Ebd., Sch. 562: Vr-184/41; ebd., Sch. 589: Vr-1009/43
[99] OÖLA, LG Ried im Innkreis: Zl. Vr-421/40

Unzuchtshandlungen befürchtete. Für Gesamtösterreich stellen Müller und Fleck fest, dass die Richter nicht pauschal von diesem Paragraphen Gebrauch machten.[100]
Bereits der Versuch einer „Unzuchtshandlung" wurde bei einschlägig Vorbestraften als schuldhaftes Verbrechen geahndet. Der Annäherungsversuch an die Hose eines zusammen in einer Hütte nächtigenden Jugendlichen wurde als „Unzucht wider die Natur" mit der Begründung bestraft, der Angeklagte habe „dabei zur wirklichen Ausübung der Übeltat führende Handlungen unternommen, wobei die Vollbringung des Verbrechens der Unzucht wider die Natur nur durch Dazwischenkunft eines fremden Hindernisses, nämlich durch das Abrücken des Kurt A. unterblieben ist."[101]
Auch bei dem nicht vorbestraften 43-jährigen Josef E. genügte den Richtern der Versuch der Kontaktaufnahme, um eine schwere Strafe auszusprechen.[102] Weil E. einen 15-jährigen Mitreisenden in der Eisenbahn Salzburg-Linz belästigte, verurteilten sie ihn zu sechs Monaten schwerem Kerker. Im Lauf der Ermittlungen wurden bei einer Wohnungsdurchsuchung zahlreiche weitere Adressen von Homosexuellen entdeckt. Somit stand E., der von Anfang an seine Homosexualität zugab, als Serientäter „mit einer offenbar krankhaften Veranlagung" fest. E. übersiedelte nach Verbüßung der Strafe in das Sudetengebiet und wurde nach wenigen Monaten wegen eines ähnlichen Falles erneut verhaftet. Er wurde daraufhin in das KZ Dachau gebracht und überlebte die zweieinhalbjährige Inhaftierung.
Gelegentlich wurde bei rückfälligen Straftätern, wenn die Tat als besonders schwerwiegend gewertet wurde, das Sondergericht in Linz eingeschaltet. So wurde der verheiratete 58-jährige HGW-Buchhalter Franz F. nach drei Vorstrafen aus den Jahren 1933, 1939 und 1942 im November 1943 im Parkbad Linz bei Berührungen mit zwei Jugendlichen im Alter von 13 und 14 Jahren beobachtet und verhaftet. Die Oberstaatsanwaltschaft beantragte daraufhin ein Verfahren gegen ihn als gefährlichen Gewohnheitsverbrecher, der „die objektiven Voraussetzungen des § 20a RStG" erfülle.[103]
Als besondere Verschärfungsmaßnahme konnte ab 1942 eine Verlängerung der Haftzeit um die Zeitdauer des Krieges nach dem § 1 der Verordnung über die Vollstreckung von Freiheitsstrafen wegen einer während des

---

[100] Müller – Fleck, Unzucht (wie Anm. 4) 403
[101] OÖLA, BG / LG / OLG Linz, Sch. 566: Vr-481/41
[102] Ebd., Sch. 554: Vr-998/40
[103] USHMM, RG-33.001*01; OÖLA, BG / LG / OLG Linz, Sch. 576: Vr-89/42

Krieges begangenen Tat vom 11.6.1940[104] angewendet werden. Die Verurteilten galten dann, auch wenn ihre Sexualpartner keine Wehrmachtsangehörige waren, als „Kriegstäter".[105]
Ob einem Gnadengesuch stattgegeben wurde, hing stets von der Willkür des Richters ab. Auch bei geringfügigen Strafen konnte das Gesuch auf taube Ohren stoßen. So wurde dem Kaufmann Hermann F. über fünf Jahre hinweg aufgrund einer Asthmaerkrankung immer wieder Haftaufschub gewährt. Im Mai 1943 musste er schließlich seine viermonatige Kerkerstrafe antreten. Seine drei Gnadengesuche wurden jeweils von den Oberstaatsanwälten Welzl und Jaksch abgelehnt. Erst im Juni 1950 gelang es F., die Tilgung des Urteils zu erwirken.[106]
Der 41-jährige Kellermeister der Linzer Reichsbahngastwirtschaft Josef T. hatte ebenfalls keinen Erfolg mit seinen Gesuchen. Ein halbes Jahr nach Strafantritt bat er um Straferlass, da er die Tat bereue, „in Zukunft ein höchst anständiges Leben führen" und seinen alten Eltern die Zeit des Kummers verkürzen wolle. Dieses Gesuch wurde ebenso abgelehnt wie das vom 25. Jänner 1944, als die reguläre Strafzeit bereits verbüßt war und er „um gnadenweise Anrechnung der in die Zeit des Kriegszustandes fallende Vollzugszeit in die Strafzeit" bat. Dieses Gesuch wurde nach vier Monaten gleichfalls vom Tisch gefegt wie die gewünschte Vorlage an den Reichsjustizminister.[107]
Die Frage nach dem angemessenen Strafmaß für „widernatürliche Unzucht" wurde überlagert von der generellen Frage nach dem Umgang mit Homosexuellen. In Anbetracht des Fernziels, die Homosexualität „auszurotten", warf Heinrich Himmler 1937 die Frage auf: „Wenn ich den Homosexuellen vor Gericht ziehe und ihn einsperren lasse, dann ist der Fall ja nicht erledigt, sondern der Homosexuelle kommt aus dem Gefängnis genau so homosexuell heraus, wie er hineingekommen ist. Damit ist also die gesamte Frage nicht bereinigt."[108] Eine Diskussion um eine wie auch immer geartete „Endlösung" der Homosexuellenfrage hatte Himmler nicht weitergeführt. Sie floss aber in die Beratungen um das Gemeinschaftsfremdengesetz ein.
Im Runderlass des Reichssicherheitshauptamtes vom 12. Juli 1940 an die Kriminalpolizei wurde verfügt, dass „in Zukunft alle Homosexuellen, die

---

[104] RGBl. I, 877
[105] Z. B. ebd., Sch. 583: Vr-1208/42, Vr-1234/42
[106] Ebd., Sch. 522: Vr-1008/38
[107] Ebd., Sch. 583: Vr-1208/42
[108] Rede Himmlers (wie Anm. 17) 436

mehr als einen Partner verführt haben, nach ihrer Entlassung aus dem Gefängnis in polizeiliche Vorbeugungshaft zu nehmen" seien, also alle Rückfälligen ins KZ gebracht werden sollten.[109] Dieser höchsten Anweisung ist nach Lage der Akten des LG Linz entsprochen worden.

Homosexuelle in Konzentrationslagern

Einweisungen von homosexuellen Männern in Konzentrationslager fanden im Altreich seit 1934 statt. Nachweise finden sich für das KZ Dachau ab Oktober 1934, nach der Ermordung des SA-Chefs Ernst Röhm. Betroffen waren auch Österreicher, die zu diesem Zeitpunkt in Deutschland lebten.[110] Der Zweck der Einweisung war die so genannte Umerziehung zum Heterosexuellen, die durch harte Lagerbedingungen wie verringerte Essensrationen, Isolierung und strenge Überwachung über 24 Stunden am Tag, sowie den Einsatz in besonders anstrengenden Arbeitskommandos erreicht werden sollte. Die rechtliche Grundlage war die „Verordnung zum Schutz von Volk und Staat", die eine gerichtliche Entscheidung für die Einweisung entbehrlich machte. Die genaue Zahl der in die NS-Konzentrationslager gebrachten Homosexuellen ist aufgrund der lückenhaften Quellenlage nicht exakt bestimmbar. Hochrechnungen gehen von 5.000 bis 10.000 Personen aus. Damit liegt die Zahl bei weniger als 0,5 % aller Konzentrationslagerhäftlinge.
Die Kennzeichnung der homosexuellen Häftlinge erfolgte mit einem rosa Winkel auf Brusthöhe der Häftlingsjacke und an der Hose. Homosexuelle „Gewohnheitsverbrecher", die in Sicherungsverwahrung genommen wurden, erhielten den grünen Winkel, es wurden aber auch andere Haftarten vergeben. In aller Regel hatten Homosexuelle aufgrund ihrer gesellschaftlichen Stigmatisierung in der „anarchischen Hierarchie" des rechtsfreien Raumes „KZ" einen sehr schlechten Stand und wurden sowohl von der Lager-SS als auch von Mithäftlingen schikaniert.
Im Nordwesten Deutschlands, im Bereich des Emslandes, bestanden seit 1933 zahlreiche Strafgefangenenlager, in denen Häftlinge unter schwersten Bedingungen zu Straßenbau und Moorkultivierung eingesetzt wurden. Besonders Homosexuelle wurden auf Anweisung des Reichsjustizministeriums an die Generalstaatsanwälte in die Emslandlager eingewiesen, um

---

[109] Abgedruckt in: Homosexualität in der NS-Zeit (wie Anm. 11) 311
[110] Albert Knoll, Homosexuelle Häftlinge im KZ Dachau. In: Invertito 4 (2002) 70-74

sie dort besonders harten Lebens- und Arbeitsbedingungen zu unterwerfen.[111] So verwundert es nicht, dass oberösterreichische Homosexuelle zum Vollzug in die Straflager im Emsland, aber auch in das Gefangenenlager Rodgau bei Dieburg/Hessen und in das Straflager Elbregulierung in Griebo bei Coswig gebracht wurden. Dies entsprach einer Anweisung der Generalstaatsanwaltschaft über so genannte Kriegstäter. In vielen Fällen waren die Straflager eine Vorstufe zur Überstellung in ein Konzentrationslager.

Die früheste KZ-Einweisung eines nach § 129 I b verurteilten Mannes, die in den Akten des LG Linz nachweisbar ist, ist die des in Wien wohnhaften Hans K. am 15. Juni 1938 in das KZ Mauthausen.[112] Von den insgesamt 47 nachweisbaren homosexuellen KZ-Häftlingen wurden sieben im Jahr 1939, 13 im Jahr 1940, sieben im Jahr 1941, 14 im Jahr 1942, fünf im Jahr 1943 und einer im Jahr 1944 in ein KZ verbracht. Die KZ-Haft bis zur Befreiung überlebt haben 13 Homosexuelle, zwei wurden nach kurzer Zeit wieder entlassen, 14 starben während der Haft und von 18 ist das weitere Schicksal ungeklärt. Beim Überblick über die Konzentrationslager, in die Homosexuelle eingewiesen wurden, ergibt sich folgender Stand: 40 Einweisungen nach Dachau (davon sieben gestorben), 11 nach Mauthausen (zwei gestorben), sechs nach Buchenwald, fünf nach Neuengamme, vier nach Sachsenhausen (drei gestorben), fünf nach Flossenbürg, drei nach Majdanek-Lublin (zwei gestorben), zwei nach Natzweiler und einer nach Auschwitz.[113]

Überraschend ist die Kategorisierung der in den Konzentrationslagern nach § 129 I b Inhaftierten. Von 44 Personen, für die sich ein Nachweis finden ließ, wurden 13 mit dem rosa Winkel gekennzeichnet, und 23 als Vorbeugehäftlinge mit dem grünen Winkel (der sogenannten Berufsverbrecher) geführt. Sechs galten als „Schutzhäftlinge" (roter Winkel) und zwei als „Asoziale" mit dem schwarzen Winkel. Bei mehr als der Hälfte der KZ-Häftlinge lag eine Vorstrafe vor. Von 26 untersuchten Fällen wa-

---

[111] Nach der Verfügung des Generalstaatsanwaltes beim OLG Linz vom 5. Februar 1940 sollten alle „Personen, die auf Grund eines Urteils wehrunwürdig geworden sind" in die Emslandlager überstellt werden, auch wenn „der Verurteilte (nicht) moorfähig ist." OÖLA, BG / LG /OLG Linz, Sch. 2105: Jv, AZ 440; siehe auch Rainer Hoffschildt, Die Verfolgung der Homosexuellen in der NS-Zeit. Zahlen und Schicksale aus Norddeutschland (Berlin 1999) 29-32
[112] Ebd., Sch. 574: Vr-1248/41
[113] Die Gesamtsumme ist höher als 47, weil auch Überführungen aus anderen KZ mitgezählt wurden. Der zum Zeitpunkt der Einweisung 28-jährige Hubert R. wurde zwischen 1939 und 1944 in sechs KZ eingewiesen. Wir danken Herrn Rainer Hoffschildt für die Bereitstellung von Angaben aus seiner Datenbank der homosexuellen KZ-Häftlinge.

ren 13 bereits früher nach den §§ 128-132 bestraft worden, vier hatten andere Vorstrafen und zehn waren bis dahin unbescholten.
Von 28 untersuchten Fällen nach § 129 I b war bei 21 der Sexualpartner unter 18 Jahre, in 17 Fällen unter 16 Jahre. Das zeigt deutlich, dass so genannte Jugendverführer, insbesondere bei einer oder mehreren Vorstrafen, häufig in ein KZ eingewiesen wurden.
Der Anlass für die Einweisung des 56-jährigen Franz M. in ein KZ waren die einschlägigen Vorstrafen. Nach der Anzeige durch die Eltern eines von ihm berührten 17-jährigen Jugendlichen war er bereits 1939 zu einer achtmonatigen Kerkerstrafe verurteilt worden.[114] Am 7. September 1941 sprach er nachts im Volksgarten einen jungen Soldaten an. Dieser gab zu Protokoll, K. „griff von außen an mein Glied und meinte, er gebe mir 4 RM und dann sei alles in Ordnung".[115] Darauf wurde K. von diesem und einem weiteren hinzukommenden Soldaten zusammengeschlagen, stark misshandelt und dann zur Kriminalwache gebracht. Von dort lieferte man ihn mit einer halbfaustgroßen Beule am rechten Auge, gelockerten Zähnen und starkem Blutverlust in die Einsatzbereitschaft des Roten Kreuzes ein.[116] Dezernatsleiter Stanek beschönigte den gesundheitliche Zustand M.´s stark, es seien „Verletzungen leichten Grades entstanden".[117] M. war nach vier Tagen so weit wieder hergestellt, dass er vernommen werden konnte. In den nun folgenden Verhören bestritt er die Vorwürfe und räumte bei der Befragung am 16. September lediglich ein, im Einvernehmen seine Hand auf den Hinterkopf und auf das Knie des Soldaten gelegt zu haben, „was er sich ruhig gefallen ließ". In der Hauptverhandlung am 23. Oktober 1941 gestand M. schließlich den Griff ans Geschlechtsteil und bekannte sich schuldig. Auf die Strafe von einem Jahr schwerem Kerker, die er in den Gefängnissen Garsten und Göllersdorf absaß, folgte im Oktober 1942 die Überstellung als Sicherungsverwahrter in das KZ Dachau. Am 11. Jänner 1944 wurde er mit einem Invalidentransport in das Vernichtungslager Majdanek-Lublin überführt.
Eines der berüchtigtsten Konzentrationslager, das vor den Toren von Linz liegende Mauthausen, war von Heinrich Himmler „für schwer belastete, insbesondere auch gleichzeitig kriminell vorbestrafte und asoziale, d.h. kaum noch erziehbare Schutzhäftlinge" vorgesehen. Bislang ist die Zahl

---

[114] OÖLA, BG / LG / OLG Linz, Sch. 542: Vr-1038/39
[115] Ebd., Sch. 571: Vr-994/41, Aussage Johannes L., 18 Jahre, 7. September 1941
[116] Ebd., Aktenvermerk des Kriminalwachennachtdienstes Ass. Sturm, 11. September 1941
[117] Ebd., Einlieferungsanzeige von Stanek, 7. September 1941. Über die Soldaten erging „wegen leichter Körperverletzung" eine Anzeige an die Division.

von 243 Homosexuellen aus dem gesamten Reich und sogar von einigen aus dem Ausland belegt.[118] Die besonders harten Lager- und Arbeitsbedingungen in Mauthausen und seinen Außenlagern kosteten 73 von ihnen das Leben. Dem gegenüber steht die Zahl von nur 38 Überlebenden. 15 wurden noch während der NS-Zeit entlassen, 53 wurden in ein anderes Lager abtransportiert und bei 64 ist das Schicksal unbekannt. Auffällig ist, dass nur sehr wenige Linzer mit dem rosa Winkel nach Mauthausen gebracht wurden.

Der homosexuelle Bruno S., der vom KZ Sachsenhausen nach Mauthausen verlegt worden war, schilderte nach seiner Überführung aus dem KZ in eine Strafanstalt in einem Brief die untragbaren Verhältnisse von Mauthausen: „Ich wünsche meinem schlimmsten Feind nicht, dass er das durchmacht, was ich da durchgemacht habe [...] Im Steinbruch können die Häftlinge zu Weihnachten ein 5 Kilo-Paket erhalten, ich verzichtete aber sehr gern darauf und bin lieber hier, hier kann man auch etwas kaufen [...] Na, so schlimm wie in Österreich wird es ja nicht, 35-40 Grad Kälte, 2 Decken und Baracken, wo Du gucken kannst und kein Ofen drin. Grausam. Hier dagegen ists herrlich."[119] Der Brief von S. wurde von der Gefängniszensur abgefangen und dem Strafakt beigelegt.

Geistliche KZ-Häftlinge wurden nach einem Beschluss von 1940 in Dachau konzentriert. Die betroffenen Deutschen und Österreicher wurden in Block 26 zusammengelegt, der mit Stacheldraht vom übrigen Lager isoliert war. Durch brutale Lagerkapos wurde ihnen das Leben zusätzlich erschwert. Anfang 1941 durften sie eine improvisierte Kapelle errichten. Erst als ab Ende 1942 Lebensmittelpakete empfangen werden durften, verbesserte sich die Situation der Geistlichen gegenüber anderen Häftlingsgruppen erheblich. 17 der homosexuellen KZ-Häftlinge aus Oberdonau waren Geistliche, acht von ihnen starben im KZ.

Die Diözese Linz hatte von allen Diözesen im Altreich und der Ostmark – bezogen auf die Gesamtbevölkerung – die höchste Anzahl von Geistlichen, die in das KZ Dachau gebracht wurden. Das lag zu einem guten Teil an den Inhaftierungen aufgrund des Vorwurfs von sittlichen Verfehlungen. Ein Drittel der KZ-Internierten der Diözese waren Geistliche, die aufgrund von Sexualstrafverfahren verfolgt wurden, den übrigen wurden politische

---

[118] Rainer Hoffschildt, Rosa-Winkel-Häftlinge im KZ Mauthausen. In: lambda nachrichten (Juni 2001) 38-41

[119] Pretzel – Rossbach, Hohe Strafe (wie Anm. 7) 131 f.

Betätigung und Kanzelmissbrauch, Devisengeschäfte und andere Delikte vorgeworfen. Der aus Linz stammende Josef Moosbauer war seit Jänner 1938 in Waldhausen im Bezirk Perg als Pfarrer tätig. Im September 1938 wurde er kurzzeitig verhaftet und nach einem halben Jahr wieder festgesetzt. In der Zwischenzeit war Beweismaterial für einen Prozess gesammelt worden. Der Vorwurf lautete, er habe Jugendliche in den Jahren 1935/36 unsittlich berührt, nun bestehe Fluchtverdacht.[120] Am 28. Juni 1939 wurde Moosbauer zu einem Jahr Kerker verurteilt. Nach Verbüßung der Haftstrafe wurde er am 22. Juni 1940 in das KZ Dachau gebracht und nach acht Wochen nach Mauthausen-Gusen weitertransportiert. Nach extrem strapaziöser Haftzeit kehrte er zusammen mit zahlreichen anderen Geistlichen im Dezember 1940 nach Dachau zurück, wo er mit dem rosa Winkel gekennzeichnet war. Die wenige freie Zeit nutzte er unter anderem, um geistliche Lieder zu komponieren. So stammt einer der ersten geistlichen, in Dachau komponierten Chöre, das „O esca viatorum" von 1941 aus seiner Feder.[121] Moosbauer wurde nach fast fünfjähriger Inhaftierung im KZ Dachau befreit und kehrte nach Waldhausen zurück. Er starb 1979 als Ruheständler im Alter von 76 Jahren.

Auch der aus Kärnten stammende Pfarrer Otto Schuster wurde in Dachau inhaftiert. Er war bereits 1931 als Angeklagter nach § 129 I b vor dem Landgericht Klagenfurt gestanden und damals aufgrund unklarer Beweislage freigekommen. Im September 1939 wurde er auf die Anzeige eines 17-jährigen Ministranten hin erneut verhaftet, nachdem er bereits mehrere Wochen von der Gestapo beobachtet worden war. Schuster, der von 1937 bis 1938 in Linz arbeitete, wurde vorgeworfen, zahlreiche Schüler und Ministranten im Alter von zehn bis 16 Jahren missbraucht zu haben. In den folgenden acht Monaten der Untersuchungshaft gelang es der Gestapo, eine Reihe von Jugendlichen ausfindig zu machen und zur Aussage gegen den Pfarrer zu bewegen. Die Vorwürfe lauteten auf Berühren des Geschlechtsteils der Jugendlichen und gegenseitige Onanie. Die Justiz wertete sogar Fälle, die bis in das Jahr 1925 zurückreichten, als relevant. Schuster beteuerte heterosexuell zu sein und sich an den Kindern und Jugendlichen nur in Ermangelung seiner Freundin vergangen zu haben. Im Mai 1940 wurde Schuster zu 30 Monaten schwerem Kerker verurteilt und nach

---

[120] Manfred Wendel-Gilliar, Das Reich des Todes hat keine Macht auf Erden Bd. III (Roma 2004) 131
[121] Pater Lenz, Christus in Dachau (Wien 1956) 240, 247, dort sind auch die Noten abgedruckt

dem Ende der Haftzeit von der Strafanstalt Garsten in das KZ Dachau gebracht. Nach vier Monaten wurde er als arbeitsunfähig selektiert und in der Euthanasieanstalt Schloss Hartheim vergast.[122]

Nachkriegssituation, Entschädigung, Zeitzeugenschaft

Mit dem Einmarsch der alliierten Truppen öffneten sich die Tore der Konzentrationslager und alle Häftlinge, soweit sie nicht mit der SS zusammengearbeitet hatten, wurden freigelassen. Anders erging es den Strafhäftlingen in den Gefängnissen und Zuchthäusern. Hier gibt es mehrere Beispiele dafür, dass Homosexuelle, die Opfer der verschärften NS-Verfolgung gewesen waren, ihre Reststrafe absitzen mussten.

Die in die Freiheit entlassenen Homosexuellen versuchten eine neue Lebensgrundlage aufzubauen. Die Einträge im Vorstrafenregister waren dabei äußerst hinderlich. Versuche, diese zu tilgen, scheiterten oft einfach daran, dass Homosexualität sowohl vor dem „Anschluss" als auch nach Kriegsende ein Straftatbestand war. Als die Verfolgten des NS-Regimes eine Rehabilitation erreichen wollten, sahen sie sich nach 1945 den Justizbeamten aus der NS-Zeit gegenüber, wie z. B. dem Oberlandesgerichtsrat Watschinger oder dem vormaligen Staatsanwalt Belzeder.

Dem 43-jährigen Bauern S. war es gelungen, mit Hinweis auf den Unterhalt der Familie und des Hofes über anderthalb Jahre bis zum Kriegsende Strafaufschub zu erwirken. In seinem Aufhebungs- und Abänderungsantrag vom 27. August 1945 machte er geltend, dass das Gestapo-Geständnis „unter Androhung einer mehrmonatlichen Schutzhaft erzwungen" und der Zeuge nicht glaubwürdig gewesen sei.[123] Dieser Argumentation folgte das LG Linz nicht, hinzu kam, dass S. wegen einer Schwarzschlachtung Anfang 1946 eingesperrt wurde. Das Urteil wurde in der Entscheidung vom 16. Mai 1946 nicht aufgehoben. Dagegen legte S. Beschwerde ein. Im neuerlichen Beschluss des OLG Linz vom 10. Juli 1946 wurde das NS-Urteil auf zehn Monate schweren Kerker reduziert. Diese Strafe wandelt das LG Linz am 10. September 1946 in eine Bewährungsstrafe um.

---

[122] OÖLA, BG / LG / OLG Linz, Sch. 543: Vr-1209/39; Herbert Exenberger, „Nichts erinnert an die Opfer des Nazi-Terrors" In: Kärntner Tageszeitung, 17.03.1998; in dem Aufsatz erinnert Exenberger an das Schicksal Schusters. Als Verhaftungsgrund gibt er jedoch fälschlicherweise ein politisches Engagement an.

[123] OÖLA, BG / LG / OLG Linz, Sch. 589: Vr-1013/43

Über vier Jahre hinweg versuchte der bereits oben erwähnte Kellermeister T., eine Tilgung seiner Strafe zu erreichen. Josef T. war als staatenloser, seit 1916 in Österreich lebender Bürger um eine Einbürgerung bemüht, die er aber als Vorbestrafter nicht hätte erlangen können. Im Oktober 1946 wies der bereits im Dezember 1942 als Richter in den Fall involvierte Oberlandesgerichtsrat Klug T.'s Gnadengesuch „mangels besonders berücksichtigungswürdiger Gründe zurück."[124] Auch die besten Leumundszeugnisse der neuen Arbeitgeber schienen nichts zu nützen. Im Dezember 1948 wandte sich T. mit einer Eingabe an den Bundespräsidenten Renner. Nach weiteren zwei Anläufen (Zurückweisungen „mangels gnadenwürdiger Gründe") wendete sich im November 1949 das Blatt. Schließlich vollzog der Leiter der Geschäftsabteilung, Belzeder (der vor 1945 als Staatsanwalt in zahlreichen 129 I b Verfahren aufgetreten war) am 7. Februar 1950 endlich die Tilgung der Strafe.

Im eingangs geschilderten Fall des Ortspfarrers K. aus Königswiesen ging es dem Überlebenden darum, sich von der Diskriminierung als „Krimineller" zu befreien und die politische Motivation der 1938 Handelnden hervorzuheben. Sein Anwalt legte 1946 Wert darauf, festzustellen, „dass nämlich der gegenständliche Prozess nur konstruiert wurde, um einen politisch nicht tragbaren katholischen Pfarrer unter dem Deckmantel krimineller Verfehlungen zu entfernen."[125] Die Argumente zielten auf die gleichlautenden und somit gesteuerten Aussagen der Mitangeklagten und Zeugen im Prozess.

Der Wiener Heinz Heger war der erste KZ-Zeitzeuge, der mit seiner Veröffentlichung zwar ein Pseudonym wählte, aber seine Homosexualität zum Thema machte.[126] Erst durch diese Veröffentlichung im Jahr 1972 und durch weitere Publikationen von Historikern und Laienforschern trat das Verfolgungsschicksal der Homosexuellen ins Licht der Öffentlichkeit. Weitere Zeitzeugen der NS-Homosexuellenverfolgung aus Österreich gibt es nur wenige.[127]

---

[124] Ebd., Sch. 583: Vr-1208/42
[125] Ebd., Sch. 519: Vr-658/38, S. 9, Rechtsanwalt Hans Gürtler an LG Linz, Antrag auf Wiederaufnahme des Verfahrens, 28.5.1946
[126] Heinz Heger, Die Männer mit dem rosa Winkel (Hamburg 1972); Kurt Krickler, „Die Männer mit dem rosa Winkel" – Heinz Heger. In: Homosexuelle Männer im KZ Sachsenhausen. Hg. v. Joachim Müller u. Andreas Sternweiler (Berlin 2000) 377-380; deckt das Pseudonym Hegers auf und erzählt dessen Geschichte über den Kampf um seine Entschädigung bis zum Tod im Jahr 1994 weiter.
[127] Das Schicksal des Wieners Erich Lifka wird geschildert in Lutz van Dijk, Einsam war ich nie (Berlin 2003) 110-121

Der 1909 in Bad Ischl geborene Graphiker Hugo Walleitner war einer der ersten, der mit einem Bericht über seine KZ-Inhaftierung an die Öffentlichkeit ging. Walleitner, der sein undatiertes Buch „Zebra. Ein Tatsachenbericht aus dem Konzentrationslager Flossenbürg" ca. 1946 im Selbstverlag in seinem Heimatort veröffentlichte und mit selbstgezeichneten Abbildungen versah, war drei Jahre in dem oberpfälzischen KZ als „Vorbeugungshäftling § 175" inhaftiert gewesen. Er hatte das Glück, dass sein Beruf bei der Arbeitseinteilung berücksichtigt wurde und er in das relativ leichte Arbeitskommando der Malerei kam. In „Zebra" thematisierte er zwar nicht seine Homosexualität, gab aber gelegentlich Hinweise auf das Schicksal seiner Leidensgenossen. So beschrieb er die Ermordung eines „§ 175ers" auf dem Block.[128] Von ihm wissen wir, dass die Kennzeichnung nicht mit einem rosa Winkel, sondern mit einem schwarzen Strich durch einen roten Winkel erfolgte.[129] Immer wieder kommt er auf die unter den Heterosexuellen verbreitete Lagerhomosexualität zu sprechen[130] und beschrieb auch Szenen, in denen – offenbar homosexuelle – Mithäftlinge durch Travestiedarbietungen an freien Abenden die Stimmung unter den Inhaftierten für kurze Zeit hoben.[131] Walleitner wurde 1941 in Wien nach § 129 I b zu einem Jahr schwerem Kerker verurteilt, seine Anträge auf Entschädigung, die er nach 1945 immer wieder stellte, stießen stets auf Ablehnung, da er „aus kriminellen Gründen" im KZ inhaftiert gewesen sei. In einer Erwiderung an die Behörden schrieb er am 26. April 1968: „Wenn auch die Konvention zum Schutze der Menschenrechte [...] zur nationalsocialistischen [sic!] Zeit noch nicht bestanden hat, so ist es als unfassbar zu bezeichnen, wenn [man] heute dem seinerzeitigen Akt willkürlichster Gesetzlosigkeit, der für jedermann eine Überstellung in ein Vernichtungslager vorstellte und welcher überdies reinster nationalsocialistischer [sic!] Prägung war, noch die erniedrigende Behandlung der Verweigerung einer Entschädigung des verlorenen Eigentums, der erlittenen Grausamkeiten und erpressten unmenschlichen Zwangsarbeit, sowie die Nichtanerkennung der verlorenen Zeit zur Bemessungszeit zur Pension hinzufügt [...]"[132] Als Walleitner 1982 in Wien starb, hatte er keine Entschädigung

---

[128] Hugo Walleitner, Zebra (Bad Isch, o.J., ca. 1946) 18
[129] Der ebenfalls in Flossenbürg inhaftierte Heinz Heger berichtet dagegen vom Gebrauch des rosa Winkels, der sogar größere Abmessungen als die übrigen hatte, Heger, Männer (wie Anm. 126) 32
[130] Walleitner, Zebra (wie Anm. 128) 71, 95
[131] Ebd., 70, 87
[132] Hans-Peter Weingand, Lesben und Schwule im Nationalsozialismus. In: Pride Nr. 83 (Dezember 2004) 11

für das erlittene Unrecht erhalten. Erst 1995 wurde im Rahmen des Nationalfonds die einmalige Zahlung der symbolischen Summe von 70.000 Schilling pro Person an die vergessenen Opfer bewilligt.

Die Begegnung mit dem am 28. April 1908 in Hall in Tirol geborenen und heute in einem Pflegeheim im Linz wohnenden Erwin Widschwenter führt uns heute noch lebendig vor Augen, wie hoffnungsvolle Lebensentwürfe durch die NS-Verfolgung zerstört wurden.[133] Widschwentners Hoffnungen als Priesterseminarist auf eine theologische Laufbahn musste er nach Studienaufenthalten in Salzburg und in den Stiften Reichersberg am Inn und Wilhering begraben, als über seine Homosexualität gemunkelt wurde. Er änderte Mitte der Dreißigerjahre seinen Berufsweg und wurde Steuerinspektor. 1942 wurde er zur Wehrmacht eingezogen und war in der Ausbildungskaserne in Hainburg stationiert. Bei einem Ausflug in das einschlägig bekannte Wiener Eszterházy-Bad wurde Widschwenter im Jänner 1944 von einem Gestapo-Agenten verhaftet und am 11. Mai 1944 von der Außenstelle Wien des Zentralgerichtes des Heeres zu fünf Jahren Zuchthaus verurteilt. Mit der Hilfe eines ihm wohlgesonnenen Aufsehers überlebte er das Massaker am so genannten blutigen Freitag in der Strafanstalt Krems-Stein. In der Strafanstalt Bernau am Chiemsee wurde er als Homosexueller wesentlich brutaler behandelt als andere Häftlinge. Dort erlebte er den Einmarsch der US-Truppen, blieb aber weiterhin in Haft, und zwar bis zum 10. Mai 1946. Nach seiner Rückkehr in völlig geschwächtem Zustand nach Österreich musste er feststellen, dass ihm die Tilgung der Strafe verwehrt wurde und er dadurch seine Stellung bei der Finanzbehörde verlor. Es blieb ihm nichts anderes übrig, als sich bis zur Pensionierung als kleiner Angestellter durchs Leben zu schlagen. Um eine Wiedergutmachung hatte er sich nicht mehr bemüht, nachdem man ihm zu verstehen gegeben hatte, „dass es sich hier um ein kriminelles Delikt handle, das auch nach österreichischem Recht strafbar gewesen wäre." Erst 1996 stellte er einen Antrag auf Entschädigung aus dem Nationalfonds für Opfer des Nationalsozialismus. Sein Antrag war der zweite von einem wegen Homosexualität Verfolgten, der an den Nationalfonds gerichtet wurde. Er wurde Anfang 1997 genehmigt.

---

[133] Interview mit Erwin Widschwenter geführt am 12. Oktober 2003; siehe auch Kurt Krickler, Kontinuität der Verfolgung. In: lambda nachrichten (Juni 2001) 45; Hans-Peter Weingand, Häftling Nr. 721. In: Pride Nr. 75 (August 2003) 7

WIDERSTAND UND VERFOLGUNG IM BEZIRK BRAUNAU AM INN

Florian Schwanninger

Einleitung

Der vorliegende Beitrag, eine Zusammenfassung der Ergebnisse einer im Oktober 2004 eingereichten Diplomarbeit, versucht, die konkreten Auswirkungen der NS-Herrschaft und ihres Verfolgungsapparates sowie auch die im „Heimatkreis des Führers" vorhandenen Formen des Widerstandes darzustellen. Vor allem die Frage, welche Gruppen und Personen Verfolgungsmaßnahmen des Regimes in diesem vorwiegend ländlichen, katholisch-konservativ geprägten Bezirk zu erleiden hatten bzw. welche Kreise dem Nationalsozialismus Widerstand entgegenzuhalten versuchten, soll mit diesem Beitrag geklärt werden. Meine Absicht war es, mit dieser Untersuchung ein möglichst umfassendes Bild der Maßnahmen des NS-Verfolgungsapparates in einem kleinräumigen, ländlichen Gebiet zu zeichnen. Die Darstellung der verschiedenen Formen von Widerstand und Verfolgung sowie der Opfer der NS-Herrschaft erfolgt nach einzelnen Gruppen geordnet. Eine Gliederung nach Gemeinden oder gar nach Einzelpersonen wäre meiner Meinung nach vor allem aus Gründen der Übersichtlichkeit nicht sinnvoll gewesen.

An dieser Stelle muss angefügt werden, dass diese Untersuchung nicht vollständig sein kann, sondern einen Versuch darstellt, 60 Jahre nach Kriegsende und Befreiung diese Zeit zu rekonstruieren. Dies sollte bei der Beschäftigung mit dieser Untersuchung immer berücksichtigt werden. Zu behaupten, die Arbeit könne eine lückenlose und komplette Darstellung bieten, wäre nicht zuletzt aufgrund der teilweise schwierigen Quellenlage zu hoch gegriffen.

Nicht zuletzt möchte ich bemerken, dass der lange zeitliche Abstand zur Zeit des Nationalsozialismus mir fast vollständig die Möglichkeit nahm, auf dem Gebiet der Oral History tätig zu werden. Im Bezirk Braunau ist mittlerweile laut Auskunft des Amtes der Oö. Landesregierung, Sozialabteilung, zuständig für Opferfürsorge, keine einzige Person mehr am Leben, die aufgrund eigener Verfolgung bzw. Widerstandstätigkeit im Bezirk Opferrente bezieht bzw. einen Opferausweis besitzt.

Nur am Rande wird in diesem Beitrag der Komplex der Zwangsarbeit sowie der Kriegsgefangenen behandelt. Der Bezirk Braunau war einer der Bezirke mit dem höchsten Anteil an Zwangsarbeitern in Oberösterreich. Vor allem zum Bau des Aluminiumwerkes Ranshofen wurden Tausende von ihnen abgestellt. Dies wäre sicherlich ein höchst interessantes Forschungsgebiet, das bislang, abgesehen von einigen überblicksartigen Darstellungen im Zuge von Untersuchungen zur gesamten Geschichte des Aluminiumwerkes, weitgehend unbearbeitet geblieben ist. Eine genauere Untersuchung als Teil der vorliegenden Arbeit hätte zweifelsohne deren Rahmen gesprengt.

Im Gegensatz zur Diplomarbeit fehlen in diesem Artikel die Kapitel zur Verfolgung der Zeugen Jehovas sowie zum „Arbeitserziehungs- und Zigeuneranhaltelager Weyer". Zur Verfolgung der Zeugen Jehovas in Oberösterreich wird Andreas Maislinger in einem weiteren Band der Reihe „Oberösterreich im Nationalsozialismus" eine umfassende Untersuchung veröffentlichen. Die Vorgänge um das „Arbeitserziehungslager Weyer" wurden in der jüngsten Vergangenheit in einem wissenschaftlichen Aufsatz sowie einem historischen Roman von Ludwig Laher bereits ausführlich behandelt.[1] Zum Bereich der Sinti und Roma gab Laher im letzten Jahr den Band „Uns hat es nicht geben sollen"[2] heraus. Darin wird in teilweise autobiographischen Texten das Schicksal von Rosa Winter und der Sinti-Familie Kerndlbacher erzählt, die sich vor der NS-Zeit oftmals im Bezirk Braunau aufgehalten hatte und fast zur Gänze der nationalsozialistischen Ausrottungspolitik zum Opfer fiel. Ebenso möchte ich in Bezug auf Franz Jägerstätter auf bereits erschienene Publikationen zum Thema verweisen, besonders auf die Darstellung von Erna Putz.[3]

---

[1] Ludwig Laher, Das Arbeitserziehungs- und Zigeuneranhaltelager Weyer-St. Pantaleon des Reichsgaues Oberdonau (1940-1941). In: Oberösterreichische Heimatblätter, H. 1/2 (Linz 2001); Ludwig Laher, Herzfleischentartung (Innsbruck 2001)

[2] Uns hat es nicht geben sollen. Rosa Winter, Gitta und Nicole Martl. Drei Generationen Sinti-Frauen erzählen. Hg. v. Ludwig Laher (Grünbach 2004)

[3] Erna Putz, Franz Jägerstätter. „... besser die Hände als der Wille gefesselt ..." (Grünbach 1997)

Soziale und politische Struktur der Bevölkerung im Bezirk Braunau/Inn

Im Bezirk Braunau stellte seit jeher die bäuerlich betriebene Landwirtschaft das prägende Element in Wirtschaft und Gesellschaft dar.[4] Vor 1945 hatte die Industrie nur in wenigen Orten das Übergewicht, so in Mattighofen (Lederindustrie), Hackenbuch und Schneegattern (Glaserzeugung). Ansonsten war die agrarische Wirtschaftsstruktur lediglich „mit einem bunten Kranz von kleineren Handwerksbetrieben durchsetzt, wobei sich in den Märkten gewisse Schwerpunkte bildeten".[5] Ein klassisches, industriell geprägtes Proletariat gab es nur in wenigen, vor allem den oben erwähnten Industrieorten, wobei Mattighofen und Schalchen den Schwerpunkt bildeten. Die dort vorhandene Lederfabrik stellte die größte derartige Anlage der k. u. k. Monarchie und die zweitgrößte Europas dar.[6]

Der Bezirk Braunau war sowohl in der Ersten Republik als auch nach 1945 durchgehend bürgerlich-konservativ geprägt, wobei das deutschnationale Lager in dieser Region eine weitaus größere Rolle spielte als im übrigen Oberösterreich. So erhielt beispielsweise der „Nationale Wirtschaftsblock" („Schober-Block"), ein Zusammenschluss aus Großdeutscher Volkspartei und Landbund, bei den oberösterreichischen Landtagswahlen 1931 im Bezirk Braunau 22,2 % der Stimmen. Die Christlichsozialen bekamen 54,5 %, die Sozialdemokratische Partei (SDAP) 18,5 %, der „Heimatblock" 1,0 % und die NSDAP 3,0 %. Im gesamten Oberösterreich bekam der „Nationale Wirtschaftsblock" nur 11,0 % der Stimmen. Der Anteil der NSDAP lag bei diesen Wahlen im Bezirk Braunau jedoch knapp unter jenem des ganzen Bundeslandes (3,4 %). Ihre stärkste Position besaßen die Großdeutschen im Gerichtsbezirk Mauerkirchen, wo sie 32,2 % der Stimmen erhielten und damit auf den zweiten Platz kamen.[7]

Die in ganz Österreich zu beobachtende Entwicklung der überwiegenden Mehrheit des liberalen, antiklerikalen und großdeutschen Lagers hin zur NSDAP vollzog sich am Ende der Ersten Republik auch in dessen Hoch-

---

[4] Hanns Schaufler, Unsere Landwirtschaft. In: Bezirksbuch Braunau/Inn (Mattighofen 1992) 15-19
[5] Alfred Baischer, Wirtschafts-, Bevölkerungs- und Arbeitsmarktstruktur. In: Bezirksbuch (wie Anm. 4) 199-208
[6] Loys Auffanger – Franz Sonntag, Die wirtschaftlichen Verhältnisse im Lauf der Jahrhunderte. In: Bezirksbuch (wie Anm. 4) 272-274
[7] Ergebnisse der Landtagswahl 1931. Hg. v. Landesregierung für Oberösterreich (Linz 1931)

burgen im Bezirk Braunau, die in der Folge starke Bastionen der NSDAP wurden.[8]

Einwohnerzahl und Fläche

Laut Statistik des Jahres 1941 verfügte der im Zuge des Einmarsches nach deutschem Vorbild in einen „Kreis" umbenannte Bezirk Braunau im Jahr 1939 über 63.490 Einwohner. 1934 waren 64.777 Einwohner gezählt worden. Mit 61 Einwohnern pro km² (Durchschnitt Oberdonau: 72,8) lag der Bezirk hinsichtlich der Bevölkerungsdichte im Mittelfeld[9], und gehörte mit einem Anteil von 6,1 % an der Einwohnerschaft Oberdonaus eher zu den größeren Kreisen.[10] Der Bezirk Braunau umfasst mit 1040,24 km² 8,8 % der Fläche des heutigen Oberösterreichs. Er stellt den viertgrößten Bezirk dieses Bundeslandes dar. Im Bezirk Braunau befinden sich heute 46 Gemeinden.[11] Als einer der wenigen Bezirke Oberösterreichs blieb er während der NS-Zeit größenmäßig unverändert.[12] Nach dem Einmarsch kam es jedoch zu Eingemeindungen. So wurde beispielsweise Ranshofen der Stadt Braunau einverleibt.

Die Verfolgung von Repräsentanten des Ständestaates

Bereits in den ersten Stunden nach dem Einmarsch deutscher Truppen in Österreich begann die Verfolgung von Repräsentanten, Funktionären sowie Beamten des untergegangenen Ständestaates bzw. der Vaterländischen Front (VF). Neben Sozialdemokraten, Kommunisten und Juden wurden unzählige dieser Personen unter Zuhilfenahme von zuvor erstellten Listen planmäßig verhaftet.[13] Spann spricht von über 70.000 Festnahmen

---

[8] Heimatbuch Burgkirchen. Hg. v. Gemeinde Burgkirchen (Ried im Innkreis 1986) 150-153; Neukirchen an der Enknach. Hg. v. Gemeinde Neukirchen a. d. E. (Braunau o.J.) 364; Erzählte Geschichte. Berichte von Männern und Frauen in Widerstand wie Verfolgung 2. Hg. v. Dokumentationsarchiv des österreichischen Widerstandes (Wien 1992) 195
[9] Statistische Übersichten für den Reichsgau Oberdonau. Hg. v. Statistisches Amt für die Reichsgaue der Ostmark (Wien 1941) 1
[10] Johann Mühlbauer, Der Verwaltungsbezirk. In: Bezirksbuch (wie Anm. 4) 15-19
[11] Ebd.
[12] Harry Slapnicka, Oberösterreich, als es „Oberdonau" hieß (1938-1945) (Linz 1978) 44
[13] Erzählte Geschichte (wie Anm. 8) 143

in der unmittelbaren Zeit nach dem „Anschluss".[14] Da viele der Verhafteten in Schutzhaft gehalten und kaum vor ein reguläres Gericht gestellt wurden, gestaltet sich die Quellenlage in hohem Maße unzulänglich. Wie an verschiedenen Stellen erwähnt, existieren kaum mehr Aufzeichnungen der Gestapo, ebenso sind die Verzeichnisse der Konzentrationslager sehr lückenhaft.

Wie man den Akten des Volksgerichtes Linz entnehmen kann, kam es auch im Bezirk Braunau nach dem Einmarsch zu ausgedehnten Verhaftungen und Misshandlungen. Der bereits am Juliputsch 1934 beteiligte Sicherheitschef von Braunau wurde 1947 angeklagt, im März und April 1938 14 Personen misshandelt zu haben. Die Betroffenen stammten sowohl aus dem sozialistisch/kommunistischen als auch aus dem klerikal-konservativen Lager.[15] Sie dürften nach Einschüchterungen und Misshandlungen wieder entlassen worden sein. Auch im Bezirksgericht Mauerkirchen wurden in der unmittelbaren Zeit nach dem Einmarsch Schutzhäftlinge inhaftiert.[16]

Wie aus vielen Gemeinde- und Pfarrchroniken ersichtlich, setzten die neuen Machthaber Bürgermeister und Gemeindevertretung, sowie auch oftmals Lehrer und politisch „vorbelastete" Beamte ab. Nicht wenige von ihnen wurden eingeschüchtert und bedroht.[17] Ebenso versetzte man unliebsame Priester in andere Pfarren. Besonders hart wurde gegen Polizei- und Gendarmeriebeamte und gegen Angehörige der Wehrformationen, die im Juli 1934 den versuchten Nazi-Putsch niedergeschlagen hatten, vorgegangen. Die Konsequenzen konnten dabei von Zwangspensionierung und Entlassung über Polizeihaft bis zur Einweisung in ein KZ oder Ermordung reichen.[18] Im Folgenden möchte ich einige Beispiele für die Verfolgung dieser Gruppe nennen.

Der Landesstraßenwärter Anton Jank, wohnhaft in Hochburg-Ach, wurde am 14. Dezember 1938 vom LG Steyr zu zehn Jahren schweren Kerkers verurteilt. Er war als Mitglied des „Alpenjägerregiments Nr. 8" an der Niederschlagung des Putsches im Juli 1934 am Pyhrnpass beteiligt gewesen.

---

[14] Gustav Spann, Anschluss Österreichs. In: Enzyklopädie des Nationalsozialismus. Hg. v. Wolfgang Benz – Hermann Graml – Hermann Weiß (Stuttgart 1997) 362-364
[15] OÖLA, Sondergerichte 1913-1980, Sch. 246: Vg 6 Vr 2390/47, der Täter wurde zu 24 Monaten Haft verurteilt.
[16] Beispielsweise der an den Ereignissen am 1. 5. 1933 in Altheim beteiligte Karl Lohner; OÖLA, Amt der Landesregierung seit 1945 / Opferfürsorge, Sch. 184: OF/SH-269/1981
[17] Heimatbuch Saiga Hans – Vergangenheit und Gegenwart. Hg. v. Gemeinde St. Johann/W. (Ried im Innkreis 2001) 77
[18] Erzählte Geschichte (wie Anm. 8) 143

Jank wurde die angebliche Ermordung von drei Nationalsozialisten angelastet.[19] Ebenfalls wegen Beteiligung an der Niederschlagung des NS-Putsches im Juli 1934 verhaftete man in Eggelsberg nach dem Einmarsch einen mir namentlich nicht bekannten Briefträger. Dieser habe bei den Vorkommnissen in Lamprechtshausen (Land Salzburg) 1934 einen SA-Mann erschossen. Es konnte dem Beschuldigten offensichtlich nichts nachgewiesen werden, da die Haft nur sieben Tage dauerte.[20]
Maximilian Schuber aus Mauerkirchen befand sich von 8. Juli bis 1. September 1938 über Auftrag der Gestapo Linz im Bezirksgericht (BG) Mauerkirchen in Haft. Vor seiner Entlassung musste er unterschreiben, dass er sich „von nun an jedes Umganges mit Kommunisten, Marxisten, Legitimisten, Anhängern der V.F., Heimatschutzleuten und Anhängern sonstiger staats- und anschlussfeindlicher Kreise enthalte und jede staatsfeindliche Betätigung in Wort, Schrift oder anderer Weise unterlasse". Er wurde darauf hingewiesen, dass er „beim geringsten Verstoß [...] ohne vorherige Verwarnung unnachsichtlich erneut in Schutzhaft genommen" werden könne und mit einer „Schulung" in einem Konzentrationslager rechnen müsse.[21] Schuber dürfte aufgrund der Zugehörigkeit zur Heimwehr verurteilt worden sein, denn im Gasthaus seiner Eltern, das er später übernahm, befand sich das Lokal der Heimwehr von Mauerkirchen. In der Zeit des Ständestaates spielten sich dort auch etliche gewalttätige Auseinandersetzungen ab.[22]
Der 71-jährige Auszugsbauer Johann Pointner wurde 1939 wegen seiner Weigerung, für die Winterhilfe zu spenden, mit einem Schild mit der Aufschrift „Dieses vaterländische Schwein will für die Winterhilfe nichts geben" durch Mauerkirchen getrieben.[23] Die nationalsozialistische Presse kommentierte dies folgendermaßen: „Jenen Kreisen, die glauben, dass der Almbauer schon zu alt sei, dass man ihm einen solchen Spott antut, wollen wir ins Gedächtnis rufen, dass dieser saubere Patron auch vor etlichen

---

[19] DÖW, 13.420; Widerstand und Verfolgung in Oberösterreich 1934-1945. Eine Dokumentation 2. Hg. v. Dokumentationsarchiv des Österreichischen Widerstandes (Wien-München-Linz 1982) 244; Jank überlebte die Haft (Mitteilung des röm.-kath. Pfarramtes Liebenau an den Verf., 17.10.2003).
[20] Eggelsberg in alter und neuer Zeit. Hg. v. Gemeinde Eggelsberg (Ried im Innkreis 1994) 116
[21] DÖW, 20.000/S443
[22] Herbert Brandstetter, Chronik der Marktgemeinde Mauerkirchen (Manuskript, Exemplar beim Verf.) 6
[23] OÖLA, Sondergerichte 1913-1980, Sch. 106: Vg 11 Vr 4185/46, zwei der Täter erhielten 1946 jeweils drei Monate Haft; ebd., Sch. 347, Vg 6 Vr 5789/47 ein dritter Täter wurde zu 30 Monaten Haft verurteilt.

Jahren sich nicht zu alt fühlte, mit dem Schießprügel als Ortswehrmann gegen Nationalsozialisten vorzugehen."[24]
Mittels der „Verordnung zur Neuordnung des österreichischen Berufsbeamtentums" vom 31. Mai 1938 wurden, wie erwähnt, viele politisch unliebsame Beamte entlassen bzw. zwangspensioniert. Alfred Mirek, geboren 1898 in Wien, wurde aufgrund dieser Verordnung vom Dienst im BG Wildshut entlassen[25] und am 11. August 1938 an seinem Wohnsitz in Wildshut verhaftet. Am 24. November 1938 kam Mirek aus Linz in das KZ Buchenwald und wurde dort als (politischer) „Schutzhäftling" registriert. Am 26. September 1942 wurde er in das KZ Natzweiler im Elsass (heute Frankreich) überstellt.[26] Seine Rücküberstellung nach Dachau erfolgte am 5. Dezember 1942.[27] Über sein weiteres Schicksal finden sich keine Aufzeichnungen.
Ebenfalls aufgrund der genannten Verordnung wurde Matthias Menth als Gemeindeinspektor am Gemeindeamt Mauerkirchen zwangsweise in den Ruhestand versetzt. Er arbeitete in der Folge in verschiedenen Gemeinden Oberösterreichs als Buchhalter. Nach 1945 wurde er wieder in den Gemeindedienst aufgenommen.[28]
Der provisorische Gemeindediener von Burgkirchen, Paul Stefan jun., flüchtete im März 1938 aus dem Ort, da er „sich den Zorn der Parteigenossen zugezogen [hatte], weil er im Herbst des vergangenen Jahres einige Burgkirchner wegen des Absingens des Horst-Wessel-Liedes zur Anzeige brachte".[29]
Franz Herzog wurde 1939 aus politischen Gründen aus dem Dienst als Postinspektor im Postamt Mauerkirchen entlassen. Am 3. August 1940 verhaftete man ihn aufgrund des Heimtückegesetzes. Eine Verurteilung erfolgte jedoch nicht, da keine Anklage erhoben wurde. Herzog befand sich für zehn Tage in Haft im BG Mauerkirchen.[30]
Der Gemeindebedienstete Franz Meindl wurde bereits am 12. März 1938, dem Tag des Einmarsches, entlassen. Er war während des Ständestaates in Feldkirchen bei Mattighofen als lokaler Reichsbundführer und Funktionär des „Heimatdienstes der Vaterländischen Front" tätig gewesen. Laut den

---

[24] Brandstetter, Mauerkirchen (wie Anm. 22) 20
[25] OÖLA, BG Wildshut, Sch. 55: Jv-154/42
[26] Schriftliche Mitteilung der KZ-Gedenkstätte Buchenwald an den Verf., 7.11.2003
[27] Schriftliche Mitteilung des französischen Verteidigungsministeriums an den Verf., 5.10.2004
[28] OÖLA, Amt der Landesregierung seit 1945 / Opferfürsorge, Sch. 18: FOF-1129/1952
[29] Heimatbuch Burgkirchen (wie Anm. 8) 151
[30] OÖLA, Amt der Landesregierung seit 1945 / Opferfürsorge, Sch. 5: FOF-2189/1948

Aussagen von Zeugen verfolgten ihn die ehemaligen illegalen Nationalsozialisten Feldkirchens, sodass Meindl wegzog. Er verstarb am 1. Mai 1939 unter ungeklärten Umständen beim Autobahnbau in Grödig.[31]

In Feldkirchen b. M., einer Gemeinde mit sehr starker illegaler NS-Betätigung zwischen 1933 und 1938[32], ereignete sich in der Zeit des „Anschlusses" ein weiterer Übergriff gegen einen Gemeindebediensteten. Franz Kreuzbauer wurde laut seinem Ansuchen auf Opferfürsorge am 12. März 1938 zu Boden gestoßen und getreten. Der Täter war ein ehemaliges Mitglied der Österreichischen Legion. Kreuzbauer war Mitglied der Vaterländischen Front und wurde am 2. Juni 1938 vom „Disziplinarausschuss der Gemeinde Feldkirchen" als Gemeindesekretär abgesetzt. Er verlor dabei seine Pensionsbezüge. Der „Disziplinarausschuss" stellte fest, „dass er wegen seiner fortgesetzten Denunziationen gegen die Nationalsozialisten sowie wegen seines sonstigen Verhaltens gegen die national gesinnte Bevölkerung das Amt eines Gemeindesekretärs der Gemeinde Feldkirchen b. M. nicht mehr erfüllen kann".[33]

In Mattighofen versetzten die NS-Behörden den Amtsrat August Schmutzer am 1. März 1939 wegen „politischer Untragbarkeit" zwangsweise in den Ruhestand. Er hatte zuvor beim Kriegsgeschädigtenfonds Mattighofen gearbeitet. Nach 1945 wurde er wieder in das pragmatisierte Dienstverhältnis übernommen.[34]

Der Zollwachoberkontrollor Adolf Studener aus Braunau wurde im April 1938 außer Dienst gestellt und mit Ende März 1939 mit halber Pension auf Grund des Gesetzes zur „Neuordnung des österreichischen Berufsbeamtentums" in den Ruhestand versetzt. Er gehörte der christlichsozialen Partei an und hatte gegenüber den illegalen Nationalsozialisten an der Grenze „pflichtgemäß durchgegriffen". Studener grüßte weiters die einmarschierenden deutschen Truppen als einziger Zöllner nicht mit dem Hitlergruß und wurde deshalb bedroht. Weiters sollte er laut seinen Vorgesetzten aus der Kirche austreten, in diesem Fall könne er im Zöllnerdienst verbleiben. 1944 äußerte er sich an einer Bushaltestelle sowie im Bus in Braunau gegenüber einer Wienerin „im staatsfeindlichen und defaitistischen Sinne". Als Folge musste Studener wegen einer auf „Wehrkraftzersetzung" lauten-

---

[31] Ebd., Sch. 45: FOF-435/1959
[32] AStL, Nachlass Prof. Peter Kammerstätter, CD 277: Interview mit Hermann Fischer, Hackenbuch, 12.3.1976
[33] OÖLA, Amt der Landesregierung seit 1945 / Opferfürsorge, Sch. 11: FOF-1004/1950
[34] Ebd., Sch. 51: FOF-312/1961

den Anklage zu zwei Verhandlungen vor den VGH.[35] Zu einer dritten kam es aufgrund des Kriegsendes nicht mehr.[36]
Auch in Hochburg-Ach wurde der Abteilungsleiter der Zollwache, Josef Riegler, im April 1938 von einem ehemaligen illegalen Nationalsozialisten und SS-Mitglied misshandelt.[37]
Der am 14. März 1914 in Haigermoos geborene Lehrer Georg Felber wurde am 26. Mai 1938 in Braunau verhaftet. Dem ehemaligen Jugendführer der Vaterländischen Front und der Heimwehr wurde vorgeworfen, bei der Niederschlagung des Juliputsches 1934 in Lamprechtshausen als Angehöriger des Österreichischen Heimatschutzes Nationalsozialisten getötet zu haben. Felber kam in der Folge nach den Verhören durch die Gestapo in Braunau ohne Haftbefehl in das Polizeigefängnis Linz und anschließend in das KZ Dachau. Schließlich wurde er am 13. März 1939 zusammen mit weiteren hundert Österreichern begnadigt.[38]
Die dargestellten Schicksale stehen nur als Beispiel für die zweifellos weitaus größere Zahl von inhaftierten bzw. gemaßregelten Personen. Wie erwähnt kann das volle Ausmaß der Repression gegen ehemalige Mitglieder und Sympathisanten der Vaterländischen Front bzw. Repräsentanten und Funktionäre des Ständestaates nicht mehr ermittelt werden. Auch in den Akten des Sondergerichtes Linz finden sich etliche ehemalige Mitglieder der VF, die vor allem nach dem Heimtücke- oder Rundfunkgesetz verurteilt wurden. Hier spielten oftmals auch die Rachegelüste ehemaliger illegaler Nationalsozialisten eine wichtige Rolle, die in zahlreichen Fällen einen Vorwand suchten, um alte Rechnungen begleichen zu können oder die ihrer Meinung nach gefährliche Personengruppe einzuschüchtern bzw. politisch auszuschalten.

---

[35] DÖW, 10.220: OLG Wien, OJS-464/44
[36] OÖLA, Amt der Landesregierung seit 1945 / Opferfürsorge, Sch. 211: OF-290/1986
[37] OÖLA, Sondergerichte 1913-1980, Sch. 95: Vg Vr 3687/46, der Täter wurde zu 30 Monaten Haft und Vermögensverfall verurteilt.
[38] Erzählte Geschichte (wie Anm. 8) 153-156, 442; vgl. auch Archiv der Gedenkstätte Dachau: Datenbank der KZ-Gedenkstätte Dachau, als Eingangsdatum ist der 23.9.1938 vermerkt

Das katholisch-klerikale Lager

Durch den Einmarsch 1938 veränderte sich die Lage der österreichischen katholischen Kirche radikal. War sie zuvor aufs engste mit dem Ständestaat und seiner Vaterländischen Front verknüpft und wurde von diesen stark gefördert, so sah sie sich unmittelbar nach dem Anschluss mit der Gefahr einer massiven Verschlechterung ihrer bisherigen Position als „Staatskirche" konfrontiert. Gefahr drohte der Kirche besonders auch von Seiten der ehemaligen illegalen österreichischen Nationalsozialisten, die bereits vor 1938 eine harte Auseinandersetzung mit der Kirche geführt hatten. Gewaltakte gegen Kirchen, Pfarrhöfe sowie auch gegen Priester und Laien waren an der Tagesordnung. Beispielsweise wurden 1934 auf den Kirchtürmen von Feldkirchen b. M. und Gstaig (Gemeinde Feldkirchen b. M.) Hakenkreuzfahnen gehisst.[39] Im selben Jahr wurden in Neukirchen an der Enknach die Schlösser der Kirchentüren mit Gips verklebt, an den Wänden und am Hochaltar Hakenkreuze befestigt, Kirchenbesucher angestänkert und Hakenkreuze an die Pfarrhofstür geschmiert. Der dortige Ortspfarrer bezeichnete die illegale NS-Bewegung als „Erfassung aller kirchenfeindlichen Leute".[40] Viele Pfarrer kooperierten bei der Verfolgung der illegalen Nationalsozialisten mit den Behörden des Dollfuß- und Schuschnigg-Regimes und brachten Täter und Verdächtige zur Anzeige. So finden sich zum Beispiel in den Politischen Akten der Bezirkshauptmannschaft Braunau zahlreiche Eingaben und Beschwerden des Acher Pfarrers Hiegelsperger, unter anderem an die oberösterreichische Sicherheitsdirektion, dass die Behörden bei der Verfolgung der illegalen Nationalsozialisten zu nachlässig vorgehen würden.[41]
In Oberösterreich begannen die kirchenfeindlichen Maßnahmen mit dem ersten Tag nach dem Einmarsch. Besonders nach der Volksabstimmung im April 1938, vor der die NS-Behörden sich noch etwas zurückgehalten hatten, wurde die Kirche scharf attackiert. Im Mai 1938 wurde das katholische Vereinswesen schrittweise liquidiert, und im Juli verordneten die Behörden die Schließung der Privatschulen.[42] In der Folge wurden katholische Veranstaltungen außerhalb der Kirchen melde- und genehmigungspflichtig, mit Ausnahme der Wallfahrten und Prozessionen, die jedoch

---

[39] Chronik der Gemeinde Feldkirchen. Hg. v. Gemeinde Feldkirchen (Linz 1989) 103
[40] Neukirchen (wie Anm. 8) 362 f.
[41] OÖLA, Politische Akten, MF 5068: BH Braunau, St.P. 313/1934
[42] Slapnicka, Oberdonau (wie Anm. 12) 195

zeitlich und räumlich verlegt werden mussten. Weiters wurden Gottesdienste und Predigten überwacht und des Öfteren gleichzeitig in der Nähe der Gotteshäuser lautstarke Gegenveranstaltungen abgehalten. Ebenso durften Krankenfürsorge, Seelsorge an Ausländern und Kriegsgefangenen sowie der Religionsunterricht nicht mehr frei ausgeübt werden.[43]

Um die Anhänger der Kirche zu verunsichern wurden z. B. auch Gerüchte über Nacktbilder in Monstranzen und versteckte Waffen in den Gotteshäusern gestreut, die offenbar teilweise auf fruchtbaren Boden fielen.[44] Um die Gläubigen einzuschüchtern wurden in manchen Pfarren die Gottesdienstbesucher notiert. Beispielsweise schrieb in Hochburg der Ortsgruppenleiter die Kirchgänger in Listen ein.[45] In derselben Pfarre mussten sich die angehenden Firmlinge unerkannt zum Firmunterricht in die Sakristei stehlen, da sie Sanktionen von Seiten des Oberlehrers und gleichzeitigen Ortsgruppenleiters befürchteten.[46]

Von Seiten der Amtskirche wurde relativ wenig direkte Kritik am Nationalsozialismus geäußert, was nicht zuletzt auf die Furcht vor Verfolgungsmaßnahmen zurückzuführen war. Jedoch war in katholischen Kreisen ein „zähes Festhalten am Gewohnten" gegenüber den Maßnahmen des Regimes bemerkbar, beispielsweise durch die illegale Weiterführung von verbotenen Wallfahrten und Prozessionen sowie den Widerstand gegen das Abhängen der Schulkreuze. Ebenso ergaben sich Konflikte um die Teilnahme der Jugendlichen an der Hitler Jugend (HJ) oder dem Bund deutscher Mädel (BdM).[47] Dieses „zähe Festhalten am Gewohnten", die Beständigkeit eines weltanschaulichen und/oder sozialen Milieus und die allgemeine Abgrenzung gegenüber der NS-Ideologie – trotz einiger Punkte der Übereinstimmung wie zum Beispiel beim „Kampf gegen den Bolschewismus" –, wurde von Martin Broszat in Abgrenzung zum aktiven politischen Widerstand als „Resistenz" bezeichnet.[48] Dieser Begriff dürfte, wie vor allem Hanisch nachweist, auch für die allgemeine Haltung des katholisch-konservativen Lagers in Österreich während der NS-Zeit kennzeich-

---

[43] Rudolf Zinnhobler, Die katholische Kirche. In: Widerstand und Verfolgung in Oberösterreich 2 (wie Anm. 19) 11-37
[44] Auszug aus der Pfarrchronik Neukirchen, vgl. Neukirchen (wie Anm. 8) 364
[45] Gespräch des Verf. mit Maria Auer, Hochburg-Ach, 30.6.2003
[46] Gespräch des Verf. mit Max Schwanninger, Hochburg-Ach, 25.12.2004
[47] Ernst Hanisch, Bäuerliches Milieu und Arbeitermilieu in den Alpengauen: ein historischer Vergleich. In: Arbeiterschaft und Nationalsozialismus in Österreich. Hg. v. Rudolf G. Ardelt – Hans Hautmann (Wien – Zürich 1990) 583-598
[48] Martin Broszat, Resistenz und Widerstand. In: Bayern in der NS-Zeit IV. Herrschaft und Gesellschaft im Konflikt. Hg. v. Martin Broszat – Elke Fröhlich – Anton Grossmann (München – Wien 1981) 691-709

nend sein.[49] An dieser Stelle muss andererseits jedoch auch der „in weiten katholischen Kreisen vorhandene Antisemitismus" erwähnt werden, der „das Eindringen des NS-Rassismus in die Bevölkerung" erleichterte.[50] Auch herrschte in der Frage des Antikommunismus ein weitestgehender Konsens zwischen der Kirche und dem NS-Regime. Diese Widersprüche und Gegensätze dürfen nicht übersehen werden, wenn man das komplizierte Verhältnis zwischen katholischem Lager und Nationalsozialismus verstehen will.

Widerstand und Verfolgung der Katholischen Kirche

Während der Zeit des Nationalsozialismus wurden laut Harry Slapnicka in Oberösterreich 141 Priester inhaftiert, 94 von ihnen mussten länger als ein Monat im Gefängnis bleiben. Insgesamt saßen in Österreich 724 Priester im Gefängnis. Geht man von 1226 Welt- und Ordenspriestern aus, die es auf dem Gebiet Oberösterreichs im Jahr 1935 gab, so bedeutet dies, dass jeder zehnte Priester in Haft war.[51] Laut Zinnhobler kamen 99 Priester aus Oberösterreich für mehr als ein Monat ins Gefängnis.[52] Erna Putz, deren Publikation zu Franz Jägerstätter einen neueren Forschungsstand zu dieser Frage wiedergibt, spricht von insgesamt 118 inhaftierten Priestern aus der Diözese Linz. Demnach waren mindestens 11 % der Priester von einer Inhaftierung betroffen.[53]

Nach meinen Forschungen wurden im Bezirk Braunau 16 Priester verhaftet. In etwa einem Drittel der 49 Pfarren dieses Bezirkes wurden Priester verhaftet. Im Dekanat Ostermiething im südwestlichen Teil des Bezirkes an der Grenze zu Salzburg und Bayern, wo auch der Heimatort Franz Jägerstätters, St. Radegund, liegt, betrug der Anteil der von Priester-Inhaftierungen betroffenen Pfarren sogar zwei Drittel. Hierzu muss jedoch auch einschränkend bemerkt werden, dass sich nicht alle verhafteten Priester gleichzeitig im Bezirk befanden. In manchen Pfarren wurde auch mehr als ein Priester verhaftet. Die besonders scharfe Repression gegen die Priester

---

[49] Hanisch, Bäuerliches Milieu (wie Anm. 47) 589-591
[50] Heinz Arnberger, Kirche und Widerstand. Einige Überlegungen, vgl. www.doew.at/thema/kirche.html, abgerufen am 9.6.2004
[51] Slapnicka, Oberdonau (wie Anm. 12) 202
[52] Zinnhobler, Die katholische Kirche (wie Anm. 43) 14
[53] Putz, Jägerstätter (wie Anm. 3) 63

im Bezirk Braunau ist ohne Zweifel auffällig. In der Pfarrchronik Feldkirchen b. M. vermerkte der Pfarrer Franz Wachter nach 1945: „Wohl in keinem Bezirk des ehemaligen Groß-Deutschen-Reiches tobte so blinder Gottes- und Kirchenhass als wie im ‚Heimatkreis des Führers'." Seine Chronik nennt die Zahl von 28 verhafteten Priestern im Bezirk Braunau, weitere 22 seien mit Schul-, Jugendverbot oder „anderen ekligen Strafen belegt" worden.[54] Diese noch höhere Zahl konnte ich aufgrund meiner Quellen jedoch bislang nicht bestätigen.

Anlass zu einer großen Verhaftungswelle gegen Priester aus dem Bezirk Braunau boten die Pfarrerkonferenzen rund um den Braunauer Dechant Ludwig. Sie stellten gewissermaßen eine Form der illegalen Organisation des hiesigen Klerus dar, in der Nachrichten ausgetauscht und der Zusammenhalt gegenüber dem NS-Staat aufrechterhalten bzw. vertieft werden konnten. Die ersten Verhafteten waren die Oberlehrersgattin Philomena Kapplinger, die Köchin Maria Nestlehner, sowie der Pfarrer Michael Wilflingseder aus St. Georgen/Fillmansbach. Kapplingers Tochter, die Ordensfrau Philomena Wieser, wurde aufgrund ihres schlechten Gesundheitszustandes nicht strafverfolgt. Die Angeklagten gaben in der Folge zu, „feindliche Sender" gehört und mit anderen Personen darüber gesprochen zu haben. Vor allem auf den regelmäßig stattfindenden Pfarrerkonferenzen sei darüber diskutiert worden.

Der erste verhaftete Priester dieser Gruppe, Michael Wilflingseder, wurde am 28. Juli 1942 wegen des Abhörens von „Feindsendern" zu 18 Monaten Zuchthaus verurteilt. Die Haushälterin Maria Nestlehner erhielt ebenfalls 18, Philomena Kapplinger zwölf Monate Zuchthaus.[55]

Als nächster Beschuldigter wurde am 30. Oktober 1941 Josef Hofbauer, Pfarrer von Burgkirchen, festgenommen. Mit ihm kam auch seine Köchin Maria Pangerl in Haft, beide hatten vor 1938 der Vaterländischen Front angehört.[56] Die Gestapo beschuldigte Hofbauer, der „Hauptthetzer" im Klerus des Kreises Braunau zu sein[57] und bezeichnete ihn als „Fachmann" auf dem Gebiet des Abhörens von Radiosendungen. Hofbauer wurde weiters vorgeworfen, auf den Pfarrerkonferenzen in Eggelsberg sowie in St. Georgen/Fillmansbach über die Inhalte der Sendungen erzählt zu haben. Bei diesen Treffen seien bis zu zehn Teilnehmer aus den Dekanaten Mattigho-

---

[54] Pfarramt Feldkirchen: Pfarrchronik
[55] OÖLA, Sondergerichte 1913-1980, Sch. 723: KLs-112/42
[56] Ebd., KLs-120/42
[57] Heimatbuch Burgkirchen (wie Anm. 8) 156

fen, Braunau und Ostermiething anwesend gewesen. Ebenso habe Hofbauer den anwesenden Personen die Sendezeiten und Wellenbereiche mitgeteilt. Hofbauer, der das Abhören der Sender, darunter auch Radio Moskau, gestand, erhielt am 31. Juli 1942 dreieinhalb Jahre Zuchthaus, seine Köchin sechs Monate Gefängnis. Das Reichsgericht hob das Urteil jedoch am 4. Dezember 1942 auf. Hofbauer wurde am 9. April 1943 zu fünf Jahren Zuchthaus verurteilt.[58]

Am 22. November 1941 inhaftierte die Gestapo Dechant Johann Ludwig aus Braunau. Das ehemalige Mitglied der VF, das „mehrfach in politischer Beziehung beanstandet werden" musste, leitete zweimal jährlich Pastoralkonferenzen, auf denen „auch Angelegenheiten politischen Charakters besprochen" wurden. Weiters habe Ludwig Weisungen erteilt, wie man sich bei einem Gestapo-Verhör verhalten solle, und außerdem hätte er den beteiligten Priestern „Deckadressen" für vertrauliche Nachrichten zugeteilt. In ihrem Schlussbericht zu den Ermittlungen gegen Priester aus dem Bezirk bemerkte die Gestapo außerdem, dass der Klerus im Kreis Braunau „im allgemeinen eine ablehnende Haltung zum NS-Staat einnimmt [...] [und] dies zum größten Teil auf den Einfluss des Dechants Ludwig zurückzuführen sei." Am 19. Juni 1942 wurde Ludwig zu zwei Jahren Zuchthaus verurteilt. Die Haftzeit während des Krieges sollte nicht eingerechnet werden.[59]

Zum Abschluss dieser Verhaftungswelle wurden am 6. Jänner 1942 der Eggelsberger Pfarrer Franz Brunner und drei Tage später der Steyrer Religionslehrer Gottfried Stöckel inhaftiert. Beide waren Mitglieder der VF, Brunner sogar Ortsführerstellvertreter. Sie kannten sich aus der Zeit Stöckels als Kaplan in Eggelsberg. Letzterer wirkte unter anderem auch als Provisor in Hochburg. Brunner gestand das Abhören der Sender London und Beromünster. Auch würde er mit der nationalsozialistischen Bewegung „auf kulturellem und erzieherischem Gebiet" nicht übereinstimmen. Stöckel hatte ebenfalls manchmal an den Treffen teilgenommen und mit Brunner die Radiosender abgehört. Brunner wurde am 13. Dezember 1942 zu zweieinviertel Jahren Zuchthaus verurteilt, Stöckel erhielt 15 Monate Zuchthaus. Nach 20 Monaten wurde Brunner der Strafrest erlassen.[60] Er bemerkte nach 1945 zur Rolle des Klerus im Bezirk Braunau: „Wenn sich ein Gestapo-Beamter einmal bitter beklagte, dass gerade der Klerus des

---

[58] OÖLA, Sondergerichte 1913-1980, Sch. 723: KLs-120/42
[59] Ebd., Sch. 721, KLs-92/42
[60] Ebd., Sch. 728, KLs-183/42

Oberen Innviertels der halsstarrigste Gegner der NSDAP sei, so trugen gerade diese Zusammenkünfte nicht wenig dazu bei, unsere Widerstandskraft zu stärken, uns zu einheitlichem Vorgehen zu bereden und Furchtsame zu ermutigen."[61] Folgend das Verzeichnis der verhafteten Priester im Bezirk Braunau:

- Binder, Ludwig (Seraphim), geb. 28. April 1881, Franziskaner aus Maria Schmolln. Binder kam am 19. Dezember 1942 ins KZ Dachau und verstarb dort am 16. Februar 1945.[62]
- Brunner, Franz, geb. 10. Dezember 1887, Pfarrer in Eggelsberg. 1940 für vier Wochen in der Haftanstalt Ried, weil er einem französischen Kriegsgefangenen ein Frühstück gegeben hatte. Am 5. Jänner 1942 erneute Verhaftung, weil er angeblich „Feindsender" gehört hatte, am 2. August 1943 zu 28 Monaten Zuchthaus verurteilt,[63] am 30. September 1943 frühzeitig aus dem Zuchthaus Straubing freigelassen.[64]
- Fuchs, Johann, geb. 22. Mai 1878, Pfarrer von St. Pantaleon. Im Mai 1940 wegen eines Vergehens nach dem „Heimtückegesetz" verhaftet, vier Monate später zu sechs Monaten Gefängnis verurteilt, die er in Garsten und Ried absaß,[65] am 13. August 1941 wegen angeblichen „Diebstahls von elektrischem Strom" erneut vor Gericht, Freispruch, jedoch Ortsverbot.[66] Josef Gerl, erster Nachfolger von Fuchs, musste St. Pantaleon am 20. Dezember 1941 wegen Gauverweisung verlassen.[67]
- Gastl, Raimund, Franziskanerpater aus dem Kloster Maria Schmolln. Als Nachfolger von Pfarrer Kücher aus dem beschlagnahmten Kloster Maria Schmolln nach Hochburg entsandt. Gastl war erst kurz zuvor aus der Haft entlassen worden.[68] Der genaue Grund der Haft ist nicht bekannt.
- Hierzenberger, Michael, geb. 23. Juli 1899, Pfarrer in Rossbach. Wurde 1939 für zwei Wochen inhaftiert,[69] die Motive für die Verhaftung liegen im Dunkeln.

---

[61] OÖLA, Amt der Landesregierung seit 1945 / Opferfürsorge, Sch. 51: FOF-309/1961, Brunner wurde als „Opfer des Kampfes um ein freies, demokratisches Österreich anerkannt".
[62] Zinnhobler, Die katholische Kirche (wie Anm. 43) 15
[63] Ebd., 16
[64] Ebd.
[65] Ebd., 17
[66] Ebd.
[67] Putz, Jägerstätter (wie Anm. 3) 79
[68] Pfarramt Hochburg: Pfarrchronik
[69] Zinnhobler, Die katholische Kirche (wie Anm. 43) 24

- Hofbauer, Johann, geb. 22. Juni 1903, Pfarrer in Burgkirchen. Am 31. Juli 1942 in Linz wegen Abhörens von „Feindsendern" zu dreieinhalb Jahren verurteilt, zuerst im Polizeigefängnis Linz, dann Bernau am Chiemsee, wieder Linz und schließlich bis 4. April 1945 in Stein an der Donau.[70]
- Karobath, Josef, geb. 9. Jänner 1898, Pfarrer in St. Radegund. Am 10. Juli 1940 wegen eines Vergehens gegen das „Heimtückegesetz" verhaftet, eineinhalb Monate später mangels Beweisen wieder frei.[71]
- Kücher, Franz, Pfarrer von Hochburg. Für einige Wochen bei der Gestapo Linz inhaftiert, da ein Aushilfspfarrer während der Predigt in Hochburg regimefeindliche Äußerungen getätigt habe; durfte nicht mehr nach Hochburg zurück.[72]
- Laux, Karl (Kajetan), geb. 12. April 1900, Kapuziner und Aushilfspfarrer in St. Pantaleon. Am 17. März 1944 wegen „aufreizender Predigten" und „Wehrkraftzersetzung" in Linz und Berlin inhaftiert und nach der Verhandlung vor dem Volksgerichtshof in Berlin am 6. Dezember 1944 freigesprochen.[73]
- Leichtenmüller, Hermann, geb. 16. September 1897, Pfarrer in Tarsdorf.[74] War bereits vor dem Einmarsch massiv bedroht worden, 1938 bei den Behörden als homosexuell denunziert. Am 13. März 1938 drohte man ihn umzubringen, und verhaftete ihn schließlich am 15. Juni. Fünf Tage später gegen Bezahlung von 60 RM Strafe freigelassen,[75] wurde Leichtenmüller gezwungen, seine Pfarre am 16. Dezember 1938 „freiwillig" zu verlassen.[76]
- Ludwig, Johann, geb. 15. April 1900, Stadtpfarrer von Braunau. Am 22. November 1941 wegen „Aufhetzung des Klerus" und Abhörens von Auslandssendern verhaftet, am 19. Juli 1942 zu zwei Jahren Zuchthaus verurteilt, zuerst in Bernau und Stein an der Donau, am 21. Mai 1943 begnadigt, anschließend Kreisverbot.[77]

---

[70] Ebd., 18
[71] Ebd., 19
[72] Pfarramt Hochburg: Pfarrchronik
[73] Zinnhobler, Die katholische Kirche (wie Anm. 43) 19
[74] Helmut Wagner, Der NS-Kirchenkampf in den Pfarren. Auswirkungen des NS-Kirchenkampfes auf pfarrliches Leben und seelsorgliche Praxis vor, während und nach der Zeit des NS-Regimes (1938-1945) am Beispiel von Mühlviertler Pfarren (Linz 1998) 143
[75] Putz, Jägerstätter (wie Anm. 3) 67 f.
[76] Wagner, NS-Kirchenkampf (wie Anm. 74) 143
[77] Zinnhobler, Die katholische Kirche (wie Anm. 43) 19

- Müller, Franz, geb. 10. Juli 1898, Pfarrer in Haigermoos. Müller wurde 1942 verhaftet und für sechs Wochen eingesperrt.[78]
- Raster, Alois, geb. 15. Juni 1898, Pfarrer in Pischelsdorf. Im Februar 1942 wegen Hörens von Auslandssendern für drei Wochen im Gefängnis, anschließend Kreisverbot,[79] 1944 wieder aufgehoben; durfte nach Pischelsdorf zurück.[80] Raster war Teilnehmer der Zusammenkünfte um Dechant Ludwig.[81]
- Stubauer, Michael, geb. 29. April 1884, Pfarrer von Mauerkirchen. Stubauer musste auf seine angestammte Pfarre Aschach an der Steyr verzichten,[82] kam als Kooperator im Februar 1939 nach Mauerkirchen, wurde zuvor vom LG Steyr am 6. Dezember 1938 wegen NS-feindlicher Äußerungen verurteilt, verbüßte seine Strafe von 13. Juli bis 11. September 1939. Stubauer wurde im November 1939 nach Rossbach versetzt.[83]
- Wachter, Franz, geb. 16. März 1907, Pfarrer in Feldkirchen b. M. Wurde von 20. März bis 30. März 1940 wegen aktiver Jugendseelsorge im BG Braunau inhaftiert, erhielt anschließend Gauverbot.[84] Johann Kittl, vulgo Kleinmaier aus Aschau/Feldkirchen b. M., kam wegen einer Unterschriftensammlung für die Freilassung Wachters in Haft. Kittl wurde am 16. Dezember 1940 aus dem KZ Dachau entlassen.[85]
- Wilflingseder, Michael, geb. 27. September 1878, Pfarrer in St. Georgen am Fillmansbach. Wilflingseder wurde am 13. August 1941 verhaftet und zu 18 Monaten Zuchthaus verurteilt; bis zur Enthaftung am 12. Februar 1943 in Stein, anschließend Schulverbot.[86]

Folgende Priester wurden zwar nicht im Bezirk Braunau selbst verhaftet, ihr Schicksal während der NS-Zeit sollte jedoch ebenfalls an dieser Stelle dargestellt werden, weil sie einerseits einen engen Bezug zum Bezirk haben und Opfer der Verfolgung von Seiten des Regimes wurden:

---

[78] Ebd., 20
[79] Ebd., 24
[80] Lebenslauf aus dem Pfarramt Pischelsdorf, dem Verf. am 10.11.2003 zugesandt
[81] OÖLA, Sondergerichte 1913-1980, Sch. 728: KLs-183/42
[82] Zinnhobler, Die katholische Kirche (wie Anm. 43) 23
[83] Schriftliche Mitteilung von Brandstetter an den Verf., 12.4.2004
[84] Zinnhobler, Die katholische Kirche (wie Anm. 43) 24
[85] OÖLA, Amt der Landesregierung seit 1945 / Opferfürsorge, Sch. 184: OF(SH)-260/1981
[86] Zinnhobler, Die katholische Kirche (wie Anm. 43) 23

- Hofmann, Heribert, Kapuzinerpater. Nach mehreren Gestapoverhören als Priester in Geretsberg abgesetzt und zu „Klosterhaft" verurteilt, die jedoch auf Betreiben des Bischofs wieder aufgehoben wurde;[87] die Haftstrafe dürfte wegen Hofmanns Weigerung, gegen andere angeklagte Priester der Nachbarpfarren auszusagen, verhängt worden sein.[88]
- Daxl, Alois, geb. 6. September 1879, Pfarrer in Feldkirchen b. M. Wurde in seiner Zeit als Pfarrer von Waldzell vom 6. April 1940 an für zehn Tage im Polizeigefängnis Linz festgehalten, anschließend im LG Linz, vom 1. Juni 1940 bis zum 8. Mai 1942 in Garsten, vom 7. Jänner bis zum 12. Februar 1943 im Polizeigefängnis Linz, in der Folge bis zum 5. April 1945 im KZ Dachau.[89] Grund der Haft war ein angebliches „Rundfunkverbrechen". Daxl kam am 21. April 1945 nach Feldkirchen b. M.[90] und war ab Oktober 1945 Pfarrer von Moosdorf.[91]
- Ecker, Josef, geb. 19. Juli 1889, Pfarrprovisor von Moosdorf. Von 17. Juni bis 28. Dezember 1939 im Polizeigefängnis Linz in Schutzhaft, am 1. November 1940 von der Gestapo gezwungen auf seine Pfarre Mehrnbach zu verzichten, von 1. November 1940 bis 15. November 1941 als Kooperator in Traunkirchen und schließlich von 15. November 1941 bis 15. Dezember 1945 als Pfarrprovisor in Moosdorf.
- Pesendorfer, Franz, geb. 14. Februar 1901, Pfarrer in Mauerkirchen. Wurde bereits 1932 von einem „Strafgericht" der von den Großdeutschen, dem Landbund sowie der NSDAP beherrschten Gemeindevertretung zur Verbannung „verurteilt". Diese Vorgangsweise wurde von Diözese und Bischof scharf verurteilt.[92] Ging im Mai 1938 nach Hartkirchen,[93] am 26. September 1939 vom LG Linz wegen „Volksaufwiegelung" zu fünf Monaten Gefängnis verurteilt.[94]
- Schückbauer, Franz, geb. 3. Dezember 1890, Sekretär und Archivar am bischöflichen Ordinariat in Linz. Wurde in Hermading, Gemeinde Burgkirchen, Pfarre Mauerkirchen, geboren, 1920 von Gföllner zum Jugendsekretär bestellt, baute in den Jahren darauf den „Reichsbund"

---

[87] Putz, Jägerstätter (wie Anm. 3) 78 f.
[88] Pfarramt Geretsberg: Pfarrchronik; dies wird auch durch das Protokoll von Hofmanns Zeugenaussage im Akt des Sondergerichtsverfahrens gegen den Eggelsberger Pfarrer Brunner ersichtlich, vgl. OÖLA, Sondergerichte 1913-1980, Sch. 728: KLs-183/42
[89] OÖLA, Amt der Landesregierung seit 1945 / Opferfürsorge, Sch. 167: FOF-185/1969
[90] Pfarramt Feldkirchen: Pfarrchronik
[91] Pfarramt Moosdorf: Pfarrchronik
[92] Brandstetter, Mauerkirchen (wie Anm. 22) 4
[93] Ebd., 16
[94] Zinnhobler, Die katholische Kirche (wie Anm. 43) 21

auf,[95] gründete auch die oberösterreichische Pfadfinderbewegung;[96] am 6. September 1940 wegen angeblicher „Mitwisserschaft um die Österreichische Freiheitsbewegung" in Haft, am 14. August 1942 wieder entlassen, am 13. Juli 1944 vom OLG Wien zu einem Jahr und neun Monaten Zuchthaus verurteilt.[97]
- Wimmer, Franz, geb. 19. Mai 1912 in Brunnenthal, aufgewachsen in Schardenberg. Erhielt nach der Priesterweihe 1938 den Posten eines Kaplans in Feldkirchen b. M. Er verbrachte nur rund ein Monat dort und musste dann zur Gestapo nach Linz, da er angeblich in seiner Heimatgemeinde Schardenberg „Missstimmung gegen den Ortsgruppenleiter" hervorgerufen hätte. Anschließend Kaplan in Tragwein.[98]

Am Ende dieser Liste soll noch der bis heute nicht gänzlich geklärte Tod des Friedburger Pfarrers Josef Forthuber erwähnt werden. Am 22. Juni 1942 wurde er erhängt am Dachboden des Pfarrhofes Friedburg, Gemeinde Lengau, aufgefunden. Die Bevölkerung glaubte der offiziellen Version eines Selbstmordes nie, sondern schrieb den Tod des Pfarrers den örtlichen Nationalsozialisten zu. Etliche Indizien unterstützen die These der Ermordung des 1901 in Pischelsdorf geborenen Seelsorgers. Auch Bischof Fließer äußerte in einem Brief an den Nachfolger Forthubers starke Zweifel.[99]

Der Widerstand der Arbeiterbewegung

Das folgende Kapitel behandelt den Widerstand der Arbeiterbewegung, insbesondere der Kommunistischen Partei Österreichs (KPÖ), gegen den Nationalsozialismus. Vorwegnehmend möchte ich bemerken, dass die Revolutionären Sozialisten (RS), die Nachfolgeorganisation der Sozialdemokratischen Partei ab 1934, nur periphere Erwähnung finden, da ein organisierter Widerstand der RS im Bezirk Braunau laut den vorhandenen Quellen nicht existierte. Wo bei einzelnen Personen Unklarheiten bezüglich ihrer Parteizugehörigkeit bestehen, habe ich dies ausdrücklich erwähnt.

---

[95] Heimatbuch Burgkirchen (wie Anm. 8) 250 f.
[96] Ebd., 251
[97] Zinnhobler, Die katholische Kirche (wie Anm. 43) 22
[98] Erzählte Geschichte (wie Anm. 8) 205-207, 464
[99] Opfer dem Vergessen entreißen: Pfarrer Josef Forthuber. In: www.dioezese-linz.at/redaktion/index, abgerufen am 30.8.2004

Hierzu muss bemerkt werden, dass in der damaligen Zeit, in der speziellen Situation der Illegalität, zwischen den beiden Parteien der Arbeiterbewegung, der KPÖ und den RS, eine gewisse Grauzone bestand. Auch in den ersten Jahren nach dem Krieg war die Parteizugehörigkeit oftmals noch unklar und nicht wenige entschieden sich erst im Laufe der Zeit für eine der beiden Parteien, zumeist für die SPÖ.[100] Es findet sich für den Bezirk Braunau jedoch kein Urteil wegen Zugehörigkeit zu den RS bzw. Tätigkeit einzelner Personen für die RS. Auch finden sich keine Hinweise auf eine illegale Struktur der Revolutionären Sozialisten, wie sie beispielsweise in Salzburg existierte. Dies liegt zum einen darin begründet, dass die Führung der RS ihre Tätigkeit nach dem Einmarsch 1938 einstellte und ihre zentrale Organisation auflöste[101], zum anderen darin, dass aktivere, radikalere Sozialdemokraten im Bezirk Braunau nach dem Februar 1934 zumeist zur KPÖ übertraten. Viele von ihnen wechselten wie erwähnt im Laufe der Nachkriegszeit wieder zurück zur SPÖ. Doch in der Zeit des Ständestaates sowie des Nationalsozialismus avancierte die sowohl zuvor als auch danach kleine Kommunistische Partei zu einem „Kristallisationspunkt auch unzähliger, ehemaliger Sozialdemokraten".[102] Die illegale KP zeigte eine besondere „Risikofreude und Opferbereitschaft"[103] und dürfte vor allem dadurch große Anziehungskraft auf überzeugte NS-Gegner ausgeübt haben.

Die Kommunisten verfügten über ein „ganz deutliches Übergewicht" im Widerstand gegenüber den Sozialisten. Die Monatsberichte der Gestapo lassen zeitweise ein Verhältnis von 5:1 zwischen kommunistischem und sozialistischem Widerstand erkennen. Diese Zahlen müssen jedoch mit Vorsicht betrachtet werden, da die Bezeichnung „Kommunist" von Seiten der NS-Behörden in manchen Fällen großzügig verwendet wurde, um damit strenger gegen die Angeklagten vorgehen zu können.[104] Auch wurde, wie weiter unten ersichtlich, oftmals die Spende für Kollegen oder Fa-

---

[100] Gespräch des Verf. mit Edith Paischer, Braunau, 28.12.2004
[101] Walter Wisshaupt, Wir kommen wieder! Eine Geschichte der Revolutionären Sozialisten Österreichs 1934-1938 (Wien 1967) 223-226; AStL, Nachlass Kammerstätter, CD 276: Interview mit Heinrich Falterbauer, 12.3.1976. Laut Falterbauer gab es nach 1934 einzelne Revolutionäre Sozialisten im Bezirk Braunau. Über eine Struktur ist nichts bekannt, die KP arbeitete sehr eng mit ihnen zusammen.
[102] Wilhelm Weinert, Grundlagen und Praxis des Widerstandskampfes der österreichischen Arbeiterklasse gegen den Nationalsozialismus (1938-1945) (Diss. Univ. Wien 1976) 116
[103] Ernst Hanisch, Der lange Schatten des Staates. Österreichische Gesellschaftsgeschichte im 20. Jahrhundert (Österreichische Geschichte 1890-1990, Wien 1994) 391
[104] Helmut Konrad, Die Arbeiterbewegung. In: Widerstand und Verfolgung in Oberösterreich 1934-1945. Eine Dokumentation 1 (Wien – München – Linz 1982) 184

milien von Verfolgten pauschal als „Rote Hilfe" bezeichnet und der Spender somit als „Kommunist" behandelt. Andererseits wollten nicht wenige Angeklagte vor Gericht ihre bezahlten Beiträge für die KP als Hilfe für notleidende Bekannte und Kollegen tarnen.[105] Auch heißt es beispielsweise in einem Urteil gegen ein Mitglied der KP aus Hackenbuch (Gemeinde Moosdorf, Bezirk Braunau), dass die „bloße Zahlung für die Rote Hilfe letzten Endes die Unterstützung der Partei [bedeutet], da durch Förderung der Roten Hilfe als einer Nebenorganisation der KP die Gesinnungstreue der Parteianhänger gestärkt und der verbotenen Bewegung an sich neuer Auftrieb gegeben wird".[106]

Abschließend lässt sich jedoch feststellen, dass die KPÖ den „opfervollsten Widerstand" der verschiedenen illegalen Gruppierungen leistete. Mit rund 44 % des Widerstandes[107] wurde die KP zum „Hauptträger des politischen Widerstandes" gegen das NS-Regime. Mehr als 2000 Parteimitglieder verloren dabei ihr Leben.[108] Unter ihnen befanden sich auch zwölf Mitglieder des Zentralkomitees.[109]

Die illegale KPÖ im Bezirk Braunau/Inn

Wie bereits erwähnt hatten die meisten der vom NS-Regime verfolgten Kommunisten aus dem Bezirk Braunau im Gefolge des 12. Februar 1934 von der Sozialdemokratie zur KPÖ gefunden. Der Zustand der KPÖ im Bezirk Braunau vor 1933/34 lässt sich aufgrund der schlechten Quellenlage kaum mehr rekonstruieren. Die Partei sei jedoch, wie Kammerstätter anmerkt, im Bezirk bereits seit 1919 tätig gewesen und habe über Stützpunkte in Braunau, Mattighofen, Mauerkirchen, Schalchen und Schneegattern (Gemeinde Lengau) verfügt.[110] Mitglieder konnte die KPÖ in den Zwanzigerjahren beispielsweise im Sensenwerk Schalchen rekrutieren.[111] Der Bezirk Braunau war auch in der Zeit vor 1934 ein Gebiet mit heftigen

---

[105] Ein Beispiel von Mattighofener Kommunisten, welches auch hier weiter unten genauer behandelt wird, vgl. Slapnicka, Oberdonau (wie Anm. 12) 269
[106] DÖW, 9.839: Urteil des OLG Wien gegen Georg Müller und Johann Höltl
[107] Hanisch, Der lange Schatten (wie Anm. 103) 391
[108] Josef Ehmer, Die Kommunistische Partei Österreichs. In: Handbuch des politischen Systems Österreichs. Erste Republik 1918-1933. Hg. v. Emmerich Tálos u.a. (Wien 1995) 224
[109] Willi Weinert, 5. Abschnitt: 1938-1945. In: KPÖ. Beiträge zu ihrer Geschichte und Politik. Hg. v. Historische Kommission beim ZK der KPÖ (Wien 1989) 283
[110] AStL, Nachlass Kammerstätter, Sch. 14
[111] Ebd., CD 276: Interview mit Heinrich Falterbauer, 12.3.1976

politischen Zusammenstößen zwischen Kommunisten/Sozialdemokraten einerseits und der NSDAP andererseits. Der Aufbau und das weitere Schicksal der illegalen KPÖ im Bezirk Braunau nach 1938 waren aufs engste mit der KP-Landesorganisation Salzburg verbunden. Eine wichtige Rolle bei der Ausweitung der Organisation, vom Pinzgau bis hinauf entlang der Bahnlinie Salzburg – Steindorf – Mattighofen – Braunau ins Innviertel, spielte die kommunistische Zelle der Salzburger Eisenbahner.[112] Ab Sommer/Herbst 1939 entstanden engere Verflechtungen zwischen den einzelnen Gruppen, zu Beginn des Jahres 1940 wurden ständige Verbindungen nach Wien installiert und im Juli 1940 etablierte sich „das klassische hierarchische kommunistische Widerstandsmodell" mit dem Salzburger Landesleiter Franz Ofner an der Spitze.[113]

Nachdem die KP-Mitglieder im Bezirk Braunau in der ersten Zeit nach dem Einmarsch nur mehr über losen Kontakt zueinander verfügten, wurde ab 1939/40 von Salzburg aus über Mitglieder aus Mattighofen nun auch die Braunauer KP-Organisation wieder aktiviert.[114] Auch entlang der Lokalbahnstrecke Salzburg – Oberndorf – Bürmoos – Lamprechtshausen organisierten sich kommunistische Zellen. Die bereits erwähnte, auf der oberösterreichischen Seite der Grenze gelegene Ortschaft Hackenbuch wurde in diesen Organisationsaufbau miteingebunden.[115] Ab Jänner 1942 wurde die Salzburger KP-Organisation schließlich nach und nach aufgedeckt.[116] Der Gestapo gelang es, über die Halleiner Gruppe einen Spitzel einzuschleusen, der das Vertrauen einiger wichtiger Funktionäre erlangte.[117] Im Frühjahr 1942 erreichte die Verfolgung der Kommunisten von Salzburg ausgehend auch den Bezirk Braunau.

Laut Gerichtsprotokollen stellten die Gruppen in Mattighofen und Braunau im Februar/März 1942 ihre Tätigkeit ein, da sie von den Verhaftungen in Salzburg erfahren haben dürften. Den NS-Akten folgend gehörten der

---

[112] Hanns Haas, Kommunisten. In: Widerstand und Verfolgung in Salzburg 1934-1945. Eine Dokumentation 1. Hg. v. Dokumentationsarchiv des Österreichischen Widerstandes (Wien 1991) 327-336
[113] Ebd., 327
[114] Interview mit dem 1942 verhafteten Josef Angsüsser. In: Faschismus und Neofaschismus im Innviertel. Beiträge zum Bedenkjahr. Hg. v. Innviertler Autorenkollektiv (Mattighofen 1988) 3
[115] Haas, Kommunisten (wie Anm. 112) 106
[116] „Schlussbericht der Gestapo Salzburg betreffend Aufbau und Organisation der KP Salzburg", 20.4.1942. In: Widerstand und Verfolgung in Salzburg 1 (wie Anm. 112) 337 f.
[117] Gespräch des Verf. mit Maria Schubert, Salzburg, 15.4.2003; vgl. auch Ernestine Suwandschieff, Der Beitrag der Salzburger Eisenbahner zur Arbeiterbewegung in Salzburg am Fallbeispiel von Ferdinand Putz, einem Funktionär der Eisenbahnergewerkschaft und Bediensteten der Zugförderung Salzburg (Diss. Univ. Salzburg 1987) 98

Ortsgruppe Mattighofen im Jahr 1940 sieben Mitglieder an, der Ortsgruppe Braunau acht. Wie aus anderen Quellen hervorgeht, dürften jedoch noch weitere Personen den KP-Gruppen angehört haben. Zusammen bildeten die beiden Gruppen das der Landesleitung Salzburg unterstellte Untergebiet Mattighofen mit dem Maurer Josef Helmetsberger an der Spitze. Am 15. Dezember 1942 wurde vom OLG Wien nach der Hauptverhandlung in Salzburg das erste Urteil gegen drei Kommunisten aus Braunau ausgesprochen. Der Reichsbahnangestellte Adolf Wenger wurde wegen der „Vorbereitung zum Hochverrat" zu zwölf Jahren Zuchthaus und zehn Jahren Ehrverlust, der Reichsbahnangestellte Josef Seeburger zu acht Jahren Zuchthaus und ebenso langem Ehrverlust, und der Zimmermann Josef Angsüsser zu jeweils sieben Jahren Zuchthaus bzw. Ehrverlust verurteilt. Sie wurden beschuldigt, an den Braunauer Gruppenleiter Franz Amberger monatlich eine Reichsmark als Mitgliedsbeitrag für die KP geleistet zu haben. Wenger und Seeburger behaupteten diesbezüglich, dass „von einem Beitritt zur KPÖ nie die Rede gewesen sei", sondern dass es sich um eine „Unterstützungsaktion innerhalb der Eisenbahner" gehandelt habe. Der Angeklagte Angsüsser gab hingegen zu, für die Partei Beiträge gezahlt zu haben.[118] Er gehörte bereits seit 1932 der Braunauer KP an.[119] Seeburger erwähnt auch in seinem Antrag auf Opferfürsorge von 1947, dass ihm „Beiträge für Berufskameraden, welche sich infolge Verfolgung durch den Nationalsozialismus in Not befanden" als Betätigung für die KP ausgelegt worden seien.[120] In einem Interview von 1976 gibt Angsüsser ebenfalls an, dass Spenden für Angehörige als Parteibeiträge „angerechnet" wurden. Er habe jedoch auch Parteibeiträge an Amberger gezahlt, der sie bei Angsüsser zuhause regelmäßig kassiert habe.[121] Angsüsser berichtet in diesem Interview u.a. von Flugblättern, die seine Gruppe aus Salzburg erhalten habe.[122]

Wenger wurde außerdem beschuldigt, von den Eisenbahnern Engelbert Stimpfl und Karl Gurtner Parteibeiträge kassiert zu haben. Diese konnten jedoch am 22. Juni 1943 vor dem OLG Wien glaubhaft machen, dass es sich nur um Spenden für verunglückte Kollegen gehandelt hatte.[123] Laut einem Interview mit Josef Angsüsser 1976 haben Wenger und Seeburger

---

[118] DÖW, 8.690
[119] AStL, Nachlass Kammerstätter, CD 278.1: Interview Josef Angsüsser, 22.1.1976
[120] OÖLA, Amt der Landesregierung seit 1945 / Opferfürsorge, Sch. 216: FOF-711/1964
[121] AStL, Nachlass Kammerstätter, CD 278.1: Interview Josef Angsüsser, 22.1.1976
[122] Ebd.
[123] DÖW, 9.845; Widerstand und Verfolgung in Oberösterreich 1 (wie Anm. 104) 551

den Revolutionären Sozialisten angehört.[124] Adolf Wenger überlebte die Haft nicht. Er starb am 7. April 1944 im KZ Mauthausen. Noch im Jahr 1945 benannte die Stadtgemeinde Braunau im Stadtteil Laab eine Straße nach ihm.[125] Angsüsser, der an seinem Arbeitsplatz in den Aluminiumwerken Ranshofen verhaftet worden war, kam nach kurzer Haft zum Strafbataillon 999.[126]

Am 28. Dezember 1942 wurden die Brüder Franz und Jakob Amberger vom Volksgerichtshof Berlin verurteilt. Der Lokomotivheizer Franz Amberger wurde wegen „Vorbereitung des kommunistischen Hochverrats [...] in einer Funktionärsstellung" zum Tod verurteilt, der Reichsbahnangestellte Jakob Amberger erhielt zwölf Jahre Zuchthaus und zehn Jahre Ehrverlust.[127] Letztgenannter verbüßte seine Haft unter anderem im KZ Mauthausen und den Außenlagern Schlier (Redl-Zipf), Solvay (Ebensee) und am Loiblpass.[128] Das Todesurteil gegen Franz Amberger wurde am 12. Februar 1943 in München-Stadelheim vollstreckt.[129] Die Stadtgemeinde Braunau benannte nach Kriegsende auch nach Amberger eine Straße. Sein Bruder Jakob überlebte die KZ-Haft und wirkte nach 1945 für die KPÖ im Gemeindeausschuss.[130] Laut einer Mitteilung des Gendarmeriepostens Braunau aus dem Jahr 1947 hatte sich auch Ambergers Sohn Franz jun. für die KPÖ betätigt, war aber nicht verhaftet worden.[131] Auch Ambergers zweiter Sohn Johann soll sich illegal für die KP betätigt haben.[132]

Am 29. Dezember 1942 erfolgten die Urteile des VGH Berlin gegen den Maurer Josef Helmetsberger, den Reichsbahnangestellten Johann Meister, den Heizer Franz Dobler und den Schuhmacher Richard Muhr, alle vier aus Mattighofen. Die drei letzteren hatten vor 1933/34 der SP und der Gewerkschaft angehört. Der VGH verhängte gegen Helmetsberger und Muhr die Todesstrafe, gegen Meister und Dobler aufgrund eines „ärztlichen Gutachtens" eine Zuchthausstrafe von zwölf Jahren. Muhr wurde am 5. Mai 1943 begnadigt und die Todesstrafe in zwölf Jahre Zuchthaus

---

[124] AStL, Nachlass Kammerstätter, Sch. 14: „Unser Standpunkt. KPÖ. Mitteilungsblatt für das Innviertel", 1978
[125] Protokoll der Gemeinderatssitzung der Stadtgemeinde Braunau vom 4.10.1945, vgl. Erna Putz, (Manuskript, Exemplar beim Verf.); Widerstand und Verfolgung in Oberösterreich 1 (wie Anm. 104) 318 f.
[126] Interview Angsüsser (wie Anm. 114)
[127] DÖW, 19.793
[128] Archiv der Gedenkstätte Mauthausen (Wien): Datenbank männlicher Häftlinge im KZ Mauthausen
[129] DÖW, 19.793
[130] AStL, Nachlass Kammerstätter, CD 278.1: Interview Josef Angsüsser, 22.1.1976
[131] OÖLA, Amt der Landesregierung seit 1945 / Opferfürsorge, Sch. 71: FOF-743/1963
[132] Ebd., Sch. 21: FOF-246/1953

umgewandelt. Die Hinrichtung von Josef Helmetsberger wurde am 23. März 1943 in München-Stadelheim vollzogen. Franz Dobler starb am 3. Februar 1944 im Zuchthaus Straubing.[133]
Am 24. März 1943 verurteilte das OLG Wien nach der in Wels durchgeführten Verhandlung den Reichsbahnarbeiter Andreas Permanschlager, wohnhaft in Braunau, und den Hilfsarbeiter Johann Mühlbacher, wohnhaft in Simbach/Bayern, zu acht bzw. sieben Jahren Haft.[134]
Der letzte größere Prozess gegen Kommunisten aus dem Bezirk Braunau fand am 22. Juni 1943 mit den Urteilen des OLG Wien gegen den Hilfsarbeiter Friedrich Zimmerbauer, den Fabriksarbeiter Georg Kaser und den Heizer Engelbert Goldfuss seinen Abschluss. Zimmerbauer, der bis 1934 der Gewerkschaft und von 1936 bis 1938 bereits der KPÖ angehört hatte, wurde zu sieben Jahren Zuchthaus verurteilt, der einstige Sozialdemokrat Kaser, der auch Mitglied der Vaterländischen Front gewesen war, erhielt wie der ehemalige Kassier der SP Mattighofen Goldfuss, der ab 1934 mit der KP sympathisiert, gleichzeitig aber auch der Vaterländischen Front angehört hatte, fünf Jahre Zuchthaus.[135]
Mit der Verurteilung des Maschinen-Obermaats Wilhelm Bestereimer durch das Reichskriegsgericht zu drei Jahren Zuchthaus und zum Verlust der Wehrwürdigkeit endete am 21. September 1943 die große Verfolgungswelle gegen die Braunauer Kommunisten.[136]
Im Zuge der Aufdeckung der Salzburger KP wurden auch die aus Mattighofen stammenden Kommunisten Heinrich Falterbauer und Franz Priewasser sowie die gebürtigen Braunauer Karl Schallmoser und Franz Wimmer verhaftet.[137] Am 9. Dezember 1942 verurteilte das OLG Wien Falterbauer wegen Vorbereitung zum Hochverrat zu drei Jahren Zuchthaus.[138] Der bereits am 13. März 1938 für einige Tage festgenommene Falterbauer befand sich bis Ende April 1945 in Haft.[139] Franz Priewasser wurde am 30. Oktober 1942 vom VGH Berlin wegen Vorbereitung zum Hochverrat zum Tode verurteilt. Bis 30. August 1943 befand er sich als „Todeskandidat" in München-Stadelheim und wurde schließlich zu zehn Jahren Zuchthaus begnadigt.[140] Der Maurer Karl Schallmoser, Mitglied der Salzburger Landes-

---

[133] DÖW, 19.793/5
[134] Ebd., 9.838
[135] Ebd., 13.452
[136] Ebd., 3.406
[137] AStL, Nachlass Kammerstätter, CD 276: Interview mit Heinrich Falterbauer, 12.3.1976
[138] DÖW, 8.676
[139] Widerstand und Verfolgung in Salzburg 1 (wie Anm. 112) 615
[140] DÖW, 18.514; Widerstand und Verfolgung in Salzburg 1 (wie Anm. 112) 364 f.

leitung, war u.a. zusammen mit Karl Votocek für die Kontakte im Bezirk Braunau zuständig.[141] Schallmoser wurde am 6. April 1943 zum Tod verurteilt und am 22. Juli 1943 in München-Stadelheim hingerichtet.[142] Das OLG Wien verurteilte am 6. Juli 1943 den Schneidergehilfen und Gefreiten Franz Wimmer zu fünf Jahren Zuchthaus.[143]

Laut einem Interview mit Heinrich Falterbauer sei die KP-Organisation in Mattighofen über den Kreis der Verhafteten hinausgegangen.[144] Dies dürfte durchaus der Realität entsprechen, denn auch in Salzburg hatte die Gestapo nicht die gesamte Organisation aufdecken können.[145]

Im Zuge der Verfolgung der Salzburger Kommunisten wurden auch der aus St. Laurenz/Altheim stammende und dorthin zuständige Johann Illner, sowie der aus Neukirchen an der Enknach kommende Franz Pöttinger zum Tode verurteilt und am 19. April 1943 in München-Stadelheim hingerichtet. Beide hatten sich in der Salzburger KP betätigt.[146]

Im Juni/Juli 1942 erreichte die von Salzburg ausgehende Verhaftungswelle auch die KP-Organisation im kleinen, grenznahen Dorf Hackenbuch. Am 25. Juni 1942 wurde eine der führenden Persönlichkeiten der KP in Hackenbuch, Johann Lenz, verhaftet. Zusammen mit den jenseits der Grenze im Salzburger Land lebenden Genossen Alois Auer, Alois Müller und Ludwig Junger kam er in das KZ Dachau.[147] Laut seiner Sterbeurkunde wurde Lenz am 1. Februar 1943 in Berlin/Alt Moabit 12 a (Untersuchungshaftanstalt) tot aufgefunden.[148] Lenz starb also noch vor der Gerichtsverhandlung, zu der er aus dem KZ Dachau nach Berlin gebracht worden war. Es existiert jedoch kein Hinweis auf einen Selbstmord. Das Gericht verurteilte seine drei Arbeitskollegen zum Tode. Auer wurde hingerichtet, Junger und Müller hingegen wurden begnadigt.[149]

Josef Weber wurde am 12. Juli 1942 bei seiner Marineeinheit in Wilhelmshaven festgenommen und zum Tod verurteilt. Das Urteil wurde jedoch aufgehoben, und das Reichskriegsgericht Berlin-Charlottenburg wandelte

---

[141] DÖW, 897/1-3; Widerstand und Verfolgung in Salzburg 1 (wie Anm. 112) 343 f.
[142] DÖW, 18.596; Widerstand und Verfolgung in Salzburg 1 (wie Anm. 112) 613
[143] DÖW, 9.711; Widerstand und Verfolgung in Salzburg 1 (wie Anm. 112) 361
[144] AStL, Nachlass Kammerstätter, CD 276: Interview mit Heinrich Falterbauer, 12.3.1976
[145] Gespräch des Verf. mit Maria Schubert, Salzburg, 15.4.2003
[146] DÖW, 18.232
[147] Ebd., 17.880
[148] In der Datenbank des Archivs der Gedenkstätte Dachau wird im Gegensatz zur Opferfürsorgeakte Lenz das KZ Dachau als Todesort angegeben. Das Todesdatum ist dasselbe. Ein Neffe von Johann Lenz bestätigte jedoch in einem Gespräch mit dem Verfasser am 11.6.2003, dass Lenz in Berlin starb. Die Todesursache ist auch ihm unbekannt.
[149] OÖLA, Amt der Landesregierung seit 1945 / Opferfürsorge, Sch. 124: FOF-39/1972

die Strafe in acht Jahre Zuchthaus um. Bis August 1944 saß Josef Weber im KZ Börgermoor und wurde anschließend einer Strafkompanie zugeteilt. Er fiel schließlich am 13. Februar 1945 in Westpreußen. Seine Frau Anna Weber musste 1942 zwei Monate in Haft verbringen.[150]
Am 9. Juli 1943 verurteilte das OLG Wien den Schmied Georg Müller zu fünf Jahren Zuchthaus und ebenso langem Ehrverlust.[151] Müller saß von Juli 1942 bis Jänner 1943 im KZ Dachau und war anschließend bis zur Befreiung 1945 in Berlin und Salzburg inhaftiert.[152]
Johann Grobauer, seit 1931 Mitglied der KPÖ, war von 11. Juli 1942 bis November 1943 in Salzburg und Berlin-Tegel inhaftiert. Anschließend musste Grobauer bis Kriegsende zur „Frontbewährung". Das Verfahren gegen ihn wurde vom LG Salzburg eingestellt.[153] Grobauer fungierte als Verbindungsmann und Funktionär im Gebiet Lamprechtshausen, Bürmoos und Hackenbuch.[154]
Nach den Verhaftungswellen im Gefolge der Aufdeckung der Salzburger KP-Organisation dürfte es laut den Akten keine größeren Verfolgungsmaßnahmen gegen Kommunisten im Bezirk Braunau mehr gegeben haben bzw. waren kommunistische Aktivitäten organisierter Art nicht mehr vorhanden.

Einzelpersonen mit kommunistischem / sozialistischem Hintergrund

Der 1895 in Handenberg im Bezirk Braunau geborene Johann Brandthaler kämpfte als Mitglied der Internationalen Brigaden im Spanischen Bürgerkrieg gegen das Franco-Regime und dessen Verbündete. Am 9. Dezember 1940 kam Brandthaler in das KZ Dachau, am 2. November 1941 wurde er in das KZ Neuengamme bei Hamburg überstellt[155], wo er am 27. Jänner 1943 verstarb.[156]
Auch der Bruder des oben erwähnten Johann Grobauer, Franz Grobauer, der für kurze Zeit in Hackenbuch ansässig war, kämpfte bei den Internatio-

---

[150] DÖW, 18.788
[151] Ebd., 9.839
[152] Ebd., 18.436
[153] Ebd., 18.108
[154] Ebd., 484
[155] Gesammelte Akten zu Brandthaler vgl. DÖW, Sammlung Hans Landauer
[156] Mitteilung der KZ-Gedenkstätte Neuengamme an den Verf., 27.2.2002

nalen Brigaden. Grobauer wurde am 13. Mai 1941 nach Dachau transportiert. Hier erlebte er am 26. April 1945 die Befreiung durch die US-Armee.[157]

Der 1908 in Hallein geborene und in Mattighofen wohnhafte Friseur Franz Nowak befand sich ebenfalls auf Seiten der Republikaner im Spanischen Bürgerkrieg.[158] Novak wurde 1941 im Polizeigefängnis Salzburg inhaftiert, 1942 jedoch zum Baustab Speer einberufen und im Herbst desselben Jahres zur Wehrmacht überstellt. Am 26. Februar 1943 fiel Nowak bei Orel (Sowjetunion).[159]

Der im Jahr 1900 in Steyr geborene und in Altheim wohnhafte Otto Prentner war bereits Mitte der Dreißigerjahre sowie 1939 mehrmals wegen seiner Betätigung für die KPÖ inhaftiert worden. Am 15. Jänner 1942 wurde Prentner zur Wehrmacht einberufen. Er gilt seit seinem Wehrmachtseinsatz in Rumänien 1944 als vermisst.[160]

Roman Zankl aus Burgkirchen, der 1934 an den Kämpfen in Wien auf Seiten des Schutzbundes beteiligt gewesen war, befand sich bis 1937 im Exil in der Sowjetunion. Ab 1938 wurde er regelmäßig von der Gestapo vorgeladen und auch zeitweise inhaftiert. Am Ende des Krieges desertierte Zankl von der Wehrmacht.[161]

Johann Summerdinger wurde am 28. April 1945 Opfer der so genannten „Penzberger Mordnacht". Der 1899 in Rottenbach bei Grieskirchen geborene Bergmann arbeitete ab 1938 im Bergwerk Penzberg in Oberbayern. Der Kommunist Summerdinger sowie 15 weitere Personen wurden am 28. April 1945 von der SS und der nationalsozialistischen Untergrundorganisation „Werwolf" ermordet, da sie die nationalsozialistische Stadtverwaltung absetzten und den Ort an die US-Truppen übergeben wollten.[162]

---

[157] Gesammelte Akten zu Franz Grobauer vgl. DÖW, Sammlung Hans Landauer
[158] OÖLA, Amt der Landesregierung seit 1945 / Opferfürsorge, Sch. 2: F-1166/1947
[159] Ebd., Sch. 28: FOF-403/1954; vgl. auch Hans Landauer, Lexikon der österreichischen Spanienkämpfer 1936-1939 (Wien 2003) 173
[160] OÖLA, Amt der Landesregierung seit 1945 / Opferfürsorge, Sch. 31: FOF-450/1955
[161] Ebd., Sch. 189: OF(SH)-229/1982
[162] Ebd., Sch. 61: FOF-958/1962; zur Penzberger Mordnacht vgl. auch Klaus Tenfelde, Proletarische Provinz. Radikalisierung und Widerstand in Penzberg/Oberbayern 1900 bis 1945. In: Bayern in der NS-Zeit V. Die Parteien KPD, SPD, BVP in Verfolgung und Widerstand. Hg. v. Martin Broszat – Hartmut Mehringer (München 1983); weiters vgl. www.mordnacht.de

Widerstand und Verfolgung von Einzelnen

In diesem Kapitel möchte ich die Fälle aus dem Bezirk Braunau vor dem Sondergericht Linz darstellen. Das NS-Regime richtete diese Sondergerichte vor allem zur Eindämmung der „weiterverbreiteten nicht NS-konformen Willensäußerungen und Handlungen" ein. Nach Botz stellten die Sondergerichte ein „Instrument der Niederhaltung systemkritischer Volksmeinung und ‚unpolitischen' abweichenden Verhaltens" dar.[163] Die Fälle vor dem Sondergericht hatten in der Regel „nicht mit solchen eindeutig oppositionellen Aktivitäten" wie z. B. organisierten und konspirativen Widerstandsaktivitäten gegen das Regime zu tun.[164]
Eine politische Bindung der in Oberdonau vom Heimtückegesetz betroffenen Opfer ist bei rund 22 % der Fälle feststellbar. Davon hält das katholisch-konservative Lager 56 %, der Rest verteilt sich gleichermaßen auf Kommunisten/Sozialisten sowie enttäuschte NS-Anhänger und Opportunisten.[165] Dies entspricht im Allgemeinen der christlich-konservativen Prägung Oberösterreichs. Im Vergleich dazu weist beispielsweise das industrialisierte Gebiet in und um München zumindest in den ersten Jahren des Bestehens des dortigen Sondergerichts ein deutliches Übergewicht von Angehörigen und Sympathisanten der Linksparteien an den Verfahren vor dem Sondergericht auf.[166]
Fast die Hälfte der oberösterreichischen Heimtücke-Delikte wurde von Arbeitern (44,6 %) begangen, ähnlich stellt sich die Lage bei Wehrkraftzersetzungs-Delikten (46,3 %) dar. Dieser Anteil entspricht auch ungefähr dem Anteil der Arbeiter an der damaligen oberösterreichischen Erwerbsbevölkerung (48,2 %). Selbständige im nichtlandwirtschaftlichen Bereich waren mit 13,4 % leicht überrepräsentiert, umgekehrt verhielt es sich bei den Bauern, wobei mithelfende Familienangehörige nicht berücksichtigt wurden.[167] Botz bemerkt jedoch, dass das Auswahlverfahren der herangezogenen Dokumente „unterschiedlich vollständig und weitgehend unkon-

---

[163] Gerhard Botz, Widerstand von Einzelnen. In: Widerstand und Verfolgung in Oberösterreich 1 (wie Anm. 104) 351-363
[164] Peter Hüttenberger, Heimtückefälle vor dem Sondergericht München 1933-1939. In: Bayern in der NS-Zeit IV (wie Anm. 48) 435 f.
[165] Botz, Widerstand (wie Anm. 163) 360
[166] Hüttenberger (wie Anm. 164) 446 f.
[167] Botz, Widerstand (wie Anm. 163) 360

trolliert abgelaufen sein dürfte". Dadurch ergebe sich bei den angegebenen Zahlen ein Schwankungsbereich.[168]

Insgesamt spiegelt der „individuelle Widerstand" trotz einiger leichter Abweichungen „die Struktur der männlichen Bevölkerung Oberösterreichs" wider. Frauen waren beim individuellen Widerstand stark unterrepräsentiert, da sie der damaligen Rollenverteilung entsprechend zumeist im „abgeschirmten" häuslichen Bereich tätig und somit der Überwachung nicht im selben Ausmaß ausgesetzt waren wie Männer. Dasselbe gilt wahrscheinlich auch für die bäuerliche Betriebsform im Allgemeinen. „Nonkonformes Verhalten" wurde erst zum „verfolgbaren Straftatbestand", wenn es in der Öffentlichkeit, beispielsweise am Arbeitsplatz oder im Gasthaus, gezeigt wurde.[169]

Da eine Einzeldarstellung der verschiedenen Fälle zum Bezirk Braunau den Rahmen dieser Arbeit bei weitem übersteigen würde, habe ich im Folgenden die entsprechenden Sondergerichtsverfahren in zusammengefasster Form aufbereitet und möchte daher auch einige statistische Aussagen treffen.

Die Akten des Sondergerichtes Linz im Oberösterreichischen Landesarchiv weisen 69 Verfahren gegen 85 Personen betreffend den Bezirk Braunau auf. Dieser Unterschied ergibt sich daraus, dass in einigen Verfahren mehrere Personen gemeinsam vor Gericht standen. Von diesen 85 stand eine Person in vier verschiedenen Verfahren vor dem Sondergericht, eine weitere in zwei Prozessen.

---

[168] Ebd., 358
[169] Ebd., 360 f.

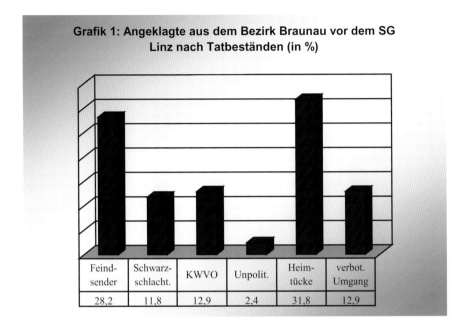

Grafik 1: Angeklagte aus dem Bezirk Braunau vor dem SG Linz nach Tatbeständen (in %)

24 Personen (28,2 %) wurden wegen des Abhörens von „Feindsendern", zehn wegen Schwarzschlachtens (11,8 %), elf aufgrund diverser anderer Verstöße gegen die „Kriegswirtschaftsverordnung" (KWVO) (12,9 %) und zwei aufgrund sonstiger krimineller Delikte ohne politischen Hintergrund angeklagt (2,4 %). 27 Personen wurden aufgrund von Verstößen gegen das Heimtückegesetz vor Gericht gestellt (31,8 %) und elf wegen „verbotenem Umgang mit Kriegsgefangenen" (12,9 %). Von den 27 Personen, die aufgrund des Heimtückegesetzes vor dem Sondergericht standen, betraf nur ein Fall die missbräuchliche Verwendung einer Parteiuniform bzw. eines Abzeichens. In diesem Verfahren kam auch der Vorwurf des Betrugs hinzu. In zwei Fällen wurde das Verfahren wegen des Abhörens von Feindsendern zusätzlich auch wegen „verbotenem Umgang" mit Kriegsgefangenen und in einem Fall des Abhörens von Auslandssendern auch wegen des Verstoßes gegen das Heimtückegesetz geführt. Diese Doppelvorwürfe müssten noch zu den obigen Prozentangaben addiert werden.

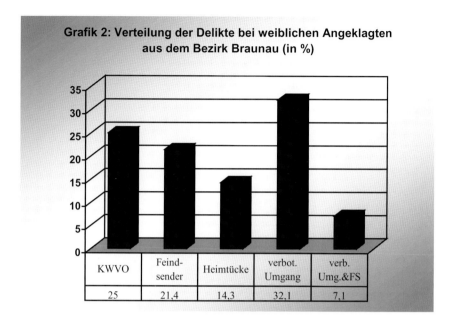

28 Angeklagte (32,9 %) waren Frauen, von denen eine in zwei Verfahren vor Gericht stand. Sieben Frauen standen wegen Verstößen gegen die Kriegswirtschaftsverordnung vor Gericht (25 %), acht wegen des Abhörens von „Feindsendern" (21,4 %) und vier nach dem Heimtückegesetz (14,3 %). Hinzu kamen elf Frauen, die wegen „verbotenen Umgangs mit Kriegsgefangenen" (32,1 %) vor das Sondergericht kamen, ein Delikt, auf das ich weiter unten noch genauer eingehen möchte. Aus dem Bezirk Braunau stand keine einzige männliche Person wegen dieser Verordnung vor dem Sondergericht. Zwei der Frauen wurden in ihren Verfahren wegen zweier Delikte (Feindsender und „verbotener Umgang") gleichzeitig angeklagt (7,1 %). Die Grafik zeigt, dass bei den weiblichen Angeklagten der „verbotene Umgang" sowie Verstöße gegen die Kriegswirtschaftsverordnung die beiden häufigsten Anklagepunkte waren. Dies entspricht zweifellos der damaligen Rollenverteilung, die der Frau hauptsächlich ihren Platz „an Heim und Herd" einräumte. Besonders deutlich wird dies beim niedrigen Anteil der Verfahren nach dem Heimtücke-Gesetz, denn Verstöße gegen dieses Gesetz wurden vor allem in der Öffentlichkeit begangen, zumeist in Gasthäusern und ähnlichen männerdominierten Räumen.

Gegen sechs Personen aus dem Bezirk Braunau wurde kein Urteil gefällt. Bei zwei dieser sechs Angeklagten wurde das Verfahren eingestellt, drei Personen starben vor der Hauptverhandlung und bei einer weiteren ist kein Urteil mehr auffindbar. 14 Angeklagtewurden vom Sondergericht freigesprochen. Die höchste Strafe betrug fünf Jahre schweren Kerkers, sie wurde jedoch aufgrund einer Beschwerde des Oberreichsanwalts vom Reichsgericht in Berlin aufgehoben, das Sondergericht Linz sprach anschließend die Todesstrafe aus. Der Angeklagte war ein Pole, der des Diebstahls beschuldigt wurde.[170] Die geringste Haftstrafe betrug ein Monat Gefängnis (Umgang mit Kriegsgefangenen), weiters sprach das Sondergericht in zwei Fällen Geldstrafen aus. An dieser Stelle muss jedoch darauf hingewiesen werden, dass für alle Angeklagte, auch nach Freispruch oder Entlassung, die Gestapohaft drohte, die in etlichen Fällen auch verhängt wurde. Die Inhaftierung durch die Gestapo konnte sowohl im Polizeigefängnis Linz als auch in einem der Konzentrationslager erfolgen. Aufgrund der schlechten Quellenlage zur Gestapo Linz kann das genaue Ausmaß der Gestapohaften nur mehr schwer rekonstruiert werden.

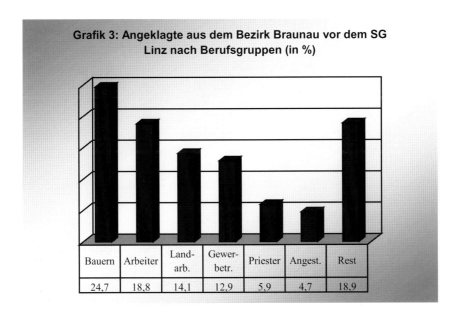

Grafik 3: Angeklagte aus dem Bezirk Braunau vor dem SG Linz nach Berufsgruppen (in %)

Bauern	Arbeiter	Land-arb.	Gewer-betr.	Priester	Angest.	Rest
24,7	18,8	14,1	12,9	5,9	4,7	18,9

---

[170] OÖLA, Sondergerichte 1913-1980, Sch. 715: KLs-07/42

Nach Berufsgruppen aufgeschlüsselt stellten die Bäuerinnen und Bauern mit 21 Anklagen (24,7 %) den größten Anteil, gefolgt von Arbeitern mit 16 Fällen (18,8 %) und Landarbeitern bzw. Mägden mit zwölf Anklagen (14,1 %). Die elf Gewerbetreibenden (12,9 %), die sich vor einem Sondergericht verantworten mussten, waren alle nach der „Kriegswirtschaftsverordnung" angeklagt. Mit fünf Fällen verfügten weiters die Priester über einen hohen Anteil (5,9 %). Ansonsten finden sich noch vier Angestellte (4,7 %), der Rest verteilt sich auf diverse andere Berufsgruppen. Unter letztere Gruppe fallen vor allem Personen ohne Angabe von Berufen. Vergleicht man diese Ergebnisse mit der sozialen Struktur im Bezirk Braunau, so fällt auf, dass Bauern bei den Anklagen vor dem Sondergericht über-, und Arbeiter unterrepräsentiert waren.

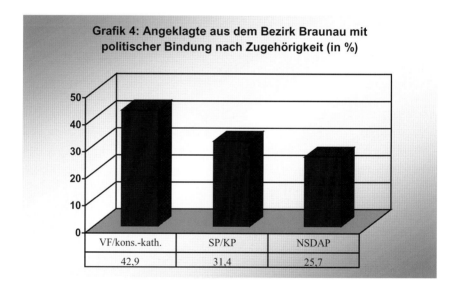

Bei 41,2 % der Angeklagten wurde eine politische Bindung angegeben. Davon waren fünfzehn Personen vor 1938 Mitglied der Vaterländischen Front bzw. konservativ-katholisch eingestellt (42,9 % der politisch gebundenen). Ihnen folgten Sozialdemokraten und Kommunisten mit elf Verfahren (31,4 %). Die neun Nationalsozialisten, die vor das Sondergericht gestellt wurden, hatten sich ausschließlich nach der KWVO zu verantworten (25,7 %). Bei den restlichen Fällen vor dem Sondergericht wurde keine politische Bindung der Betroffenen angegeben. Bei Verfahren nach dem Heimtückegesetz stellten Personen ohne politische Zuordnung mit elf Fällen die größte Gruppe, acht Angeklagte waren katholisch-konservativ und sieben sozialdemokratisch oder kommunistisch eingestellt. Weiters finden sich bei den Heimtückefällen zwei ehemalige Nationalsozialisten, wobei einer wegen der missbräuchlichen Verwendung der Parteiuniform bzw. des Parteiabzeichens sowie wegen Betrugs verurteilt wurde.

Von den 27 Heimtückeverfahren aus dem Bezirk Braunau weisen zwölf ein Gasthaus als Tatort auf, was auf die Bedeutung der Gasthäuser als öffentliche Kommunikationsräume zu dieser Zeit hinweist. Auch tätigten die meisten Betroffenen laut den Akten ihre „staatsfeindlichen" oder kriegsgegnerischen Aussagen in betrunkenem Zustand. Bezeichnenderweise für das damalige Geschlechterverhältnis in ländlichen Gebieten, das Frauen abgesehen von besonderen Anlässen weitgehend vom Wirtshausbesuch ausschloss, waren alle Täter in diesen Fällen männlich.

Als Denunzianten wirkten zumeist Parteimitglieder oder -funktionäre wie Ortsgruppenleiter, Blockleiter oder Bürgermeister. Mit 20 Eintragungen umfassen sie den mit Abstand größten Anteil. Viermal wurden Angeklagte von Nachbarn denunziert, wobei es sich in zwei Fällen um Vermieter handelte. Ebenfalls viermal kamen Personen aufgrund von Anzeigen von Tischnachbarn im Gasthaus vor Gericht, und zweimal durch Arbeitskollegen. In den Akten findet sich sogar der Fall, dass ein Mann von seiner eigenen Schwester angezeigt wurde. In den meisten Fällen ist der Denunziant nicht genau bekannt, da die Behörden oftmals aufgrund von Gerüchten tätig wurden oder über Dritte von Verstößen erfuhren. Aus einem Prozess, der gegen vier Personen aus Auerbach und je eine aus Feldkirchen b. M. und Pischelsdorf geführt wurde, ist jedoch auch bekannt, dass NS-Funktionäre bei Privathäusern spionierten und unter Fenstern lauschten. Betrachtet man die geographische Verteilung der Sondergerichtsverfahren im Bezirk Braunau, so fällt auf, dass die zentralen Orte mit größerer Einwohnerschaft überraschenderweise unterrepräsentiert sind. In manchen Orten, die jedoch von ihrer Bevölkerungszahl her keineswegs von größerer Bedeutung sind, konzentriert sich eine Mehrzahl der Fälle. Stammten beispielsweise nur neun der Angeklagten aus der Bezirksstadt Braunau, so finden sich im weitaus kleineren Ostermiething ebenso viele. Auch die kleine Gemeinde Feldkirchen b. M. weist sieben Verfahren vor dem Sondergericht Linz auf. Ebenfalls sieben Sondergerichtsprozesse betrafen Einwohner des Dorfes Auerbach in der Nähe von Mattighofen. In Mattighofen, das zu dieser Zeit noch keine Stadt, sondern eine Marktgemeinde war, mussten sich hingegen nur drei Personen vor diesem Gericht verantworten. Weiters finden sich in der kleinen Gemeinde Weng fünf Verfahren, in St. Georgen am Fillmansbach vier, in St. Pantaleon und Neukirchen an der Enknach drei und in der damaligen Marktgemeinde Altheim vier. In zahlreichen, zumeist bäuerlichen Kleingemeinden wie beispielsweise Franking, Haigermoos, Jeging, Mining, Moosbach, Pfaffstätt, St. Veit oder St. Radegund kam es zu keinem einzigen Verfahren vor dem Sondergericht. Dies dürfte vor allem darauf zurückzuführen sein, dass dort die Nationalsozialisten meistens über sehr geringen Anhang verfügten und das kleine, abgeschlossene bäuerliche Milieu mit seinem sozialen Druck oftmals auch Denunziationen verhinderte. Putz hat in ihrem Buch über Jägerstätter am Beispiel St. Radegunds ein derartiges „sicheres" Milieu beschrieben.[171] Auch Botz bemerkt, dass man in „geschlossenen Dorfgemeinschaften oder Gemeindebaumilieus" vor der NS-Willkür besser geschützt war.[172] Die in manchen Orten gehäuften Fälle von Denunziationen kann man hingegen wie am Beispiel Feldkirchen b. M. auf höchst aktive NS-Ortsgruppen bzw. –Funktionäre zurückführen, die sich, wie auch aus den Akten hervorgeht, zumeist für ihre Verfolgung in der Zeit des Ständestaates rächen wollten. Viele der von der Denunziation Betroffenen hatten zwischen 1933 und 1938 in Funktionärspositionen der Vaterländischen Front oder des Staatsapparates illegale Nationalsozialisten bekämpft und mussten nun dafür büßen.

Auffällig an der geographischen Verteilung ist auch, dass in den größeren ehemaligen Hochburgen der Deutschnationalen und später der Nationalsozialisten wie Mauerkirchen oder Uttendorf mit insgesamt drei Verfahren eher wenige Personen vor das Sondergericht geschleppt wurden. Dies könnte natürlich zum einen im hohen Druck auf gegnerische Gruppen begründet sein, der oppositionelle Äußerungen oder Handlungen aufgrund der rein zahlenmäßigen Schwäche der NS-Gegner in diesen Orten von vorneherein unterband. Zum anderen hing wie erwähnt die Schärfe der Verfolgung oftmals auch nur vom individuellen Fanatismus bzw. der „Strenge" der jeweiligen Ortsfunktionäre ab.

Laut Gabriella Hauch stellt der Tatbestand des „verbotenen Umgangs mit Kriegsgefangenen" im Gegensatz zu Deutschland in Österreich noch im-

---

[171] Vgl. Putz, Jägerstätter (wie Anm. 3)
[172] Botz, Widerstand (wie Anm. 163) 361

mer eine Forschungslücke dar.[173] Leider kann auf die Verfolgung der einzelnen betroffenen Kriegsgefangenen durch die NS-Behörden nur in Ausnahmefällen eingegangen werden, da ich wie erwähnt den Bereich der Zwangsarbeit und der Kriegsgefangenen im Rahmen der Diplomarbeit nicht behandelt habe und dies auch rein quellenmäßig sehr schwierig wäre. Die Namen der betroffenen Frauen habe ich anonymisiert, da eine namentliche Erwähnung für manche Betroffene eine Verletzung ihrer Privatsphäre sowie jener der Nachkommen darstellen würde.

Das NS-Regime verbot am 25. November 1939 den „Umgang mit Kriegsgefangenen" im Rahmen der „Strafvorschriften zum Schutz der Wehrkraft des Deutschen Volkes". Seit der „Verordnung über die Strafrechtspflege gegen Polen und Juden" vom 4. Dezember 1941 galten diese Bestimmungen auch für Polen und Juden. Bezogen auf den Geschlechtsverkehr zwischen deutschen Frauen und Kriegsgefangenen wurden die Vorschriften am 14. Jänner 1943 derart konkretisiert, dass „deutsche Frauen, die sich mit Kriegsgefangenen geschlechtlich einlassen, [...] die Front" verraten würden und dies „grundsätzlich mit empfindlichen Freiheitsstrafen zu ahnden" wäre.[174]

„Fremde" Männer und auch Frauen wurden kategorisiert. Juden/Jüdinnen, Roma und Sinti befanden sich zusammen mit Ostarbeiter und Ostarbeiterinnen, Polen und Polinnen sowie sowjetischen und polnischen Kriegsgefangenen auf den untersten Stufen dieser Hierarchie. Den genannten Personen drohte im Fall der Festnahme meist die Todesstrafe bzw. die Einweisung in ein KZ. Westliche Kriegsgefangene und Zivilarbeiter sowie Arbeiter aus verbündeten Staaten wurden weitaus besser behandelt bzw. waren weniger strengen Vorschriften unterworfen. Dass deutschen Männern, die ein Verhältnis mit Polinnen oder Russinnen hatten, nichts geschah, zeigt den „Sexismus in der NS-Gesetzgebung".[175] In der Regel wurden gegen deutsche Frauen, die Geschlechtsverkehr mit Kriegsgefangenen hatten, Zuchthausstrafen um zwei Jahre verhängt.[176]

In Oberdonau betraf nach Hauch das Delikt des „verbotenen Umgangs" vor allem Frauen aus „ländlichen, subproletarischen Schichten", die vorwiegend ledig waren und bereits uneheliche Kinder hatten. Insgesamt

---
[173] Gabriella Hauch, Tabu. Verbotener Geschlechtsverkehr mit „Anderen" während des Nationalsozialismus. (Manuskript des Referates am Sechsten Österreichischen Zeitgeschichtetag 2003 in Salzburg, Exemplar beim Verf.) ohne Seitenzahl
[174] Ebd.
[175] Ebd.
[176] Mark Spoerer, Zwangsarbeit unter dem Hakenkreuz. Ausländische Zivilarbeiter, Kriegsgefangene und Häftlinge im Dritten Reich und im besetzten Europa 1939-1945 (Stuttgart-München 2001) 202

wurden 143 Frauen vor dem Sondergericht Linz angeklagt, fast alle arbeiteten als Landarbeiterinnen oder Hausgehilfinnen. Bis auf fünf Fälle in Linz sowie sechs im kleinstädtischen Bereich lebten alle im ländlichen Bereich.[177]

Im Folgenden führe ich die Fälle aus dem Bezirk Braunau an, die recherchiert werden konnten.

Eine 29-jährige Landarbeiterin aus Polling wurde im Juni 1941 schwanger und suchte bei der Nationalsozialistischen Volkswohlfahrt (NSV) um Unterstützung an. Der NSV-Leiter von Altheim meldete den Fall dem Gendarmerieposten Altheim, da die Frau, die bereits vier Kinder von drei verschiedenen Vätern hatte, den Vater des Kindes nicht angeben wollte. Im Jänner 1941 wurde sie, obwohl im siebten Monat schwanger, in die Haftanstalt Linz gebracht. Am 7. März überstellte man sie in die Gau-Frauenklinik, wo sie am 30. März 1942 ihr Kind gebar. Die junge Mutter verstarb jedoch am 3. April 1942.[178]

Eine 22-jährige Landarbeiterin, ebenfalls aus Polling, kam im Februar 1942 in die Haftanstalt Linz. Sie hatte nach dem Bemerken einer Schwangerschaft selbst Anzeige erstattet. Am 9. April 1942 wurde sie vom Sondergericht zu einem Jahr Zuchthaus verurteilt, da sie das „gesunde Volksempfinden" durch den Geschlechtsverkehr mit einem Kriegsgefangenen „gröblichst verletzt" habe. Die Verurteilte kam in der Folge ins Frauenzuchthaus Aichach/Bayern, aufgrund der Geburt des Kindes erhielt sie knapp vier Monate Hafturlaub.[179]

Eine Magd, die über keinen festen Wohnsitz verfügte, wurde im März 1942 vom Gendarmerieposten Neukirchen beschuldigt, mit einem französischen Kriegsgefangenen verkehrt zu haben. Sie müsse laut der Gendarmerie „als asozial bezeichnet werden", und die „Einweisung in ein weibliches Arbeitslager sei dringend geboten". Die beschuldigte Frau, die sich zu dieser Zeit in Geretsberg aufgehalten hatte, war von ihrer eigenen Schwester angezeigt worden, mit welcher sie „verfeindet" war. Die Angeklagte wurde am 12. Mai 1942 zu einem Jahr Zuchthaus verurteilt und nach Aichach gebracht. Sie hatte bereits drei Kinder, welche bei einem Bauern in Geretsberg in Pflege waren. Nach der Haft überstellte man die 38-jähri-

---

[177] Hauch, Tabu (wie Anm. 173) ohne Seitenangabe
[178] OÖLA, Sondergerichte 1913-1980, Sch. 717: KLs-28/42
[179] Ebd., Sch. 718: KLs-45/42

ge Frau an die Gestapo Linz. Leider sind keine weiteren Informationen zu ihrem Schicksal bekannt.[180]

In den Sondergerichtsakten finden sich noch sechs weitere Frauen, die des Geschlechtsverkehrs mit Kriegsgefangenen beschuldigt wurden. Drei davon stammten aus Neukirchen[181], jeweils eine aus Ostermiething[182], Pischelsdorf[183] und Schwand[184]. Die Strafen betrugen in zwei Fällen ein Jahr, in einem eineinhalb Jahre Zuchthaus, einmal ein Monat und einmal neun Monate Gefängnis. Eine Frau wurde freigesprochen, jedoch an die Gestapo Linz überstellt.

In den Akten der Opferfürsorge findet sich weiters der Fall einer Frau aus Burgkirchen, die am 31. Mai 1942 ins KZ Ravensbrück gebracht wurde (wo sie bis November 1943 blieb), da sie von einem polnischen Zivilarbeiter schwanger war. Die Schwangerschaft wurde laut der Aussage eines Bekannten „gewaltsam unterbunden", die Frau musste sich außerdem „die größten Folterungen und Duldungen von SS-Schergen im KZ gefallen lassen, sodass sie geistig und körperlich so schwere Einbuße erlitten hat, dass sie vom Bezirksgerichte Mattighofen wegen Geistesschwäche beschränkt entmündigt wurde". Der polnische Zivilarbeiter, der auf demselben Hof gearbeitet hatte, wurde angeblich im KZ ermordet.[185]

Die Landarbeiterin Maria W. aus Palting wurde am 22. Jänner 1944 verhaftet und ins Polizeigefängnis Linz gebracht. Von dort überstellte man sie Mitte 1944 ins KZ Ravensbrück, von wo sie am 16. Februar 1945 nach Hause entlassen wurde. Ihr warf man vor, mit einem Ostarbeiter bei ihrem gemeinsamen Dienstgeber in Lochen verkehrt zu haben. Der 1911 geborene Mikoljuk P. kam angeblich nach seiner Verhaftung in Frankfurt ums Leben. Im Jahr 1962 wurde Maria W. als Opfer des Nationalsozialismus anerkannt.[186]

Am 7. Februar 1944 nahm die Gendarmerie in Maria Schmolln drei Frauen und einen russischen Ostarbeiter fest und übergab sie in der Folge an die Gestapo Linz. Die drei Frauen hätten mit dem Russen „durch längere Monate [...] wiederholten Geschlechtsverkehr" gehabt.[187] Eine der drei

---

[180] Ebd., Sch. 718: KLs-54/42
[181] Ebd., Sch. 732: KLs-2/43, KLs-26/43, KLs-37/43
[182] Ebd., Sch: 726, KLs-149/42
[183] Ebd., Sch: 730, KLs-310/42
[184] Ebd., Sch: 734, KLs-75/43
[185] OÖLA, Amt der Landesregierung seit 1945 / Opferfürsorge, Sch. 203: OF(SH)-120/1985
[186] Ebd., Sch. 133: FOF-219/1973
[187] Gendarmerieposten Aspach: Chronik des Gendarmeriepostenkommandos Maria Schmolln 1944

Frauen, Maria B., scheint in den Opferfürsorgeakten auf, denn sie bestätigt die KZ-Haft der oben genannten Maria W. Maria B. befand sich von Ende Juli 1944 bis zum 10. Februar 1945 in Ravensbrück.[188] Weitere Informationen zu diesem Fall stehen mir leider nicht zur Verfügung.

Die 1920 in Lengau geborene Maria H. wurde unter dem Verdacht, mit einem polnischen Zwangsarbeiter Geschlechtsverkehr gehabt zu haben, am 13. Dezember 1940 in das KZ Ravensbrück eingeliefert. Sie starb am 17. März 1943 im KZ Lublin angeblich in Folge einer Lungentuberkulose. H. war zum Zeitpunkt ihrer Verhaftung als Landarbeiterin in Anthering, Land Salzburg beschäftigt gewesen.[189]

Eine Frau aus Ostermiething, die vom Sondergericht aufgrund der „Wehrkraftschutzverordnung" wegen geschlechtlichen Verkehrs mit einem Kriegsgefangenen zu einem Jahr Zuchthaus verurteilt wurde, stellte 1948 einen Antrag auf Anerkennung als NS-Opfer. Sie verbüßte zehn Monate ihrer Strafe in Linz und Bernau am Chiemsee, der Rest wurde ausgesetzt. Sie wurde laut einer handschriftlichen Notiz im Akt vom Ostermiethinger Bürgermeister angezeigt, weil sie nicht zum BdM gegangen sei. Ihr Antrag auf Entschädigung wurde abgelehnt, da die Inhaftierung nicht aufgrund eines politischen Delikts erfolgt sei.[190] Ein weiterer Antrag einer Frau aus Neukirchen wurde mit derselben Begründung 1949 abgelehnt.[191]

Johann Feichtner aus Schneegattern suchte 1951 für sein zehnjähriges Pflegekind um Anerkennung als Hinterbliebene nach dem Opferfürsorgegesetz an. Die Mutter des Kindes war im November 1941 nach Auschwitz gebracht worden und dort am 8. Februar 1943 gestorben. Sie war des „verbotenen Umgangs mit Kriegsgefangenen" beschuldigt worden. Zum Zeitpunkt der Verhaftung lebte sie in Uttendorf. Der Vater des Kindes war ein polnischer Zivilarbeiter (Georg Michaljyszyn, geboren am 5. Mai 1918 in Stefkowa), der in der Folge ins KZ Flossenbürg gebracht wurde. Der Antrag wurde abgelehnt, da „kein Anhaltspunkt vorhanden [sei], der die Annahme als gerechtfertigt erscheinen ließe, dass der Verkehr mit dem Kriegsgefangenen nur einer politischen Tätigkeit vorgeschoben wurde".[192] Die vorliegenden Akten der Opferfürsorge lassen vermuten, dass es offen-

---

[188] OÖLA, Amt der Landesregierung seit 1945 / Opferfürsorge, Sch. 133: FOF-219/1973
[189] Schriftliche Mitteilung von Hans und Andrea Winkelmeier, Friedburg-Lengau, an den Verf., 28.2.2005
[190] OÖLA, Amt der Landesregierung seit 1945 / Opferfürsorge, Sch. 5: FOF-1611/1948
[191] Ebd., Sch. 18: FOF-952/1952
[192] Ebd., Sch. 13: FOF-313/1951; über den Kriegsgefangenen gibt es leider keine weiteren Informationen.

sichtlich erst Ende der Fünfziger-/Anfang der Sechzigerjahre möglich wurde, aufgrund der Verfolgung wegen „verbotenem Umgang" mit Kriegsgefangenen als Opfer anerkannt zu werden.
Der Vorwurf des „verbotenen Umgangs" konnte wie bereits dargestellt auch andere Formen von geschäftlichen oder freundschaftlichen Beziehungen zu Kriegsgefangenen betreffen. So kam ein Braunauer Gastwirt für elfeinhalb Monate in Gestapo- und U-Haft in Linz, da er in seinem Lokal Franzosen bewirtet hatte. Das NSDAP-Mitglied wurde daraufhin aus der Partei ausgeschlossen.[193] Auch eine Servierin aus Braunau befand sich für zwei Monate in U-Haft, da sie Kriegsgefangenen heimlich Bier und Wein gegeben hatte. Sie wurde aus der Haft entlassen, da sie schwanger war, der Arzt schrieb sie danach haftunfähig.[194] Zwei Frauen, Mutter und Tochter, aus Ostermiething wurden im Jahr 1944 wegen der Verletzung der Vorschriften für den Umgang mit Kriegsgefangenen angeklagt, nur weil ein französischer Kriegsgefangener dem Kind der jüngeren Frau die Haare geschnitten hatte und als Entlohnung Zigaretten erhielt. Hinzu kam der Vorwurf des Hörens eines Schweizer Senders. Am 8. Februar 1945 wurden beide Frauen zu je einem Jahr Zuchthaus verurteilt.[195]

Der Fall Hamminger

Georg Hamminger, der als der „Mörder vom Kobernaußerwald" in die regionale Geschichte einging, gehört sicherlich zu den schillerndsten und zwiespältigsten Figuren aus der Zeit des Nationalsozialismus in Oberösterreich. Sein Leben wurde bereits sehr ausführlich in der Literatur behandelt[196], daher möchte ich nur kurz auf diesen Fall eingehen.
Der bereits vorbestrafte Georg Hamminger wurde 1941 wegen Betrugs zu vier Wochen Arrest und im Jahr 1942 wegen eines Diebstahlversuchs und versuchter Körperbeschädigung zu fünf Monaten Gefängnis verurteilt. Er flüchtete bereits nach drei Tagen und arbeitete in der Folge bei verschiedenen Bauern. Nach dem Wildern eines Rehbockes erhielt der inzwischen festgenommene Hamminger Ende 1943 zwei Jahre Gefängnis. Am

---

[193] Ebd., Sch. 34: FOF-518/1956
[194] Ebd., Sch. 108: FOF-288/1969
[195] OÖLA, Sondergerichte 1913-1980, Sch. 752: KLs-200/44; über das Schicksal des Kriegsgefangenen ist leider nichts bekannt
[196] Silvana Schiller – Christian Schiller, Georg Hamminger. Ein Mörder und seine Zeit. Chronik einer zwiespältigen Existenz (Grünbach bei Freistadt 1993)

27. April 1944 konnte er schließlich fliehen und versteckte sich nun im Kobernaußerwald.[197] In der Folge tötete Hamminger in der Gegend um Mattighofen/Maria Schmolln elf Menschen. Die ersten drei Personen, die von Hamminger angegriffen wurden, waren Gendarmen und gleichzeitig auch überzeugte NS-Funktionäre. Jedoch spielten persönliche Rachegelüste vor allem aufgrund früherer Verhaftungen eine gewichtige Rolle. Auch wurden gegen Ende 1944 etliche Gebäude im Raum Schalchen, die im Besitz von NS-Funktionären standen, angezündet.[198] In der Bevölkerung kursierten über die Täter wilde Gerüchte und auch Hamminger behauptete immer wieder gegenüber anderen Personen, dass er über eine „Bande" aus Deserteuren und entflohenen Kriegsgefangenen verfüge.[199] Dass Hamminger über Kontakte zu Fahnenflüchtigen verfügte, darf inzwischen als gesichert angenommen werden.[200] Wie eng und häufig diese Verbindungen und Zusammenkünfte waren ist jedoch nicht bekannt. Die NS-Behörden dürften diese Gerüchte zu einem gewissen Grad ernst genommen haben, denn Anfang Dezember 1944 fand eine große Verhaftungsaktion als Antwort auf die Vorfälle statt. Zwei Schwestern, drei Brüder und die Eltern von Georg Hamminger wurden verhaftet.[201] Als Grund für die Verhaftung von Theresia Ortner, der Schwester Hammingers, wurde der „Verdacht der kommunistischen Bandenbildung"[202] angegeben. Hammingers jüngster Bruder saß mit 14 Jahren bis Kriegsende im Jugendarrest in Mattighofen. Ein weiterer Bruder war bei der Wehrmacht, wurde anlässlich eines Fronturlaubs verhaftet und einer Strafkompanie überstellt.[203] Hammingers Vater starb am 26. Februar 1945 an den Folgen eines Bombenangriffs in der Gestapohaft in Linz. Die Mutter Maria Hamminger wurde von 3. Dezember 1944 bis 16. Mai 1945 in Braunau, Linz, Schörgenhub und Mauthausen gefangengehalten.[204] Neben der Familie Hamminger nahmen die NS-Behörden weitere neun Personen fest, die politisch verdächtig waren. Der Gendarmerieposten Mauerkirchen bezeichnete diese Verhaftungswelle am 9. August 1951 als eine „Säuberungsaktion politisch Verdächtiger" und „Großaktion gegen politisch verdächtigte Personen".[205] Der Wirt-

---

[197] Ebd., 43-46
[198] Ebd., 82
[199] Ebd., 82 f.
[200] Schriftliche Mitteilung von Hans und Andrea Winkelmeier an den Verf., 28.2.2005
[201] OÖLA, Amt der Landesregierung seit 1945 / Opferfürsorge, Sch. 28: FOF-472/1954
[202] DÖW, 19.291/63
[203] OÖLA, Amt der Landesregierung seit 1945 / Opferfürsorge, Sch. 28: FOF-472/1954
[204] Ebd., FOF-1151/1953
[205] Ebd., FOF-472/1954

schaftsjurist und Nachkriegsbürgermeister von Schalchen, Dr. Karl Kaltenbrunner, wurde „wegen seiner politischen Einstellung" am 3. Dezember 1944 verhaftet und bis zum 4. Mai 1945 „als Geisel" in der Haftanstalt Ried festgehalten.[206] Kaltenbrunner war bis dessen Stilllegung 1931 Besitzer des Sensenwerkes Schalchen gewesen.[207] Der Kranführer und Landwirt Franz Kücher aus Schalchen wurde am selben Tag wie Kaltenbrunner inhaftiert. Er befand sich von 3. Dezember 1944 bis 4. Mai 1945 in Haft und starb am 14. Mai 1946 an den Haftfolgen. Nach Kriegsende bescheinigte ihm die KPÖ Schalchen eine illegale Zugehörigkeit zur Partei während der NS-Zeit.[208] Der in Mattighofen wohnhafte Hilfsarbeiter Stefan Falterbauer, Bruder des im Kapitel zur KPÖ erwähnten Heinrich Falterbauer, blieb laut eigenen Angaben bis Ende 1944 „im großen und ganzen unbehelligt", wurde jedoch auch am 3. Dezember 1944 „in der politischen Angelegenheit gegen Dr. Kaltenbrunner, Ranftl und Gen." verhaftet. Wie die anderen kam er am 7. Dezember 1944 nach Ried und wurde dort nicht mehr verhört, sondern bis 4. Mai 1945 in Schutzhaft gehalten. Laut Falterbauer wären die neun Gefangenen schon früher enthaftet worden, wenn nicht der Ortsgruppenleiter interveniert hätte.[209] Matthias Ranftl, wohnhaft in Schalchen, war von 1919 bis 1934 SP-Funktionär gewesen. Er zog sich während der Haft aufgrund der katastrophalen Haftbedingungen ein Nierenleiden zu.[210] Auch sein Sohn Josef Ranftl, ein Mechaniker aus Schalchen, wurde über denselben Zeitraum „als Geisel" festgehalten. Er magerte bis auf 39 kg ab und zog sich in der Haft einen Lungenriss zu. Die Kreisleitung lehnte jedoch eine Enthaftung ab. Ranftl war bereits kriegsversehrt (Stufe III). Bei den Verhören warf man ihm Hochverrat vor. Er gehörte politisch zur Sozialdemokratie.[211] Der Hilfsarbeiter Johann Handlechner war ebenfalls von 3. Mai 1944 bis 4. Mai 1945 inhaftiert. Handlechner war von 1919 bis 1923 Mitglied der SDAP.[212] Ferdinand Schweikl arbeitete in der Lederfabrik Vogl und wurde am 3. Dezember 1944 ohne die Angabe eines Haftgrundes verhaftet.[213] Der in Schalchen wohnhafte Maurer Ferdinand Priemayr wurde wie die acht anderen Häftlinge vom 3. Dezember

---

[206] Ebd., Sch. 70: FOF-63/1963
[207] Josef Zwischelsberger, Chronik der Gemeinde Schalchen (Manuskript, Exemplar beim Verf.) ohne Seitenzahl
[208] OÖLA, Amt der Landesregierung seit 1945 / Opferfürsorge, Sch. 71: FOF-700/1963
[209] Ebd., Sch. 286: OF(SH)-233/1987
[210] Ebd., Sch. 92: FO- 310/1966,
[211] Ebd., Sch. 51: FOF-301/1961
[212] Ebd., Sch. 60: FOF-696/1962
[213] Ebd., Sch. 135: FOF-485/1973

1944 bis zum 4. Mai 1945 festgehalten. Politisch dürfte er zum linken Lager gehört haben, da er nach 1945 Mitglied der Gewerkschaft Bau/Holz wurde.[214] Der Schalchener Holzeinkäufer Georg Steidl ist der letzte der neun aufgezählten Verhafteten. Bei ihm vermerkte der Gendarmerieposten Mattighofen, dass er „als Geisel über Anregung der gewesenen Ortsgruppenleitung von Schalchen eingezogen" worden war.[215] Der Gendarmerieposten Mattighofen bemerkte dazu im Jahr 1949: „Allgemein wurde die Annahme vertreten, dass diese neun Personen als Geiseln eingezogen wurden, weil mehrere Morde und Brandlegungen (angeb. Tätigkeit des Georg Hamminger) stattfanden."[216]

Anders als die neun Genannten wurden die Mitglieder der Familie Hamminger nicht nach dem Opferfürsorgegesetz anerkannt, da Hammingers Taten nicht politisch motiviert gewesen seien.[217] Die Motive Georg Hammingers sind bis heute umstritten und vieles an diesem Fall weist Ungereimtheiten auf. Einige der Opfer waren gefürchtete NS-Funktionäre, andere wiederum lebten beispielsweise aufgrund von Nachbarschaftsstreitigkeiten in Feindschaft mit der Familie Hamminger. Bei manchen überlappten sich politische und persönliche Motive. Rätsel gibt noch immer die Frage der Mittäter auf, denn Hamminger wurde des Öfteren in Begleitung von entflohenen Kriegsgefangenen und auch Deserteuren gesehen. Weitere Forschungen zu diesem Thema wären zweifellos höchst interessant, jedoch leben nur noch wenige Zeitzeugen, die zu den Vorfällen befragt werden könnten.

Verfolgung der jüdischen Bevölkerung

Laut der Volkszählung 1934 gab es in Österreich 191.458 Personen jüdischen Glaubens (2,8 % der Gesamtbevölkerung[218]), davon lebte der überwiegende Großteil, nämlich rund 176.000 Personen, in Wien. Bis März 1938 sank die Zahl auf 181.778, denn viele Menschen emigrierten schon vor dem Einmarsch oder traten aus der Religionsgemeinschaft aus. Auch 25.000 Nichtjuden in Österreich galten nach den Nürnberger Rasse-

---

[214] Ebd., Sch. 58: FOF-466/1962
[215] Ebd., Sch. 33: FOF-153/1956
[216] Ebd., Sch. 135: FO- 485/1973
[217] Ebd., Sch. 28: FOF-472/1954
[218] Herbert Rosenkranz, Verfolgung und Selbstbehauptung. Die Juden in Österreich 1938-1945 (Wien 1978) 13

gesetzen als Juden.[219] Insgesamt wurden 65.459 österreichische Juden ermordet.[220] In Oberösterreich lebten im März 1938 rund 800 Jüdinnen und Juden (Rosenkranz spricht von 980 oberösterreichischen Juden[221]). Dies entsprach einem Anteil an der Gesamtbevölkerung von unter 0,09 %.[222] Die NS-Statistik verzeichnete für das Jahr 1941 1025 Personen in Oberdonau, die unter die Nürnberger Rassegesetze fielen. Davon galten jedoch nur 92 als „Glaubensjuden".[223] Der Rest dürfte bereits zuvor eine andere Konfession angenommen haben. Die „Statistischen Übersichten für den Reichsgau Oberdonau" von 1941 vermerken für den Landkreis Braunau mit 22 von den Rassegesetzen betroffenen Personen eine höhere Zahl, als ein unten angeführter Bericht des Landrates vermerkt. Fünf Personen galten im Bezirk Braunau als „Volljuden", zehn als „Mischlinge ersten Grades", sieben als „Mischlinge zweiten Grades".[224] Von den „Volljuden" waren zwei männlichen und drei weiblichen Geschlechts, von den „Mischlingen ersten Grades" vier männlich und sechs weiblich, von den „Mischlingen zweiten Grades" drei männlich und vier weiblich. Keine dieser Personen fiel in die Kategorie der „Glaubensjuden".[225]

„Arisierungen"

Die Ausschaltung der Juden aus dem Wirtschaftsleben war regional sehr unterschiedlich ausgeprägt. Die Enteignungspolitik im Gau Oberdonau galt dabei als „besonders rasch, effizient und geplant".[226] Fünf Tage nach dem Einmarsch begannen Beschlagnahmungsaktionen von Schihütten, Berghütten, Erholungsheimen, Booten etc. Außerdem wurde den lokalen und regionalen Behörden befohlen, das Vermögen von Juden zu erfassen sowie sie zum Arbeitseinsatz einzuteilen oder auch eine Vermögensabgabe

---

[219] Florian Freund – Hans Safrian, Die Verfolgung der österreichischen Juden 1938-1945. In: NS-Herrschaft in Österreich. Ein Handbuch. Hg. v. Emmerich Tálos u.a. (Wien 2000) 767-794
[220] Gustav Spann, Österreich 1938-1945. In: Enzyklopädie des Nationalsozialismus (wie Anm. 14) 630 f.
[221] Rosenkranz, Verfolgung (wie Anm. 218) 13
[222] Slapnicka, Oberdonau (wie Anm. 12) 177
[223] Statistische Übersichten für den Reichsgau Oberdonau 2. Jg. Hg. v. Statistisches Amt für die Alpen- und Donau-Reichsgaue (Wien 1942) 2 f., dabei ist zu beachten, dass der Gau Oberdonau zu dieser Zeit auch Gebiete der ehemaligen CSR umfasste.
[224] Ebd., 190
[225] Ebd., 2 f.
[226] Andrea Kugler, Vom „arisierten" Gutsbesitz zum Aluminiumwerk. „Arisierung", Industriegründung und Rückstellung in Ranshofen (Dipl.arbeit Univ. Wien 2002) 21

von ihnen einzuheben. Am 31. März 1938 folgte die Weisung der Gestapo an die Bezirkshauptmannschaften, die Namen von Juden und am 24. Mai 1938 binnen 24 Stunden den jüdischen Haus- und Grundbesitz binnen 24 Stunden zu melden.[227] Auch mussten Juden im September 1939 ihre Radioapparate abgeben.[228] Der Landrat Braunau meldete beispielsweise am 2. Oktober 1939 an die Gestapo Linz, dass der Radioapparat des Hofrats Herzfeld aus Mining gemäß dieser Vorschrift beschlagnahmt worden sei.[229]

Mittels Arisierungen versuchten viele Parteigenossen und vor allem Geschäftsleute mit Parteiausweis jüdischen Besitz zu niedrigen Kosten an sich zu reißen. Die Braunauer Filiale des Schuhgeschäftes Pasch mit Hauptsitz in Salzburg und Filialen in Linz, Wels, Braunau und Amstetten gelangte „im Zuge der Arisierung [...] zur Weitervergebung". Den Zuschlag erhielt der Besitzer eines Schuhgeschäftes in Ried, der seit 1936 der NSDAP angehörte und über eine Empfehlung des Personalamtsleiters der NSDAP Ried verfügte.[230] Hans Pasch musste 1938 binnen vier Wochen das Unternehmen „arisieren" und das Land verlassen. Die Gestapo inhaftierte ihn für zwei Monate und drohte ihm mit der Überstellung nach Dachau. Aufgrund dieser Drohungen willigte Pasch schließlich in den Verkauf ein.[231]

Ein Haus in Höft/Braunau kam im Zuge einer Zwangsversteigerung vor 1938 in den Besitz des jüdischen Medizinalrates Dr. Samuel Neumann aus Wien. Bereits vor dem Einmarsch hatte ein Braunauer Gemischtwarenhändler Verhandlungen bezüglich eines Verkaufes geführt, jedoch die Summe nicht aufbringen können. Im Jahr 1939 stellte dieser bei der Vermögensverkehrsstelle einen „Antrag auf käufliche Erwerbung". Der Kreiswirtschaftsberater befürwortete „diese Entjudung [...] in Übereinstimmung mit der Kreisleitung" und bezeichnete den „Käufer [...] in charakterlicher und politischer Hinsicht als einwandfrei".[232]

In gemischten Ehen versuchten die Ehepartner bisweilen auch durch eine Übertragung des Eigentums des jüdischen Teiles an den „arischen" Partner einer „Arisierung" zu entgehen. So überließ Sigmund Rein am 13. Dezember 1938 seiner Gattin Wilhelmine die in seinem Besitz befindliche Hälfte

---

[227] Slapnicka, Oberdonau (wie Anm. 12) 183 f.
[228] Ebd., 188
[229] OÖLA, Politische Akten, MF 5060: StP 475/39, Meldung Landrat Braunau an Gestapo Linz
[230] Ebd., Reichsstatthalterei 1940-1945 / Arisierungen, Sch. 22: Zl. 2
[231] Ebd., Sondergerichte 1913-1980, Sch. 595: Rk-19/47
[232] Ebd., Reichsstatthalterei 1940-1945 / Arisierungen, Sch. 21: Zl. 8

des Wohnhauses Munderfing 132. Der Rechtsberater des Kreiswirtschaftsberaters legte eine Beschwerde beim Gauwirtschaftsberater ein. Entgegen diesem Einspruch genehmigte jedoch der zuständige „Staatskommissar in der Privatwirtschaft und Leiter der Vermögensverkehrsstelle" den Übergabevertrag am 13. April 1939. Siegmund Rein war bereits zuvor am 11. März 1939 gestorben.[233]

Der erwähnte Dr. Arthur Herzfeld aus Mining verfügte über die Hälfte eines Landwirtschaftsbetriebes, der seit vielen Jahren an einen „arischen" Pächter verpachtet war. Die zweite Hälfte war im Besitz der Gattin Herzfelds. Über Auftrag des Reichsstatthalters hätte Herzfeld seinen Anteil „verkaufen" müssen. Der Landrat von Braunau intervenierte „im Einverständnis mit dem Kreisleiter", dass Herzfeld „über seine Eigentumshälfte zugunsten seiner arischen Gattin" verfügen könne. Dies sei laut dem Landrat (31. August 1941) zweckmäßig, „weil Israel Herzfeld bereits 78 Jahre alt ist und sich überdies für einen Hälfteanteil an einer Landwirtschaft kein Interessent finden dürfte und der bisherige Pächter eines 20jährigen Arbeitserfolges verlustig ginge". Herzfeld unterzeichnete am 30. November 1941 einen Überlassungsvertrag zugunsten seiner minderjährigen Tochter Elisabeth. Der Reichsstatthalter genehmigte am 14. März 1942 „einvernehmlich mit der Landesbauernschaft Donauland und nach Zustimmung der NSDAP, Gaupersonalamt und Gauamt für Agrarpolitik" den Vertrag.[234]

Aus dem Jahr 1942 ist, leider nur bruchstückhaft, ein Fall bekannt, bei dem eine Schenkung an eine jüdische Person abgelehnt wurde. Margarete Wendling, Oberstleutnantswitwe, wohnhaft in Wien, wollte einen Einundzwanzigstel-Anteil am Haus Ach 7 (Gemeinde Hochburg-Ach) per Schenkungsvertrag übergeben. Dies war laut dem Gaupersonalamt abzulehnen, da „die Schenkung wieder in jüdische Hände übergehen soll. Ich muss dazu feststellen, dass genügend arische Erben vorhanden sind". Weiters wurde der Reichsstatthalter beauftragt herauszufinden, „ob der andere Teil des Besitzes sich in arischen Händen befindet. Im bejahenden Falle müsste der Schenkungsvertrag umso eher abgelehnt werden, als letzten Endes niemanden zugemutet werden kann, dass sich heute noch jemand mit einem jüdischen Teilhaber abgibt."[235]

---

[233] Ebd., Sch. 24: Zl. 9
[234] Ebd., Sch. 10: Zl. 16
[235] Ebd., Sch. 34: Zl. 6

Auswanderungen und Selbstmordwelle

Wie nicht wenige andere jüdischstämmige Personen in dieser Zeit verübte auch der Hofrat Dr. Arthur Ferdinand Herzfeld nach Erhalt der Aufforderung zur Auswanderung im Juli 1939 einen Selbstmordversuch.[236] Er konnte gerettet werden, und die Verfügung, dass die Familie nach Wien ziehen müsse, wurde zurückgezogen. Herzfeld blieb jedoch bis zu seinem Tod im Jahr 1949 aufgrund der Folgen des Selbstmordversuches schwer leidend.[237] Der römisch-katholisch getaufte Dr. Herzfeld, ehemaliger Direktor der Nordbahn, lebte mit seiner „deutschblütigen" Gattin Martha Herzfeld, seiner Tochter Elisabeth sowie seiner Schwester Marie in Mamling, Gemeinde Mining.[238] Die 1926 geborene Elisabeth Herzfeld war aufgrund der jüdischen Abstammung ihres Vaters schweren Benachteiligungen ausgesetzt. So durfte sie nicht ihr 1936 begonnenes Mittelschulstudium bei den Salzburger Ursulinen fortsetzen. Der als Halbjude geltende Vater erlitt schwere Einkommensschädigungen, da ihm die Pension gekürzt wurde. Dies wirkte sich auch auf die Tochter aus. Sie wollte in der Folge in Wien und Passau das Gymnasium besuchen, wurde dort jedoch aus rassischen Gründen abgewiesen. Elisabeth Herzfeld musste zwischen 1940 und 1945 die Schule unterbrechen und wurde als landwirtschaftliche Hilfskraft dienstverpflichtet. Der Abschluss der Matura war ihr erst nach Kriegsende 1945 möglich; anschließend begann sie das Medizinstudium in Wien.[239] Von den Pensionszahlungen an Dr. Herzfeld wurde ein Teil an ein Sperrkonto überwiesen und von dem kleinen verbleibenden Rest, der weniger als die Hälfte des ursprünglichen Betrages ausmachte, mussten auch seine Tochter sowie seine Mutter leben. Bedeutende Beträge des Vermögens mussten als „Sühneabgabe" geleistet werden.[240]

Wie erwähnt wurden die jüdischen Gemeinden in den Bundesländern in den Jahren 1938/39 durch Vertreibung und Übersiedelung nach Wien fast vollständig aufgelöst.[241] 1939 lebten in Oberösterreich noch 228 unter die

---

[236] OÖLA, Politische Akten, MF 5060: StP 451/39, Meldung Landrat Braunau an Gestapo Linz, 10.7.1939
[237] OÖLA, Amt der Landesregierung seit 1945 / Opferfürsorge, Sch. 77: FOF-39/1964, der Antrag seiner Gattin auf Ausstellung eines Opferausweises wurde genehmigt
[238] OÖLA, Politische Akten, MF 5060: StP 451/39, Meldung Landrat Braunau an Gestapo Linz, 10.7.1939
[239] Ebd., Amt der Landesregierung seit 1945 / Opferfürsorge, Sch. 45: FOF-913/1961, Elisabeth Herzfelds Opferausweis wurde 1953 ausgestellt.
[240] Ebd., Sch. 77: FOF-39/1964
[241] Freund – Safrian, Verfolgung der österreichischen Juden (wie Anm. 219) 770

Rassegesetze fallende Personen.[242] Dies waren vor allem Menschen, die den prekären Schutz einer Ehe mit einem nichtjüdischen Partner genossen oder über einen „arischen" Elternteil verfügten. Durch den Tod des Ehepartners oder Scheidung bzw. den Tod des Elternteils wurde dieser Schutz hinfällig.[243] Unzählige Vorladungen, Einvernahmen und auch Verhaftungen machten den in Österreich verbliebenen jüdischen Menschen das Leben sehr schwer.[244] Neue Eheschließungen waren im Deutschen Reich ab September 1935 („Nürnberger Rassegesetze") verboten, bestehende Mischehen wurden aber nicht aufgelöst. Auf den deutschen Teil wurde oft Druck ausgeübt, sich scheiden zu lassen. Der Tod des nichtjüdischen Partners oder die Scheidung bedeutete jedoch die sofortige Deportation. Ab Herbst 1944 wurden jüdische Partner oder „Mischlinge" oftmals auch ohne Scheidung zuerst in Arbeitslager, und im Frühjahr 1945 nach Theresienstadt deportiert.[245]

Ein Fallbeispiel für die zunehmende Verfolgung von Juden in „Mischehen" geht aus den Akten der oberösterreichischen Landesregierung hervor. Die mit einem „Arier" verheiratete Anna Plasser aus Braunau beschrieb in ihrem Antrag auf Opferfürsorge, dass wegen ihrer Abstammung auch ihr Mann Franz Plasser aus dem öffentlichen Dienst entlassen worden war. Weiters sei sie laufend „Verfolgungen und Schikanen" durch die Polizei und die Gestapo ausgesetzt gewesen. Sie und ihr Mann seien unter dauernder Beobachtung gestanden und hätten auch keiner ordentlichen Beschäftigung nachgehen können. Vor der Verhaftung, drei Monate vor dem Einmarsch der Amerikaner, rettete sie nur die Warnung durch einen Braunauer Schutzpolizisten. Franz Plasser wurde zwar vorübergehend als Geisel festgehalten, Anna Plasser konnte sich jedoch bis zur Befreiung bei einer Bekannten am Attersee verstecken.[246] Laut der Zeitzeugin Edith Paischer vereinbarte die Frau eines befreundeten Lokführers, Anna Plasser als Kriegerwitwe verkleidet mit dem Zug wegzubringen, was auch gelang. Franz Plasser wurde nach der Befreiung von den amerikanischen Besatzungsbehörden zum Bezirkshauptmann ernannt und wirkte später als Landesrat für Soziales (SPÖ) in Linz.[247]

---

[242] Ebd., 791
[243] Ebd., 783
[244] Slapnicka, Oberdonau (wie Anm. 12) 191
[245] Sigrid Lekebusch, Mischehe. In: Enzyklopädie des Nationalsozialismus (wie Anm. 14) 586
[246] DÖW, 13.440: Niederschrift von Anna Plasser und Walter Hartner, ehemaliger Leiter der Schutzpolizei in Braunau/Inn bei der BH Braunau/Inn, 22.6.1948 bzw. 25.1.1949
[247] Gespräch des Verf. mit Edith Paischer, Braunau, 28.12.2004

Nachdem er am 1. Dezember 1939 seine medizinische Praxis in München aufgeben hatte müssen, übersiedelte Dr. Leopold Flatow, geb. 1877, mit seiner Gattin Kreszenzia Flatow nach Moosbach. Seine „arische" Gattin, geborene Fellner, war 1891 in Schacha, Gemeinde Moosbach zur Welt gekommen. Der protestantische, jedoch jüdischstämmige Dr. Flatow war aufgrund der Rassegesetzgebung vielen Einschränkungen und Verfolgungen unterworfen. Im Dezember 1942 erfolgte die Anordnung der „Abwicklungsstelle der Wiener Zentralstelle für jüdische Auswanderung", dass Flatow nach Wien übersiedeln müsse. Seine Gattin sprach bei der Gestapo vor, diese teilte ihr aber nur mit, dass ihr Mann nicht mehr in Moosbach bleiben könne. Wenn sie sich von ihm trenne, könne sie dort bleiben, ansonsten müsse sie mit ihm weg. Diese „Reise" wäre jedoch so anstrengend, dass sie sie kaum überleben würde. Kreszenzia Flatow wollte sich jedoch auf keinen Fall von ihrem Mann trennen. Daraufhin wählte Dr. Flatow den Freitod mittels einer Überdosis an Medikamenten; er starb am 14. Dezember 1942.[248]

Weitere jüdische Schicksale aus dem Bezirk Braunau/Inn

1939 lebte laut einer Meldung des Landrates Braunau an die Gestapo Linz neben den Herzfelds noch eine jüdischstämmige Familie im Landkreis Braunau. Wie wir den Akten entnehmen können, war jedoch auch diese nicht mehr jüdischen Glaubens. Der glaubenslose Heinrich Lustig lebte mit Gattin in Braunau. Sein sechsjähriger Sohn Gerhard war schon am 2. Juli 1939 nach England gebracht worden. Lustig bekundete laut oben genannter Meldung seine Bereitschaft, nach dem Erhalt einer Einwanderungsbewilligung auszuwandern.[249] Laut dem Verzeichnis des KZ Dachau war Lustig bereits am 16. November 1938 in das Lager gebracht worden.[250] Über sein späteres Schicksal existieren leider keine weiteren Informationen.
Wie erwähnt hatten „jüdische Mischlinge" mit der Dauer des Krieges zunehmend unter Diskriminierungen und Verfolgungsmaßnahmen zu

---

[248] OÖLA, Amt der Landesregierung seit 1945 / Opferfürsorge, Sch. 65: FOF-86/1963
[249] OÖLA, Politische Akten, MF 5060: StP 451/39, Meldung Landrat Braunau an Gestapo Linz, 10.7.1939
[250] Archiv der Gedenkstätte Dachau: Auszug aus der Datenbank der KZ-Gedenkstätte Dachau

leiden. Der 1909 in Passau geborene und in Hochburg-Ach wohnhafte Chemiefacharbeiter Richard Priller durfte beispielsweise nicht heiraten, da er als „Halbjude" galt. An seinem Arbeitsplatz in Burghausen erhielt Priller auch nur den Hilfsarbeiterlohn, da der „Treuhänder der Arbeit" der Deutschen Arbeitsfront eine Verfügung erlassen hatte, dass jüdische „Mischlinge ersten Grades" keinen höheren Lohn erhalten dürften. Am 15. November 1944 bekam Priller den Befehl der Gestapo, nach München zu kommen. Von München wurde er nach Wolmirsleben bei Staßfurt (Sachsen-Anhalt) überstellt und musste zwölf bis 13 Stunden täglich im dortigen Kalibergwerk arbeiten. Nahrung erhielten die Häftlinge während der Arbeitszeit nicht. Am 11. April 1945 befreiten schließlich die US-Truppen die Gefangenen in Wolmirsleben, die vor allem jüdische „Mischlinge und Versippte" waren.[251]

Der Hauptaktionär der Glashütte Schneegattern, Achim Haebler, wohnhaft auf Schloss Erb in Lengau, fiel ebenfalls unter die Kategorie „Mischling". Laut seinem Antrag auf Opferfürsorge wurde ihm von einem Oberstleutnant, der die Betreuung des Betriebes in Schneegattern für das Rüstungskommando Linz ausübte, angedroht, ihn ins KZ Mauthausen bringen zu lassen. Weiters war Haebler in seiner Vorstandstätigkeit eingeschränkt. Haebler sollte sich auch bei einem Besuch von Gauleiter August Eigruber in Schneegattern am 30. August 1944 nicht zeigen, um kein Missfallen zu erregen. Eigruber gab laut der Niederschrift von Haebler in der Folge den Befehl, letzteren in die „Organisation Todt" (OT)[252] zu versetzen. Nach einer Warnung mied Haebler in der Folge den Gau Oberdonau bis zu Beginn des Jahres 1945. Er hielt sich in dieser Zeit angeblich bei Verwandten in Dresden auf. Er erhielt zwar später noch Vorladungen zur Gestapo, blieb aber in Freiheit. Anfang März 1945 musste Haebler zur OT nach Weimar einrücken, war jedoch aus gesundheitlichen Gründen untauglich und kam wieder zurück.[253]

Schwer zu leiden unter dem NS-Regime hatte die Familie Brüll aus Munderfing. Kurz nach dem Einmarsch 1938 erbte Alexander Brüll jun., geb. 1902, von seinem Vater das Sägewerk. Diese Übernahme wurde zunächst

---

[251] OÖLA, Amt der Landesregierung seit 1945 / Opferfürsorge, Sch. 109: FOF-318/1969, Priller wurde nach 1945 als Opfer anerkannt und erhielt auch eine Haftentschädigung.
[252] Die „Organisation Todt" wurde 1938 eingerichtet und war nach dem Generalinspekteur für das Straßenwesen und Generalbevollmächtigten für die Regelung der Bauwirtschaft, Fritz Todt (1891-1942), benannt. Der Organisation oblag neben der Koordination des gesamten Bauwesens auch die Produktion von Bewaffnung und Munition. Auf den Baustellen wurden Hunderttausende von ausländischen Zivilarbeitern, Zwangsarbeitern, Kriegsgefangenen sowie KZ-Häftlinge eingesetzt.
[253] Ebd., Sch. 185: FOF-571/1953, der Antrag wurde abgelehnt.

von Reichsmarschall Göring bewilligt. Der damalige Bürgermeister von Munderfing, der viele Jahre im Sägewerk angestellt gewesen war, focht die Übernahme an und erreichte, dass der Betrieb „entjudet" wurde.[254] Der 1869 geborene Alexander Brüll sen. war seit 1902 getauft und besaß auch den Titel eines Ehrenbürgers der Gemeinde Munderfing. Er sollte bereits 1939 verhaftet werden, konnte aber in die Schweiz flüchten. Nachdem bereits 1938 der Bürgermeister und Ortsgruppenleiter zum Treuhänder des Sägewerks ernannt worden war, erhielt 1939 ein Berliner „Blutordensträger" den Betrieb und musste dafür nur eine Reichsmark jährlich an Pacht zahlen.[255] Daraufhin entschloss sich Eigruber den „Blutordensträger" als Bewerber auszuschließen und den Betrieb an zwei Südtiroler Sägewerksbesitzer – einer davon war Mitglied der SS – zu verkaufen.[256] Vom Erlös erhielten die jüdischen Besitzer nichts. Das Vermögen von Brüll sen. fiel an das Deutsche Reich. Brüll jun. bekam Kreisverbot und musste nun in Straßwalchen (Land Salzburg) wohnen. Seine Mutter Else Brüll, eine „Vollarierin" zog nach Bad Ischl.[257] Lina Brüll, die Schwägerin von Alexander Brüll sen., flüchtete nach dem Einmarsch nach England, wo sie sich bis zum Jahr 1947 aufhielt.[258] Brüll jun. musste 1944 zur OT und anschließend in ein Straflager in Gössnitz (Thüringen). Ab Juni 1945 wirkte er als „provisorischer Treuhänder" in Munderfing und wurde im September zum Vermögensverwalter des Sägewerkes bestimmt.[259] Die beiden Südtiroler, die das Sägewerk gekauft hatten, hatten bereits vor der Befreiung im Mai 1945 Österreich verlassen und hielten sich wieder in Südtirol auf. Alexander Brüll sen. kehrte 1946 aus dem Schweizer Exil heim und starb am 29. November desselben Jahres. Im Jahr 1956, neun Jahre nach der Einreichung des Antrages auf Rückstellung, fand das Verfahren von Brüll jun. gegen die Südtiroler „Besitzer" ein Ende. In einem Vergleich verpflichtete sich Brüll, öS 250.000 an die Südtiroler Antragsgegner zu zahlen, um ihre Ansprüche damit zu decken. Im Gegenzug wurden die Beschränkungen, denen Brüll bislang unterlegen war, gelöscht, und die Verfahrenskosten gegenseitig aufgehoben.[260]

---

[254] OÖLA, FLD / Beschlagnahmte Vermögen, MF 5003: Zl. O5300-4 Akt Alexander Brüll, Zl. O5300B-3 Lina Brüll
[255] OÖLA, Sondergerichte 1913-1980, Sch. 603: Rk-132/47
[256] OÖLA, FLD / Beschlagnahmte Vermögen, MF 5003: Zl. O5300-4 Akt Alexander Brüll, Zl. O5300B-3 Lina Brüll
[257] OÖLA, Sondergerichte 1913-1980, Sch. 603: Rk-132/47
[258] Ebd., Sch. 664, Rk-81/51
[259] Ebd., Sch. 603, Rk-132/47
[260] Ebd.

Auf die „Arisierung" des Landwirtschaflichen Gutes Ranshofen zu dessen Besitz das ehemalige Augustinerchorherrenstift Ranshofen gehörte, möchte ich nur kurz eingehen, da die Vorgänge bereits in sehr ausführlicher Weise in einer Diplomarbeit von Andrea Kugler (verh. Kammerhofer) behandelt wurden. Das ehemalige Stift Ranshofen mit seinen weitläufigen Besitzungen musste 1934 zur Hälfte zwangsversteigert werden. In der Folge gehörte die eine Hälfte drei Erbinnen der Familie Wertheimer (Emilie Jellinek, Anna Schiff, Gabriele Weisweiller), die andere Hälfte den Sparkassen Braunau und Ried.[261] Nach dem Einmarsch wurde am 17. Dezember 1938 ein kommissarischer Verwalter für das Gut Ranshofen bestellt.[262] Den drei Besitzerinnen wurde in der Folge ein Kaufvertrag abgepresst, der sehr zu ihren Ungunsten ausfiel.[263] Laut Kaufvertrag vom 12. August 1939 erhielten die drei Wertheimer-Erbinnen 29,5 % des Kaufpreises, die Sparkassen hingegen 70,5 %.[264] Zu diesem Zeitpunkt befanden sich die Familien Weisweiller und Jellinek bereits in der Emigration in England. Der Vertragsabschluss zwischen den Erbinnen und den Vereinigten Aluminiumwerken (VAW), die in Ranshofen einen neuen, großen Standort errichten wollten, wurde über einen Rechtsanwalt abgewickelt.[265] Während die Sparkassen von den VAW 306.750 RM erhielten, bekamen die drei Jüdinnen insgesamt nur 128.250 RM.[266] Das Geld erhielten die drei Frauen jedoch nie, denn ein Teil des Betrages floss auf „Auswanderer-Sperrkonten" und wurde dort „zur Verfügung des Finanzamtes" gesperrt gehalten, der Rest als „Reichsfluchtsteuer" sowie als „Judenvermögensabgabe" einbehalten.[267] Die dritte Erbin, Anna Schiff, kam am 11. Juli 1942 auf Anordnung der Gestapo Hamburg nach Auschwitz. 1947 wurde sie für tot erklärt.[268]

Bei den Verhandlungen bezüglich einer Rückstellung bzw. Entschädigung für die Opfer wurde der Zwangsverkauf von der Sparkasse Braunau vehement bestritten. Der Verkauf habe überhaupt nichts mit der nationalsozialistischen Herrschaft zu tun gehabt, sondern sei schon vorher mit den Besit-

---

[261] Renate Graber, Lange Schatten. In: Profil H. 43 (21.10.1996) 46-50
[262] Kugler, Ranshofen (wie Anm. 226) 30-32
[263] Ebd., 76
[264] Alfred Androsch – Walter Kaiserseder, Die Geschichte des Aluminiumwerkes Ranshofen (Wels 2003) 42
[265] Kugler, Ranshofen (wie Anm. 226) 66
[266] Ebd., 106
[267] Graber, Schatten (wie Anm. 261) 50; OÖLA, FLD / Beschlagnahme Vermögen, MF 5028 oder Sch. 33: Zl. 12
[268] Kugler, Ranshofen (wie Anm. 226) 66

zerinnen abgesprochen gewesen. Die drei Frauen hätten außerdem durch übertriebene Preisforderungen einen früheren Abschluss vereitelt.[269] Am 18. November 1949 einigten sich die Streitparteien auf einen Vergleich. Die VAW verpflichteten sich, zur Abfindung sämtlicher Ansprüche öS 600.000 an die Antragsteller zu zahlen, die Stadtgemeinde Braunau und die Sparkasse Braunau zahlten ebenfalls öS 600.000. Außerdem mussten öS 400.000 auf ein auf den Namen Anna Schiff lautendes Konto bezahlt werden.[270]

„Euthanasie" – Der Mord am „lebensunwerten Leben"

Die Quellenlage zu den Opfern der „Euthanasie" stellt sich sehr schwierig und auch teilweise unzureichend dar. Da aus der Vernichtungsanstalt Hartheim selbst so gut wie keine Aktenbestände mehr existieren, muss mit Sekundärquellen gearbeitet werden. Hier stellen vor allem die Aufzeichnungen der Kranken- und Pflegeanstalten, die Patienten nach Hartheim transportieren ließen, eine – wenn auch lückenhafte – Forschungsgrundlage dar. Im Zuge der Durchsicht des „Gedenkbuches Hartheim" in der Datenbank der Dokumentationsstelle Hartheim, die auf derartigen Aufzeichnungen der Abgabeanstalten wie z. B. Niedernhart/Linz basiert, konnten 50 Personen aus dem Bezirk Braunau, die in Hartheim ermordet wurden, recherchiert werden. Ergänzende Informationen erhielt ich aus den „Patientenblättern Niedernhart" im Nachlass von Prof. Kammerstätter im Archiv der Stadt Linz.

Opfer der „Euthanasie" aus dem Bezirk Braunau dürfte es jedoch mit Sicherheit weitaus mehr gegeben haben, da einige Behinderte direkt bei ihren Familien abgeholt[271] oder im Zuge der „Kindereuthanasie" sowie der „wilden Euthanasie" in den einzelnen Pflegeanstalten wie etwa Niedernhart/Linz getötet wurden. Auch ist es möglich, dass Personen aus dem Bezirk Braunau, die in einem KZ einsaßen, der Aktion „14f13"[272] zum Opfer fielen. Diese Fälle können jedoch nur selten ausgeforscht werden.

---

[269] Ebd., 95
[270] Ebd., 94
[271] Tom Matzek, Das Mordschloss (Wien 2002) 64
[272] Die Ermordung von kranken und arbeitsunfähigen KZ-Häftlingen lief unter dem Tarnnamen „14f13".

Die meisten Opfer befanden sich vor ihrer Vernichtung in Hartheim in der Anstalt Niedernhart/Linz (heute Wagner-Jauregg Nervenklinik Linz). Acht der Opfer wurden aus der Anstalt Baumgartenberg im Mühlviertel nach Hartheim gebracht, eines aus Bruck und ein weiteres aus Schernberg.
Bei den Patienten, die nach Hartheim gebracht wurden, versuchte man das Ziel der Überstellung zu tarnen. Zumeist gab man bei den Transporten als Ziel „Brandenburg", aber auch manchmal „Sammeltransport" an. Das Datum des Transportes stimmt mit dem Todesdatum überein, da die nach Hartheim transportierten Menschen innerhalb kürzester Zeit nach ihrer Ankunft ermordet wurden. Zwischen dem Eintreffen der Patienten und der Versendung der Urnen mit der Asche der Ermordeten vergingen im Schnitt nur 24 Stunden.[273]
Die Aktion „T4"[274] wurde von Hitler im August 1941 gestoppt. Die anschließende Ermordung von Patienten direkt in den Heil- und Pflegeanstalten wird als so genannte „wilde Euthanasie" bezeichnet. Dieser Tötungsaktion fielen 23 Personen aus dem Bezirk Braunau zum Opfer.
Im Folgenden werden einige Beispiele dargestellt: In den Akten des Volksgerichtes (VG) Linz stieß ich auf ein Verfahren gegen zwei Männer aus Mauerkirchen, die unter anderem des „Schreibtischverbrechens mit Todesfolge" angeklagt waren. Sie hätten die Behinderten der Gemeinde Mauerkirchen im Rahmen der Erfassung „aller unheilbar Kranken" zum Abtransport in die Anstalt Waldegg (= Niedernhart/Linz) gemeldet. Drei weibliche Personen seien dort verstorben, eine weitere sei in der Gemeinde verblieben. Die Angeklagten wurden von diesem Vorwurf freigesprochen, jedoch wegen einer anderen Tat, die nicht die „Euthanasie" betraf, verurteilt. Im o.a. VG-Akt scheinen folgende vier Personen auf: Die 1937 geborene Anna Brader dürfte im Rahmen der „Kindereuthanasie" umgekommen sein. Die 1876 geborene „Armenpfründerin" Paula Lachermaier starb am 13. Jänner 1942 in der „Heil- und Pflegeanstalt Waldegg bei Linz", und die 1893 geborene Maria Menth, ebenfalls „Armenpfründerin", kam dort am 24. Jänner 1942 um.[275] Die zeitliche Nähe des Todes der beiden letztgenannten dürfte kein Zufall sein, sondern auf eine unnatürliche Todesursache hinweisen. In den Sterbescheinen des Gesundheitsamtes Linz

---

[273] Matzek, Mordschloss (wie Anm. 271) 96 f.
[274] Unter Aktion „T4" versteht man die Ermordung von Insassen der Heil- und Pflegeanstalten in einer der sechs Euthanasie-Tötungsanstalten, die zwischen Mai 1940 und August 1941 erfolgte. Der Name geht auf jene Straße in Berlin zurück, wo sich die Zentrale der Aktion befand: Tiergartenstraße 4.
[275] Schriftliche Mitteilung von Herbert Brandstetter, Mauerkirchen, an den Verf., 12.4.2004

sind beide im Haus Mauerkirchen 174 wohnhaften Frauen vermerkt. Im Jänner 1942 war die Sterberate in Niedernhart sehr hoch, was auf systematische Morde hinweisen dürfte.[276] Leider ist kein Einlieferungsdatum bekannt, denn bei Personen, die kurz nach ihrer Einlieferung starben, kann mit sehr hoher Wahrscheinlichkeit von einem Zusammenhang mit der „wilden Euthanasie" ausgegangen werden. Auf dem Höhepunkt der Mordaktivitäten in Niedernhart sank beispielsweise die durchschnittliche Verweildauer von der Ankunft bis zum Tod des Patienten auf 38 Tage.[277] Zu den genannten Frauen findet sich außerdem in den Krankenakten des Wagner-Jauregg-Krankenhauses kein Eintrag. Auch das „Heimatbuch Saiga Hans" erwähnt einen „Euthanasie"-Fall. Ferdinand Mitterbauer (vulgo Sporer Ferdl) sei in das Schloss Hartheim gebracht worden und habe von dort aus um seine Rückkehr gebeten. Einige St. Johanner Bürger verwendeten sich für ihn, der Gemeinderat sah jedoch von einer Rückkehr ab.[278] Es handelte sich bei der erwähnten Anstalt jedoch nicht um Hartheim, sondern um Niedernhart. In Hartheim wurden wie erwähnt keine Patienten für längere Zeit aufgenommen, sondern bereits nach einigen Stunden vernichtet. In den Krankenakten von Niedernhart findet sich kein Eintrag zu Mitterbauer. Jedoch scheint sein Name in den Sterbescheinen des Gesundheitsamtes Linz auf. Der „Fürsorgepflegling" Mitterbauer starb laut diesen Angaben am 20. Dezember 1941 an Altersschwäche. Dabei handelt es sich aller Wahrscheinlichkeit nach um eine Tarnangabe. Dafür spricht auch die Tatsache, dass es im Oktober 1941 zu einer weitaus überdurchschnittlichen Zahl von Todesfällen in Niedernhart kam.[279] Die genannten Fälle unterstreichen die These, dass in Niedernhart auch Menschen ermordet wurden, ohne ihren Eingang in die Anstalt überhaupt zu dokumentieren. Weiters wurde gegen den ehemaligen NS-Bürgermeister von Uttendorf ein Prozess vor dem Volksgericht Linz geführt, da er den geistig Behinderten Josef B. in die im Akt interessanterweise als „Vernichtungsanstalt" titulierte Anstalt Niedernhart/Linz, eingewiesen hatte. B. starb dort am 28. Juni 1942. Der Versuch des Bürgermeisters, weitere Personen einzuweisen, scheiterte laut dem Gerichtsakt am Widerstand der Angehörigen. Der Bürgermeister wurde 1947 vom Volksgericht Linz zu zwölf Mo-

---

[276] AStL, Gesundheitsamt: Sterbescheine, ausgewertet von: Franz Steinmaßl, Grünbach, November 1988 (Exemplar beim Verf.)
[277] Matzek, Mordschloss (wie Anm. 271) 105
[278] Heimatbuch Saiga Hans (wie Anm. 17) 78
[279] AStL, Gesundheitsamt: Sterbescheine, ausgewertet von: Franz Steinmaßl, Grünbach, November 1988 (Exemplar beim Verf.)

naten Haft und Vermögensverfall wegen eines „Schreibtischverbrechens mit Todesfolge" verurteilt.[280] Als Todesursache wurde „Herzstillstand" angegeben. Aus den Sterbescheinen der Anstalt Niedernhart wird jedoch ersichtlich, dass es von Juli bis September 1942 zu einer extrem hohen Zahl von „Herzstillständen" und „Herzlähmungen" kam, die trotz der sommerlichen Hitze als völlig unglaubwürdig anzusehen ist. Wie erwähnt lassen sich nach der Durchsicht der Krankenakten sowie der Sterbescheine der Anstalt Niedernhart einige Punkte ausmachen, die auf einen unnatürlichen Tod hinweisen. Dazu gehören vor allem eine kurze Verweildauer in der Anstalt, ein Sterbetag in einem Monat mit einer allgemein überdurchschnittlichen Todesrate sowie eine Todesursache, die in der Zeit um das Todesdatum in auffällig hoher Zahl vorkam. So wurde beispielsweise die Todesursache „Herzmuskelentartung" in den Jahren 1938, 1939 und 1940 nur selten verzeichnet, ab 1941 jedoch sehr häufig. Der Begriff „Herzlähmung" findet sich überhaupt erst ab 1941 und erreicht die herausragende Spitze an Nennungen im Sommer 1942. In dieser Zeit wurden wochenlang nur „Herzlähmungen" und „Herzstillstände" verzeichnet. „Herzmuskellähmung" tritt ab Winter 1941/1942 häufiger auf. „Hirnlähmung" lässt sich bis August 1942 nur zweimal finden. Nach einer Welle in der ersten Hälfte des Septembers 1942 verschwindet diese Todesursache gänzlich aus den Akten. Die Sterberate in Niedernhart stieg ab Jänner 1940 stark an. Nach einer massiven Zunahme während des Winters 1941/1942 sank sie ab, um im Sommer 1942 wieder empor zu klettern. Nach einer leichten Abnahme erreichte die Sterberate ihre absolute Spitze im Mai 1943. Ab Juni/Juli 1943 fiel sie wieder auf ein normales Maß.[281]

Neben den erwähnten Anhaltspunkten, erhielt ich zu einigen Personen noch Hinweise von Angehörigen und Zeitzeugen, die ich anhand der Akten überprüfte. Alle Namen wurden den Sterbescheinen des Gesundheitsamtes Linz im Archiv der Stadt Linz entnommen. Mit 100%iger Sicherheit kann jedoch bei keinem Todesfall von einem Zusammenhang mit der „wilden Euthanasie" ausgegangen werden.

---

[280] OÖLA, Sondergerichte 1913-1980, Sch. 351: Vg 6 Vr 5907/47
[281] AStL, Gesundheitsamt: Sterbescheine, ausgewertet von: Franz Steinmaßl, Grünbach, November 1988 (Exemplar beim Verf.)

Opfer der NS-Militärjustiz aus dem Bezirk Braunau/Inn

Die Opfer der Militärjustiz waren in Österreich über lange Zeit weder ein öffentliches noch ein wissenschaftliches Thema. Erst im Jahr 1999 beschloss der Nationalrat dieses bisher kaum behandelte Kapitel des Nationalsozialismus aufzuarbeiten. Ein Forschungsprojekt des Bundesministeriums für Bildung, Wissenschaft und Forschung hatte in der Folge die Aufgabe, die Tätigkeit der NS-Militärjustiz zu analysieren.[282]

Bis heute sind die Motive, die Soldaten zur Desertion, Selbstverstümmelung etc. veranlassen konnten, sehr umstritten. Menschen, die aus anderen Beweggründen als aus politischer oder religiöser Überzeugung handelten, wurde der Opferstatus nicht zugestanden. Oftmals werden auch heute noch den Deserteuren in erster Linie egoistische oder kriminelle Beweggründe vorgeworfen, und diese daher nicht den NS-Opfern zugeordnet.[283] Kriegsdienstverweigerer, die aus politischen, religiösen oder pazifistischen Gründen den Wehrdienst verweigerten, besitzen inzwischen einen höheren Stellenwert als Fahnenflüchtige. Unter anderem sind letztere dem Vorwurf der Feigheit oder des Verrates der Kameraden ausgesetzt.[284] Das österreichische Forschungsprojekt zur Militärjustiz verzichtete bewusst auf eine Erfassung der Beweggründe, da „nicht die Motivation, sondern die Tatsache der Verfolgung [...] das maßgebliche Faktum, um Verfolgte der NS-Militärjustiz als Opfer des Nationalsozialismus anzuerkennen" sei.[285]

Es folgt nun eine alphabetische Aufstellung der Opfer der deutschen Militärjustiz sowie Fahnenflüchtiger aus dem Bezirk Braunau:

Ludwig Anzinger aus Braunau wurde laut eigenen Angaben im Juli 1940 wegen abfälliger Äußerungen über Hitler von der Gendarmerie Braunau verhaftet und von der Gestapo Linz inhaftiert und misshandelt. Nach drei Wochen kam er frei, drei Wochen später erfolgte jedoch seine Einberufung zur Wehrmacht. Zuerst war Anzinger bei der Flak in Linz eingesetzt, dann in Ranshofen. Er sang in Ranshofen mit italienischen Fremdarbeitern verbotene Lieder und wurde deswegen bei einem Major angezeigt, worauf

---

[282] Walter Manoschek, Die Arbeit zweier Jahre. Eine Einleitung. In: Opfer der NS-Militärjustiz. Urteilspraxis – Strafvollzug – Entschädigungspolitik in Österreich. Hg. v. Walter Manoschek (Wien 2003) 2-15
[283] Maria Fritsche, Die Analyse der Beweggründe. Zur Problematik der Motivforschung bei Verfolgten der NS-Militärgerichtsbarkeit. In: Opfer der NS-Militärjustiz (wie Anm. 282) 104-112
[284] Ebd., 105
[285] Ebd., 110

seine strafweise Versetzung nach Steyr erfolgte. In der Folge kam er nach Deutschland und Wien. In Wien hatte er eine Auseinandersetzung mit einem Offizier im betrunkenen Zustand. Daraufhin erfolgte im Februar 1943 vor einem Militärgericht eine Verurteilung zu dreieinhalb Jahren Haft. Man inhaftierte ihn in Torgau (Festung), von wo Anzinger an eine Strafkompanie in Russland überstellt wurde. Nach vier Wochen kam er erneut zur Gestapo Linz, die ihn im Winter 1943 nach Dachau brachte. Auf dem Marsch aus dem KZ wurde Anzinger von US-Truppen befreit. Laut einem Bescheid war er bereits am 13. Dezember 1941 wegen Beleidigung eines Vorgesetzten zu vier Monaten Gefängnis verurteilt worden. Der Gendarmerieposten Braunau bestätigte nach 1945 die Verhaftung wegen abträglicher Äußerungen über die Hitlerregierung vom 26. Juni 40. Laut Polizeidirektion Linz war Anzinger von 24. September bis 8. Dezember 1938 wegen Verdachtes der KP-Betätigung und von 26. Juni bis 18. Juli 1940 wegen staatsfeindlicher Äußerungen in Haft. Weiters inhaftierte die Gestapo Anzinger von 3. Juni bis 7. Juli 1944.[286] Laut den Unterlagen der KZ-Gedenkstätte Dachau befand sich Anzinger von 9. Juli 1944 bis zur Befreiung in München-Riem im KZ Dachau.[287]

Der in St. Laurenz/Altheim wohnhafte Landarbeiter Johann Berer war laut einem Schreiben des Bürgermeisters von Altheim „Österreich-treu" und vor 1938 Mitglied der Vaterländischen Front. Er habe laut einem Bescheid von 1947 auch nach 1938 diese Gesinnung aufrecht erhalten. Berer wurde 1942/43 wegen Äußerungen, dass der Krieg nicht zu gewinnen sei, von Kriegskameraden beim Kompaniechef denunziert und von einem Feldgericht zu einem Jahr Gefängnis verurteilt (§102 MStGB – „Erregen von Missvergnügen"). Die Strafe verbüßte Berer in einer Feldstrafkompanie und später in Straflagerverwahrung in Ostrow. Dort traf er angeblich den erwähnten Ludwig Anzinger. Bei einem Fluchtversuch wurde Berer angeschossen, und der Richter beantragte im darauf folgenden Verfahren die Todesstrafe. Berer erhielt vom Feldgericht zehn Jahre Zuchthaus, die er zum Teil im Wehrmachtsgefängnis Torgau, in Wartenburg/Ostpreußen und in Waldheim (Sachsen) verbüßte. Von Waldheim floh Berer bis nach Karlsbad, wo er erneut vier Wochen in Haft saß. Der anschließende Transport mit unbekanntem Ziel wurde von den Amerikanern in Leipzig befreit. Berers Anträge auf Anerkennung als Opfer wurden abgewiesen, da „Sie

---

[286] OÖLA, Amt der Landesregierung seit 1945 / Opferfürsorge, Sch. 12: FOF-144/1951, der Antrag wurde abgelehnt.
[287] Archiv der Gedenkstätte Dachau: Auszug aus der Datenbank der KZ-Gedenkstätte Dachau

[Berer, Anm. F.S.] keine Beweise angeboten haben, dass ihre Verurteilungen auf Grund eines politischen Tatbestandes ausgesprochen wurden". Der „Tatbestand der Fahnenflucht [wird] nur dann als politisches Delikt anerkannt, wenn er unter Einsatz des Lebens für ein freies, demokratisches Österreich gesetzt wurde." Berer antwortete in einem Brief aus dem Jahr 1951: „Wenn Ihr mir das nicht glaubt, dann ist es traurig genug. Das ist der Dank jetzt dafür, dass ich meinen Kopf riskiert habe während meiner dreijährigen Haft. Das ist der Dank dafür. Wenn alle so gewesen wären, hätte der Krieg nicht 6 Jahre gedauert." 1985 scheiterte ein letzter Versuch, eine Anerkennung zu erhalten, obwohl auch der Seniorenbund für Berer interveniert hatte.[288]

Franz Braumann aus St. Veit wurde am 7. Mai 1944 vom Gericht der Division 177, Zweigstelle Brünn, wegen Zersetzung der Wehrkraft zum Tod verurteilt. Das Urteil wurde am 5. Juli 1944 vollstreckt. Braumann hinterließ vier Kinder und eine Frau. Der Opferausweis wurde seiner Witwe im August 1946 ausgestellt. Sie wurde „als Hinterbliebene eines Opfers des Kampfes um ein freies, demokratisches Österreich im Sinne des Ges. v. 4. Juli 1947 BGBl. Nr. 183 anerkannt".[289] Die genauen Vorwürfe gegen Braumann sind nicht bekannt.

Der Bäcker Johann Edthofer aus Mattighofen flüchtete am 13. Februar 1941 nach sechs Tagen vom Reichsarbeitsdienst (RAD) und fuhr mit dem Zug nach Innsbruck, da er in die Schweiz flüchten wollte. Er wurde festgenommen und am 27. Februar 1941 vom RAD-Gericht in Linz zu drei Monaten Zellenarrest verurteilt, die er in Wels verbüßte. Nach seiner Entlassung am 22. Mai 1941 floh er noch am ersten Abend erneut aus dem RAD und kam bis auf zwei Kilometer an die Schweizer Grenze heran, wurde jedoch von der Grenzpolizei verhaftet. Das LG Linz verurteilte ihn am 20. Juni 1941 zu 15 Monaten Zuchthaus. Edthofer wurde Ende Juli von Linz ins Strafgefangenenlager Dieburg/Rottgau in Hessen überstellt und kam von dort nach Stein. Am 9. September 1942 entließ man Edthofer und überstellte ihn zu den Strafbataillonen 999 und 500.[290]

Ernst Moz aus Mattighofen arbeitete vor dem Einmarsch 1938 als Chauffeur beim britischen Vizekonsul in Danzig. Zusammen mit letzterem wurde Moz beim Einmarsch 1938 in Salzburg verhaftet und nach einigen Verhören durch die Gestapo nach ein paar Tagen wieder freigelassen. Er kam

---

[288] OÖLA, Amt der Landesregierung seit 1945 / Opferfürsorge, Sch. 206: OF-332/1985
[289] Ebd., Sch. 195: OF(SH)-8/1984
[290] Ebd., Sch. 216: FOF-846/1964, das Ansuchen auf Opferfürsorge wurde abgelehnt.

im Oktober 1940 zur Luftwaffe und verbreitete bei seinen Kameraden Nachrichten, die er auf ausländischen Sendern gehört hatte. Am 5. Mai 1941 wurde Moz auf dem Flugfeld Markersdorf/St. Pölten von der Gestapo verhaftet und floh am 18. Dezember 1941 aus dem Wehrmachtsgefängnis St. Pölten. Nun wurde sein Verfahren auf Fahnenflucht ausgedehnt, denn Moz wollte in die Schweiz flüchten. Er hatte zwar die Schweizer Grenze erreicht, musste jedoch wegen hohen Schnees wieder umkehren und gelangte kurz vor Weihnachten 1941 zu seinem Freund Franz Buchner in Pfaffstätt. Dieser verbarg ihn dreieinhalb Jahre – bis zur Befreiung 1945 – in seinem Haus. Politisch war Moz den Sozialdemokraten zuzurechnen.[291]

Der Moosdorfer Ludwig Nesslinger wurde vom Divisionsgericht 188 nach dem Heimtückegesetz Anfang 1942 in Salzburg zu neun Monaten Gefängnis verurteilt. Er verbüßte die Strafe in Freiburg und wurde im Juli 1943 zum Ersatztruppenteil und dann zum Feldheer versetzt. Nesslinger fiel am 15. März 1945 in Kurland.[292] In den Akten ist zu lesen, dass er nach der Haft zu einer Strafkompanie versetzt wurde und an den Folgen einer Kriegsverletzung starb.[293]

Matthias Probst aus Munderfing wurde am 18. April 1940 nach dem Heimtückegesetz vom Sondergericht Salzburg zu vier Monaten Gefängnis verurteilt. Vom 17. Februar bis zum 17. Juni 1940 war Probst in Haft. Wegen wehrkraftzersetzender Äußerungen verurteilte ihn am 17. März 1943 das Feldgericht des Kommandos der 15. Flakdivision zu einem Jahr und sechs Monaten Gefängnis. Die Strafe büßte Probst in der Straflagerverwahrung der Dienststelle Feldpostnummer 12.361 ab.[294]

Am 27. Dezember 1943 wurde der fahnenflüchtige Erich Reiter aus St. Pölten im Gemeindegebiet St. Johann/W. von Gendarmen des Postens Maria Schmolln festgenommen und dem Standortältesten in Braunau überstellt.[295] Über sein weiteres Schicksal stehen mir keine Informationen zur Verfügung.

---

[291] Ebd., Sch. 141: OF(SH)-429/1974, Moz wurde als so genanntes „U-Boot" anerkannt.
[292] OÖLA, Amt der Landesregierung seit 1945 / Opferfürsorge, Sch. 2: F-1669/1947, der Antrag seiner Witwe wurde abgelehnt, da Nesslinger angeblich nicht in einer Strafkompanie diente. In den Akten des Volksgerichtes ist das Gegenteil zu lesen.
[293] OÖLA, Sondergerichte 1913-1980, Sch. 155: Vg 6 Vr 5920/46, das Volksgericht Linz verurteilte 1949 den Mann, der Nesslinger denunziert hatte, zu 42 Tagen Haft.
[294] OÖLA, Amt der Landesregierung seit 1945 / Opferfürsorge, Sch. 120: FOF-241/1971, dem Antrag auf Anerkennung nach Opferfürsorgegesetz wurde stattgegeben.
[295] Gendarmerieposten Aspach: Chronik des Gendarmeriepostenkommandos Maria Schmolln 1943

Am 6. Dezember 1944 nahm man im Rahmen der erwähnten Verhaftungswelle im Zusammenhang mit der Fahndung nach Georg Hamminger den Auszügler Johann Reitmaier aus Munderfing fest. Er wurde beschuldigt, Kontakte zu Hamminger unterhalten und ihn mit Nahrungsmitteln versorgt zu haben. Bis 9. Dezember 1944 wurde Reitmaier in Braunau und anschließend bis Ende Dezember in Linz festgehalten. Er wurde auch beschuldigt, seinem Sohn Josef zur Fahnenflucht verholfen zu haben. Wegen Bombenschäden am Polizeipräsidium befand sich Reitmaier von 25. Februar bis Anfang April 1945 im Gefängnis Kaplanhof und daraufhin bis Mitte April im KZ-Außenlager Schörgenhub/Linz. Danach überstellte man ihn nach Mauthausen.[296] Johann Reitmaier wurde in Linz geschlagen und gefoltert, bis er schließlich das Versteck seines Sohnes preisgab, der sich zuhause am Heuboden verborgen hielt. Am 10. Dezember 1944 wurde Josef Reitmaier verhaftet und konnte in Linz noch einmal seinen Vater sehen, der sich in einem fürchterlichen Zustand befand.[297] Josef Reitmaier befand sich bis zum 19. April 1945 in der Wehrmachtskommandantur in Linz in Haft.[298] Der Staatsanwalt beantragte zwar die Todesstrafe, psychiatrische Gutachten dürften aber mildernd gewirkt haben. Reitmaier glaubte jedoch, dass er zum Tod verurteilt worden sei und durchlebte eine schreckliche Zeit des Wartens auf die Exekution.[299] Laut seinen Angaben kam er am 27. April 1945 zur Strafkompanie Dirlewanger nach Tschechien, wo er am 9. Mai 1945 in Kriegsgefangenschaft geriet.[300]

Georg Schillinger aus Neukirchen wurde wegen Fahnenflucht am 11. Mai 1942 vom Feldgericht der 45. Infanteriedivision zum Tode verurteilt und am 29. Mai 1942 erschossen. Er hatte sich im Dezember 1941 unerlaubt von der Truppe entfernt und „trieb sich im Hinterland herum".[301]

Josef Schlatzer, gebürtiger Wiener, wohnte während des Krieges in Handenberg. Am 31. Dezember 1942 brachte ihn die Gestapo ins Polizeigefängnis Linz und am 15. Jänner 1943 nach Dachau, weil er während des

---

[296] OÖLA, Amt der Landesregierung seit 1945 / Opferfürsorge, Sch. 27: FOF-99/1954. Der Antrag auf Anerkennung als NS-Opfer wurde wegen einer Fristüberschreitung abgelehnt, außerdem wäre die Beihilfe zur Fahnenflucht laut dem Amt der Landesregierung nicht als „Eintreten für ein freies, demokratisches Österreich zu werten".
[297] Gespräch von Hans und Andrea Winkelmeier mit Josef Reitmaier, 13.5.2001
[298] OÖLA, Amt der Landesregierung seit 1945 / Opferfürsorge, Sch. 27: FOF-100/1954
[299] Gespräch von Hans und Andrea Winkelmeier mit Josef Reitmaier, 13. 5. 2001
[300] OÖLA, Amt der Landesregierung seit 1945 / Opferfürsorge, Sch. 27: FOF-100/1954. Sein Antrag beim Amt für Opferfürsorge wurde mit der gleichen Begründung abgelehnt wie derjenige seines Vaters.
[301] Ebd., Sch. 2: F-409/1947. Das Ansuchen der Mutter um Opferfürsorge wurde mit der Begründung abgelehnt, dass kein politisches Motiv für die Tat ersichtlich sei.

Fronturlaubs äußerte: „Es wäre besser die Nazis gingen zum Teufel und es käme der Otto [gemeint war Otto Habsburg, Anm. F.S.]". Der Moosdorfer Pfarrer Daxl bestätigte, er habe Schlatzer oftmals im KZ gesehen. Am 13. Dezember 1944 wurde Schlatzer entlassen und zur Strafkompanie Dirlewanger nach Ungarn eingezogen. 1947 kehrte er aus der russischen Kriegsgefangenschaft heim. Laut eigener Angabe war Schlatzer durch die Bombardierung einer niederländischen Stadt zum Kriegsgegner geworden.[302]

Der fahnenflüchtige Friedrich Schmidt aus Schalchen wurde Ende Mai 1944 zum Tode verurteilt und in Wien hingerichtet. Er war in Schalchen bei einer Magd im Sensenwerk Moser verhaftet worden.[303] Genauere Informationen sind bis dato nicht verfügbar.

Karl Sperl, wohnhaft in Braunau, arbeitete von 1940 bis 1942 in den Vereinigten Aluminiumwerken Ranshofen und kam am 20. Juni 1942 zur Wehrmacht. Im Jahr 1944 wurde er in Frankreich eingesetzt und schloss sich dort den Partisanen (Maquis/FFI) an. Nach der Aufstellung des 1. Österreichischen Freiwilligenbataillons trat er diesem bei und kämpfte bis Kriegsende in dessen Reihen. Sperl gehörte bis Dezember 1945 der französischen Besatzungstruppe in Vorarlberg an und wurde dann entlassen. Bei den Kämpfen in Frankreich hatte er sich am 19. Juli 1944 in der Nähe von Clermont durch einen Seitengewehrstich und einen Kolbenhieb im Nahkampf eine Verletzung zugezogen. Schwierigkeiten bei der Anerkennung als Opfer ergaben sich in der Folge durch Sperls NSDAP-Mitgliedschaft in den Jahren 1938 bis 1942. Um die Anerkennung voranzutreiben, bestätigte auch der Bataillonskommandant des 1. Österreichischen Freiwilligen Bataillons Fafatier Sperls Teilnahme am Partisanenkampf. Die SPÖ bestätigte seine Mitgliedschaft seit 1919. Sperl verübte laut eigenen Angaben vor seiner Desertion noch einige Sabotageakte an Lokomotiven und war bei den Partisanen Führer einer kleineren Einheit. Obwohl Sperl 1947 den Bescheid erhielt, dass er von der Verzeichnung als NSDAP- und SA-Mitglied ausgenommen wurde, da er „mit der Waffe in der Hand in den Reihen der alliierten Armeen gekämpft hat" und auch die einvernommenen Vertreter der drei politischen Parteien (SPÖ, ÖVP, KPÖ) zustimmten, wurde der Antrag 1948 neuerlich abgelehnt.[304]

---

[302] Ebd., Sch. 122: FOF-334/1971, der Antrag wurde anerkannt.
[303] Zwischelsberger, Schalchen (wie Anm. 207)
[304] OÖLA, Amt der Landesregierung seit 1945 / Opferfürsorge FOF 1326-1948, Sch. 5

Johann Stadler, wohnhaft in Überackern, musste 1944 in Hallein zur Wehrmacht einrücken und entfernte sich ohne Genehmigung vom Dienst. Er besuchte seine Stiefeltern in Überackern und schoss sich mit einer Pistole in den Fuß, um nicht mehr zum Militär zu müssen. Stadler wurde am 26. Mai 1944 verhaftet und am 7. August 1944 vom SS- u. Polizeigericht Salzburg zum Tode verurteilt. Nach einem Gnadengesuch der Pflegeeltern wurde das Urteil am 12. Jänner 1945 in 15 Jahre Zuchthaus umgewandelt, wobei die in die Zeit des Kriegszustandes fallende Vollzugszeit nicht eingerechnet werden sollte. Stadler befand sich bis zum 29. April 1945 im KZ Dachau. Nach dem Krieg bemerkte der Gendarmerieposten Ach im Zuge des Verfahrens auf Opferfürsorge: „Ein politischer Grund ist in seiner Sache nicht gegeben, da es sich nur um eine persönliche Sache handelt und zwar, mit 1 Tausendguldenschuß sein Leben selbst zu retten." Wie in anderen ähnlichen Fällen wurde die Anerkennung als NS-Opfer verweigert.[305]

Der Maler Anton Streif wurde zwar nicht direkt zum Opfer der NS-Militärjustiz, er wollte jedoch zwei Deserteuren helfen und wurde deshalb von der Gestapo verhaftet. Streif arbeitete in den VAW Ranshofen und wurde in der Folge in den Rüstungsbetrieb Redl-Zipf versetzt. Ein Bekannter Streifs beherbergte zwei Deserteure in Laab/Braunau und überredete ihn, die beiden zu den Partisanen ins Salzkammergut zu vermitteln. Am 25. März 1945 verhaftete jedoch die Gestapo Streif in Braunau und brachte ihn in das KZ-Außenlager Schörgenhub/Linz, wo er misshandelt wurde. Die Inhaftierung in Schörgenhub wurde von einem Zeugen bestätigt. Laut eigenen Angaben kam Streif kurz vor der Befreiung mit Hammerstein (ehemaliger Bezirkshauptmann von Braunau), Feßl (ein Kommunist aus Schalchen), der Mutter von Georg Hamminger und dem oben erwähnten Reitmaier sen. nach Mauthausen.[306] Laut einem Interview mit Josef Angsüsser gehörte Streif zu den illegalen Braunauer Kommunisten.[307]

Rudolf Weidenthaler, wohnhaft in Altheim, wurde am 13. Juli 1944 vom Gericht der Dienststelle Feldpostnummer 02.445 zum Tode verurteilt und am 4. Dezember 1944 hingerichtet. Weidenthaler wurde in Athen bestattet,

---

[305] Ebd., Sch. 52: FOF-473/1961
[306] Ebd., Sch. 50: FOF-162/1961, Sch. 50. Das Ansuchen wurde vom Amt für Opferfürsorge abgelehnt, da aus dem Antrag nicht zu entnehmen sei, dass Streifs „Mithilfe, den beiden Deserteuren zu einem Unterschlupf zu verhelfen, zum Zwecke der Wiederherstellung eines freien, demokratischen Österreich erfolgt ist".
[307] Gespräch von Martin Simböck und Günther Schlager mit Josef Angsüsser, Videoaufnahme, o. D. (Video im Besitz von Martin Simböck)

das Veröffentlichen von Nachrufen in Zeitungen wurde verboten. Weidenthaler war seit 16. Dezember 1943 fahnenflüchtig.[308]
Der in Altheim wohnhafte Engelbert Wenger wirkte laut der Anklage vor Gericht in der Widerstandsgruppe um den St. Pöltener Katholiken Friedrich Leinböck-Winter mit. Diese Gruppe bildete sich aus österreichischen Soldaten, die in Norwegen stationiert waren, und jungen Norwegern. Am 31. August 1942 und in den folgenden Tagen wurden zwölf österreichische Wehrmachtsangehörige und 27 Norweger verhaftet. Das Feldgericht verurteilte drei Österreicher und drei Norweger zum Tode, mehrere Soldaten erhielten hohe Zuchthausstrafen, einige Norweger lebenslänglich.[309] Der Tischler und Luftwaffenangehörige Wenger wurde am 28. August 1942 verhaftet und am 30. November 1942 wegen „Kriegsverrats in Tateinheit mit Zersetzung der Wehrkraft" zum Tode verurteilt. Das Urteil wurde am 11. April 1943 in Rös bei Oslo vollstreckt.[310]
Der Hotelportier Franz Windauer aus Braunau wurde am 1. Mai 1944 vom Gericht der 17. Panzerdivision wegen Abhörens und Verbreitens von Nachrichten eines Feindsenders zu fünf Monaten Gefängnis verurteilt. In der Folge wurde Windauer degradiert und zu einer Strafkompanie versetzt.[311]
Raimund Ziegler, ein Maler und Hilfszollbetriebsassistent aus Mattighofen, war beim Grenzschutz der Deutschen Wehrmacht in Jugoslawien eingesetzt. Er desertierte 1943, um mit den Partisanen zu kämpfen. Ziegler diente in der Jugoslawischen Volksbefreiungsarmee und war am Kömmel bei Bleiburg im Einsatz. Bei Lavamünd geriet er im Frühjahr 1944 in Gefangenschaft des Sicherheitsdienstes. Er befand sich über 19 Monate in Untersuchungshaft in Radmannsdorf (heute Slowenien) und in Vigaum. Im Jänner 1945 überstellte man ihn nach Klagenfurt in das dortige Gestapo-Gefängnis. Kurz nach Ostern 1945 wurde Ziegler vom SS- und Polizeigericht Salzburg in Veldes, Oberkrain zum Tod durch Erschießen verurteilt. Am 21. April 1945 wurde er in der Nähe von Krainburg (heute Slowenien) erschossen.[312] Ziegler dürfte der KPÖ nahegestanden haben, da er in einem Gespräch mit ehemaligen Mitgliedern der illegalen Mattighofener KP er-

---

[308] OÖLA, Amt der Landesregierung seit 1945 / Opferfürsorge, Sch. 2: F-447/1947, der Antrag seiner Witwe wurde abgelehnt
[309] Maria Szecsi – Karl Stadler, Die NS-Justiz in Österreich und ihre Opfer (Wien 1962) 81
[310] Datenbank des Projektes „Opfer der NS-Militärjustiz", schriftlich Mitteilung von Walter Manoschek
[311] DÖW, 20.000/W 438: Windauer überlebte den Krieg
[312] OÖLA, Amt der Landesregierung seit 1945 / Opferfürsorge, Sch. 51: FOF-313/1961

wähnt wird.[313] Auch der bereits mehrmals erwähnte Josef Angsüsser zählt Ziegler zur KP-Gruppe Mattighofen/Schalchen.[314]
Neben den dargestellten Fällen gab es im Bezirk Braunau auch etliche Deserteure, die sich in den heimischen Wäldern versteckt hielten. Aus Hochburg-Ach ist der Fall von Georg Loidl bekannt, der 1943 von der Front auf Urlaub nach Hause kam und nicht mehr einrücken wollte. Loidl versteckte sich bis Kriegsende im Weilhart, einem großen Waldgebiet, das Hochburg-Ach umschließt. Auch bei Verwandten und Bekannten, die ihn mit Lebensmittel versorgten, fand Loidl Unterschlupf. Trotz mehrmaliger Suchaktionen wurde er nicht aufgefunden, laut Zeitzeugen dürften die Behörden keinen großen Eifer an den Tag gelegt haben, Loidl zu verhaften.[315] In Maria Schmolln soll weiters ein Deserteur über Monate in einem Hohlraum unter dem Fußboden verborgen worden sein.[316] Der mir namentlich nicht bekannte Deserteur wurde angeblich in einem Raum unter dem Boden des Stalles versteckt. Kurz vor Kriegsende verhaftete man seine Familie und auch ihn, alle Beteiligten kehrten jedoch nach der Befreiung unversehrt zurück.[317]
Besonders gegen Kriegsende stieg die Zahl jener Soldaten, die nach einem Heimaturlaub nicht mehr zur Wehrmacht zurückkehren wollten. Der im Kapitel über die KPÖ erwähnte Hermann Fischer aus Hackenbuch versteckte sich ab März 1945 mit einem Bekannten im Ibmer Moor an der Grenze zu Salzburg. Obwohl örtliche Nationalsozialisten nach ihnen suchten, wurden sie nicht gefunden.[318] Gabriele Hindinger spricht weiters von Massendesertionen beim Volkssturm und der Wehrmacht im Bezirk Braunau in der Zeit unmittelbar vor dem Einmarsch der US-Truppen.[319] Dass sich viele Soldaten die letzten Wochen und Tage vor der Befreiung verborgen hielten, wird hier auch von Zeitzeugen bestätigt. Dass dies besonders gefährlich war, weil fanatische Nationalsozialisten und SS-Truppen bis zur letzten Stunde Jagd auf Deserteure machten, zeigt das Beispiel von Georg

---

[313] AStL, Nachlass Kammerstätter, Sch. 14: Gespräch mit Hermine Stadler, Johann Meister, Robert Lixl, o. D.
[314] Gespräch von Martin Simböck und Günther Schlager mit Josef Angsüsser, Videoaufnahme, o. D. (Video im Besitz von Martin Simböck)
[315] Hochburg-Ach – Leben zwischen Salzach und Weilhart. Hg. v. Gemeinde Hochburg-Ach (Ried im Innkreis 2003) 30
[316] Gespräch von Hans und Andrea Winkelmeier mit Josef Reitmaier, 13.5.2001
[317] Gespräch des Verf. mit Josef Heimel, Burgkirchen, 15.2.2005
[318] AStL, Nachlass Prof. Peter Kammerstätter, CD 277: Interview mit Hermann Fischer, Hackenbuch, 12.3.1976
[319] Gabriele Hindinger, Das Kriegsende und der Wiederaufbau demokratischer Verhältnisse in Oberösterreich im Jahre 1945 (Wien 1968) 32

Hauner. Der Simbacher Soldat war von einem Wiener Lazarett zur Genesung an das Reservelazarett Simbach/Inn überwiesen worden. Am 25./26. April sollte er sich wieder bei seiner Einheit in Augsburg melden. Er versteckte sich jedoch in der elterlichen Wohnung in Simbach. Wahrscheinlich durch Verrat erfuhr eine dort stationierte SS-Einheit von Hauner und verhaftete ihn am 30. April 1945. Auf Verlangen eines SS-Offiziers wurde ein Standgericht eingerichtet, das den Fall jedoch an das reguläre Divisionsgericht abtrat, was angesichts des erwarteten baldigen Eintreffens der US-Truppen einem Freispruch gleichkam. Der SS-Offizier löste daraufhin das Standgericht auf und bildete ein neues, das das Todesurteil aussprach. Hauner wurde aus der Braunauer Garnison in die Innauen nahe der Stadt gebracht und dort erschossen. An Hauner erinnert ein Kreuz mit Inschrift in der Braunauer Au.[320]

In den letzten Tagen vor Kriegsende wurden auch vier Kriegsgefangene in der Höhnharter Ortschaft Herbstheim zum Opfer von fanatischen Nationalsozialisten. Am 23. April 1945 nahm der Höhnharter Gemeindediener in Herbstheim vier Kriegsgefangene in Zivilkleidung beim Betteln fest. Die vier Personen, angeblich zwei Russen, ein Franzose und ein Slowake, wurden dem Leutnant einer durchziehenden Panzertruppe zur Verfügung gestellt, welcher die Erschießung der Kriegsgefangenen anordnete. Ein beurlaubter Soldat bot sich für die Durchführung an und führte die vier Männer mit Hilfe von vier HJ-Buben in eine Schottergrube bei Herbstheim. Die erschossenen Kriegsgefangenen verscharrte man an Ort und Stelle.[321] Laut dem „Höhnharter Lesebuch" waren die vier Ermordeten Fremdarbeiter aus einer Rüstungsfabrik, die beim Anmarsch der Russen gezwungen worden waren, ihren Arbeitsplatz zu verlassen und in ein Lager im Weilhart zu gehen. Sie mussten ihr Essen selbst erbetteln und erhielten in Herbstheim auch Lebensmittel, wurden aber „von einer fanatischen Parteigruppe […] zu Partisanen erklärt". Die Bestattung der vier Toten am Friedhof wurde vorerst verhindert. Am 30. August 1945 bestattete man sie dort mit einer kirchlichen Trauerfeier. Am 6. Juli des folgenden Jahres wurden die Leichen exhumiert und auf den Friedhof nach Uttendorf überführt.[322] Zwei für

---

[320] Rudolf Vierlinger, Das Jahr 1945 an Inn und Rott. Eine Dokumentation der Ereignisse in unserer Heimat (Simbach 1995) 99 f.
[321] Auszug aus der Chronik des Bezirksgendarmeriekommandos Braunau/Inn, vgl. Widerstand und Verfolgung in Oberösterreich 2 (wie Anm. 19) 442; DÖW, 15.061
[322] Walter Kovar, Das Höhnharter Lesebuch (Ried im Innkreis 1998) 111

diesen Mord verantwortliche Personen wurden 1950 vom Volksgericht Linz zu jeweils 60 Monaten Haft verurteilt.[323]

Resümee

Am Ende dieses Beitrags kann festgehalten werden, dass auch in einem kleinen, ländlichen Gebiet Widerstand und Verfolgung überraschend verschiedenartige Ausprägungen annehmen konnten. Erschreckend wirkt dabei der enorme Umfang, den die Verfolgungsmaßnahmen des NS-Regimes in diesem doch relativ kleinräumigen und nicht sehr bevölkerungsreichen Gebiet angenommen haben. Trotz intensiver Beschäftigung mit dem Thema Nationalsozialismus, wurde erst bei der Durchsicht dieser enormen Fülle von Dokumenten und Unterlagen das wirkliche Ausmaß und die hohe Durchdringung der Gesellschaft durch den NS-Verfolgungsapparat anschaulich. Der NS-Terror betraf keineswegs nur Minderheiten und Randgruppen, sondern sorgte für eine nahezu lückenlose Überwachung, und versuchte Kritik und oppositionelles Verhalten durch rasche und harte Repressionsmaßnahmen schon im Keim zu ersticken. Sein Ziel war unter anderem, „ein zweites 1918", also ein Zusammenbrechen der „Heimatfront" zu verhindern, um den Krieg ungehindert führen zu können. Außerdem versuchte das NS-Regime seine rassen- und bevölkerungspolitischen Vorhaben umzusetzen. Es sollte auch nicht vergessen werden, dass all dies nur durch die Mithilfe eines nicht zu unterschätzenden Teils der Bevölkerung möglich war, und dass das Regime diese zahlreichen Zuträger und Helfer nicht entbehren konnte.

Betrachtet man die Lage der katholischen Kirche im Bezirk Braunau während der NS-Zeit, so überrascht zunächst die hohe Zahl an Verhaftungen von Priestern. Sie wurden in Oberösterreich allgemein öfter zum Gegenstand der NS-Repression als in der restlichen „Ostmark", jedoch steht der Bezirk Braunau zweifelsohne an der Spitze. In beinahe jeder dritten Pfarre wurden Priester verhaftet, insgesamt waren 16 Geistliche betroffen. Geringfügigere tätliche Angriffe auf Pfarrhöfe sowie das Eigentum der Kirche waren ebenso keine Seltenheit.

Die Ursachen dieses scharfen Kirchenkampfes können nur teilweise rekonstruiert werden. Zum einen waren die meisten Pfarrer im klerikalen Stän-

---

[323] OÖLA, Sondergerichte 1913-1980, Sch. 37: Vg Vr 1654/46

destaat politisch höchst aktiv gewesen und hatten sich auch an der Verfolgung der illegalen Nationalsozialisten beteiligt. In etlichen Fällen wurden Rachemotive ehemaliger illegaler Nationalsozialisten auch vor Gericht sehr offen zur Schau gestellt. Zum anderen sahen die neuen Herrscher nach dem Einmarsch, teilweise zu Recht, in den Priestern den Grund für oppositionelle Tendenzen in Teilen der Bevölkerung. Mit den Priesterkonferenzen um den Braunauer Dechant Ludwig, der ein besonderer Gegner der Nationalsozialisten war, existierte auch eine gewisse Form der Organisation unter den Priestern. Betrachtet man die Wahlergebnisse in den Gebieten, in denen die meisten Priester verhaftet wurden, so wird augenfällig, dass dies die Hochburgen der Christlichsozialen in der Ersten Republik gewesen waren. Nicht zuletzt dürften die NS-Behörden besonders im „Heimatkreis des Führers" sehr empfindlich auf oppositionelle Regungen im Klerus und der Bevölkerung reagiert haben. Das Kapitel zu den Sondergerichtsverfahren aus dem Bezirk Braunau zeigt deutlich, wie die NS-Funktionäre häufig versuchten, „politisch auffällige" Personen durch Denunziationen und Eingaben zuungunsten des Angeklagten vor Gericht „kaltzustellen", und dadurch auch in der Bevölkerung eine abschreckende Wirkung zu erzielen. Der Begriff der „Resistenz" beschreibt das Verhalten, das in tief katholisch geprägten, bäuerlichen Gebieten anzutreffen war, zweifellos besser als der Begriff des „Widerstandes" in seinem politischen Sinn. Auch wenn diese „resistenten" Verhaltensmuster nicht zu organisiertem Widerstand führten, so erschwerten sie doch die Durchsetzung nationalsozialistischer Politik und konnten im besten Falle den Zugriff des Regimes auf das eigene traditionelle Milieu teilweise eindämmen bzw. abschwächen.

Der Unterschied der unter dem Begriff „Resistenz" zusammengefassten Verhaltensweisen zum politisch organisierten Widerstand wird im Kapitel zum kommunistischen Widerstand deutlich. Angesichts der politischen/ökonomischen Struktur der Region überrascht die Existenz von kommunistischem Widerstand, da dieser ansonsten vor allem in städtischen, industrialisierten Gebieten mit einer gewerkschaftlich organisierten Arbeiterbewegung auftrat. Derartige Bedingungen lagen im Bezirk Braunau nur in einigen wenigen Gegenden vor. Vor allem mit Hilfe der Eisenbahner, die über eine lange Geschichte der politischen Organisation und große dahingehende Erfahrung verfügten, konnte die KPÖ nach dem Einmarsch ihr Organisationsnetz wieder aufbauen und als einzige Partei gesamtösterreichische Widerstandsstrukturen bilden. Im Gegensatz zum bürgerlichen Lager verfügte die KPÖ durch die lange Zeit der Repression und des Verbots (1933) über große Praxis in der illegalen Tätigkeit und konnte dadurch kombiniert mit Hartnäckigkeit und Aufopferungsbereitschaft immer wieder neue Kontakte knüpfen. Für die KP im Bezirk Braunau war die Salzburger Parteiorganisation vor allem aufgrund der Kontakte entlang der Eisenbahnstrecke Salzburg-Mattighofen-Braunau beim Aufbau neuer vernetzter Widerstandsstrukturen von höchster Bedeutung. Die Aufdeckung der Landesorganisation Salzburg durch die Gestapo sollte jedoch letztendlich auch zur Zerschlagung der Braunauer, Mattighofener und Hackenbuchener Gruppen führen, die hohe Opferzahlen zu beklagen hatte. Die meisten Mitglieder und Sympathisanten der KP im Bezirk Braunau kamen aus der Sozialdemokratie und den Gewerkschaften und waren beruflich vor allem als Eisenbahner und Arbeiter tätig. Für sie dürfte vor allem die Passivität der sozialdemokratischen Führung die entscheidende Motivation für den Übertritt zur KPÖ gebildet haben, der laut den verwendeten Akten für viele nur von beschränkter Dauer war. Wie allgemein in Österreich feststellbar, musste die KPÖ von allen politischen Lagern die mit Abstand größten Verluste im Kampf gegen den Nationalsozialismus verzeichnen.

Das Kapitel „Widerstand und der Verfolgung von Einzelnen" beschäftigt sich mit den Verfahren vor dem Sondergericht Linz. Wie erwartet stammte ein hoher Anteil der Betroffenen im Bezirk Braunau aus dem bäuerlichen Milieu und war politisch dem konservativ-bürgerlichen Lager zuzuordnen, gefolgt von Sozialdemokraten oder Kommunisten. Die Nationalsozialisten, die sich vor dem Sondergericht zu verantworten hatten, standen ausschließlich wegen Verstößen gegen die Kriegswirtschaftsverordnung vor Gericht. Ein ehemaliger NS-Anhänger wurde wegen der fälschlichen Verwendung des Parteiabzeichens verurteilt. Bauern verfügten über einen Anteil von 24,7 % an den Angeklagten, Arbeiter über 18,8 %, Landarbeiter über 14,1 % und Gewerbetreibende über 12,9 %. Auffällig ist an dieser Stelle nur der hohe Anteil von Priestern (5,9 %). Rund ein Drittel der Angeklagten aus dem Bezirk Braunau vor dem Sondergericht Linz waren Frauen. Sie standen in fast einem Drittel der Fälle wegen „verbotenem Umgang" mit Kriegsgefangenen vor Gericht. Dahinter folgten Verstöße gegen die KWVO, das Abhören von „Feindsendern" sowie Verbrechen nach dem Heimtücke-Gesetz. Die meisten Anklagen im Bezirk Braunau insgesamt erfolgten aufgrund des Heimtücke-Gesetzes (31,8 %), gefolgt vom Abhören von Auslandssendern (28,2 %), Verstößen gegen die

KWVO (12,9 %) sowie dem „verbotenen Umgang mit Kriegsgefangenen". Letzterer Vorwurf betraf vor dem Sondergericht zur Gänze Frauen. Wie für eine ländliche Gegend zu erwarten nahm auch das „Schwarzschlachten" von Vieh (11,8 %) eine bedeutende Rolle ein.
Oftmals denunzierten ehemalige illegale Nationalsozialisten vormalige Funktionäre der Vaterländischen Front bzw. des Ständestaates aufgrund von Rachemotiven unter dem Vorwurf der „staatsfeindlichen Äußerungen". Dies war vor allem in Gemeinden mit „eifrigen" bzw. fanatischen NS-Ortsgruppen der Fall, in denen sich besonders die Funktionäre als rücksichtslose Verfolger von politisch unliebsamen Personen hervortaten. Viele der Äußerungen, aufgrund derer man Menschen vor das Sondergericht schleppte, wurden in Gasthäusern getätigt, wobei oftmals der Alkohol die Zungen gelockert haben dürfte. Als Denunzianten betätigten sich dabei zumeist andere Wirtshausbesucher. Oftmals ging es den NS-Funktionären auch darum, potentielle Kritiker bzw. feindlich gesonnene Kreise durch Verhaftungen von exponierten Personen oder Meinungsführern einzuschüchtern. Themen der inkriminierten Äußerungen vor dem Sondergericht waren vor allem der Krieg, die Kriegslage, die Kritik an NS-Funktionären sowie die allgemeine soziale Lage.
Die Anzeigen wegen verbotenen Umgangs mit Kriegsgefangenen, sprich wegen Verhältnissen von „arischen" Frauen mit zumeist in der Landwirtschaft eingesetzten „fremden" Kriegsgefangenen, trafen in einem auffälligen Ausmaß gesellschaftliche Außenseiterinnen. Wie man aus den Erzählungen älterer Menschen im Bezirk Braunau weiß, waren jedoch Verhältnisse mit Kriegsgefangenen keine Besonderheit, sondern relativ verbreitet. Weiters stammten alle angezeigten Frauen aus den ländlichen Unterschichten und waren vor allem als Dienstboten tätig. Dies legt die Vermutung nahe, dass in vielen Fällen bekannt gewordene Verhältnisse mit Kriegsgefangenen nicht zur Anzeige gebracht wurden, und andererseits nicht selten eine günstige Handhabe waren, um Frauen, die als „asozial" angesehen wurden, in das Gefängnis oder KZ bringen zu können. Die meisten Frauen wurden dabei von eifrigen Funktionären angezeigt, denen Gerüchte über ein Liebesverhältnis zu Ohren gekommen waren. Es gab jedoch auch Denunziationen aufgrund privater Motive, wie z. B. Eifersucht oder private Feindschaften.
Zu Georg Hamminger bleiben trotz der bereits geleisteten Forschungen noch immer zahlreiche offene Fragen. Zumindest kann jedoch festgehalten werden, dass es sich bei ihm um einen gesellschaftlichen Außenseiter aus

untersten sozialen Verhältnissen handelte, der seinen Hass auf den Nationalsozialismus mit einem persönlichen Rachefeldzug verband. Wurden von ihm anfangs noch Anschläge auf Gendarmeriebeamte verübt, die auch nachweislich exponierte Nationalsozialisten waren, so beging Hamminger in den letzten Tagen vor dem Einmarsch der US-Truppen zahlreiche Morde, denen offensichtlich ausschließlich alte Familienstreitigkeiten sowie andere persönliche Motive zugrunde lagen. Auch können bei den Überfällen auf die Gendarmen in der ersten Zeit seines Lebens im „Untergrund" persönliche Motive festgestellt werden, da sowohl Hamminger als auch sein Vater aufgrund verschiedener Eigentumsdelikte oftmals Kontakt zur Exekutive hatten. Wie dargestellt wurden während der Fahndung nach Hamminger zahlreiche politisch verdächtige Personen in „Geiselhaft" genommen, da offensichtlich für die NS-Behörden nicht ganz klar war, ob es sich nicht doch um eine organisierte Aktion mit einem größeren Kreis von beteiligten Personen handelte. Die Taten Hammingers dürften jedoch zum Teil auch als günstiger Vorwand der NS-Behörden für eine groß angelegten Aktion zur Einschüchterung bzw. Ausschaltung politischer Gegner gedient haben.

Obwohl im Bezirk Braunau laut der Volkszählung 1941 nur fünf sogenannte „Volljuden", zehn „Mischlinge ersten Grades" sowie sieben „Mischlinge zweiten Grades" lebten, und diese nicht einmal mehr dem mosaischen Bekenntnis angehörten, fand sich im Zuge der Recherchen eine Fülle an Material über die „Arisierungen" sowie andere Zwangsmaßnahmen gegen Personen, die nach den Nürnberger Rassegesetzen als Juden galten. Mehrere Personen mussten emigrieren, darunter auch ein Kind nach England. Die so genannten „Mischlinge", sowie Menschen in „Mischehen" waren, wie aus den Akten hervorgeht, zahlreichen Demütigungen und Schikanen ausgesetzt und liefen zu Kriegsende auch Gefahr, in ein KZ geschickt zu werden. Auffällig ist, wie geplant und effektiv selbst in der „Provinz", wo sich fast keine Juden befanden, die antijüdischen Maßnahmen durchgeführt wurden. Lokale NS-Behörden sowie auch etliche private „Ariseure" legten großen Ehrgeiz und Eifer an den Tag um auch hier in der Provinz die Enteignung des „jüdischen Volksfeindes" durchzuführen. In etlichen Fällen lässt sich dabei die direkte personelle Verknüpfung von Unternehmerschaft und NS-Parteizugehörigkeit feststellen, die verständlicherweise zu Bevorzugungen bei der Verteilung des beschlagnahmten Vermögens führte. Aber auch sonst waren unmittelbar nach dem Anschluss „Ariseure" zur Stelle, die von der Diskriminierung der

Juden profitieren wollten. Wie allgemein in Österreich erfolgte die Rückgabe des Eigentums bzw. die Entschädigung nach 1945 auch bei den Betroffenen aus dem Bezirk Braunau nicht vollständig und nur nach jahrelangen Rückstellungsverfahren, die den ehemaligen Eigentümern große Kosten und Mühen bereiteten.

Im Zuge der Arbeiten am Kapitel zur Euthanasie stieß ich auf erhebliche Quellenprobleme. Zwar konnte ich 50 aus dem Bezirk Braunau stammende Personen eruieren, die in Hartheim dem Programm zur „Vernichtung lebensunwerten Lebens" zum Opfer fielen, es bleibt jedoch sicherlich eine große Zahl von weiteren Ermordeten im Dunkeln. Weiters konnten 23 Namen von Personen ausfindig gemacht werden, die aller Wahrscheinlichkeit nach in der Anstalt Niedernhart/Linz (heute Wagner-Jauregg Nervenklinik Linz) im Rahmen der so genannten „wilden Euthanasie" ermordet wurden. Diese wurde dezentral in den einzelnen psychiatrischen Anstalten vor allem unter Mithilfe von Medikamenten durchgeführt. Jedoch liegt auch hier die tatsächliche Zahl der Mordopfer weit darüber, denn zu dieser Form der „Euthanasie" existieren nur mehr sehr unzureichende Quellen, sodass sicherlich niemals die genaue Zahl der Opfer, geschweige denn ihre Namen festgestellt werden können.Der letzte Abschnitt des Beitrags behandelt die bislang oftmals unbeachteten bzw. noch immer heftig umstrittenen Opfer der NS-Militärjustiz. Diese aus den verschiedensten Gründen wie Fahnenflucht oder Selbstverstümmelung verurteilten Personen, wurden von der Anerkennung als NS-Opfer ausgeschlossen und lange Zeit als Verräter oder Feiglinge aus der Öffentlichkeit ausgegrenzt. Überraschend wirkte die hohe Zahl an Fahnenflüchtigen bzw. von der Militärjustiz verfolgten Personen aus dem Bezirk Braunau. Auch lässt sich nachweisen, dass sich Deserteure in den Wäldern des Bezirkes oft über lange Zeit versteckten. Besonders in den letzten Wochen vor Kriegsende ereigneten sich im Bezirk Braunau Massendesertionen von der in Auflösung begriffenen Wehrmacht. Da die verschiedenen Schicksale vor allem über die Akten der Opferfürsorge eruiert wurden, kann davon ausgegangen werden, dass noch eine erhebliche Dunkelziffer existiert, da nicht wenige ehemalige Opfer bzw. deren Angehörige ein Ansuchen an die Opferfürsorge für aussichtslos gehalten haben dürften bzw. nicht mehr am Leben waren. Auch hier steht man vor einem erheblichen Quellenproblem.

Die Entscheidung, die Opfer der Militärjustiz in die Untersuchung aufzunehmen, fiel vor allem aufgrund der Überlegung, dass diese Menschen Opfer einer von jeglichen rechtsstaatlichen oder anderen zivilisatorischen Beschränkungen entbundenen Militärjustiz wurden. Diese Justiz diente außerdem dazu, den verbrecherischen Angriffskrieg Hitlers und seine Fortführung bis zur totalen Niederlage 1945 möglich zu machen.

AMT UND BEHÖRDE DES REICHSSTATTHALTERS IN OBERDONAU

Helmut Fiereder

Einleitung

Ämter und Verwaltungen der auf österreichischem Gebiet errichteten sieben Reichsgaue des so genannten Großdeutschen Reichs sind sowohl im Kontext der in den Jahren 1933 bis 1938 im Dritten Reich gesetzten Maßnahmen im Zuge einer bereits in der Weimarer Republik in Angriff genommenen, aber nicht zum Abschluss gekommenen Reichsreform des Deutschen Reichs zu sehen, wie auch im Zusammenhang des Verhältnisses zwischen Staat und NSDAP in der Zeit der NS-Gewaltherrschaft. Es wird daher kurz auf die Situation im so genannten Altreich eingegangen, anschließend auf die Eingliederung Österreichs in das Deutsche Reich.[1] Im Mittelpunkt der Betrachtungen steht aber der politisch-administrative Aufbau des Reichsgaus Oberdonau, namentlich die verschiedenen Behörden des hiesigen Reichsstatthalters (Hoheitsverwaltung, Gauselbstverwaltung, angegliederte Sonderverwaltungen); die Verwaltung der Landkreise sowie die Gebietsreformen in Oberdonau werden kurz angesprochen.

Der Beitrag stützt sich vor allem auf die im Oberösterreichischen Landesarchiv lagernden Aktenbestände der oberösterreichischen Landesregierung/Landeshauptmannschaft und des Reichsstatthalters von Oberdonau. Herangezogen wurden ferner auch Bestände des Archivs der Stadt Linz, des Österreichischen Staatsarchivs, des Bundesarchivs der Bundesrepublik Deutschland, sowie der Israelitischen Kultusgemeinde für Linz und Oberösterreich.[2] Begriffe der zynischen Unsprache des Dritten Reichs wurden orthographisch bereinigt (Funktionsbezeichnungen, geographische Begriffe etc.), bei abweichender Schreibweise vereinheitlicht und ohne gesonderte Kennzeichnung im Text verwendet.[3] Dies soll ausschließlich

---

[1] Die NS-Gewaltherrschaft in der Region ist seit Jahrzehnten Thema der Forschung. Zum Forschungsstand siehe Nationalsozialismus in der Region. Beiträge zur regionalen und lokalen Forschung und zum internationalen Vergleich. Hg. v. Horst Möller – Andreas Wirsching – Walter Ziegler (München 1996)
[2] Die im vorliegenden Beitrag zitierten, Personen betreffenden Beständen aus BArch, AVA und AdR liegen in Kopie im OÖLA auf.
[3] Z. B. NSDAP statt N.S.D.A.P.

der besseren Lesbarkeit dienen. Rechtsquellen werden hingegen in originaler Schreibweise zitiert. Biographische Daten zu den im Text namentlich genannten Personen werden grundsätzlich in den Anmerkungen gegeben.

Reichsreform im Deutschen Reich

Mit der Ernennung Hitlers zum Reichskanzler rissen die Nationalsozialisten das Gesetz des Handelns in Reich und Ländern an sich, in kurzer Zeit wurden Demokratie und Bundesstaat in Deutschland zerschlagen.[4] Eigentliche Grundgesetze der NS-Gewaltherrschaft waren die am 28. Februar 1933 erlassene Notverordnung zum Schutz von Volk und Staat (Reichstagsbrandverordnung) sowie das Gesetz zur Behebung der Not von Volk und Reich (Ermächtigungsgesetz) vom 24. März 1933. Somit war bereits Ende Februar 1933 im Deutschen Reich der permanente zivile Ausnahmezustand verhängt, einen Monat später wurden die Verfassungsorgane Reichstag und Reichsrat ausgeschaltet, wenngleich sie vorerst noch erhalten blieben.[5] In weiteren Schritten wurden mit den Gleichschaltungsgesetzen von März/April 1933 die Landesregierungen der deutschen Länder der Aufsicht von Reichsstatthaltern unterworfen. Diese, zumeist Gauleiter der NSDAP, traten an die Stelle der bisherigen Reichskommissare, sie wurden ernannt (und gegebenenfalls entlassen) durch den Reichspräsidenten über Vorschlag des Reichskanzlers.[6] Ihre Aufgabe war es, für die Einhaltung der von der Reichsregierung vorgegebenen politischen Direktiven in den Ländern zu sorgen. Die Reichsstatthalter waren nicht in die laufende Verwaltung der Länder eingebunden, vielmehr war ihre Trennung von den Landesregierungen ausdrücklich vorgesehen. Ende Jänner 1934 zog das

---

[4] Deutsche Verwaltungsgeschichte IV. Das Reich als Republik und in der Zeit des Nationalsozialismus. Teile 1 und 2. Hg. v. Kurt Jeserich – Gerhard Pohl – Georg-Christoph v. Unruh (Stuttgart 1985); Verwaltung contra Menschenführung im Staat Hitlers. Studien zum politisch-administrativen System. Hg. v. Dieter Rebentisch – Karl Teppe (Göttingen 1986); Dieter Rebentisch, Führerstaat und Verwaltung im Zweiten Weltkrieg. Verfassungsentwicklung und Verfassungspolitik 1939-1945 (Stuttgart 1989); Günter Neliba, Wilhelm Frick. Der Legalist des Unrechtsstaates. Eine politische Biographie (Paderborn 1992); Deutschland 1933-1945. Neue Studien zur nationalsozialistischen Herrschaft. Hg. v. Karl Dietrich Bracher u.a. (Bonn ²1993); Uwe Bachnick, Die Verfassungsreformvorstellungen im nationalsozialistischen Deutschen Reich und ihre Verwirklichung (Berlin 1995)

[5] RGBl. I, 83 u. 141

[6] Vorläufiges Gesetz zur Gleichschaltung der Länder mit dem Reich, 31.3.1933, RGBl. I, 153; sowie Gesetz zur Gleichschaltung der Länder mit dem Reich (2. Gleichschaltungsgesetz), 7.4.1933, RGBl. I, 173; zu den Gauleitern der NSDAP vgl. Peter Hüttenberger, Die Gauleiter. Studie zum Wandel des Machtgefüges in der NSDAP (Stuttgart 1969); Kurzbiographien der Gauleiter vgl. Karl Höffkes, Hitlers politische Generale. Die Gauleiter des Dritten Reichs. Ein biographisches Nachschlagewerk (Tübingen 1986); zum Forschungsstand siehe Walter Ziegler, Gaue und Gauleiter im Dritten Reich. In: Nationalsozialismus in der Region (wie Anm. 1) 139-159

Reich durch das Reichsneuaufbaugesetz die Hoheitsrechte der Länder an sich, übertrug sie diesen aber sogleich wieder zur Ausübung; jedenfalls solange und soweit, als die Länderrechte nicht in unmittelbare Reichsverwaltung übernommen wurden.[7] Ab Februar 1934 war somit die Eigenstaatlichkeit der deutschen Länder beseitigt; sie waren ab nun nur noch Verwaltungsbezirke des Reichs, blieben jedoch als juristische Personen bestehen und behielten eigene Vermögen und Unternehmungen. Im Zuge der Debatten um die Neugliederung des Reichs kam auch der Begriff Reichsgau auf. So regte Hermann Göring bereits im Herbst 1933 die Schaffung neuer Verwaltungsbezirke unter dieser Bezeichnung an, die an die Stelle der bisherigen Länder treten sollten. Vorläufiger Schlusspunkt auf dem Weg zum Einheitsstaat war die Aufhebung des Reichsrats Mitte Februar 1934. Damit war der Weimarer Bundesstaat untergegangen. Unmittelbar nach der Aufhebung des Reichsrats kam es zu einer für das NS-System signifikanten Auseinandersetzung innerhalb der NS-Elite: Die angestrebte Zentralisierung löste den Widerstand der Reichsstatthalter aus, die ihre Unterstellung unter die Innenverwaltung des Reichs entschieden bekämpften. Hitler, aufgerufen zur Schlichtung des Streits, unterstützte die Zentralbehörde keineswegs in ihrem Standpunkt, vielmehr schwächte er ihre Stellung im Sommer 1934 zu Gunsten der Reichsstatthalter eher noch ab. Diese nutzten den gewonnenen Handlungsspielraum sogleich zum Aufbau eigener Machtapparate in ihren Ländern. Der Reichsinnenminister hatte sich somit gegen die Reichsstatthalter nicht durchsetzen können, das Weisungsverhältnis zwischen Obersten Reichsorganen und Länderbehörden blieb letztlich ungeklärt.

Eine ganz neue Qualität als Führerstaat gewann das NS-Regime nach dem so genannten Röhm-Putsch (30. Juni bis 2. Juli 1934) und dem Tod des Reichspräsidenten Paul von Hindenburg (2. August 1934). Führerentscheidungen und vor allem auch der fortschreitende Zerfall der Reichsregierung als Ministergremium führten zu Ressortpartikularismus, zu gesteigerten Anstrengungen der Fachressorts, sich einen jeweils eigenen Unterbau zu schaffen, was wiederum die allgemeine Landes- und Kreisverwaltung zu sprengen drohte.[8] Es tauchte damit die Frage auf, wie der Verwaltungsap-

---

[7] RGBl. I, 75, Reichsinnenminister Frick bezeichnete das Reichsneuaufbaugesetz als „die Magna Carta der Reichsreform", zitiert nach Neliba, Frick (wie Anm. 4) 150

[8] Lothar Gruchmann, Die „Reichsregierung" im Führerstaat. Stellung und Funktion des Kabinetts im nationalsozialistischen Herrschaftssystem. In: Klassenjustiz und Pluralismus (Hamburg 1973) 192. Spätestens seit Sommer 1933 waren die Reichsregierung zum Beratungsorgan des Reichskanzlers, die Reichsminister zu dessen ausführenden Organen reduziert; Kabinettssitzungen wurden immer seltener einberufen, die letzte fand am 5.2.1938 statt.

parat der Länder reichseinheitlich zu strukturieren sei. In diesem Zusammenhang dachte das Reichsinnenministerium (RMI) daran, das Reichsgebiet in etwa zwanzig Reichsgaue mit jeweils drei bis vier Millionen Einwohnern zu gliedern, wobei landschaftliche und ökonomische Besonderheiten sowie die Strukturen der Reichswehr weitgehend Beachtung finden sollten.[9] Zuvorderst ging es dabei um den Aufbau einer neuen Mittelstufe der Reichsverwaltung in Preußen, war doch die dortige Landesregierung aufgrund der territorialen Ausdehnung des Großstaates als neue Mittelstufe ungeeignet. Ansetzen musste man hier bei den Provinzen, die in ihrer Größe den anderen deutschen Ländern vergleichbar waren.[10] Die preußischen Ministerien wurden aber nicht aufgelöst, sondern in zwei Schritten den entsprechenden Reichsministerien eingegliedert.[11] Die preußische Landesverwaltung selbst war durch das Verhältnis zwischen Oberpräsidenten und Regierungspräsidenten gekennzeichnet. Während die tägliche Verwaltungsarbeit überwiegend in der Hand der Regierungspräsidenten lag, waren die Oberpräsidenten eher Staatskommissare. Organe also, denen es grundsätzlich oblag, die Durchführung der politischen Vorgaben der preußischen Landesregierung auf der Ebene der Provinzen zu überwachen. Für einen Umbau der preußischen Landesbehörden zu einer Mittelstufe der Reichsverwaltung wäre es daher nahe liegend gewesen, Ober- und Regierungspräsidenten zusammenzufassen, was aber nicht erreicht wurde, wenngleich die im Herbst 1934 getroffene Regelung Ansätze zum Ausbau der Oberpräsidenten zu einer solchen neuen Mittelstufe erkennen ließ.[12] Der Reichsinnenminister war daher seinem erklärten Ziel eines straffen Zentralstaates nur wenig näher gekommen, die Partei konnte hingegen verstärkt in die preußische Verwaltung eindringen; regelmäßig übernahmen Gauleiter die neuen Oberpräsidentenämter. Für den Aufbau einer Mittelstufe in den außerpreußischen Ländern strebte das RMI vor allem die Beseitigung des Dualismus von Reichsstatthalter und Landesregierung an; dies sollte durch die Ernennung der Reichsstatthalter zu Leitern der Landesregierungen erreicht werden. Soweit kam es aber nicht. Das Ende Jän-

---

[9] So Reichsinnenminister Frick vor Offizieren der Reichswehr am 15.11.1934, zitiert nach Neliba, Frick (wie Anm. 4) 140-141

[10] Zu den Innenverwaltungen der Länder des Weimarer Bundesstaates vgl. Deutsche Verwaltungsgeschichte IV/1, Die Verwaltung in den Ländern des Reichs (wie Anm. 4) 540-637; für Preußen Horst Möller, ebd. (wie Anm. 4), 540-557; Preußen war in der Zeit der Weimarer Republik in zwölf Provinzen unterschiedlicher Größe gegliedert.

[11] Von den sieben preußischen Ministerien wurden fünf den entsprechenden Reichsministerien eingegliedert, erhalten blieben Finanzministerium und Staatsministerium (Amt des preußischen Ministerpräsidenten).

[12] 2. VO über den Neuaufbau des Reichs, 27.11.1934, RGBl. I, 1190

ner 1935 erlassene Reichsstatthaltergesetz räumte zwar den Reichsstatthaltern direkten Einfluss auf die Länderbehörden – auch auf die dortigen Reichssonderbehörden – ein, die Leitung der Landesregierungen durch Reichsstatthalter war aber nicht zwingend vorgesehen und blieb daher die Ausnahme.[13] In den Jahren bis zum Anschluss Österreichs stand sodann die Frage des Ausbaus einer Mittelinstanz der Reichsinnenverwaltung stets als ein wesentliches Thema auf der innenpolitischen Agenda, in der Sache selbst kam man aber nicht weiter. So trat Reichsinnenminister Frick noch im Herbst 1936 aufgrund der in Preußen gesammelten Erfahrungen entschieden für die Zusammenfassung der gesamten Verwaltung in der Mittelstufe in der Hand von Regierungspräsidenten ein, die Reichsstatthalter sollten diesen nicht übergeordnet, sondern politische Repräsentanten der Staatsführung sein. Im Jänner 1938 hatte sich Frick aber dann, da offensichtlich wurde, dass die Aufgaben der Reichsstatthalter inzwischen weitgehend repräsentativer Natur waren, zur Überzeugung durchgerungen, es sei notwendig, die Reichsstatthalter mit einem allgemeinen Weisungsrecht gegenüber den Landesregierungen auszustatten. Hitler wollte aber jetzt, angesichts des Anschlusses Österreichs, keine weitreichenden Entscheidungen in dieser Frage treffen; das RMI musste daher seine Vorhaben zum Aufbau der Mittelinstanzen im nunmehrigen Altreich aussetzen, gleichzeitig taten sich aber neue Perspektiven hinsichtlich der Errichtung von Reichsgauen als Mittelstufe der Innenverwaltung in Österreich auf.

Auf der unteren Stufe der allgemeinen staatlichen Verwaltung, den Landkreisen, kam es während der NS-Ära zu keiner reichseinheitlichen Neuregelung, es galt auch nach 1933 weiterhin Landesrecht.[14] Die preußischen Landkreise waren mit demokratischen Vertretungskörperschaften ausgestattet, den so genannten Kreistagen, die ihrerseits Kreisausschüsse wählten; in den Stadtkreisen bestanden analoge Behörden. Gerade die Landkreise litten vor 1933 fast ausweglose Not, was vor allem eine Folge der Weltwirtschaftskrise war. So bezogen rund 3,6 Millionen preußische Arbeitslose (von insgesamt sechs Millionen im Reich) Unterstützung aus den Kassen der von den Landkreisen unterhaltenen Bezirksfürsorgeverbände;

---

[13] 2. Reichsstatthaltergesetz, 30.1.1934, RGBl. I, 65

[14] Die untere Stufe der staatlichen Verwaltung war in den deutschen Flächenstaaten unterschiedlich ausgebildet. Auch kannte man verschiedene Bezeichnungen, die ab 1.1.1939 durch den (preußischen) Terminus Landkreis ersetzt wurden, dazu 3. VO über den Neuaufbau des Reichs, 28.11.1938, RGBl. I, 1675. Im vorliegenden Beitrag wird nur der Begriff Landkreis verwendet. Zur Entwicklung der Landkreise in den deutschen Flächenstaaten sowie zur Situation in den Landkreisen in den 1920er- und 1930er-Jahren vgl. Maximilian Constantin, Grundlagen der Kreisverfassung. In: Der Kreis im Wandel der Zeiten. Grundlegende Texte der Kreisliteratur (Stuttgart 1976) 29-51; Karl Bubner, Die Landkreise in den 20er-Jahren. In: ebd., 52-61

regelmäßig mussten die Landkreise Kassenkredite vom Staat zur Überbrückung ihrer Kassenschwäche anfordern. Um nur einen einigermaßen geordneten Fortgang der vielfach vom Zusammenbruch bedrohten Verwaltung der Landkreise zu sichern, wurden allein in Preußen mehr als 600 Staatskommissare eingesetzt, die oft sogar die Funktion kommunaler Vertretungskörperschaften übernahmen. Auch auf der Ebene der Landkreise wurden unmittelbar nach der Machtergreifung die demokratischen Einrichtungen von der NSDAP zuerst usurpiert, dann zerschlagen.[15] Die preußischen Kreistage verfielen im Dezember 1933 der Auflösung, ihre Aufgaben wurden entweder den Kreisausschüssen oder den Landräten zugewiesen. In der Folge ging die Bedeutung der Landkreise stark zurück, teils verloren sie Zuständigkeiten an neu entstandene Sonderbehörden, teils wurden Funktionen übergeordneten Behörden übertragen. Wenngleich schon im Frühjahr 1933 die überwiegende Mehrzahl der Landratsstellen durch Nationalsozialisten besetzt war, blieb eine Personalunion von Kreisleiter der NSDAP und Landrat doch die Ausnahme, da es unter den Kreisleitern zumeist an qualifizierten Bewerbern fehlte, die die von der Innenverwaltung geforderten Kriterien erfüllt hätten. Auch war das Verhältnis zwischen staatlicher Verwaltung und Partei auf Kreisebene mitunter äußerst gespannt, versuchten doch viele Kreisleiter den Landräten ihrer Landkreise Weisungen zu erteilen, was die staatliche Verwaltung in aller Regel zu unterdrücken verstand.[16] Nicht zuletzt aufgrund solch fortwährender Spannungen, insbesondere auch weil die Bestrebungen der Partei, in die staatliche Verwaltung auf Kreisebene vorzudringen, wenig erfolgreich waren, sah sich der Stellvertreter des Führers (StdF), Rudolf Heß,

---

[15] Die Machtergreifung in der deutschen Provinz ist seit Jahrzehnten ein Forschungsschwerpunkt, wobei wesentliche Impulse von der US-amerikanischen Forschung ausgingen, beginnend mit William Sheridan Allen, The Nazi Seizure of Power. The Experience of a Single German Town 1922-1945 (New York ²1984); zu den Kreisverwaltungen während der NS-Herrschaft vgl. Karl Gustav Adolf Jeserich, Die Landkreise zwischen 1933 und 1945. In: Die Kreis im Wandel der Zeiten (wie Anm. 14) 89-99; ders., Zur Reform der Landkreisverwaltung. In: ebd., 100-127. Nach Jeserich wurden bis 1942 annähernd vier Fünftel der insgesamt 641 Landräte des Altreichs ersetzt (davon 421 in Preußen), 140 waren bereits vor 1933 im Amt gewesen.
[16] Zum Verhältnis Landräte zu Kreisleitern vgl. Peter Diehl-Thiele, Partei und Staat im Dritten Reich. Untersuchungen zum Verhältnis von NSDAP und allgemeiner innerer Staatsverwaltung (München ²1971) 173-200; zum Forschungsstand vgl. Michael Ruck, Administrative Eliten in Demokratie und Diktatur. Beamtenkarrieren in Baden und Württemberg von den zwanziger Jahren bis in die Nachkriegszeit. In: Regionale Eliten zwischen Diktatur und Demokratie. Baden und Württemberg 1930-1952. Hg. v. Cornelia Rauh-Kühne – Michael Ruck (München 1993) 37-69; zur Stellung der Kreisleiter vgl. Kurt Düwell, Gauleiter und Kreisleiter als regionale Gewalten des NS-Staates. In: Nationalsozialismus in der Region (wie Anm. 1) 161-174; Claudia Roth, Parteikreis und Kreisleiter der NSDAP unter besonderer Berücksichtigung Bayerns (München 1997); das Verhältnis Landräte zu örtlichen Hoheitsträgern der NSDAP beschreibt der damalige Landrat Klaus Tellenbach, Die Badische Innere Verwaltung im Dritten Reich. Von Erlebnissen eines Landrats. In: Zeitschrift für die Geschichte des Oberrheins 134 (1986) 377-412

1937 genötigt, ein Verbot der Personalunion von Kreisleiter und Landrat auszusprechen.[17] Die Konkurrenz zwischen Landrat und Kreisleiter verstärkte sich dann nach der Einführung der Deutschen Gemeindeordnung (DGO) im Jänner 1935 zufolge der Bestellung der kommunalen Beauftragten der NSDAP, bei denen es sich um außerhalb der Gemeindeverwaltungen stehende Kontrollorgane handelte. Einen letzten Anlauf zur Reform der Landkreise unternahm das RMI im Juli 1938. Nach einjähriger Vorbereitungszeit legte Frick den Entwurf einer Kreisordnung vor, der zwar das grundsätzliche Einverständnis Hitlers fand, dann aber von Heß zum Scheitern gebracht wurde. Man erreichte lediglich eine Anordnung über die Verwaltungsführung in den Landkreisen vom Dezember 1939, die die Aufgaben und Zuständigkeiten von Landrat und Kreisleiter abgrenzen sollte, dies aber nur mangelhaft leistete. Damit war eine Reform der Landkreise gescheitert.

Was das NS-Regime in Reich und Ländern nicht zuwege brachte, gelang auf der Ebene der Gemeinden im Jänner 1935 durch die Einführung der DGO: Man erreichte eine reichseinheitliche Normierung.[18] Wie die Landkreise steckten auch die Gemeinden am Ende der Weimarer Demokratie in einer tiefen Krise. Heere von Arbeitslosen prägten das Straßenbild; die bürgerlichen Schichten waren von der Krise zwar in geringerem Maße als die Arbeiterschaft betroffen, aber doch weitgehend verunsichert, und die Gemeindefinanzen waren zerrüttet. Bereits im Zuge der schon in den Zwanzigerjahren einsetzenden Bestrebungen zur Schaffung eines Einheitsstaates wurden wichtige, von der Weimarer Verfassung noch garantierte Angelegenheiten der Selbstverwaltung ohne Ausgleich für die Kommunen auf Reich oder Länder übertragen. Die allgegenwärtige Krise der frühen 1930er-Jahre verstärkte die Abhängigkeit der Gemeinden vom Staat als meist einzigem Geldgeber für Überbrückungskredite noch weiter.

---

[17] Hitler hatte sich bereits 1934 gegen die Verbindung von Partei- und staatlicher Verwaltung auf Kreisebene durch eine Personalunion von Kreisleiter und Landrat ausgesprochen, zu Jahresende 1939 verfügte das RMI seinerseits die Trennung der Funktionen, dazu Anordnung über die Verwaltungsführung in den Landkreisen, 28.12.1939, RGBl. 1940, I, 45; dennoch wurde der völlige Rückzug der unteren Funktionsträger der Partei aus der staatlichen Verwaltung bis zum Ende des Kriegs nicht erreicht; zur Dienststelle des StdF vgl. Peter Longerich, Hitlers Stellvertreter. Führung der Partei und Kontrolle des Staatsapparates durch den Stab Heß und die Partei-Kanzlei Bormann (München 1992) 72-73; Kurt Pätzold – Manfred Weißbecker, Rudolf Heß. Der Mann an Hitlers Seite (Leipzig 2003)

[18] Deutsche Gemeindeordnung (DGO), 30.1.1935, RGBl. I, 49. Das kommunale Verfassungsrecht war im Deutschen Reich vor 1918 stark zersplittert, die Versuche einer Vereinheitlichung in der Weimarer Republik gediehen nicht weit. Zur Kommunalverfassung im Deutschen Reich vor 1933 Kurt G.A. Jeserich, Kommunalverwaltung und Kommunalpolitik. In: Deutsche Verwaltungsgeschichte IV/1 (wie Anm. 4) 488-524

Die Machtergreifung der Nationalsozialisten in Gemeinden und Städten ging Hand in Hand mit der Eroberung der Landkreise. Mit der Ernennung Hitlers zum Reichskanzler setzte die Erstürmung der Bürgermeisterämter ein, binnen kurzem waren die meisten in der Hand der Nationalsozialisten. Bis zum Sommer 1933 wurden alle wesentlichen Hoheitsrechte von den Gemeinderäten auf die Bürgermeister übertragen, sodann die Gemeindeverfassungen nach den Vorstellungen der NS-Machthaber umgestaltet. Dabei übernahm Preußen unter Federführung des dortigen Innenministeriums gegen den Willen des RMI (das eine reichseinheitliche Norm anstrebte) die Rolle des Schrittmachers und setzte im Dezember 1933 ein Gemeindeverfassungsgesetz in Kraft. Dieses war einerseits geprägt von obrigkeitsstaatlichen und nationalsozialistischen Vorstellungen, andererseits wurde aber die Partei weitgehend von der Führung der Kommunen ausgeschlossen. Alle Entscheidungsgewalt lag beim Bürgermeister, der nicht an die Zustimmung des Gemeinderates gebunden war, wohl aber strikter Staatsaufsicht unterlag. Der Gemeinderat war zu einem in nichtöffentlicher Sitzung tagenden, und ohne reale Macht ausgestatteten Beratungsorgan des Bürgermeisters reduziert. Die örtlichen Führer der NSDAP (Politische Organisation PO, SA und SS) gehörten dem Gemeinderat Kraft ihrer Parteifunktion an, die übrigen Gemeinderäte wurden über Vorschlag des Gauleiters von der Aufsichtsbehörde für sechs Jahre ernannt. Da aber der Gemeinderat ein recht machtloses Organ war, war auch der Einfluss der örtlichen Parteifunktionäre auf die Entscheidungen des Bürgermeisters gering.[19] Wie nicht anders zu erwarten, stieß die preußische Gemeindeverfassung innerhalb der NSDAP auf lebhafte Ablehnung, man sah dort die Partei auf das Niveau eines Vereins ohne Macht und Einfluss abgesunken. Der Ablehnungsfront war nach mehr als einjährigen, zähen Verhandlungen Erfolg beschieden. Die am zweiten Jahrestag der Ernennung Hitlers zum Reichskanzler verkündete DGO führte den Beauftragten der NSDAP für die Gemeinden ein, der der Partei den gewünschten Einfluss auf das Gemeindeleben sicherte. Der Beauftragte war als Parteiamt der NSDAP zwar nicht Mitglied des Gemeinderats, konnte aber jederzeit an den Beratungen des Bürgermeisters mit den Gemeinderäten teilnehmen. Ihm stand die Auswahl der Kandidaten für das Amt des Bürgermeisters zu, er wirkte bei der Ernennung der Beigeordneten und Gemeinderäte mit, die Hauptsatzung der Gemeinde war ihm zur Zustimmung vorzulegen, und er konnte

---

[19] Albert von Mutius, Kommunalverwaltung und Kommunalpolitik. In: Deutsche Verwaltungsgeschichte IV/2 (wie Anm. 4) 1056-1081

Ehrenbürgerrechte verleihen. Mit der Schaffung des Beauftragten war somit die Forderung der Partei nach verstärktem Einfluss auf das Gemeindeleben berücksichtigt. Die Ernennung der Beauftragten übertrug die DGO dem StdF, der seinerseits die Gauleiter anwies, grundsätzlich den örtlichen Kreisleiter in diese Funktion einzusetzen. War dieser aufgrund gesetzlicher Bestimmungen vom Amt des Beauftragten ausgeschlossen, so trat der Gauinspekteur an seine Stelle. In Ausnahmefällen konnte sich der Gauleiter selbst zum Beauftragten ernennen.[20]

Neben der Einführung des Beauftragten der NSDAP sind für den vorliegenden Beitrag vor allem die Bestimmungen der DGO über die Gemeindeverwaltung sowie die Klärung der Stellung der Gemeinden zu Reich und Ländern von Interesse.[21] Im Sinne des Führerprinzips war der Bürgermeister Führer der Gemeinde und Dienstvorgesetzter aller Gemeindebediensteten; als Stellvertreter waren ihm Beigeordnete zur Seite gestellt. In Stadtkreisen trugen Bürgermeister und Erster Beigeordneter die Amtstitel Oberbürgermeister und Bürgermeister, der mit der Verwaltung der finanziellen Angelegenheiten einer Stadt betraute Beigeordnete führte die Bezeichnung Stadtkämmerer. Grundsätzlich sollten Bürgermeister und Beigeordnete in Gemeinden mit weniger als zehntausend Einwohnern ehrenamtlich tätig sein; in Gemeinden mit mehr als zehntausend Einwohnern war die Stelle des Bürgermeisters oder eines Beigeordneten hauptamtlich zu verwalten, die hauptamtliche Anstellung weiterer Beigeordneter war zulässig. In Stadtkreisen musste darüber hinaus entweder der Bürgermeister oder der Erste Beigeordnete die Befähigung zum Richteramt oder zum höheren Verwaltungsdienst nachweisen. In jedem Falle galten Bürgermeister und Beigeordnete als Beamte auf Zeit, ehrenamtlich Tätige als so genannte Ehrenbeamte. Die Stellung hauptamtlicher Funktionäre war öffentlich auszuschreiben. Aus den Bewerbungen wählte der Beauftragte der NSDAP nach Beratung mit den Gemeinderäten bis zu drei Kandidaten aus, seinen Vorschlag übermittelte er sodann der zuständigen Aufsichtsbehörde. Stimmte diese der Berufung eines Kandidaten zu, war er durch die Gemeinde zu ernennen, verweigerte die Aufsichtsbehörde ihre Zustimmung, musste ein neuer Vorschlag eingereicht werden. Zuständige Aufsichtsbe-

---

[20] Die DGO löste in Preußen das Gemeindeverfassungsgesetz vom 15.12.1933 ab. Zur Ernennung der Kreisleiter als Beauftragte vgl. Longerich, Hitlers Stellvertreter (wie Anm. 17) 84
[21] Als Beispiel zeitgenössischer Literatur siehe Die Deutsche Gemeindeordnung nebst der Einführungsverordnung, Angleichungsverordnung sowie Anweisung des Stellvertreters des Führers für die Ostmark bearbeitet von Egbert Mannlicher – Rudolf Petz – Max Schattenfroh (München – Berlin 1939); Mutius, Kommunalverwaltung (wie Anm. 19) 1070-1072; Bachnick, Verfassungsreformvorstellungen (wie Anm. 4) 73-93

hörden waren bei Gemeinden die Landräte, bei kreisangehörigen Städten die obere Aufsichtsbehörde (in den Reichsgauen der Ostmark somit die Reichsstatthalter), bei Stadtkreisen mit weniger als einhunderttausend Einwohnern die Reichsstatthalter. Gesonderte Vorschriften galten für Stadtkreise mit mehr als einhunderttausend Einwohnern, hier waren die Vorschläge des Beauftragten für die Besetzung der Stellen des Bürgermeisters, Ersten Beigeordneten und Stadtkämmerers dem RMI im Wege über die obere Aufsichtsbehörde vorzulegen. Die Gemeinderäte, in Städten Ratsherren genannt, wurden durch den Bürgermeister im Einvernehmen mit dem Beauftragten berufen, sie waren Beratungsorgane des Bürgermeisters und sollten die Verbindung zwischen Verwaltung und Bevölkerung sichern.

Die DGO definierte die Gemeinden als Gebietskörperschaften, denen grundsätzlich alle Hoheitsaufgaben des örtlichen Bereichs zur Selbstverwaltung übertragen waren, es sei denn, das Gesetz bestimmte es ausdrücklich anders. Dazu kam die Ausführung staatlicher Aufgaben. Damit blieb der für die Gemeindeverwaltung typische Dualismus von übertragenem und eigenem Wirkungskreis aber nur scheinbar erhalten, der springende Punkt war die Frage der Herleitung des gemeindlichen Rechts auf Selbstverwaltung: Kommunale Selbstverwaltung begreift die bürgerliche Demokratie als Wahrnehmung vorstaatlicher, ureigenster gemeindlicher Aufgaben. Nach nationalsozialistischem Verständnis entsprangen aber auch diese Aufgaben der Reichsgewalt, folglich waren sie nur vom Reich abgeleitet. Hinsichtlich der den Gemeinden vom Staat über Anweisung übertragenen Aufgaben galt, dass das Gesetz die Aufsichtsrechte des Staates nicht im Einzelnen, sondern durch eine Generalklausel regelte, die die Überprüfung der von den Gemeinden ergriffenen Maßnahmen auf ihre Vereinbarkeit mit den Zielen der Staatsführung jederzeit zuließ. In der Praxis hieß dies, dass die das Verhältnis des Reichs zu den Ländern geltenden Normen Anwendung fanden. Damit entstand eine Dienstaufsicht der Reichsministerien über die Kommunen im Bereich der übertragenen Aufgaben, die Kommunalbehörden wurden de facto zu nachgeordneten Dienstbehörden der Reichsministerien. Es konnte also von den Gemeinden als Selbstverwaltungskörperschaften nach 1935 keine Rede mehr sein, fehlte doch jede gemeindliche Unabhängigkeit vom Staat. Viel eher waren die kommunalen Verwaltungen als untergeordnete Organe der Reichsverwaltung anzusehen.

Eingliederung Österreichs in das Dritte Reich
Bildung der Reichsgaue der Ostmark

Am 13. März 1938 wurde Österreich als selbstständiges Völkerrechtssubjekt ausgelöscht: Durch das Gesetz über die Wiedervereinigung Österreichs mit dem Deutschen Reich wurde das Land zu einem Teil des nunmehrigen Großdeutschland.[22] Noch am selben Tag kündigte Hitler eine Volksabstimmung über den Anschluss binnen vier Wochen an. Außerdem ernannte er den Gauleiter des Gaus Saarpfalz, Josef Bürckel, zum kommissarischen Leiter der NSDAP in Österreich und betraute ihn mit der Vorbereitung der Volksabstimmung.[23] Mit weiteren Führererlässen vom 15. und 17. März 1938 wurden wesentliche Reichsgesetze in Österreich eingeführt, darunter Reichsneuaufbaugesetz und Reichsstatthaltergesetz. Damit hatte Österreich seinen staatlichen Charakter verloren, es war ab nun ein Verwaltungsbezirk des Deutschen Reichs. Sämtliche Hoheitsrechte, sowohl des Bundes als auch der Bundesländer, gingen auf das Reich über, wurden jedoch den österreichischen Behörden sogleich wieder zur Ausführung im Namen des Reichs übertragen. Aus der österreichischen Bundesregierung wurde eine Österreichische Landesregierung, Arthur Seyß-Inquart, seit 11. März amtierender österreichischer Regierungschef, zum Reichsstatthalter und Leiter der Landesregierung ernannt.[24] Als solcher war er unmittelbar in den Aufbau der Reichsverwaltung eingebaut, er unterstand der allgemeinen Dienstaufsicht des Reichsinnenministers, fachlich den Weisungen der Ressortchefs der Reichsregierung. Da das Reichs-

---

[22] RGBl. I, 237; Gerhard Botz, Die Eingliederung Österreichs in das Deutsche Reich. Planung und Verwirklichung des politisch-administrativen Anschlusses 1938-1940 (Wien – Zürich ³1988); NS-Herrschaft in Österreich 1938-1945. Hg. v. Emmerich Talos – Ernst Hanisch – Wolfgang Neugebauer (Wien 1988); Österreich, Deutschland und die Mächte. Internationale und österreichische Aspekte des „Anschlusses" vom März 1938. Hg, v. Gerald Stourzh – Brigitte Zaar (Wien 1990); Neliba, Frick (wie Anm. 4) 291-302; Bachnick, Verfassungsreformvorstellungen (wie Anm. 4) 273-300; zur militärischen Dimension des Anschlusses vgl. Erwin Steinböck, Österreichs militärisches Potential im März 1938 (Wien 1988)

[23] Zu Bürckels Karriere im Westen vgl. Dieter Wolfanger, Die nationalsozialistische Politik in Lothringen (1940-1945) (Diss. Saarbrücken 1977); Hans-Joachim Heinz, NSDAP und Verwaltung in der Pfalz. Allgemeine innere Verwaltung und kommunale Selbstverwaltung im Spannungsfeld nationalsozialistischer Herrschaftspraxis 1933-1939. Ein Beitrag zur zeitgeschichtlichen Landeskunde (Mainz 1994); Dieter Muskalla, NS-Politik an der Saar unter Josef Bürckel. Gleichschaltung – Neuordnung – Verwaltung (Saarbrücken 1995); Kurzbiographie Bürckels bei Höffkes, Hitlers politische Generale (wie Anm. 6) 40-45

[24] 1. Erlaß des Führers und Reichskanzlers über die Einführung deutscher Reichsgesetze in Österreich, 15.3.1938, RGBl. I, 247; 2. Erlaß des Führers und Reichskanzlers über die Einführung deutscher Gesetze in Österreich, 17.3.1938, RGBl. I, 255; Führererlaß über die Österreichische Landesregierung, 15.3.1938, RGBl. I, 249. Die damit vorgenommene Ernennung Seyß-Inquarts zum RStH und Leiter der Landesregierung stellte somit eine Weiterentwicklung des Reichsrechts dar. Zu Seyß-Inquart siehe H. J. Neumann, Arthur Seyß-Inquart (Graz – Wien – Köln 1970)

neuaufbaugesetz auf die Kompetenz der österreichischen Bundesländer zur eigenen Landesgesetzgebung nicht Rücksicht nahm, traten Zweifel auf, ob die Bundesländer ihre Zuständigkeit behalten hatten, oder ob diese auf die nunmehrige Landesregierung übergegangen war. In der Praxis wurde in letzterem Sinne verfahren, was als Indiz für eine von der politischen Führung in Aussicht genommene Eingliederung Österreichs in das Deutsche Reich unter Auflösung der Bundesländer gewertet werden konnte. Ein anderes Problem entstand durch die im Wiedervereinigungsgesetz zugelassene weitere Anwendung österreichischen Bundesrechts. Die Bundesverfassung von 1934 hatte die Bundesregierung mit dem Recht ausgestattet, Gesetze aus Eigenem zu erlassen, was jetzt auch der österreichischen Landesregierung die Möglichkeit der Gesetzgebung eröffnete. Das RMI setzte dem mit der Verordnung über das Gesetzgebungsrecht im Lande Österreich vom 30. April 1938 ein Ende.[25] Das Anschlussgesetz ermächtigte den Reichsinnenminister, in dessen Eigenschaft als Reichsminister für die Gesetzgebung, in allgemeiner Form zur Einführung des Reichsrechts in Österreich. Am 16. März wurde der damit gezogene Rahmen ausgefüllt, das RMI im Verordnungsweg zur Zentralstelle für die Durchführung der Wiedervereinigung Österreichs mit dem Deutschen Reich bestimmt. Die Obersten Reichsorgane, deren fachliche Zuständigkeit von dieser Verordnung unberührt blieb, mussten ab nun in allen die Durchführung des Anschlusses betreffenden Angelegenheiten Fricks Zustimmung einholen. Damit hatte dieser fast genau jene Vollmachten erlangt, die Bürckel zum selben Zeitpunkt für sich zwar forderte, von Hitler aber noch nicht bekam. Dennoch konnte der Gauleiter, der beim Führer in hohem Ansehen stand, binnen weniger Wochen gegenüber Reichsstatthalter Seyß-Inquart und der Österreichischen Landesregierung (und damit gegenüber dem RMI) an politischer Bedeutung gewinnen. Nach der Volksabstimmung vom 10. April 1938 und der mit 23. April 1938 erfolgten Ernennung zum Reichskommissar für die Wiedervereinigung Österreichs mit dem Deutschen Reich, gelang es Bürckel dann, seine Konkurrenten zu überflügeln. In dieser Funktion nur Hitler unterstellt und ranggleich einem Reichsminister, konnte er allen Reichs- und Landesbehörden

---

[25] VO über das Gesetzgebungsrecht im Lande Österreich, 30.4.1928, RGBl. I, 455. Tatsächlich erging die Mehrzahl der zwischen Mitte März und Ende April in Österreich erlassenen Gesetze nach dieser Konstruktion.

in der Ostmark Weisungen (auch fachlicher Natur) erteilen, sowie allen Dienststellen der NSDAP.[26]
Noch im März 1938 begann man im Stab Bürckel Überlegungen zur künftigen Organisation von Partei und Staat in Österreich anzustellen. Vorgeschlagen wurden zwei Varianten (in verschiedenen Subvarianten): möglichst viele oder möglichst wenige (Partei)Gaue. Einen Monat später entschied Hitler zugunsten der Errichtung von sieben Gauen, die den traditionellen österreichischen Ländern entsprachen (einschließlich dem nach Hamburger Vorbild zu errichtenden Reichsgau Groß Wien).[27] Mit dem Gesetz über Gebietsveränderungen im Lande Österreich vom 1. Oktober 1938 wurde dieser Entscheidung des Führers Rechnung getragen. Die Bundesländer blieben aber vorerst bestehen, von der Errichtung von Reichsgauen entsprechend den seinerzeitigen Reformvorstellungen wurde noch abgesehen. Erst ein halbes Jahr später ergingen mit dem Ostmarkgesetz vom 14. April 1939 die gesetzlichen Grundlagen für die Struktur der Verwaltungsorgane der (erst ab 1940 tatsächlich so bezeichneten) Reichsgaue der Ostmark.[28] Das Gesetz bestimmte die Reichsgaue als staatliche Verwaltungsbezirke und Selbstverwaltungskörperschaften. Somit standen den Reichsgauen keine originären Hoheitsrechte zu, im Sinne spürbarer Dezentralisierung der Verwaltung sollten ihnen hingegen bestimmte Hoheitsaufgaben zur eigenverantwortlichen Erfüllung übertragen werden.[29] Dementsprechend gliederte sich die Verwaltung eines Reichsgaus in allgemeine Reichsverwaltung, Gauselbstverwaltung und Reichssonderverwaltung. Untergliedert wurden die Reichsgaue nur in Landkreise und Gemeinden, die Bildung von Regierungsbezirken unterblieb zufolge der relativ kleinen Territorien sowie der geringen Bevölkerung. An der Spitze des Reichsgaus stand der Reichsstatthalter,

---

[26] Erlaß des Führers über die Bestellung des Reichskommissars für die Wiedervereinigung Österreichs mit dem Deutschen Reich, 23.4.1938, RGBl. I, 407

[27] Dementsprechende Studien wurden von Christian Opdenhoff vorgelegt, der vom StdF zu Bürckel für die Reorganisation der NSDAP in Österreich abgestellt war. Opdenhoff wurde nach Bürckels Abgang aus Wien (Herbst 1940) stellvertretender Gauleiter in OD. Opdenhoffs Studien und Schriftverkehr mit dem StdF abgedruckt bei Botz, Eingliederung, Dokumentenanhang (wie Anm. 22). Hitler entschied in der Sache offensichtlich am RMI vorbei, dort war die Führerentscheidung vom 25.4. zu diesem Zeitpunkt nicht bekannt; siehe Bachnick, Verfassungsreformvorstellungen (wie Anm. 4) 280

[28] Gesetz über Gebietsveränderungen im Lande Östrreich, 1.10.1938, RGBl. I, 1333 (in Kraft getreten mit 15.10.1938); Gesetz über den Aufbau der Verwaltung in der Ostmark (Ostmarkgesetz), 14.4.1939, RGBl. I, 777

[29] Eine solche Dezentralisierung der Verwaltung war eine Forderung Hitlers, der unmittelbar vor dem Überfall auf Polen im Zuge der administrativen Kriegsvorbereitungen eine diesbezügliche gesetzliche Regelung traf und sich auch später immer wieder in diesem Sinne äußerte; Erlaß des Führers und Reichskanzlers über die Vereinfachung der Verwaltung, 28.8.1939, RGBl. I, 1535; dazu Adolf Hitler, Monologe im Führer-Hauptquartier 1941-1944. Die Aufzeichnungen Heinrich Heims. Hg. v. Werner Jochmann (Hamburg 1980), hier u.a. Dokumente 49 (119), 59 (140), 107 (221)

dem allgemeine staatliche Verwaltung und Selbstverwaltung eingegliedert waren. In diesen Behörden gingen die bisherigen Landeshauptmannschaften auf.[30] Aufgaben, die im Altreich von Sonderbehörden wahrgenommen wurden, blieben entweder organisatorisch vom Reichsstatthalter getrennt oder wurden diesem angegliedert. Angegliederte Sonderbehörden waren eigene Behörden mit dem Reichsstatthalter an der Spitze, den der bisherige Behördenleiter in allen die Behörde betreffenden Angelegenheiten vertrat. Als stets eigenständige Reichssonderbehörden bestanden Justiz-, Finanz-, Post- und Bahnverwaltung. Als Behördenchef auf Gauebene übte der Reichsstatthalter unbeschränkte dienstrechtliche und fachliche Aufsicht über alle Beamten der allgemeinen staatlichen Verwaltung, der Gauselbstverwaltung (GSV) sowie der Sonderverwaltungen in seinem Gau aus. In den Belangen der allgemeinen staatlichen Verwaltung vertrat ihn der Regierungspräsident, im Bereich der Selbstverwaltung der Gauhauptmann; diesem waren so genannte Gauräte als Beratungsorgane beigegeben. Auf den Gebieten der staatlichen Verwaltung sowie der Reichssonderverwaltung unterstand der Reichsstatthalter der Dienstaufsicht der Obersten Reichsbehörden. Diese konnten daher auch Weisungen des Reichsstatthalters an nachgeordnete Dienstbehörden aufheben, sowie den nicht angegliederten Sonderbehörden unter Umgehung des Reichsstatthalters direkt Weisungen erteilen. Der Reichsstatthalter war befugt, mit Zustimmung der zuständigen Reichsminister Verordnungen zu erlassen. Im Gegensatz zur Dienstaufsicht der obersten Reichsbehörden über den Reichsstatthalter bei allgemeiner staatlicher Verwaltung und Reichssonderverwaltung war die Dienstaufsicht auf dem Gebiet der Gauselbstverwaltung nicht ausdrücklich geregelt. Normiert wurde eine gesonderte Aufsicht in finanziellen Angelegenheiten durch den Reichsinnenminister im Einvernehmen mit dem Reichsfinanzminister, ansonsten blieben die Vorschriften der Fachaufsicht unberührt. Da aber der Begriff Fachaufsicht in der NS-Ära einen Bedeutungswandel erfahren hatte, war es den Reichsministerien durchaus möglich, auch im Bereich der Gauselbstverwaltung Weisungen zu erteilen, wenngleich nur dem dortigen Behördenleiter, nicht den betroffenen Beamten. Folglich war die Gauselbstverwaltung eigentlich nur eine Form unmittelbarer regionaler Reichsverwaltung. Das Reichsinnenministerium genehmigte der Selbstverwaltung zwar die Einstellung eigener Dienstkräfte, grundsätzlich waren die dortigen Akten aber von der allgemeinen staatli-

---

[30] Allgemein zu Behördenaufbau der Reichsgaue/Reichsstatthalter Bachnick, Verfassungsreformvorstellungen (wie Anm. 4) 93-104

chen Verwaltung mit zu erledigen. Die Gauselbstverwaltungen verfügten daher in der Regel nur über wenig eigenes Personal.

Von der Landeshauptmannschaft Oberdonau zum Reichsstatthalter des Reichsgaus Oberdonau

Während deutsche Truppen das Land besetzten, rissen heimische Nationalsozialisten die Macht in Österreich an sich. In Oberösterreich übernahm der hiesige Gauleiter der NSDAP, August Eigruber, kommissarisch die Funktion des Landeshauptmanns.[31] Am 18. März 1938 wurde die Zusammensetzung der neuen, von den Nationalsozialisten beherrschten Landesregierung amtlich bekannt gegeben. Bereits Anfang April nahm der Gauleiter erste personelle Veränderungen seiner Regierungsmannschaft vor; ein Vorgang, der sich bis zum Erlass des Ostmarkgesetzes noch mehrere Male wiederholte.[32] Ab Mai 1938 wurde die Bezeichnung Landesregierung für die Regierungen der Bundesländer zu Gunsten von Landeshauptmannschaft aufgegeben, wohl um Verwechslungen mit der Österreichischen Landesregierung zu vermeiden, wobei aber in Funktion und Aufgaben keine Änderungen eintraten. Anfang Mai 1938 kam die Bezeichnung Oberdonau (OD) für Oberösterreich in der Parteikorrespondenz auf; Eingang in den amtlichen Sprachgebrauch fand sie aber erst im Juni 1938. Am 23. Mai 1938 entschied Hitler über die Besetzung der Funktionen der Gauleiter in Österreich, Eigruber wurde nun in seiner Funktion als Gauleiter von OD (und damit als Landeshauptmann) bestätigt.[33] Die Machtübernahme in Oberösterreich war, analog zu den Verhältnissen in

---

[31] August Eigruber, 1907-1946 (hingerichtet), Feinmechaniker, 1922 Eintritt NS-Arbeiterjugend, 1925 Führer NS-Jugend Österreich, 1930 Bezirksleitung Steyr, Haft (Wöllerdorf 15 Monate), März 1936 Gauleiter OÖ, Mitglied der SA, OGruf. 9.11.1943, 13.3.1938 LH OÖ, 17.4.1940 Reichsstatthalter OD, 16.11.1942 Reichsverteidigungskommissar OD, 1946 im 1. Dachauer Mauthausen-Prozeß von einem US-Militärgerichtshof zum Tode verurteilt, Juni 1946 Hinrichtung in Landsberg am Lech; dazu BArch (ehem. BDC), SA 4000, Eigruber, August, geb. 16.04.1907; BArch, ZE 53 504 A. 5 S. 9, Eigruber,August, geb. 16.04.1907; Kurzbiographien Eigrubers bei Harry Slapnicka, Oberösterreich – Die politische Führungsschicht 1918 bis 1938 (Linz 1976) 72 f.; Höffkes, Hitlers politische Generale (wie Anm. 6) 58-60; zu den Gauleitern der NSDAP allgemein Hüttenberger, Gauleiter (wie Anm. 6); Ziegler, Gaue und Gauleiter im Dritten Reich. In: Nationalsozialismus in der Region (wie Anm. 1) 139-159

[32] Gesetz über den Aufbau der Verwaltung in der Ostmark (Ostmarkgesetz), 14.4.1939, RGBl. I, 777; als Überblick zu Oberösterreich während der NS-Ära vgl. Harry Slapnicka, Oberösterreich – als es „Oberdonau" hieß (1938-1945) (Linz 1978)

[33] Der wahrscheinlich erste Beleg für die Bezeichnung OD bei Botz, Eingliederung, Dokumentenanhang, Dokument VIII (wie Anm. 2); zu den Auseinandersetzungen um die Besetzung der österreichischen Gauleiter ebd., 92-99; Eingang in den amtlichen Sprachgebrauch fand die Bezeichnung OD u.a. durch das Verordnungsblatt für den Amtsbereich des Landeshauptmanns für den Gau Oberdonau (1. Stück ausgegeben am 9.6.1938)

ganz Österreich, während der ersten Tage nach dem deutschen Einmarsch geprägt von der Usurpation der politischen Ämter durch die Nationalsozialisten, gleichzeitig wurde massiv auf die staatliche Verwaltung zugegriffen. Selbstredend wurde die Beamtenschaft gesäubert, wovon insbesondere die Konzeptbeamten betroffen waren, vor allem aber wurden die Behörden an die Leine der Partei genommen. So gab Eigruber am 22. März ein Rundschreiben heraus, in dem er den Bezirkshauptleuten eröffnete, sie seien ab nun als Behördenleiter den Kreisleitern in deren Eigenschaft als Hoheitsträger und politische Leiter auf Bezirksebene unterstellt.[34]

Diese ersten personellen Maßnahmen trafen die nationalsozialistischen Machthaber offensichtlich weitgehend regellos, erst Ende Juni 1938 kam es zur Errichtung eines Untersuchungsausschusses zur Überprüfung der Beamten der Landeshauptmannschaft. Dieser Ausschuss, einer von insgesamt zehn in Österreich, bestand bis Ende März 1939. In der Zeit von April bis Jahresende 1939 übernahm die Funktion der bisherigen Untersuchungsausschüsse sodann ein beim Höheren SS und Polizeiführer (HSSPF) Wien, Ernst Kaltenbrunner, neu errichteter Sonderausschuss.[35]

Überprüft wurde nach politischen und rassischen Gesichtspunkten, binnen weniger Monate waren Landeshauptmannschaft und nachgeordnete Dienstbehörden den Vorstellungen der Machthaber angepasst. So waren bis Mai 1939 elf der ehemals 15 Bezirkshauptmänner aus politischen Gründen abgelöst worden, nur noch ein mit einer Jüdin verheirateter Konzeptbeamter im Dienst, sowie ein so genannter Mischling Ersten Grades als Angestellte tätig.[36] Diese Säuberungen fanden in allen Behörden der Ostmark statt, wirkten sich aber in Oberdonau anscheinend stärker aus als bei anderen Landeshauptmannschaften. Namentlich litt die Rechtsanglei-

---

[34] OÖLA, Akten der Landesverwaltung 1926 ff., MF 301: A-679/1939, Eigruber an Bezirkshauptleute Oberösterreich, 22.3.1939, Unterstellung unter Kreisleiter; unter einem gab Eigruber hier bereits die Auflösung des Bezirks Eferding und dessen Angliederung an Grieskirchen bekannt.

[35] Ebd.: A-1849/1939, Dienststück Landeshauptmannschaft, 27.6.1938, Bildung eines Untersuchungsausschusses; ebd., HSSPF Wien an Oö. Landeshauptmannschaft, 29.3.1939, Auflösung der bestehenden Untersuchungsausschüsse, Einführung eines Sonderausschusses; zu Kaltenbrunner vgl. Peter Black, Ernst Kaltenbrunner. Eine SS-Karriere (München 1991); zur Errichtung und Funktion der HSSPF vgl. Ruth B. Birn, Die Höheren SS- und Polizeiführer. Himmlers Vertreter im Reich und in den besetzten Gebieten (Düsseldorf 1986)

[36] Amtskalender für den Gau Oberdonau vormals „Der Oberösterreicher". Auskunfts- und Geschäftshandbuch für das Jahr 1939 (Linz 1939) 63-64, Kreisverwaltungen, hier Veränderungen bei Landräten: zwei der früher 15 Bezirkshauptmannschaften fielen aufgrund der Auflösung der Bezirke Eferding und Urfahr/Umgebung weg, in den verbliebenen 13 blieben als Landräte in Braunau Wilhelm Baselli, in Ried Alfred Kolbe; Baselli wurde noch 1939 durch Kurt Beer abgelöst, sodass von den früheren Bezirkshauptleuten ab 1940 nur noch Kolbe als Landrat von Ried im Amt war; OÖLA, Akten der Landesverwaltung 1926 ff., MF 301: A-2638/1939, Landeshauptmannschaft an Österreichische Landesregierung, 30.5.1939, Ausscheiden von Juden. Der noch im Dienst stehende Konzeptbeamte blieb zufolge einer Genehmigung des StdF im Dienst, die Angestellte schied kurze Zeit später aus.

chung an das Reichsrecht durch die Entfernung rechtskundiger Beamter sowie die vom Reichsinnenministerium geforderte Durchführung der Kanzleireform. Jedenfalls rechtfertigte sich Linz im September 1938 beim zuständigen Wiener Ministerium für innere und kulturelle Angelegenheiten für die schleppende Durchführung der Rechtsangleichung in Oberdonau mit der hiesigen scharfen Handhabung der Berufsbeamtenverordnung, aber auch mit dem Mangel an geeigneten Diensträumen in Linz.[37]

Der stockende Fortgang der Rechtsangleichung zwang die Obersten Reichsbehörden zum Eingreifen, zu Beginn des Jahres 1939 kam es zu einer gewissen Kursänderung. Die Österreichische Landesregierung verfügte im Einvernehmen mit dem RMI und dem Stellvertreter des Führers, dass gegen die Wiedereinstellung ehemals (d.h. vom Ständestaat) gemaßregelter sozialdemokratischer Beamter grundsätzlich kein Vorbehalt bestehe, wenn diese als politisch zuverlässig galten und nicht Ansprüche verdienter Parteigenossen entgegenstanden; für Beamte des Konzeptdienstes bestanden verschärfte Vorschriften.[38] In Oberdonau ging man dann sogar, wohl unter dem Zwang der schon als drückend empfundenen Personalknappheit, mit ausdrücklicher Zustimmung Eigrubers über diese Ermächtigung hinaus und nahm auch Parteigänger des Ständestaats wieder in den öffentlichen Dienst auf, wenngleich auch in anderer Verwendung als ehedem und mit verminderten Bezügen.[39] Trotz dieser Wiedereinstellungen kam die Rechtsangleichung in Oberdonau, wie in ganz Österreich, nicht voran, was dem RMI noch im Februar 1939 Anlass zur Anregung gab, entgegen den Bestimmungen des (noch gar nicht verlautbarten) Ostmarkgesetzes bis zum 1. Oktober 1939 nur jene Teile des Reichsrechts in der Ostmark einzuführen, bei denen dies ohne zusätzliche Belastung der Behörden möglich sei.[40]

Die Lockerung der Beurteilungskriterien für eine Wiedereinstellung in den öffentlichen Dienst in Oberdonau führte alsbald zu einer Reaktion der hiesigen NSDAP. Mitte Mai 1939 forderte die Gauleitung die Landeshauptmannschaft auf, die politische Beurteilung der fachlichen gleichzustellen.

---

[37] OÖLA, Akten der Landesverwaltung 1926 ff., MF 301: A-1495/1939, Landeshauptmannschaft an Ministerium für innere und kulturelle Angelegenheiten, 16.9.1938, Rechtsangleichung
[38] Ebd.: A-715/1939, RStH Österreichische Landesregierung an alle öffentlichen Dienstgeber in OD, 16.1.1939, Wiedereinstellung ehemals gemaßregelter sozialdemokratischer Beamter
[39] Ebd.: A-2455/1939, NSDAP Gaupersonalamt an Landeshauptmannschaft, 11.8.1939, Wiedereinstellung des seinerzeit zwangsweise in den Ruhestand versetzten Dr. Fritz Wessely aus Gmunden. Das Gaupersonalamt forderte umgehend die Entlassung des im April 1939 mit Zustimmung Eigrubers wieder eingestellten Wessely, da dieser „in der Kampfzeit einer der ärgsten Gegner der NSDAP war."
[40] Ebd.: A-1495/1939, Rundschreiben Ministerium für innere und kulturelle Angelegenheiten an alle Landeshauptmannschaften und Verwaltung der Stadt Wien, 15.2.1939, Rechtsangleichung

Die Beamtenschaft könnte sich dann dem Einfluss der Partei nicht in dem Maße entziehen, wie dies im Altreich der Fall sei. Außerdem wäre ein Präjudiz geschaffen, Zustände wie bei der Gendarmerie, wo man sich bei Beförderungen um das politische Urteil wenig oder gar nicht kümmerte, wären daher künftig nicht denkbar.[41] Die Landeshauptmannschaft verschloss sich zwar diesem Ansinnen der Partei nicht grundsätzlich, behandelte es aber dilatorisch. Zu einer neuerlichen Wende in der Personalpolitik der öffentlichen Dienstgeber kam es in Oberdonau vor dem Ausbruch des Zweiten Weltkriegs aber offensichtlich nicht mehr.

Bis zum Sommer 1939 erwogen die Obersten Reichsorgane, namentlich RMI und Stab Bürckel, wenigstens vier Varianten des zukünftigen Aufbaus der Verwaltung in der Ostmark.[42] Am Aufbau der Länderverwaltungen änderte sich bis dahin kaum etwas. Eine erste Erweiterung ihrer Aufgaben erfuhr die Landesregierung von Oberösterreich unmittelbar nach dem Anschluss durch die Angliederung der Landesstelle für Raumplanung. Die Reichsstelle für Raumordnung war 1935 errichtet worden. In Österreich war eine solche Behörde vor 1938 unbekannt, sie wurde mit Verordnung vom 14. April 1938 in den Ländern eingeführt und den dortigen Landeshauptleuten angegliedert, die sie auch verantwortlich leiteten; fachlich unterstanden die sieben Landesstellen der Reichsstelle in Berlin. Im Februar 1939 versuchte die Gauleitung von Oberdonau, die hiesige Landesstelle der Landesverwaltung einzugliedern, was aber von der Landesstelle abgewehrt wurde.[43] Als weitere Sonderbehörden wurden dem Landeshauptmann von Oberdonau in Ergänzung des Ostmarkgesetzes im April 1939 sodann Reichstreuhänder der Arbeit, Landesarbeitsamt, Landesbauernschaft sowie Landesversicherungsanstalt für den Bereich des Reichsgaus Oberdonau angegliedert.[44]

Auf eine Behörde der besonderen Art im Nahebereich von Landesregierung/Landeshauptmannschaft soll hier noch eingegangen werden: die

---

[41] OÖLA, Akten der Landesverwaltung 1926 ff., MF 301: A-2339/1939, NSDAP Gauleitung OD Gaupersonalamtsleiter an Landeshauptmannschaft, 10.5.1939, politische Beurteilung von Beamten

[42] Zur Tätigkeit des Stabes Bürckel im Zuge der Eingliederung Österreichs in das Dritte Reich vgl. Gerhard Botz, Von der Bundeshauptstadt zum Reichsgau. Die nationalsozialistische „Ostmark"-Politik und die Wiener Stadtverfassung und -verwaltung in den Jahren 1938 bis 1940. In: Wien 1945. Beiträge zur Geschichte Wiens 1938-1955. Hg. v. Verein für Geschichte der Stadt Wien (Sonderausgabe der Wiener Geschichtsblätter, Wien 1975) 2-21

[43] OÖLA, Akten der Landesverwaltung 1926 ff., MF 301: A-1412/1939, Landesstelle für Raumordnung an LH OD, 10.5.1939, Einordnung Landesstelle für Raumordnung in Landesverwaltung; zur Raumplanung im Dritten Reich vgl. Dieter Münk, Die Organisation des Raums im Nationalsozialismus. Eine soziologische Untersuchung ideologisch fundierter Leitbilder in Architektur, Städtebau und Raumplanung des Dritten Reichs (Bonn 1993)

[44] Erlaß des Führers und Reichskanzlers zu § 4 des Ostmarkgesetzes, 14.4.1939, RGBl. I, 782

Dienststelle für kommissarische Besetzungen und Zweigstelle der Vermögensverkehrsstelle. Diese war die Linzer Dependance der im Wiener Ministerium für Handel und Verkehr im Mai 1938 eingerichteten so genannten Vermögensverkehrsstelle – de facto nichts weniger als eine staatliche Agentur zur Verwertung der geraubten jüdischen Vermögen.
Mit dem Anschluss begannen wahre Raubzüge auf jüdische Vermögen in Österreich. So setzten sich heimische Nationalsozialisten aus eigener Machtvollkommenheit als so genannte kommissarische Verwalter bereits ab 11./12.März 1938 in jüdischen Unternehmungen ein.[45] Viele dieser wilden Kommissare, die oft keinerlei Fachkenntnisse besaßen, fügten den usurpierten Unternehmungen binnen kürzester Zeit irreversible Schäden zu. Erst nach und nach bekamen oberste Reichsbehörden und österreichische Landesregierung das wüste Treiben in den Griff. Noch im März 1938 wies Hermann Göring Arthur Seyß-Inquart an, geeignete Maßnahmen zur geregelten Arisierung jüdischen Eigentums in Österreich zu treffen. Dieser erließ am 13. April 1938 ein Gesetz betreffend die Bestellung kommissarischer Verwalter.[46] Ziel des Gesetzes war eine so genannte legale Entjudung. Alle wilden Kommissare sollten so schnell als möglich erfasst und, wenn sie als ungeeignet erschienen, ersetzt werden. Mit der Durchführung der Maßnahmen betraute Seyß-Inquart im Einvernehmen mit Bürckel die für diese Aufgabe im Ministerium für Handel und Verkehr eingerichtete Vermögensverkehrsstelle unter der Leitung von Walter Rafelsberger, Staatskommissar in der Privatwirtschaft.[47] Arisierungen durften ab nun nur mehr mit Genehmigung dieser Behörde durchgeführt werden.[48] Rafelsber-

---

[45] ÖSTA/AVA, Reichskommissar für die Wiedervereinigung Österreichs mit dem Deutschen Reiche (Bürckel-Akten), Ordner 145: Der Staatskommissar in der Privatwirtschaft und Leiter der Vermögensverkehrsstelle im Ministerium für Wirtschaft und Arbeit, Bericht über die kommissarischen Verwalter (vom 30. Oktober 1939), Staatskommissar Walter Rafelsberger schätzte in diesem Bericht die Zahl der Kommissarischen Verwalter alleine in Wien auf bis zu 30.000. Der Handelsminister der österreichischen Landesregierung, Hans Fischböck, sprach davon, dass es bis zu 25.000 Kommissarische Verwalter gegeben habe; vgl. Erika Weinzierl, Zu wenig Gerechte. Österreicher und Judenverfolgung 1938-1945 (Graz 1969) 33

[46] Gesetz über die Bestellung von kommissarischen Verwaltern und kommissarischen Überwachungspersonen, 13.04.1938, GBlÖ. 80/1938; im Oktober 1938 wurde die Frist für eine Bestellung solcher Verwalter bis zum 1.4.1939 ausgedehnt; dazu Gesetz über Änderung des Gesetzes über die Bestellung von kommissarischen Verwaltern und kommissarischen Überwachungspersonen, 24.10.1938, GBlÖ. 518/1938

[47] Dipl. Ing. Walter Rafelsberger, geb. 1899, Mitglied der NSDAP, Nr. 1,616.497; Mitglied der SS, Nr. 293.726, ab 20.4.1941 SS Oberführer, dazu http://www.geocities.com

[48] Die ab Mai 1938 planmäßigen Arisierungen bedeuteten für den jüdischen Eigentümer, dass er sein Unternehmen meist weit unter dem Realwert einem so genannten Ariseur zu überlassen hatte. Über den Verkaufslös konnte er (der gewesene Eigentümer) nicht frei verfügen, dieser war in voller Höhe auf ein Sperrkonto einzuzahlen. Im Falle der Auswanderung zog die Finanzverwaltung davon Reichsfluchtsteuer, Judenvermögensabgabe etc. ab. Dem ehemaligen jüdischen Eigentümer verblieben zur Bestreitung seines Lebensunterhalts nur die Zinsen des Sperrkontos.

ger gelang es binnen weniger Wochen, die Zahl der wilden Kommissare auf unter tausend zu drücken. Um auch die letzten noch verbliebenen wilden Kommissare auszuschalten und eine im Sinne Görings geordnete Übertragung der jüdischen Vermögen auf geeignete Bewerber zu sichern, erließ Seyß-Inquart am 2. Juli 1938 eine Verordnung, der zufolge mit Wirkung vom 1. August 1938 alle bisher bestellten kommissarischen Verwalter ihres Tätigkeitsbereichs enthoben waren, so sie nicht der Staatskommissar erneut bestellte.[49] Von den ausscheidenden kommissarischen Verwaltern wurde eine genaue Rechnungslegung gefordert, ohne deren Vorlage keine Entlastung erfolgte. Die verbliebenen Kommissare hatten dann nach einheitlichen Richtlinien unter Aufsicht des Staatskommissars zu arbeiten. Die Zahl der neuen, nunmehr auf gesetzlicher Basis berufenen Kommissare stieg im Herbst 1938 nochmals stark an und erreichte im November 1938 mit 2787 Personen das Maximum. Im Dezember 1938 waren dann aber bereits weniger als eintausend kommissarische Verwalter tätig, im April 1939 knapp hundert; am 6. November 1939, dem Tag, an dem Rafelsberger seinen Schlussbericht an Bürckel weiterleitete, waren in der ganzen Ostmark nur noch 20 kommissarische Verwalter im Amt, davon zehn in Wien.[50] Die letztlich noch verbliebenen Unternehmen wurden in der Folge nicht mehr durch kommissarische Verwalter, sondern durch Abwickler arisiert oder abgewickelt.

Bereits am 25. März 1938 hatte Walter Rafelsberger die oberösterreichische Landesregierung, namentlich Landesrat Oskar Hinterleitner, angewiesen, geeignete Maßnahmen betreffend die Einsetzung kommissarischer Verwalter in jüdischen Unternehmungen zu ergreifen.[51] Mitte Mai 1938 wurde über Weisung von Landeshauptmann Eigruber in Linz die Dienststelle für kommissarische Besetzungen errichtet, zu deren Leitung man Friedrich Katzwendel, Amtsdirektor in Ruhe der Linzer Handelskammer, berief.[52] Aufgabe der Dienststelle war die einheitliche Bearbeitung der im

---

[49] Anordnung über die kommissarische Verwaltung in der Privatwirtschaft, 2.7.1938, GBlÖ. 226/1938
[50] ÖSTA/AVA, Reichskommissar für die Wiedervereinigung Österreichs mit dem Deutschen Reiche (Bürckel-Akten), Ordner 145: Staatskommissar, Bericht über die kommissarischen Verwalter
[51] Dazu OÖLA, IKG Linz, Sch. 14: Berichte Friedrich Katzwendel über dessen Tätigkeit als Leiter der Dienststelle für kommissarische Besetzungen und der Zweigstelle der Vermögensverkehrsstelle in Linz: Bericht vom 7.3.1939, Die Entjudung in Oberdonau; ebd., Bericht undatiert (Ende 1939), Bericht über die Tätigkeit der Abteilung für Entjudung seit Kriegsbeginn vom 12.8.1942
[52] Oskar Hinterleitner, geb. 1891, Keramiker, seit 1922 Geschäftsführender Gesellschafter der Tonöfenfabrik Schadler in Linz, Mitglied der OÖ Landesregierung ab März 1938, Mitglied der NSDAP ab Mai 1933, Nr. 1,613.535, Mitglied des SS, Nr. 309.099, SS Obersturmbannführer ab 20.4.1944, siehe BArch (ehem. BDC), SSO, Hinterleitner, Oskar, geb. 10.11.1891; ebd., PK, Hinterleitner, Oskar, geb. 10.11.1891; Friedrich Katzwendel, geb. 1882, Abs. jur. Univ. Prag, Beamter der Linzer Handelskammer (Ruhestand 1936), 1938 Angestellter beim LH OÖ/RStH von OD (Dienstverhältnis beendet

Rahmen der Ausschaltung der jüdischen Eigentümer vorgesehenen Bestellungen kommissarischer Verwalter nach den Bestimmungen des Gesetzes vom 13. April 1938. Daneben war sie auch als Zweigstelle der Wiener Vermögensverkehrsstelle in allen Vorgängen der Arisierung bzw. Liquidation sowie des weiteren Einsatzes jüdischer Vermögen in Oberdonau tätig. Mit Wirkung vom 15. November 1939 übertrug der Reichskommissar für die Wiedervereinigung Österreichs Landeshauptmann Eigruber die Zuständigkeit in so genannten Entjudungsverfahren in Oberdonau. Eigruber bestätigte Katzwendel sogleich in dessen Funktion und unterstellte ihn der Abteilung IV seiner (des Reichsstatthalters) allgemeinen staatlichen Verwaltung. Aufgrund der Verordnung vom 15. November 1939 übermittelte die Vermögensverkehrsstelle sämtliche Arisierungsakten an die Linzer Dienststelle zur Verwahrung bzw. zur weiteren Bearbeitung, dazu ferner die Akten der nach der Verordnung vom 26. April 1938 angemeldeten Vermögen von seinerzeit in Oberösterreich wohnhaften Juden, sowie Akten betreffend Liegenschaften in Oberösterreich in jüdischem Eigentum (insgesamt 141 Vorgänge). In Oberösterreich gab es im März 1938 insgesamt 124 Unternehmen in jüdischem Besitz.[53] In den meisten hatten sich sogleich mit dem Anschluss NS-Parteigänger zu kommissarischen Verwaltern aufgeschwungen, die in der Folge größtenteils die Bestätigung des Staatskommissars erlangten. All diese Unternehmen wurden wahrscheinlich bis Ende 1942 arisiert oder in Konkurs getrieben. Im Dezember 1940 wurden die Oberbürgermeister bzw. Landräte mit der Zuständigkeit für die Genehmigung der Übertragung jüdischer Liegenschaften betraut. Bis dahin hatte Katzwendel der Arisierung von 32 Liegenschaften im Wert von 763.515,75 RM die Genehmigung erteilt. Eine weitere beachtliche Änderung der Zuständigkeit in Sachen Verwertung geraubter jüdischer Vermögen brachte letztlich die elfte Verordnung zum Reichsbürgergesetz. Nun verfiel das Vermögen von Juden, die vordem Reichsangehörige gewesen waren und sich zum jetzigen Zeitpunkt im Ausland aufhielten, zu Gunsten des Reichs.[54] Es waren daher die Akten betreffend solche Liegenschaften den nunmehr zuständigen Oberfinanzpräsidenten zu übergeben. Katzwendels Abteilung verblieb hier in der Folge die Aufgabe, den jeweiligen Auf-

---

31.3.1944), Mitglied der NSDAP 1933, Wiedereintritt Mai 1938, Nr. 6,315.032; OÖLA, Personalakten 19./20. Jh., Sch. 102: Akt Nr. 1884 Friedrich Katzwendel; ÖStA/AdR, BMI, Gauakt 124.264
[53] Von diesen Unternehmen zählten 77 zur Gruppe Handel, 16 zum Gewerbe, 30 zur Industrie sowie ein Verkehrsbetrieb; dazu kamen in den Kreisen Kaplitz und Krumau zwei Handelsbetriebe sowie ein Großunternehmen (Pötschmühle in Wettern); OÖLA, IKG Linz, Sch. 14: Berichte Katzwendel
[54] 11. VO zum Reichsbürgergesetz, 25 November 1941, RGBl. I, 722; als Aufenthalt im Ausland galt auch die Verbringung jüdischer Opfer in die Vernichtungslager im Generalgouvernement

enthaltsort des ehemaligen jüdischen Eigentümers zu erheben. Ein weiteres Aufgabengebiet entstand der Dienststelle durch die von Göring am 10. Juni 1940 angeordnete Nachprüfung aller Arisierungsfälle. Diese Arbeiten nahmen Katzwendel offensichtlich noch bis Anfang 1944 in Anspruch, im Frühjahr 1944 dürfte die Dienststelle für kommissarische Besetzungen und Zweigstelle der Vermögensverkehrsstelle aufgelöst worden sein. Katzwendel selbst schied mit 31. März 1944 aus der allgemeinen staatlichen Verwaltung des Reichsstatthalters von Oberdonau aus.

Am 22. Juni 1939 fand im RMI eine Besprechung der Staatssekretäre betreffend den Aufbau der Behörden der Reichsstatthalter in Ostmark und Sudetengau statt, deren Ergebnis den Reichsinnenminister in keiner Weise zufrieden stellte. Mit einer Flut von Verordnungen ergriff das RMI nun die Initiative und regelte binnen weniger Wochen fast im Alleingang die weitere Entwicklung in der Ostmark. Den Anfang machte man mit einer Verordnung zur Übertragung der Befugnisse des Reichsstatthalters (Österreichische Landesregierung) nach der DGO auf die Landeshauptleute/Reichsstatthalter, sodann wurden die Beamten der Österreichischen Landesregierung und der Landeshauptmannschaften in den Reichsdienst übernommen, Regelungen für Sonderbehörden getroffen und schließlich Bestimmungen über den Behördenaufbau der Reichsstatthalter erlassen, sowie Aufgaben zugewiesen, die bei einem Reichsstatthalter für mehrere Reichsgaue der Ostmark zusammengefasst wurden.[55]

In einem am 18. Juli 1938 den Obersten Reichsorganen zugeleiteten Rundbrief erklärte Frick gereizt, er habe jetzt in der Sache aufgrund der ihm vom Führer erteilten Vollmacht entschieden, da die unvereinbaren Forderungen der Reichsministerien nur die weitere Zersplitterung der allgemeinen staatlichen Verwaltung zur Folge hätten.[56] Der Reichsinnenminister führte mit gutem Grund seit langem Klage über die aufgeblähte deutsche Verwaltung: Im Sommer 1939 bestanden auf Kreisebene bis zu 50, in der Mittelstufe 30 bis 40 verschiedene Verwaltungsbehörden nebeneinander.

---

[55] 1. VO über die Übertragung von Aufgaben und Befugnissen des RStH (Österreichische Landesregierung), 4.7.1939, RGBl. I, 1194; 2. VO zur Durchführung des Gesetzes über den Aufbau der Verwaltung in der Ostmark, 8.7.1939, dieser VO ging das vom RMI im Einvernehmen mit dem StdF und dem RMF erlassene Gesetz über die Vereinheitlichung im Behördenaufbau, 5.7.1939, RGBl. I, 1197 voraus; ferner 3. VO zur Durchführung des Ostmarkgesetzes, 17.7.1939, RGBl. I, 1270; 1. VO über Aufgaben der Reichsgaue als Selbstverwaltungskörperschaften, 17.7.1939, RGBl. I, 1269; dem RStH Niederdonau (ND) wurde die Verwaltung der Reichswasserstraßen Donau und March mit VO über die Reichswasserstraßenverwaltung in der Ostmark, 14.7.1939, RGBl. I, 1250 zugewiesen

[56] OÖLA, Akten der Landesverwaltung 1926 ff., MF 446: Ia/G/H/K/Vet-816/1939, RMI an Oberste Reichsorgane, 18.7.1939, Durchführung Ostmark- und Sudetengaugesetz; Fricks Haltung angesichts des ungezügelten Wachstums der staatlichen Verwaltung im Dritten Reich bei Neliba, Frick (wie Anm. 4) 305

Um ein Fortschreiten dieser Entwicklung zu unterbinden, verlangte Frick die Zusammenfassung der allgemeinen staatlichen Verwaltung der Reichsgaue der Ostmark in der Hand des Regierungspräsidenten. Zentrale Angelegenheiten sollten nicht auf einzelne Abteilungen aufgeteilt, die Zahl der Abteilungen klein gehalten werden. Keinesfalls dürfe jeder zentralen Reichsbehörde eine eigene Abteilung beim Reichsstatthalter entsprechen. Sein Schreiben an die Obersten Reichsorgane leitete Frick noch am selben Tag auch Bürckel und den Landeshauptleuten zu. Beigeschlossen waren Aufbaupläne der bei den Reichsstatthaltern zu errichtenden Behörden der Hoheits- und Selbstverwaltung.[57] Ein Reichsgau hatte als Selbstverwaltungskörperschaft jene öffentlichen Aufgaben zu übernehmen, die ihm gesetzlich zugewiesen wurden, sowie Aufgaben, deren einheitliche Führung für den gesamten Gau (oder größere Teile davon) erforderlich bzw. die von Land- und/oder Stadtkreisen nicht zu leisten waren. Namentlich waren dies: Verwaltung des eigenen Vermögens (einschließlich der Einhebung eigener Steuern, Abgaben und Umlagen), Kultur- und Gemeinschaftspflege (Museen, Natur- und Heimatschutz, Archiv, Kunstpflege, Büchereien etc.), Gesundheitswesen (TBC und Krebsbekämpfung) und Hebammen, Förderung von Wirtschaft, Handel und Verkehr, Erhaltung eigener Gebäude, Unterhalt von Landstraßen erster Ordnung sowie Bereitstellung technischer Einrichtungen für den Erhalt von Landstraßen zweiter Ordnung. Darüber hinaus konnten die Reichsgaue Aufgaben der Gemeinden und Landkreise sowie Aufgaben von Zweckverbänden an sich ziehen, wenn dies notwendig war. Die Hoheitsverwaltung beim Reichsstatthalter sollte sieben Abteilungen umfassen, wobei Abweichungen bei Bedarf statthaft waren: Abteilungen I: Allgemeine, innere und finanzielle Angelegenheiten; II: Erziehung, Volksbildung, Kultur- und Gemeinschaftspflege; III: Öffentliche Fürsorge, Jugendwohlfahrt, Jugendpflege und Leibesübungen; IV: Gesundheitswesen; V: Wirtschaft, Arbeit und Landwirtschaft; VI Hochbau und Straßenwesen; VII: Oberversicherungsamt (OVA). Außerhalb der Abteilungen blieben der Leiter der Staatspolizei (Politischer Referent genannt) sowie der Generalreferent für Raumordnung beim Reichsstatthalter. Die Aufgaben der staatlichen und der Gauselbstverwaltung waren einheitlich und in der sachlich zuständigen Abteilung zu bearbeiten. Binnen weniger Tage legte der kommissarische Regierungspräsident der Linzer Lan-

---

[57] Ebd., RMI an Reichskommissar und Landeshauptleute, 18.7.1939, Durchführung Ostmarkgesetz. Der beigeschlossene Aufbauplan wich von der VO vom 17.7.1939 insofern ab, als dort nur fünf Abteilungen vorgesehen waren. OVA und Regierungskasse sollten zwar bei jedem RStH eingerichtet, jedoch nicht als Abteilungen geführt werden.

deshauptmannschaft, Adolf Eigl, Eigruber eine Stellungnahme zu den Plänen des RMI vor.[58] Der Entwurf, so Eigls Ansicht, knüpfe an die hiesigen Verhältnisse an. Die Forderung nach einheitlicher und sparsamer Verwaltung sei bereits erfüllt, schon jetzt würden die Aufgaben von Hoheits- und Selbstverwaltung einheitlich von der fachlich zuständigen Abteilung bearbeitet. Dies bliebe auch künftig so, da das Reich alle dem (künftigen) Reichsstatthalter zugewiesenen Beamten bereits übernommen habe und die Selbstverwaltung nur bei begründetem Bedarf eigene Dienstkräfte erhalten sollte. Die Selbstverwaltung geriete allerdings gegenüber der Hoheitsverwaltung ins Hintertreffen, weil die Mehrzahl der Aufgaben letzterer zugewiesen worden wäre (im Verhältnis acht zu eins zu Gunsten der Hoheitsverwaltung). Auch wären manche Aufgaben der Selbstverwaltung unklar definiert, andere, darunter das Jagdrecht, fehlten im Entwurf des RMI völlig. Unverzichtbar sei ferner die Ausgliederung der Gaukämmerei aus der Hoheitsverwaltung. Eigl regte daher an, auf Behebung der festgestellten Unklarheiten zu drängen und mehr Aufgaben für die Selbstverwaltung zu fordern. Vor allem sollte diese ihr eigenes Personal (mit eigenen Aufstiegsmöglichkeiten) bekommen. Bei der vorgeschlagenen Geschäftsverteilung der Hoheitsverwaltung schlug Eigl einige kleinere Änderungen vor, war aber im Wesentlichen mit dem vorliegenden Entwurf einverstanden. Letztlich sahen die Planungen des RMI noch vor, bestimmte Aufgaben bei einem oder mehreren der Reichsstatthalter der Ostmark zusammenzufassen, so vor allem wehrwirtschaftliche Angelegenheiten beim Reichsstatthalter in Wien und Salzburg, sowie die Verwaltung der Reichswasserstraßen der Ostmark (Donau und March) in Niederdonau. Wiewohl hierin eine Beschränkung der Befugnisse des Reichsstatthalters von Oberdonau lag, akzeptierte Eigl eine solche Konzentration. Eigruber folgte in einer mit 1. August 1939 datierten Stellungnahme für das RMI weitgehend der Expertise des Beamten. Er forderte vermehrte Aufgaben und eigenes Personal für die Gauselbstverwaltung, ohne allerdings auf Details einzugehen, und (hier wich er von Eigls Stellungnahme ab) den Sitz der Wasserstraßenverwaltung für Oberdonau mit der Begründung, Linz werde durch den Ausbau der Schwerindustrie zum wichtigsten Umschlagplatz an der oberen Donau aufsteigen.[59] Warum Eigruber auf Fricks Schreiben von Mitte Juli in so kurzer Frist antwortete, ist nicht klar, strebte er doch mit den

---

[58] Ebd., Dienststück Landeshauptmannschaft (undatiert, gezeichnet Eigl), Stellungnahme zu Entwurf RMI, Durchführung Ostmarkgesetz
[59] Ebd., Landeshauptmannschaft OD an RMI, 1.8.1939, Aufbau der Behörde des RStH

Landeshauptmännern von Salzburg, Tirol und Steiermark eine gemeinsame Linie gegenüber dem RMI an. Jedenfalls akkordierten die vier Landeshauptmannschaften ihr weiteres Vorgehen in der Sache in einer Besprechung am 8. August 1939. In einem zweiten Schreiben an das RMI präzisierte Oberdonau dann seine Vorstellungen, insbesondere wurde abermals die Wasserstraßenverwaltung gefordert. Bezüglich der anderen noch offenen Fragen verwies man darauf, dass bisher zumeist noch nicht einmal die Vorfragen geklärt seien: Weder habe das RMI den bereits vorgelegten Organisationsplan genehmigt, noch die Kompetenzen gegenüber den unteren Verwaltungsbehörden geklärt, die Bearbeitung der dortigen Personalangelegenheiten sei noch offen, die Österreichische Landesregierung habe noch kaum Kompetenzen abgetreten, obwohl ihre Auflösung für Ende September in Aussicht genommen war, und für das OVA fehlten die Bestimmungen. Letztlich herrsche bei der Linzer Landeshauptmannschaft Personalmangel, da man hier schon immer bei den Stellenplänen große Zurückhaltung geübt habe.[60] Ähnlich argumentierten auch die Landeshauptleute von Salzburg, Tirol und Steiermark. So verlangte Rainer für Salzburg ein eigenes OVA sowie einen eigenen Treuhänder der Arbeit mit dem Argument, die vom Reichsarbeitsminister in Wien geplante Zentralisierung der Dienststelle des Treuhänders in der Ostmark widerspreche der politischen Linie der Beseitigung der Sonderstaatlichkeit Österreichs.[61] Die Gauleiter verfolgten also in Absprache das gleiche Ziel, die Stärkung der eigenen Dienstbehörde, mit komplementären Argumenten: Während Eigruber wirtschaftliche Argumente heranzog, bediente sich Rainer des politischen Arguments der Beseitigung der Sonderstellung von Wien. Fricks Rundbrief vom 18. Juli 1939 brachte den Aufbau der Behörden der kommenden Reichsstatthalter ein gutes Stück voran. Dennoch war der ursprünglich in Aussicht genommene Termin 1. Oktober 1939 für das Inkrafttreten des Ostmarkgesetzes nach dem 1. September 1939 nicht zu halten, sodass mit Verordnung vom 9. September die Frist auf den 1. April 1940 erstreckt wurde.[62] Die weiteren Vorarbeiten zum Aufbau der Behörden der Hoheits- und Selbstverwaltung der Reichsstatthalter waren dann eine Sache von RMI, Reichskommissar und Landeshauptmannschaften, während der Aufbau der Sonderbehörden auch weiterhin die Einschaltung

---

[60] Ebd., Landeshauptmannschaft OD an RMI, 15.8.1939, Aufbau der Behörde des RStH
[61] Ebd., Landeshauptmannschaft Salzburg an RMI, 14. und 18.8.1939, Aufbau der Behörde des RStH
[62] RGBl. I, 1763

der Fachressorts erforderlich machte. Bis Jahresende 1939 konnten die wesentlichen Zweige der Verwaltung der Reichsgaue in Umfang und Aufbau bestimmt und eingeführt werden, wobei seitens der Obersten Reichsorgane grundsätzlich Ostmark und Sudetengau gemeinsam behandelt wurden. Die letztlich errichteten Behörden entsprachen bei Hoheits- und Selbstverwaltung in etwa den vom RMI entworfenen Aufbauplänen, auch blieb es bei der schon seinerzeit vorgesehen Konzentration bestimmter Aufgaben bei einem Reichsstatthalter: Salzburg musste auf ein eigenes OVA verzichten, Niederdonau blieb Sitz der von Oberdonau geforderten Verwaltung der Reichswasserstraßen der Ostmark.[63] Zeitgleich mit der Errichtung der Behördenapparate fielen die Personalentscheidungen im Bereich der allgemeinen staatlichen Verwaltung des Reichsstatthalters. Bereits im August 1939 ersuchte Eigruber als Landeshauptmann den HSSPF in Wien um Zuweisung eines Dezernenten für Polizeiangelegenheiten, da diese nun von der Österreichischen Landesregierung an die Landeshauptmannschaft zu übertragen seien. Am 28. September legte der erst wenige Wochen zuvor zum Regierungspräsidenten in Oberdonau ernannte Hans von Helms dem RMI Vorschläge zur Besetzung der Abteilungen der Hoheitsverwaltung vor, die Eigruber noch am selben Tag dem Reichskommissar übermittelte.[64] Dabei knüpfte Eigruber in seiner Anfrage bei Kaltenbrunner an seine gute Kenntnis der Linzer Polizeidirektion an und brachte den Polizeijuristen Alfred Kaufmann in Vorschlag, da dieser sich während des Anschlusses bei der Errichtung der Polizeidirektion in Linz im Sinne der nationalsozialistischen Machthaber bewährt habe. Hingegen überließ Eigruber die Erstellung der Liste der in Aussicht genommenen Abteilungsleiter von Helms. Den Grund für Eigrubers Schritt wird man

---

[63] OÖLA, Akten der Landesverwaltung 1926 ff., MF 446: Ia/G/H/K/Vet-816/1939, Reichskommissar an alle Landeshauptmannschaften, 2.11.1939, Durchführung des Ostmarkgesetzes. Bürckel übermittelte einen Erlass des RMI vom 21.10.1939 betreffend den Behördenaufbau der RStH ohne Wien; Wien blieb einer gesonderten Regelung vorbehalten. Die Landeshauptmannschaften wurden angewiesen, ihre Stellungnahmen dem RMI via Reichskommissar ehestens vorzulegen. Neben der Zusammenfassung der Wasserstraßenverwaltung in Niederdonau blieb Wien Dienstsitz der Wehrwirtschaftlichen Abteilung für OD, ND und Wien. Ferner ebd., A-3426/1939, Ministerium für Wirtschaft und Arbeit an Landeshauptmannschaften, 29.11.1939, Errichtung OVA in den Reichsgauen der Ostmark; errichtet wurden mit 1.11.1939 sechs OVA (je Reichsgau ein Amt; für Salzburg, Tirol und Vorarlberg ein gemeinsames Amt mit Sitz in Innsbruck)

[64] Ebd., MF 301: A-2988/1939, LH OD an HSSPF in Wien, Datum unleserlich (August 1939), Zuweisung eines Dezernenten für Polizeiangelegenheiten; ferner ebd., A-3470/1939, Gauleiter OD an Reichskommissar, 28.9.1939, Besetzung der Abteilungen des RStH OD; Dr. phil. Hans v. Helms, 1899-1980, Physiker, Oktober 1930 preußischer Staatsdienst, 1.2.1935 Stab des StdF, 24.8.1939 Regierungspräsident in OD, 8.4.1941 Ministerialdirigent im RMI, Oktober 1944 Landeshauptmann in Westfalen, Mitglied NSDAP 1922, Nr. 2839, vor Jänner 1933 SA-Führer und Gauredner, dann politischer Leiter, SA-Gruppenführer 30.1.1942, Mitglied des Reichstags, Beisitzer des Ersten Senats des Volksgerichtshofs, dazu BArch (ehem. BDC), PK, v. Helms, Hans, geb. 25.5.1899; BArch, ZJ 44 A. 1, v. Helms, Hans, geb. 25.5.1899

wohl zum einen in der Ernennung von Helms zum Regierungspräsidenten sehen können, zum anderen dürfte der Gauleiter auch gegen den Personalvorschlag seines neuen Behördenchefs Vorbehalte gehegt haben. Der aus Norddeutschland stammende von Helms, Mitglied der NSDAP seit 1922, hatte seine berufliche Laufbahn im preußischen Staatsdienst begonnen, seit Februar 1935 war er als hoher Verwaltungsbeamter im Stabe Heß tätig. Die näheren Umstände der Ernennung von Helms zum Behördenchef in Oberdonau sind nicht bekannt, besonderes Interesse des StdF, Einfluss auf die Behörde des Reichsstatthalters in Oberdonau zu gewinnen, darf aber wohl angenommen werden. Dass eine solche Entwicklung, die zu verhindern er im Gestrüpp der Intrigen und Machtkämpfe innerhalb der Eliten des Dritten Reichs nicht in der Lage war, nicht in Eigrubers Interesse liegen konnte, ist evident. Doch selbst wenn von Helms Berufung Eigrubers Intentionen tatsächlich nicht zuwider gelaufen war, entsprach jedenfalls dessen Personalvorschlag mit Sicherheit nicht den Vorstellungen des Reichsstatthalters, schloss er (der Vorschlag) doch auch eine Zurücksetzung des von Eigruber selbst im März 1938 zum kommissarischen Behördenleiter der damaligen Landesregierung ernannten Adolf Eigl ein. Von Helms machte gegen Eigl geltend, dieser sei erst im Februar 1938 der NSDAP beigetreten und schon deshalb bestünden gegen ihn politische Bedenken. Tatsächlich hatte Eigl, der noch in den 1930er-Jahren Mitglied der Rotarier und der antroposophischen Gesellschaft gewesen war, erst am 15. Februar 1938 einen Antrag auf Aufnahme in die NSDAP gestellt.[65] Vorgesehen war Eigl jetzt als Leiter der Abteilung I (Allgemeine, innere und finanzielle Angelegenheiten); als weitere Abteilungsleiter wurden vorgeschlagen: Rudolf Lenk (Abteilung II: Erziehung, Volksbildung, Kultur- und Gemeinschaftsangelegenheiten), Franz Herb (III: Volkspflege), August Schmöller (V: Bauwesen) und Karl Woletz (VI: OVA).[66] Für

---

[65] OÖLA, Akten der Landesverwaltung 1926 ff., MF 301: A-3470/1939; Dr. jur. Adolf Eigl, 1883-1958, Promotion 1912, 1907-1948 Beamter der kaiserlichen Statthalterei in OÖ sowie der Oö. Landesregierung, 22.5.1945-22.8.1945 ernannter Landeshauptmann OÖ; dazu Harry Slapnicka, Eigl, Adolf Karl. In: Oberösterreich – Die politische Führungsschicht ab 1945 (Linz 1989) 52-55; zu Eigls Aufnahmegesuch in die NSDAP vgl. BArch (ehem. BDC), PK, Eigl, Adolf, geb. 14.2.1883; Kreisgericht NSDAP Linz Stadt, Beschluss 27.11.1939, Aufnahmeantrag Eigl 15.2.1938; Eigls Antrag auf Aufnahme in die NSDAP wurde abgelehnt mit der Begründung, Eigl wäre noch in den 1930er-Jahren Mitglied der antroposophischen Gesellschaft und der Linzer Rotarier gewesen. Ausdrücklich wurde hervorgehoben, dass Eigl vor „untersuchenden Vertreter(n) der (NS) Behörde" detaillierte Angaben über Mitglieder der Vereine geben konnte, was nur Mitglieder in leitender Funktion möglich gewesen sei (die Vereine hatten unmittelbar vor dem Anschluss ihre Mitgliederkarteien vernichtet).

[66] Prof. Dr. phil. Rudolf Lenk, geb. 1886, Lehrer an höheren Schulen, Mitglied NSDAP 1932, Nr. 1,302.564, SA Obersturmbannführer 1.9.1939, 1938 Landesrat, dazu ÖStA/AdR, BMI, Gauakt 335.940; Dipl. Ing. August Schmöller, geb. 1901, 1923-29 Stud. TH Graz, 1929-33 Univ. Ass. TH Graz, 1933-38 freier Architekt und Zivilingenieur in Wels, ab 13.3.1938 Landesplaner-Generalreferent für Raumordnung in OÖ/OD, ab 5.9.1939 Leiter Abt. V der RStH OD, Mitglied der NSDAP ab

die Abteilung IV (Landwirtschaft, Wirtschaft und Arbeit) legte von Helms keinen Vorschlag vor, sondern ersuchte um Zuweisung eines geeigneten Beamten durch das RMI. Die so genannte Zentralabteilung (zentrale Verwaltungsangelegenheiten) sollte dem Regierungspräsidenten direkt unterstellt sein. Betrachtet man die Vorschlagsliste näher, zeigt sich, dass die vorgeschlagenen Personen durchwegs als Fachleute in jenen Bereichen gelten konnten, für die sie vorgeschlagen wurden. Eigl war als Verwaltungsjurist seit 1907 Beamter der kaiserlichen Statthalterei bzw. der oberösterreichischen Landesregierung; Lenk war Mittelschullehrer, Schmöller Architekt und Raumplaner, Woletz Verwaltungsjurist. Herb, der als Militärexperte galt, hatte als einziger keine akademische Ausbildung und brachte wohl auch keine gesonderte Fachkenntnis mit. Die Liste der dann im Mai 1940 tatsächlich berufenen Abteilungsleiter wich von von Helms Vorschlag wesentlich ab, nur Lenk und Schmöller wurden tatsächlich in die vorgesehenen Funktionen ernannt. Eigl wurde stellvertretender Leiter des nunmehr dem Reichsstatthalter unmittelbar unterstellten OVA (gleichzeitig führte er das Sachgebiet Ia/B der Abteilung I), Abteilung III übernahm der Linzer Arzt Hans Baumgartner, Abteilung IV Oskar Hinterleitner. Die Zentralabteilung wurde, so wie von Helms angeregt hatte, dem Regierungspräsidenten direkt unterstellt, als Leiter der Abteilung I wurde Theodor Nonweiler ernannt.[67] Wahrscheinlich bereits anlässlich seiner Ernennung zum Gaurat, spätestens aber im Laufe des Jahres 1941 trat Oskar Hinterleitner von seiner Funktion als Leiter der Abteilung IV der allgemeinen staatlichen Verwaltung zurück, Nonweiler schied wahrscheinlich 1941 aus nicht näher bekannten Gründen aus dem Dienstverhältnis beim Reichsstatthalter aus.

2.6.1932, Nr. 1,300.725, Gauamtsleiter für Technik, SA Sturmbannführer; dazu BArch (ehem. BDC), PK, Schmöller, August, geb. 26.03.1901; ÖStA/AdR, NSDAP-Erfassungsantrag Nr. 440/535; Dr. juris. Karl Woletz, geb. 1887, Beamter der allgemeinen Verwaltung der Oö. Landesregierung, Woletz Antrag auf Aufnahme in die NSDAP aus Mai 1937(?) wurde im Jänner 1941 aus politischen Gründen abgelehnt, Woletz in den Ruhestand versetzt, dazu ÖStA/AdR, NSDAP-Erfassungsantrag Nr. 552/88

[67] Aufbau der Verwaltung im Reichsgau OD siehe Amtskalender für den Gau Oberdonau, Jg. 1940 (Linz Juni 1940) 59-69; Dr. med. Hans Baumgartner, geb. 1900, Promotion 1926, Jänner 1929-August 1938 Gemeindearzt in Neukirchen an der Enknach, Jänner 1939-Mai 1940 praktischer Arzt in Linz, 11.5.1940 Leiter der Abt. III, Volkspflege der RStH OD (bis 1941 kommissarisch), Ernennung zum Regierungsdirektor 8.4.1941, Mitglied NSDAP 29.5.1932, Nr. 1,081.439, Gauamtsleiter für Volksgesundheit der NSDAP OD, Sanitäts Oberführer, 1. Arzt der SA Gruppe Alpenland, dazu BArch, Z-ÄV 53 S. 401-402, Baumgartner Dr., Hans, geb. 4.10.1900; Franz Herb, Mitglied der NSDAP ab 8.10.1930, Nr. 300.749, wirkte in den 1930er-Jahren im Raume Linz beim Aufbau der SA mit, verbüßte bis 1938 mehrjährige Haftstrafen; Theodor Nonweiler, geb. 1891, 1922 große juristische Staatsprüfung, 1922-April 1923 Jurist bei der Regierung der Pfalz, 1923 Bezirksamt Kusel, 1924 Regierung Speyer, 1935 Stellvertreter des Reichskommissars für die Rückführung des Saarlandes, 19.11.1939 Leiter der Unterabteilung Ia, Innere Angelegenheiten beim LH OD, Regierungsdirektor ab April 1940, Mitglied NSDAP 1.5.1933, Nr. 3,542.608; dazu BArch Z-A V 71 S. 86, Nonweiler, Theodor, geb. 4.11.1891

Die Abteilungsleiter der Hoheitsverwaltung wurden mit Zustimmung des RMI offensichtlich noch vor Jahresende 1939 bestellt, die (minder bedeutenden) Personalentscheidungen im Bereich der Gauselbstverwaltung traf man hingegen in Linz selbst. Etwa im Februar 1940 wurde in Verhandlungen zwischen dem designierten Gaukämmerer Franz Danzer und Regierungspräsident von Helms vorerst die personelle Ausstattung der Gaukämmerei mit 13 Bediensteten (darunter ein bis zwei Akademiker) vereinbart. Mitte März forderte Danzer dann aber schon 18 Dienstkräfte (darunter drei Akademiker).[68] Von Helms erwiderte gereizt und in scharfem Ton, dass er der Gauselbstverwaltung derzeit nur die genehmigten 13 Personen bewilligen werde. Erst zu einem späteren Zeitpunkt, wenn Bedienstete der Selbstverwaltung zum Wehrdienst einberufen seien, werde er einer Erhöhung des dortigen Personalstandes um zwei bis drei Personen zustimmen. Tatsächlich wurden der Gauselbstverwaltung bis zur Jahresmitte 1940 drei Akademiker sowie elf weitere Dienstkräfte, insgesamt somit 14 Personen zugewiesen.[69] Ab Sommer 1940 wurde sodann die politische Führungsmannschaft der Gauselbstverwaltung bestellt. Am 1. Juni 1940 erhielt Landesstatthalter Karl Breitenthaler seine Berufung zum Gauhauptmann und damit zum Leiter der Gauselbstverwaltung, wahrscheinlich noch vor dem 1. November 1940 wurde der designierte Gaukämmerer Franz Danzer definitiv bestellt, mit 1. November in der Folge sechs Gauräte ernannt. Letztere waren wie bereits erwähnt reine Beratungsorgane. Sie hatten keine unmittelbare Ressortverantwortung, sondern stellten die üblichen Verschränkungen zwischen der Partei und ihren Gliederungen einerseits und der Gebietskörperschaft andererseits dar, und auch an die Versorgung der Ernannten mit angemessenen Pfründen wird man wohl gedacht haben. Franz Langoth vertrat die Nationalsozialistische Volkswohlfahrt, Franz Stadlbauer die Deutsche Arbeitsfront, Gregor Frank die Landesbauernschaft Donauland, Fritz Reithofer und Karl Multerer waren als Kreisleiter Repräsentanten der Parteiorganisation.[70] Im Fortgang ihres weiteren Aufbaus

---

[68] Danzer Franz, geb. 1896, Bankbeamter, Mitglied der NSDAP 20.11.1931, Nr. 685.098, März 1938 Landesfinanzreferent der Landesregierung Eigruber, 1940 Gaukämmerer, NSDAP Gauamtsleiter und Leiter des Amts für Kommunalpolitik, Kreisleiter Linz-Stadt 15.4.1943, Vorsitzender des Deutschen Gemeindetags, inhaftiert 1945-1948, dazu BArch (ehem. BDC), PK, Danzer, Franz, geb. 6.1.1896; ÖStA/AdR, BMI, Gauakt 344.476; BMI, GDföS, Personalakt Zl. 41.871-2A/61
[69] OÖLA, Akten der Landesverwaltung 1926 ff., MF 374: Ia/B-54/1940, Verwaltungsaufbau 1940, Landeshauptschaft OD Danzer an v. Helms, 13.3.1940, betreffend Aufbau Gaukämmerei; ebd., v. Helms an Danzer, 15.3.1940; für die Zuweisungen von Bediensteten an die GSV vgl. Amtskalender OD 1940 (wie Anm. 67) 70; Amtskalender. Amtsverzeichnis und Geschäfts-Adressbuch für den Reichsgau Oberdonau 1942 (Linz Juni 1941) 75
[70] Dipl. Ing. Karl Breitenthaler, geb. 1879, Techniker Hoch- und Tiefbau, Mitglied der NSDAP 1919, Nr. 300.080 (1.10.1930), 1922-23 Gemeinderat der NSDAP in Gmünd, 1923-27 Landesparteiob-

konnte die Gauselbstverwaltung ihren Personalstand bis Herbst 1941 auf 81 Personen erhöhen; Grund für diese Personalerhöhung war die Übernahme neuer Aufgaben, darunter vor allem die Verwaltung eingezogener Vermögen sowie die Übernahme der Fleischbeschau-Ausgleichskasse für die Reichsgaue der Ostmark.

Die im Herbst 1940 erreichten Verwaltungsstrukturen des Reichsstatthalters, sowohl bei allgemeiner staatlicher Verwaltung als auch bei Gauselbstverwaltung, bestanden dann bis Kriegsende nahezu unverändert. Auch die getroffenen Personalentscheidungen wurden grundsätzlich beibehalten, sieht man von gelegentlichem Wechsel zwischen Partei- und Staatsdienst, von fortlaufenden Einberufungen zu den Streitkräften und Todesfällen ab. An der Spitze der staatlichen Verwaltung gab es 1941 jedoch eine wesentliche personelle Veränderung. Hans von Helms übernahm im Frühjahr 1941 eine hohe Funktion im RMI, seine Nachfolge als Regierungspräsident von Oberdonau trat Günther Palten an. Der Schlesier, promovierter Jurist, Mitglied der NSDAP seit 1930, hatte seine berufliche Laufbahn 1930 im schlesischen Gerichtsdienst begonnen, 1934 wechselte er in das preußische Geheime Staatspolizei Amt, 1938 wurde er zum Polizeipräsi-

---

mann NSDAP OÖ, Oktober 1937 bis März 1938 volkspolitischer Referent der NSDAP OÖ, März 1938-April 1940 Landesstatthalter für OÖ, Mitglied des Deutschen Reichstags, 1.6.1940 Gauhauptmann OD, 1943 SA Oberführer, dazu BArch (ehem. BDC), PK, Breitenthaler Dipl. Ing., Karl, geb. 13.5.1879; ÖStA/AdR, BMI, Gauakt 116.771; Dipl. Ing. Gregor Frank, geb. 1904, Landwirt, Mitglied NSDAP 1.5.1938, Nr. 6,374.724, 13.7.1938 Leiter Außenstelle Hauptamt III Landesbauernschaft Donauland in Linz, 1.5.1939 Landesstabsleiter Hauptabteilung III Landesbauernschaft Donauland in Wien, 1.1.1942 kommissarischer Leiter Abt. IV, Landwirtschaft, Siedlung und Umlegung, Wirtschaft und Arbeit bei der RStH OD (definitiv ab 9.2.1945); BArch, Z-A V 58 S. 233-234, Frank Dipl. Ing., Gregor, geb. 16.10.1904; ÖStA/AdR, NSDAP-Erfassungsantrag Nr. 101/244; BMI, GDföS, Personalakt Zl. 54.894-2A/58; Langoth Franz, 1877-1953, Lehrer (Ruhestand 1935), 1909-1934 Landtagsabgeordneter, 1918-1934 Mitglied der Landesregierung, Mitglied der NSDAP 1933, Nr. 6,250.313 (Mai 1938, illegale Mitgliedsnr. 6046), 1934-1938 Leiter des „Hilfswerkes Langoth" für Nationalsozialisten, Mitglied der SS 28.7.1938, Nr. 292.795, SS-Brigadeführer 30.1.1944, 1938-1939 Leiter der NSV, 1.11.1940 Gaurat, Mitglied des deutschen Reichstages, 1940-1944 Richter am Volksgerichtshof (unterzeichnete 41 Todesurteile), 8.1.1944-8.5.1945 Oberbürgermeister von Linz, Sommer 1945 interniert, Mai 1947 Haft, 1947 entlassen, Dezember 1950 Amnestierung, 1973 wurde ein Abschnitt der Linzer Kaisergasse nach Langoth benannt, als dessen Verstrickung in die NS-Jusitz einer breiteren Öffentlichkeit bekannt geworden war, wurde 1986 dieser Straßenzug wieder in Kaisergasse umbenannt, BArch (ehem. BDC), SSO, Langoth, Franz, geb. 20.8.1877; Franz Langoth, Kampf um Österreich, Erinnerungen eines Politikers (Linz 1951); Walter Schuster, Deutschnational Nationalsozialistisch Entnazifiziert. Franz Langoth: eine NS-Laufbahn (Linz 1999); Karl Multerer, geb. 1903, Maschinenschlosser, Kreisgeschäftsführer Krumau Sudentendeutsche Partei, Kreisleiter Krumau NSDAP, Mitglied NSDAP 1.11.1938, Nr. 6,494.354, SA Eintritt 1.11.1938, Wehrdienst Okt. 1941-April 1943, dazu BArch (ehem. BDC), PK, Multerer, Karl, geb. 24.1.1903; ebd.., SA 4000, Multerer, Karl, geb. 24.1.1903; ÖStA/AdR, NSDAP-Erfassungsantrag Nr. 323/246; Fritz Reithofer, geb. 1894, Bürgermeister und Kreisleiter von Braunau, 1.11.1940 Gaurat, Mitglied der NSDAP 1929, Mitglied der SS, Nr. 310.419 (Obersturmführer 21.6.1944), dazu BArch (ehem. BDC), PK, Reithofer, Fritz, geb. 12.5.1894; ebd., SSO, Reithofer, Fritz, geb. 12.5.1894; ÖStA/AdR, BMI, Gauakt 353.821; Franz Stadlbauer, geb. 1909, Bergarbeiter, kfm. Angestellter, NSDAP Eintritt 12.10.1927, Nr. 54.753, 1928 Bergarbeiter in Cottbus, Bezirksleiter NSDAP Wels, Soldat Garnison Wels, Führer Soldatenbund Wels 1934, U-Haft 1934, Flucht 1934 nach Deutschland, 1934 Brigadestab Österreichische Legion, nach 1934 Obmann DAF bei Heinkel Werke Warnemünde, 1938 Rückkehr nach Österreich, dazu BArch (ehem. BDC), PK, Stadlbauer, Franz, geb. 25.04.1909

denten des oberschlesischen Industriegebiets ernannt, im Frühjahr 1940 zum stellvertretenden Regierungspräsidenten des Regierungsbezirks Oppeln, im September 1941 zum Regierungspräsidenten in Oberdonau. Diese Funktion übte er bis zum Zusammenbruch der NS-Gewaltherrschaft aus.[71] Eine erhebliche Ausweitung der Befugnisse der allgemeinen staatlichen Verwaltung des Reichsgaus brachte die Berufung des Gauleiters zum Reichsverteidigungskommissar. Ihre Stellung im Machtgefüge des Dritten Reichs konnten die Gauleiter im September 1939 bzw. im November 1942 durch ihre Ernennung in diese neue Funktion wesentlich stärken. Damit wies Hitler den Gauleitern eine weitere Aufgabe innerhalb der allgemeinen staatlichen Verwaltung zu, gleichzeitig versperrte er der Wehrmacht jede Eingriffsmöglichkeit in die Verwaltung der zivilen Reichsverteidigung. Mit Kriegbeginn oblag den Hoheitsträgern der Partei nicht mehr nur die allgemeine Weltanschauungspropaganda, vor allem sollten sie die Deutschen von der Notwendigkeit des Krieges überzeugen, den Krieg populär machen, dessen negative Auswirkungen auf die Stimmung der Bevölkerung auffangen. Als Reichsverteidigungskommissare nahmen die Gauleiter nun eine staatliche Funktion als Mittelinstanz zwischen Reichsbehörden und regionaler Verwaltung ein. Ihr Charakter als staatliche Sonderverwaltung zeigte sich vor allem darin, dass die Regierungspräsidenten die Behörden der Reichsverteidigungskommissare lenkten. Solange der Krieg einen günstigen Verlauf nahm, war die Bedeutung dieser Funktion der Partei und ihrer Hoheitsträger wenig sichtbar. Als sich aber nach 1941 die Rückschläge häuften, trat die Partei als ein Motor des Kriegseinsatzes immer stärker hervor. Als Reichsverteidigungskommissare übten die Gauleiter unter anderem wichtige Kontroll- und Koordinierungsaufgaben aus, so etwa bei der Durchführung von Maßnahmen des Totalen Kriegs.[72]

Seit Sommer 1939 wurden die Dienstgeschäfte des Reichsstatthalters (Österreichische Landesregierung) Zug um Zug auf die zuständigen Obersten Reichsorgane und/oder Reichsgaue übertragen, im Mai 1940 dessen letzte noch bestehende Dienststellen aufgelöst. Während des zweiten Halb-

---

[71] Dr. jur. Günther Patschowsky, ab Oktober 1937 Günther Palten, 1903-1945, 1930 Gerichtsdienst in Schlesien, 1932 Staatsanwalt, 1934 Jurist bei Gestapa Preußen, 18.7.1938 Polizeipräsident des Oberschlesischen Industriegebiets, 6.4.1940 stellvertretender Regierungspräsident in Oppeln, 23.9.1941 Regierungspräsident in OD; Mitglied der NSDAP 1930, Nr. 566.217, Mitglied der SS Nr. 40.064, SS Brigadeführer 21.6.1944, dazu BArch (ehem. BDC), PK, Palten (Patschowsky), Günther, geb. 03.03.1903; ebd., SSO, Palten (Patschowsky), Günther, geb. 03.03.1903; BArch, ZR 01 Bl. 28, Palten (Patschowsky), Günther, geb. 03.03.1903; ÖStA/AdR, BMI,Gauakt 300.060
[72] VO über die Bestellung von Reichsverteidigungskommissaren, 1.9.1939, RGBl. I,. 1565; Verordnung über die Reichsverteidigungskommissare und die Vereinheitlichung der Wirtschaftsverwaltung, 16.11.1942, RGBl. I, 649; vgl. Karl Teppe, Der Reichsverteidigungskommissar. Organisation und Praxis in Westfalen. In: Verwaltung contra Menschenführung (wie Anm. 4) 278-301

jahres 1939 verlief der Prozess eher schleppend, ab Jahresbeginn 1940 aber sehr schnell. Dabei übernahmen die Reichsgaue nur jene Befugnisse, die ihnen durch Verordnung ausdrücklich und taxativ zugewiesen wurden. Den Anfang machte man Mitte Jänner 1940 mit den Verordnungen sechs bis acht betreffend die Übertragung von Aufgaben und Befugnissen der Österreichischen Landesregierung. Es ging die Staatsaufsicht über Religionsgemeinschaften und allgemeine kirchliche Vermögen auf den Reichskirchenminister über, Universitäten kamen zum Reichswissenschaftsminister, die österreichischen Staatsarchive an das RMI, die Dienstgeschäfte des Finanzministeriums sowie die Hauptmünze an den Reichsfinanzminister. Den Reichsstatthaltern wurden überwiegend kulturelle Aufgaben zugewiesen, darunter Theater, Denkmalschutz, Studienbibliotheken, Landesarchive etc., aber auch Lehrerbildungsanstalten und staatliche Schlösser, ferner die Aufsicht über Stiftungen und Fonds. Gleichzeitig wurden allen Reichsstatthaltern Befugnisse in Wasserwirtschaft und Siedlungswesen eingeräumt, was eine Abkehr von der früher verfolgten Linie bedeutete, war doch bis dahin vorgesehen gewesen, diese Aufgaben in Niederdonau, Salzburg und Steiermark zusammenzufassen.[73] Wenige Wochen später folgte Anfang März als nächster Schritt die Auflösung der noch bestehenden Wiener Zweigstelle des Reichsarbeitsministeriums, gleichzeitig wurden für das Gebiet der Ostmark vier Landesarbeitsämter und vier Reichstreuhänder der Arbeit (geführt in Personalunion) neu eingerichtet, darunter je eine solche Behörde in Linz. Dieselbe Verordnung ersetzte auch die bisherigen Gewerbeinspektorate durch Gewerbeaufsichtsämter. Während Landesarbeitsämter und Reichstreuhänder unmittelbar dem Reichsarbeitsminister unterstanden, kamen die Gewerbeaufsichtsbehörden in die Zuständigkeit der Reichsstatthalter. Schließlich übertrug der Reichsarbeitsminister Ende April die bisher von der Österreichischen Landesregierung wahrgenommenen Sozialversicherungsaufgaben den in den Reichsgauen errichteten OVA.[74] Mit 15. März 1940 berief Hitler Gauleiter

---

[73] Das Ministerium für innere und kulturelle Angelegenheiten war zu diesem Zeitpunkt bereits aufgelöst, siehe 3. VO über die Übertragung von Aufgaben und Befugnissen des RStH (Österreichische Landesregierung), 16.9.1939, RGBl. I, 1845; die weiteren Dienststellen des RStH mit 6. bis 8. VO, RGBl. I, 52, 55 (6., 7. VO, 11.1.1940) und RGBl. I, 56 (8. VO, 12.1.1940); dazu auch OÖLA, Akten der Landesverwaltung 1926 ff., MF 374: Ia/B-41/1940, Verwaltungsaufbau 1940

[74] VO über die Arbeitseinsatz-, die Reichstreuhänder und die Gewerbeaufsichtsverwaltung in der Ostmark, 7.3.1940, RGBl. I, 552; zur Durchführung siehe OÖLA, Akten der Landesverwaltung 1926 ff., MF 374: Ia/B-41/1940, Verwaltungsaufbau 1940, Überleitungskommissar für Landesarbeitsämter in der Ostmark an Landeshauptmannschfst OD, 27.5.1940, Errichtung neuer Landesarbeitsämter per 1.6.1940; neu errichtet wurden Landesarbeitsämter für Wien, Niederdonau und Oberdonau, für Salzburg, Tirol und Vorarlberg, für Steiermark sowie für Kärnten; ebd., Dienststück LH OD, 22.5.1940, Anschreiben Reichsarbeitsminister vom 30.4.1940, Übertragung Versicherungsangelegenheiten auf OVA

Bürckel von seiner Funktion als Reichskommissar für die Wiedervereinigung Österreichs mit dem Deutschen Reich ab, mit 1. April 1940 wurden mit der Zehnten Durchführungsverordnung zum Ostmarkgesetz die sieben Reichsgaue der Ostmark endgültig errichtet, sowie sechs Reichsstatthalter von Hitler ernannt. In einem Rundbrief vom 16. Mai 1940 teilte der Reichsinnenminister dies den Obersten Reichsbehörden mit. Gleichzeitig verwies er darauf, dass nunmehr alle Befugnisse und Aufgaben des Reichsstatthalters in Österreich (Österreichische Landesregierung) auf die Obersten Reichsbehörden sowie die Reichsstatthalter in den Reichsgauen der Ostmark übergegangen waren und daher die Dienststellen des Reichskommissars für die Wiedervereinigung Österreichs mit dem Deutschen Reich, sowie der Reichsstatthalter in Österreich aufgelöst und zum 31. Mai 1940 abgewickelt seien.[75]

Mittelbeschaffung für den Reichsgau

Hitler betonte zu wiederholten Gelegenheiten, es gelte die wirtschaftliche Kraft der neuen Reichsgaue zu stärken. Den überwiegenden Teil ihrer Haushalte bestritten diese aus ihnen zustehenden Zuweisungen des Reichs, daneben hoben sie eigene Abgaben ein. Selbstredend standen ihnen alle auch in demokratischen Systemen denkbaren Möglichkeiten der Mittelbeschaffung offen: Eigene Gebühren, Steuern und sonstige Abgaben und Umlagen zählten ebenso dazu wie eigene Wirtschaftstätigkeit. Im Folgenden soll je ein Beispiel für die auch in demokratischen Systemen akzeptierten fiskalpolitischen und/oder wirtschaftlichen Tätigkeiten des Reichsgaus Oberdonau erwähnt werden. Man bediente sich aber auch anderer, für die NS-Gewaltherrschaft typischer Formen der Mittelbeschaffung, die man besser mit dem Begriff staatlicher Räuberei zu bezeichnen hat. In besonderer Weise waren von solchen Gewaltmaßnahmen in Oberdonau die katholische Kirche sowie manche Adelshäuser betroffen. Ausführendes Organ

---

[75] Erlaß des Führers und Reichskanzlers über Beendigung des Amtes des Reichskommissars für die Wiedervereinigung Österreichs mit dem Deutschen Reich, 15.3.1940, RGBl. I, 539; Bürckel nahm bis auf weiteres die Aufgabe des RStH in Wien wahr; zur Errichtung der Reichsgaue 9. VO zur Übertragung der Befugnisse der Österreichischen Landesregierung, 23.3.1940, RGBl. I, 545; sowie 10. VO zur Durchführung des Ostmarkgesetzes, 27.3.1940, RGBl. I, 548; ursprünglich war durch die 2. VO zur Durchführung des Ostmarkgesetzes, 8.7.1939, RGBl. I, 1179, als Termin der für die Errichtung der Reichsgaue der 30.9.1939 vorgesehen; mit 5. VO zur Durchführung des Ostmarkgesetzes, 19.9.1939, RGBl. I, 1946, wurde dieser Termin auf 1.4.1940 erstreckt; der Reichsstatthalter in Kärnten wurde 1942 ernannt; zur Auflösung der Österreichischen Landesregierung OÖLA, Akten der Landesverwaltung 1926 ff., MF 374: Ia/B-41/1940, Verwaltungsaufbau 1940, RMI an Oberste Reichsbehörden, 16.5.1940, Abwicklungsstelle der Österreichischen Landesregierung

war grundsätzlich die Gestapo, die Vorgangsweise entsprach dem üblichen Vorgehen gegen andere so genannte Reichsfeinde, insbesondere gegen Juden.

Im Dezember 1940 führte der Reichsstatthalter im Verordnungswege eine Reichsgauumlage in Oberdonau ein. Eingezogen wurde die Umlage von den Landkreisen, als Berechnungsbasis diente die von diesen eingehobene Kreisumlage. Dabei kam es zu einer krassen Benachteiligung der Landkreise Krumau und Kaplitz, denen der Reichsgau 4,50 RM pro Kopf und Jahr vorschrieb, allen anderen Kreisen hingegen nur 2,50 RM. Die vom Gaukämmerer für diese Benachteiligung der beiden Landkreise gewählte Begründung lässt sich in den Quellen nicht auffinden, jedenfalls aber schritt das RMI als Aufsichtsbehörde noch im Herbst 1940 ein, rügte den Gaukämmerer und setzte sodann im Jänner 1941 die Reichsgauumlage in Oberdonau einheitlich mit 2,50 RM fest. Die Umlage erbrachte dem Reichsgau im Fiskaljahr 1941 2,73 Millionen RM, davon entfielen alleine auf den Stadtkreis Linz 0,62 Millionen.[76] Wahrscheinlich weniger im Sinne der Steigerung der eigenen Wirtschaftskraft denn aus versorgungspolitischen Gründen strebte der Reichsgau Oberdonau eine Erhöhung seiner Beteiligung an den Oberösterreichischen Kraftwerken (später Kraftwerke Oberdonau AG, kurz OKA) an; diese Aktivität wird man wohl vor dem Hintergrund der gerade während der NS-Ära machtvoll expandierenden privaten Großunternehmungen der Elektrizitätswirtschaft sehen müssen. Dabei konnte der Reichsgau auf die Unterstützung des RMI zählen. Frick stellte sich entschieden gegen alle Versuche, im Rahmen der Flurbereinigung der E-Wirtschaft bei der Übernahme von deren Kleinkraftwerken Druck auf Gemeinden auszuüben. Gemeinsam mit Hermann Göring (in dessen Eigenschaft als Beauftragter für den Vierjahresplan) hatte Frick einen Generalbevollmächtigten für die Energiewirtschaft ernannt, der die Modalitäten der Arrondierung der Versorgungsgebiete festlegte. Für die zu Jahresbeginn 1940 anstehenden Übernahmeverhandlungen bezüglich der Abgabe gemeindeeigener Kleinkraftwerke an größere Versorgungsbetriebe forderte Frick, die Aufsichtsbehörden der staatlichen Verwaltung sollten

---

[76] OÖLA, Akten der Landesverwaltung 1926 ff., MF 493: Ia/G/K-1370/1944; Haushaltsplan des Reichsgaus OD. Rechnungsjahr 1941. Hrsg. und verlegt vom RStH in OD, GSV (Linz Jänner 1942). Der ordentliche Haushalt des Reichsgaus war für das Fiskaljahr 1941 mit RM 28,85 Millionen veranschlagt. Der außerordentliche Haushalt, im Wesentlichen für die Böhmerwaldförderung vorgesehen, war mit etwa 0,22 Millionen RM gering. Diese Mittel kamen überwiegend vom Reichsfinanzministerium, das für die Fiskaljahre 1941 ff. je RM 0,18 Millionen bereitstellte. Zur Böhmerwaldförderung siehe OÖLA, Akten der Landesverwaltung 1926 ff., MF 446: Ia/G/H/K/Vet-567/1942; die GSV erstellte nur noch den Voranschlag für 1942 (Volumen 30,7 Millionen RM), weitere Haushaltspläne wurden dann nicht mehr erstellt.

die Gemeinden auf das Nachdrücklichste unterstützen.[77] Der Reichsgau Oberdonau stand zu diesem Zeitpunkt nur mit Bad Ischl wegen der Übernahme des dortigen Gemeindekraftwerks in Verhandlung, weitere Übernahmevorhaben gab es nicht. Es war aber Eigrubers erklärtes Ziel, die kommende Flurbereinigung zugunsten der OKA vorzunehmen. Zu diesem Zweck ging man aber weniger den Weg der Übernahme von Kleinkraftwerken, wichtiger erschien der Linzer Gauselbstverwaltung der Ausbau der Kraftwerkskapazitäten im Reichsgau durch Errichtung von Großkraftwerken. So wurden in Zusammenarbeit mit den Reichswerken „Hermann Göring" Laufkraftwerke an der Enns gebaut, die kalorischen Kraftwerke in Timelkam finanzierte die OKA über Bankkredite. Es war nun die Absicht des Gaus, der OKA über die Ausgabe junger Aktien Kapital zuzuführen und dabei gleichzeitig den eigenen Anteil am Unternehmen zu erhöhen. Dieser Weg wurde auch beschritten, die erforderlichen Mittel in Höhe von 20 Millionen Reichsmark bekam der Reichsgau vom Reichswirtschaftsminister.[78]

Die eben beschriebenen fiskal- bzw. wirtschaftspolitischen Maßnahmen zählen zu den üblichen Instrumenten wirtschaftlicher Tätigkeit der öffentlichen Hand. Hier unterschied sich der totalitäre Staat kaum von demokratischen Systemen. Ganz anders lagen die Dinge bei der Beschaffung kirchlicher Vermögen. Die großen Religionsgemeinschaften, in erster Linie die Katholische Kirche, sahen sich seit dem Anschluss durch eine Fülle kirchenfeindlicher Maßnahmen bedrängt. Dabei ging es dem Regime beileibe nicht nur um weltanschauliche Fragen, das Einschreiten gegen die Kirchen hatte auch handfeste ökonomische Gründe.[79] Man kann stets zwei Nutznießer solcher Maßnahmen feststellen: Staat und NSDAP, in unserem Falle Reichsgau Oberdonau und hiesiger Parteigau. Während der Partei meist nur Barmittel in geringerer Höhe zuflossen, zog der Staat große Vermögen an sich, die dann mitunter Sonderverwaltungsbehörden übertragen wurden. Der Partei kamen 50 Prozent der Barmittel der in den Jahren 1938 bis 1941

---

[77] OÖLA, Akten der Landesverwaltung 1926 ff., MF 369: Ia/G/H/K/Vet-1635/1940, Frick an Reichsverteidigungskommissare, Landesregierungen, Reichsstatthalter etc., 28.2.1940, Flurbereinigung bei Elektrizitätswerken

[78] Ebd., Gaukämmerer an Reichswirtschaftsministerium, 14.2.1940. Danzer strebte die Erhöhung des Aktienkapitals der OKA von 30 Millionen auf 50 Millionen RM an, bei Ausschluss privater Bezugsrechte, womit die Gesellschaft von der öffentlichen Hand beherrscht wurde.

[79] Zum Forschungsstand Johann Großruck, Vermögensentzug und Restitution betreffend die oberösterreichischen Stifte mit den inkorporierten Pfarren. Vermögensentzug und Rückstellung im Bereich der Katholischen Kirche 4 (Veröffentlichungen der Österreichischen Historikerkommission. Vermögensentzug während der NS-Zeit sowie Rückstellungen und Entschädigungen seit 1945 in Österreich 22/4 München – Wien 2004)

aufgelösten und ihres Vermögens beraubten katholischen Vereine zugute, die andere Hälfte fiel an den Staat in der Gestalt des so genannten Stillhaltekommissars, einer beim Reichskommissar in Wien eingerichteten Behörde, deren wichtigste Aufgabe anscheinend die Zerschlagung des katholischen Vereinslebens war. Die hierbei in Oberdonau eingezogenen Vermögen sind kaum mehr in ihrer wahren Höhe zu ermitteln, da sie über Parteikonten bei einem Linzer Kreditinstitut abgerechnet wurden. Analog gestaltete sich das Vorgehen gegen konfessionelle Stiftungen, deren eingezogene Vermögen zugunsten eines so genannten Aufbaufonds verfielen.[80] Eine weitere kirchenfeindliche Maßnahme war die Einführung des Kirchenbeitrags, auch wenn dies auf den ersten Blick nicht so erscheinen mag. Die Kirchenbeitragsordnung trat in Österreich mit 1. Mai 1939 in Kraft. Damit wurden alle bis dahin zu Gunsten der Kirchen bestehenden staatlichen Verpflichtungen aufgehoben, staatliche Zuwendungen an die Kirchen stark gekürzt oder ganz eingestellt. Von den unter die Kirchenbeitragsordnung fallenden Kirchen war in Österreich nur die römisch katholische Kirche in nennenswertem Umfang begütert, daneben standen ihr die Einkünfte aus den Gütern des österreichischen Religionsfonds zu. Solche Güter wurden vor 1940 teils von den staatlichen Forstbehörden, teils von der Kirche selbst verwaltet. Zu letzterer Gruppe zählten in Oberdonau die ehemaligen Klöster Gleink, Garsten, Waldhausen, Baumgartenberg, Windhaag bei Perg und Münzbach.[81] Mit 1. April 1940 übernahm das Reich die Güter des österreichischen Religionsfonds. Das Reichskirchenministerium ordnete im Juli 1940 die vorläufige Führung der Klöster durch die staatliche Verwaltung der Reichsgaue an. In Oberdonau übertrug August Eigruber seinerseits Anfang September die Verwaltung seiner Gauselbstverwaltung. Nur einen Monat später wies das Reichskirchenministerium im Einvernehmen mit den Obersten Reichsorganen die ehemaligen Religionsfondsgüter

---

[80] Alleine bei der Landeshauptmannschaft/RStH OD entstanden im Zuge der Zerschlagung des katholischen Vereinslebens mehrere tausend Aktenvorgänge, vgl. OÖLA, Akten der Landesverwaltung 1926 ff., MF 375, 377, 378, 379: Ia/Pol/1940; ebd., MF 423, 425: Ia/Pol/1940, Auflösung und/oder Umbildung katholischer Vereine; ebd., MF 445: Ia/G/H/K/Vet-240/1942, Vorgehen gegen konfessionelle Stiftungen 1938 ff.; zur Stellung der Diözese Linz in den Verfahren vgl. Siegfried Kristöfl, Die Liquidationsstelle der katholischen Verbände. Zur Auflösung der katholischen Vereine in der Diözese Linz – Gau Oberdonau (Veröffentlichungen der Österreichischen Historikerkommission. Vermögensentzug während der NS-Zeit sowie Rückstellungen und Entschädigungen seit 1945 in Österreich 22/3 München – Wien 2004)

[81] Gesetz über die Einhebung von Kirchenbeiträgen im Lande Österreich, 28.4.1939, GBlÖ, 543/1939; Geltung für römisch-katholische Kirche, evangelische Kirchen (AB und HB) sowie altkatholische Kirche. Im österreichischen Religionsfonds waren unter Joseph II. aufgehobene Klöster zusammengefasst, deren Erträge der Kirche zustanden. Zur Auflösung des österreichischen Religionsfonds 3. VO zur Durchführung des Kirchenbeitragsgesetzes im Land Österreich, 1.4.1940, GBlÖ, 45/1940; den kirchlichen Stellen wurde aufgetragen, die an das Reich gefallenen Güter den Reichsgauen bis 1.10.1940 zu übergeben.

dem Reichsforstmeister zu, Oberdonau trat aber die Güter nicht wie angeordnet mit 1. April 1941 an den Oberfinanzpräsidenten ab.[82] Ähnlich wie Eigruber verfuhren auch andere Reichsstatthalter der Ostmark. Den darauf folgenden Streit mit Reichsfinanzministerium und Reichsforstverwaltung entschied, nach Vorstößen der Reichsstatthalter der Ostmark, letztlich Hitler selbst im Mai 1941 durch Führererlass zu Gunsten der Reichsgaue.[83] Als Beispiel für das Vorgehen gegen Religionsfondsgüter mag das Kloster Gleink dienen. Die Erträge des Klosters standen seit dem frühen 19. Jahrhundert dem Bischof von Linz zu, der im Jahre 1844 auf den größten Teil der klösterlichen Anlagen zu Gunsten der Salesianerinnen verzichtete. Im Jahre 1939 bestanden in Gleink ein Haus dieses Ordens mit 34 meist betagten Schwestern und ein vom Orden unterhaltenes Kinderheim. Mit Bescheid vom 18. Juli 1940 wurde das Kloster der Gauselbstverwaltung zugewiesen, die den Salesianerinnen sofort einen Räumungsbescheid per 1. September 1940 zustellte. Obwohl Bischof Gföllner diesen Bescheid mit allen ihm zur Verfügung stehenden Mitteln bekämpfte, unter anderem durch Anbringen bei den Obersten Reichsorganen, mussten die Schwestern noch im September 1940 ihr Haus räumen. Der Reichsgau brachte in der Folge in den ehemaligen Klostergebäuden eine Anstalt für schwer erziehbare Jugendliche unter, die Liegenschaften wurden größtenteils an die Wohnungs Aktien Gesellschaft (WAG) der Reichswerke verkauft.[84] Gleink und die anderen Religionsfondsgüter waren relativ unbedeutend, jedenfalls zu klein, um den Hunger des Reichsgaus nach eigenen land- und forstwirtschaftlichen (Groß-)Betrieben zu stillen. Eigruber strebte daher die Übernahme großer kirchlicher Vermögen an, wobei besonders die großen alten Stifte des Landes Objekte der Begierde waren. Schon im Sommer 1939 wurde das kleine Stift Engelszell beschlagnahmt, gleichzeitig wollte der Gauleiter auf Liegenschaften geistlicher Kongregationen in Linz zugreifen. Diese Absicht scheiterte vorerst am Widerstand der Öster-

---

[82] OÖLA, Akten der Landesverwaltung 1926 ff. MF 421: Ia/G/H/K/Vet-4642/1941, Enteignung Liegenschaften Kloster Gleink, siehe dort Umfang und Verfahren der Einziehung der Religionsfondsgüter

[83] Erlaß des Führers über die Verwertung des Vermögens von Reichsfeinden, 29.5.1941, RGBl. I, 303. Unter Hinweis auf diesen Führererlass bekämpfte der Reichsgau Kärnten 1941 den Anspruch des Reichsforstmeisters auf einen rund 160 ha großen Forst; Kärnten verwies dabei erneut auf die ausdrücklichen Weisungen Hitlers auf Stärkung der Reichsgaue als Selbstverwaltungskörperschaften sowie der Dezentralisierung der Verwaltung. OD schloss sich dieser Argumentation an, vgl. OÖLA, GSV, Sch. 1, Fasz. 1/1 und 1/2, Aktenbestand Verwertung eingezogener Stifte in OD; unter Fasz. 1/2, RStH Kärnten an Reichsforstmeister, 15.7.1941, Stellungnahme zur Einziehung staatsfeindlichen Vermögens zugunsten des Reichsgaus Kärnten

[84] OÖLA, Akten der Landesverwaltung 1926 ff., MF 416: Ia/G/H/K/Vet-390/1941, Kloster Gleink, Inanspruchnahme für Reichsgau OD

reichischen Landesregierung, die wohl die außenpolitischen Konsequenzen solcher Vorhaben im Auge hatte. Erfolg war Eigruber in der Sache letztlich doch beschieden, als 1940 die Wehrmacht das bereits 1938 für ihre Zwecke herangezogene Petrinum an die Gauselbstverwaltung abtrat.[85] Nach 1940 wurden dann weitere Liegenschaften eingezogen, so etwa im Jänner 1941 die Vermögen der Barmherzigen Brüder in und außerhalb von Linz. Das Linzer Ordensspital der Kongregation führte ab Jänner 1941 die Gauselbstverwaltung.[86] Die Beschlagnahme und anschließende Einziehung der großen Stifte wurde während des Jahres 1940 im Zusammenwirken von Reichsgau und SS (Gestapo und SD) vorbereitet, wobei man jedoch während des Sommers gewisse Vorsicht walten ließ, da Hitler zu diesem Zeitpunkt keine weitere Belastung des ohnehin gespannten Verhältnisses zur Kirche wünschte. Im November 1940 wurde Stift Wilhering beschlagnahmt, nachdem der Gestapo ein dort bestehender legitimistischer Widerstandskreis bekannt geworden war. Den ersten großen Schlag führte man im Jänner 1941 mit der Beschlagnahme von Stift St. Florian, die Stifte Schlägl, Kremsmünster, Hohenfurt (Landkreis Kaplitz) und Lambach folgten bis Juli 1941. Von den oberösterreichischen Stiften blieben somit nur Reichersberg am Inn und Schlierbach von Beschlagnahme und Einziehung verschont, beide wurden aber in der Praxis kaum anders behandelt als die eingezogenen Stifte. Schon Ende Juni brachte der Reichsgau/Gauselbstverwaltung beim RMI den Antrag auf Einweisung in die beschlagnahmten klösterlichen Vermögen ein. Noch lange bevor das RMI einem dementsprechenden Antrag beim Reichsfinanzministerium näher trat, zog am 27. November 1941, über Weisung des Reichssicherheits-Hauptamtes (RSHA), die Gestapostelle Linz die Güter zu Gunsten des Reichsgaus Oberdonau ein. Signifikant für die Zustände im Dritten Reich waren am ganzen Vorgang zwei Aspekte: Erstens stellte der Reichsgau den Antrag auf Einweisung in alle beschlagnahmten Vermögen bereits, als Lambach offiziell noch gar nicht beschlagnahmt war, zweitens wurde dem RMI als Aufsichtsbehörde erst im April 1942 bekannt, dass das RSHA (also eine dem RMI nachgeordnete Dienstbehörde) die Güter schon im November 1941 zu Gunsten des Reichsgaus OD hatte einziehen lassen.[87] Zugrunde

---

[85] OÖLA, Akten der Landesverwaltung 1926 ff., MF 301: A-2905/1939; ebd., MF 415: Ia/G/H/K/Vet-292/1941; das Petrinum nutzte der Reichsgau bis zur Befreiung als Sitz von Schulabteilung und Agrarbehörde

[86] OÖLA, GSV, Sch. 4, Fasz. 4/1, Aktenbestand Linz, Barmherzige Brüder, 1940-1948

[87] OÖLA, GSV, Sch. 1, Fasz. 1/2, Aktenbestand Verwertung eingezogener Stifte in OD, hier RMI an RStH/OD, 11.4.1942, Übermittlung von Unterlagen über Stiftsbesitzungen; ebd., 21.4.1942, an RMI unter selbigen Betreff

lag hier eine weitere, wenn auch nach außen wenig sichtbare Verschärfung der Kirchenpolitik Hitlers. Der Diktator hatte im September in einem Geheimerlass die Zuständigkeit des Reichsministeriums für kirchliche Angelegenheiten auf das Altreich beschränkt. Die von diesem Ministerium bisher in den neuen Reichsgebieten ausgeübten Befugnisse gingen auf die dortigen Reichsstatthalter über.[88] Für eine einheitliche Linie der Kirchenpolitik sorgte nach diesem Zeitpunkt der Leiter der Partei-Kanzlei, Martin Bormann, dem im Wege über den Chef der Reichskanzlei, Reichminister Hans-Heinrich Lammers, alle Beschwerden über kirchenpolitische Maßnahmen der Reichsstatthalter zugeleitet wurden. Bormann prüfte diese Beschwerden sodann mit den Gauleitern (d.h. mit den Reichsstatthaltern).[89] Durch den Geheimerlass Hitlers trat nun die paradoxe Situation ein, dass der Reichsstatthalter als Berufungsinstanz über von ihm selbst ausgesprochene Bescheide entschied, wie das folgende Beispiel zeigt: Die Stadt Gmunden forderte bereits 1938 das dortige Kloster der Kapuziner für kommunale Zwecke an. Der Orden verweigerte die Abtretung. Der Streit zog sich bis Juli 1941 hin, dann sprach der Reichsstatthalter die Enteignung aus. Zeitgleich wurde auch die Pfarrpfründe von Hallstadt zu Gunsten der Gemeinde Hallstadt enteignet. Die Kirche berief zwar gegen diese Enteignungsbescheide, Kapuziner und Pfarrer mussten aber dennoch Kloster und Pfarrhof räumen. Aufgrund der Beschränkung des Reichskirchenministeriums auf das Altreich entschied jetzt der Reichsstatthalter in zweiter und letzter Instanz über seine eigenen Bescheide. In Kenntnis der Rechtswidrigkeit des Verfahrens wurden die Berufungen mit Bezug auf den Führererlass vom August 1938 über die Vereinfachung der Verwaltung abgewiesen. Bormann, dem die Sache zugetragen wurde, regte nun beim Reichsstatthalter an, man solle in Zukunft in solchen Fällen die Landräte in erster Instanz entscheiden lassen, sodass mit dem Reichsstatthalter als Berufungsinstanz ein zweistufiger Instanzenzug wieder hergestellt war. Der Reichsstatthalter schloss sich dieser Anregung an, wies aber gleichzeitig in seinem Antwortschreiben an Bormann mit unverhohlener Genugtuung

---

[88] OÖLA, Akten der Landesverwaltung 1926 ff., MF 448: Ia/G/H/K/Vet-1947/1942, Lammers an RStH Ostmark und Sudetengau, 25.9.1941, Tätigkeitsbereich des Reichsministerium für kirchliche Angelegenheiten

[89] Ebd., Lammers an Oberste Reichsorgane, 14.2.1942, Führung der Kirchenpolitik in den neuen Gebieten des Reichs; zu Martin Bormann vgl. Jochen von Lang, Der Sekretär. Martin Bormann: Der Mann, der Hitler beherrschte (München/Berlin ³1987); zu Dr. juris. Hans Heinrich Lammers, 1879-1962, 1933 Staatssekretär und Chef der Reichskanzlei, 1937 Reichsminister ohne Geschäftsbereich und Chef der Reichskanzlei, 30.11.1939 Mitglied des Ministerrats für die Reichsverteidigung, Mitglied der NSDAP, Nr. 1,010.355, Mitglied der SS, Nr. 118.401 (20.4.1940 SS Obergruppenführer), gemeinsam mit Bormann kontrollierte Lammers in der zweiten Kriegshälfte den Zugang zu Hitler, 1949 verurteilt (20 Jahre Haft), 1952 entlassen

darauf hin, dass sich die Kirche ohnehin schon mit der Sachlage abgefunden habe, die strittigen Objekte seien bereits geräumt.[90] Etwa zeitgleich mit der Beschränkung des Reichskirchenministeriums auf das Gebiet des Altreichs gab Hitler die nicht veröffentlichte Weisung, in Hinkunft Beschlagnahmen kirchlichen Vermögens grundsätzlich zu unterlassen. Ausnahmen von dieser so genannten Stoppanordnung bedurften Bormanns Genehmigung. Bormann, der keinen Zweifel daran ließ, dass diese Anordnung aus politischen Gründen erging und nur vorläufig gelten sollte, machte die Weisung den Gauleitern mit Rundschreiben vom 30. Juli 1941 bekannt. Die Spitzen der staatlichen Verwaltung wurden nur mündlich unterrichtet, schriftlich lag ihnen der Text nicht vor. Die nach dem Juli 1941 ausgesprochenen Inanspruchnahmen kirchlichen Vermögens mussten über Weisung Bormanns rückgängig gemacht werden. Bis September 1943 erteilte Bormann sodann nur drei Ausnahmebewilligungen, eine davon für die Nutzung des Stiftes Wilhering für die Technische Hochschule Linz.[91] Eine Bilanz der dem Reichsgau Oberdonau aus den eingezogenen kirchlichen Besitzungen entstandenen Einkünfte ist heute kaum mehr möglich, da sie auf die verschiedensten Arten zustande kamen und daher auch auf die unterschiedlichste Weise von der Gaukasse vereinnahmt wurden. Ferner ist zu beachten, dass die Gauselbstverwaltung für die Vermögenswerte der Stifte St. Florian, Kremsmünster, Wilhering und Schlägl eine einheitliche Organisationsstruktur errichtete, während die anderen Stifte anscheinend gesondert verwaltet wurden. Von den zu einer Wirtschaftsgemeinschaft zusammen gelegten vier Stiften wurden die Gutsbetriebe abgetrennt, sodann je Stift ein Verwalter bestimmt, der Gebäude, Liegenschaften und angeschlossene Pfarrhöfe führte. Letztere waren den jeweiligen Pfarrkirchenräten vermietet.[92] Güter und Forste leitete die Güterdirektion der Gau-

---

[90] OÖLA, Akten der Landesverwaltung 1926 ff., MF 448: Ia/G/H/K/Vet-1947/1942, Partei-Kanzlei an RStH, 1.10.1941, Durchführung Kirchenbeitragsgesetz, sowie interner Schriftverkehr RStH, Oktober 1941, obiger Betreff (hier Antwortschreiben RStH an Partei-Kanzlei); ferner ebd., MF 421, Ia G/H/K/Vet 5002/1941, Aktenbestand Kapuzinerkloster Gmunden (1938-1941)

[91] Ebd., MF 472: Ia/G/H/K/Vet-2496/1943, Aktenbestand Reichsarbeitsgemeinschaft Heil- und Pflegeanstalten. Dem Regierungspräsidenten von OD wurde der Wortlaut der Stoppanordnung erst im September 1943 bekannt. Der Unterbringung der Technischen Hochschule Linz im Stift Wilhering lag ein Räumungsbescheid des Reichserziehungsministeriums per 31.8.1943 zugrunde. Die Diözese, die in Wilhering seit 1939 ihr Priesterseminar untergebracht hatte, bekämpfte diesen Bescheid vergeblich, vgl. OÖLA, GSV, Sch. 12: Stift Wilhering 1941-1947, Fasz. Technische Hochschule

[92] Zu der von der GSV gewählten Organisationsstruktur der eingezogenen klösterlichen Vermögen, OÖLA, GSV, Sch. 9: Stift St. Florian 1941-1946, Fasz. Brauerei ex. 1941-1946, Prüfungs-Bericht Stifte St. Florian, Kremsmünster, Wilhering, Schlägl, von Wirtschaftsprüfern Canaval und Demuth über Auftrag der Oö. Landeshauptmannschaft, Linz, Juni 1945. Über den Abschluss von Mietverträgen in inkorporierten Pfarren einigten sich bischöfliches Ordinariat und GSV im Februar 1942: Die Pfarrkirchenräte hatten über die von der Kirche genutzten Objekte und Liegenschaften (also Kirchen, Fried-

selbstverwaltung mit Sitz in Schloss Auhof bei Linz, Gewerbebetriebe wurden als gewerbliche Betriebe des Reichsgaus geführt, Weinkellereien vereinigt. Schon diese komplizierte Organisationsstruktur lässt eine nur einigermaßen genaue Erfassung der aus den eingezogenen oberösterreichischen Stiften herausgepressten Werte kaum zu. Neben Erträgen aus unmittelbarer Betriebsführung wurden ferner Erträge aus Verkauf bzw. Verpachtung von Objekten, Liegenschaften etc. erzielt. Schließlich wäre zu berücksichtigen, dass auch Gemeinden und Landkreise an kirchlichem Gut partizipierten, vor allem durch Einweisung in Klostergüter (meist Forste). Genau sind den Akten Erlöse aus Verkauf von Liegenschaften des Stifts St. Florian zu entnehmen. Es waren dies insgesamt elf Fälle im Wert von 832.792 RM, davon alleine durch Verkauf des Gutes Pulgarn an die Verwaltung Obersalzberg (Geschäftsführer Martin Bormann) 630.000,[93] RM. Aus dem Stift Kremsmünster erwirtschaftete der Reichsgau in Summe rund 465.000 RM. Weitere beachtliche Einkünfte entstanden aus dem bereits erwähnten Verkauf eines Forstes des Religionsfondsguts Gleink an die WAG (80.000 RM) und den Verkauf des Kleinkraftwerks des Klosters Kremsmünster an die OKA (50.000 RM).[94] Alleine aus diesen vier bekannten Positionen konnte der Reichsgau somit 1,428 Mio. RM vereinnahmen. Die weiteren Erträge sind den Akten nicht zu entnehmen, hier bleibt man auf Schätzungen angewiesen. Nimmt man die aus Kremsmünster herausgezogenen Werte als Richtschnur für eine grobe Schätzung (wobei zu bedenken ist, dass Kremsmünster wahrscheinlich das ertragreichste der eingezogenen Stifte war, und berücksichtigt man die sonstigen aus kirchlichem Gut hereingebrachten Einkünfte, insbesondere jene aus Miet- und Pachtverträgen, wird man nicht fehlgehen in der Annahme, dass der Selbstverwaltung des Reichsgaus Oberdonau aus eingezogenem Kirchengut wenigstens drei Millionen Reichsmark zugeflossen sind, was etwa der Reichsgauumlage eines Jahres entsprach.[95]

---

höfe usw.) Mietverträge mit den Gemeinden abzuschließen, dazu ebd., Sch. 1, Fasz. 1/2: Gaukämmerer an Verwalter der Stifte St. Florian, Wilhering, Kremsmünster, Schlägl, Hohenfurt, 13.2.1942

[93] OÖLA, GSV, Sch. 6, Fasz. 6/2: St. Stift Florian 1939-1949, Kaufverträge; Bormann erwarb Gut Pulgarn im Dezember 1943, um es gegen Gut Bernau aus dem Besitz des Industriellen Hatschek (Vöcklabruck) zu tauschen, ebd., Sch, 26: Grundstückserwerbungen, Besitzungen, Heime etc., 1940-1948, Fasz. 26/5, Liegenschaften Pulgarn, Fischlham, 1943-1944

[94] Ebd., Sch. 4: Stift Kremsmünster 1945-1951, Rückstellungsbescheid und Schlussabrechnung 1945-1951, hier Rückstellungsbescheid der Finanz-Landesdirektion für OÖ, 7.1.1948, AV Vermögensabrechnung Reichsgau OD; das stiftseigene Kleinkraftwerk Kremsmünster wurde per 1.4.1942 an die Kraftwerke OD AG verkauft; dazu ebd., Sch. 3: Stift Kremsmünster 1940-1948, Fasz. Gemeindeabrechnung E-Werk Kremsmünster

[95] Hier sind vor allem die nicht bekannten Summen einzusetzen, die der Reichsgau dem RFSS, Volksdeutsche Mittelstelle (VOMI) für die Unterbringung volksdeutscher Umsiedler in den Stiftsgebäuden berechnete. Ferner wären die Mieteinnahmen der Gemeinden aus den Mietverträgen mit den

Die größten Einkünfte aus fremden Gütern erzielte der Reichsgau Oberdonau jedoch nicht aus eingezogenen Kirchengütern, sondern aus den am 17. August 1940 beschlagnahmten Besitzungen des Hauses Schwarzenberg.[96] Fürst Adolf Schwarzenberg, der als tschechophil galt, wurde seit längerem von SD und Gestapo observiert. Nach einer Denunziation im Sommer 1940 durch einen leitenden Angestellten eines Prager Bankhauses wurden alle im Reichsgebiet gelegenen Vermögen des Hauses Schwarzenberg beschlagnahmt, darunter 90.536 Hektar Grundbesitz sowie Bargeld, Wertpapiere und Schmuck im Wert von rund acht Millionen Reichsmark. Unmittelbar nach der Beschlagnahme der Güter ließ sich Hitler von Eigruber Bericht erstatten. Anschließend verfügte der Diktator, der gesamte Besitz sei mit Wirkung vom 4. Dezember 1940 Eigruber persönlich zur Verwaltung und Nutzung zu Gunsten des Reichsgaues Oberdonau zu übertragen. Über diese Führerweisung wurde sogleich auch Göring in seiner Eigenschaft als Beauftragter für den Vierjahresplan in Kenntnis gesetzt, der seinerseits ebenfalls den Wunsch aussprach, den gesamten Besitz in einer Hand zu halten. Das damit bis auf weiteres errichtete Provisorium blieb dann bis zum Zusammenbruch der NS-Gewaltherrschaft in Geltung, was signifikant war für den Herrschaftsstil Hitlers, es bei einmal gefundenen Regelungen zu belassen.[97] Damit war der Gauleiter zum Administrator des wahrscheinlich größten Grundbesitzes ernannt, der von den Machthabern im Großdeutschen Reich je eingezogen wurde. Mit dieser Ernennung war eine der für den NS-Staat typischen, zahlreichen Sonderverwaltungen geschaffen, zugeschnitten allerdings auf die Person des Gauleiters. Damit dürfte diese Sonderverwaltung kein vergleichbares Gegenstück haben und in ihrer Art einzigartig sein. Schwarzenbergische Besitzungen in der Steiermark und in Franken übergab Eigruber bereits im Frühjahr 1941 den

---

Pfarrkirchenräten zu berücksichtigen, die zwar dem Reichsgau nicht unmittelbar zur Verfügung standen, aber die Ertragskraft der Gemeinden stärkten und damit dem Reichsgau jedenfalls mittelbar zugute kamen. Letztlich eigneten sich viele Gemeinden Vermögen aus kirchlichem Besitz an, darunter Bibliotheken, Mobiliar etc., aber auch Bargeld kirchlicher Einrichtungen und Vereine. Manche dieser Vermögen wurden nach 1945 im Zuge der Rückstellungsverfahren den österreichischen Behörden angemeldet, in den meisten Fällen verzichteten die Pfarren anscheinend aber auf Rückerstattung. Eine Bewertung dieser Vermögen ist aus heutiger Sicht kaum mehr möglich, dazu OÖLA, RStH 1940-1945/Arisierungen; ebd., FLD/Beschlagnahmte Vermögen; ebd., FLD/Vermögensrückstellungen

[96] Für den ganzen Abschnitt OÖLA, GSV, Sch. 13: Schwarzenbergische Güter 1940-1944. Zu den Beschlagnahmen und/oder Einziehungen von Güter anderer hochadeliger Familien finden sich in den Akten des RStH OD (Hoheitsverwaltung und/oder GSV) keine Hinweise, obwohl manche solcher Liegenschaften sogar von der GSV genutzt wurden, darunter das aus dem Besitz der Familie Starhemberg stammende Schloss Auhof.

[97] OÖLA, GSV, Sch. 13: Schwarzenbergische Güter 1940-1944, Bericht Eigruber an Bormann, 14.10.1941, Heinrich und Adolf Schwarzenberg; zur Führerweisung betreffend die Einsetzung Eigrubers zum Verwalter der Schwarzenbergischen Güter siehe ebd., Bormann an Lammers, 12.11.1940

dortigen Gauleitern zur Nutzung, die Güter blieben aber integraler Bestandteil des Gesamtvermögens. Zu dieser Lösung ließ sich Eigruber wohl nicht zuletzt herbei, um Konflikten mit seinen Gauleiterkollegen aus dem Wege zu gehen. Die Erträge der in Oberdonau sowie im Protektorat gelegenen Latifundien flossen ab 1941 der Gauselbstverwaltung des Reichsgaus Oberdonau zu, bis 1944 insgesamt 4,226 Mio. RM.[98] Diese Einkünfte waren damit die nach der Reichsgauumlage größte einzelne Einnahmequelle im Haushalt der Gauselbstverwaltung des Reichsgaues Oberdonau. Und der Reichsgau wachte eifersüchtig über dieses Sondervermögen. So versuchte vor allem die Gestapo, deren (Leit-)Stellen Prag und Linz die Vermögen seit der Beschlagnahme verwaltet hatten, ihren Einfluss auch nach deren offiziellen Übergabe an den Reichsgau in irgendeiner Weise weiterhin wahrzunehmen. Solche Bestrebungen wies der Gauleiter sofort entschieden und erfolgreich zurück.[99] Neben der wirtschaftlichen Ausbeutung der Schwarzenbergischen Besitzungen nutzte Oberdonau die sich bietende Gelegenheit zur (Re-)Germanisierung Südböhmens und machte die Ergebnisse der von der Tschechoslowakei in den 1920er-Jahren durchgeführten Bodenreform rückgängig. Da es die dortigen, durch diese Bodenreform zu Ungunsten Schwarzenbergs begünstigten tschechischen bäuerlichen Grundeigentümer oft unterlassen hatten, die ihnen zugewiesenen Liegenschaften in die zuständigen Grundbücher einzutragen, wurden diese Anwesen nunmehr in die Schwarzenbergischen Güter rückgegliedert. Das genaue Ausmaß dieser Rückgliederungen ist nicht bekannt, alleine im Bereich des Landkreises Krumau waren aber seinerzeit etwa 24.000 Hektar Land tschechischen Eigentümern übertragen worden.[100]

---

[98] OÖLA, Akten der Landesverwaltung 1926 ff., MF 417: Ia/G/H/K/Vet-933/1941, Eigruber, 27.1.1941, beim Akt Abtretungserklärung an GSV, 13.12.1941
[99] Ebd., GSV, Sch. 14: Schwarzenbergische Güter 1940-1944, Eigruber FS an Gestapo Leitstelle Prag, 8.1.1941, betr. Schwarzenbergische Güter
[100] Ebd., GSV, Sch. 14: SD Abschnitt Linz an Gestapo Linz, 3.12.1940, Bodenreform der CSR; ebd., GSV, Sch. 13: Schwarzenbergische Güter, 1941-1945, Danzer an Eigruber, 8.12.1942, Bericht Arbeitsbesprechung GSV mit leitenden Angestellten der Schwarzenbergischen Güterverwaltung, Schloss Frauenberg, 6.12.1942

Gemeinden und Landkreise in Oberdonau

Eine Darstellung der politisch-administrativen Verhältnisse des Reichsgaus Oberdonau bliebe ohne einen Blick auf die Lage in Land- und Stadtkreisen sowie Gemeinden unvollständig. Die Machtübernahme der Nationalsozialisten wie auch die Angleichung an die Rechtsverhältnisse im Altreich verliefen in den österreichischen Bezirken und Gemeinden grundsätzlich schneller als die politisch-administrative Entwicklung in den österreichischen Ländern. Bedeutend waren in diesem Zusammenhang auch die im Wesentlichen noch im ersten Quartal 1939 abgeschlossenen territorialen Veränderungen auf Bezirks- und Gemeindeebene.[101] Von nachhaltiger Auswirkung auf die Gemeinden war die Einführung der DGO. Dafür nahm das RMI bereits kurz nach dem Anschluss Vorarbeiten auf. In den Monaten Juni und Juli 1938 legten sodann RMI, Österreichische Landesregierung und Landeshauptmannschaften die erforderlichen Verfahrensschritte fest. Mit Verordnung vom 15. September wurde die DGO in Österreich eingeführt, in Kraft treten sollte das Gesetz mit 1. Jänner 1939. Als nächsten Schritt übertrug Frick Seyß-Inquart die Wahrnehmung von Aufgaben der Obersten Aufsichtsbehörde nach den Vorschriften der DGO.[102] Die Linzer Landeshauptmannschaft merkte zum Termin 1. Jänner 1939 an, diese Frist sei erforderlich, da die Gemeinden noch in vollem Umbruch stünden, geschulte Gemeinderäte zumeist enthoben seien, und neue erst durch die Behörden eingeschult werden müssten. Es zeigte sich, dass das Gemeindeleben in Österreich seit der Machtübernahme durch die Nationalsozialisten erheblich gelitten hatte. Außerdem wollte die Partei an der Bestellung der Gemeindeorgane mitwirken und brauchte ihrerseits dafür Zeit. Ende September 1938 wies der StdF im Wege über Josef Bürckel die Gauleiter in den in Aussicht genommenen Reichsgauen (außer Wien) an, die Beauftragten der NSDAP unverzüglich zu ernennen. In Oberdonau geschah dies noch im Herbst 1938. Wie einer im Jänner 1942 beim hiesigen Reichsstatthalter erstellten Aufstellung zu entnehmen ist, wurden die

---

[101] Als Beispiel kommunaler Forschung über die Zeit der NS-Gewaltherrschaft vgl. Nationalsozialismus in Linz 1 und 2. Hg. v. Fritz Mayrhofer – Walter Schuster (Linz 2001)
[102] VO über die Einführung der DGO im Lande Österreich, 15.9.1938, RGBl. I, 1167; dazu als zeitgenössischer Kommentar vgl. Die Deutsche Gemeindeordnung nebst der Einführungsverordnung (wie Anm. 21); ferner OÖLA, Akten der Landesverwaltung 1926 ff., MF 369: Ia/G/H/K/Vet-1625/ 1940, Dienststück Landeshauptmannschaft, Einführung DGO in Österreich; hier insbesondere Frick an RStH (via Reichskommissar), 20.9.1938, Aufgaben der Wahrnehmung der Obersten Aufsichtsbehörde nach Vorschriften der DGO; Frick behielt sich Zustimmung in wichtigen Entscheidungen vor.

örtlich zuständigen Kreisleiter, mit Ausnahme des Landkreises Braunau und der Stadt Linz, entsprechend den Weisungen des StdF ernannt. Beauftragter für den Kreis Braunau wurde Gauinspektor Stefan Schachermayr, da der dortige Kreisleiter Fritz Reithofer Bürgermeister der Stadt Braunau war. Für Linz ernannte sich Eigruber selbst, wohl aufgrund der Bedeutung, die Hitler der Stadt zumaß.[103] Als Frist für die Ernennung der Bürgermeister, Beigeordneten und Gemeinderäte setzte die Aufsichtsbehörde den 1. April 1939 fest. Um diesen Termin halten zu können, gab Eigruber seinen Kreisleitern in deren Eigenschaft als Beauftragte der NSDAP Mitte Dezember 1938 die Weisung, ehestens Listen von für die Ämter geeigneten Personen zu erstellen. Diese Listen waren dann den Landräten zu übergeben, die ihr Einverständnis zu erklären und sodann die Gemeinden anzuweisen hatten, die vorgeschlagenen Personen zu ernennen. Es galt also der Grundsatz, dass den Vorschlägen der Beauftragten zu folgen war, wenn nicht besondere Gründe entgegenstanden. Ausgenommen von diesem Verfahren blieben die Vertretungskörperschaften der Städte. In Steyr sowie den kreisangehörigen Städten ernannte der Landeshauptmann, die Kandidaten für die Ämter Oberbürgermeister, Bürgermeister und Stadtkämmerer in Linz waren sie dem RMI zur Genehmigung vorzulegen. Die von der Aufsichtsbehörde gesetzte Frist konnte gehalten werden. Abgesehen von den Oberdonau zugeschlagenen südböhmischen Gebieten und der Stadt Linz waren mit 1. April 1939 die Berufungen der Gemeindeorgane abgeschlossen. Ernannt wurden in 443 Städten, Märkten und Gemeinden des früheren Oberösterreichs (ohne Stadtkreise Linz und Steyr) sowie des Ausseerlandes sechs hauptamtliche und 425 ehrenamtliche Bürgermeister, 1.191 Beigeordnete sowie eine nicht bekannte Zahl von Gemeinderäten. In den Landkreisen Kaplitz und Krumau gelang es hingegen nicht, die Ernennungen fristgerecht durchzuführen, hier musste die Frist bis 1. Oktober 1939 erstreckt werden.[104] Die meisten der 1939 ernannten Bürgermeister

---

[103] 3. VO zur Ausführung des § 118 der Deutschen Gemeindeordnung, 27.9.1938, RGBl. I, 1343; ferner OÖLA, Akten der Landesverwaltung 1926 ff., MF 417: Ia/G/H/K/Vet-875/1941, Bürckel an Gauleitungen Kärnten, ND, OD, Salzburg, Steiermark, Tirol, 20.10.1938, Bestellungen Beauftragter der NSDAP; Aufstellung der Beauftragten siehe ebd., MF 446: Ia/G/H/K/Vet-586/1942, RStH Persönlicher Referent an RStH Ia/G, 17.1.1942, Beauftragte der NSDAP für Gemeinden; Stefan Schachermayr, geb. 1912, Gauinspektor NSDAP, BArch Z-A/V 230 A. 2, Schachermayr, Stefan, geb. 22.04.1912; ÖStA/AdR, BMI, Gauakt 340.683
[104] OÖLA, Akten der Landesverwaltung 1926 ff., MF 417: Ia/G/H/K/Vet-875/1941, Landeshauptmannschaft an Landräte in OD, 3.1.1939, Berufung Bürgermeister und Beigeordnete; die im OÖLA lagernden Aktenbestände zur Berufung der Gemeinderäte aus Mai 1940 sind lückenhaft, sodass die in den Landkreisen ernannten Gemeinderäte nicht mehr vollständig zu erheben; ebd., MF 370: Ia/G/H/K/Vet-2312/1940; zur Fristerstreckung in den Landkreisen Kaplitz und Krumau siehe den zwischen Oktober 1939 und März 1940 stattgefundenen Schriftwechsel der Landeshauptmannschaft mit den Landräten, ebd., MF 494: Ia/G/H/K/Vet-2117/1941; um Verfahrensmängel bei der Auswahl der

und Gemeindeverwaltungen blieben dann auch nach der ein Jahr später vorgenommenen Überprüfung durch Landräte und Reichsstatthalter bis zum Zusammenbruch der NS-Gewaltherrschaft im Amt, so sie nicht freiwillig (meist aus Altersgründen) oder durch Einberufungen ausschieden. Komplizierter lagen die Dinge im Falle der Ernennung des Oberbürgermeisters von Linz. Sie verzögerte sich bis Sommer 1940, da Eigruber den von ihm unmittelbar nach dem Anschluss als kommissarischen Bürgermeister (später Oberbürgermeister) eingesetzten Linzer Kreisleiter der illegalen NSDAP, Sepp Wolkerstorfer, in Vorschlag brachte, wiewohl dieser die von der DGO geforderten Voraussetzungen für das Amt nicht mitbrachte. Letztlich musste der Gauleiter einlenken, im Sommer 1940 wurde der Welser Rechtsanwalt Leo Sturma als Oberbürgermeister der Gauhauptstadt ernannt.[105]

Bei den territorialen Veränderungen von Gemeinden griffen die NS-Machthaber in Österreich gelegentlich auch auf Vorarbeiten aus der Zeit der demokratischen Republik und des Ständestaates zurück, waren doch schon damals Gebietsveränderungen erwogen und in bescheidenem Umfang umgesetzt worden. Die Vorhaben des NS-Regimes gingen aber weit über das seinerzeit von den österreichischen Behörden geplante Maß hinaus, nicht zuletzt unter dem Einfluss der nach dem Anschluss auch in Österreich eingeführten Behörde zur wissenschaftlichen Raumplanung. Dieser ging es vor allem um die Schaffung moderner, wirtschaftlich leistungsfähiger Regionen, was in erster Linie das Verschwinden der gerade in Oberösterreich noch recht zahlreichen ländlichen Zwerggemeinden sowie die Eingemeindung von Umlandgemeinden in größere Städte bedeutete. Oft erforderten diese Vorhaben Veränderungen bestehender Bezirksgrenzen, in manchen Fällen brachten sie sogar die Aufhebung ganzer Bezir-

---

Kandidaten zu vermeiden, unterrichtete die Österreichische Landesregierung die Landeshauptleute bereits im November über Auslegung und Anwendung des Gesetzes, ebd., MF 418: Ia/G/H/K/Vet-1440/1941, Ministerium für innere und kulturelle Angelegenheiten an Landeshauptleute (außer Vorarlberg), 21.11.1938, DGO

[105] Zu den Vorgängen um die Ernennung des Linzer Oberbürgermeisters vgl. Walter Schuster, Aspekte nationalsozialistischer Kommunalpolitik. In: Nationalsozialismus in Linz 1 (wie Anm. 101) 197-325, 216-225; Dr. juris. Leo Sturma, geb. 1894-1965, Rechtsanwalt, Mitglied NSDAP 1.8.1938, Nr. 6.372.061 (erster Eintritt 1934), Mitglied SS 20.3.1938, Nr. 309.485, Standartenführer 30.1.1944, Oberlandesgerichtspräsident 11.1.1944, vgl. BArch (ehem. BDC), SSO, Sturma Dr., Leo, geb. 13.06.1894; BArch, Z-AV 29 S. 168-169, Sturma Dr., Leo, geb. 13.06.1894; ÖStA/AdR, NSDAP-Erfassungsantrag Nr. 492/279; Josef Wolkerstorfer, 1905-1990, Kaufmann, Mitglied NSDAP 1.5.1933, Nr. 1.610.219, 1938 Kreisleiter Linz/Stadt, Mitglied SS 1938, Nr. 308.204, Sturmbannführer 9.11.1938 (beurlaubt 16.9.1941, Verbot des Tragens der SS-Dienstabzeichen), 1.6.1942 Gauamtsleiter für Volkstumsfragen, vgl. BArch (ehem. BDC), PK, Wolkerstorfer, Josef, geb. 01.09.1905; ebd., SSO, Wolkerstorfer, Josef, geb. 01.09.1905; ebd., RS, Wolkerstorfer, Josef, geb. 01.09.1905; ÖStA/AdR, BMI, Gauakt 340.689; BMI, GDföS, Personalakt Zl. 42.523-16/70

ke.[106] Die nationalsozialistische Landesregierung/Landeshauptmannschaft nahm die Gebietsveränderungen in Oberösterreich unmittelbar nach dem Anschluss mit großem Nachdruck in Angriff, wobei man einerseits grundsätzlich danach trachtete, zu freiwilligen Vereinigungen von Gemeinden zu gelangen, sich andererseits aber über die gerade auf örtlicher Ebene anscheinend nicht seltenen Widerstände gleichermaßen ungerührt hinwegsetzte wie über Einwendungen von Interessensvertretungen. So trat beispielsweise der Reichsnährstand, Landesbauernschaft Donauland, im August 1938 an die Landeshauptmannschaft mit dem Ersuchen heran, diese möge bei den geplanten Gebietsveränderungen auf die Struktur der Gemeinden mehr Rücksicht nehmen, als dies bisher der Fall gewesen war. Gleichzeitig bot man eigene Gutachtertätigkeit an. Die Landeshauptmannschaft stellte daraufhin in Aussicht, sie werde auf dieses Angebot zurückgreifen, forderte anscheinend aber nie Gutachten an.[107] Für (freiwillige) Vereinigungen von Gemeinden setzten RMI und Österreichische Landesregierung als Frist den 1. Oktober 1938 fest. Bis zu diesem Datum nicht vollzogene Gebietsveränderungen sollten bis 1. April 1940 zurückgestellt werden. Zwar wurden sich die meisten der vereinigungswilligen Gemeinden bis zum gesetzten Termin über die Modalitäten ihres Zusammenschlusses durchaus einig, es unterliefen aber sowohl den Gemeinden selbst, als auch den Landräten und der Landeshauptmannschaft Fehler, namentlich bei der Anwendung der ungewohnten Vorschriften nach der eben erst eingeführten DGO. Dennoch wollte der Landeshauptmann noch im September freiwillige Gemeindevereinigungen durch Verordnung per 1. Oktober 1938 in Kraft setzen, alle sonstigen Gebietsveränderungen mit Wirkung vom 1. Jänner 1939. Es dürften aber bei der Landeshauptmannschaft alsbald Zweifel über die rechtliche Zulässigkeit der eigenen Schritte entstanden sein, sodass Eigruber Mitte Oktober alle noch offenen Änderungen von Gemeindegrenzen vorerst aussetzte.[108] Die Zweifel bestanden nicht zu Unrecht: Im Dezember 1938 versagte die Österreichische Landesregierung in Absprache mit dem Reichskommissar aus formalen Gründen, insbesondere aufgrund von Verfahrensfehlern, die Zustimmung zur Durchführung der Gebietsreformen. Vollzogen wurden die meisten der territoria-

---

[106] Wesentlich war in diesem Zusammenhang die vom RMI im Einvernehmen mit dem Reichsfinanzministerium mit Wirkung vom 15.8.1938, RGBl. I, 1017, angeordnete Einteilung der österreichischen Gemeinden in Ortsklassen (im Zuge der Einführung des Reichsbesoldungsrechts).
[107] OÖLA, Akten der Landesverwaltung 1926 ff., MF 366: Ia/G/H/K/Vet-1331/1940, Reichsnährstand Landesbauernschaft Donauland an Landeshauptmannschaft OD, 25.8.1938, Eingemeindungen
[108] Verordnungsblätter LH OD, September/Oktober 1938

len Reformen in Oberdonau, gleichgültig ob von den betreffenden Gemeinden freiwillig angestrebt oder von der Landeshauptmannschaft angewiesen, schließlich durch Genehmigung des RMI per 1. April 1939.[109] Insgesamt wurden auf dem Gebiet des ehemaligen Oberösterreich (ohne Ausseerland und die Landkreise Krumau und Kaplitz) nicht weniger als 59 Gemeinden mit anderen Gemeinden vereinigt, die überwiegende Mehrzahl davon in den Landkreisen nördlich der Donau.[110]

Verliefen die Gebietsreformen der Gemeinden mitunter recht stürmisch, so gab es anscheinend kaum Schwierigkeiten beim Umbau der ehemaligen oberösterreichischen Verwaltungsbezirke (ab Jahresbeginn 1939 Landkreise), sieht man von den Streitigkeiten anlässlich der Erweiterung des Stadtkreises Linz ab. Im Zuge der Gebietsreformen wurden die Bezirke Eferding und Urfahr/Umgebung noch im ersten Halbjahr 1938 de facto aufgehoben. Die tatsächliche Aufhebung erfolgte im Oktober 1938, da es zu diesem Schritt der Ermächtigung des Landeshauptmannes durch das RMI bedurfte.[111] Die Gemeinden des Bezirks Eferding wurden zur Gänze dem Landkreis Grieskirchen zugewiesen, jene des Bezirks Urfahr/Umgebung auf die Kreise Linz/Land und Freistadt aufgeteilt. Diese Aufteilung nahm man nach Zugehörigkeit zu Gerichtsbezirken vor, an Linz/Land kamen die Gemeinden der Gerichtsbezirke Ottensheim und Urfahr, an Freistadt die Gemeinden des Gerichtsbezirks Leonfelden.[112] Auch die Eingliederung des Ausseerlandes in den Bezirk Gmunden sowie der Anschluss der beiden südböhmischen Kreise Kaplitz und Krumau an Oberdonau gingen ohne größere Probleme vonstatten. Streit gab es hingegen in der Frage der

---

[109] OÖLA, Akten der Landeshauptmannschaft 1926 ff., MF 369: Ia/G/H/K/Vet-1367/1940, ganzer Akt Eingemeindungen nach Linz, siehe hier VO des LH vom 14.10.1938, Verbot weiterer Gebietsveränderungen, sowie Runderlass RMI, Genehmigung von Veränderungen von Gemeindegrenzen auch bei Überschneidung von Grenzen der Landkreise, wenn dadurch der organischen Entwicklung von Gemeinden gedient ist; ferner OÖLA, Akten der Landeshauptmannschaft 1926 ff., MF 366: Ia/G/H/K/Vet-1331/1940, Ministerium für innere und kulturelle Angelegenheiten an LH, 2.12.1938, unter Bezug auf obige VO

[110] Amtskalender OD 1940 (wie Anm. 67) 75; im Zuge der Gebietsreformen kam es zu lebhaften Konflikten zwischen Linz und manchen seiner Nachbargemeinden, namentlich Leonding, aufgrund der von Linz angestrebten Ausdehnung des eigenen Gemeindegebietes, dazu Fritz Mayrhofer, Die „Patenstadt des Führers". Träume und Realität. In: Nationalsozialismus in Linz 1 (wie Anm. 101) 327-386, hier 353-361. Einzige Neugründung einer Ortsgemeinde in Oberösterreich in der NS-Ära war die Ortsgemeinde Sattledt. Ferner kam es zu teilweise erheblichen Änderungen der Bezirks- bzw. Landkreisgrenzen.

[111] 1. VO zur Durchführung des Gesetzes über Gebietsveränderungen im Lande Österreich, 4.10.1938, RGBl. I, 1338. Der LH wurde ermächtigt, im Einvernehmen mit der Österreichischen Landesregierung und dem RMI, Veränderungen der Verwaltungsbezirke vorzunehmen. Eigruber machte von dieser Ermächtigung sogleich Gebrauch und hob die Bezirke Eferding und Urfahr/Umgebung mit Wirkung vom 15.10.1938 auf, dazu Verordnungsblatt LH OD 18.10.1938, VO des LH von Oberösterreich vom 14.10.1938 über die Einteilung des Landes Oberösterreich in Verwaltungsbezirke

[112] Amtskalender OD 1940 (wie Anm. 67) 75

Grenzziehung zwischen den Landkreisen Prachatiz und Krumau. Nach der Besetzung des Sudetenlandes war der Kreis Prachatiz an Bayern gefallen. Oberdonau erhob im Frühjahr 1939 Anspruch auf Zuweisung einiger Gemeinden des Landkreises Prachatiz an den Kreis Krumau und stellte damit die Ziehung der nunmehrigen Landesgrenzen zu Bayern in Frage. Den Streit beendete das RMI im Herbst 1939, die von Oberdonau geforderten Gemeinden blieben bei Bayern.[113] Landkreise im Deutschen Reich waren unterste Stufe der allgemeinen staatlichen Verwaltung und zugleich Selbstverwaltungskörperschaften. Letztere waren in Österreich vor 1938 in dieser Form nicht bekannt. Mit dem Ostmarkgesetz wurden die Landkreise dann auch in der Ostmark als staatliche Verwaltungsbezirke und Selbstverwaltungskörperschaften unter Führung des Landrates eingerichtet, dem in der Selbstverwaltung Kreisräte zur Seite stehen sollten.[114] Das RMI forderte daher im Sommer 1939 die Landeshauptmannschaften auf, beschleunigt Stellenpläne für den Aufbau der Selbstverwaltungskörperschaften in den Landkreisen zu erarbeiten. Vorzusehen waren in jedem Fall ein Bürodirektor, ein Bezirksfürsorgeverband (mit zehn bis zwölf Bediensteten) sowie eine Kassenverwaltung. Dabei ging das RMI davon aus, dass die Kassenverwaltung gleichzeitig die Zahlungsgeschäfte der staatlichen Verwaltung wahrnehmen werde. Dies entsprach zwar der Praxis der Bezirksverwaltungen der deutschen Flächenstaaten in der Weimarer Zeit, verdient aber Beachtung, liegt hier doch die Umkehr des ansonsten während der NS-Ära geübten Prinzips vor. Die Landeshauptmannschaft von Oberdonau, durch die Vorarbeiten für die Errichtung des Reichsgaus stark in Anspruch genommen, konnte die geforderten Stellenpläne erst im Jänner 1940 vorlegen. Zugrunde lag diesen Planungen der Personalbedarf großer Landratsämter, wo rund 40 Bedienstete vorgesehen waren, darunter zwei bis drei Lehrlinge.[115] Das RMI genehmigte die Vorlage ohne besondere Änderungen. Wie sich aber alsbald zeigte, hatte man die Personalplanung angesichts der weiteren Entwicklung im Krieg als viel zu optimistisch angenommen. Zwar konnten die Landräte den Stand ihrer Angestellten 1941 noch leicht erhöhen, dennoch zählten auch die großen Landratsämter nie mehr als etwa 20 Bedienstete. Auch wurde von der vorgesehenen Lehr-

---

[113] OÖLA, Akten der Landesverwaltung 1926 ff., MF 301: A-112/1939, RMI an LH OD, 11.12.1939, Grenzziehung zwischen OD und Bayern
[114] Ostmarkgesetz, Art. II, § 9 (wie Anm. 28)
[115] OÖLA, Landesverwaltung 1926 ff., MF 374: Ia/G/H/K/Vet-13/1940, RMI an Reichskommissar und RStH Sudetengau, 1.7.1939, Stellenpläne der Landkreise als Selbstverwaltungskörperschaften sowie Dienststück Landeshauptmannschaft OD, 9.1.1940, Stellenpläne Landratsämter

lingsausbildung meist ebenso Abstand genommen wie von der Bestellung von Kreisräten. Entsprechend den Vorstellungen des RMI waren die Funktionen des staatlichen Kreisoberinspektors und des Bürodirektors der Kreisselbstverwaltung in den Landkreisen der neuen Reichsgaue grundsätzlich zu vereinigen. Eine Regelung, die sich in der Folge in Oberdonau zwar gut, in den anderen Reichsgauen aber nicht in jedem Fall bewährte. Mit Jahresbeginn 1941 erging daher an die Landräte der Reichsgaue der Ostmark, des Sudetengaus und der eingegliederten Ostgebiete die Aufforderung, in der Sache nach den örtlichen Bedingungen selbst zu entscheiden und binnen Jahresfrist dem RMI über die erworbene Erfahrung zu berichten.[116] Hier wurde somit ein weiteres Mal, ganz im Sinne der Forderung Hitlers nach weitgehender Dezentralisierung der Verwaltung, Verantwortung nach unten abgetreten. Den ihnen gewährten Handlungsspielraum nutzten die Landräte, wobei in Oberdonau vor allem der Landrat von Grieskirchen hervortrat. Er war unter anderem an der Einführung der so genannten Kreisvollstreckungsstelle zur Eintreibung von Gemeindeabgaben durch die Landräte wesentlich beteiligt, die gemeinsame Ausbildung der Bediensteten von staatlicher Verwaltung und Kreisselbstverwaltung ging auf ihn zurück.[117] Gerade am Beispiel der Errichtung der Kreisvollstreckungsstelle lässt sich ein für das Dritte Reich typischer Vorgang beobachten: die Konkurrenz bestehender Behörden beim Aufbau neuer Einrichtungen. Die Anregung zur Errichtung einer Vollstreckungsstelle ging im November 1939 vom designierten Gaukämmerer Danzer aus, der gegenüber Regierungspräsident von Helms monierte, dass Bürgermeister kleinerer Gemeinden bei der Eintreibung von Gemeindeabgaben häufig überfordert waren. Danzer sprach zwar nicht direkt aus, ob die Behörde bei seiner in Planung stehenden Gaukämmerei oder bei den Landkreisen eingerichtet werden sollte, nach Lage der Dinge war aber klar, dass er sie für sich forderte. Der Regierungspräsident sah das Problem ähnlich wie Danzer, war aber nicht gewillt, der Gauselbstverwaltung mehr Einfluss als unbedingt notwendig zuzugestehen. Im Jänner 1940 wies von Helms die Landräte an, das Vorhaben zu prüfen. Gleichzeitig legte das Gauamt für Kommunalpolitik der Gauleitung von sich aus und ohne gesonderte Einladung eine Stel-

---

[116] OÖLA, Akten der Landesverwaltung 1926 ff., MF 445: Ia/G/H/K/Vet-1971942, RMI an RStH der Reichsgaue der Ostmark, Sudetengau, eingegliederte Ostgebiete, 8.1.1941, Vereinigung des Amtes des staatlichen Kreisoberinspektors mit dem Amt des Bürodirektors der Kreisselbstverwaltung

[117] Ebd., MF 418: Ia/G/H/K/Vet-1824/1941, Landrat Grieskirchen Kreisselbstverwaltung an RStH, 10.3.1941, Errichtung einer Eintreibungsstelle für Gemeindeabgaben; ferner ebd., MF 421: Ia/G/H/K/Vet-4655/1941, Landrat Grieskirchen an RStH, 5.8.1941, Aufbau der Kreisselbstverwaltung

lungnahme vor. Darin sprach sich die Partei für den Aufbau einer solchen Eintreibungsstelle aus und ließ auch keinen Zweifel daran, dass man eine Angliederung an die Gauselbstverwaltung wünschte. Die Landräte ihrerseits begannen sofort selbst mit der Eintreibung von Rückständen bei Gemeindesteuern, ohne erst eine (schriftliche) Entscheidung des Regierungspräsidenten abzuwarten. Obwohl die Gauleitung noch Anfang August 1940 dem Reichsstatthalter ihre Vorstellungen ein weiteres Mal vortrug, waren damit auf der Ebene der Kreise Tatsachen geschaffen, die auch Eigruber nur noch bestätigen konnte.

Aufgrund der Kriegslage unterblieben nach 1942 weitere organisatorische Veränderungen, die Landkreise kämpften spätestens ab diesem Zeitpunkt mit einer sich ständig zuspitzenden Personalknappheit. Letztlich konnte kaum noch von einer geordneten Verwaltungstätigkeit die Rede sein. Dazu kam, dass nach 1940 Verschiebungen von Aufgaben zu den Landkreisen stattfanden, was diese naturgemäß noch weiter belastete. Diese Entwicklung ist vor allem vor dem Hintergrund der sich seit dem Überfall auf die UdSSR fortwährend zuspitzenden Personalknappheit bei allen öffentlichen Dienstgebern zu sehen. Waren hier vor dem Sommer 1941 Engpässe in der Regel aus politischen Gründen wie Säuberungen unter der Beamtenschaft und/oder hypertrophem Wachstum von (Sonder-)Verwaltungsbehörden, die dann um Arbeitskräfte konkurrierten, entstanden, so traten nach diesem Zeitpunkt schnell die Grenzen der großdeutschen Ressourcen bei Menschen und Material zu Tage. Die Folgen für die öffentlichen Dienstgeber glichen jenen bei anderen zivilen Einrichtungen: Ständig wurden Bedienstete zu Wehrdienst und Sondereinsätzen abgezogen. So verfügten in Oberdonau Ende 1942 nur mehr zwei Dienstbehörden – Reichsgau und Gauhauptstadt Linz – noch über akzeptable Personalstände, Landkreise und Gemeinden waren hingegen bereits stark unterbesetzt. Das vergleichsweise günstige Bild der Hoheitsverwaltung des Reichsgaus hatte seine Begründung nicht zuletzt in der Altersstruktur der dortigen Beamtenschaft. Außerdem wurden aufgrund gesetzlicher Regelungen verschiedene Aufgaben während des Kriegs vom Reichsstatthalter auf die Landkreise übertragen, darunter im Jahre 1942 das Berufsschulwesen. Die Gauhauptstadt ihrerseits verstand es bis zum Kriegswinter 1942/43, Personalanforderungen unter Hinweis auf die vom Führer gestellten Aufgaben im Rahmen des in Aussicht genommenen Ausbaus der Stadt, der auch im Krieg fortzusetzen sei, abzuwehren. Ganz anders stellte sich die Situation in den Landkreisen und Gemeinden dar, dort war die Verknappung an ausgebildeten

Kräften bereits 1941 schmerzlich zu spüren, und nahm ab 1942 geradezu katastrophale Züge an. Die Lösungsversuche der jeweiligen Behördenleiter glichen einander meist, konkurrierten oft miteinander und waren letztlich doch zum Scheitern verurteilt. Die wichtigsten dieser Maßnahmen waren Versuche, Uk-Stellung (Unabkömmlichkeitsbescheinigung) für Dienstkräfte zu erwirken, Auflassen von Verwaltungsabläufen, Zusammenlegung von Aufgaben, Bildung von Verwaltungsgemeinschaften, und immer wieder auch Abwerbung von Arbeitskräften anderer öffentlicher Dienstgeber. Den schon Ende 1941 in Gemeinden und Kreisverwaltungen herrschenden Mangel an ausgebildeten Verwaltungsbeamten illustrieren folgende Beispiele. Die Gemeinde Gmunden suchte seit Sommer 1941 einen Kassenbeamten. Im Herbst wurde endlich (über private Vermittlung) ein Beamter der Kreisverwaltung des Landkreises Grieskirchen gefunden, der bereit war, den Posten anzutreten. Als der Landrat von Gmunden beim Reichsstatthalter um die Zuweisung dieses Beamten ansuchte, widersprach der Landrat von Grieskirchen sofort und referierte der Aufsichtsbehörde die bestehenden Schwierigkeiten, ausreichend Personal für seine Kreisverwaltung zu stellen. Aufgrund der Einziehungen zur Wehrmacht sei er schon jetzt gezwungen, Gemeindeverwaltungen zusammenzulegen, sechs Gemeinden seien ohne Gemeindesekretär und damit praktisch ohne Gemeindeverwaltung, in elf Gemeinden müsse er bereits (wenig beliebte) Verwaltungsgemeinschaften einrichten.[118] Noch unbeliebter als Verwaltungsgemeinschaften waren bei der Bevölkerung gemeinsame Bürgermeistereien für zwei (oder mehrere) Orte. Wenn die Landräte, angesichts der mitunter vom Zusammenbruch bedrohten Gemeindeverwaltungen, zu solchen Mitteln greifen wollten, genehmigte der Reichsstatthalter aus Rücksicht auf die Stimmungslage grundsätzlich nur die Errichtung einer Verwaltungsgemeinschaft.[119] Erwogen wurde wiederholt auch die Zusammenlegung von Landkreisen, was aber regelmäßig unterblieb, meist sowohl aus technischen Gründen als auch aus Rücksicht auf die geringe Popularität solcher Maßnahmen. So wurden im Herbst 1941 Vorarbeiten zur Zusammenlegung der Landkreise Krumau und Kaplitz eingeleitet. Es zeigte sich aber, dass es in Krumau kaum noch Räumlichkeiten für geeignete Amtsräume gab. Außerdem wäre es den Beamten der bisherigen Kreisverwaltung in Kaplitz aufgrund der ungenügenden Verkehrsverbindungen fast

---

[118] OÖLA, Akten der Landesverwaltung 1926 ff., MF 421: Ia/G/H/K/Vet-5367/1941, Zuweisung eines Kassenbeamten für Gmunden
[119] Ebd., MF 449: Ia/G/H/K/Vet-2625/1942, Errichtung einer Bürgermeisterei für Marchtrenk und Holzhausen (Oktober 1942); weitere Beispiele ließen sich anführen.

unmöglich gewesen, ihren neuen Arbeitsplatz in Krumau zu erreichen. Eingestellt wurden die Planungen aber erst, als zu Jahresbeginn 1942 Berichte über die Stimmung der Bevölkerung vorlagen, denen man entnehmen konnte, dass das ganze Vorhaben in beiden Landkreisen auf einhellige Ablehnung stieß. Möglicherweise lagen diese Stimmungsberichte sogar Hitler vor, jedenfalls wurde in der Behörde des Reichsstatthalters vermutet, der Führer selbst habe die Weisung erteilt, das Projekt aufzugeben.[120]

Neben den personellen Schwierigkeiten muten die finanziellen Probleme der Kreise als Selbstverwaltungskörperschaften gering an. Als wichtigste eigene Einnahmequelle stand den Landkreisen eine so genannte Kreisumlage zu; diese hoben sie als Selbstverwaltungskörperschaften von den kreisangehörigen Gemeinden nach deren wirtschaftlicher Leistungsfähigkeit ein. Nahm ein Kreis Aufgaben auch für andere Kreise wahr, wie etwa im Berufsschulwesen, dann wurden die Kosten nach einem jeweils zu bestimmenden Schlüssel auf die partizipierenden Kreise aufgeteilt.[121] Daneben trachteten manche Landkreise, eigene Wirtschaftsbetriebe zu errichten, oder sich an Unternehmungen Dritter zu beteiligen. So plante der Landkreis Linz gemeinsam mit der Gauselbstverwaltung in den Jahren 1941/42 die Errichtung einer Großziegelei in Ottensheim bei Linz. Da ein solcher Betrieb von vornherein in Konkurrenz zu in der nächsten Umgebung bestehenden oder geplanten Wirtschaftsbetrieben der SS gestanden wäre, forderte das RMI im Einvernehmen mit dem Reichswirtschaftsministerium eine Beteiligung der Privatwirtschaft. Als eine solche 1943 endlich erreicht war, wurde das Projekt aufgrund der Kriegslage zurückgestellt. Dem Linzer Beispiel folgend, strebte der immer wieder hervortretende Landrat von Grieskirchen ein ähnliches Engagement seines Landkreises an, nur fasste er gleich eine Beteiligung an einem von der SS geplanten Ziegelwerk in Prambachkirchen ins Auge. Dem Vorhaben war das gleiche Schicksal beschieden wie jenem des Landkreises Linz, es wurde nach 1942 aufgegeben.[122] Einen etwas abweichenden Weg wollte die Stadt Linz beschreiten. Die Gauhauptstadt versuchte das von der Privatwirtschaft geführte städtische Elektrizitätsversorgungsunternehmen (ESG) zu überneh-

---

[120] OÖLA, Akten der Landesverwaltung 1926 ff., MF 447: Ia/G/H/K/Vet-894/1942, Aufhebung Landkreis Kaplitz
[121] Ebd., MF 447: Ia/G/H/K/Vet-8/1942, Aktenbestand Haushalte der Land- und Stadtkreise des Reichsgaus OD für Rechnungsjahr 1942; Zuweisung Berufsschulwesen an Landkreise siehe ebd., MF 448: Ia/G/H/K/Vet-2450/1942, Aktenbestand Berufsschulwesen in OD
[122] Ebd., MF 471: Ia/G/H/K/Vet-1491/1942, Aktenbestand Errichtung Großziegelei Ottensheim; ferner ebd., MF 421: Ia G/H/K/Vet-5707/1941, Aktenbestand Beteiligung Landkreis Grieskirchen an Großziegelei Prambachkirchen

men und mit den eigenen Stadtwerken zu verschmelzen. Obwohl sogar der Führer, dem Eigruber die Sache vortrug, seine Zustimmung gab, da er (Hitler) laufende Einnahmen der Stadt wünschte, kam auch dieses Vorhaben kaum über die Planung hinaus.[123]
Es wurde bereits erwähnt, dass es seit der Machtergreifung gerade auch auf der Ebene der Landkreise regelmäßig zu Spannungen zwischen den Organen der allgemeinen staatlichen Verwaltung und den Vertretern der Partei kam. Obgleich in Österreich nach dem Anschluss die Säuberung der Bezirksverwaltungsbehörden weiter ging als dies nach 1933 im Altreich der Fall gewesen war, verwahrten sich hier die Landräte (alle gestandene Nationalsozialisten) gegen Eingriffe der Kreisleitung um nichts weniger entschieden als dort, wobei jedenfalls die Landräte in Oberdonau in Regierungspräsident Palten eine Stütze fanden. Palten war keinesfalls gewillt, direkte Eingriffe der Partei in die allgemeine staatliche Verwaltung hinzunehmen, und bereitete daher solchen immer wieder berichteten Versuchen jeweils ein schnelles Ende. Besonderes Objekt der Begehrlichkeit von Parteifunktionären waren Personalakten von Dienstkräften der Gemeinde- und Landkreisverwaltungen. So entnahm der Kreisleiter von Rohrbach Anfang 1943 Personalakten aus der Gemeindeverwaltung von Lembach. Die Aufforderung des Landrates, die Aktenstücke umgehend zurückzustellen, ignorierte der Kreisleiter. Der Regierungspräsident, vom Landrat über den Vorfall informiert, setzte die Rückstellung der Akten sogleich durch. Dabei konnte er sich auf einen aus dem Jahre 1937 stammenden Erlass des RMI stützen. Einsicht in Akten der Hoheitsverwaltung stand demzufolge Parteifunktionären erst vom Gauleiter aufwärts und nur im Einvernehmen mit dem Reichsstatthalter zu. Aufgrund der Personalunion Gauleiter/Reichsstatthalter in den Reichsgauen Donau und Alpen hieß dies, dass ein Kreisleiter nur über den Regierungspräsidenten Informationen über Akten der allgemeinen staatlichen Verwaltung erlangen konnte; Akteneinsicht wurde nicht gewährt.[124]

---

[123] OÖLA, Akten der Landesverwaltung 1926 ff., MF 471: Ia/G/H/K/Vet-1755/1943, Eigruber an Oberbürgermeister Linz, 12.5.1943
[124] Ebd.: Ia/G/H/K/Vet-1491/1943, Landrat Rohrbach an Regierungspräsident, 1.4.1943, Aktenentnahme durch Kreisleiter; Regierungspräsident an Kreisleiter Rohrbach, 13.4.1943, unter selben Betreff

Zusammenbruch der NS-Gewaltherrschaft in Oberdonau

Bis Herbst 1943 blieben die sieben Reichsgaue Donau Alpen von Krieg und Zerstörung verschont, was ihnen die Bezeichnung Reichsluftschutzkeller einbrachte. Dann geriet auch der Ostalpenraum in den Wirkungsbereich der alliierten strategischen Luftflotten und wurde damit zum Ziel strategischer Luftangriffe, wenn auch nicht im selben Ausmaß wie etwa der Westen des Reichs. Die Lage zwang die Behörden, der gefährdeten Bevölkerung der Großstädte Ausweichquartiere zur Verfügung zu stellen. Als erste Maßnahme wurde versucht, die Menschen in nahe gelegenen ländlichen Räumen unterzubringen. Über Führerentscheidung wurde Oberdonau mit Jahresende 1943 zur Aufnahme von 25.000 Personen aus Wien verpflichtet. Diese Umquartierungen sollten bis Ende Jänner 1944 abgeschlossen sein, die Frist musste aber aufgrund der ungünstigen Witterung erstreckt werden. Gleichzeitig mussten noch etwa 10.000 Personen aus Linz und Steyr im Gau untergebracht werden, sodass die Landkreise des Reichsgaus bereits im März 1944 annähernd 35.000 Menschen aufgenommen hatten.[125] Durch eine weitere Führerweisung wurde ebenfalls noch 1943 das RMI beauftragt, im gesamten Reichsgebiet für die Umquartierung von Ausgebombten freien Wohnraum zu erheben. In Ausführung dieser Weisung bildete das RMI Reichskommissionen aus hohen Beamten der allgemeinen staatlichen Verwaltung, die in Zusammenarbeit mit den örtlichen Dienststellen von Hoheitsverwaltung und Partei den zur Verfügung stehenden Wohnraum erhoben. In Oberdonau wurde eine solche Kommission im Februar 1944 tätig. Wie die Kommission monierte, gab es zu diesem Zeitpunkt im Reichsgau noch keine brauchbaren statistischen Unterlagen über mögliche Ausweichquartiere, was der Reichsstatthalter mit dem Fehlen gesetzlicher Grundlagen begründete. Die Arbeit der Kommission stand folglich hier unter noch viel höherem Druck als in anderen Erhebungsgebieten. Dennoch wurde binnen weniger Tage praktisch der gesamte für Umquartierungen in Frage kommende Wohnraum erfasst, insgesamt rund 130.000 Unterkünfte oder 59 Prozent des gesamten Wohnraums im Reichsgau (ohne die Stadtkreise Linz und Steyr); davon waren aber bereits 48.051 belegt, von den noch freien Unterkünften ein Drittel

---

[125] OÖLA, Akten der Landesverwaltung 1926 ff., MF 517: Ia/G/H/K-13/1943, Aktenbestand Wohnraumlenkung OD 1944

nicht winterfest.[126] Nun kam es zum Streit über die Auslegung des Auftrags der Kommission. Während deren Leiter, Regierungspräsident Schmidt aus Allentstein in Ostpreußen, die Ansicht vertrat, er habe allen Wohnraum in Oberdonau und damit die mögliche Höchstbelegung des Gaus zu erfassen, daher sei bereits vorgenommene Belegung für ihn nicht relevant, verlangte Günther Palten deren Einrechnung. Entschieden wurde die Auseinandersetzung zugunsten der Ansicht der Kommission durch das RMI im Einvernehmen mit der Reichsleitung der NSDAP.[127]

Die Unterbringung von Menschen aus vom Luftkrieg besonders betroffenen Großstädten war aber nur das Vorspiel des im Herbst 1944 einsetzenden Flüchtlingsstroms aus Südosteuropa. Oberdonau wurde zum Aufnahmegau für von dort stammende Volksdeutsche bestimmt. Die drei Monate vor Kriegsende im Reichsgau herrschende Volkstumslage beschreibt ein Bericht des SD.[128] Oberdonau war Anfang Februar 1945 zum Zufluchtsort für Flüchtlinge aus den Ländern des Südostens sowie aus Ostdeutschland, dem Baltikum, Luftschadensgebieten usw. geworden. Alleine in den Monaten Oktober bis Dezember 1944 hatte der Reichsgau etwa 49.000 Volksdeutsche aus Kroatien (26.000), Ungarn (9000), Rumänien (9000) und Serbien (5000) aufgenommen. Dazu kam das Heer der Zwangs- und Fremdarbeiter. Inzwischen hatte sich die Lage weiter zugespitzt, genaue Angaben konnte man aber nicht machen, da die Anzahl der zum Wehrdienst Einberufenen nicht bekannt war. Insgesamt, so schätzte der SD, käme bereits auf fünf Einwohner des Reichsgaus ein Zuwanderer, wahrscheinlich mehr als zweihunderttausend Menschen, darunter mehr als die Hälfte Fremdvölkische. Untergebracht wurden Volksdeutsche grundsätzlich in landwirtschaftlichen Betrieben, da die meisten von ihnen aus bäuerlichen Verhältnissen stammten. Dies bereitete aber zunehmend Schwierigkeiten, zeigten die Flüchtlinge doch wenig Neigung, sich in die für sie ungewohnten Strukturen einzufügen. Jedenfalls klagten die einheimischen Bauern unisono, dass die bei ihnen Eingewiesenen kein Ersatz für jene fremdvölkischen Arbeitskräfte waren, die sie zu Schanzarbeiten am Südostwall hatten abgeben müssen. Dennoch ließ der SD Sympathie für die Flüchtlinge erkennen: Diese stünden sichtbar unter großem seelischen Druck, da ihnen

---

[126] Ebd.: Reichskommission, FS an RMI, 17.2.1944, dortiger Erlass vom 9.2.1944 (Erhebung Wohnraum in OD)
[127] Ebd.: RMI an Regierungspräsident OD, 4.3.1944, Erfassung von Quartieren für nach Luftangriffen Obdachlose
[128] OÖLA, Akten der Landesverwaltung 1926 ff., MF 519: Ia/G/H/K-522/1945, SD RFSS Abschnitt OD an RStH, 21.2.1945, als Anlage Bericht zur Volkstumslage, 14.2.1945

das Schicksal ihrer zurückgebliebenen und/oder bei der Waffen-SS Division Prinz Eugen eingesetzten Verwandten nicht bekannt sei. Auch hätten sie meist ihr gesamtes Hab und Gut verloren. Dennoch hielten sie, auch angesichts der militärisch schwierigen Lage, unverbrüchlich zum Reich. Viele hätten nur ihre Hakenkreuzfahne gerettet, die sie nun stolz zeigten. Nach der Beschreibung der Lage bei den Volksdeutschen geht der SD-Bericht auf die Lage bei den Angehörigen der anderen Nationalitäten ein. In Oberdonau lebten zu diesem Zeitpunkt 499 Absiedler aus Frankreich, die ihre Rückkehr anstrebten. Die Stimmung unter ihnen wird als äußerst schlecht beschrieben, sie galten dem SD als für den Nationalsozialismus verloren. Demgegenüber strebten die 383 polnischen Absiedler die deutsche Staatsangehörigkeit an, zumeist vermutlich aufgrund erwarteter wirtschaftlicher Vorteile. An dieser Stelle nimmt der Bericht Bezug auf die so genannte Staatsangehörigkeit auf Widerruf, die erst Ende Jänner 1945 eingeführt worden war. Da das dafür vorgesehene Verfahren in Oberdonau erst in Entwicklung stand, war auch die dafür in Frage kommende Zahl an Elsässern, Lothringern, Luxemburgern und Slowenen noch nicht ermittelt. Als weitere gesonderte Gruppe wurden die vom HSSPF Donau, Reichskommissar für die Festigung des deutschen Volkstums, betreuten so genannten wiedereindeutschungsfähigen Fremdvölkischen geführt, in Summe in Oberdonau 803 Personen. Die Angehörigen des stammesgleichen Volkstums – darunter fasste der SD Niederländer, Belgier und Dänen zusammen – seien gegen das Reich eingestellt. So wird speziell darauf hingewiesen, dass Niederländer bei von ihnen gehaltenen Tanzveranstaltungen US-amerikanische Unterhaltungsmusik spielten. Man führte diese Haltung auf fehlende politische Betreuung zurück, denn für die Bevölkerung waren diese Gruppen Ausländer wie alle anderen auch. Breiten Raum widmet der SD in seinem Bericht der Stimmung unter Russen, Weißrussen, Ukrainern, Polen, Tschechen, Slowaken und Kroaten. Diese Nationen stellten zusammen den Großteil der nichtdeutschen Bevölkerung in Oberdonau, ihre genaue Zahl war aber offensichtlich nicht bekannt, sie wird jedenfalls im vorliegenden Bericht nicht erwähnt. Die Mehrzahl der Russen zeige, heißt es, kein Interesse an politischen Vorgängen, der kommunistische Einfluss sei gering, sie forderten nur ihre Gleichstellung mit anderen Volksgruppen. Manche seien sogar bereit, auf deutscher Seite gegen die UdSSR zu kämpfen (und wunderten sich, dass die Wlassow-Armee[129]

---

[129] Die Russische Befreiungsarmee (nach ihrem Organisator, dem früheren Generalleutnant der Sowjetarmee Andrej Andrejewitsch Wlassow, Wlassow-Armee genannt) war ein Freiwilligenverband, der am Ende des Zweiten Weltkriegs an der Seite der deutschen Wehrmacht gegen die Sowjetarmee

nicht zum Einsatz kam). Ähnlich wird die Stimmung unter den grundsätzlich als gehässig angesehenen Polen eingeschätzt. Obwohl viele von ihnen mit dem Lubliner Komitee[130] sympathisierten, seien sie doch letztlich fast genauso gleichgültig wie die Russen. Es ginge somit weder von Russen noch von Polen Gefahr aus. Anders sei die Stimmungslage bei Ukrainern und weißrussischen Emigranten (letztere kamen aus Serbien nach Oberdonau). Die Ukrainer würden offen für das Reich eintreten und sich für militärischen Einsatz bereithalten, die wenigen Weißrussen seien kein Problem. Die Tschechen verhielten sich vorsichtig, seien aber meist mit ihren Arbeits- und Lebensbedingungen zufrieden; die Arbeitsmoral sei gut, Arbeitsvertragsbrüche seien selten (und oft nicht politisch motiviert), kommunistische Tätigkeit werde nur in geringem Umfange beobachtet. Die tschechische Minderheit in den Landkreisen Krumau und Kaplitz, 1038 deutsche Staatsbürger und 933 Protektoratsangehörige, somit insgesamt 1971 Personen, von Beruf meist Landwirte, käme allen Dienstverpflichtungen nach und verhalte sich wie die deutsche Bevölkerung, die Kinder besuchten regelmäßig die deutschen Schulen. Nach Ansicht des SD war somit das Problem der tschechischen Minderheit in Oberdonau völlig unbedeutend. Kroaten und Slowaken seien ruhig und diszipliniert, die Stimmung unter ihnen allerdings gespannt. Abschließend geht der Bericht auf Franzosen, Italiener, Griechen und Ungarn ein. Franzosen verhielten sich gegenüber der Bevölkerung korrekt, die meisten (auch national gesinnte) bereiteten ihre Flucht nach Frankreich vor. Bei Italienern unterschied der SD drei Gruppen, je nach der Dauer der Anwesenheit im Reich; zu den beiden ersten Gruppen rechnete man die vor 1943 hier eingetroffenen Zivilarbeiter (überwiegend Faschisten) sowie ehemalige Militärpersonen, die letzte Gruppe bildeten alle anderen Italiener. Grundsätzlich sei die Lage ruhig, es herrsche allgemein die Überzeugung, Italien habe den Krieg verloren. Auffällig erschien den Berichterstattern nur noch der Hang der Italiener zu deutschen Frauen. Die wenigen Griechen in Oberdonau wurden als notorische Blaumacher eingeschätzt, die Frauen seien meist geschlechtskrank. Es wäre, resümierte man, wohl besser gewesen, Grie-

---

kämpfte. Bei Kriegsende ergaben sich die Verbände der Wlassow-Armee den US-Streitkräften, von diesen wurden sie an die UdSSR ausgeliefert. Wlassow und neun seiner Generäle wurden am 1.8.1946 hingerichtet, die übrigen Soldaten in sibirische Zwangsarbeitslager deportiert; über deren Schicksal ist nichts bekannt.

[130] Das von der UdSSR unterstützte Lubliner Komitee, eigentlich Polnisches Komitee für Nationale Befreiung, verkündete im Juli 1944 im ersten befreiten Gebiet des Landes ein Manifest, das die Umgestaltung Polens in einen Staat nach sowjetischem Vorbild vorsah. Nach dem Ende des Zweiten Weltkriegs bildete man in Polen im Juni 1945 eine Regierung der Nationalen Einheit, bestehend aus der Londoner Exilregierung und dem Lubliner Komitee.

chen erst gar nicht ins Reich zu bringen. Als ein besonderes Problem erschienen dem SD die rund 15.000 Ungarn, meist Angehörige von Honved[131] und Polizei sowie Pfeilkreuzler[132]. Die überwiegende Mehrzahl der Ungarn war im Landkreis Rohrbach untergebracht, es kam dort bereits ein ungarischer Zuwanderer auf vier Personen der einheimischen Bevölkerung. Da die Ungarn ihren Aufenthalt als vorübergehend ansähen, gingen sie keiner Beschäftigung nach, säßen nur in Gaststätten herum und belästigten die deutschen Frauen, was zu Spannungen mit der Bevölkerung führe. Insgesamt qualifizierte der SD hier die Lage als schwierig, man habe sie bisher aber im Griff.

Nach dem Zusammenbruch der deutschen Fronten im Spätsommer 1944 wurde durch Führererlass vom 25. September 1944 die Bildung des Deutschen Volkssturms (DV) befohlen, der in vier Aufgeboten alle waffenfähigen Männer im Alter von 16 bis 60 Jahren umfassen sollte.[133] Die bei der allgemeinen staatlichen Verwaltung des Reichsgaus Oberdonau entstandenen Akten berichten nur über die Aufstellung des hiesigen ersten und zweiten Aufgebots. Grundsätzlich wurden alle kriegsverwendungsfähigen Männer dem ersten Aufgebot zugewiesen, Rückstellungen bedurften gesonderter Weisungen. Eine solche erließ der Leiter der Partei-Kanzlei über Anregung des Reichsführer SS und des Reichsinnenministers im Dezember 1944 zur Sicherstellung der Verwaltung. Danach kamen jüngere Bedienstete, soweit noch uk-gestellt, in das erste Aufgebot, Behördenleiter grundsätzlich in das zweite, so sie aber Kompanie- oder Bataillonskommandanten waren, in das erste. Bereits Ende November hatte Palten Eigruber gemeldet, dass die Behörden des Reichsstatthalters sowie der Landkreise und Gemeinden insgesamt 3068 Mann für den Volkssturm stellten,

---

[131] Königlich ungarische Streitkräfte

[132] Im Jahre 1935 gründete Ferenc Szálasi die Partei des nationalen Willens. Mit dem Pfeilkreuz (aufrechtes symmetrisches schwarzes Kreuz mit Pfeilspitzen an den Enden in weißem Kreis auf rotem Grund) gab sich die Partei ein dem Hakenkreuz entlehntes Symbol. Am 15.10.1944 übernahmen die Pfeilkreuzler in Ungarn die Macht, nachdem Reichsverweser Nikolaus von Horthy mit dem Versuch gescheitert war, mit den Sowjets einen Waffenstillstand zu schließen. Nach dem Putsch kam es zu einer zweiten Welle von Massendeportationen ungarischer Juden (November 1944), sodann ermordeten Pfeilkreuzler bis zur Befreiung von Budapest (Februar 1945) weitere mehrere tausend Budapester Juden.

[133] Erlaß des Führers über die Bildung des Deutschen Volkssturms, 25.9.1944., RGBl. I, 53; Literatur: Der Deutsche Volkssturm: Idee, Bildung, Organisation und Einsatz. Die Rechtsstellung der Angehörigen des Deutschen Volkssturmes. Hg. v. Bundesarchiv, Abt. Zentralnachweisstelle (Kornelimünster 1957); Hans Kissel, Der Deutsche Volkssturm 1944/45. Eine territoriale Miliz im Rahmen der Landesverteidigung (Berlin 1962); Klaus Mammach, Der Volkssturm. Das letzte Aufgebot 1944/45 (Köln 1981); Klaus Schönherr, Der Deutsche Volkssturm im Reichsgau Wartheland 1944/45. In: Militärgeschichtliche Beiträge 1 (1987) 105-120; Franz W. Seidler, Deutscher Volkssturm. Das letzte Aufgebot 1944/45 (München Berlin 1989); Burton Wright, Army of dispair. The German Volkssturm 1944-1945 (Michigan 1989); David Keith Yelton, The last reserves – political-military aspects of the structure, function and composition of the German Volkssturm, 1944-1945 (Michigan 1990)

davon 1227 im zweiten Aufgebot.[134] In mehreren Besprechungen berieten in Linz Hoheitsverwaltung, Gauselbstverwaltung und Parteidienststellen ab Mitte Dezember 1944 die Umsetzung der zahlreichen Ausführungsbestimmungen Bormanns und Himmlers. Das Ergebnis dieser Gespräche diente Eigruber als Grundlage für seine Weisung vom 9. Jänner 1945 über Aufstellung, Ausbildung und Ausrüstung des Deutschen Volkssturms in Oberdonau, die in einer Dienstbesprechung Ende Jänner den Leitern von Polizei und Gendarmerie näher bekannt gemacht wurde.[135] Am 13. Jänner 1945 begannen die Sowjets eine Offensive in Polen, in nur zwei Wochen durchstießen sie den Warthegau. Nun ordnete Bormann die Verstärkung des warthe ländischen Volkssturms durch Volkssturmbataillone z.b.V. (zur besonderen Verfügung) an, die von den im Augenblick noch nicht unmittelbar bedrohten Gauen des inneren Reichsgebiets zu stellen waren. Unter diesen Verbänden war auch das Volkssturmbataillon 22/I aus Oberdonau mit 560 Mann, das ab Anfang Februar an der Oder in den Abwehrkämpfen gegen die Sowjets eingesetzt wurde. Nach dem Zusammenbruch der Oderstellungen zog sich das Bataillon, zersprengt in mehrere Gruppen, über Berlin/Potsdam nach Westen zurück; Anfang Mai gerieten die Männer in amerikanische und britische Kriegsgefangenschaft. Die Anzahl der Opfer ist nicht bekannt, war aber erheblich.[136] Die letzte Weisung Eigrubers für die Aushebung von Schlüsselbeamten der Landkreise zum Volkssturm datiert vom 5. April 1945; die Freistellung solcher Kräfte sollte durch den Landrat beim Kreisleiter erwirkt werden. Lehnte dieser ab, war die Entscheidung des Gauleiters einzuholen.[137] Damit hatte die Partei in Oberdonau in den letzten Tagen des Regimes die allgemeine staatliche Verwaltung noch unter ihre Botmäßigkeit gebracht. Einen letzten Versuch, Männer für ihren längst verlorenen Krieg aufzubieten, unternahmen die örtlichen Machthaber Mitte April 1945. Die Linzer Dienststellen der Volksdeutschen Mittelstelle versuchten, Volksdeutsche, Esten und andere zu den bewaffneten Verbänden, etwa zum Volkssturm, einzuziehen. Als sich die Angehörigen der in Aussicht genommenen Gruppen mit der Begründung

---

[134] OÖLA, Akten der Landesverwaltung 1926 ff., MF 494: Ia/G/H/K-2318/1944, RMI an Reichsverteidigungskommissare etc., 9.12.1944, Eingliederung der Angehörigen der allgemeinen Verwaltung in DV; ferner ebd., Palten an Eigruber, 29.11.1944, Zurückstellung von Volkssturmmännern aus allgemeiner und innerer Verwaltung
[135] Ebd., Palten an alle Dienststellen des RStH, 10.1.1945, betreffend. DV; ebd., RStH an Kommandeure der Gendarmerie in OD, 16.1.1945, Dienstbesprechung mit DV OD
[136] Hans Rödhamer, Geschichte des Volkssturm-Bataillons 22/I „Oberdonau". In: Kissel, Volkssturm Anlage 23 (wie Anm. 133) 168-170
[137] OÖLA, Akten der Landesverwaltung 1926 ff., MF 494: Ia/G/H/K-2318/1944, Palten an Landräte, Oberbürgermeister, 5.4.1945, Besprechung Gauleiter mit Landräten 2.4.1945

weigerten, sie seien keine Staatsangehörigen, entschied der Gauleiter am 24. April 1945 als Reichsverteidigungskommissar, dass alle in Frage kommenden Männer sofort eingezogen werden sollten. Ihnen war sogleich die deutsche Staatsangehörigkeit zu verleihen, ihren Familienmitgliedern in einem abgekürzten Verfahren.[138]

Wahrscheinlich um Mitte Februar griff Hitler vielleicht zum letzten Mal unmittelbar in das Verhältnis der Partei zum Staat ein. Er befahl in einem der allgemeinen staatlichen Verwaltung nicht zugestellten Führerbefehl die Lösung aller bestehenden Personalunionen von Ortsgruppenleiter und Bürgermeister.[139] Da die staatliche Verwaltung Hitlers Befehl nicht im Wortlaut kannte, kam es in Oberdonau nach deren Bekanntwerden sogleich zu wochenlangem Streit zwischen Landräten und Kreisleitern über Auslegung und Verfahren. Anfang März beendete Eigruber die Streitigkeiten und ließ Hitlers Befehl, der offensichtlich in typischer Weise mehrdeutig formuliert war, präzisieren. Der Führererlass sollte nun nur in den größeren Gemeinden des Reichsgaus in der ursprünglichen Form Anwendung finden, für kleinere Gemeinden konnten Landrat und Kreisleiter im Einvernehmen Ausnahmen bewilligen. In jedem Fall bedurfte es des Zusammenwirkens von Landrat und Kreisleiter bei der Ablöse von Funktionären. Die neuen Bürgermeister wurden in Gemeinden vom Landrat, in Städten vom Reichsstatthalter ernannt; in Zweifelsfällen sollte auf Gauebene entschieden werden.[140] Noch im Februar setzten in Oberdonau Personalrochaden unter den höheren Parteifunktionären ein. Kreisleiter Fritz Reithofer legte das Amt des Bürgermeisters von Braunau zurück, Gauamtsleiter Rudolf Irkowsky die kommissarische Kreisleitung von Steyr; Franz Danzer, der neben seinem Amt als Gaukämmerer noch das Gauamt für Kommunalpolitik leitete, zog sich auf die Parteifunktion zurück und wurde als Gaukämmerer durch den Bürgermeister von Wels, Josef Schuller, ersetzt, dem dort der frühere Oberbürgermeister von Linz, Leo Sturma, folgen sollte.[141] Ob Sturma tatsächlich Bürgermeister von Wels wurde, ist

---

[138] OÖLA, Akten der Landesverwaltung 1926 ff., MF 518: Ia/G/H/K-202/1945, VOMI an Gauleiter OD, 14.4.1945, Einziehung von Volksdeutschen, Esten und anderer zu Wehrmacht, Volkssturm, Waffen-SS, Organisation Todt; ebd., Palten an VOMI, 24.4.1945, Einziehung Volksdeutscher

[139] Ebd., MF 519: Ia/G/H/K-537/1945, Aktenbestand Führerbefehl, Lösung von Personalunion Bürgermeister/Ortsgruppenleiter

[140] Ebd.: Palten an Landräte OD, 9.3.1945, Durchführung Führerbefehl

[141] Rudolf Irkowsky, geb. 1911, Mitglied NSDAP 1.9.1930, Nr. 363.926, Mitglied SS 1.12.1942, Nr. 471.930, SS Hauptsturmführer 19.2.1944, Parteiangestellter der NSDAP bis 15.4.1941, dann Leiter Reichspropagandaamt OD, vgl. BArch (ehem. BDC) PK, Irkowsky, Rudolf, geb. 07.05.1911; ÖStA/AdR, BMI, Gauakt 256.465; Josef Schuller, geb. 1897, Mitglied NSDAP März 1933, Leiter Propagandaabteilung Bezirk Wels, stellvertretender Kreisleiter, August 1936 Kreisleiter Wels, diverse Haftstrafen (darunter 1 Jahr schwerer Kerker 1936; ÖStA/AdR, NSDAP-Erfassungsantrag Nr. 453/561

ungewiss, da einer solchen Ernennung nach den Bestimmungen der DGO seine Tätigkeit als Oberlandesgerichtspräsident entgegenstand.[142] Die Mehrheit der Rücktritte und Umbesetzungen ging reibungslos vonstatten. Bei der Nachbesetzung des Bürgermeisters von Braunau kam es aber zu einem schweren Konflikt zwischen Kreisleiter und Landrat über die Person des vom Kreisleiter vorgeschlagenen Kandidaten, gegen den der Landrat massive Vorwürfe erhob. Der Regierungspräsident stützte die Position seines Landrates und forderte von der Gauleitung, vom Kandidaten des Kreisleiters Abstand zu nehmen. Gleichzeitig verlangte Palten, die Gauleitung möge Reithofer in geeigneter Weise darauf hinweisen, dass dieser immer wieder berichtete ungesetzliche Maßnahmen wie Beschlagnahmen etc. in Zukunft zu unterlassen habe, da er damit bereits dem Ansehen des Reichsgaus bei den Obersten Reichsbehörden geschadet habe. Trotz der einhelligen Ablehnung des Kandidaten des Kreisleiters durch die staatliche Verwaltung entschied Eigruber für diesen Mann. Ob es noch zu einer formellen Ernennung gekommen ist, kann den Akten nicht entnommen werden, jedenfalls war Anfang April 1945 noch der vierte Beigeordnete mit der Führung der Amtsgeschäfte des Bürgermeisters von Braunau betraut.[143] Was bei den höheren Funktionären noch relativ reibungslos verlief, war in den kleinen Ortsgemeinden nicht mehr durchzusetzen. Letztlich resignierte Eigruber und stellte es seinen Kreisleitern Anfang April frei, bestehende Personalunionen aufzulösen oder nicht.[144] Angesichts des Niedergangs des Dritten Reichs brachen also die für dieses so signifikanten Fehden zwischen allgemeiner staatlicher Verwaltung und Partei bzw. innerhalb der verschiedenen Parteicliquen ein letztes Mal auf. Ein besonderes Beispiel für solch parteiinternen Streit waren die Auseinandersetzungen in Freistadt im März 1945, die sich zwischen dem Bürgermeister von Freistadt, Wolfsgruber (Vater des früheren Kreisleiters und nunmehrigen Gauhauptamtsleiters) und Kreisleiter Gittmaier über Zuteilung von Brennholz entzündeten und mit der Rücktrittserklärung Wolfsgrubers vom Amt des Bürgermeisters endeten.[145] Wolfsgruber reichte sein Rücktrittsgesuch

---

[142] OÖLA, Akten der Landesverwaltung 1926 ff., MF 519: Ia/G/H/K-537/1945, Palten an Eigruber, 28.2.1945, Personalveränderungen aufgrund Führerbefehl. Den Akten ist eine Ernennung Sturmas zum Bürgermeister von Wels nicht zu entnehmen.
[143] Ebd., Landrat Beer/Braunau an Palten, 9.3.1945, Bürgermeister Braunau; ebd., Palten an Gaustabsamtsleiter Fehrer, 15.3.1945; ebd., Beer an Eigruber, 29.3.1945; ebd., Beigeordneter Gnändinger an Beer, 3.4.1945
[144] Ebd., Kreisleiter Wels an Landrat Wels, 3.4.1945, Führerbefehl
[145] Martin Gittmaier, geb. 1899, NSDAP Kreisleiter Ried 1938 (?)-1944 (ab August 1942 in Personalunion Kreisleiter Gmunden), ab August 1944 Kreisleiter Freistadt, dazu BArch (ehem. BDC), PK, Gittmaier, Martin, geb. 20.06.1899; ÖStA/AdR NSDAP-Erfassungsantrag Nr. 121/684; Karl Wolfsgruber,

beim Regierungspräsidenten ein, der es Eigruber mit der Bemerkung vorlegte, dies sei eine Sache innerhalb der Partei, die schon lange schwele und nicht eine der sonst üblichen Auseinandersetzungen zwischen Partei und Staat. Eigruber kommentierte Wolfsgrubers Rücktrittsgesuch kurz und bündig: „Bleibt im Amt. Jetzt darf er nicht gehen."[146]
Wie es einerseits zu solchen Ausbrüchen alter Feindschaften auf allen Ebenen kam, gab es andererseits auch Widerstand gegen die Sinnlosigkeit des Krieges und der Zerstörung von Männern, die seinerzeit bereit gewesen waren, dem Regime zu dienen, und sei es nur in untergeordneten Funktionen. Ein solches Beispiel gab Josef Haas, Bürgermeister der kleinen Gemeinde St. Georgen am Walde. Der Landwirt Haas wurde im März 1945 angezeigt, weil er seinem Sohn gedroht hatte, er werde ihn vom Hofe jagen, sollte er sich zur Waffen-SS melden. Eigruber ordnete sogleich eine strenge Untersuchung an und verlangte die sofortige Enthebung von Haas, sollten die Vorwürfe zutreffen. Die HJ, von der die Anzeige offensichtlich ausgegangen war, wurde um Stellungnahme ersucht und bestätigte in einem Schreiben an den Reichsstatthalter die Aussage des Bürgermeisters und fügte hinzu, aus St. Georgen habe es noch kaum freiwillige Meldungen zur Wehrmacht gegeben. Daraufhin richtete Palten ein mit 21. April 1945 datiertes, am 24. April ausgegangenes Schreiben an den Landrat von Perg mit der Weisung, dieser solle Haas im Einvernehmen mit dem Kreisleiter des Amtes entheben, falls er nicht Gewähr biete, bis zum Letzten für den NS-Staat einzutreten. Es ist nicht bekannt, ob dieses Schreiben seinen Adressaten je erreicht hat.[147]

---

geb. 1902, Buchhändler, Mitglied NSDAP 1923 (Freistadt), 1926 (Innsbruck), Nr. 50.343 (9.10.1926), 6.9.1934 Flucht nach Deutschland, Österreichische Legion bis 30.5.1938, 1933-34 Führer Sturmbann I/14, später SA Standarte 14, September 1934 Brigade OÖ, 7.1.1944 Gauamtsleiter NSDAP OD, dazu BArch (ehem. BDC), PK, Wolfsgruber, Karl, geb. 21.05.1902; BArch, ZB 7317 S. 7., Wolfsgruber, Karl, geb. 21.05.1902

[146] OÖLA, Akten der Landesverwaltung 1926 ff., MF 519: Ia/G/H/K-366/1945, Aktenbestand Bürgermeister, Beigeordnete, Ratsherren in Freistadt, hier Palten an Eigruber, 15.3.1945, Rücktrittsgesuch Bürgermeister Freistadt

[147] Ebd., Ia/G/H/K-630/1945, Aktenbestand Enthebung Bürgermeister St. Georgen am Wald, hier Palten an Landrat Perg, 21.4.1945

Schlussbetrachtung

Die auf österreichischem Gebiet im Jahre 1940 errichteten Reichsgaue sind im Kontext der während der ersten Jahre des Dritten Reichs in Angriff genommenen Reichsreform zu sehen. Die sieben neuen Reichsgaue der Ostmark waren eine stringente Mittelstufe der staatlichen Verwaltung jenes straff zentralistischen Einheitsstaates, den Reichsinnenminister Frick seit 1933 anstrebte, im Altreich aber nie erreichte. Vor allem war in den neuen Reichsgauen der im Altreich zumeist weiter bestehende Dualismus zwischen (älteren) Reichsstatthaltern und Landesregierungen beseitigt. Die Reichsgaue der Ostmark wurden durch das Ostmarkgesetz als staatliche Verwaltungsbezirke des Reichs und Selbstverwaltungskörperschaften bestimmt. Sie hatten keine originären Hoheitsrechte, im Sinne der Dezentralisierung der Verwaltung wurden ihnen jedoch Hoheitsaufgaben zur Erfüllung in eigener Verantwortung übertragen. Der Terminus Selbstverwaltung bezeichnete somit nur eine besondere Form von Dezentralisierung, jeder Vergleich der Reichsgaue als Selbstverwaltungskörperschaften mit den in Demokratien bekannten Selbstverwaltungskörperschaften verbietet sich von selbst.

An der Spitze eines Reichsgaus der Ostmark stand als Reichsstatthalter neuen Typs der Gauleiter des örtlichen, mit dem Reichsgau deckungsgleichen Parteigaus der NSDAP. Er war in Personalunion Führer der Partei und Behördenchef in seinem Reichsgau. Als Führer der allgemeinen staatlichen Verwaltung übte der Reichsstatthalter unbeschränkte Dienstaufsicht über seine Behörden aus. Er seinerseits unterstand in den Belangen der Hoheits- und Sonderverwaltungen der Aufsicht der Obersten Reichsorgane. Hingegen war die Dienstaufsicht auf dem Gebiet der Gauselbstverwaltung nicht ausdrücklich geregelt, die Vorschriften der Fachaufsicht blieben unberührt. Da die Fachaufsicht im Dritten Reich aber einen inhaltlichen Wandel erfahren hatte, war es den Obersten Reichsbehörden durchaus möglich, auch der Gauselbstverwaltung Weisungen zu erteilen, sodass diese kaum mehr war, als eine Art regionaler, unmittelbarer Reichsverwaltung. Die Reichsstatthalter der Ostmark erschienen damit strikt in den zentralistischen Einheitsstaat eingebunden. In der politischen Praxis konnte sich mancher Gauleiter/Reichsstatthalter aufgrund der Immediatstellung der Gauleiter zu Hitler allerdings oft weitreichende Selbstständigkeit sichern; so vor allem August Eigruber in Oberdonau.

Wie bei der Mittelstufe der staatlichen Verwaltung scheiterte das Dritte Reich auch im Versuch einer Reform der Landkreise. Erreicht wurde letztlich nur eine Anordnung über die Verwaltungsführung in den Landkreisen vom Dezember 1939, die Aufgaben und Zuständigkeiten von Landrat und Kreisleiter abgrenzen sollte, dies aber nur mangelhaft leistete. Die fortwährenden Streitigkeiten zwischen allgemeiner staatlicher Verwaltung und Hoheitsträgern der Partei gingen in den Landkreisen meist unvermindert weiter, mancherorts gewannen sie sogar an Schärfe. Eine reichseinheitliche Normierung brachte man während der NS-Ära nur auf der Ebene der Gemeinden durch die Deutsche Gemeindeordnung (DGO) zustande. Das Gesetz regelte alle die Gemeinden betreffenden Belange, vor allem aber sicherte es den Einfluss der Partei auf das Gemeindeleben durch die Einführung des Beauftragten der NSDAP, eines die Gemeinden kontrollierenden Parteiamts. Die Auswahl der Beauftragten war dem Stellvertreter des Führers übertragen, der die Gauleiter anwies, den örtlich zuständigen Kreisleiter oder Gauinspektor in diese Funktion zu berufen. In Ausnahmefällen konnte sich der Gauleiter selbst zum Beauftragten ernennen. Die Stellung der Gemeindeorgane regelte die DGO im Sinne des Führerprinzips, der Bürgermeister war Führer der Gemeinde.

Definiert wurden die Gemeinden als Gebietskörperschaften, denen grundsätzlich alle Hoheitsaufgaben des örtlichen Bereichs zur Selbstverwaltung übertragen waren; hinzu kam die Ausführung staatlicher Aufgaben. Damit blieb der für die Gemeindeverwaltung typische Dualismus von übertragenem und eigenem Wirkungskreis aber nur scheinbar erhalten, war doch nach nationalsozialistischem Verständnis auch das Recht der Gemeinden auf Selbstverwaltung von der Reichsgewalt abgeleitet. Hinsichtlich der übertragenen Aufgaben galt, dass das Gesetz die Aufsichtsrechte des Staates durch eine Generalklausel regelte, die die Überprüfung der von den Gemeinden ergriffenen Maßnahmen auf ihre Vereinbarkeit mit den Zielen der Staatsführung jederzeit zuließ. In der Praxis fanden die das Verhältnis des Reichs zu den Ländern regelnden Normen Anwendung, woraus eine Dienstaufsicht der Obersten Reichsorgane über die Kommunen entstand. Es ging daher den Gemeinden nach 1935 der Charakter von Selbstverwaltungskörperschaften weitgehend verloren, da es an jeglicher Art gemeindlicher Unabhängigkeit vom Staat fehlte; viel eher waren die Kommunalverwaltungen untergeordnete Organe der Reichsverwaltung.

Unter dem Schirm der in Österreich einrückenden deutschen Truppen rissen heimische Nationalsozialisten die Macht an sich, in Oberösterreich unter Führung von August Eigruber. Durch Hitlers Entscheidung über die (Partei-)Gaue in Österreich vom 23. Mai 1938 wurde Eigruber in seinen Funktionen als Gauleiter und Landeshauptmann bestätigt. Ab den ersten Tagen der NS-Herrschaft säuberte man die Beamtenschaft, binnen weniger Monate war deren Zusammensetzung den politischen und rassischen Vorstellungen der Nationalsozialisten angepasst. Dabei ging man bei weitem rigoroser vor als seinerzeit im Altreich. Die scharfen Säuberungen blieben nicht ohne Folgen auf den Dienstbetrieb, sodass 1939 sogar die Obersten Reichsbehörden auf deren Abschwächung drängten. Auch die nun folgende Kurskorrektur in der Personalpolitik konnte dem Mangel an qualifizierten Bediensteten nicht mehr abhelfen, sich stetig verschärfende Personalknappheit war und blieb ein Kennzeichen des öffentlichen Dienstes im Reichsgau Oberdonau.

Entschieden griffen die NS-Machthaber in Oberösterreich auch in die kommunalen Verhältnisse ein. Binnen eines Jahres wurden alle Gemeindeorgane neu berufen, mit Ausnahme von Linz und den Landkreisen Krumau und Kaplitz. Die meisten der nunmehr Ernannten blieben bis zum Zusammenbruch der NS-Gewaltherrschaft im Amt. Komplizierter lagen die Dinge in Linz. Die Bestellung des Linzer Oberbürgermeisters verzögerte sich um mehr als ein Jahr, da das RMI dem Kandidaten des Gauleiters die Zustimmung versagte. Schließlich wurde im Sommer 1940 ein Kompromisskandidat ernannt. Wie dieses Beispiel zeigt, übte das RMI sein Aufsichtsrecht mit großem Nachdruck aus, auch Eigruber, dem im Frühjahr 1940 wahrscheinlich politisch stärksten Gauleiter der Ostmark, gelang es nicht, sich in einer für ihn und seine Gauclique wesentlichen Angelegenheit gegen den Willen der Obersten Reichsbehörde durchzusetzen.

Von besonderer Bedeutung waren für die Gemeinden ferner die 1938/39 durchgeführten Gebietsveränderungen. Hinter diesen Vorhaben stand nicht zuletzt die nach dem Anschluss in Österreich etablierte wissenschaftliche Raumplanung. Dieser ging es vor allem um die Schaffung moderner, wirtschaftlich leistungsfähiger Regionen, was in erster Linie die Aufhebung der gerade in Oberösterreich noch zahlreichen Zwerggemeinden bedeutete. Die Ziele der Raumplanung wurden zweifellos erreicht, die in der Forschung seit langem thematisierte Modernisierung vorhandener Strukturen während der NS-Ära ist gerade hier gut sichtbar.

Ein weiterer charakteristischer Zug des NS-Regimes waren die stets schwelenden, immer wieder offen ausbrechenden Konflikte zwischen den verschiedenen Herrschaftsträgern, sowohl zwischen staatlicher Verwaltung und Parteiverwaltung, als auch innerhalb dieser Verwaltungsapparate. Beispiele solcher Konflikte lassen sich auch in Oberdonau in großer Anzahl nachweisen. So waren die Beziehungen zwischen Landräten und Kreisleitern ab dem Beginn der NS-Herrschaft in Oberösterreich durch den Anspruch des politischen Primats der Partei mitunter mehr als gespannt. Daran änderte auch die Säuberung der Verwaltung nichts. Wobei aber gerade auf der Ebene der Landkreise und Gemeinden häufig nicht zu unterscheiden ist, ob solche Konflikte struktureller Natur waren oder schlicht dem Naturell der handelnden Personen entsprangen. Jedenfalls konnten die Landräte in Oberdonau auf die Rückendeckung von Regierungspräsident Palten zählen, der bis in die letzten Tage des Regimes Eingriffe der Kreisleitungen in Angelegenheiten der Hoheitsverwaltung in der Mehrzahl der Fälle unterband. Möglich war dies wohl nur aufgrund einer relativen Zurückhaltung des Gauleiters. Eigruber verspürte anscheinend wenig Neigung, sich in solchen Fragen zu exponieren. Eher unbeachtet blieben in den fortwährenden Streitigkeiten zwischen Partei und Staat die Einrichtungen der Selbstverwaltung. Wohl aber entstanden bei der Errichtung des Reichsgaus Konflikte zwischen Hoheitsverwaltung und Gauselbstverwaltung; die Hoheitsverwaltung schnitt Personal- und Kompetenzwünsche der Selbstverwaltung zurück. Zu größeren Zerwürfnissen ist es aber wohl nicht gekommen. Diese Auseinandersetzungen hatten ihre Ursache im Bestreben der Hoheitsverwaltung, Umfang und Einfluss der Organe der Selbstverwaltung gering zu halten. Zwistigkeiten innerhalb der Partei trugen hingegen häufig den Charakter von Cliquenfehden, ihre Ursachen lagen meist in persönlichen Aversionen.

Wenig Beachtung fanden in der Forschung bisher die Selbstverwaltungsorgane der Reichsgaue. Diesen wurde eine Vielzahl von Aufgaben zugewiesen, darunter auch, im Sinne der Forderung Hitlers nach Stärkung der Wirtschaftskraft der Reichsgaue, die Nutzung geraubten Gutes. Die größten Beutestücke stammten aus kirchlichem Besitz, vor allem waren es Klöster. Ebenfalls durch die Gauselbstverwaltung wurden die Güter des Fürsten Schwarzenberg verwaltet, nachdem diese August Eigruber Ende 1940 durch Führerweisung persönlich zu Verwaltung und Nutzung übergeben worden waren. Eigruber ließ diese Vermögen im Sinne einer Auftragsverwaltung von der Gauselbstverwaltung führen, die aus den Vermögen herausgezogenen Werte flossen dem Reichsgau zu. Als Administrator der Schwarzenbergischen Vermögen war Eigruber somit zu einer Sonderverwaltungsbehörde erhoben. Dieses Verfahren war zwar für das Dritte Reich typisch, aufgrund von Herkunft, Art, Ausdehnung und Erträgen der zu verwaltenden Vermögen war diese Sonderverwaltung in der Hand des Gauleiters in ihrer Art allerdings wohl einmalig.

Auf einen besonderen Aspekt der NS-Gewaltherrschaft in Oberösterreich wurde nach der Befreiung sowohl von der Politik als auch von der Forschung hingewiesen: Der Reichsgau Oberdonau war aufgrund seiner geographischen Lage in der letzten Phase des Dritten Reichs zum Aufnahmegebiet von Ausgebombten aus dem Westen des Reichs, sowie vor allem von Volksdeutschen aus dem europäischen Südosten geworden. Nach dem Zusammenbruch des Dritten Reichs fanden viele von ihnen und andere Vertriebene dann im wieder erstandenen Oberösterreich eine neue Heimat.

DIE LANDKREISE KRUMAU UND KAPLITZ BEI OBERDONAU

Gerwin Strobl

Das an Oberösterreich angrenzende Böhmerwaldgebiet erlebte in der ersten Hälfte des zwanzigsten Jahrhunderts mehrmalige abrupte Wechsel der Staatsgewalt. Als Teil des Kronlandes Böhmen gehörte es bis Ende des Ersten Weltkrieges zur cisleithanischen Reichshälfte. Bei Kriegsende wurde es unter Berufung auf das von Präsident Wilson proklamierte Selbstbestimmungsrecht der Völker Österreich-Ungarns von der Republik Deutsch-Österreich beansprucht. Die gewählten politischen Vertreter der Deutsch-Böhmen nahmen im Winter 1918/19 daher auch an der parlamentarischen Arbeit in Wien und an der deutsch-österreichischen Friedensdelegation in Paris teil. Auf Landesebene unterstand die Böhmerwaldregion kurzfristig dem Land Oberösterreich, bis sie Anfang Dezember 1918 widerstandslos von tschechischen Streitkräften besetzt wurde. In St. Germain wurde das fast ausschließlich deutschsprachige Gebiet dann ohne plebiszitäre Anhörung der Bevölkerung der Tschechoslowakischen Republik zugesprochen.
Nach 1933, und insbesondere nach der Auslöschung Österreichs im März 1938 geriet die südböhmische Grenzregion ins Visier nationalsozialistischer Expansionsbestrebungen. Im Zuge des Münchner Abkommens wurde sie dann zusammen mit den anderen deutschsprachigen Randzonen der ČSR an das Deutsche Reich abgetreten. Diesem Anschluss folgte eine vierfache administrative Teilung: Der schmale nordwestliche Gebietsstreifen wurde zur bayerischen Oberpfalz bzw. zu Niederbayern geschlagen, ein kleiner Winkel im äußersten Südosten ging anfänglich an Niederdonau. Nur rund die Hälfte des im Winter 1918 oberösterreichisch gewesenen Böhmerwaldgebietes kam somit 1938 zum Reichsgau Oberdonau.[1] Mit der Abschaffung der noch aus der Monarchie stammenden Bezirke gingen dann die letzten vertrauten Verwaltungsstrukturen verloren. Ab Jänner 1939 sprach man von den „Landkreisen Krummau und Kaplitz".[2] Nach dem Zusammenbruch des NS-Regimes fiel das gesamte Gebiet erneut an

---

[1] In der NS-Zeit wurde die etymologisierende Schreibung „Krummau" favorisiert. Im Folgenden wird jedoch außer in Zitaten die traditionelle (alt-)österreichische Schreibung „Krumau" verwendet.
[2] Mit Ausnahme der Ortschaft Reiterschlag, die an den Bezirk Rohrbach fiel. Zum Gratzener Gebiet: siehe unten

die Tschechoslowakei: Auf die nationalsozialistische Unrechtsherrschaft folgte die Vertreibung der deutschsprachigen Bevölkerung. Diese Kette von Ereignissen – 1918-1919, 1938-1939, 1945-1948 – hinterließ bei beiden Volksgruppen nachhaltige Traumata. Dies ist für die Historie im doppelten Sinne relevant: Einerseits prägte die erlebte Instabilität das Denken und Handeln im Untersuchungszeitraum; andererseits beeinflusste die Traumatisierung auch die historische Aufarbeitung. Die Literatur zur neueren Geschichte Böhmens war denn auch nicht immer frei von Einseitigkeiten und Verzerrungen bis hin zu unverhohlener Parteilichkeit. Charakteristisch war dafür oftmals bei beiden Volksgruppen bis in die jüngste Vergangenheit die ausschließliche Identifikation der jeweils eigenen Ethnie mit der Opferrolle und die systematische Verharmlosung des historischen Unrechts, das der jeweils anderen Volksgruppe zugefügt wurde. Es standen und stehen sich zwei Sichtweisen gegenüber, die sich beide auf Fakten stützen, wenn auch auf jeweils selektiv gewählte: Die eine Blickrichtung sieht ein Kontinuum versuchter Germanisierung von der Schlacht am Weißen Berg über Joseph II. und Schönerers Alldeutsche bis zu Henlein und Hitler. Die andere zeichnet ein Bild anhaltender slawischer Verdrängungsgelüste von den Hussiten bis Beneš. So überzeichnet beide Versionen auch sein mögen, sie spiegeln doch die jeweils subjektiv erlebte Geschichte weiter Kreise in beiden Volksgruppen wieder.[3]

In beiden Geschichtsbildern kommt der NS-Zeit eine Schlüsselrolle zu. Die Bewertung der Haltung der deutschsprachigen Bevölkerung Böhmens zum Dritten Reich hängt dabei allerdings vom jeweils gewählten Zusammenhang ab. Für die tschechische Geschichtsauffassung ergibt sich eine als erdrückend empfundene Indizienlast der Illoyalität gegenüber der ČSR vor und während der Sudetenkrise und der Unterstützung des NS-Regimes danach, was die Vertreibung nach dem Krieg sozusagen gerechtfertigt habe. Nahezu spiegelbildlich weist die sudetendeutsche Gegenversion auf tschechische Illoyalität gegenüber Österreich-Ungarn im Ersten Weltkrieg und auf die systematische Benachteiligung der deutschsprachigen Bevölkerung nach 1918 hin, was dann wiederum den Abfall vom tschechoslowakischen Staat im Jahre 1938 gerechtfertigt habe. Die Erkenntnis, dass gerade die von den Konfliktparteien jeweils ausgeblendeten Aspekte der Vergangenheit für ein schlüssiges Geschichtsbild entscheidend sind, beginnt sich

---

[3] Man kann hier durchaus von einer doppelten Abwehrpsychose sprechen, wie sie für Grenzgebiete auch außerhalb Mitteleuropas nicht untypisch ist. Vgl. etwa Nordirland, wo die einander widersprechenden Geschichtsversionen der beiden Konfliktgruppen im politischen Diskurs als „the two traditions" bezeichnet werden.

erst in den letzten Jahren verstärkt durchzusetzen. Deutschsprachige Historiker haben im Zuge der Aufarbeitung des nationalsozialistischen Terrorregimes das den Tschechen zugefügte Unrecht detailliert geschildert und es als Vorgeschichte der Vertreibung dargestellt. Couragierte tschechische Historiker haben in jüngster Zeit an jene Mythen der eigenen Gesichtsschreibung gerührt, denen die Politik des Landes teilweise weiterhin anhängt.[4] Historiker aus Drittländern haben zudem auf die Realität ethnischer Diskriminierung in der Tschechoslowakischen Republik vor 1938 hingewiesen, und darauf, dass diese institutionalisierte Benachteiligung dazu beigetragen habe, dem Nationalsozialismus in den Sudetengebieten den Boden zu bereiten.[5]

Es würde den Rahmen dieses Artikels übersteigen, die Forschungserkenntnisse detailliert nachzuzeichnen, oder für das Untersuchungsgebiet Krumau-Kaplitz im Einzelnen herauszuarbeiten. Stattdessen sei auf einen weiteren Gedankengang verwiesen. Neben der territorial definierten Landesgeschichte tschechischer Historiker, und der vorwiegend ethnischen (und somit pikanterweise immer noch großdeutschen) Konzeption bundesrepublikanischer Historiker gibt es nämlich einen dritten Ansatz: Dieser stützt sich auf identitätsgeschichtliche Komponenten und betont sowohl regionale Eigenheiten wie grenzüberspannende Zusammenhänge. Unter diesem Blickwinkel hat das Böhmerwaldgebiet nicht nur Anteil an der tschechischen und deutschen Geschichte, sondern auch nach 1918 an der österreichischen.[6] Dies ist im Falle von Krumau und Kaplitz in mehrfacher Weise augenfällig.

So kam es zwischen 1918 und 1938 zu einer ausgeprägten Migration von Südböhmen nach Oberösterreich, der auch politische Bedeutung beizumessen ist. Der Zuwandererstrom umfasste nicht zuletzt jene Böhmerwäldler, die sich mit der tschechoslowakischen Staatsgewalt am wenigsten abfinden wollten. Bezeichnenderweise verstärkte sich diese Migrationsbewegung Mitte der Dreißigerjahre, nunmehr unter unverkennbar nationalsozia-

---

[4] Siehe besonders das umfangreiche Werk von Tomáš Staněk, Verfolgung 1945. Die Stellung der Deutschen in Böhmen, Mähren und Schlesien (außerhalb der Lager und Gefängnisse) (Buchreihe des Institutes für den Donauraum und Mitteleuropa 8, Wien 2002)

[5] Vgl. speziell in Bezug auf Südböhmen: Jeremy King, Budweisers into Czechs and Germans: a History of Local Politics, 1848-1948 (Princeton, 2002); allgemein vgl. Daniel Miller, Colonizing the Hungarian and German Border Areas during the Czechoslovak Land Reform, 1918-1938. In: Austrian History Yearbook 34 (2003) 303-318

[6] Vgl. auch Arnold Suppans Begriff einer „deutsch-österreichisch-tschechischen Konfliktgemeinschaft" in Arnold Suppan, Zur sozialen und wirtschaftlichen Lage im Protektorat Böhmen und Mähren. In: Nationale Frage und Vertreibung in der Tschechoslowakei und Ungarn 1938-1948. Hg. v. Richard Plaschka u.a. (Wien 1997) 9-32

listischen Vorzeichen. Die Migranten aus der ČSR machten einen überdurchschnittlich hohen Prozentsatz der NSDAP-Eintritte in Oberösterreich aus. In Linz, wo ein Fünftel der Bevölkerung sudetendeutsche Zuwanderer waren, ergaben sich, auf die jeweilige Herkunft hochgerechnet, fast doppelt so viele Parteieintritte bei den Migranten als bei den ob der Enns Geborenen.[7] So überrascht es auch nicht, dass Oberösterreich zu den Aufmarschgebieten gehörte, von denen aus die Destabilisierung der ČSR forciert wurde. Hier greifen oberösterreichische und böhmische Landesgeschichte erkennbar ineinander.

Ähnliches gilt für die Zeit nach dem deutschen Einmarsch, als die südböhmische Region dem Reichsgau Oberdonau formell angegliedert wurde. Darüber hinaus sind private und kollektive Affinitäten zu beachten: Das Böhmerwaldgebiet war in allen identitätsbildenden Faktoren – den Formen wirtschaftlicher Aktivität, etwa der Dominanz der Land- und Forstwirtschaft und deren konkreten Ausprägungen, in der Siedlungsform und Architektur, der Sprache und Mentalität, der Religion, der Sitten und Gebräuche – aufs Engste mit Oberösterreich verbunden oder zumindest dessen nördlichem Landesteil vergleichbar. So überrascht es auch nicht, dass die Böhmerwäldler das Dritte Reich auf ähnliche Weise erlebten: nämlich als großdeutsche Extase einerseits, aber bei aller individueller Verstrickung und Mitschuld an den nationalsozialistischen Verbrechen auch als Ohnmacht des Randgebietes gegenüber den neuen Zentren der Macht. Beide Komponenten verbinden das österreichische Erleben des Nationalsozialismus mit dem Südböhmens, und beide unterscheiden sich darin vom NS-Alltag innerhalb Deutschlands. So gesehen vervollständigen Untersuchungen zu den sudetendeutschen Gebieten nicht nur die Analysen des Dritten Reichs, sie differenzieren vielmehr auch das Bild. Somit könnten sie auch dazu beitragen, jene unreflektierten Kollektivvorstellungen zu überwinden, die das Verhältnis beiderseits der Sprachgrenze so nachhaltig belastet haben.

Das Jahr 1938 wurde zum Schicksalsjahr beiderseits der Wasserscheide im Böhmerwald. Durch die Auslöschung Österreichs veränderte sich schlagartig auch die Lage in Südböhmen. Die Region hatte zusammen mit den übrigen sudetendeutschen Gebieten schon seit längerem zu den Expan-

---

[7] Vgl. dazu den grundlegenden Aufsatz von Michael John, Südböhmen, Oberösterreich und das Dritte Reich: Der Raum Krum(m)au-Kaplitz/Český Krumlov-Kaplice als Beispiel von internem Kolonialismus. In: Kontakte und Konflikte. Böhmen, Mähren und Österreich. Aspekte eines Jahrtausends gemeinsamer Geschichte. Hg. v. Thomas Winkelbauer (Waidhofen an der Thaya 1993) insbesonders 451 f.

sionszielen des NS-Regimes gehört. Erst nach dem Anschluss aber war das Dritte Reich politisch und strategisch in der Lage, die nächste Annexionsrunde ernsthaft voranzutreiben. Dies war für alle Beteiligten gleichermaßen ersichtlich.

Die tschechoslowakischen Behörden waren zunächst zum Widerstand entschlossen. Sie verlegten militärische Einheiten ins Grenzgebiet und begannen dessen Befestigung. Dass dies auch als Demonstration der Stärke gegenüber der sudetendeutschen Bevölkerung gedacht war, liegt auf der Hand. Die NS-Propaganda sprach denn auch vom „Tschechenterror".[8] Die Lage war in mehrfacher Hinsicht den Versuchen der österreichischen Behörden in den Jahren 1933/34 nicht unähnlich, eine nationalsozialistische Machtergreifung zu verhindern. Von staatlichem Terror konnte dabei weder hier noch dort gesprochen werden, mochten sich auch Nationalsozialisten in beiden Fällen behördlich bedrängt gefühlt haben. Alleine schon die Tatsache, dass die deutschsprachige Bevölkerung in der ČSR nicht daran gehindert wurde, in sukzessiven Wahlen mit stets wachsender Mehrheit die Sudetendeutsche Partei (SdP) zu wählen, widerlegt beredt die Propagandalügen der Nationalsozialisten.

Dennoch gab es Unterschiede zwischen Österreich und den Sudetengebieten. Die Regierung in Wien galt bis zum Anschluss zumindest bei einem Teil der österreichischen Bevölkerung als historisch und moralisch legitimiert. Dies traf in viel geringerem Maße auf das Verhältnis der Sudetendeutschen zur Regierung in Prag zu. Daraus sollte jedoch nicht automatisch auf nationalsozialistische Gesinnung geschlossen werden. Vielmehr rächten sich hier die Umstände der tschechoslowakischen Staatsgründung und die Minderheitenpolitik der ČSR.

Man musste nicht anti-tschechisch gesonnen sein, um festzustellen, dass in der Tschechoslowakei mit zweierlei Maß gemessen wurde. Der hohe ethische Anspruch der Staatsgründer wurde durch die Selbstdefinition der ČSR als Nationalstaat von Anfang an konterkariert. Es war eben keineswegs moralisch begründbar, warum das Selbstbestimmungsrecht nach 1918 für die Tschechen, nicht aber für die Slowaken, Ukrainer, Polen, Ungarn, oder eben die Deutschen Geltung haben sollte. Die Beliebigkeit der einander widersprechenden Argumente, mit denen die diversen Gebietsansprüche der ČSR in St. Germain und Trianon vertreten worden waren (Selbstbestimmungsrecht, „historische Grenzen", oder Missachtung beider

---

[8] Vgl. die nach der Angliederung an das Reich verfassten Eintragungen in SOA Krumau, Chvalšiny, Kronika, č.kr. 1a, Bd. F3: Prothocoll-Buch der Gemeinde Kalsching

Prinzipien im Falle der beanspruchten niederösterreichischen und burgenländischen Landesteile), hatte den Eindruck entstehen lassen, dass in Prag blanker Zynismus herrsche. Dieser Eindruck wurde durch die Verfassung der Tschechoslowakei und die Regierungspraxis nach 1919 kaum gemildert. Es war nicht ohne weiteres begreiflich, warum der neu geschaffene Vielvölkerstaat nicht dem erprobten Schweizer Vorbild nachempfunden wurde. Schließlich hatte Beneš in St. Germain die Eidgenossenschaft der Entente gegenüber selbst ins Gespräch gebracht. In der Schweiz freilich waren alle Volksgruppen ausdrücklich vor dem Gesetz gleichgestellt. Die französischsprachige Schweiz – prozentuell in etwa vergleichbar mit den Deutschen in der ČSR – hätte sich wohl schwerlich mit weniger Rechten begnügt als sie die Deutschschweizer besaßen. Die Tschechoslowakische Republik hingegen hatte die Ungleichheit der Staatsbürger zum Verfassungsprinzip erhoben: Eine Volksgruppe wurde zum privilegierten Staatsvolk erklärt und die anderen zu Minderheiten. Eine mit ethnischer Parteilichkeit durchgeführte Bodenreform, die in der Literatur mittlerweile als „interner Kolonialismus" gewertet wird, die Bevorzugung tschechischer Bewerber im Staatsdienst oder bei Staatsaufträgen, sowie die Verschiebung von Gemeindegrenzen in gemischtsprachigen Gebieten, um so den gesetzlichen Minderheitenschutz aushöhlen zu können, gehörten zum politischen Alltag in der ČSR. Wiederholte Ausschreitungen, bei denen oftmals anti-deutsche und antisemitische Parolen miteinander verquickt wurden, sowie gewaltsame Übergriffe gegen kulturelle Institutionen (etwa die Verwüstung des Deutschen Hauses in Budweis oder deutschsprachiger Kinos in Prag) und die Schändung und systematische Zerstörung von Denkmälern, die für die deutschen Bewohnern von emotionalem Wert waren (besonders die Statuen Kaiser Josephs), rundeten das Bild ab.[9] Auch wohlwollende Beobachter, wie die britischen Gesandten in der ČSR, konstatierten eine extrem kurzsichtige Politik, die eine Aussöhnung aller Nationalitäten der Republik erschwere und auf den jungen Staat destabilisierend wirke.[10]

Das in der Literatur immer wieder vorgebrachte Argument, die ČSR sei in der Zwischenkriegszeit die einzig funktionierende Demokratie östlich des

---

[9] Miller, Colonizing (wie Anm. 5) 29 f.; Nancy M. Wingfield, When Films Became National: ‚Talkies' and the Anti-German Demonstrations of 1930 in Prague. In: Austrian History Yearbook 29 (1999) 113-138; dies., Conflicting Constructions of Memory: Attacks on Statues of Joseph II in the Bohemian Lands after the Great War. In: Austrian History Yearbook 28 (1997) 147-171

[10] Jody Manning, A Misbegotten State: British Diplomatic Reports from Czechoslovakia 1918-1938 (Diss. Univ. Cardiff 2002)

Rheins gewesen, ist daher problematisch. Gerade in Staaten mit ethnischen, kulturellen oder religiösen Minderheiten kann ein strikt auf das Majoritätsprinzip beschränktes Demokratieverständnis zur offenen Diskriminierung der Minderheiten ausarten. Man denke nur an das ebenfalls in der Zwischenkriegszeit entstandene Nordirlandproblem, bei dem ein untadelig demokratisches System in der Praxis zur dauernden Ausgrenzung der katholischen Minderheit führte, was dann wiederum einen starken (nationalirischen) Irredentismus zur Folge hatte. Die ČSR war nordirischen Verhältnissen deutlich ähnlicher als etwa dem ebenfalls 1918 entstandenen Finnland, wo die schwedische Minderheit durch Autonomie, strikte ethnische Gleichstellung und Taktgefühl der Majorität für den finnischen Staat gewonnen werden konnte.[11]

Zusätzliche Sprengkraft erhielt die Lage in der ČSR durch die unterschiedliche wirtschaftliche Entwicklung der Volksgruppen. Auch in dieser Hinsicht erinnerten die Verhältnisse in der Tschechoslowakei eher an Nordirland als an Finnland oder die Schweiz. Man kann angesichts der Statistiken aus den Dreißigerjahren durchaus von einer Verelendung der deutschsprachigen Gebiete der ČSR sprechen: Die Arbeitslosenrate der Deutschen war 1936 viermal so hoch wie die der Tschechen (und damit noch immer doppelt so hoch als die bereits erdrückende Arbeitslosigkeit in Österreich).[12]

Vor diesem Hintergrund ist zumindest Vorsicht geboten, wenn man aus einem sudetendeutschen Votum gegen die Tschechoslowakei eins-zu-eins auf nationalsozialistische Gesinnung schließen will. Dass eine solche Gesinnung verbreitet war, ist unstrittig. Die verschiedenen Wahlen, die der SdP zuletzt fast zwei Drittel der deutschen Stimmen (und örtlich mitunter Stimmenanteile von bis zu 90 %) bescherten, geben aber wohl nur bedingt Auskunft über das wirkliche Ausmaß des NS-Einflusses auf die sudetendeutsche Bevölkerung. Schließlich erreichte – zum Vergleich – die NSDAP bei freien Wahlen weder in Deutschland noch in Österreich jemals eine absolute Mehrheit.[13]

Es dürfte daher von Belang sein, dass die SdP trotz erkennbarer Kontakte zum NS-Regime keineswegs als offen nationalsozialistische Partei auftrat. Vielmehr gerierte sie sich als Protestbewegung der Deutschsprachigen in

---

[11] Die aufgrund der Wahlarithmetik 1926 erfolgte Regierungsbeteiligung der (deutschen) Christlichsozialen änderte wenig an der politischen Praxis.
[12] Vgl. Suppan, Protektorat Böhmen und Mähren (wie Anm. 6) 30
[13] Selbst bei der bereits manipulierten Reichstagswahl vom März 1933 war die NSDAP deutlich unter 50 % geblieben.

der Tschechoslowakei, die eine Autonomielösung innerhalb des ČSR-Staatsverbandes anstrebte. Inwieweit dies bloß Taktik oder zumindest bei einzelnen Exponenten der SdP ehrliche Absicht war, ist zwischen den Konfliktparteien bis heute strittig. Unbestreitbar ist hingegen, dass die tschechoslowakische Regierung über fast zwei Jahrzehnte jede substanzielle Reform beharrlich verweigert hatte. Da dies auch immer wieder gegenüber den Slowaken (und zeitweilig den Ukrainern) zu Tage trat, war wohl mehr als nur Angst vor nationalsozialistischen Umtrieben im Spiel. Verbunden mit den an sich legitimen Abwehrmaßnahmen der tschechischen Behörden (Verbote, Verhaftungen, Hausdurchsuchungen, massive Truppenpräsenz und zuletzt das Standrecht) konnte diese Verweigerungshaltung nur polarisierend wirken. Unter solchen Bedingungen entsteht leicht das, was Psychologen „peer pressure" nennen: also ein Bekenntniszwang des Einzelnen zur Gruppe, und in diesem Fall zur Sudetendeutschen Partei. In einer überwiegend ländlichen Gegend wie dem Böhmerwaldgebiet, wo jeder jeden kannte, war diese Dynamik besonders ausgeprägt. Das 1938 erfolgreich nach außen projizierte Bild einer in sich geschlossenen ethnischen Gemeinschaft sollte daher nicht unkritisch übernommen werden.

Bei genauem Besehen der Berichte aus dem Sommer 1938 ergeben sich durchaus Anhaltspunkte für eine differenziertere Sichtweise. Als Beispiel sei hier die SdP-Massendemonstration am 1. Mai in der Marktgemeinde Kalsching (im Bezirk Krumau) herausgegriffen. Auf den ersten Blick suggeriert diese gut besuchte Maifeier eine weitgehend geschlossene nationalsozialistische Haltung der örtlichen Bevölkerung. Dieser Eindruck wird noch dadurch verstärkt, dass die Kundgebung ein rechtliches Nachspiel hatte: Im Kreisgericht zu Budweis wurde nämlich eine Gruppe sechzehn- bis achtzehnjähriger Mädchen verurteilt, die während der Feier NS-Parolen skandiert hatte. Doch das vermeintlich eindeutige Bild trügt. Denn zum einen erwähnt die nach der deutschen Machtübernahme verfasste Kalschinger Gemeindechronik die Anwesendheit von „gegen 4000 deutsche[n] Männer[n] und Frauen" bei der Feier.[14] Zum anderen spricht die Chronik, die sonst gerne den tschechischen Behörden jede Schlechtigkeit unterstellt, keineswegs von willkürlichen Verhaftungen, sondern von „hochnotpeinlichen Untersuchungen". Das aber wiederum kann nur bedeuten, dass es innerhalb der Versammlung verschiedene Grade „nationaler" Gesinnung gegeben haben muss. Die meisten Teilnehmer hatten offenbar nicht „Ein Reich, ein Volk, ein Führer" skandiert. Nun ist eine Menge von

---

[14] SOA Krumau, Chvalšiny, Kronika, č.kr. 1a, Bd. F3: Prothocoll-Buch der Gemeinde Kalsching

mehreren tausend Demonstranten aber groß genug, um der Verhaftung zu entgehen, wenn sie geschlossen agiert. Genau das aber war offenbar in Kalsching selbst wenige Wochen vor dem deutschen Einmarsch nicht der Fall.[15]

Ähnlich wie schon zuvor in Österreich wird man sich daher auch im Böhmerwaldgebiet die Nazifizierung als einen Prozess vorstellen müssen, der verschiedene Bevölkerungsteile in unterschiedlichem Grad und mit unterschiedlicher Geschwindigkeit erfasste. Hier wie dort entglitt dabei den Behörden nach und nach die Kontrolle. Dies wirkte wiederum auf bereits aktive Nationalsozialisten beflügelnd und führte diesen neue Anhänger zu.

Sowohl in Österreich als auch im Böhmerwaldgebiet kippte die Stimmung bereits vor dem deutschen Einmarsch, und zwar jeweils genau in dem Moment, in dem die Machtübernahme durch die Nationalsozialisten als unmittelbar bevorstehend erkannt wurde. Im Falle des erwähnten Kalsching vermerkt die Gemeindechronik für den 11. September 1938 das erstmalige öffentliche Singen des Horst Wessel-Liedes, und zwar nicht zufällig nach der Hörfunkübertragung einer Rede vom Nürnberger Parteitag, der ganz im Zeichen der Sudetenkrise stand.[16] Zwei Tage später – also nach der entscheidenden Hitlerrede vom 12. September – wurden an vielen Kalschinger Häusern Hakenkreuzfahnen angebracht.[17] Ähnliches geschah am selben Tag in anderen Orten: In Kaplitz etwa wurde eine NS-Fahne auf dem Kirchturm entrollt; in Krumau sowohl am Kirchturm als auch am Gebäude des Gymnasiums.[18] Acht Tage später wurde in Friedberg eine Hakenkreuzfahne bereits auf dem Rathaus selbst gehisst, bezeichnenderweise mit Billigung des örtlichen Gendarmeriekommandanten, der resignierend bemerkte, der Anschluss sei nun einmal nicht aufzuhalten.[19] Am 1. Oktober schließlich veranstaltete die örtliche SdP-Leitung in Krumau eine Art Unabhängigkeitszeremonie. Die Stadt, so wurde verlautbart, sei „nicht mehr

---

[15] Vgl. auch das Gedenkbuch der Gemeinde Rosenberg, das ebenfalls NS-Parolen bei der Maifeier und den Anblick „zum ersten Mal" von Hakenkreuzfahnen erwähnt, allerdings mit folgender bedeutsamen Einschränkung: „und zwar auf den Häusern, in welchen Reichsdeutsche (Ostmärker) wohnten", vgl. SOA Krumau, 0-81 Rožemberk na Vlt., i. č 23, č.kr. 1: Gedenkbuch der Gemeinde Rosenberg 154 f.
[16] Siehe SOA Krumau, Chvalšiny, Kronika, č.kr. 2a, Bd. F3: Prothocoll-Buch der Gemeinde Kalsching
[17] Ebd.
[18] Siehe SOA Krumau, 0-83 Kaplice, Kronika, i.č. 32 1932-1939: Gedenkbuch Kaplitz 212; Franz Wischin, Die Geschichte des Krumauer Gymnasiums (o.O., o.J.) 23
[19] Fanni Greipl, Böhmerwaldheimat. Erinnerungen an Friedberg an der Moldau (Beilngries 1990) 106

Bestandteil der ČSR".[20] In Krumau kam es auch kurzfristig zu einer militärischen Konfrontation mit tschechischen Sicherheitskräften, die anfänglich versuchten, die Stadt zurückzuerobern. Die Wehrmacht rückte wohlgemerkt erst Tage später in Krumau ein. Der Führer selbst pries später die Tatkraft der „wehrhaften" Stadt Krumau.[21]
Es spielte sich 1938 also im Grunde Ähnliches ab wie im Oktober 1918 in der alten Monarchie: ein Abbröckeln der Staatsgewalt, verursacht durch mangelnde Legitimation im Inneren und den für jedermann erkennbaren Willen der europäischen Mächte, den bestehenden Staatsverband zu zerstören.
Ob man sich dabei der Argumentation tschechischer Historiker anschließen will, wonach die Sudetendeutschen 1938 eben die Maske hätten fallen lassen, hinter der dann ein tief braunes Antlitz hervorgetreten sei, oder ob man im Sinne der Gegenversion hier eine vornehmlich nationale Befreiung sehen will, die nach Lage der Dinge nur unter nationalsozialistischen Vorzeichen vonstatten habe gehen können, ist letztlich fast Geschmackssache. Im Einzelnen lässt sich weder die eine noch die andere Sichtweise schlüssig beweisen. Genauso, wie es nach 1945 für die Beteiligten von Vorteil war, die eigene NS-Vergangenheit herunterzuspielen, war es 1938 von Vorteil, sich als nationalsozialistischer Sympathisant zu gerieren. Regimetreuen Äußerungen Sudetendeutscher während der NS-Zeit ist daher im Grunde genauso mit Vorsicht zu begegnen wie den Reinwaschungsversuchen danach. Ohne genauere Kenntnis des jeweiligen Lebenslaufs bleibt jedes Urteil letztlich Spekulation.
Auch die Bewertung des Verhaltens in den letzten Monaten vor dem Münchner Abkommen ist nicht einfach, denn es herrschte bereits vor dem Einmarsch eine Art Zwangslage. Immerhin hatten die Ereignisse in Österreich im Frühjahr deutlich vor Augen geführt, dass offene Opposition zum Nationalsozialismus – oder auch nur auffälliges Abseitsstehen – sich nach einem etwaigen Anschluss auf fatale Weise rächen konnte.
Für die Sudetendeutschen stand daher im Sommer 1938 Besitz und Heimat auf dem Spiel. Wer sich gegen Deutschland erklärte, musste im Falle einer erfolgreichen deutschen Expansion zu einem Leben im Exil bereit sein. Und spätestens seit der stillschweigenden Opferung Österreichs durch die

---

[20] Josef Weikert, Schicksalhafte Grenze. [Übersetzung des Artikels von Pavel Mörtl, Odudová Hranice]. In: Hoam 56. Jg. Folge 1 (Jänner 2003) 12-14
[21] Weikert, Schicksalhafte Grenze (wie Anm. 20) 12 f.

europäischen Mächte erschien eine deutsche Übernahme der Sudetengebiete wahrscheinlich. Zudem setzten die nationalsozialistischen Aktivisten in Südböhmen bereits im Sommer 1938 immer offener auf Einschüchterung ihrer möglichen Gegner. Nach der Hitler-Rede vom 12. September, deren Auswirkungen auf Kalsching und andere Dörfer bereits erwähnt wurde, kam es in Krumau zu regelrechten Massenausschreitungen: Die Scheiben jüdischer, tschechischer und politisch missliebiger Geschäfte gingen systematisch zu Bruch. Die Zerstörungswut war so schockierend, dass sie sogar in der internationalen Presse Beachtung fand.[22]

Solche Ausschreitungen bedrohten jüdische Bürger und Teile der tschechischen Bevölkerung unmittelbar.[23] Aber sie setzten auch die deutschsprachigen Bewohner des Böhmerwaldes unter Druck: Diese waren letztlich gezwungen, Farbe zu bekennen. Das traf sogar auf die Kinder zu. So erinnert sich ein Zeitzeuge aus Oberplan, dass er im Sommer 1938 als Bub erstmalig von Gleichaltrigen „geschnitten" wurde, nachdem er wie in den vergangenen Jahren mit den befreundeten Kindern einer im Ort ansässigen jüdischen Kaufmannsfamilie baden gegangen war.[24] Der Bub beobachtete in weiterer Folge zwei konkrete Fälle antisemitischer Ausschreitungen in Oberplan, nota bene vor dem deutschen Einmarsch; er war aber zu jung, um deren Tragweite völlig zu begreifen. Die ihm selbst widerfahrene Anfeindung hatte freilich einen nachhaltigen Eindruck hinterlassen.

Die historische Problematik tritt hier klar zu Tage: Das Verhalten des Einzelnen leitete sich im Sommer und Herbst 1938 zumindest teilweise vom jeweils beobachteten Verhalten anderer her. Beim „Umbruch", wie das die Nationalsozialisten durchaus anschaulich nannten, entstand eine unverkennbare Gruppendynamik. Die individuelle Motivation bleibt dabei oft genug historisch unerschließbar.

So mochte es neben tatsächlicher NS-Gesinnung vielfach eine Mischung aus großdeutscher Begeisterung und simplem Opportunismus, aus Angst aufzufallen und einer Art Herdentrieb gewesen sein, die die Nazifizierung der Bevölkerung des Böhmerwaldes förderte. Nicht zufällig hegte die NSDAP selbst erheblichen Vorbehalt gegenüber allzu plötzlich Bekehr-

---

[22] Michael John, Aspekte der Enteignung, Vertreibung und Deportation der jüdischen Bevölkerung aus Oberösterreich und Südböhmen. In: Nationale Frage (siehe Anm. 6) 49
[23] Tschechen, die bereits vor 1918 im Böhmerwaldgebiet gewohnt hatten, wurden von der deutschsprachigen Bevölkerung in der Regel respektiert. Den Neuansiedlern hingegen schlug Ablehnung und nicht selten Hass entgegen. Diese Bevölkerungsgruppe entschloss sich 1938 auch fast restlos zur Flucht.
[24] Mitteilung von Dr. Otto Spitzenberger

ten.²⁵ Immun vor solcher Bekehrung waren neben rassisch Ausgegrenzten letztlich nur diejenigen, die als erklärte Gegner des Nationalsozialismus innerhalb des NS-Machtbereichs in akuter Gefahr gewesen wären. Das betraf im Österreich des Jahres 1938 zumeist deklarierte Anhänger des Ständestaates; in Böhmen aber vor allem Sozialdemokraten, von denen sich denn auch einige hundert im Sommer 1938 freiwillig zu den tschechoslowakischen Waffen meldeten.²⁶ Für diese Sudetendeutschen war die Tschechoslowakei zur einzig verbleibenden Hoffnung geworden. Echte Sympathie für die ČSR kann, muss aber dabei nicht vorgelegen sein. Umgekehrt beruhte wohl auch eine Entscheidung gegen die ČSR nicht immer auf wirklicher Parteinahme für den Nationalsozialismus.

Es sei hier an Karl Renner erinnert, dessen großdeutsche Begeisterung im Jahr 1938 seine Abneigung gegen den Nationalsozialismus zeitweilig überdeckte. Renners eigener Geburtsort war in St. Germain zur Tschechoslowakei geschlagen worden. Nicht zuletzt deshalb – und auf Grund persönlicher Erinnerungen an die in St. Germain herrschende Atmosphäre – unterstützte Renner im Sommer 1938 ausdrücklich die Versuche des NS-Regimes die sudetendeutschen Gebiete an Deutschland anzuschließen.²⁷ Die gefühlsmäßigen Verwerfungen der deutschsprachigen Bevölkerung in den Nachfolgestaaten der Monarchie waren ein realer Faktor im Jahr 1938, der sich nicht so einfach auf „pro oder contra Hitler" reduzieren lässt. Für viele – gleich welcher politischer Couleur – war 1918 das österreichische Vaterland verloren gegangen. Auch Gegner des Nationalsozialismus wie Renner erlagen der Versuchung, sich ein Ersatzvaterland schaffen zu wollen. Dass dabei im Zuge der Grenzrevision die Tschechen auf dem diplomatischen Parkett und in den Sudetengebieten demütigende Machtlosigkeit erfuhren, wurde oftmals mit unverhohlener Genugtuung vermerkt. Auch hier war der Bezug auf die Ereignisse von 1918/19 unverkennbar. Nicht umsonst erwähnte die nationalsozialistische Propaganda immer wieder den „Umsturz"; nicht zufällig erinnerte Renner an die Widersprüche der tschechischen Argumentation auf der Pariser Friedenskonferenz. So wie später die Ereignisse von 1945 zum Teil aus denen von 1938 erwuchsen, so war das Jahr 1938 seinerseits zumindest teilweise die Revanche für die in St.

---

²⁵ Selbst die Mitgliedschaft in der SdP wurde nicht vollständig in die NSDAP übernommen, siehe Jiří Záloha, Der Bezirk Česky Krumlov am Ende des Jahres 1938. In: Kontakte und Konflikte (wie Anm. 7) 444
²⁶ Weikert, Schicksalhafte Grenze (wie Anm. 20) 11-13
²⁷ Siehe Robert Knight, The Renner State Government and Austrian Sovereignty. In: Austria 1945-1995. Fifty Years of the Second Republic. Hg. v. Kurt Luther – Peter Pulzer (Aldershot 1998) 29-46

Germain erlebte Entrechtung, für die Todesschüsse auf demonstrierende Sudetendeutsche im März 1919 in den Städten Nordböhmens und für die ethnische Diskriminierung danach.

„Wie ganz eigenartig ist es", vermerkte etwa der Gemeindechronist von Oberplan, „im Kampfe für eine gerechte Sache zu stehen!"[28] Dieser Bemerkung kommt insofern besondere Bedeutung zu, als sie keine bloße Phrase war, sondern durchaus nachdenklich im Rückblick erfolgte. Am 1. Mai 1939 registrierte der Dorfchronist nämlich eine wesentlich verhaltenere Stimmung als bei der Maifeier im Vorjahr. Damals sei man eben „angesichts der tschechischen Bajonette kampfdurchglüht" gewesen. Auch die Erwähnung der Bajonette war keine leere Phrase: Tschechoslowakisches Militär hatte demonstrativ im Ort selbst Stellung bezogen.

Die Bevölkerung verhielt sich angesichts der zu ihrer Einschüchterung entsandten Streitkräfte 1938 anders als 1918. Die Argumentation, dass es ohne Hitler nicht zu solchen Szenen gekommen wäre, stimmt wohl. Es stellt sich im Gegenzug allerdings auch die Frage, ob es ohne die konkreten Erfahrungen der Sudetendeutschen in der ČSR zu einer solchen Begeisterung für Hitler gekommen wäre. Die Parolen stimmen da teilweise schon nachdenklich: „Nieder mit der Tschechoslowakei!" und „Lieber Hitler, mach uns frei von der Tschechoslowakei!" skandierte etwa die Menge in Kalsching am 12. September.[29]

Dass hier auf die Karte des Dritten Reichs gesetzt wurde, ist klar. Es fällt aber auf, dass sich die Formulierung der Parolen vom genuinen nationalsozialistischen Duktus unterscheidet. Galt der Führer in der NS-Propaganda als höchstes Gut der Nation und Gehorsam ihm gegenüber sozusagen als heilige Pflicht, so war der Ton im Böhmerwald merklich lockerer. Hitler scheint für manche Sudetendeutschen 1938 – ähnlich wie wohl für Karl Renner – Mittel zum Zweck gewesen zu sein (was freilich Dankbarkeit und Bewunderung nach der „Befreiung" nicht ausschloss). Die bekannten Bilder jubelnder Menschenmassen beim deutschen Einmarsch im Böhmerwald, wie schon zuvor in Österreich, spiegeln daher zwar sehr genau die Gefühlslage der Porträtierten wieder, sind aber doch nur bedingt als Beweisstücke für eine tiefer sitzende ideologische Ausrichtung der jeweiligen Bevölkerung anzusehen.

Anders war die Sache freilich bei den politischen Aktivisten gelagert. Sowohl im Falle Österreichs als auch Südböhmens hatte es vor dem jewei-

---

[28] SOA Krumau, 0-7, Horní Planá, Kronika IV. 1935-1945: Gemeindegedenkbuch Oberplan 46 f.
[29] Ebd., Chvalšiny, Kronika, č.kr. 2a, Bd. F3: Prothocoll-Buch der Gemeinde Kalsching.

ligen Einmarsch systematische subversive Tätigkeit im Rahmen bestehender Vereine (vor allem der traditionell deutschnationalen Turnvereine) gegeben. In beiden Fällen war dabei vom Reichsgebiet aus erheblich nachgeholfen worden: durch die so genannte Österreichische Legion einerseits und das Sudetendeutsche Freikorps andererseits.[30] Letzteres wurde im September 1938 mit nach dem Anschluss erbeuteten österreichischen Waffen ausgerüstet, wohl um im Bedarfsfall Unwissenheit der Reichsbehörden vorschützen zu können.[31] In Wahrheit war die Aktion mit allen maßgeblichen Berliner Stellen (Auswärtiges Amt, Wehrmacht, Abwehr) abgesprochen und von Hitler direkt sanktioniert.[32]

Abb. 1: Der spätere Kreisleiter Karl Multerer und Gattin neben dem Wagen, mit dem er konspirative Fahrten in Böhmen unternahm

---

[30] Für die Sudetengebiete siehe dazu die umfangreiche Edition der bei Kriegsende erbeuteten deutschen Akten im Tschechoslowakischen Staatsarchiv, Václav Král, Acta occupationis Bohemiae et Moraviae: Die Deutschen in der Tschechoslowakei 1933-1945 (Prag 1964)
[31] Král, Acta occupationis (wie Anm. 30) 388
[32] Siehe dazu Helmut Krausnick – Harold C. Deutsch, Helmut Großcurth. Tagebücher eines Abwehroffiziers 1938 bis 1940. Veröffentlichungen des Instituts für Zeitgeschichte. Quellen und Darstellungen zur Zeitgeschichte 19 (Stuttgart 1970) 327-329

Es gab aber auch Einzelaktionen, deren genaue Koordinierung mit den NS-Behörden zwar nicht (mehr) nachweisbar ist, wo aber doch die Umstände, oder auch die Identität der Akteure aufhorchen lassen. So unternahm der nachmalige Kreisleiter von Krumau, Karl Multerer, offenbar konspirative Fahrten nach Südböhmen. Dass er dabei zur Tarnung eine Werbetätigkeit als Handelsreisender eines bekannten österreichischen Fotogeschäfts verwendete, ist ebenfalls auffällig. Kameras eignen sich schließlich auch zu nachrichtendienstlichen Zwecken.[33]
Multerer gehörte zwar der SdP, nicht aber dem Sudetendeutschen Freikorps an.[34] Da seine Ernennung zum Kreisleiter später über die Linzer Gauleitung erfolgte, und Gauleiter Eigruber sonst gegenüber SdP-Mitgliedern ein ausgesprochenes Misstrauen an den Tag legte, könnte Multerers Reisetätigkeit für dessen Karriere entscheidend gewesen sein. Er blieb der einzige Böhmerwäldler, der ein wesentliches Parteiamt innerhalb Oberdonaus erhielt und dieses auch bis zum Zusammenbruch des NS-Regimes innehatte.
Gab es also immer wieder illegale oder halblegale Grenzübertritte in die ČSR, so kam es ab Sommer 1938 auch verstärkt zu Bewegungen in die Gegenrichtung. Am Höhepunkt der diplomatischen Krise flüchteten zahlreiche Sudetendeutsche – vor allem jüngere Männer – in das Reichsgebiet (und somit auch nach Österreich). Ob dies aus nationalsozialistischer Gesinnung geschah oder vielmehr aus Angst davor, in dem allgemein erwarteten Krieg zwangsweise auf Seiten der tschechoslowakischen Armee kämpfen zu müssen, ist im Einzelfall heute wohl kaum noch eruierbar.[35] Auffällig ist jedenfalls, dass auch ungarisch sprechende Rekruten von der tschechoslowakischen Armee desertierten, denen man nicht so ohne weiteres Nazi-Gesinnung wird unterstellen können.[36] Die Bauern, die ihr Vieh über die Reichsgrenze trieben, waren vermutlich ebenfalls eher von Kriegsangst gedrängt als von militärischen Intentionen.[37]
Unverdächtig sind wohl auch Fälle wie der des Tierarztes von Oberplan: Nachdem tschechoslowakisches Militär vor seinem Haus eine MG-Stellung aufgebaut hatte, packte er seine Koffer und chauffierte seine Familie

---

[33] Mitteilung von Mme. Amélie Hüsser-Fossard, in deren Privatarchiv auch ein Foto Multerers existiert, das ihn und den Werbewagen der Fotohandlung zeigt
[34] ÖStA/AdR, NSDAP-Erfassungsantrag Nr. 323/246, Karl Multerer
[35] Jiří Záloha will darin nur NS-Gesinnung erkennen, siehe dazu Záloha, Bezirk Český Krumlov (wie Anm. 25) 441 f.; Sudetendeutsche Quellen verweisen hingegen auf die Angst davor, „gegen das eigene Volk" kämpfen zu müssen, siehe dazu Greipl, Böhmerwaldheimat (wie Anm. 19) 107
[36] SOA Krumau, 0-81 Rožemberk na Vlt., i. č 23, č.kr. 1: Gedenkbuch der Gemeinde Rosenberg 159
[37] Mitteilung von Frau Luise Nemec

im eigenen Wagen nach Norddeutschland (also soweit wie möglich vom erwarteten Kampfgebiet entfernt). Die Familie verbrachte die Krisenwochen in einem Kurhotel und kehrte erst nach dem deutschen Einmarsch nach Oberplan zurück.[38]
Wer weder solche Voraussicht noch die nötigen finanziellen Mittel für eine längere Urlaubsreise besaß, der blieb bei der Flucht meist bereits dicht hinter der Reichsgrenze hängen. Dort geriet er dann – ob willentlich oder auch nicht – ins Visier der NS-Behörden. Es folgte unweigerlich die „Betreuung" – ein Kernwort des NS-Vokabulars – durch verschiedene Parteistellen. Dabei vermischten sich tatsächliche Hilfeleistung, ideologische Indoktrinierung und politischer Druck. Zudem wurden das den Tschechen angelastete Flüchtlingselend, wie auch die nationalsozialistische Mildtätigkeit, propagandistisch groß ausgeschlachtet. Der letzte Akt dieses sorgsam inszenierten Spektakels ging nach dem Einmarsch in Südböhmen selbst über die Bühne, als die Nationalsozialistische Volkswohlfahrt (NSV) mit Gulaschkanonen kameragerecht in Krumau auffuhr und in den Dörfern Brotlaibe verteilte.[39] Dies war eine Neuauflage des ominösen „Hilfszugs Bayern", mit dem sechs Monate zuvor die vermeintlich hungernden Bewohner der Ostmark in Reichweite der Kameras verproviantiert worden waren.
Im September 1938 waren in Oberösterreich Flüchtlinge aus dem Böhmerwald in Hotels und Schlössern im Salzkammergut und dem Alpenvorland, sowie in der Linzer Diesterwegschule untergebracht.[40] Es dürfte kein Zufall sein, dass südlich der Donau gelegene Unterkünfte ausgewählt worden waren. Einerseits rechnete man mit Kampfhandlungen (das grenznahe Stift Schlägl etwa war von der Wehrmacht requiriert); andererseits konnten die Flüchtlinge so auch leichter davon abgehalten werden, auf eigene Faust zurückzukehren.
Zwar blieb der erwartete Krieg aus, aber im Grenzgebiet ging es dennoch alles andere als friedlich zu. Im Raum Rosenberg – Böhmisch Hörschlag kam es vom 19. bis 21. September zu heftigen Gefechten zwischen Freikorpseinheiten und tschechoslowakischen Sicherheitskräften, sodass auch der Zugverkehr auf der Strecke Linz-Budweis eingestellt werden musste.[41]

---

[38] Mitteilung von dessen Sohn, Dr. Otto Spitzenberger
[39] Siehe dazu, Krummau ist frei! Mit den Truppen maschierte NSV. aus Oberdonau ein. In: Volksstimme, Nr. 87 vom 11. Oktober 1938, 3
[40] Hermann Volkmer, Migration in Oberdonau (Oberösterreich) – Umsiedlung und Evakuierung, Flucht und Vertreibung der Volksdeutschen. In: Reichsgau Oberdonau. Aspekte 1. Hg. v. Oberösterreichischen Landesarchiv (Oberösterreich in der Zeit des Nationalsozialismus 2, Linz 2004) 77-78
[41] SOA Krumau, 0-81 Rožemberk na Vlt., i. č 23, č.kr. 1: Gedenkbuch der Gemeinde Rosenberg 157

Östlich der Bahnlinie, im nur durch die Maltsch vom Reichsgebiet getrennten Dorf Zettwing drang das Freikorps in Amtsgebäude ein, nahm tschechische Zöllner, Soldaten und Gendarmen gefangen und entführte sie in die Kaserne nach Freistadt.[42]
Eklatante Grenzverletzungen ereigneten sich auch an anderen Stellen: So überfielen Freikorps-Kommandos am 20. und 23. September die Orte Oberplan und Meinetschlag; in beiden Fällen wurden politisch unliebsame deutschsprachige Bewohner nach Oberdonau verschleppt.[43] In Meinetschlag wurde zudem bereits Eigentum politischer Gegner (etwa das Auto der Konsum-Filiale) „beschlagnahmt". Die Hoffnung der an diesen Aktionen Beteiligten, sich solcherart den Aufstieg in eine neue lokale NS-Elite zu erwerben, sollte sich indessen nur bedingt erfüllen. Lediglich dem im niederösterreichischen Weitra agierenden Freikorps-Werbeleiter Friedrich Soukup schien anfänglich Erfolg beschieden: Er avancierte nach dem Einmarsch zum provisorischen Kreisleiter von Kaplitz, wurde aber in diesem Amt nie bestätigt und musste 1940 einem Vertrauensmann des Gauleiters Eigruber weichen.[44]
Der offizielle deutsche Einmarsch erfolgte im Böhmerwaldgebiet am 1. und 2. Oktober 1938. Betroffen waren – als „Zone I" – die ersten sudetendeutschen Gebiete, in die Wehrmachtseinheiten einrückten. Im Gegensatz zum Anschluss Österreichs im März, ging es hier international sanktioniert zu. Die Machtübernahme fand daher gestaffelt, und fast im Zeitlupentempo statt (am 1. Oktober etwa bis kurz vor der Moldau bei Hohenfurth, tags darauf ein paar Kilometer weiter etc.).[45] Die tschechoslowakischen Streitkräfte setzten sich sozusagen synchron nordwärts ab, wobei jeweils ein zwei bis drei Kilometer tiefes Niemandsland zwischen den beiden Armeen eingehalten wurde.
Dieses bis zur endgültigen Festlegung der Grenze kontinuierlich wandernde Niemandsland erregte bald internationale Aufmerksamkeit. Hier spielte sich erstmals im kleinen Rahmen das ab, was sieben Jahre später die Sudetendeutschen am eigenen Leibe erfahren sollten: Verängstigte und erschöpfte jüdische Flüchtlinge irrten einzeln, teilweise auch in Gruppen, zwischen den Fronten umher. Dies bewog die britische Regierung in ihrer Eigenschaft als Garantiemacht des Münchner Abkommens zu einem offi-

---

[42] Weikert, Schicksalhafte Grenze (siehe Anm. 20) 13
[43] SOA Krumau, 0-7, Horní Planá, Kronika IV. 1935-1945: Gemeindegedenkbuch Oberplan 1; ebd., Farní Kronika Malonty, Bd. F17: Gedenkbuch Gemeinde Meinetschlag 69
[44] ÖStA/AdR, NSDAP-Erfassungsantrag Nr 471/605, Friedrich Soukop
[45] Einzelheiten dazu bei Záloha, Bezirk Český Krumlov (wie Anm. 25) 442 f.

ziellen Protest. Berlin bestritt – übrigens nach Rückfrage in Linz – dreist jegliche Verantwortung.[46]

Am 10. Oktober 1938, fast auf den Tag genau sieben Monate nach dem Einmarsch der Deutschen Wehmacht in Österreich, stand dann das gesamte Böhmerwaldgebiet unter nationalsozialistischer Kontrolle. Mit einer Durchfahrt des Generalobersten Brauchitsch am 14. Oktober, des Gauleiters Eigruber am 17. und des Führers höchstselbst am 20. Oktober war die Machtübernahme auch symbolisch abgeschlossen.[47]

Bereits vor Eintreffen der NS-Potentaten war zeitgleich mit dem Einrücken von Propagandatrupps die Gestapo in das „befreite" Gebiet eingezogen.[48] Auf die erste Welle des wilden Terrors, den die Freikorpseinheiten gegen politische Gegner entfaltet hatten, folgte also die keineswegs geheim gehaltene Ankunft der Gestapo. In Oberplan etwa wurden die Gestapo-Leute für jeden sichtbar in der Bürgerschule untergebracht. Auffällig ist auch der überaus rasche Ausbau der regulären polizeilichen Macht: Bereits am 6. November wurde in Kalsching eine Gendarmerie-Garnison gebildet, sechs Tage später auch in Krumau.[49] Man wird Jiří Záloha zustimmen dürfen, dass dies nicht unbedingt von Vertrauen in die örtliche Bevölkerung zeugt. Záloha erwähnt zudem, dass den neu eingetroffenen reichsdeutschen Dienstträgern anfänglich der private Verkehr mit den Böhmerwäldlern verboten gewesen sei.[50] Mit der Etablierung des Arbeitsdienstes, der Einführung der allgemeinen Wehrpflicht am 1. November und den Nachwahlen zum Reichstag am 4. Dezember – die Reihung von Pflichten und „Rechten" war dabei bezeichnend – kehrte dann gewissermaßen die nationalsozialistische Normalität ein.

Über den Wahlausgang herrschte schon im Vorhinein Klarheit. Der als Wahlkampfredner eingesetzte Gauleiter Wagner aus München hatte etwa in Krumau folgendermaßen geworben: „Ich kann mir nicht vorstellen, daß irgendeiner von Euch nicht mit ‚Ja' stimmen wird, es sei denn: er sei ein Lump!"[51] Im Bezirk Krumau gab es erwartungsgemäß keinen einzigen Lumpen: 100 % stimmten für die Liste Adolf Hitler und Großdeutschland.

---

[46] OÖLA, Reichsstatthalterei 1940-1945/Arisierung, Sch. 36: Akt Kommissarische Verwaltung von Häusern, Liegenschaften und Grundstücken, Schreiben Britische Botschaft Berlin, Zl. 3235/2-1938
[47] Beides exemplarisch gefeiert, dazu SOA Krumau, Chvalšiny, Kronika, č.kr. 1a, Bd. F3: Prothocoll-Buch Kalsching
[48] Siehe dazu beispielsweise ebd., 0-7, Horní Planá, Kronika IV. 1935-1945: Gemeindegedenkbuch Oberplan 1, 42-44
[49] Siehe Záloha, Bezirk Česky Krumlov (wie Anm. 25) 445
[50] Ebd.
[51] Ebd.

In Kaplitz wurden fünf „Nein"-Stimmen und sieben ungültige amtlich gezählt.[52] Die Wahllegitimationen waren geordnet in Reihenfolge der eingeworfenen Stimmzettel gesammelt worden. Das Wahlverhalten war somit auch im Einzelnen überprüfbar: ein Umstand, der jedem halbwegs aufmerksamen Wähler auffallen musste.

Das Bild einer planmäßig erfolgten Gebietserweiterung trügt dennoch. Zwar waren die Mechanismen der Machtübernahme effektvoll. Man verfügte nach der Eingliederung der Saar und dem Anschluss Österreichs über reichlich einschlägige Erfahrung, die auch im Böhmerwald zum Einsatz kam: Terrorisierung der politischen Gegner; Einsetzung eines so genannten „Stillhaltekommissars", um den Zugriff auf Vermögen zu sichern; „Gleichschaltung" des öffentlichen Lebens durch Auflösung bestehender Vereine bzw. deren „Überführung" in die NSDAP etc. Ratlosigkeit herrschte jedoch bei viel Grundlegenderem, nämlich den genauen territorialen Umrissen der neu erworbenen Gebiete, deren administrativer Gliederung und ganz allgemein darüber, wie den konkreten Auswirkungen der Grenzziehung begegnet werden sollte.

Die neue Reichsgrenze war anfänglich nicht exakt festgelegt. Laut Münchner Abkommen sollte der genaue Verlauf, gegebenenfalls unter Einschaltung britischer Vermittlung, zwischen den deutschen und tschechoslowakischen Delegationen ausgehandelt werden. Zwar waren im Böhmerwald die Sprachenverhältnisse klarer als etwa in Nordmähren oder im ehemaligen Kronland Schlesien, aber auch in Südböhmen gab es Streitpunkte. So wurde in Kaplitz der Bahnhof, der ursprünglich bei der ČSR verbleiben hätte sollen, erst durch einen örtlichen Bodentausch zu Reichsgebiet. Nicht unerhebliche Grenzkorrekturen erfolgten noch mehrere Wochen nach dem Einmarsch: Nordwestlich von Krumau wurde etwa am 24. November die „Sprachhalbinsel" Stritschitz-Saborsch von deutschen Sicherheitskräften besetzt.[53] Die „endgültige" Grenzziehung, die erneut mehrere kleinere Gebietszuwächse für das Deutsche Reich brachte, wurde dann durch die deutsch-tschechoslowakische Kommission im Dezember 1938 festgelegt.[54] Das angeschlossene Stritschitzer Gebiet ragte nach dieser Grenzziehung wie ein Luftballon in tschechisches Territorium hinein. Die schmale Verbindung nach Oberdonau, die den Anschluss auf der Landkarte hatte

---

[52] Ebd. 446
[53] SOA Krumau, Chvalšiny, Kronika, č.kr. 1a, Bd. F3: Prothocoll-Buch der Gemeinde Kalsching
[54] Harry Slapnicka, Oberösterreich als es „Oberdonau" hieß 1938-1945 (Linz 1978) 40

machbar erscheinen lassen, war in Wirklichkeit ein unwegsames Waldstück, mehr ein Geländehindernis als eine nutzbare Zufahrt.
Insgesamt war die Region nunmehr von ihrem traditionellen Zentrum Budweis abgeschnitten. Dies führte anfänglich zu erheblichen wirtschaftlichen Schwierigkeiten. Der Böhmerwald war durch seine Finanzstrukturen – den Banken und Sparkassen – eng mit Budweis und Prag verbunden: Mit der Währungsumstellung war aber eine Devisengrenze entstanden. In den größeren Betrieben fehlten wiederum die leitenden tschechischen und jüdischen Kräfte, da diese sich in der Mehrzahl vor dem Einmarsch in Sicherheit gebracht hatten. Sofern sie Besitzer dieser Betriebe waren, flohen sie naturgemäß unter Mitnahme von wichtigen Betriebsunterlagen und aller greifbaren Bargeldbestände.[55] Das wichtigste Unternehmen der Region, die Papierfabrik der jüdischen Familie Spiro, hatte in letzter Minute vor dem Einmarsch den Geschäftsvorstand nach Prag verlegt.[56] Den Firmen waren zudem ihre traditionellen Handelspartner und Absatzgebiete verloren gegangen. Ersatzmärkte im Reich ließen sich erst nach und nach finden: oftmals zu merklich ungünstigeren Konditionen.[57] Die ohnehin schwächliche Wirtschaft des Böhmerwaldgebietes erfuhr daher in den ersten Monaten der deutschen Herrschaft neben den Auswirkungen des NS-Terrors eine zusätzliche, geographisch bedingte Destabilisierung.
Die nachhaltigsten Schwierigkeiten erwuchsen aber in verkehrstechnischer Hinsicht. Die Stadt Budweis war in der Monarchie zum zentralen Eisenbahnknotenpunkt Südböhmens auserkoren worden, alle Trassen der Region nahmen dort ihren Ausgang. Die neue Grenzziehung zerschnitt dieses Bahnnetz vollkommen. Die Stichbahn ins Obere Moldautal etwa begann und endete auf Reichsgebiet nunmehr im Nichts: Die neue „Kreisstadt" Krumau war von der „Gauhauptstadt" Linz auf der Schiene nur über tschechisches Territorium erreichbar. Auch die Bahnverbindungen ins niederösterreichische Gmünd und das Waldviertler Industriegebiet verliefen über die ČSR. Da das Straßennetz kaum ausgebaut war, konnte hier auch nicht ohne weiteres durch Postautos oder LKW-Transporte Abhilfe geschaffen werden.
All dies weist auf ein entscheidendes Faktum bei der Angliederung Südböhmens hin: Die Grenzen, wie sie im Zuge des Münchner Abkommens zustande kamen, waren in jener Form weder von der SdP noch vom NS-

---

[55] Siehe z. B. OÖLA, Reichsstatthalterei 1940-1945/Arisierung, Sch. 28: Akt Spiro
[56] Ebd., Sch. 27: Akt Spiro
[57] Siehe dazu exemplarisch ebd., Sch 28: Akt Spiro

Regime beabsichtigt gewesen. Die SdP-Führung unter Konrad Henlein hatte bekanntlich zunächst eine Autonomielösung innerhalb einer reformierten ČSR angestrebt, nicht zuletzt aus Kenntnis der vielfältigen persönlichen und wirtschaftlichen Bande zwischen der deutschsprachigen Bevölkerung der Randgebiete und dem Landesinneren. Zudem konnte eine Loslösung der Grenzgebiete vom tschechoslowakischen Staatsverband nur mit einer Schwächung der Stellung der deutschsprachigen Bewohner im Inneren Böhmens und Mährens erkauft werden. Im südböhmischen Raum verblieb etwa die Budweiser Sprachinsel im Herbst 1938 bei der ČSR. Die dortige deutschsprachige Bevölkerung musste nach Verlust des sprachlichen Hinterlandes letztlich um den Fortbestand ihrer kulturellen Institutionen bangen. Besonders die deutschen Schulen in Budweis waren durch die Verkleinerung ihres Einzugsbereichs akut gefährdet.

Die unterschiedlichen Reaktionen hierzu in Berlin, Linz, Reichenberg (der Hauptstadt des neuen „Reichsgaus Sudetenland") und dem Böhmerwald selbst sind durchaus aufschlussreich. So besuchte etwa Konrad Henlein Ende Oktober 1938 Krumau, um mit Vertrauensmännern über die Lage im nunmehr geteilten Südböhmen zu konferieren. Unter anderem ging es dabei auch um die Stellung der Böhmerwaldpfarren, die nun von ihrem Bischof in Budweis abgeschnitten waren. Bezeichnend war sowohl Henleins Bemühen, eine vollständige Eingliederung in die Diözese Linz zu verhindern, als auch der Tenor einer mit seinem Besuch verbundenen kirchlichen Konferenz vier Wochen später, bei der fast alle Priester des Böhmerwaldgebietes zugegen waren: Man sprach dort von einer „unvorhergesehenen und nicht erahnten Lage".[58] Das Bild, dass für die Sudetendeutschen im Herbst 1938 alles wunschgemäß verlaufen sei, relativiert sich also bei genauerem Betrachten.

Der Streit um die kirchliche Zugehörigkeit des Böhmerwaldes war symptomatisch für die sich verschiebenden politischen Machtverhältnisse. Mit der Krumauer Konferenz war die Angelegenheit nämlich keineswegs beendet. Gauleiter Eigruber drängte weiterhin auf einen vollständigen Anschluss an Oberdonau (und somit an seinen eigenen Machtbereich). Dies rief erneut Henlein auf den Plan.[59] Er erwirkte prompt in Berlin ein Verbot, die Böhmerwaldpfarren aus der Diözese Budweis zu lösen, und zwar mit dem expliziten Hinweis auf die damit verbundene „Gefährdung des

---

[58] Josef Hüttl, Das Generalvikariat Hohenfurth als Verwaltungsbereich der Diözese Linz (1940-1945). In: 73. Jahresbericht des Bischöflichen Gymnasiums Kollegium Petrinum 1976/77 (Linz 1977) 5
[59] Slapnicka, Oberdonau (wie Anm. 54) 204 f.

Deutschtums in Budweis".[60] Die kirchliche Neuordnung in Gestalt eines Provisoriums, des apostolischen Generalvikariats Hohenfurth, erklärt sich so auch aus Kontroversen innerhalb der NSDAP heraus.

Das Böhmerwaldgebiet war zum Spielball konkurrierender Instanzen und zur Projektionsfläche von letztlich allesamt ortsfremden NS-Machtträgern geworden. Die Machtanmaßung durch „NSDAP-Hoheitsträger" wurde freilich als fürsorgliche Betreuung kaschiert. War schon auffällig gewesen, dass der Anschluss von Krumau und Kaplitz weitgehend über Eigrubers Parteistellen und nicht über die eigentlich zuständigen staatlichen Organe in Linz und Wien erfolgt war, so zeigte sich bald ein weiteres Charakteristikum nationalsozialistischer Herrschaft: die Neigung, Menschen geradezu als lebendes Eigentum einzelner NS-Potentaten zu betrachten.

Hier bot Budweis ein Paradebeispiel. Nach der Besetzung der „Rest-Tschechei" durch die Wehrmacht im März 1939 wurde nämlich die deutschsprachige Bevölkerung der Budweiser Sprachinsel dem Gau Oberdonau unterstellt. Die Stadt verblieb zwar formell im neugegründeten „Reichsprotektorat Böhmen und Mähren", ihre Bewohner und die der deutschsprachigen Streusiedlungen in den Bezirken Budweis, Wittingau, Tabor, Mühlhausen und Moldauthein waren aber ab dem 25. März 1939 in gewissem Sinne „Oberdonauer". Nach und nach entstanden 18 NSDAP-Ortsgruppen, die zusammen als „Kreis Budweis" firmierten und den Linzer Parteiinstanzen unterstanden. Die Kreisleitung war im beschlagnahmten Budweiser Stadthaus des Stiftes Hohenfurth untergebracht.[61] Ein im Grunde fiktiver, außerhalb des Gaugebietes gelegener Landkreis begann so punktuell durchaus konkrete Formen anzunehmen. Bei der Arisierung in Budweis – also der pseudolegalen Beraubung jüdischer Bürger – spielten Linzer Instanzen eine wesentliche Rolle.[62] Da Parteistellen gegenüber staatlichen Behörden zudem während des Krieges beständig an Einfluss gewannen, war diese halboffizielle „Kolonie" Oberdonaus am Nordrand des Böhmerwaldes ein realer Machtfaktor, und zwar sowohl innerhalb Böhmens als auch bei den Entscheidungsträgern in Berlin.[63]

---

[60] SOA Krumau, Chvalšiny, Kronika, č.kr. 2a, Bd. F3: Prothocoll-Buch der Gemeinde Kalsching Bl. 151
[61] Emil Vasalek, Der Kampf gegen die Priester im Sudetenland 1939 bis 1945 (Königstein 2003) 89
[62] John, Südböhmen (wie Anm. 7) 37
[63] Siehe z. B. die Frage einer Fabriksneugründung in Budweis 1941: Hitler entschied im Sinne einer Intervention Eigrubers und ohne Anhörung der Protektoratsbehörden. Einzelheiten vgl. Die faschistische Okkupationspolitik in Österreich und der Tschechoslowakei (1938-1945). Dokumentenedition (Köln 1988) 169 f.

Hier war vor allem der Führer selbst involviert. Der Oberösterreicher Hitler war wohl mit der Topographie und jüngeren Geschichte Südböhmens besser vertraut als es die Berliner Instanzen sein mochten: „Die Leute im Altreich haben keinen [...] Schimmer; sie sind aufgewachsen, umgeben von einer Wolke der Dummheit. Keine Ahnung vom Problem Österreich!" lautete etwa ein durchaus typischer Ausbruch Hitlers zum Thema Böhmen.[64] Hitler kannte die Gegend persönlich von Fahrten zu seiner Waldviertler Verwandtschaft, die er mit der Bahn von Linz aus – eben über Budweis – besucht hatte. Darüber hinaus war Budweis zu Ende der Monarchie eine der im Nationalitätenstreit besonders umkämpften Städte gewesen. Brigitte Hamann hat diesbezüglich mit Recht darauf hingewiesen, dass die zeitgenössische Linzer Rezeption der Ereignisse im benachbarten Kronland auf den jungen Hitler prägend gewirkt haben dürfte.[65]

So gesehen war es sicher kein Zufall, dass Hitler, so bald er dazu in der Lage war, Budweis institutionell erneut mit dem deutschsprachigen Böhmerwald zu verbinden trachtete: Am selben Tag, an dem die neuen Landkreise Krumau und Kaplitz definitiv zu Oberdonau kamen, also zehn Tage nach der Besetzung der „Rest-Tschechei", wurde Gauleiter Eigruber auch die Zuständigkeit für die „Volksgenossen" jenseits der neuen Grenzen übertragen.[66]

Damit war im Grunde dreierlei geschehen: Erstens hatte Eigruber den Rückschlag in der Budweiser Diözesanfrage durch einen wesentlich bedeutenderen Machtzuwachs ausgeglichen (zudem noch unter Verwendung von Henleins eigenen Argumenten). Zweitens wurde damit das für das NS-Regime typische Verwaltungschaos um eine weitere Komponente bereichert, denn Konflikte mit gaufremden Stellen waren nunmehr vorprogrammiert. Vor allem aber wurde demonstriert, wie unverfroren das Dritte Reich den von ihm selbst in München ausgehandelten Vertrag missachtete. Die internationale Vermittlertätigkeit im Sommer 1938 war dem Führer bekanntlich höchst ungelegen gekommen. Sie hatte Hitlers bereits im Vorjahr gegenüber seiner Generalität geäußerte Pläne einer Zerschlagung der Tschechoslowakei durchkreuzt. Der Diktator fand sich von Chamberlain und Mussolini beim Wortlaut seiner Propagandaphrasen genommen und musste sich – merklich grollend – mit dem Sudetenland begnügen. Nur

---

[64] Adolf Hitler. Monologe im Führerhauptquartier 1941-1944. Die Aufzeichnungen Heinrich Heims. Hg. v. Werner Jochmann. (Hamburg 1980) Eintragung am 25.1.1942
[65] Brigitte Hamann, Hitlers Wien. Lehrjahre eines Diktators (München 1996)
[66] Slapnicka, Oberdonau (wie Anm. 54) 40 f.

durch eklatanten Wortbruch gelang es ihm im März 1939 die Rest-Tschechoslowakei in seine Macht zu bekommen. Dennoch wirkte das Münchner Abkommen in beschränktem Sinne weiter. Die im Herbst 1938 gezogene Grenze – und somit die nördliche Begrenzung Oberdonaus – blieb auch nach der Schaffung des „Reichsprotektorats Böhmen und Mähren" prinzipiell aufrecht. Die Grenze konnte selbst von Reichsbürgern nur mit Passierschein überquert werden. Somit blieb Südböhmen geteilt. Dieser Zustand bewahrte die tschechische Bevölkerung des „Protektorats" zwar nicht vor Terror und Entrechtung, aber doch zumindest vor der Zwangsaussiedlung, von der andernorts Polen und Slowenen betroffen waren.

Dass dieser bedingte Schutz nicht über das Datum eines deutschen Sieges hinaus angedauert hätte, geht aus mehreren Akten hervor, über denen Hitler im Herbst 1940 brütete.[67] An der Umsetzung dieser Pläne wäre auch der Gau Oberdonau beteiligt gewesen. Dass die oberösterreichische Landesgeschichte neben der Euthanasie in Hartheim und dem Lagerterror in Mauthausen und den KZ-Außenstellen somit nicht auch noch ein drittes Massenverbrechen umfasst, ist nur dem Sieg der Alliierten zu verdanken. Die Verfolgung und Ausplünderung jedenfalls, die 1945 über die Böhmerwäldler hereinbrach, war von den NS-Behörden in Berlin, Reichenberg – und nicht zuletzt auch Linz – für die tschechischen Bewohner der Budweiser Region geplant gewesen. Lediglich die Furcht vor einer generellen Verstärkung des Widerstands im besetzten Europa hatte Hitler dazu bewogen, die „Gestaltung des böhmisch-mährischen Raumes" auf die Zeit nach dem Krieg zu verschieben.

Erste Vorboten dieser geplanten Volkstumspolitik gab es freilich schon während des Krieges. Es war sicher kein Zufall, dass von allen Kreisleitern Oberdonaus gerade Kreisleiter Multerer in Krumau zum Gaubeauftragten für die Volksdeutsche Mittelstelle (VOMI) ernannt wurde.[68] Die VOMI war die zentrale Instanz zur Um- und Ansiedlung der aus ihren Heimatgebieten evakuierten Bessarabier, Balten-, Galizien- und Wolhyniendeutschen. Oberdonauer Ämter – allen voran die Gauverwaltung – sorgten auch zusammen mit der Deutschen Ansiedlungsstelle dafür, dass arisiertes Gut im Kreis Budweis nur von Deutschen, nicht aber von Tschechen erworben werden konnte.[69] Diese Praxis, die selbst der NS-Rechtslage wi-

---

[67] Siehe die Vorschläge des Gaugrenzamtes NSDAP Sudetenland vom 25.7.1940 und die Denkschrift über die Behandlung des Tschechenproblems und die zukünftige Gestaltung des böhmisch-mährischen Raumes vom 28.8.1940 in Král, Acta occupationis (siehe Anm. 30) 412-428
[68] Slapnicka, Oberdonau (wie Anm. 54) 477
[69] Vgl. John, Südböhmen (wie Anm. 7) 464

dersprach, sollte laut Anweisung aus Linz tschechischen Interessenten gegenüber nicht zugegeben werden.
Zu den inkriminierenden Indizien gehört nicht zuletzt eine die Landschaften und Sehenswürdigkeiten der „Heimat des Führers" bildlich darstellende Landkarte. Diese weist ein verräterisches Detail auf: Die darin eingezeichnete Nordgrenze des Gaus entspricht eindeutig nicht der neuen Reichsgrenze vom Herbst 1938. Auf dieser Karte umfasst Oberdonau nicht nur Budweis, sondern ragt sogar noch über die Stadt hinaus deutlich nach Norden.
Das entspricht geographisch ziemlich genau den diversen Plänen zur „Behandlung des Tschechenproblems", die 1940 in Berlin gewälzt wurden. Ein Zufall war das wohl kaum.
Durchaus zufällig, weil vermutlich vom Führer nur als ein Provisorium betrachtet, war es hingegen bei der administrativen Aufteilung der neu erworbenen Gebiete zugegangen. Anfänglich war laut einzelnen Hinweisen daran gedacht worden, das Böhmerwaldgebiet zwischen Bayern und dem Reichsgau Niederdonau aufzuteilen. Zudem hoffte wohl auch die SdP-Spitze, ihren Einfluss zu wahren. Oberdonau wäre also unbeteiligt geblieben. Letztlich kam aber der „Heimatgau des Führers" dennoch zum Zug. Dass dies auf das persönliche Engagement des machtbewussten Gauleiters Eigruber zurückzuführen ist, ist nicht auszuschließen. Jedenfalls zeigte sich Eigruber bereits 24 Stunden nach Erhalt seiner ersten beschränkten Autorisation in Krumau und Kaplitz. Desgleichen nutzte er die im Oktober ausgestellte provisorische Vollmacht sehr entschlossen aus und etablierte sein Amt als alleinige Anlaufstelle für das ihm anvertraute Territorium.[70] Damit waren Eigrubers Konkurrenten weitgehend vor vollendete Tatsachen gestellt. Geheimdienstmajor Groscurth erwähnt in seinen Aufzeichnungen vom Oktober 1938, dass „in Süd- und West-Böhmen [...] der Gauleiter von Österreich [sic!] alle SdP-Leute rausgeschmissen und die Macht an sich gerissen" habe. Der Abwehroffizier vermerkt weiter, dass dies ohne rechtliche Grundlage erfolgt sei und zu einem Protest Henleins geführt habe.[71] Henlein hatte schließlich von Hitler in charakteristischer NS-Zweigleisigkeit eine generelle Verfügungsgewalt über alle einzugliedernden sudetendeutschen Gebiete erhalten.

---

[70] Siehe OÖLA, Politische Akten, Sch. 69: Auftragsverwaltung Eigruber, 1.10.1939; sowie Slapnicka, Oberdonau (wie Anm. 54) 40 f.
[71] Krausnick, Helmut Großcurth (wie Anm. 32) 343

Abb. 2: Landkarte des Heimatgaues des Führers, auf der Budweis als bereits annektiertes Gebiet aufscheint – Quelle: OÖLA, Plakatsammlung 10.268

An der Sache schien Henleins Protest freilich nichts geändert zu haben. Die alten SdP-Funktionäre – wie etwa der kurzzeitige Krumauer Kreisleiter Jobst – waren und blieben entmachtet. Der Schaden für die Region mochte sich dabei oft in Grenzen gehalten haben. Jobst hatte auf Major Groscurth einen „stark brutalen Eindruck" gemacht, und neigte dessen Meinung nach zu „Methoden des ‚Stürmers'": eine Anspielung auf die Pogromstimmung in Krumau vor dem deutschen Einmarsch.[72]
Freilich waren es nicht Charaktereigenschaften, die bei Bestellung oder Entlassung den Ausschlag gaben, sondern allein das Vertrauen des Gauleiters in Linz. So wurden der Aufbau der NSDAP im Böhmerwald einem Welser anvertraut, der SdP-Bürgermeister von Krumau, Dr. Schönbauer, regelrecht aus dem Amt vergrault und schließlich mit der Ersetzung Friedrich Soukups durch Franz Strasser auch der Kreis Kaplitz bedingungslos unter Linzer Kontrolle gebracht.
Der im Grunde im Handstreich vollzogene Anschluss an Eigrubers Gau wurde erst sechs Monate nach dem Einmarsch im Böhmerwald gesetzlich bestätigt: Am 25. März 1939 sprach das Gesetz zur Gliederung der sudetendeutschen Gebiete die Kreise Krumau und Kaplitz offiziell Oberdonau zu. Das hielt freilich Henlein, wie wir oben sahen, nicht davon ab, auch noch im Herbst 1939 in Sachen Böhmerwald in Berlin zu intervenieren. Es ist auch noch für 1942 ein gemeinsamer Auftritt Henleins mit Eigruber in Krumau im Vorfeld zum Jahrestag der „Befreiung" belegt.[73] Man wird also zumindest von einer bedingten Sonderstellung des Böhmerwaldgebietes innerhalb Oberdonaus sprechen können.
Die gesetzliche Festlegung der Gaugrenzen hinderte auch Eigruber seinerseits nicht daran, die neuerliche Verschiebung eben jener Grenzen konsequent voranzutreiben. Tatsächlich wurde bereits wenige Monate später, im Juli 1939, nachgebessert. Der zunächst Niederdonau unterstellte Gerichtsbezirk Gratzen fiel nun ebenfalls an Oberdonau. Zu Eigrubers Missfallen verblieb Gratzen aber kirchenrechtlich zunächst bei St. Pölten, weswegen scherzeshalber auch die Bezeichnung „Mitteldonau" aufkam.[74]
Wie beharrlich Eigruber die Ausweitung seiner Macht selbst im Kleinen betrieb, zeigt sich auch daran, dass er noch im Jänner 1942 den Anschluss der fünf Pfarren des Gratzener Gebiets an das Bistum Linz erwirkte. Damit

---

[72] Ebd., 342
[73] Gauleiter Konrad Henlein, der Einiger der Sudetendeutschen in Krummau. In: Deutsche Böhmerwald-Zeitung, 64. Jg. Nr. 31 vom 1. August 1942, 1
[74] Siehe Slapnicka, Oberdonau (wie Anm. 54) 40 f.

war die Konsolidierungsphase im Böhmerwaldgebiet fürs Erste abgeschlossen. Es soll hier aber ausdrücklich nochmals an Budweis erinnert werden, wo die schleichende Expansion Oberdonaus weiterging und zu einer umfangreichen Gebietserweiterung nach dem erhofften Sieg geführt hätte. Einschlägige Vorstöße Eigrubers sind noch 1943 nachweisbar, zu einer Zeit also, da sich das Blatt im Krieg bereits gewendet hatte.[75] Bei all diesen Vorstößen konnte sich Eigruber stets Hitlers Wohlwollen sicher sein. Für Oberösterreich in der NS-Zeit müssen diese Expansionsbestrebungen geradezu als konstitutives Merkmal gewertet werden. Um es pointiert zu formulieren: Der Reichsgau Oberdonau besaß zwischen 1939 und 1945 keine eindeutig festgelegte Nordgrenze.

Angesichts Eigrubers Machtpolitik stellt sich die Frage, welchen Stellenwert die Kreise Krumau und Kaplitz innerhalb Oberdonaus wirklich einnahmen. Mit 1.696 Quadratkilometern war der Geländegewinn nicht unerheblich ausgefallen. Die Böhmerwaldregion machte ein gutes Zehntel des (erweiterten) Gaugebietes aus. Auch im Sinne der Geopolitik, die im damaligen Denken nicht nur bei den Nationalsozialisten eine bedeutende Rolle spielte, stellte der Böhmerwald eine deutliche Bereicherung dar. Oberdonau hatte an Tiefe gewonnen und der oberösterreichische Zentralraum lag nun tatsächlich einigermaßen in der Landesmitte.

Mit 96.939 zusätzlichen Einwohnern war die Bevölkerungszahl des Gaus zudem über die psychologisch bedeutsame Schwelle von einer Million hinausgewachsen.[76] Man war nun nicht mehr ein Duodezgau wie Salzburg, Kärnten, oder auch die kleineren Gaue im Altreich. Der Zuwachs fiel aber auch realiter ins Gewicht. Er erhöhte zum Beispiel das militärische Rekrutierungspotenzial. Die Eingliederung des Böhmerwaldes in das Wehrkreiskommando XVII war bezeichnenderweise eine der allerersten administrativen Maßnahmen Berlins im neu angeschlossenen Gebiet. Krumau erhielt dabei einen eigenen Regimentsstab, Kaplitz eine Garnison.[77]

Auch in ziviler Hinsicht war der Bevölkerungszuwachs von Bedeutung; er stellte ein nicht unwesentliches Arbeitskräftereservoir dar. In Zeiten fieberhafter Aufrüstung und eines sich deutlich abzeichnenden größeren Krieges ließ sich daraus auch innerparteiliches Kapital gegenüber Berlin schlagen, worin gerade Eigruber erwiesene Meisterschaft besaß.

---

[75] Zitiert bei John, Südböhmen (wie Anm. 7) 466
[76] Einzelheiten bei Slapnicka, Oberdonau (wie Anm. 54) 46
[77] Ebd., 104

Die unmittelbare Verfügbarkeit der Arbeitskräfte erklärte sich freilich aus der extremen wirtschaftlichen Schwäche der angegliederten Region. Die Unfähigkeit oder – aus der Sicht der Sudetendeutschen – die mangelnde Bereitschaft der Regierung in Prag, der wirtschaftlichen Notlage in den sudetendeutschen Gebieten abzuhelfen, hatte entscheidend zur politischen Radikalisierung in den Grenzgebieten beigetragen.

Die von Präsident Beneš überlieferte Bemerkung, die Böhmerwaldgegend sei schön, aber arm, traf dabei, trotz ihrer geradezu an Kaiser Franz Joseph gemahnenden Entrücktheit, den Nagel auf den Kopf.[78] Die Schönheit beruhte einerseits auf der mangelnden Industrialisierung der Region. Andererseits bewirkte das, was den landschaftlichen Reiz der Gegend ausmachte, auch deren geringen Wert für die Landwirtschaft.

Auch Hitler dachte offenbar eher an den ästhetischen Wert Südböhmens als an die Wirtschaftslage der Region. Aus den Monologen aus dem Führerhauptquartier ist ein längeres Gespräch überliefert, in dem es um den Böhmerwald ging: Alles was Hitler dazu einfiel, waren die „Urwälder", bei deren Anblick man das Gefühl habe, eine „Tropenlandschaft vor sich zu sehen".[79] Und während in anderen einschlägigen Hitlerschen Monologen Fremdenverkehrskonzepte selten fehlten, dachte er im Falle des Böhmerwaldes offenbar nicht einmal an eine touristische Erschließung. Es blieb bei einem unverbindlichen Bedauern, dass den meisten Deutschen „die reizvollen Landschaften des böhmisch-mährischen Raumes" unbekannt wären.

So mag das völlige Fehlen von realistischen Wirtschaftskonzepten für den gesamten Norden Oberdonaus kaum überraschen. Während in Linz eine Schwerindustrie von kriegswichtigem Ausmaß aus dem Boden gestampft wurde und selbst entlegene Innviertler oder Ennstaler Gebiete durch Kraftwerksbauten zumindest im Ansatz industrialisiert wurden, passierte nördlich der Donau nichts dergleichen: Es kam zu keiner einzigen Fabriksgründung im Mühlviertel oder den Böhmerwaldkreisen. Zugegebenermaßen war das hügelige, dünn besiedelte Terrain abseits der Verkehrswege für Betriebsansiedlungen keineswegs erste Wahl. Praktische Hindernisse wurden im Dritten Reich aber regelmäßig ignoriert, wenn die Machthaber zu Taten entschlossen waren. Man darf daher wohl von mangelndem Interesse der Entscheidungsträger in Berlin und Linz ausgehen.

---

[78] Mitteilung der Zeitzeugin Frau Luise Nemec zum Beneš-Besuch in Hohenfurth im Mai 1937
[79] Adolf Hitler. Monologe (wie Anm. 64) Eintragung am 23.3.1944

Zu einem solchem Schluss berechtigen auch indirekte Indizien. Wenn etwa die Deutsche Böhmerwald-Zeitung im August 1942 von „zwei Ehren- und Freudentage[n]" für die Kreise Krumau und Kaplitz spricht, „denn der Gauleiter [...] besichtigte [...] diese beiden vorgeschobenen Grenzposten seines Ostmarkgaues Oberdonau", so hat die gewählte Formulierung schon etwas Verräterisches.[80] Hier war ein Potentat in einen vergessenen Winkel seines Reiches angereist. Der als Nachsatz Eigruber zugerufene Gruß: „Gauleiter kommen sie bald wieder in den Böhmerwald!" verstärkt nur diesen Eindruck.

Vergleicht man diese Berichterstattung mit Eigrubers Krumauer Rede unmittelbar nach dem Einmarsch, so ist der Kontrast augenfällig. Damals gab es Versprechungen zuhauf: „Wenn ich heute, begleitet von einer langen Autokolonne, zu euch gekommen bin, dann glaubt nicht, daß alle die Parteigenossen [...] nur eine Spazierfahrt machen, sondern ich habe sie mitgebracht, weil jeder von ihnen nun sofort beginnen soll, in eurer schönen Heimat in seinem Abschnitt, in seinem Fach das Werk des Wiederaufbaus unverzüglich in Angriff zu nehmen."[81] Eigruber erwähnte sodann Straßenvermessung, Wohn- und Bahnverhältnisse als Prioritäten.

Inwieweit das auf konkreten Plänen fußte, ist im Einzelnen nicht mit Sicherheit zu klären. Große Straßenbauten blieben jedenfalls aus. Es gab aber punktuelle Verbesserungen, beispielsweise kam die kleine Gemeinde Ogfolderhaid erstmalig in den Besitz von Asphaltstraßen. Die wichtigste davon führte zum sechs Kilometer außerhalb der Ortschaft gelegenen Bahnhof Stein. Von dieser von der Ortsbevölkerung offenbar durchaus honorierten Verbesserung profitierten vor allem die Radfahrer, die jetzt vermehrt auftauchten.[82] Autos blieben hingegen einer kleinen Minderheit vorbehalten und waren zudem nur beschränkt einsetzbar. Der Tierarzt von Oberplan etwa musste sich neben seinem Kraftfahrzeug auch weiterhin ein Pferdegespann halten, da mit dem Auto auf vielen Wegen selbst im Sommer kein Durchkommen war.[83]

Bei den Bahnen blieben die verheißenen Investitionen nahezu vollständig aus. Gerade hier hatte es aber unmittelbar nach dem Anschluss des Böhmerwaldes Pläne gegeben, das durch die Grenzziehung zerrissene Eisen-

---

[80] Der Gauleiter und Reichsstatthalter Eigruber im Kreise Krummau-Kaplitz. In: Deutsche Böhmerwald-Zeitung, 64. Jg. Nr. 32 vom 8. August 1942
[81] „Nun an die Arbeit!" Gauleiter Eigruber gibt die Parole für den Aufbau im Böhmerwalde. In: Volksstimme, Nr. 94 vom 18. Oktober 1938, 9
[82] Mitteilung von Herrn Anton Bouzek
[83] Mitteilung von dessen Sohn Dr. Otto Spitzenberger

bahnnetz neu zu konzipieren. Konkret war an eine Verlängerung der Mühlkreisbahn von Aigen-Schlägl über den Höhenrücken ins Moldautal gedacht: Die rund zwanzig Kilometer lange Trasse sollte über Oberplan nach Schwarzbach führen.[84] Damit wäre die Verbindung mit der alten Stichbahn Budweis-Salnau hergestellt und Krumau erstmalig direkt auf dem Schienenweg mit dem oberösterreichischen Zentralraum verbunden gewesen. Das Projekt kam allerdings über die Planungsphase nie hinaus, und das Bahnnetz im Böhmerwald blieb ein Stückwerk.

Bei Kriegsbeginn wurde dann auch noch das bestehende, an sich schon unzureichende Verkehrswesen radikal beschnitten. So beklagt etwa die Kalschinger Gemeindechronik im Oktober 1939 die drastische Verringerung des Postautobusverkehrs trotz mangelnder Verfügbarkeit von Zügen. Man sei nun vielfach gezwungen, auch lange Wegstrecken zu Fuß zurückzulegen. Und der Gemeindechronist schließt mit der Bemerkung, zu Zeiten der Monarchie sei es wesentlich leichter gewesen, nach Linz zu gelangen.[85] Wenn man dabei den Modernitätsanspruch des NS-Regimes gerade in Verkehrssachen bedenkt – nicht umsonst hatte Eigruber in seiner Krumauer Rede ausdrücklich die Autokolonne seiner Begleitung erwähnt, nicht zufällig überflog ein Zeppelin am Vorabend der Reichstagswahl im Dezember 1938 die Böhmerwaldregion –, so kommt der Bemerkung des Kalschinger Chronisten durchaus eine gewisse Sprengkraft zu.[86]

Auch bei den Wohnbauten lässt sich keine nachhaltige Aktivität belegen. Krumau lag zwar bei Wohnbauinvestitionen im Jahr 1939 an vierter Stelle von 17 Bezirken (und Kaplitz rangierte auf dem 14. Platz), aber im Folgejahr fielen beide Kreise stark zurück: Krumau auf den 14., Kaplitz gar auf den vorletzten Platz. Zwar mag der Kriegsausbruch auch hier als Erklärung dienen, aber in mehreren Städten des Reiches – und nicht zuletzt in Linz – wurde nach kurzer Unterbrechung in großem Stil weitergebaut. Dass der vollmundig verkündete „Wiederaufbau" im Böhmerwald bereits im Ansatz stecken blieb, kann nicht allein am Kriegsausbruch gelegen sein. Die Zahlen sprechen ein eindeutiges Bild: Krumau und Kaplitz kamen im Gesamtvolumen der öffentlichen Investitionen über den 15. und 16. Rang (von 17 ausgewiesenen Verwaltungseinheiten) nicht hinaus.[87]

---

[84] Besprochen in John, Südböhmen (wie Anm. 7) 453
[85] Siehe SOA Krumau, Chvalšiny, Kronika, č.kr. 2a, Bd. F3: Prothocoll-Buch der Gemeinde Kalsching Bl. 151.
[86] Der Zeppelin war zuvor vom gleichen Chronisten als „Wunderwerk deutscher Technik" gefeiert worden vgl. ebd.: Prothocoll-Buch der Gemeinde Kalsching Bl. 4
[87] Daten nach John, Südböhmen (wie Anm. 7) 454

Die Hoffnung der Bevölkerung auf Modernisierung, oder auch nur auf eine halbwegs funktionierende Infrastruktur wurde immer wieder enttäuscht. Einzelnen Beispielen kommt dabei fast symbolische Bedeutung zu: In Kalsching etwa, das wie die meisten Orte der Region kein Kino hatte, geriet im November 1939 die Ankündigung einer „zweimaligen Tonfilmvorführung ,Der Westwall' im Turnsaal" zur Sensation. Als das große Filmerlebnis dann jedoch ausfiel, vermerkte die Gemeindechronik: „Große Erregung der Leute, die bis von Christianberg, Jaronin, Andreasberg gekommen waren."[88]

Aufschlussreich ist auch eine weitere Eintragung in der Kalschinger Gemeindechronik. Bei einem der seltenen Besuche des Gauleiters wurde Eigruber 1942 von den Bürgermeistern der Region mit konkreten Bitten begrüßt: „Wir brauchen electrisches [sic!] Licht, eine Wasserleitung und einen Thierarzt [sic!]."[89] Ob auch nur ein einziger dieser Wünsche erfüllt wurde, ist mehr als zweifelhaft. In Deutsch Beneschau etwa, das durch die Flucht seines jüdischen Apothekers im September 1938 die einzige Bezugsquelle für Arzneimittel im Dorf verloren hatte, wartete man, allen Eingaben zum Trotz, noch bei Kriegsende auf einen Ersatz.[90] So mag einer weiteren in der Kalschinger Gemeindechronik erwähnten Einzelheit Bedeutung zukommen: Schon bei Eigrubers Besuch 1942 war, wie der Chronist ausdrücklich vermerkte, „nur bei der Parteikanzlei [...] beflaggt".[91]

Wenn man bedenkt, dass der Böhmerwald als besonders strukturschwache Region sowohl im Sinne der immer wieder beschworenen „Volksgemeinschaft" als auch der nationalsozialistischen Volkstumspolitik an der Sprachgrenze besonders förderungswürdig gewesen wäre, so kann man von einer eklatanten Vernachlässigung sprechen. Das scheint von den Böhmerwäldlern vielfach auch so empfunden worden zu sein. So erklärt sich etwa der Tenor einer Ansprache bei einer Großkundgebung in Krumau im September 1943, wo man der Bevölkerung Genügsamkeit empfahl: „Ihr sollt von Deutschland nicht mehr verlangen, als ihr bereit seid zu geben."[92]

---

[88] SOA Krumau, Chvalšiny, Kronika, č.kr. 2a, Bd. F3: Prothocoll-Buch der Gemeinde Kalsching Bl. 152^v
[89] Ebd., Bl. 209^r
[90] Fallschilderung bei John, Südböhmen (wie Anm.) 460
[91] SOA Krumau, Chvalšiny, Kronika, č.kr. 2a, Bd. F3: Prothocoll-Buch der Gemeinde Kalsching Bl. 209^v
[92] Großkundgebung auf dem Adolf-Hitlerplatz in Krummau. In: Deutsche Böhmerwald-Zeitung, 65. Jg. Nr. 99 vom 25. September 1943

Bei seinen eigenen Forderungen war das nationalsozialistische Regime jedoch keineswegs genügsam. Der Zugriff auf die Ressourcen der Region erfolgte rasch und gründlich. An oberster Stelle stand hier die Nutzung der Ressource Mensch. Das hatte sich bereits in Eigrubers erster Rede in Krumau deutlich abgezeichnet. Er hatte ausdrücklich den Arbeitsdienst erwähnt; und weiter äußerte sich Eigruber wörtlich: „Die deutsche Wirtschaft, in die ihr nun eingegliedert, die deutsche Verwaltung, die euch nun betreut, die deutsche politische Führung, zu der ihr euch nun bekennt, sie alle werden *euch mehr einspannen als ihr bisher gewohnt ward*, [...] an Einsatz, Arbeitskraft und Leistung!"[93] Zumindest in dieser Hinsicht hielt das NS-Regime Wort. Wie in allen Teilen des Dritten Reiches steigerten sich nach Kriegsausbruch die Wochenarbeitszeiten kontinuierlich bei gleichzeitiger Abschaffung vieler traditioneller kirchlicher Feiertage.

Die Arbeitslosigkeit im Böhmerwald wurde im Grunde dadurch beseitigt, dass man die Arbeitslosen in anderen Teilen des Reiches einstellte, in denen 1938 bereits ein rüstungsbedingter Arbeitskräftemangel herrschte. Die propagandistisch der Tschechoslowakei angelastete Abwanderung in den Jahren 1918-1938 hielt somit auch nach dem deutschen Einmarsch an, ja sie verstärkte sich sogar noch. Genaue Zahlen liegen für den Zeitraum vom 17. Mai 1939 bis zum 1. April 1942 vor: Aus dem Kreis Kaplitz wanderten 3978 Menschen ab, aus Krumau 2317.[94]

In diesem Zusammenhang erscheinen auch die gehäuften Eintritte in SS und SA in einem anderen Licht. Es ist immer wieder darauf hingewiesen worden, nicht zuletzt von tschechischer Seite nach 1945, dass in mehreren Orten Südböhmens ein überdurchschnittlich hoher Prozentsatz an Männern den bewaffneten Parteiformationen beigetreten sei. Záloha nennt etwa 320 SA-Männer in Friedberg, sowie 188 SA- und 16 SS-Männer für Höritz.[95] Diese Zahlen erlauben aber nicht nur Rückschlüsse auf das politische Engagement in diesen Gemeinden, sondern wohl auch auf die soziale Lage der Betroffenen. Angesichts des trostlosen wirtschaftlichen Umfelds bis weit ins Jahr 1939 hinein war ein Beitritt zu SA oder SS in vielen Fällen der einfachste (und möglicherweise auch der einzig gangbare) Weg, eine rasche soziale Besserstellung im Böhmerwald selbst zu erzielen. Dass dabei oftmals echte Begeisterung für die nationalsozialistische Ideologie im

---

[93] „Nun an die Arbeit!" Gauleiter Eigruber gibt die Parole für den Aufbau im Böhmerwalde. In: Volksstimme, Nr. 94 vom 18. Oktober 1938, 9 (Hervorhebung im Original)
[94] John, Südböhmen (wie Anm. 7) 457
[95] Záloha, Bezirk Český Krumlov (wie Anm. 25) 445

Spiel gewesen sein dürfte, sei nicht abgestritten. Es fällt aber immerhin auf, dass das Engagement für Führer und Partei nicht ausreichte, in größerem Umfang Freiwillige für den Reichsarbeitsdienst zu gewinnen.[96] In gewissem Sinne reagierte die betroffene Bevölkerung hier also auch auf die Wirtschaftspolitik des Regimes, und ergriff die einzigen sich bietenden Gelegenheiten zum sozialen Aufstieg.

Neben dem „Menschenmaterial", wie es im NS-Deutsch bezeichnenderweise hieß, war die zweite Hauptressource der Kreise Krumau und Kaplitz ihr Waldreichtum.[97] Durch großflächige Enteignung kirchlichen und adeligen Grundbesitzes hatte sich Eigruber eine gewaltige, zusammenhängende Forstdomäne geschaffen, die gemeinsam mit den ebenfalls beschlagnahmten Wäldern des Stiftes Schlägl auch in eigentlich oberösterreichisches Gebiet hineinragte.

Leicht verfügbares Holz stellte für die zahlreichen Papierfabriken der Region die wirtschaftliche Grundlage dar. Zudem war Holz als Brennstoff und als Rohmaterial für traditionelles Handwerk von Bedeutung. Auch hier wurde auf die Bedürfnisse der örtlichen Bevölkerung kaum Rücksicht genommen. So vermerkte etwa der Kalschinger Gemeindechronist bereits Ende Oktober 1939, also nur wenige Wochen nach Kriegsausbruch: „Unglaublich im Böhmerwald: Holzschuhe sind nicht zu haben. – Holz sparen als Rohstoff; nur gegen Bezugsschein."[98] Und der Chronist fügte bezeichnenderweise hinzu, dass bisher keine Kohle eingetroffen sei.

Die dritte – schon deutlich spärlichere – Ressource des Böhmerwaldgebietes waren die durch NS-Terror oder die anhaltende Wirtschaftskrise verwaisten Betriebe und Liegenschaften. Um diese entbrannte ausnahmslos ein heftiger Streit, bei dem die maßgebenden Linzer Stellen ebenfalls konsequent alle örtliche Interessen (und Interessenten) ignorierten. Ziel der Verantwortlichen in Linz war dabei in jedem Fall, entweder den Besitzstand des Gaus zu mehren, oder zumindest im personellen Bereich Einfluss (und zusätzliche Einkommensquellen) zu gewinnen. Zu Eigrubers „Gau-Imperialismus" im Budweiser Raum gesellte sich also auch der Aufbau eines kleinen Wirtschaftsimperiums innerhalb Oberdonaus.

Geradezu zynisch mutet dabei an, dass Eigruber als Argument gegenüber Berlin den wirtschaftlichen Notstand der Region ins Treffen führte. „Wer

---

[96] Záloha erwähnt dieses Faktum ohne weiteren Kommentar, ebd., 445
[97] Zum Thema „Menschenmaterial" allgemein, siehe Adolf Hitler. Monologe (wie Anm. 64) Eintragung am 29.12.1941
[98] SOA Krumau, Chvalšiny, Kronika, č.kr. 2a, Bd. F3: Prothocoll-Buch der Gemeinde Kalsching

die Not und die kulturellen [sic!] Rückständigkeit des Böhmerwaldes kennt, wird davon überzeugt sein, dass es die Pflicht der Allgemeinheit ist, hier mit besonderen Hilfsmaßnahmen einzugreifen", lautet etwa ein Schreiben, in dem der Gauleiter die Überlassung eines Betriebes an seinen Gau erbat.[99]

Wie diese Hilfsmaßnahmen tatsächlich aussahen, wird exemplarisch am Schicksal der Pötschmühle, also den Papierfabriken der jüdischen Familie Spiro in Krumau und Wettern ersichtlich. Anfragen der beiden betroffenen Gemeinden, im Zuge der Arisierung Firmenbesitz erwerben zu können, wurden rundweg abgelehnt.[100] Da die Stadt Krumau hoch verschuldet war, hätte eine Überlassung der Papierfabrik die Stadtfinanzen merklich entlastet. Stattdessen ging die Firma in Reichsbesitz über, wurde mit Steyrermühl fusioniert und Eigrubers Mitarbeiter Oskar Hinterleitner unterstellt. Dieser fungierte als Aufsichtsratsvorsitzender der Gesamtfirma und gleichzeitig als Aufsichtsrat der Pötschmühle.

Für die Böhmerwaldregion blieben auch bei der Arisierung nur die Krümel über, und selbst diese waren in erster Linie der Partei vorbehalten. Ein „verdienter" Parteigenosse (und Bekannter Hinterleitners) etwa lebte ein Jahr lang auf Kosten der Pötschmühle; die ihm angetragene Kanzleiarbeit übte er allerdings nicht aus, weil sie ihm laut eigener Angabe „nicht zusagte".[101] Doch damit war die Spendierfreudigkeit der arisierten Firma noch lange nicht erschöpft. Die Hitler Jugend (HJ) erhielt Geld zur Anschaffung eines leichten Motorrades.[102] Die SA-Standarte 91 in Krumau erbat Kanzleimöbel.[103] Die Villa der einstigen Firmeninhaber schließlich wurde „als Symbol des Sieges des Nationalsozialismus über das internationale Judentum" für den Landrat von Krumau „angekauft".[104]

Man mag in der so genannten „Entjudung" einen Vorgang erblicken, bei dem Rücksichtslosigkeit und moralische Verkommenheit in der Natur der Sache lagen. Die radikale Ausschaltung örtlicher Wirtschaftsinteressen begegnet einem jedoch auch anderswo. So wurde der Gemeinde Rosenberg 1942 von Eigruber Hilfe bei der Entschuldung zugesagt. Der Preis, den der Gauleiter dafür verlangte, war die Überantwortung des gemeindeeigenen

---

[99] OÖLA, Reichsstatthalterei 1940-1945/Arisierung, Sch. 28: Akt Spiro, Eigruber an Reichsminister, 23.9.1940
[100] Eine detaillierte Schilderung der Arisierung bei John, Südböhmen (wie Anm. 7) 462-464
[101] OÖLA, Reichsstatthalterei 1940-1945/Arisierung, Sch. 27: Akt Pötschmühle – Stellungsansuchen Sackl-Walden
[102] Ebd., Akt Spiro, Spende Motorstandarte 199
[103] Ebd., Akt Pötschmühle, SA-Standarte 91
[104] Zitiert bei John, Südböhmen (wie Anm. 7) 463

Elektrizitätswerkes in Gaubesitz.[105] Wie schwer die Veräußerung den Rosenbergern fiel, wird aus der Eintragung in der Gemeindechronik trotz der vorsichtigen Formulierung deutlich: „Auf Wunsch des Reichsstatthalters von Oberdonau wird die Elektroanlage der Gemeinde Rosenberg, die 12 Jahre Eigentum der Gemeinde war, von den Kraftwerken Oberdonau übernommen."

Man wird Michael John zustimmen dürfen, dass die Art und Weise, wie Oberdonau den Böhmerwald verwaltete, mitunter fast koloniale Züge annahm. Die Ressourcen der „Kolonie" kamen vor allem dem Mutterland bzw. dessen Machtträgern zu Gute. Was Wunder, dass wie in echten Kolonien die „Eingeborenen" mit der Zeit den Aufstand probten? Als das beschlagnahmte Kalkwerk in Schwarzbach vom Linzer Raiffeisenverband übernommen werden sollte, kam es zu heftigen örtlichen Protesten. Die Bevölkerung befürchtete (vermutlich zu Recht), dass der für die Bodenbehandlung nötige Kalk hauptsächlich Richtung Süden entschwinden würde.[106]

Der spektakulärste Proteststurm gegen die Linzer Politik ereignete sich in Krumau selbst und betraf den Hausrat der geflohenen jüdischen und tschechischen Einwohner der Stadt. Die diversen Möbel und Utensilien wurden geschlossen per LKW nach Linz abtransportiert. Der Hausrat war von den Behörden zur Möblierung von Künstlerwohnungen des Linzer Landestheaters vorgesehen. Warnungen aus Parteikreisen in Krumau über ein drohendes PR-Debakel ersten Ranges wurden genauso in den Wind geschlagen wie schon zuvor der immer lauter werdende Unmut des Bürgermeisters Schönbauer. Erst ein offenbar bis in die Linzer Gauleitung vernehmlicher Aufschrei der Empörung bewog ein Umdenken: Das Mobiliar, samt Wäsche und Haushaltsgegenständen wurde zurückgeschafft und danach in Krumau versteigert.[107]

So unerfreulich der Anlass und so zweifelhaft die moralische Haltung der Protestierenden auch gewesen sein mochten, warf der Zwischenfall doch ein deutliches Licht auf die Stellung der Böhmerwäldler innerhalb Oberdonaus. Dass dies nicht ohne Folgen für die Stimmung der Bevölkerung bleiben konnte, lässt sich erahnen.

---

[105] SOA Krumau, 0-81 Rožemberk na Vlt., i. č 23, č.kr. 1: Gedenkbuch von Rosenberg 167
[106] Besprechung bei John, Südböhmen (wie Anm. 7) 460
[107] OÖLA, Reichsstatthalterei 1940-1945/Arisierung, Sch. 35: Gauwirtschaftsberater OD an Gestapo Linz und Aktenvermerk Dr. Katzwendel

Besonders aufschlussreich in diesem Zusammenhang ist ein Satz im internen Bericht über den Krumauer Hausratstransport: „Solche Sachen werden viel herumgesprochen und verbessern die Stimmung gegen den Gau nicht."[108] Mit anderen Worten: Die Linzer NS-Behörden waren im Böhmerwald unbeliebt, und der Verfasser des Berichts setzte diese Tatsache als allgemein bekannt voraus.

Wirklich brisant – für die Historiker heute nicht weniger als wohl für die NS-Machthaber damals – ist aber ein weiterer Satz des Krumauer Beamten, nämlich dass die bisher allgemein geäußerte Klage über die Tschechoslowakei im Böhmerwald „vielfach" verstumme und die Bevölkerung dem Dritten Reich mit „Gleichgültigkeit" und auf „abwartende" Weise begegne. Diese Ernüchterung über den nationalsozialistischen Alltag hat deutliche Parallelen mit der Lage in Österreich, wo nach der anfänglichen Euphorie ebenfalls eine sehr viel reserviertere Haltung um sich griff.[109]

In Südböhmen erlebte die Bevölkerung das Dritte Reich zeitlich komprimiert: Der Nationalsozialismus dauerte hier nur etwa halb so lang wie in Deutschland. Zudem war im Böhmerwald die NS-Herrschaft von Anfang an mit dem Bewusstsein akuter Kriegsgefahr verbunden. Nach einer kurzen Phase des Aufatmens im Winter 1938 stellte sich das Jahr 1939 als diplomatische Dauerkrise dar. Der Kriegsausbruch selbst erfolgte noch vor dem ersten Jahrestag der „Befreiung". Stärker noch als in Österreich wird daher in den Erinnerungen der Böhmerwäldler der Nationalsozialismus mit dem Kriegsalltag gleichgesetzt. Die in Deutschland ausgeprägte Phase des „nationalen Aufbaus", die auch in Österreich örtlich noch durchaus zum Tragen kam, entfiel in Südböhmen. Der Staat, der im Oktober 1938 die Hoheit über Krumau und Kaplitz übernahm, war durch die Hochrüstung ausgelaugt und am Rande des Bankrotts. Beides fiel der Bevölkerung bereits in den Tagen des deutschen Einmarsches auf, allerdings ohne dass offenbar der Zusammenhang erkannt worden wäre. Fast alle Berichte erwähnen den starken Eindruck, den die einziehende Wehrmacht mit ihren blinkenden Waffen und ihrem Material erzielte. Nicht selten aber wird auch davon berichtet, dass die einrückenden Reichsdeutschen – Soldaten wie Zivilisten – in einem wahren Kaufrausch binnen weniger Tage die Geschäfte leer fegten. Der Begriff „Einkaufshyänen" wurde zum geflügelten Wort im Oktober 1938.

---

[108] OÖLA, Reichsstatthalterei 1940-1945/Arisierung, Sch. 35: Wochenbericht vom 14.6.1940 des Kreiswirtschaftsberaters Gütter

[109] Vgl. die detaillierte Auswertung der Stimmungsberichte der NS-Behörden bei Evan Burr Bukey, Hitlers Österreich. Eine Bewegung und ein Volk (Berlin 2001)

Während also die NSV propagandistisch mit Gulaschkanonen auffuhr und 10.000 Brotlaibe als Gabe des Gaues Wien verteilte, verschwanden die Lebensmittel aus den Geschäften des Böhmerwaldes.[110] Gleiches galt für traditionelle böhmische Landesprodukte, wie etwa Bier: Einzelne Orte waren binnen Stunden von den einziehenden Deutschen „trockengelegt", die gesamte Brauerei Schwarzbach „ausgetrunken".[111] Auch Hausratsgegenstände und Herrenbekleidung verschwanden im Rekordtempo. Dies lag einerseits am Preisgefälle zwischen dem Deutschen Reich und den neu angeschlossenen Gebieten, andererseits aber auch daran, dass manches in der nationalsozialistischen Mangelwirtschaft in dieser Qualität nicht mehr ohne weiteres zu haben war.

Schilderungen der Hamstereinkäufe durch Militärs und Zivilbevollmächtigte nahmen breiten Raum in den offiziellen Berichten ein. Der Abwehroffizier Groscurth meldete etwa am 14. Oktober, dass die gleichzeitige Anschaffung von zwei Anzügen, einem Mantel oder zwei Dutzend Hemden bei den eintreffenden Reichsdeutschen auf der Tagesordnung stünden.[112] Tags darauf erwähnte er, dass alleine durch die Einkäufe der einrückenden Polizei Knappheit an Butter und Eiern eingetreten wäre. Am 29. Oktober schließlich berichtete Groscurth, dass die durch Versorgungsengpässe entstehenden Schlangen vor den Geschäften mittlerweile zum Erscheinungsbild der Städte und Dörfer in den Sudetengebieten gehörten.[113]

Angesichts dieser Zustände gerieten die Behörden unter Druck. Im Dorf Gratzen behalfen sich die dort noch amtierenden SdP-Stellen damit, das Warenlager eines geflohenen jüdischen Geschäftsinhabers öffnen zu lassen und (gegen Einzahlung auf ein Sperrkonto) an die Ortsbewohner zu verkaufen. Als Rechtfertigung für diese eigenmächtige Vorgangsweise führten die örtlichen Stellen ausdrücklich an, dass „sämtliche Gratzer Geschäfte durch das reichsdeutsche Militär ausverkauft" gewesen wären.[114] Es dauerte mehrere Monate, bis sich die Versorgungslage in Südböhmen einigermaßen stabilisierte.[115]

Der Gratzer Zugriff auf jüdisches Eigentum verweist freilich auch auf einen weiteren Unterschied zwischen Böhmerwald und Altreich: Der Be-

---

[110] SOA Krumau, 0-7, Horní Planà, Kronika IV. 1935-1945: Gemeindegedenkbuch Oberplan 41
[111] Ebd.
[112] Krausnick, Helmut Großcurth (wie Anm. 32) 330
[113] Ebd., 354
[114] OÖLA, Reichsstatthalterei 1940-1945/Arisierung, Sch. 10/12: Akt Heller Max und Irma, Gratzen 7
[115] Mitteilung von Herrn Anton Bouzek

völkerung Südböhmens begegnete ein Regime, das bereits in all seinen Wesenszügen vollständig ausgebildet war. Während in Deutschland die Ausgrenzung und Verfolgung der jüdischen Bürger sich erst allmählich entwickelte, war der Terror im Herbst 1938 bereits etabliert. Nicht zuletzt angesichts des in Österreich erfolgten Radikalisierungsschubs wusste die jüdische Bevölkerung in Südböhmen, dass Gefahr für Leib und Leben drohte. Die antisemitischen Ausschreitungen in den letzten Wochen vor dem deutschen Einmarsch bewogen dann die meisten jüdischen Bewohner der Region zur Flucht. In der Pogromnacht des 9. November 1938 waren daher die meisten Liegenschaften bereits verlassen. Synagogen wurden allerdings auch im Böhmerwald beschädigt, unter anderem in Rosenberg, wo im Sommer 1939 auch noch der jüdische Friedhof von Jugendlichen geschändet wurde.[116]

Für die letzten verbliebenen jüdischen Bürger brach mit der „Reichskristallnacht" die vollständige Entrechtung herein. Die verbliebenen Mitglieder der jüdischen Gemeinde wurden in einem Lager in Böhmzeil bei Gmünd interniert.[117] Man muss davon ausgehen, dass die meisten Internierten in weiterer Folge ermordet wurden. Auch manche der vermeintlich rechtzeitig Geflüchteten wurden später – im Protektorat oder auch in Westeuropa – von der vorrückenden Wehrmacht eingeholt.

Genaue Zahlen der aus Südböhmen stammenden Opfer des nationalsozialistischen Rassenwahns liegen nicht vor. Lediglich sechs jüdische Bewohner sollen nach dem Krieg in die Böhmerwaldregion zurückgekehrt sein.[118] Freilich wollten die wenigen Überlebenden der Konzentrationslager oftmals nicht in Europa bleiben, wobei hinzukam, dass die Tschechoslowakei überlebende deutschsprachige Juden gemeinsam mit den Sudetendeutschen vertrieb und teilweise sogar befreite KZ-Häftlinge zusammen mit den Sudetendeutschen in die neuen tschechischen Arbeits- und Internierungslager sperrte.[119]

Die Tatsache, dass die tschechoslowakischen Behörden 1945 explizit anordneten, die Sudetendeutschen „auf die Ebene der Juden während des nazistischen Regimes zu stellen"[120], oder dass örtlich nach dem Krieg Le-

---

[116] Alois Harasko, Die Judenstadt in Rosenberg. In: Deutsche Kulturlandschaft an Moldau und Maltsch. Hg. v. Alois Harasko (München 1986) 211
[117] Siehe Slapnicka, Oberdonau (wie Anm. 54) 51
[118] Záloha, Bezirk Český Krumlov (wie Anm. 25) 446
[119] Nachweise bei Emilia Hrabovec, Neue Aspekte zur ersten Phase der Vertreibung der Deutschen aus Mähren 1945. In: Nationale Frage (wie Anm. 6) 122
[120] Zitiert bei ebd., 125

bensmittelkarten für Sudetendeutsche mit dem Aufdruck „Jude" ausgegeben wurden, weist deutlich daraufhin, wie tief greifend das Schicksal der Juden im Dritten Reich das Bewusstsein in Mitteleuropa insgesamt verändert hatte.[121] So sehr dabei die amtliche tschechoslowakische Argumentation das Verbrecherische der eigenen Vorgangsweise preisgibt, ist doch festzuhalten, dass mit den Ausschreitungen gegen jüdische Mitbürger 1938 der Nachkriegs-ČSR ein konkretes Vorbild zur Vertreibung und Beraubung geboten worden war.[122] Bei aller Ablehnung einer Kollektivschuld für die Böhmerwäldler muss auch konstatiert werden, dass es keineswegs nur einzelne Fanatiker waren, die im September 1938 Schuld auf sich geladen hatten.

Nicht nur in Krumau, sondern auch in kleineren Orten hatten sich vor dem deutschen Einmarsch schändliche Szenen abgespielt. In Oberplan etwa umringte eine Volksmenge das Auto der zur Flucht bereiten Kaufmannsfamilie Schwarz. Die Menge pöbelte die verstörten Wageninsassen an und schlug dabei unter Ausstoßung heftiger Drohungen auf das Auto ein; andere Dorfbewohner verwüsteten indessen das Haus der Familie.[123] In blinder Zerstörungswut wurde dabei sogar das Bettzeug zerfetzt, sodass die Daunen wie dichter Schneefall aus den Fenstern quollen.

Freilich gab es auch Gegenbeispiele. Das Stift Hohenfurth wurde 1941 von der Gestapo beschlagnahmt, nicht zuletzt mit dem Argument, es habe 1938 jüdischen Flüchtlingen Zuflucht gewährt.[124] Auch das Schicksal des Pfarrprovisors im Weiler Glöcklberg gehört hier her: Pater Unzeitig, CMM, wurde wegen „Verteidigung der Juden" ins Konzentrationslager Dachau verschleppt, wo er seinen Mut und seine Menschlichkeit erneut unter Beweis stellte. Er starb an Typhus, nachdem er sich freiwillig gemeldet hatte, die ohne jegliche medizinische Versorgung leidenden Typhuskranken des Lagers zu pflegen.[125]

Solch außergewöhnlichen Mut wird man von der Allgemeinheit nicht erwarten dürfen. Gerade das Schicksal der Geistlichen des Böhmerwaldes, die mit dem NS-Regime in Konflikt gerieten, führte der Bevölkerung

---

[121] Helmut Slapnicka, Rechtliche Grundlagen für die Behandlung der Deutschen und der Magyaren in der Tschechoslowakei 1945-1948. In: Nationale Frage (wie Anm. 6) 172
[122] Zu den unverkennbaren Parallelen zwischen nationalsozialistischer Rassenlehre und den Volkstumsdefinitionen diverser ČSR-Behörden 1945-1947 siehe neben dem Artikel von Hrabovec auch Jaroslav Kučera, Statistik auf dem Holzweg: Einige Bemerkungen zu Berechnungen der Sudetendeutschen Vertreibungsverluste. In: Nationale Frage (wie Anm. 6) 141-154
[123] Mitteilung von Dr. Otto Spitzenberger
[124] John, Südböhmen (wie Anm. 7) 51
[125] Vasalek, Kampf (siehe Anm. 61) 206 f.

immer wieder vor Augen, wie gefährlich schon der Verdacht auf Gegnerschaft zum Dritten Reich sein konnte. Das genaue Ausmaß der Gestapo-Maßnahmen gegenüber dem Klerus des Böhmerwaldgebiets lässt sich wegen der Aktenverluste nicht restlos erschließen. Laut den Kirchenhistorikern Hüttl und Vasalek erfuhren 31 Priester in den Kreisen Krumau und Kaplitz (mit 52 Pfarren) Drangsalierungen durch die Gestapo.[126] Die Pressionen reichten dabei von Vorladungen und Verhören über das Verbot, Religionsunterricht zu erteilen und hohen Geldbußen (z. B. 1000 RM Strafe für einen Kaplan, dessen Monatsgehalt 60 RM ausmachte) bis zur Ausweisung aus dem Gaugebiet. Sechs Priester waren zeitweilig in Haft, mindestens zwei Geistliche wurden ins Konzentrationslager Dachau eingewiesen, wo sie verstarben; ein weiterer war möglicherweise in Mauthausen bzw. im Außenlager Garsten inhaftiert.

Diese Priesterverfolgung muss im Zusammenhang mit dem massiven Kirchenkampf im besetzten Österreich und in den Sudetengebieten gesehen werden, der auf die völlige Zerschlagung der bestehenden katholischen Infrastruktur zielte. Das NS-Regime ging dabei wesentlich radikaler vor als im Altreich. Fünf Jahre nach der Machtergreifung in Deutschland fühlte sich die nationalsozialistische Führung stark genug, die öffentliche Meinung im Ausland ignorieren zu können. Schließlich war ein Krieg in naher Zukunft bereits geplant. Die bestehenden Konkordate wurden daher nach dem militärischen Einmarsch jeweils außer Kraft gesetzt, ohne dabei das Reichskonkordat von 1933 auf die annektierten Gebiete auszudehnen. Da somit im Gegensatz zu Deutschland keine staatliche Stelle verfassungsrechtlich für Kirchenfragen zuständig war, wurde die Kirche in den alten habsburgischen Landen unmittelbar der Gestapo unterstellt. Das erhöhte naturgemäß den Druck auf den Klerus. Zudem erleichterte es den Parteistellen den Zugriff auf den Ordensbesitz wegen angeblicher „staatsfeindlicher Tätigkeit".

Im Böhmerwald übertraf das Ausmaß dieses organisierten Raubzuges sogar deutlich den Umfang der Arisierungen.[127] Es wurden im Bereich des Generalvikariats Hohenfurth die Niederlassungen von sechs Männer- und 18 Frauenorden beschlagnahmt, allen voran das kirchliche Zentrum der Region, das Zisterzienserstift Hohenfurth. Dabei wurden jeweils nicht nur der gesamte Land- und Forstbesitz und die eigentlichen Ordensgebäude konfisziert, sondern auch die Pfarrhöfe, die dann vom Generalvikariat zur

---

[126] Detaillierte Fallschilderungen, ebd.; sowie Hüttl, Generalvikariat Hohenfurth (wie Anm. 58) 20-34
[127] Siehe John, Aspekte (wie Anm. 22) 61

Aufrechterhaltung des Pfarrlebens gemietet werden mussten. Die solcherart erpressten Gelder gingen direkt in die Kassen der Gestapo: Die Opfer des Terrors hatten somit ihre eigene Verfolgung zu finanzieren.
Zudem wurden die Orden an der Ausübung ihrer karitativen Aufgaben gehindert. Die Barmherzigen Schwestern etwa wurden aus dem Krumauer Spital vertrieben und von den „braunen Schwestern" der NSV ersetzt.[128] In Rosenberg beschlagnahmte die NSV den herrschaftlichen Kindergarten, der in der Obhut der Borromäerinnen gelegen war; die Räumlichkeiten wurden danach mit Nazi-Fresken versehen.[129]
Am Fall des Kindergartens der Herrschaft Rosenberg wird augenfällig, wie die diversen Ziele des Regimes ineinander griffen. Die Beschlagnahmung erlaubte es der Partei, sich als karitative Organisation in Szene zu setzen und gleichzeitig Kirche und Hochadel als soziale, wirtschaftliche und karitative Größen zu eliminieren. Die Kreise Krumau und Kaplitz beweisen geradezu exemplarisch, dass der organisierte Raub im Zentrum der nationalsozialistischen Politik stand. Die „Entjudung" war kein Einzelfall. Sie muss im Zusammenhang mit der Ausplünderung der besetzten Völker außerhalb der Reichsgrenzen gesehen werden (etwa dem, was Gauleiter Eigruber mit den Budweiser Tschechen vorhatte) und innerhalb der Grenzen mit dem Zugriff auf Kirchengut und den Besitz der politischen Gegner wie Gewerkschaften und Parteien, diverse Jugendvereine, Konsum-Genossenschaft oder auch Habsburgtreue.
Im wenig industrialisierten Südböhmen spiegelte sich die Strukturschwäche selbst in den nationalsozialistischen Raubzügen wider: Es wurden vor allem Ländereien und Liegenschaften, Schlösser, Klöster und Kunstwerke (so etwa der berühmte Hohenfurther Altar) gestohlen. Die Beraubten waren die traditionellen Stützen der alten Monarchie: neben der Kirche die Fürstenhäuser Schwarzenberg und Lobkowitz, sowie die Herrschaft Rosenberg des Grafen Buquoy. Im Grunde wurde dabei versucht, die Geschichte der Region auszulöschen. Die NSDAP selbst sollte Adel und Kirche auch symbolisch verdrängen. Das Krumauer Schloss wurde von der Kreisleitung in Beschlag genommen und sogleich mit einem NS-Fresko versehen.[130] „Ob in der Burg Rosenberg eine Jugendherberge oder eine Kreisschulungsburg errichtet werden soll, hat […] [der Gauleiter, Anm.

---

[128] SOA Krumau, Chvalšiny, Kronika, č.kr. 2a, Bd. F3: Prothocoll-Buch Kalsching Bl. 199ᵛ
[129] Ebd., 0-81 Rožemberk na Vlt., i. č 23, č.kr. 1: Gedenkbuch von Rosenberg 161 f.
[130] Harry Slapnicka, Wenig Extreme in einer Zeit voller Extreme. Die bildende Kunst im Gau Oberdonau. In: Kunstjahrbuch der Stadt Linz. Hg. v. Stadtmuseum Linz (Wien 1991) 129

G.S.] sich zum Entscheid vorbehalten", heißt es im Gedenkbuch der Gemeinde Rosenberg.[131] Das Schwarzenbergische Schloss Rothenhof bei Kalsching wiederum wurde von Eigruber 1942 mit großem Propagandazeremoniell der NSV übergeben. Anstatt „nur einigen reichen Nichtstuern vorbehalten [zu] bleiben" solle Rothenhof im Zeitalter der „Volksgemeinschaft" Müttern Erholung bieten, „die ihren Mann [...] im Freiheitskampf verloren haben"; und Eigruber schloss mit der Bemerkung: „Wir können getrost in die Zukunft sehen und dem *Führer blind vertrauen*, der nur das Wohl und Glück des deutschen Volkes will."[132]

Es gab also auch im Böhmerwald das bekannte Angebot des Regimes, das da lautete: soziale „Betreuung" (aus gestohlenen Mitteln) als Lohn für bedingungslose Unterwerfung, und systematisches Kujonieren derjenigen „Volksgenossen", die es wagten, anderen als dem Führer ihr Vertrauen zu schenken. Damit schließt sich auch der Kreis zum NS-Kirchenkampf.

Die traditionell katholische Bevölkerung des Böhmerwaldes fand sich in der Ausübung ihres Glaubens auf vielfache Weise behindert. Das begann schon bei der Taufe, wo nationalsozialistische Ärzte aus vorgeblich medizinischen Gründen einzelnen Eltern Taufen untersagten, sodass Haustaufen durchgeführt werden mussten.[133] Am anderen Ende des Lebens musste man gewärtig sein, dass die NSV-Schwestern Priestern den Zugang zum Sterbebett verweigern würden. Wer in Spitäler eingeliefert wurde, musste bei der Aufnahme ausdrücklich den Wunsch deponieren, im Notfall einen Priester sehen zu wollen. Das Generalvikariat empfahl daher den Gläubigen im Böhmerwaldgebiet, stets ein Kärtchen mit einer entsprechenden Mitteilung bei sich zu tragen.[134]

Der Religionsunterricht in den Schulen wurde, wie auch in Österreich, verboten. Der Ersatzunterricht unterlag – ebenfalls wie in Österreich – zahllosen Einschränkungen und Behinderungen und der schrankenlosen Willkür örtlicher NS-Organe. Die HJ wiederum wurde angehalten, Diensteinsätze zum Zeitpunkt der Sonntagsmesse oder anderer kirchlicher Veranstaltungen anzusetzen, um so die Jugend von den Kirchen fern zu halten. Dabei war strengste Geheimhaltung angeordnet: „Die Führerschaft und die Jungen soll [sic!] von dem eigentlichen Zweck des Dienstes *nichts* erfah-

---

[131] SOA Krumau, 0-81 Rožemberk na Vlt., i. č 23, č.kr. 1: Gedenkbuch von Rosenberg 167
[132] Deutsche Böhmerwald-Zeitung, 64. Jg. Nr. 29 vom 18. Juli 1942 (Hervorhebung im Original)
[133] Diözesanarchiv Linz, Meldung des Pfarramtes Buchers: 8.3.1943, zitiert nach Hüttl, Generalvikariat Hohenfurth (wie Anm. 58) 31
[134] SOA Krumau, Chvalšiny, Kronika, č.kr. 2a, Bd. F3: Prothocoll-Buch Kalsching Bl. 199v, 200ʳ

ren".[135] Um den Kirchenbesuch weiter zu erschweren, wurde Schulkindern die Teilnahme an Frühgottesdiensten (also vor 9 Uhr) „aus Gesundheitsgründen" untersagt.[136] Traditionelle Prozessionen wurden verboten, durch Ansetzen von Luftschutzübungen und Ähnlichem unmöglich gemacht, oder räumlich auf den Dorffriedhof beschränkt.[137] Teilnahme an Prozessionen wurde von gut sichtbaren Parteiorganen demonstrativ notiert.[138] Die vor dem Zweiten Weltkrieg weithin berühmten Höritzer Passionsspiele wurden untersagt, stattdessen mussten die Laienschauspieler des Dorfes 1943 ein NS-Tendenzstück mit dem bezeichnenden Titel „Saat und Ernte" aufführen.[139] (Danach wurde das Festspielhaus als Depot für übrig gebliebene Ausrüstungsbestände des Afrika-Korps verwendet.) An den Gräbern durften wegen angeblicher Fliegergefahr keine Kerzen entzündet werden.[140] Das Läuten der Glocken war ebenfalls verboten. Gebete und Gottesdienste wurden wiederholt gestört. Das letzte Tischgebet der Hohenfurther Klosterbrüder etwa wurde von Gestapomännern mit höhnischen Kommentaren versehen.[141] Ein Gedenkgottesdienst für die Kriegsopfer in Schwarzbach wurde vom Reichsarbeitsdienst mit dem skandierten Ruf begleitet: „Wann wird der schwarze Bruder endlich fertig?".[142] Nach diesem Gottesdienst wurden die Besucher von einer Parteiformation wie das Vieh in eine Koppel in den Friedhof hineingetrieben, wo sie an der nationalsozialistischen Totenehrung teilnehmen mussten. Niemand durfte vor Ende der NS-Feierlichkeiten den Friedhof verlassen. Zuletzt wurde selbst Erwachsenen mitunter der Messgang verwehrt. Kalschinger Dorfbewohner etwa wurden bei Kriegsende auf dem Weg zur Kirche von Volkssturm-Posten abgefangen und unter Gewaltandrohung zu Schanzarbeiten gezwungen.[143]

Die Hoffnung des Regimes, ein langsames Absterben des katholischen Lebens zu bewirken, erfüllte sich im Böhmerwald freilich genauso wenig wie im restlichen Oberdonau. Die Kirchenaustritte hielten sich in engen Gren-

---

[135] SOA Krumau, Hitlerjugend Vetim, Kronika: Kriegstage- und Fahrtenbuch der J.M. Wettern, vertraulicher Eilbrief der NSDAP an Hitlerjugend Bann 588, 26.10.1939
[136] Ebd., Chvalšiny, Kronika, č.kr. 2a, Bd. F3: Prothocoll-Buch Kalsching Bl. 198ᵛ
[137] Fallschilderungen bei Hüttl, Generalvikariat Hohenfurth (wie Anm. 58) 29-31
[138] So bei der Fronleichnamsprozession 1939 in Kaplitz; siehe Herbert Sailer, Kaplitz. Geschichte eines Städtchens im Böhmerwald von den Anfängen bis zur Vertreibung seiner deutschen Einwohner (Salzburg, o.J.) 185
[139] SOA Krumau, Horicé na Šumavé, Kronika, Bd. F26: Gedenkbuch der Pfarre Höritz
[140] Ebd., Chvalšiny, Kronika, č.kr. 2a, Bd. F3: Prothocoll-Buch Kalsching Bl. 154ʳ
[141] Hüttl, Generalvikariat Hohenfurth (wie Anm. 58) 28 f.
[142] Ebd., 31-33
[143] SOA Krumau, Chvalšiny, Kronika, č.kr. 2a, Bd. F3: Prothocoll-Buch Kalsching Bl. 235ʳ

zen: Laut Statistik gab es 1942 im Bereich des Generalvikariats 87.568 Katholiken (bei einer Gesamtbevölkerung von etwa 90.000).[144] Auch örtliche Berichte bestätigen dieses Bild. In der Stadt Krumau waren, dem Kalschinger Chronisten zu Folge zwar „300 a fide defecerunt", aber das Urteil des Meinetschlager Gedenkbuches hatte wohl allgemeine Gültigkeit: „Nur die Größen der nationalsozialistischen Partei" waren ausgetreten.[145] Es regte sich zudem verborgener und teilweise sogar offener Widerstand. Einzelne Großeltern versuchten ihre Enkelkinder heimlich taufen zu lassen, weil die Eltern als stramme Nationalsozialisten die Kinder „gottgläubig" – also atheistisch – erziehen wollten.[146] Mitglieder der HJ besuchten trotz des Drucks auf sie Gottesdienste oder wirkten sogar aktiv daran mit: In Kalsching sorgte ein Hitlerjunge mit seiner Geige für Musik bei der Weihnachtsmette 1939.[147] In Meinetschlag spielte die Blaskapelle bei der Auferstehungsprozession, obwohl die Musiker von einem Nationalsozialisten bedroht worden waren. „Die Männer haben Mut und gehorchen nicht und spielen dennoch", heißt es dazu in der Gemeindechronik.[148] Im gleichen Ort sicherten am Vorabend der Firmung Bauernburschen die ganze Nacht über den Pfarrhof, um den dort weilenden Linzer Bischof vor einer „geheime[n] Aushebung" durch Parteiorgane zu schützen.[149] Gelegentlich ließen sogar Staatsorgane ihre wahre Einstellung durchblicken: So etwa, als im Jänner 1942 die Gestapo Großrazzien in allen österreichischen Gauen wegen des so genannten Möldersbriefs durchführte. In Buchers wurde die Durchsuchung des Pfarrhofes vom Dorfgendarm durchgeführt, weil die Gestapo wegen Schneeverwehungen den Ort nicht erreichen konnte. Der Gendarm beschlagnahmte daraufhin sorgsam nach seiner Harmlosigkeit ausgewähltes Material und bat dann den Pfarrer den bewussten Brief zu verbrennen, „wenn sie ihn haben [sollten]".[150]
Es zeigte sich somit im Böhmerwald – wie auch in Oberösterreich – ein sehr starkes Beharren der Bevölkerung auf ihrer katholischen Lebensweise, oftmals verbunden mit deutlicher Zivilcourage in Glaubensdingen.

---

[144] Siehe Slapnicka, Oberdonau (wie Anm. 54) 206
[145] SOA Krumau, Chvalšiny, Kronika, č.kr. 2a, Bd. F3: Prothocoll-Buch Kalsching Bl. 152^r; ebd., Farní Kronika Malonty, Bd. F17: Gedenkbuch Gemeinde Meinetschlag
[146] In diesen Fällen konnten freilich Taufen nicht vorgenommen werden, siehe Hüttl, Generalvikariat Hohenfurth (wie Anm. 58) 30-32
[147] SOA Krumau, Chvalšiny, Kronika, č.kr. 2a, Bd. F3: Prothocoll-Buch Kalsching Bl. 154^r
[148] Ebd., Farní Kronika Malonty, Bd. F17: Gedenkbuch Gemeinde Meinetschlag
[149] Ebd., Farní Kronika Malonty, Bd. F17: Gedenkbuch Gemeinde Meinetschlag
[150] Hüttl, Generalvikariat Hohenfurth (wie Anm. 58) 25 f.; es ging dabei um Vervielfältigungen eines die Kirchenpolitik des Regimes kritisierenden Briefes, der angeblich von dem bekannten Jagdflieger vor seinem Tode verfasst worden war.

Oberdonau gehört zu den Gauen mit den geringsten Kirchenaustritten und den höchsten Zahlen an verfolgten Priestern im Dritten Reich. Die Ablehnung der besonders religionsfeindlichen Parteikreise durch weite Teile der Bevölkerung kann aber nicht unbedingt gleichgesetzt werden mit einer konsequenten Gegnerschaft zur Institution des Großdeutschen Reichs an sich oder zu dessen Führer. Die von der Partei immer wieder eingeforderte Dankbarkeit über die „Befreiung" von der ČSR verband sich zunehmend mit der Angst vor den Folgen einer Niederlage des Dritten Reiches und neutralisierte so die oftmals durchaus erkennbare innere Distanz zum NS-Regime.[151]

Diese politische Passivität wurde im Böhmerwald durch einen weiteren Umstand begünstigt: Der Kriegsalltag war in Südböhmen lange Zeit erträglicher als anderswo im Großdeutschen Reich. Die Versorgungslage der Zivilbevölkerung war vergleichsweise gut. Die dünn besiedelte Region konnte mit ihrer Land- und Viehwirtschaft die Grundbedürfnisse ihrer Bewohner weitgehend selbst decken. Die wirtschaftliche Rückständigkeit der Vorkriegszeit erwies sich so gesehen im Krieg als Vorteil: Man war in vielem Selbstversorger und nicht im gleichen Maße auf rationierte Lieferungen angewiesen wie andere Regionen. Eine Eintragung der Rosenberger Gemeindechronik zur Versorgungslage ist bezeichnend: „Trotz 5. Kriegsjahr sehr gut".[152]

Auch in anderer Hinsicht erwies sich die wirtschaftliche Rückständigkeit nun als vorteilhaft. Das Fehlen größerer Industriebetriebe (oder auch nur größerer Städte) bewahrte das Böhmerwaldgebiet weitgehend vor Luftangriffen. Die Stadt Krumau etwa erlebte ihren ersten Fliegeralarm erst im dritten Kriegsjahr. „Die Krumauer taten gerade das Verkehrte", vermerkte der Kalschinger Chronist: „Alles riß die erleuchteten Fenster auf und fragte, wo brennts denn?"[153] Selbst 1943, als in Deutschland bereits ganze Städte in Trümmern lagen und auch Österreich immer stärker zum Angriffsziel wurde, blieb man im Böhmerwald verschont. Im hochgelegenen Kalsching erlebte man wie in einem natürlichen Amphitheater mit, was sich unten im Flachland abspielte: „Der Einschlag der Bomben, bzw. die schwere 'Flak' wurde am 13.8 [...] beim Angriff auf Wiener Neustadt ganz deutlich gehört. Dasselbe vernahm man [...] bei der Bombardierung

---

[151] Aufschlussreich hierzu ist ein mit 7.10.1944 datierter Zeitungsausschnitt; eingelegt in, SOA Krumau, Hitlerjugend Vetim, Kronika, Bd. S 219: Kriegstage- und Fahrtenbuch der J.M. Wettern
[152] SOA Krumau, 0-7, Horní Planá, Kronika IV. 1935-1945: Gemeindegedenkbuch Oberplan 46 f.
[153] Ebd., Chvalšiny, Kronika, č.kr. 2a, Bd. F3: Prothocoll-Buch Kalsching Bl. 196^v

Münchens. Das Ableuchten des Himmels durch Flakscheinwerfer [...] nach 22h in Linz, sieht man deutlich am ‚Luzerbühel'".[154]
Man fühlte sich mit der Zeit so sicher, dass in den Dörfern selbst bei direktem Überfliegen von Bombergeschwadern kein Alarm mehr gegeben wurde. Die kleineren Ortschaften hatten zudem keine Sirenen und waren wie in vergangenen Kriegen auf den Dorftrommler angewiesen. Selbst der erste tatsächliche Angriff – am 23. September 1944, also volle fünf Jahre nach Kriegsbeginn – wurde in Kalsching noch von arglosen Zuschauern begrüßt: „Jung und Alt lief gegen jede Vorschrift auf den Marktplatz und beobachtete zum Teil mit Ferngläsern das eigentlich schaurige Schauspiel [...] Dann aber fielen plötzlich drei Bomben [...] auf die Berghöhe".[155] Es blieb bis Kriegsende bei vereinzelten Notabwürfen und kleineren, zumeist durch Druckwellen verursachten Sachschäden.
Der nationalsozialistische Alltag verlief daher bis in die letzten Kriegsmonate weitgehend ungestört. Zu Pfingsten 1944 etwa gab es ein Großtreffen der HJ in Krumau, zu dem Delegationen aus allen Teilen des Reiches angereist kamen.[156] Dass Krumau als Veranstaltungsort ausgewählt worden war, lag wohl an der vergleichsweise hohen „Luftsicherheit" der Stadt. Bei diesem Treffen wurde nicht nur propagandistisch noch einmal mit Massenaufmärschen groß aufgetrumpft, es gab auch über mehrere Tage ein aufwendiges Kulturprogramm. Man hatte sogar ein komplettes Bühnenensemble – das Stadttheater Mährisch Ostrau – nach Krumau verfrachtet, um den Hitlerjungen mit Kleists „Prinz Friedrich von Homburg" preußische Soldatentugenden näher zu bringen.[157] Auch in den Jahren zuvor hatte es immer wieder Gastspiele im Krumauer Stadttheater gegeben: Neben Bühnen aus dem „Sudetengau" gastierte mehrmals das Linzer Landestheater in Krumau, sowie das unter Oberdonauer Ägide geführte und von Eigruber zur Chefsache erklärte Budweiser Stadttheater.[158]
Es gab also in beschränktem Umfang auch im Böhmerwald das, was Peter Reichel „den schönen Schein des Dritten Reichs" nennt.[159] Demonstrative

---

[154] Ebd., Bl. 214ʳ
[155] Ebd., Bl. 233ᵛ
[156] Pfingstfest der Jugend. Das Großführerlager der Hitlerjugend in der Böhmerwaldstadt Krummau. In: Deutsche Böhmerwald-Zeitung, 66. Jg. Nr. 23 vom 3. Juni 1944
[157] BArch, R55/20442: Bl. 214, Programmheft „Prinz Friedrich von Homburg" (Großführertreffen der HJ, Krumau, Pfingsten 1944)
[158] Siehe Franz Wischin, Das Krummauer Stadttheater. In: Unsere Heimat. Die Stadt Krummau an der Moldau im Böhmerwalde. Hg. v. Erich Hans – Ingo Hans (Waldkirchen 1992) 452; Oberdonau. Querschnitt durch Kultur und Schaffen im Heimatgau des Führers 1. Jg. Folge 3 (Juni-August 1942)
[159] Peter Reichel, Der schöne Schein des Dritten Reichs. Faszination und Gewalt des Faschismus (München 1992)

Kulturpflege sollte die Zerstörung der geistigen und moralischen Werte vertuschen. Dabei erstreckte sich der moralische Verfall gerade auch auf den Bereich der Kultur, und der Kreis Kaplitz bot dafür sogar ein Paradebeispiel: Das beschlagnahmte Stift Hohenfurth wurde nämlich eines der Depots für die vom NS-Regime in ganz Europa gestohlene „Beutekunst". Die in Hohenfurth gelagerten Objekte waren als Teil der „Führersammlung" für Hitlers geplantes Großmuseum in Linz bestimmt.[160]
Der Raub der Kulturgüter war allerdings nur ein Aspekt der Ausplünderung der besetzten europäischen Länder. Das NS-Regime war vor allem an der Arbeitskraft der besiegten Völker interessiert. Auch im Böhmerwald kam mit Fortdauer des Krieges der offenen oder nur notdürftig kaschierten Zwangsarbeit immer größere Bedeutung zu. Konnten beispielsweise noch im Herbst 1939 in der Heimat verbliebene Soldaten zur Erdäpfelernte eingesetzt werden, so war dies angesichts der Kriegslage bald nicht mehr möglich.[161] Bereits 1941/42 hatten die Abgänge durch Einberufungen ein Ausmaß erreicht, das mit den letzten heimischen Arbeitsreserven einfach nicht mehr gedeckt werden konnte.
Die massive Indienststellung der Jugend im Rahmen von HJ und Bund deutscher Mädel (BdM) – zeitweilig wurde sogar der herbstliche Schulbeginn verschoben, um die Ernte einzubringen – reichte keineswegs.[162] Die verstärkte Heranziehung von Frauen wiederum war für das Regime aus ideologischen Gründen überaus heikel. Berufstätigkeit bei Frauen widersprach zudem der langjährigen nationalsozialistischen Propaganda. Im Böhmerwaldgebiet war damit noch eine weitere propagandistische Peinlichkeit verbunden. Ein in der Böhmerwald-Zeitung veröffentlichter Brief des „Kameraden" Multerer – also des Krumauer Kreisleiters – umriss vorsichtig die Problematik: „[…] früher in der Tschechoslowakei" sei jede Frau aus materieller Not heraus genötigt gewesen, „jede Arbeitsmöglichkeit in Anspruch zu nehmen". Die Lage, so Multerer, sei heute natürlich ganz anders; es folgte dann die deutlich kleinlaute Bitte an „die Kameraden", auf ihre Frauen einzuwirken, sich trotz Kindern dem Arbeitseinsatz anzuschließen.[163]

---

[160] Gesamtdarstellung dazu bei Jonathan Petropoulos, Kunstraub und Sammelwahn. Kunst und Politik im Dritten Reich (Berlin 1999)
[161] SOA Krumau, Chvalšiny, Kronika, č.kr. 2a, Bd. F3: Prothocoll-Buch Kalsching Bl. 154^r
[162] Vgl. Undatierter Ausschnitt aus der Deutschen Böhmerwald-Zeitung, eingelegt in, SOA Krumau, Hitlerjugend Vetim, Kronika: Kriegstage- und Fahrtenbuch der J.M. Wettern; sowie ebd., Chvalšiny, Kronika, č.kr. 2a, Bd. F3: Prothocoll-Buch Kalsching Bl. 183^v
[163] Zwischen Front und Heimat. Liebe Kameraden! In: Deutsche Böhmerwald-Zeitung, 66. Jg. Nr. 14 vom 1. April 1944

Dieser Appell erfolgte erst nachdem ausländische Arbeitskräfte in großem Umfang eingesetzt worden waren und selbst diese nicht mehr ausreichten, um die fehlenden Männer des Böhmerwaldes zu ersetzen. Im Kreis Krumau war im Mai 1944 nahezu jeder vierte Beschäftigte eine „fremdvölkische Arbeitskraft". Im stärker industrialisierten Kreis Kaplitz mit seinen für die NS-Zeitungspropaganda als „kriegswichtig" erachteten Papierfabriken lag der Ausländeranteil sogar bei mehr als 40 %. Kaplitz lag somit an vierter Stelle innerhalb Oberdonaus. Nur das Ennstal, wo während des Krieges die ersten Ennskraftwerke errichtet wurden, sowie die Bezirke Linz und Linz-Land übertrafen den östlichen Böhmerwald beim Ausländeranteil der Beschäftigten.

Die eingesetzten Kräfte rekrutierten sich hier wie anderswo im Großdeutschen Reich aus drei Kategorien: alliierten Kriegsgefangenen, angeworbenen Fremdarbeitern, sowie den überwiegend aus Polen und der Sowjetunion stammenden Zwangsarbeitern. Alle drei Kategorien kamen in Krumau und Kaplitz zum Einsatz. Freilich kam dabei im Böhmerwald einer Nationalität besonderer Bedeutung zu: der der Tschechen.

Ein generelles Bild, wie die örtliche Bevölkerung die ausländischen Arbeitskräfte behandelt hat, lässt sich nur schwer ermitteln. Es gibt aber einzelne Anhaltspunkte. So berichten etwa die Gemeindechroniken wiederholt von Gottesdiensten für polnische Arbeiter bzw. von behördlichen Behinderungen bei Messen für Polen. Dabei schwingt durchaus Sympathie für die polnischen Glaubensbrüder mit. Ähnliches gilt auch für die gleichfalls katholischen Kriegsgefangenen aus Frankreich und Belgien. Die Tatsache, dass die Dorfbevölkerung durch deutsches Militär gehindert wurde, die Messe zusammen mit den französischsprachigen Belgiern zu besuchen, wird etwa in der Kalschinger Gemeindechronik ausdrücklich erwähnt. Ebenfalls ausdrücklich erwähnt ist der Umstand, dass „eine große Menge Kalschinger" vor und nach dieser Messe um die Kirche herum verharrte; der Chronist schloss die Eintragung mit der Bemerkung „Una, sancta catholica ecclesia".[164]

Umso mehr fällt auf, dass tschechische Arbeitskräfte in den Chroniken mit keinem Wort erwähnt werden. Der Verdacht, dass die alten Antipathien hier zum Tragen gekommen sein könnten, liegt nahe. Die Versuchung, sich nach 1938 für die vergangenen zwei Jahrzehnte ethnischer Benachteiligung in der ČSR zu rächen, dürfte übermächtig gewesen sein. Eine kleine Kostprobe der möglicherweise verbreiteten Haltung zu den Tschechen lie-

---

[164] SOA Krumau, Chvalšiny, Kronika, č.kr. 1a, Bd. F3: Prothocoll-Buch Kalsching Bl. 183ʳ

fert jedenfalls die Gemeindechronik Oberplan. Zur Besetzung der „Rest-Tschechei" im März 1939 heißt es dort zum Thema Tschechen: „Sie sind kein Herrenvolk, sondern, was sie immer waren, ein Dienervolk."[165] Das gleiche Buch hatte nach der Flucht bzw. der Evakuierung der tschechischen Bevölkerung im Herbst 1938 vermerkt: „[...] nur der pensionierte Gendarmeriewachtmeister Josef Suda, der eine deutsche Frau hat [ist geblieben]. Sonst ist Oberplan heute Tschechen- und [...] auch judenrein. Möge es für alle Zukunft so bleiben."[166]

Die Zwiespältigkeit der Haltung zum NS-Regime – gemäßigte Opposition in dem einen Bereich und bereitwillige Mittäterschaft in einem anderen – begegnet einem auch in zwei weiteren konstitutiven Komponenten der NS-Politik: der so genannten „Erbgesundheit" bzw. der „Rassenhygiene". Auch im Böhmerwald kam es zu Zwangssterilisationen und zur Deportierung Behinderter in die Vernichtungsmaschinerie der Euthanasie-Anstalten. Auch hier reichte die Bandbreite der Reaktionen bei den Umstehenden von Mitleid bis zu nationalsozialistischem Fanatismus.

Geradezu exemplarisch belegen dabei die beiden Landkreise Krumau und Kaplitz, wie sehr das Schicksal der vom Regime Bedrohten oftmals von der Haltung einzelner Amtsträger abhing. So erhöhte sich etwa die Zahl der behördlich beantragten Anträge auf Zwangssterilisation von je vier Fällen in beiden Kreisen im Jahr 1940 auf 45 Anträge in Kaplitz im Folgejahr, während Krumau erneut lediglich vier „Unfruchtbarmachungen" beantragte.[167] Da die definitive Bestellung eines Kreisleiters in Kaplitz 1940 anhängig war, wurde dem Drängen der Reichsstatthalterei, mehr Leute zu sterilisieren, offenbar eilfertig entsprochen. In Krumau, wo Kreisleiter Multerer Eigrubers erklärtes Vertrauen besaß, ließ man sich von Linzer Urgenzen deutlich weniger beeindrucken.

Auch bei der so genannten Euthanasie, also der systematischen Ermordung behinderter Mitmenschen, war die schwebende Kaplitzer Personalentscheidung offenbar von maßgeblicher Bedeutung. Aus den Listen der T4-Opfer[168] im Bundesarchiv Berlin bzw. der Gedenkstätte Hartheim lassen sich 16 definitive Fälle ermitteln. Davon sind 14 aus dem Kreis Kaplitz und lediglich zwei aus dem Krumauer Kreis.[169] Mit anderen Worten: Eine

---
[165] SOA Krumau, 0-7, Horní Planá, Kronika IV. 1935-1945: Gemeindegedenkbuch Oberplan 45 f.
[166] Ebd., 1
[167] Detaillierte Darstellung bei Josef Goldberger, NS-Gesundheitspolitik in Oberdonau (Österreich in der Zeit des Nationalsozialismus 1, Linz 2004) 100-102
[168] Unter T4-Opfer versteht man jene Personen, die von der Aktion „T4" erfasst wurden.
[169] Unter Aktion „T4" versteht man die Ermordung von Insassen der Heil- und Pflegeanstalten in einer der sechs Euthanasie-Tötungsanstalten. Der Name geht auf jene Straße in Berlin zurück, wo sich

Personalfrage auf mittlerer Verwaltungsebene bedeutete für mindestens ein Dutzend Menschen 1940/41 den Tod.
Wie viel über das Schicksal der Euthanasie-Opfer während des Krieges im Böhmerwald selbst an die Öffentlichkeit drang, ist heute nur mehr schwer eruierbar. Unmittelbar konfrontiert mit der Realität der nationalsozialistischen Verbrechen wurde die Bevölkerung dann allerdings bei Kriegsende. Entkräftete KZ-Häftlinge aus Mauthausen wurden in den letzten Kriegstagen in mehreren Orten zwischen Donau und Moldau zu Schanzarbeiten eingesetzt. Ein damals sechzehnjähriger Böhmerwäldler erinnert sich, zusammen mit seiner in Kaplitz stationierten Arbeitsdienstgruppe zur Aufsicht über die KZ-Häftlinge abkommandiert worden zu sein.[170] Die Einheit dieser Halbwüchsigen marschierte in der Folge sogar zum Konzentrationslager nach Mauthausen, wurde dann aber durch das Kriegsende vor weiteren Einsätzen verschont.
Die NS-Herrschaft im Böhmerwald hatte mit der Flucht zahlreicher Bewohner der südböhmischen Grenzregion ins Reich begonnen. Am Ende der NS-Herrschaft stand die Vertreibung der Böhmerwäldler aus ihrer angestammten Heimat. Dazwischen lag ein halbes Dutzend weiterer Flucht- und Evakuierungsbewegungen, bei denen die Böhmerwäldler unfreiwillige Zuschauer und teilweise eher unwillige Gastgeber waren.
Den Anfang machten die im Zuge des Hitler-Stalin-Paktes evakuierten Bessarabier. Etwa 25.000 im NS-Sprachgebrauch „Rücksiedler" genannte Menschen trafen im Laufe des Jahres 1940 in Oberdonau ein. Unter den Aufnahmestellen waren auch zeitweilig das Stift Hohenfurth und der Landkreis Budweis.[171] Die Ankunft der Bessarabier wurde in Südböhmen argwöhnisch beobachtet. Die deutschsprachige Bevölkerung begegnete den fremdländisch wirkenden „Volksgenossen" eher misstrauisch, zumal deren Ankunft im bedrängten Stift Hohenfurth klarerweise mit der kirchenfeindlichen Politik des Regimes in Zusammenhang gebracht wurde. Jenseits der Grenze – im Protektorat galt das Hauptaugenmerk natürlich der Ankunft deutschsprachiger Umsiedler in Budweis. Man vermutete

---

die Zentrale derAktion befand: Tiergartenstraße 4. Nur ein Teil der Akten der Aktion T4 hat sich erhalten. Da das Alter der aus dem Böhmerwald stammenden Opfer zwischen 27 und 60 liegt, aber mit großer Wahrscheinlichkeit auch Jüngere der Vernichtung zugeführt wurden, liegt die Gesamtzahl der Ermordeten sicher höher. Am Befund der unterschiedlichen Einweisungsrate der beiden Kreise ändert das freilich nichts, vgl. BArch, R179
[170] Mitteilung von Dr. Otto Spitzenberger
[171] Siehe Volkmer, Migration (wie Anm. 40) 87 f.

nicht ganz zu Unrecht, dass dies die Vorhut der befürchteten Germanisierungswelle sei.[172]
Die militärischen Erfolge des Dritten Reichs in den Jahren 1940/41 brachten eine kurze Pause in der Migration mit sich. Lediglich das Eintreffen von 26 holländischen Kindern, die von Gauleiter Eigruber zur Erholung eingeladen worden waren, im August 1940 in Rosenberg verwies auf das Kriegsgeschehen.[173] Das am Höhepunkt seiner Macht angelangte Dritte Reich inszenierte auf diese Weise seine vermeintliche Großzügigkeit gegenüber den besetzten Niederlanden.
Die nächsten Gäste waren im Grunde bereits Vorboten der deutschen Niederlage: Zwei junge Frauen mit je einem Kind wurden im Dezember 1940 wegen Luftgefährdung von Berlin nach Rosenberg verschickt. Sie waren die Vorhut all jener Scharen, die in den nächsten Jahren in das vergleichsweise sichere Böhmerwaldgebiet evakuiert werden sollten.[174]
Es folgten in den Jahren 1942/43 Masseneinquartierungen von Ausgebombten aus Nordwestdeutschland. In den letzten beiden Kriegsjahren trafen dann die großen und kleineren Trecks aus dem Osten ein: Donauschwaben aus dem rumänischen und jugoslawischen Banat, Karpathendeutsche aus der Slowakei, Umsiedler und bodenständige Bevölkerung aus Oberschlesien. Hinzu kamen noch die Reste der verbündeten Heere Großdeutschlands bzw. seiner Hilfsvölker: Weißrussen, Ukrainer, Ungarn, Slowaken etc. Die Eintragung in der Kalschinger Gemeindechronik zum 25. April 1945 verdient es, in diesem Zusammenhang zitiert zu werden: „Der Pfarrhof ist ständig mit Einquartierungen reichlich bedacht. 8 Wägen mit evang. Flüchtlingen aus der rumän. Dobrutscha; seit 2 1/2 Jahren in Lautschitz bei Brünn angesiedelt, flohen vor den Russen; 18 Pferde im Haus; Sonntag abends kam der hochw. Hr. Pfarrer Julius Wessely aus Riemertsheide bei Neisse (Schlesien) mit seinem Schimmel dem Treck seines Pfarrdorfes vorausfahrend. Er wohnt mit seiner Schwester und Hausangestellten im Pfarrhof. 3 Familien kochen am Küchenherd […] Außerdem ist einquartiert Hr. Hauptmann Schulze, aus Bremen […] Er leitet die Wehrmachtstreife, die ständig alle passierenden Autos, Fahrzeuge u. Soldaten kontrolliert. Gleichzeitig ein Oberleutnant aus Kassel im Pfarrhof einlogiert. (Kanzlei). Einer geht, andere kommen. Man brauchte eine Schreib-

---

[172] Monatsbericht des Sicherheitsdienstes Prag für Oktober 1940. Veröffentlicht in Král, Acta occupationis (wie Anm. 30) 429
[173] SOA Krumau, 0-81 Rožemberk na Vlt., i. č 23, č.kr. 1: Gedenkbuch Rosenberg 165
[174] Ebd.

kraft, um die vielen Memorabilia festzuhalten."[175] Nur noch wenige Wochen trennten den Chronisten und seine „parochiani" vom eigenen Verlust der Heimat.

Das Kriegsende spielte sich im Böhmerwald ähnlich wie in Oberösterreich ab. Teilweise ungehindertes Vorrücken der amerikanischen Streitkräfte wechselte mit stellenweise erbittertem Widerstand fanatisierter Splittergruppen der deutschen Streitmacht ab. Wie anderswo im zusammenbrechenden Dritten Reich gab es auch in Krumau und Kaplitz in den allerletzten Kriegstagen zahlreiche Hinrichtungen. Wie anderswo versuchten örtliche NS-Größen zu fliehen, oder sie suchten den Tod durch eigene Hand oder in einem letzten Gefecht. Auf diese Weise kam auch der Krumauer Kreisleiter Multerer am 6. Mai 1945 ums Leben: Er fuhr mit einem Panzerspähwagen auf eine amerikanische Einheit zu und eröffnete das Feuer.[176]

Der Kaplitzer Kreisleiter Strasser war nicht minder fanatisch. Er hatte etwa im Dezember 1944 eigenhändig notgelandete amerikanische Piloten erschossen.[177] Auch er versuchte bis zuletzt die nationalsozialistische Herrschaft in seinem Kreis aufrecht zu erhalten. Im Gegensatz zu Multerer wollte Strasser dann allerdings am 6. Mai fliehen, wobei er sogar noch seinen eigenen Hausrat in einem von ihm beschlagnahmten LKW abtransportieren ließ. Am Tag davor hatte er in der Ortschaft Gratzen ein letztes Mal für die Hinrichtung mehrer Dorfbewohner wegen Wehrkraftsersetzung gesorgt.[178] Teile der Kaplitzer Bevölkerung hatten daraufhin revoltiert und unter Lebensgefahr eine geplante Verteidigung von Kaplitz verhindert. Eine Kaplitzer Delegation nahm sogar unter abenteuerlichen Umständen mehrmals Kontakt zur US-Armee auf, um die Amerikaner zu einer raschen Besetzung von Kaplitz zu bewegen. Allen diesen Bemühungen zum Trotz blieb Kaplitz aber bis zum 10. Mai unbesetzt. Es dürfte somit zu den allerletzten Gebieten des Großdeutschen Reiches gehört haben, in das alliierte Streitkräfte einrückten. Am 10. Mai wurde die provisorische Stadtverwaltung dann von den Alliierten entlassen und durch einen ortsfremden Tschechen ersetzt. Ein demokratischer Neuanfang der deutschsprachigen Bevölkerung, wie er im Mai 1945 in Oberösterreich erfolgte, war nördlich

---

[175] SOA Krumau, Chvalšiny, Kronika, č.kr. 2a, Bd. F3: Prothocoll-Buch Kalsching Bl. 235ᵛ
[176] SOA Prachatitz, II-2 1837-1945: Salnauer Gedenkbuch II. Teil 1837-1945 Bl. 40ʳ
[177] Sailer, Kaplitz (siehe Anm. 139) 186 f.
[178] Gedächtnisprotokoll der damaligen Kanzlei-Praktikantin des Kaplitzer Gemeindeamtes, Frau Hilde Probst

der Wasserscheide in den zeitweiligen Landkreisen Krumau und Kaplitz absolut unerwünscht.

Abkürzungen

AAYA	Assistance to Austrian Youth Activities
Abt.	Abteilung
AdR	Archiv der Republik
AG	Aktiengesellschaft
Anm.	Anmerkung
APO 174	Area Command Upper Austria
Art.	Artikel
AStL	Archiv der Stadt Linz
AV	Aktenvermerk
AVA	Allgemeines Verwaltungsarchiv
BArch	Bundesarchiv Berlin
BDC	Berlin Document Center
BdM	Bund deutscher Mädel
BG	Bezirksgericht
BGBl.	Bundesgesetzblatt
BH	Bezirkshauptmannschaft
BKA	Bundeskanzleramt
Bl.	Blatt
BMI	Bundesministerium für Inneres
BVP	Bayerische Volkspartei
CMM	Marianhillermissionar
DAF	Deutsche Arbeitsfront (auch: Deutsche Arbeiter Front)
ders.	derselbe
DGO	Deutsche Gemeindeordnung
dies.	dieselbe
Dipl.arbeit	Diplomarbeit
Dipl. Ing.	Diplomingenieur
Diss.	Dissertation
DJ	Deutsches Jungvolk
DJH	Deutsches Jugendherbergswerk
Doku	Dokumentationsstelle Hartheim des Oö. Landesarchivs
DÖW	Dokumentationsarchiv des österreichischen Widerstandes
Dr.	Doktor
DV	Deutscher Volkssturm

ebd.	ebenda
Fasz.	Faszikel
FLD	Finanzlandesdirektion
FS	Fernschreiben
GBlÖ.	Gesetzblatt für das Land Österreich
GDföS	Generaldirektion für öffentliche Sicherheit
Gestapo	Geheime Staatspolizei
GSV	Gauselbstverwaltung
H.	Heft
ha	Hektar
Hg. v.	Herausgegeben von
HGW	Hermann Göring Werke
HJ	Hitler Jugend
HSSPF	Höhere SS- und Polizeiführer
IKG	Israelitische Kultusgemeinde
Jg.	Jahrgang
JM	Jungmädel
KJV	Kommunistischer Jugendverband
KJVÖ	Kommunistischer Jugendverband Österreichs
KLV	Kinderlandverschickung
KPD	Kommunistische Partei Deutschlands
KPÖ	Kommunistische Partei Österreichs
Kripo	Kriminalpolizei
KVG	Kriegsverbrechergesetz
KWVO	Kriegswirtschaftsverordnung
KZ	Konzentrationslager
LAFR	Landesarchiv Filmrolle
LG	Landesgericht (vor 1938 und nach 1945), Landgericht (während NS-Zeit)
LGBl.	Landesgesetzblatt
LH	Landeshauptmann
MF	Mikrofilm
MStGB	Militärstrafgesetzbuch
NAPOLA	Nationalpolitische Erziehungsanstalt
ND	Niederdonau
NPEA	Nationalpolitische Erziehungsanstalt
Nr.	Nummer
NS	Nationalsozialismus

NSDAP	Nationalsozialistische Deutsche Arbeiterpartei
NSLB	Nationalsozialistischer Lehrerbund
NSV	Nationalsozialistische Volkswohlfahrt
OD	Oberdonau
OGH	Oberster Gerichtshof
o.J.	ohne Jahr
OKA	Kraftwerke Oberdonau AG
ÖLA	Österreichisches Literaturarchiv der Österreichischen Nationalbibliothek Wien
OLG	Oberlandesgericht
o.O.	ohne Ort
OÖ	Oberösterreich
OÖLA	Oberösterreichisches Landesarchiv
öS	Schilling
ÖStA	Österreichisches Staatsarchiv
OT	Organisation Todt
OVA	Oberversicherungsamt
ÖVP	Österreichische Volkspartei
ÖZG	Österreichische Zeitschrift für Geschichtswissenschaften
Pg.	Parteigenosse
PK	Parteikorrespondenz
PO	Politische Organisation
RAD	Reichsarbeitsdienst
RFSS	Reichsführer-SS
RG	Recordgroup
RGBl.	Reichsgesetzblatt
RJF	Reichjugendführer
RJGG	Reichsjugendgerichtsgesetz
Rk	Rückstellungskommission
RM	Reichsmark
RMI	Reichsministerium des Innern
RS	Revolutionäre Sozialisten
RSHA	Reichssicherheitshauptamt
RStG	Reichsstrafgesetzbuch
RStH	Reichsstatthalter
SA	Sturmabteilung
Sch.	Schachtel

SD	Sicherheitsdienst
SDAP	Sozialdemokratische Partei
SdP	Sudetendeutsche Partei
SG	Sondergericht
SOA	Státní okresní archiv = Staatliches Gebietsarchiv
SPD	Sozialdemokratische Partei Deutschlands
SPÖ	Sozialdemokratische Partei Österreichs
SS	Schutzstaffel
SSO	SS-Führerpersonalakten (SS Officers' Service Records)
Stapo	Staatspolizei
StdF	Stellvertreter des Führers
StG	Strafgesetzbuch
TH	Technische Hochschule
u.a.	und andere
Univ.	Universität
USACA	U.S. Allied Commission for Austria
USHMM	United States Holocaust Memorial Museum
VAW	Vereinigte Aluminiumwerke
Verf.	Verfasser
VF	Vaterländische Front
VG	Volksgericht
VGH	Volksgerichthof
vgl.	vergleiche
VO	Verordnung
VOMI	Volksdeutsche Mittelstelle
wh.	wohnhaft
WHW	Winterhilfswerk
WJKH	Wagner-Jauregg-Krankenhaus
WKP	Weibliche Kriminalpolizei
z.b.V.	zur besonderen Verfügung
ZK	Zentralkomitee
Zl.	Zahl